Yǔyán Lǐlùn

语言理论

（第 7 版）

Péng Zérùn,Lǐ Bǎojiā Zhǔbiān

彭 泽润, 李 葆嘉 主编

Zhōngnán Dàxué Chūbǎnshè　　中南 大学 出版社

2018 Nián，Chángshā　　　　2018 年, 长沙

【内容 提要】

这 是 一 本 "语言学 概论" 教材。它 介绍 人类 语言 的 基本 理论,内容 涉及 语言 的 性质、功能、结构,语言 的 发展 和 建设,语言 的 学习 和 使用,语言 研究 的 历史 和 方法,语言 调查,语言学 评论,语言学 论文 写作 和 阅读 文献。

本 教材 1995 年 出版 用 《语言 文字 原理》 名称 在 岳麓 书社 出版。2000 年 修订 后 用 《语言 理论》 名称 在 中南 大学 出版社 出版。以后 不断 进行 修订。它 受到 同行 专家 好评,被 认为 具有 时代 特色,全面 吸收 和 消化 了 新 的 语言学 成果。被 认为 具有 科学性 的 新 体系,具有 启发性 的 新 方法,具有 趣味性 的 新 风格,特别 是 注重 语言 普遍 理论 和 中国 语言 实际 的 结合。

本 教材 全面 实验 汉语 词式 文本,得到 当时 80 岁 的 著名 语言学家 王均 教授 的 肯定。

这 本 《语言 理论》 教材,除了 用于 语言 专业 的 语言学 概论 课程,还 可以 做 语言 和 汉语 修养 或者 语言 和 汉语 理论 教材,用于 新闻、文秘、法律、艺术、信息 等 专业 的 相关 课程。

Yǔyán Lǐlùn

语言 理论

彭 泽润,李 葆嘉 主编

□ **责任 编辑:** 刘 辉
□ **责任 印刷:** 易 红卫
□ **出版 发行:** 中南 大学 出版社
□ **地址:** 长沙 市 麓山 南 路; **邮政 编码:** 410083
□ **发行科 电话:** 0731-88876770; **传真:** 0731-88710482
□ **经销:** 湖南 省 新华 书店;**印装:** 长沙 雅鑫 印务 有限 公司
□ **开本:** 787×1092, 1/16; **印张:** 23.5 □字数: 600 千字
□ **互联 网+图书 二维码:** 353 千字, 1301 分钟 视频, 1252 分钟 音频
□ **版次:** 2018 年 08 月 第 7 版 (2000 年 第 1 版)
□ **印次:** 2018 年 08 月 第 1 次 印刷
□ **书号:** ISBN978-7-81061-342-2
□ **定价:** 60.00 元

考研 题目

> 要是 没有 语言，我们 就会 和 一般 的 高等 动物 差不多。——［美国］爱因斯坦 (Albert Einstein)
>
> 不仅 要 认识 语言 系统……还要 通过 语言 认识 语言 背后 的 人 和 人类 社会，以及 全部 人类 知识 领域。 ——［丹麦］叶尔姆斯列夫 (L Hjelmslev)

读者 评价

目录

> 这是一种鞭策, 它使我们加速前进。这是一种批评, 它使我们检讨不足。
>
> 如果大学生没有了追求创新的心跳, 没有了对科学的陶醉, 大学还有什么意义呢?

0　序言

　　彭泽润、李葆嘉两位同志主编的《语言理论》, 由全国几十所大学的语言学概论教师协作编写, 确实是大集体智慧的结晶。

　　本教材 1995 年最早出版的时候叫做《语言文字原理》, 曾经得到同行们的好评。2000 年又根据学科的发展进行补充, 改名《语言理论》, 做湖南省高等教育 21 世纪课程教材出版。现在又进行修订再版。

　　我很赞成作者说的"建设一本教材不容易, 更不能一劳永逸"。这种与时共进的精神十分可贵。

　　从泽润同志寄给我的第 2 版目录, 我就看到了又增加了一些新内容。例如, 第一章"语言学"增加了"语言学评论"一节。我倒是没有看到哪本语言学概论教材有这么一个专门的章节, 就连在学术风气方面奋战多年的伍铁平先生主编的《普通语言学概要》也没有这么一节。这是形势发展的需要, 也说明作者们的胆识。因为学术评论特别是学术批评, 一是作者本身要有必要的理论修养, 二是你得有为真理而斗争的胆量, 你不能瞻前顾后, 害怕得罪人。我赞成本书增加这么一节, 使人们知道学术理论是在正确与谬误的斗争中前进的。

　　最近 20 年，我国 有 个别人 自吹自擂，自称 发展了 有 中国 特色 的 语言学 理论，给 社会 语言 生活 制造 混乱，把 人们 的 思想 搞乱，被 语言学 同行 不齿。但是，有人 说，那 也 叫做 "学术 争鸣"。对于 披着 科学 外衣 的 伪科学，我们 应该 拿起 科学 的 武器 明辨是非。

　　我 不知道 我 在 上面 说 的 看法 是否 符合 本 教材 作者 的 原意。

　　我们 还 可以 看到 本 教材 不少 新 内容。例如 在 "语言学 的 历史" 一节 中 增加了 "认知 语言学" 和 "赵元任 等 语言学家"。语言学 在 语言 教育、语言 信息 处理 等 领域 中 应用 的 发展 形势，迫切 需要 语言 工作者 有 认知 语言学 的 理论 修养，何况 这门 学科 近年 有了 新 的 进展。了解 中国 主要 语言 学者 的 主要 贡献，是 学习 和 研究 语言 的 必要 任务，各个 国家 和 各个 学科 都 是 这样。在 没有 专门 开设 语言学 历史 课程 的 学校，通过 语言学 概论 适当 介绍 一些 相关 知识，很 有 必要。

　　本书 的 编写者 来自 全国 各地 大学，我 看 好像 主要 是 中青年 语言学 教师。其中 有 的 已经 被 学术界 熟知，也 有 若干 新 面孔。我 感觉到 一股 清新 的 力量。他们 都 有 对 理论 追求 的 热情，所以 编写 出来 的 东西 使人 耳目一新。看！现在 又 前进了！

　　理论 来自 实践，又 被 用来 指导 实践。理论 的 可贵 正是 它 能够 指导 实践，解决 问题。本书 的 价值 就 在于 它 既有 丰厚 的 理论 基础 和 语言 材料，又 主要 立足于 中国 语言 事实 的 剖析，研究 中国 语言 建设 中 的 许多 问题，具有 自己 的 特色。它 不是 从 书本 到 书本 的 资料 堆砌，坐而论道，而是 有的放矢 地 研究 问题，有 针对性，有 实用 价值。既 继承 了 语言学 各个 分支 学科 的 历史 遗产，也 消化了 新成果，有 发展 观点，又 有 前瞻性。

　　比如，我们 都 说 语言 的 基本 单位 是 词。古代 汉语 是 单音节 词 为主，现代 汉语 既 有 单音节 词，又 有 双音节 词 为主 的 多音节 词。所以 古代 汉语 的 书写 方式 到 如今 跟 现代 汉语 的 实际 就 有了 距离，应该 改革 旧的 书写 方式，按照 现代 词 的 单位 来 书写。这件 事情 在 理论 上 大家 一般 都 承认，但是 到 实际 书写 中 可能 很多人 就 不 习惯了。

　　泽润 同志 告诉 我："本书 第 2 版 准备 在 第 1 版 局部 试验 的 基础 上 全部 试用 词式 文本，出版社 已经 同意 了。这一点 恐怕 可以 得 第一。" 是的，它 在 这一点 上 将 在 全国 开 一个 新 风气。

　　肯定 有人 会 反对，因为 不 习惯。我 说 不怕。汉语 新式 标点 符号 的 使用，汉语 书写 顺序 从 竖写 到 横写 的 改革，不是 都 受到 过 多数人 的 反对 吗？新 的 进步 事物 总有 一 个 逐渐 适应 和 接受 的 过程。

　　现在 不少 大学 和 中小学 师生 连 国家 法律《中华 人民 共和国 国家 通用 语言 文字 法》和 国家 标准《汉语 拼音 正词法 基本 规则》这样 的 重要 语言 法规 都 不 知道。然而，这 本 教材 在 理论 框架 的 适当 位置 都 对 它们 有 理论性 的 介绍。所以，这 是 一本 非常 注 重 中国 语言 事实 的 理论 教材。

　　我 衷心 祝愿 本书 的 首创 行为 能够 经受 住 考验，获得 成功！

王 均，2002 年 6 月，在 北京

【练习】1

我们每天使用语言，就像我们每天呼吸空气。打开语言系统就像打开一个神秘的盒子。掌握了语言的秘密，就拥有了游览世界的地图。接受语言科学的训练，可以促使自己的思维能力更加系统和严密。能够管理好语言的人，也能够成为其他领域的优秀管理人才。

不仅语言学需要其他学科的启发，而且语言学能够启发其他学科。信息时代就是语言在现代技术中发挥威力的时代。

1 语言学

1.1 语言学 概说

1.1.1 语言学 的 性质

语言 是 谁都 知道 但是 很少 有人 真正 认识 的 东西。

语言 里 有 真话，也 有 谎言，有 桥梁，也 有 陷阱。从 语言 里 可以 看到 一切。你 每天 在 使用 语言，也许 你 永远 不 了解 语言。

语言 是 什么？人类 语言 和 动物 信息 工具 有 什么 不同？口语 和 书面语，语音 和 文字 到底 有 什么 联系 和 区别？语言 是 什么 结构？语言 怎样 运转？人类 不同 语言 之间 有 什么 共性，各自 有 什么 个性？它们 又 是 怎样 相互 影响 的？语言 怎样 发展？人类 怎样 引导 语言 发展？人 是 怎样 学会 母语 和 外语 的？人们 是 怎样 协调 语言 行为 的？

为什么 哲学家 一方面 把 语言 当做 朋友，一方面 又 把 语言 当做 敌人？机器 怎样 表达 和 理解 人类 语言？。这些 问题 的 解答，就 需要 语言学。

当 我们 走到 一起 的 时候，不管 是 走路、买 东西、建筑 房屋，还是 聊天、恋爱、做 游戏，我们 都 在 使用 语言。即使 你 一个 人 呆 在 自己 的 房子 里，即使 什么 声音 也 没有，只要 你 在 思考 问题，你 就 在 使用 语言。语言 就 像 我们 周围 的 空气 一样，我们 不能 缺少 它。

我们 跟 兄弟 姐妹、父母、老师、老乡、同学、同事，跟 丈夫、妻子、恋人，跟 旅行 中 的 陌生人 说话。我们 面对面 认真 地 说话，嘴巴 对 着 耳朵 悄悄 地 说话，拖长 着 音调 高声 地 说话。我们 在 电话 里 说话，在 收音机、电视机、电影 屏幕 中 说话。我们 不仅 跟人 说话，还 跟 猫，跟 狗，跟 牛，跟 鸡 说话，我们 还 跟 机器 说话。在 先进 的 社会 里，我们 还 用 笔 "说话"，用 电脑 来 "说话"。有时 还 必须 有 文字 参与。

我们 说话 的 速度，大约 每 分钟 120~180 个 词，150~360 个 音节[①]。在 这个 速度 范围 内，普通 交谈 偏向 慢 的 一头，平均 每 分钟 130 个 词，200 个 音节；播音 偏向 快 的 一头，平均 每 分钟 160 个 词，300 个 音节。激烈 辩论 的 时候，可能 接近 每 分钟 200 个 词，400 个 音节。最快 的 语言 速度 可以 达到 每 秒钟 11 个 词，每 分钟 660 个 词，每 小时 4 万 个 词 的 极限[②]。语言 速度 最慢 的 特殊 极限 是 每 分钟 1 个 词[③]。

我们 阅读 的 时候，每 小时 要 看 1 万 多 个 词。我们 每天 接触 的 词，多 到 10 万 个。

我们 是 唯一[④] 能够 这样 说话 和 写话 的 动物。

语言 不是 学者 在 研究室 临时 设计 的 一种 抽象 事物，它 有 坚实 宽厚 的 文化 基础，它 从 人类 世世代代 的 认知、劳动、需求、交往、娱乐、爱情 和 志趣 中 产生。[⑤]

语言 人人 都 在 使用，似乎 没有 什么 神秘 的 东西。其实 学问 很 大。很多 人 说了 一辈子 的 方言，但是 他 说 的 方言 是 几个 声调，每个 声调 的 高低 表现，都 不能 理性 地 说 出来。所以，我们 需要 掌握 语言学 知识 和 技能 去 真正 认识 语言 现象。

那么，语言学 是 什么？语言学 是 通过 对 语言 现象 进行 观察、调查、实验 和 分析，寻找 语言 规律 的 科学。语言 的 形式 主要 从 自然 科学 角度 研究。语言 的 内容 主要 从 社

①使用 汉语 的 人 经常 用 "字" 来 代替 音节，这样 不利于 跨语言 比较。由于 汉语 书写 缺乏 词距，汉语 使用者 词 意识 薄弱，难以 做 词 的 统计，几乎 不能 做 词 的 表达 速度 的 汉外 比较。虽然 语言 中 从 静态 的 总数 看，多音词 的 数量 比 单音词 的 数量 多 得多，但是，在 动态 语言 中，由于 高频 使用 的 词 多数 是 一个 音节 表达 的 词，就是 单音词，所以 单位 时间 使用 的 词 和 音节 的 数量 相差 不 很大。

②加拿大 西恩·沙侬 2009 年 创造 的 吉尼斯 记录：在 23.8 秒钟，背诵 完 莎士比亚 《哈姆雷特》中 哈姆雷特 关于 "生存 还是 毁灭，这是 一个 问题" 的 独白。这段 独白 一共 262 个 词，达到 每 秒钟 11.1 个 词，每 小时 399960 个 词 的 速度。

③探索 黑洞 的 英国 物理学家 史蒂芬·威廉·霍金（Stephen William Hawking，1942-2018），21 岁 得 了 肌肉 萎缩 的 运动 神经 细胞 疾病。在 他 70 岁 病情 加重 的 时候，只能 每 分钟 说 1 个 词。

④ 从 精减字 的 数量 考虑，又 根据 习惯，本书 一律 用 "唯、维"，淘汰 "惟"。

⑤ [美国] 弗罗姆金，罗德曼. 语言 导论 [M]. 北京：北京 语言 学院 出版社，1994.3.

会 科学 角度 研究, 语言 的 内容 是 语言 研究 的 重点。所以 语言学 具有 社会 科学 和 自然 科学 两种 性质, 主要 属于 社会 科学。

在 中国, 语言学 因为 汉字 的 特殊性, 又 叫做 "语言文字学"。其实 "语言 文字" 这种 习惯 说法, 严格 说来 不很 科学。它 有点 像 "动物 和 人类" 的 说法。"文字" 在 一般 使用 中 有 两个 意思: 第一, 书面 语言 的 视觉 形式; 第二, 书面 语言。在 本书 中, 一律 限定 在 第一个 意思。我们 把 教材 名称 从 原来 的《语言 文字 原理》改成 现在 的《语言 理论》的 原因 也 在 这里。

这 并不 是 否定 文字 的 地位。文字 不是 语言 的 必要 形式, 但是 它 在 现代 社会 中 有 着 重要 作用, 是 现代 通用 语言 的 重要 形式。所以 我们 仍然 强调 文字 在 语言 中 的 地 位, 并且 把 它 放在 整个 语言 体系 的 一个 恰当 位置。

1.1.2 语言学 的 作用

因为 语言 是 为 社会 提供 信息 服务 的 工具, 语言 是 一种 比 其他 任何 工具 更加 普 遍 使用 的 生产 和 生活 的 工具, 所以 语言 和 语言学 具有 重要 作用。

"语言学 有 什么 用 呢? ……更 明显 的 是 它 对 一般 教养 很 重要……没有 任何 领域, 曾经 孕育 出 这么 多 的 荒谬 观点、偏见、迷梦 和 虚构……语言学家 的 任务 首先 就 要 揭穿 这些 错误, 并且 尽可能 全部 加以 消除。"[①] 索绪尔 的 这些 话, 说明 他 在 一百 年 前 就 看到 了 社会 对 语言 的 严重 的 认识 错误, 就 感觉 到 语言学 作用 和 普及 语言 科学 的 必要性。

语言学 的 主要 作用 表现 在 以下 3 个 方面。

(1) 对 日常 语言 生活 的 指导 作用

语言学 在 日常 生活 中, 对于 语言 的 管理, 包括 国家 语言 政策 和 法令 的 制定 和 执 行, 对于 语言 教学, 对于 语言 的 使用, 都 有 重要 意义。

中国 通过 吸收 先进 国家 的 语言 规划 经验, 废除 文言文, 简化 汉字, 确定 和 普及 普 通话, 制定 和 普及 汉语 拼音, 进行 语言 规范化, 包括 治理 文字 和 词语 在 社会 应用 中 的 混乱 现象, 在 中国 建设 汉语 和 外语, 汉语 和 少数 民族 语言, 汉语 普通话 和 汉语 方 言 的 和谐 关系。这些 都 离不开 语言学。

怎样 正确 评价 汉语 和 汉语 中 用 的 汉字? 为什么 要 推广 和 普及 普通话? 怎样 有 效 地 推广 和 普及 普通话? 中国 在 世界 上 的 地位 提高 以后, 怎样 教 外国人 学习 汉语? 这些 具体 问题 都 需要 语言 理论 的 指导。

在 语言 学习 过程 中, 如果 有 语言 科学 理论 的 指导, 就 会 事半功倍。例如, 方言区 的 人 学习 普通话 声调, 如果 找到 了 对应 规律, 就 方便 多 了。在 现代 汉语 书面 语言 中, 为什么 应该 用 "所以"、"把 它 跟……", 不用 "故"、"将 之 与……"? 只要 明白 了 语言 系统 在 发展 过程 中 的 打破 平衡 和 恢复 平衡 之间 的 补偿性 规律, 就 可以 理解 和 自觉 接受 这样 的 规范。

---

① 索绪尔. 普通 语言学 教程 [M]. 北京: 商务 印书馆, 1980. 27.

如果 缺乏 理论 指导，就 会 误解 甚至 干扰 国家 语言 政策。例如，徐 德江 由于 缺乏 语言学 理论 指导，出现 无理 攻击 国家 语言 政策 的 行为，受到 伍 铁平 的 严肃 批评。[①]

吕 叔湘 也 指出 语言学 理论 缺乏 带来 的 社会 问题。他 曾经 说："说 实在 的，在 我们 的 知识 分子 中间，对 语言 缺乏 常识性 理解 的 人 并 不 少见。这 是 非常 不幸 的 事情，因为 对 合理 的 语言 政策 的 阻挠 常常 来自 他们"[②]。例如，给 语文 毕业 考试 命题 的 一个 骨干 教师 对 公布 了 10 年 的 普通话 语音 规范 不 了解，仍然 吃 知识 老本，被 学生 告状 到 法庭。[③] 这 说明 我们 的 中小学 语文 教师 语言 规范 意识 还 不强，语言 理论 知识 还 很 欠缺。

（2）对 其他 学科 的 启发 和 帮助 作用

语言 是 世代 流传 的，对 谁 也 不能 缺少 的 符号 系统，它 里面 的 规律 和 研究 方法，对于 认识 和 研究 自然 世界 和 人类 社会，都 可以 产生 借鉴 和 推动 作用。例如，归纳 和 演绎、结构 和 系统、形态 和 功能、对立 和 互补、转换 和 生成 等 方法 和 观念 都 是 在 语言 研究 中 较早 出现 而 又 在 其他 学科 中 广泛 运用 的。所以，我们 说 语言学 是 一门 带头 学科。[④] 难怪 经济学家 吴 敬琏 说，美国 麻省 理工 学院 最好 的 系 不是 经济学 系，而是 语言学 系。[⑤] 例如，马克思 和 恩格斯 运用 历史 比较 语言学 的 方法，在 经济学 的 研究 中 研究 一些 经济 概念 的 起源，获得 了 成功。历史 比较 语言学 构拟 原始 语言，对 考古学、宗教学、民俗学 等 构拟 自己 研究 对象 的 原始 形态 都 起 了 推动 作用。

结构 主义 语言学 在 社会 科学 中 起 的 革新 作用，如同 原子 物理学 在 自然 科学 中 起 的 作用。人们 用 结构 主义 来 分析 文学、音乐、美学、宗教、历史，甚至 建筑、烹调、医学、数学、教育 等。在 这些 学科 中 都 可以 通过 结构 要素 和 关系 的 分析 进行 科学 的 研究。

转换 生成 语言学 在 自动化 管理、计算机 程序 设计、语言 的 机器 翻译 和 人工 智能 等 领域 都 产生 了 当时 意想不到 的 作用。

中国 东部 海洋 中 的 一些 岛屿 附近，蕴藏着 丰富 的 海洋 资源。有的 国家 为了 争夺 这种 资源，想方设法 证明 这些 岛屿 是 他们 的。中国 的 语言学家 起 了 意想不到 的 作用，他们 从 汉语 方言学 角度 研究 这些 岛屿 的 地名 中 普遍 存在 的 "屿"，认为 "屿" 是 汉语 方言 中 特有 的 语素，证明 了 最早 居住 在 那里 的 人 是 中国人。

语言学 对于 其他 科学 也 很有 帮助。例如，在 社会 科学 领域，对于 历史学、人类学、文化学、哲学、逻辑学、文学、教育学 等 有 帮助。在 自然 科学 领域，对于 数学、物理学、心

---

①伍 铁平. 语言 文化 评论集 [M]. 北京：北京 语言 文化 大学，1997.

②吕 叔湘. 奇文 共 欣赏 [A]. 吕 叔湘. 未晚斋 语文 漫谈 [M]. 北京：语文 出版社，1992.

③1995 年 12 月 25 日，中央 电视台 报道，四川省 一个 县 的 小学 毕业 考试，语文 题目 中给 "自作 自受" 的 "作" 注音，标准 答案 是 "zuō"。有的 学生 因为 答案 不对 被 扣 了 这 1 分，上 不 了 重点 学校。他们 就 根据 1985 年 公布 的《普通话 异读词 审音 表》认为 自己 的 答案 "zuò" 是 正确 的，把 主持 考试 的 一方 告到 法庭。

④伍 铁平. 语言学 是 一门 领先 的 科学 [M]. 北京：北京 语言 学院 出版社，1994.

⑤记者. 吴 敬琏 说 高等 教育 不能 有 市场 导向性 [N]. 北京：科学 时报，2001-04-19.

理学、生物学、医学 等 有 帮助。所以，不仅 作家、教师、公务员、通讯 工程师 需要 语言学，而且 医生、人类学家、历史学家、社会学家、经济学家、哲学家 等 也 需要 语言学。

正 因为 语言学 这样 重要，所以 在 美国 等 国家 的 许多 大学 有 专门 的 语言学 系。语言学 在 中国 从 20 世纪 末期 开始 也 得到 真正 重视，大学 语言学 专业 不断 出现。

（3）在 现代 信息 处理 工程 中 的 应用 作用

在 用 计算机 处理 人类 语言，代替 人类 发挥 智能 的 方面，语言学 有 广阔 的 应用 前景，对 计算 数学 有 决定 作用。

在 表音 文字 进入 电脑 多年 以后 的 20 世纪 70 年代，汉字 进入 电脑 的 幻想 能够 变成 现实，后来 电脑 成为 语言 信息 处理 的 工具 进入 普通 家庭，再 后来 手机 几乎 成为 每 个 人 的 日常 信息 工具，都 说明 语言学 在 跟 电脑 技术 结合 的 过程 中 的 现实 作用。它 大大 改变 了 我们 的 语言 观念①。计算机 处理 自然 语言，面临 的 新 课题 层出不穷，涉及 理论、方法、应用 几个 方面。这些 课题 的 完成 需要 语言 科学 和 数学、认知 科学、计算机 科学 等 方面 的 学者 共同 努力②，迫切 需要 能够 沟通 文科 和 理科 的 人才③。

有人 说 在 电脑 中 用 拼音 转换 汉字 的 方法，同音 的 字（语素）太多，不 方便。可是，语言学 告诉 我们，语言 的 基本 单位 是 词，不是 字。同音字 多 不 等于 同音词 多。例如，把 "中国 的 现代化" 分成 3 个 词 输入，就 没有 同音 问题。但是，用 汉字 写 的 书面语，习惯上 没有 词 的 距离。分离 词 的 研究 就 成为 汉语 书面语 适应 电脑 的 一个 新 课题。④

1.1.3　语言学 的 类型

语言 的 研究 可以 从 不同 的 角度 进行，从而 形成 语言学 的 不同 的 分支 学科 类型。

（1）从 研究 范围 分类

语言学 的 分类 主要 从 研究 范围 进行。

第一，从 对 研究 对象 概括 的 程度 来看，可以 分成：理论 语言学，实践 语言学。"理论 语言学" 是 从 具体 语言 现象 中 研究 概括性 和 指导性 很强 的 语言 规律。例如，基础 语言 理论、应用 语言 理论⑤ 是 一般 理论；汉语 理论、现代 英语 语法 理论 都 是 具体 语言 部门 的 理论。实践 语言学 研究 语言 理论 怎样 指导 语言 使用。

第二，从 涉及 其他 学科 的 关系 来看，可以 分成：应用 语言学，基础 语言学。

"应用 语言学" 又 叫做 外部 语言学、宏观 语言学、边缘 语言学，它 结合 其他 学科 的 方法 研究 语言 在 各种 特定 领域 的 使用，例如 声学 语言学、计算 语言学、心理 语言学、逻辑 语言学、哲学 语言学、社会 语言学、文化 语言学、人种 语言学、语言 教学 语言学。狭义 的 应用 语言学 指 语言 教学 语言学。从 其他 学科 的 应用 角度 来说，又 可以 归入 其他 学

---

①许 寿椿. 电脑 技术 与 语言观 [J]. 北京：语文 建设，1995，(2).

②陆 汝占，靳 光瑾 浅谈 计算机 与 汉语 研究 [J]. 北京：语文 建设，1996，(2).

③俞 士汶，朱 学锋 关于 汉语 信息 处理 的 认识 及其 研究 方略 [M]. 北京：语言 文字 应用，2002，(2).

④张 小衡. 逐步 实现 中文 智能 输入 [J]. 成都：中文 信息.1996，(5).

⑤于 根元 主编. 应用 语言学 理论 纲要 [M]. 北京：华语 教学 出版社，1999.

科, 分别 叫做 语言 声学、语言 计算学、语言 心理学 等。基础 语言学, 又 叫做 本体 语言学、内部 语言学, 它 主要 研究 语言 本身 的 结构 和 功能。一般 说 的 语言学 主要 是 指 基础 语言学。

第三, 从 涉及 语言 数量 的 范围 来看, 可以 分成: 普通 语言学, 具体 语言学。"普通 语言学" 又 叫做 一般 语言学, 它 的 研究 对象 是 全 人类 的 语言, 也 可以 指 一种 以上 的 语言, 例如 一个 语系、语族、语支 的 语言。具体 语言学, 又 叫做 个别 语言学, 它 研究 的 对象 是 具体 的 一种 语言 或者 方言。例如 汉语 语言学、英语 语言学 等。

第四, 从 涉及 语言 结构 部门 的 范围 来看, 可以 分成: 整体 语言学, 部门 语言学。整体 语言学 研究 语言 的 所有 方面, 例如 现代 汉语 语言学。部门 语言学 又 有 两种 情况: 第一, 研究 单纯 形式 或者 单纯 内容 的 部门 语言学, 包括 语音学、文字学、语义学; 第二, 研究 形式 和 内容 结合 的 实体 的 部门 语言学, 包括 词汇学、语法学 和 语用学。词汇学 研究 单个 符号 的 内容 和 形式, 语法学 研究 符号 组合 的 内容 和 形式, 语用学 研究 动态 使用 中 的 语言 内容 和 形式。例如 普通 文字学、汉语 文字学("汉语 文字学" 是 "汉语 中 的 文字学", 与 现行 学科 名称 "汉语言文字学" 的 含义 不 一样。"汉语言文字学" 是 一个 不好 的 名称, 一方面 容易 与 "汉语言文学" 混淆, 另一方面 把 "文字" 跟 "语言" 并 列, 违背了 逻辑 的 一致性)、英语 语音学 等 都 属于 部门 语言学。

第五, 从 涉及 语言 存在 时间 的 范围 来看, 可以 分成: 历史 语言学, 共时 语言学。历史 语言学[①], 也 叫做 历时 语言学, 它 研究 语言 历史 过程 中 的 一个 动态 发展 的 阶段 或者 整个 过程, 例如 汉语 历史 语言学。共时 语言学 研究 语言 历史 过程 中 的 一个 相对 静止 的 阶段。例如, 一般 说 的 现代 汉语 语言学、古代 英语 语言学。

(2) 从 研究 方法 的 角度 分类

这个 角度 一般 做 语言学 分类 的 辅助 标准。

第一, 从 主观 干预 的 程度 来看, 可以 分成: 描写 语言学, 规范 语言学。描写 语言学 着重 客观 地 反映 语言 中 存在 的 现象 和 规律, 经常 与 共时 语言学 结合 成 共时 描写 语言学, 例如 "美国 描写 语言学"。但是 它 不 容易 使 人们 分清 事物 发展 中 的 主流 和 支流。

规范 语言学 在 尊重 语言 现实 的 基础上 研究 它 的 发展 主流, 引导 语言 朝着 符合 发展 规律 的 方向 前进。但是 如果 操作 过度, 它 就 可能 带上 强烈 的 主观 色彩, 容易 出现 引导 失误。规范 语言学 经常 和 应用 语言学 联系 在 一起。

第二, 从 操作 的 方式 来看, 可以 分成: 比较 语言学, 转换 语言学。比较 语言学 研究 语言 之间 或者 语言 里面 的 现象 之间 的 相同 和 不同。比较 语言学 和 历史 语言学 结合 形成 "历史 比较 语言学"。转换 语言学, 可以 把 相同 的 形式 转换 成 不同 的 内容, 也 可以 把 相同 的 内容 转换 成 不同 的 形式, 从而 研究 形式 和 内容 之间 的 实质 联系。例如, 语言学 历史 上 出现 的 "转换 生成 语言学", 试图 透过 不同 的 语言 表层 结构, 寻找 人类 语言 共同 的 深层 结构。

---

①徐 通锵. 历史 语言学 [M]. 北京: 商务 印书馆, 1996.

上面 关于 语言学 的 分类，是 从 单纯 的 理论 角度 进行 的 比较 系统 的 分类。在 实际 使用 中 一个 名称 可能 包含 几个 方面 的 性质，或者 在 不同 侧重 情况 下 有 不同 的 含义。例如 "现代 汉语" 学科，可以 属于 个别 语言学、共时 语言学、基础 语言学 等。

语言学 的 分类 是 相对 的，是 研究 思路 的 侧重点 不同 的 表现。它们 互相 补充，形成 语言学 的 整体。一般 来说 理论 研究 和 基础 研究 结合 紧密，应用 研究 和 实践 研究 结合 紧密。所以，有 "基础 理论" 的 说法，人们 也 经常 把 "理论 语言学" 和 "应用 语言学" 并列 称呼。

1.1.4 语言学 的 教学

（1）"语言学 概论" 的 课程 性质

这 本 《语言 理论》 教材 是 为 高等 学校 "语言学 概论" 课程 编写 的。语言学 概论 的 任务 是 概要 地 介绍 人类 语言 的 一般 的 基础 理论。"语言学 概论" 做 教材 名称，还 可以 有 "语言 理论、语言学 理论、语言 原理、普通 语言学、理论 语言学" 等 名称 同时 使用，有的 在 后面 明确 加上 "概论、概要、纲要、通论、导论、引论、基础" 等，表示 内容 上 的 概括性。

"语言学 概论" 是 与 "文学 概论" 平行 的 高等 学校 各种 语言 文学 专业 的 两 门 必要 的 基础 理论 课程。它们 分别 为 学习 具体 的 语言 课程 和 具体 的 文学 课程，提供 理论 指导。由于 一些 大学 不太 重视 这门 课程 的 建设，所以 相对于 文学 概论 来说，语言 学 概论 教学 的 时间 比较 少，教师 数量 比较 少。随着 大家 对 语言 理论 价值 的 不断 重 视①，随着 这门 学科 和 课程 建设 的 发展，这种 局面 必然 会 被 打破。 20 世纪 初期 中国 开始 结合 汉语 实际，从 外国 引进 系统 的 语言 理论。例如，张 世禄 的 《语言学 原理》 1930 年 由 商务 印书馆 出版。1950 年 在 当时 苏联 这个 国家 的 斯大林 的 著作 《马克思 主义 与 语言学 问题》 的 影响 下，中国 的 语言学 地位 提高，大学 里 的 中文 和 外语 等 系 普遍 开设 "语言学 概论" 课程，高 名凯、岑 麒祥 等 最早 编写 相应 的 教材。高 名凯、石 安石 主编 的 《语言学 概论》1963 年 由 中华 书局 出版，成为 最早 的 "语言学 概论" 统编 教材。1978 年，中国 恢复 高等 教育 考试 制度，确定 "语言学 概论" 是 综合性 大学 中文 系 的 基础 课程。1980 年 师范性 大学 中文 系 也 这样 规定。后来 各个 大学 的 外语 系 也 跟上。这个 时期 出现 的 影响 比较 大 的 教材 主要 是：叶 蜚声、徐 通锵 的 《语言学 纲要》（北京 大学 出版社，1981 年），马 学良 主编 的 《语言学 概论》（华中 工学院 出版社，1981 年），戚 雨村 主编 的 《语言学 引论》（上海 外语 教育 出版社，1985 年）。

中国 著名 语言学家 王 力 非常 重视 这门 课程 的 知识。他 说："可以 这样 说，最近 50 年 来，中国 语言学 各 部门 如果 有了 一点一滴 的 成就，那 都 是 普通 语言学 的 恩赐。" "中国 语言学 的 落后，主要 是 由于 我们 的 普通 语言学 落后。" "我们 要 研究 普通 语 言学，因为 我们 需要 语言学 概论 来 指导 我们 的 工作。"②

---

①彭 泽润. 素质 教育 和 语言学 概论 的 学科 建设 [J]. 北京：语文 建设，1999，(2).

②伍 铁平. 语言学 是 一门 领先 的 科学 [M]. 北京：北京 语言 学院 出版社，1994.72.

由于 语言学 概论 要 引用 大量 的 外语 例子, 给 这 门 课程 的 教材 编写 和 教学 增加 了 很多 困难。对于 教师, 懂得 的 外语 越 多 越 好, 但是 事实 上 不 可能 熟练 地 学会 很 多 外语。对于 学生, 太 多 的 外语 资料 学 起来 很 困难。因为 有 困难, 所以 在 中国 的 传 统 中, 专科 层次 的 中文 系 普遍 开设 文学 概论 概论, 但是 不 开设 语言学 概论 课程。这 就 导致 很多 人 缺乏 语言学 常识, 对 语言 政策、语言 生活 和 语言 研究 造成 不利 影响。 好在 21 世纪 后 中国 专科 大学 普遍 升格 成为 本科 大学。另外, 一些 教材 为了 简单 方便, 基本上 用 汉语 的 例子, 而且 介绍 的 内容 也 局限 在 语言 的 结构, 结果 使人 产生 误解, 以为 语言学 概论 不过 是 在 现代 汉语 课程 中 加 进去 一点 外语 的 例子。

中国 著名 的 语言学家 吕 叔湘 非常 重视 语言 的 实际 使用。他 说:"打开 任何 一本 讲 语言 的 书 来看, 都 只 看见 '工具', '人们' 没有 了……讲 的 是 这种 工具 的 部件 和 结构, 没有 讲 人们 怎样 使唤 这种 工具。"① 因此《语言 理论》这本 教材 也 重视 语用 理论, 就是 语言 应用 中 的 理论。

(2)"语言学 概论" 的 教学 方法

在 教学 课时 少 的 学校, 这 门 课程 最好 等 学生 学 了 一定 的 "现代 汉语、古代 汉 语、外语" 等 具体 语言 课程 知识 以后 开设。教 这 门 课程 的 时候, 教师 要 引导 学生 积 极 自学, 只 对 一些 难 懂 的 部份② 做 详细 讲解。教师 不要 把 眼光 局限 在 具体 例子 中, 而 要 启发 学生 在 同类 例子 中 发现 规律, 着重 进行 思维 训练。

学生 要 发挥 自己 的 主动性 积极 自学。在 学习 过程 中, 要 用 马克思 主义 的 辩证法 思想, 用 全面 和 动态 地 观察 事物 等 观点 来 思考 问题。每 一 个 概念 和 问题 都 要 多 方 面、多 角度 思考。中国 学生 在 学习 过程 中, 要 不断 联系 自己 的 母语 包括 做 母语 的 方言 和 学过 的 外语 事实 进行 学习, 随时 把 现代 汉语、外语 等 教材 拿 出来 查阅。

学生 一定 要 改变 学习 具体 语言 的 方法, 不要 死记 语言 现象, 而 要 开拓 思维, 积极 发现 和 思考 问题, 不断 从 现象 中 发现 规律, 从而 能够 解释 我们 曾经 不能 解释 的 异常 现象。

对 陌生 的 外语 例子 不要 害怕, 只要 根据 教材 的 提示 和 引导, 就 能够 理解 例子 要 说明 的 问题。

要 多 练习。练习 不必 全部 通过 书面 方式 进行, 可以 一边 学 一边 对 自己 多问 几个 为什么。练习 也 最好 配合 有关 选修 课程 的 需要, 配合 语言 调查 特别 是 母语 调查 进行。 练习 要 能够 使 学生 养成 观察 生活 中 的 语言 现象 的 习惯, 关心 和 自觉 贯彻 国家 语言 工作 部门 制定 的 语言 政策 和 法规③, 并且 运用 自己 的 知识 去 分辨 是非, 正确 对待 和 处理 语言 中 的 问题。

---

①吕 叔湘. 语言 做为 一种 社会 现象 [J]. 北京: 读书, 1980, (4).

②"部份" 根据《现代 汉语 词典》的 现行 规范 应该 写成 "部分"。本书 一律 写成 "部份", 原因 见 本书 "后记"。参看: 彭 泽润. 让 " 份 " 为 "分 (fēn, fèn)" 分忧 [J]. 北京: 语文 建设, 1999, (4).

③全国 人大 教育 科学 文化 卫生 委员会 教育 室, 教育部 语言 文字 应用 管理 司. 中华 人民 共和 国 家 通用 语言 文字 法 学习 读本 [M]. 北京: 语文 出版社, 2001.

1.2 语言学 的 历史

1.2.1 语言学 历史 概说

人们 很早 就 开始 研究 语言。公元前 4 世纪，古代 印度 出现 了 巴尼尼 写 的 《梵语语法》。公元前 3 世纪，古代 希腊 出现 了 第欧尼修 写 的 《希腊语 语法》。中国 古代 在 汉朝 就 出现 了 研究 语言 的 "小学"，包括 "训诂学、文字学、音韵学"。古代 的 语言 研究，是 为了 读懂 前人 的 文献 附带 地 进行 研究，主要 是 对 少数人 使用 的 脱离 口语 的 书面语言 进行 研究，不是 对 大众 的 系统 的 活 语言 进行 研究。所以，为了 区别 独立 的 语言学，人们 把 它 叫做 "语文学"。

从 16 到 18 世纪，人们 在 国际 往来 中 开始 注意 收集 语言 标本，进行 比较 研究。从 18 世纪 末期 到 19 世纪，历史 比较 语言学 建立 起来，成为 大学 课程，使 语言学 成为 一门 独立 的 科学。20 世纪 初期 出现 了 结构 主义 语言学，注重 语言 本身 的 系统 研究，使 语言学 成为 一门 成熟 的 科学，进入 现代 语言学 阶段。接着，转换 生成 语言学 使 现代 语言学 迈上 了 新 台阶，为 计算 语言学 等 奠定 了 基础。后来，又 兴起 认知 语言学、话语 语言学、社会 语言学 等 注重 语言 动态 和 语言 外部 关系 的 语言学。最早 比较 全面 地 阐述 一般 语言 理论 的 学者 是 德国 的 洪堡特，最早 系统 地 阐述 一般 语言 理论 的 学者 是 瑞士 的 索绪尔。

语言 研究 的 发展，概括 起来 有 以下 几条 发展 路线：

第一，从 外部 亲属 关系 到 内部 结构 关系

人们 通过 历史 比较 语言学 找到 了 语言 之间 的 联系，从而 提高 了 探索 语言 内部 奥秘 的 兴趣，产生 了 结构 主义 语言学，重视 对 语言 内部 结构 系统 和 结构 特点 的 研究。当然 在 探索 语言 内部 秘密 的 时候，又 不能 不 回头 考虑 语言 的 外部 联系。

第二，从 本体 到 边缘

从 语言 结构 本体 到 与 语言 周围 的 使用者、社会、文化等，使 社会 语言学、计算 语言学 等 应用 语言学 出现 了。在 本体 研究 中 研究 的 范围 也 在 从 核心 向 其他 部份 扩大，从 宏观 到 微观 深化。突破 相对 有限 的 基本 符号 词 的 认识，研究 句子、句群、段落 等 越来越 相对 无限 的 符号 结构，使 篇章 语言学 等 出现 了。这样 就 可以 立体 地 分析 和 解释 语言 的 整体 面貌。当然，边缘 研究 必须 建立 在 本体 研究 的 基础上。

第三，从 历史 地 规定 到 现实 地 描写 和 解释

事物 总是 在 相对 稳定 中 不断 逐渐 变化 的。语言学 越来越 重视 对 不断 变化 的 客观 事实 的 描写。当然，语言 的 规范 并没有 被 忽视。现状 描写 越来越 注意 摆脱 偏激 的 主观 因素，在 注重 语言 事实 的 基础上，使 研究 精细化、公式化。当然 在 语言 发展 中，一定 会 出现 一定 的 混乱。这些 混乱 必须 有 一定 的 相对 稳定 的 规范 去 约束。

第四，从 书面语 到 口语

人们 越来越 重视 活生生 的 口语 包括 方言 口语 的 研究。在 过去 的 语言 历史 研究 中，口语 材料 几乎 没有，书面语 成为 唯一 的 材料 来源。但是 人们 发现 活 语言 的 空间 差异

就是 语言 的 不同 时期 的 现状 差异 的 投影，于是 各种 方言 口语 成为 重要 的 可靠 的 材料 来源。即使 研究 现代 语言，人们 也 很 重视 口语 材料。当 书面语 和 口语 发生 矛盾 的 时候，往往 优先 考虑 口语。

第五，从 表层 到 深层

从 形式 表层 到 内容 深层，从 相对 直观 的 显性 语法 结构 意义 表层 到 相对 隐蔽 的 隐性 语法 结构 意义 深层 是 总 的 发展 趋势。转换 生成 语言学 的 出现，说明 人们 更加 关心 语言 的 深层 结构 关系，希望 透过 符号 序列 的 表层 结构 找到 符号 后面 的 更加 有 普遍 意义 的 深层 结构。语言 学者 透过 语音 的 自然 表层 找到 音位 深层 及其 区别 特征，使 音位学 出现 了。透过 意义 的 自然 表层 找到 功能 语义 特征 深层，使 义位学 出现 了。透过 显性 语法 规则 找到 隐性 语法 规则，使 格语法 等 出现 了。透过 语言 结构 共性 找到 人类 思维 共性，使 认知 语言学 出现 了。这样，把 原来 人脑 理解 语言 的 感性 和 零散 的 认识 进一步 理性化 和 系统化，形成 一种 网络 认识，让 电脑 能够 利用 人类 语言 代替 人脑 高效率 处理 信息。

从 发展 的 历史 过程 来看，世界 语言学 可以 分成 5 个 大 阶段，形成 5 个 大 学派：传统 语言学，历史 比较 语言学，结构 主义 语言学，转换 生成 语言学，当代 理论 语言学 和 应用 语言学。当然，它们 各自 运用 的 方法 并 不是 只 限于 特定 阶段，只不过 在 自己 的 阶段 得到 了 比较 突出 的 表现。而且，这些 方法 是 互相 补充 的，不是 互相 排斥 的。

1.2.2 传统 语言学

（1）传统 语言学 概说

传统 语言学，也 叫做 "语文学"，一般 是 指 19 世纪 历史 比较 语言学 产生 以前 的 具有 附属 地位 的 语言学。古代 印度、古代 希腊 和 古代 中国 是 人类 文明 的 3 个 发源地，也 是 传统 语言学 的 3 个 基地，在 公元前 4 世纪 到 公元前 1 世纪 这个 历史 时期，先后 分别 出现 了 最早 的 语言学 成果 《梵语 语法》、《希腊语 语法》、《说文解字》。

下面 首先 介绍 其中 的 《梵语 语法》。公元前 10 世纪 以前，古代 印度 就 有 用 梵语 写成 的 《吠陀》（Veda）。语言 变化 以后，为了 后人 能够 阅读 这种 宗教 领域 的 经典 文献，古代 印度 的 学者 就 开始 研究 《吠陀》 使用 的 语言。这样 产生 了 公元前 4 世纪 左右 巴尼尼（Panini）写 的 世界 上 最早 的 语言学 著作 《梵语 语法》。这部 诗歌 文体 的 著作 对 梵语 从 语音 形式 到 语义 内容 进行 了 详细 的 描写，提出 了 词类、词根、词缀、词尾、元音、唇音 等 概念，典型 地 表现 了 古代 人类 对 语言 认识 的 智慧。

另外，阿拉伯人 创造 了 世界 文化 历史 上 灿烂 的 阿拉伯 文化。在 7 到 8 世纪，巴士拉 和 库法 两个 城市 成 了 两个 文化 中心，分别 形成 了 两个 学派。巴士拉 学派 的 主要 成员 西巴维希（Sibawaihi）吸收 古代 印度 和 古代 希腊 语言学 的 语法 体系，写出 了 第一 部 系统 的 阿拉伯语 语法 著作 《西巴维希 的 书》。

（2）欧洲 的 传统 语言学

古代 希腊 语言学 可以 分成 雅典 时期 和 希腊化 时期。

在 雅典 时期 的 古代 希腊，最早 接触 语言 问题 的 是 一些 哲学家。他们 在 讨论 语言

中的 词语 表达 的 名称 和 客观 实际 中的 事物 之间 的 关系 的 时候，有的 认为 名称 反映 事物 的 本质，事物 的 本质 决定 了 名称 的 原始 的 正确性，有的 认为 名称 在 本质 上 纯 粹 根据 习惯 约定。这次 辩论 记录 在 公元前 4 世纪 柏拉图 《对话录》中。做 仲裁者的 苏 格拉底，开始 根据 人们 可以 摹仿 事物 声音 创造 词 的 现象，赞同 名称 跟 事物 有 必然 联 系，后来 又 说 词 在 本质 上 的 正确性 实际上 不 存在，因为 只有 对 事物 深入 的 正确 认 识 才能 创造 具有 正确性 的 词，而 这 对于 最初 创造 词 的 先民 来说 是 很 难 做到 的。这 个 有 重大 影响 的 争论 不仅 促成 古典 词源学 的 产生，而且 在 语言学 历史 上 对 语言 规 范 中的 继承 和 发展、规定 和 描写 等 不同 主张 都 有 影响。

雅典 时期 在 语言学 历史 上的 另一个 主要 贡献 是 初步 确定 了 语法 范畴。学者们 在 词类、句子 成份、词 的 语法 形态 变化 等 方面 进行 了 详细 分析。他们 还 发现 古代 希腊 语言 有 24 个 音素，把 这些 音素 分成 元音 和 辅音，并且 区分 出 记录 这些 音素 的 字母 形式 和 名称。

公元前 4 世纪 后期，希腊 的 统治者 马其顿 凭借 军事 实力 建立 了 一个 横跨 欧洲、亚 洲、非洲的 大 帝国，使 希腊 的 文化 和 科学 传播 到 地中海 东部 沿岸、黑海 沿岸 和 西亚。 从此 古代 希腊 文化 进入 希腊化 时期。

这个 时期 在 语言学 领域 发生 过 关于 语言 的 类推 与 例外 的 争论。在 埃及 的 亚力 山大里亚（Alexandria）形成 了 当时 有名 的 "亚力山大里亚 学派"。这个 学派 继承 前人 的 成就，出现 了 一个 典型 代表，就是 第欧尼修·特拉克斯（Dionysius Thrax）。他 总结 大 家 的 研究 成果，在 公元前 3 世纪 写出 了 希腊语 的 第一 部 有名 的 语法 著作 《希腊语 语法》，又 翻译 成 《语法 技术》或者 《读写 技巧》[①]。作者 把 句子 和 词 当做 语言 的 两 个 基本 单位，句子 是 思想 表达 的 基本 单位，词 是 语言 结构 的 基本 单位。作者 提出 的 相当 完备 的 词类 理论，使 人类 对 语言 具备 了 基本 的 理性 认识，影响 了 几 千年 的 欧 洲 语言学。这 本 书 的 语法 体系 的 主要 缺点 是 缺少 句法。两 个 世纪 以后，狄斯科鲁斯 （Apollonius Dycolus）写出 了 《论 句法》，区分 了 相当于 后人 的 "主语" 和 "谓语" 等，弥补 了 前人 的 这个 缺陷。

古代 罗马 的 语言学家 对 语言学 的 贡献 主要 是 把 亚力山大里亚 学派 的 希腊 语法 体 系 照搬 到 拉丁语 上 来，编写 出 系统 而 实用 的 教材，通过 教学 传播 了 这种 语法 思想， 出现 瓦罗（M. T. Varro）的 《拉丁语 研究》、多纳图斯（Donatus）的 《语法学》、普里西安 （Priscian）的 《语法 规则》等。

4 到 14 世纪 的 欧洲 封建 社会 时期，基督教 的 阴影 笼罩 着 社会，已经 脱离 当时 口 语的 书面语 拉丁语，做 教会、学校 和 学术 用语，是 唯一 被 研究 的 语言，它的 语法 规 则 也 被 套 到 其他 语言 上。语言 研究 方面 只是 把 多纳图斯 和 普里西安 的 语法 著作 用 做 教材，讲究 守护 传统 规范。由于 经院 哲学 的 影响，出现 了 用 逻辑 代替 语法 的 思辩 语法。为了 翻译 和 传播 《圣经》，出现 了 不少 词典。中世纪 后期，意大利 诗人 但丁 写了 《论 俗语》，用 自己的 理论 和 文学 创作 实践 为 活跃 在 人们 口头 的 民间 语言 辩护。这

---

①罗宾斯（Robins，英国）. 简明 语言学 历史 [M]. 北京：中国 社会 科学 出版社，1997.

是 非常 可喜 的 事情。

15 到 18 世纪 的 欧洲 进入 "文艺 复兴" 时期。由于 民族 意识 的 觉醒，各个 民族 日常 生活 中 使用 的 活 语言 的 地位 逐渐 得到 提高，研究 各个 民族 语言 的 学者 逐渐 多 起来，经验 语法 学派 产生。同时，随着 15 到 16 世纪 对 美洲 的 发现 以及 殖民地 扩张，欧洲 人 接触 到 许多 语言，欧洲 出现 了 研究 亚洲、美洲 的 语言 的 语法书 和 词典。欧洲人 接触 梵语 是 在 16 世纪。

17 到 18 世纪 是 欧洲 哲学 发展 的 重要 时期，也 是 语言学 的 一个 发展 时期。与 经验 语法 学派 平行，17 世纪 中期 法国 出现 了 唯理 语法 学派。1660 年，在 巴黎 郊区 的 波尔·罗瓦雅尔（Port Royal）女 修道院 里 写 的《普遍 唯理 语法》（也 叫做《波尔·罗瓦雅尔 语法》）出版。它 的 作者 是 逻辑学家 阿尔诺（A. Arnauld）和 语言学家 朗斯洛（C. Lancelot）。这 本 书 把 笛卡尔 的 理性 主义 做 基础，认为 人类 有 共同 的 思维，语言 表达 思想，因此 表面 形式 不同 的 语言 在 本质 上 是 一致 的，只 不过 是 同一 体系 的 变体，不同 语言 后面 一定 存在 普遍性 的 一般 原理。《普遍 唯理 语法》对 逻辑学、数理 语言学、结构 主义 语言学 都 有 很大 的 影响，索绪尔、布龙菲尔德、乔姆斯基 等 对 它 都 有 很 高 的 评价。

这个 时期 的 一些 哲学家 打破《圣经》认为 上帝 创造 语言 的 神秘 传统，还 科学 地 探讨 了 语言 起源 的 问题。孔狄亚克（E. B. de Condillac）认为，人 从 对 表示 快乐、恐惧、痛苦 的 自然 的 感叹 声音 中 得到 启发 从而 创造 出 声音 符号，一些 是 感叹 中 的 本能 产物，一些 是 思考 中 的 创造 产物。卢梭（J. J. Rousseau）也 认为，语言 开始 从 自然 的 感叹 声音 中 产生，后来 通过 社会 约定 形成。1769 年 德国 柏林 的 普鲁士 皇家 科学院 发起 关于 语言 起源 问题 的 有奖 征文，赫尔德（J. G. Von Herder）的《论 语言 的 起源》获奖。赫尔德 指出：人类 还是 一般 感性 动物 的 时候 就 有 了 语言，这 就是 表达 各种 感情 的 野性 的 声音，在 今天 的 语言 中 通过 感叹词、拟声词 还 能够 发现 这种 痕迹。语言 是 人类 的 理性 认识 能力 这种 内在 属性 的 外在 标志。人类 活动 范围 扩大，从 有限 的 本能 活动 中 扩大 了 生活 领域，就 会 从 直接 的 感性 认识 能力 中 产生 间接 的 理性 认识，从而 产生 创造 语言 的 内在 力量。但是，他 仍然 认为 人 的 这种 内在 能力 是 预先 设计 的，无法 完全 摆脱 上帝 创造 世界 的 观念。

随着 语言 视野 的 进一步 扩大，17 到 18 世纪 的 学者 开始 对 语言 标本 进行 收集。著名 的 有 俄国 女皇 叶卡捷林娜 主持 调查 编写 的《全球 语言 比较 词汇》，包括 286 个 词 的 200 多 种 语言 的 对照 翻译 材料。在 收集 语言 标本 的 同时，有些 学者 还 进行 了 初步 比较 和 分类。还 有人 进一步 尝试 创造 世界 通用 的 人工 语言。

（3）中国 的 传统 语言学

古代 印度、希腊、阿拉伯 的 语言学，都 是 把 语法 当做 主体 研究。但是，由于 汉语 用 复杂 的 汉字 记录，汉语 形态 变化 不多，所以 中国 的 传统 语言学 是 从 汉字 这种 特殊 文字 中 的 字 出发，通过 解释 "字" 的 形体 结构 与 字 记录 的 口语 单位 包括 词 和 语素 的 声音 和 意义 的 关系 来 研究 语言。中国 最早 产生 的 语言学 著作 是 词典，而 不是 语法 书。中国 传统 语言学 "小学" 的 3 门 学问 就是："文字、音韵（语音）、训诂（词汇，语义）"。其中 也 没有 语法。研究 文字 是 手段，研究 语义 是 目的，目的 是 为了 读懂 古文。研究 语音 的 目的 主要 是 为了 做 诗歌 的 时候 怎样 押韵。

与 古代 希腊 一样，中国 最早 关于 语言 的 争论 也是 跟 哲学 联系 在 一起 的，而且 时间 大体 相当。春秋 战国 时代，名称 和 事物 的 关系 问题 是 代表 各种 观点 的 思想家 争论 的 一个 焦点 问题。比较 科学 的 有 代表性 的 观点 是 荀子 在《正名篇》阐述 的 观点：名称 没有 固定 的 好 和 坏，通过 约定 形成 习惯 就是 适当，违背 大家 的 习惯 就是 不适当；名称 没有 固定 的 内容，通过 约定 习惯 地 表达 一定 内容，就是 实在 的 名称。

公元前 4 世纪 到 公元前 3 世纪，人们 给 古代 经典 文献《春秋》做 解释，形成 了《春秋 三传》，其中 出现 了 零星 的 对 语法 现象 的 说明。

公元前 3 世纪 末期 到 公元 3 世纪 的 秦朝 和 汉朝 时代，是 中国 语言学 的 开创 时期，产生 了 文字学 和 训诂学。公元前 3 世纪 出现 了 做 书写 标准 的 书法 字典。秦朝 和 汉朝 的 过渡 时期 产生 了 最早 的 词典《尔雅》，这 是 一部 按照 不同 类别 编排 的 百科 词典。西汉 第一部 方言 词典 是《酉轩 使者 绝代语 释 别国 方言》（简称《方言》），作者 是 文学家 扬雄。它 通过 方言 的 活 例子 来 解释 古代 书面 语言 中 的 词语，区分 了 古语、通语 和 方言，认识 到 了 语言 不仅 有 时间 和 空间 的 差异，而且 这些 差异 又 在 发展 中 互相 联系。东汉 产生 了 第一部 字典《说文解字》，作者 是 经学 大师 许慎。这部 书 对 9353 个 字 进行 字形 结构 分析，解释 了 字 记录 的 语素 的 原始 意义，影响 深远。东汉 还 出现 第一部 词源学 著作《释名》，作者 是 刘熙。这部 书 抓住 语言 的 语音 这个 基本 形式 来 解释 词语 产生 和 分化 包括 书写 形式 的 分化 的 原因。

在 3 到 14 世纪，就是 从 魏朝、晋朝 到 元朝 这个 漫长 的 时期，通过 佛教 的 传播，从 印度 引进 了 语音学，音韵学 占有 统治 地位。由于 汉字 是 一种 字 不 直接 对应 语音 单位 的 文字，不 方便 记录 语音，在 东汉 末期 受到 宗教 传播者 带来 的 外语 影响，开始 用 "反切" 方法 给 汉字 注音，用 前面 一个 字 的 声母 和 后面 一个 字 的 韵母 和 声调 拼写 一个 汉语 音节，例如 "胎" 用 " '太'、'才' 切" 表示 音节 的 组合 " t（清 声母）+ ai（平声）= t+ āi"。

魏朝、晋朝、南北朝 时期，又 因为 文学 对 形式 美 的 追求，人们 开始 重视 语音 结构 的 分析，编写 韵书。最早 的 韵书 是 北魏 李登 的《声类》，现在 保存 下来 的 最早 出现 的 韵书 是 隋朝 陆法言 等 人 编写 的《切韵》（残缺），它 是 汉语 语音 历史 研究 的 重要 依据。对 它 的 修订，影响 最大 的 是 北宋 陈彭年 等 编撰 的《大宋 重修 广韵》（1008 年）。

唐朝 末期 的 守温 参照 印度 梵语 字母 创造 了 汉语 字母，用 30 个 汉字 表示 汉语 的 声母。宋朝 把 30 个 字母 增加 到 36 个 字母，出现 了 按照 字母、韵类 和 声调 排列 的 图表，这 就是 韵图。比较 有名 的 韵图 有《韵镜》、《七音略》和《切韵 指掌图》等。

北宋 王子韶 在《字解》（没有 流传）里 提出 "右文说"，认为 形声字 的 声旁 与 意义 也 有 联系，声旁 相同 的 字 记录 的 语素 一般 有 共同 的 基本 意义，启发 了 清朝 学者 在 训诂学 领域 提出 "因声求义" 的 方法。

1324 年，元朝 周德清 为了 写 曲子，把 当时 的 都城（大都）的 语音 当做 标准 编写 了《中原 音韵》，反映 了 北方 近代 汉语 的 语音 面貌，也 是 研究 汉语 语音 历史 的 重要依据。同年 卢 以纬 写 了 第一 部 汉语 虚词 专著 《语助》。

明朝 的 学者 陈 第 指出：时间 和 空间 的 不同 造成 了 文字 和 语音 的 必然 变化，认识 到 语音 是 发展 的，揭开 了 古代 语音学 研究 的 序幕。梅 膺祚 的 《字汇》，最早 按照 笔画 多少 的 次序 排列 部首 和 字。

在 17 世纪 中期 到 19 世纪 初期 的 清朝 是 传统 语言学 最 辉煌 的 时期。戴 震、段 玉 裁、王 念孙、江 有诰，对 《诗经》 代表 的 上古 韵部 勾勒 出 一个 比较 清晰 的 轮廓。钱 大昕、李 元、章 炳麟 对 古代 声母 研究 有 重大 发现。黄 侃 总结性 地 提出 古代 韵母 28 部，古代 声母 19 纽。段 玉裁、朱 骏声、桂 馥、王 筠 被 认为 是 研究 《说文解字》 的 4 大 专家。声音 接近 意义 相通 的 理论，突破 了 汉字 形体 的 局限，意识 到 了 口语 的 基础 地 位。语法 方面，刘 淇 的 《助字 辨略》（1771 年）和 王 引之 的 《经传 释词》（1789 年），是 两 部 比较 系统 的 研究 虚词 的 著作。

1898 年，在 河南 安阳 小屯村 一带 发现 了 甲骨文。它 是 距离 现在 3 千 多年 的 殷 商 时代 刻 在 龟甲 兽骨 上 使用 的 古代 汉字。由于 甲骨文 的 发现，文字学 开始 突破 《说 文解字》 的 体 系。

马 建忠 参照 欧洲 传统 语法 体系，用 10 年 时间 写出 了 中国 第一 部 系统 的 古代 汉 语 语法 著作 《马氏 文通》，也 是 在 1898 年 出版。如同 宗教 传播 产生 了 汉语 语音学，汉 语 语法学 的 出现 也 是 在 借鉴 外国 语言 研究 的 基础 上 开辟 的 汉语 研究 的 新 领域。

1.2.3 历史 比较 语言学

历史 比较 语言学 是 从 历史 关系 的 角度 比较 研究 不同 语言，通过 发现 语音 对应 规 律 寻求 语言 亲属 关系，推测 原始 共同语 面貌 的 语言学。历史 比较 语言学 简称 历史 语言 学，跟 共时 语言学、对比（比较）语言学 相对。

1786 年 英国 派遣 到 印度 的 学者型 官员 琼斯（William Jones，1746-1794），在 印度 加尔各答 的 亚洲学 年会 上 宣读 论文，发现 古代 印度 的 梵语 的 "动词 词根 和 语法 形式" 跟 欧洲 的 希腊语、拉丁语 "有着 十分 明显 的 关系"，相信 它们 会 有 共同 来源。这 引起 了 人们 极大 的 兴趣，从而 产生 历史 比较 语言学。

【讲课】6

有 奠基 作用 的 历史 比较 语言学 专著 是 1816 年 出版 的 德 国 学者 葆朴（Franz Bopp，1791-1867）写 的 《论 梵语 动词 变位 系统：与 希腊语、拉丁语、波斯语 和 日耳曼语 比较》。

第一 本 成熟 的 历史 比较 语言学 专著 是 1818 年 出版 的 丹 麦 学者 拉斯克（Rasmus Rask，1787-1832）写 的 《古代 北方语 或者 冰岛语 的 起源 研 究》。

1819 年 德国 学者 格里木（Jacob Grimm，1784-1863）出版 《德语 语法》，提出 了 著名 的 "格里木 定律"，得到 了 从 希腊语、拉丁语 到 日耳曼语 到 古代 高地 德语 的 历史 变化 中 的 语音 对应 规律，给 语言 亲属 关系 提供 了 决定 性质 的 证据。格里木 定律，就是 发 现 了 语音 演变 规律，大大 提高 了 语言学 的 科学 地位。

从 "格里木 定律" 图表 展现 的 变化 事实 可见, 在 第一 阶段 出现 3 组 辅音:

① p, t, k; ② b, d, g; ③ f, th (z), ch (h)。

第一 阶段 到 第二 阶段 的 变化 是:

① 变成 ③, ② 变成①, ③ 变成 ②。

第二 阶段 到 第三 阶段 的 变化 同样 是:

① 变成 ③, ② 变成①, ③ 变成 ②。

这样 在 互补 递进 演变 中 第一 阶段 的 ① 变成 了 第三 阶段 的 ③。3 个 阶段 的 变化 格局 分别 是:

①②③; ③①②; ②③①。

【图表】格里木 定律

阶段	3组 辅音 被 替换 以后 形成 的 3 阶段 的 变化 规律		
1	① p, t, k	② b, d, g	③ f, th (z), ch (h)
2	③ f, th (z), ch (h)	① p, t, k	② b, d, g
3	② b, d, g	③ f, th (z), ch (h)	① p, t, k
格局	①——→③——→②	②——→①——→③	③——→②——→①

洪堡特（karl Wickem von Humboldt，1767-1835）1828 年 出版 《论 人类 语言 结构 的 差异》。1830 年 出版 《论 爪哇岛 上 的 卡维语》,这 本书 的 引言 是 一篇 独立 的 论文,题 目 是 《论 人类 语言 结构 的 差异 及其 对 人类 精神 发展 的 影响》。他 认为 语言 是 一种 创造 能力,而 不是 一种 产品,语言 是 民族 的 精神,每 种 语言 包含 一个 独特 的 世界观, 语言 是 人 的 本质 部份,是 思想 的 构造 器官。他 说 任何 语言 都有 自己 的 特点 和 优点。 他 最先 把 语言 分成 孤立语、黏着语、屈折语。洪堡特 是 在 索绪尔 前面 系统 论述 语言 的 一般 理论 的 有名 学者。

18 61 年 德国 语言学家 施莱歇尔（A. Schleicher，1821-1868）出版 了 《印度 日耳曼语 比较 语法 纲要》。施莱歇尔 认为,语言 和 其他 自然 现象 一样 有 生命 的 发展 规律,根据 语言 的 亲属 关系 提出 了 语言 的 "谱系 分类"。但是 他 错误 地 认为 语言 的 成长 过程 是 从 简单 到 复杂,简单 的 孤立语 发展 成 黏着语,黏着语 发展 成 最复杂 的 屈折语,到 了 有 历史 记录 的 时期 进入 发展 高峰,同时 开始 衰退,因此 孤立语 是 一种 落后 的 原始 语言。

19 世纪 70 年代,是 历史 比较 语言学 的 转折 时期。以 德国 莱比锡 大学 为 中心 形成 了 著名 的 "青年 语法 学派"。它 的 代表 人物 是 德国 语言学家 布鲁格曼（k. Brugmann, 1849-1919）、奥斯托霍 夫（H. Osthoff，1847-1907）、雷斯琴（A. Leskien，1840-1916）、德 尔布吕克（B. Delbrück，1842-1922）、保罗（H. Paul）,以及 丹麦 学者 维尔纳（karl Verner, 1846-1896）。

格里木 定律 基本上 正确,但是 有些 例外 没有 解决。比如,拉丁语 同一 声音 p,在 古 代 高地 德语 中 有时 变成 v,有时 变成 b。维尔纳 通过 对比 梵语 发现,原来 希腊语、拉丁 语 的 p、t、k,凡是 与 古代 高地 德语 的 v、p、h 对应 的,重音 都 出现 在 这些 音素 前面;

凡是 与 b、d、g 对应 的，重音 都 出现 在 这些 音素 后面。这个 重音 位置 在 梵语 中 还 保存 得 很 好，然而 在 日耳曼语 中 消失 了。这 就是 维尔纳 1875 年 在《第一 次 语音 变化 的 一个 例外》中 揭示 的 有名 的 定律，叫做 "维尔纳 定律"。

"青年 语法 学派" 的 理论 兴趣 在于 解释 语言 中 系统 的 历史 变化。他们 认为 语音 演变 是 有规律 的，在 相同 条件 下 规则 没有 例外，一条 规律 中 出现 的 例外 也 会 有 其他 规律 支配。他们 认为 类推 在 语言 发展 中 对 规律 起 重要 作用。但是，他们 对 语言 的 社会 性质 重视 不够，视野 比较 狭窄。

汉语 的 历史 语言学 可以 从 18 世纪 后期 算起，比 欧洲 的 历史 比较 语言学 大约 早 一 百 年，但是 它 一般 是 对 不同 时间 的 汉语 进行 研究。清朝 学者 钱 大昕 根据 古代 文献 中 提供 的 信息，证明 古代 没有 "轻唇音" 和 "舌上音"、多 "舌音" 等。认为 中古（唐 朝 到 宋朝）的 轻唇音（唇齿音）声母，在 中古 以前 都 读成 重唇音（双唇音），就是 中古 "非、敷、奉、微" 在 先秦 的 时候 读成 "帮、滂、并、明"。中古 的 声母 "知、彻、澄" 等 舌上音，在 中古 以前 也 属于 "端、透、定"，中古 的 "照、穿、神" 等，先秦 也 属于 "端、透、定" 声母。

1900 年，商克（schank）的《古代 汉语 语音学》在 法国 巴黎 发表，他 第一 次 提出 了 声母 腭化 的 观念 和 古代 双唇音 在 三等 韵母 前面 变成 唇齿音 的 条件，发现 一、二 等 韵母 没有 i 介音，三、四 等 韵母 有 i 介音，确定 了 汉语 古音 研究 的 一些 原则。对 汉语 历史 比较 语言学 影响 最大 的 是 瑞典 汉学家 高本汉（Bernhar d karlgren，1889-1978） 的《中国 音韵学 研究》(1915 到 1919 年 在 斯德哥尔摩 发表，1940 年 在 中国 翻译 出版)。 他 运用 欧洲 的 历史 比较 语言学 方法，在 中国 传统 音韵学 成果 的 基础 上，对 汉语 的 各种 方言 进行 调查 和 比较 研究，为 中古 汉语 语音 拟定 了 一个 完整 的 体系。

后来 中国 学者 汪 荣宝、罗 常培、俞 敏、李 荣 等，还有 法国 学者 马伯乐（H. Maspero， 1883-1945），利用 在 古代 中国 和 印度 的 宗教 中 出现 的 语言 对照 材料，从 使用 表音 文字 的 古代 印度 书面语 梵语 文献 中 考证 许多 古代 汉语 的 语音 现象。中国 学者 李 方 桂 除了 研究 汉语 语音 历史 以外，在 1937 年 发表 了《中国 的 语言 与 方言》(英语)，把 汉藏 语系 分成 汉语、壮侗（侗台）、苗瑶、藏缅4 个 语族，被 普遍 接受。

1.2.4 结构 主义 语言学

结构 主义 语言学 是 注重 活 语言 的 结构 系统 的 共时 描写 的 语言学。它 认为 语言 从 结构 本质 上 来说 是 一种 声音 和 意义 结合 的 符号 系统。它 开创 了 音位学、符号学 等 学科。结构 主义 语言学 简称 结构 语言学 或者 共时 语言学。

索绪尔 的《普通 语言学 教程》在 1916 年 出版，开创 了 结构 主义 语言学 流派。以后 发展 成 布拉格 学派、哥本哈根 学派 和 美国 结构 主义 学派3 大 分支 学派。

（1）索绪尔 的 结构 主义 语言学

索绪尔（F. de Saussure，1857-1913）出生 在 日内瓦 的 一个 学术 世家，是 瑞士 国籍 的 法国 人 后代。1875 年 进入 瑞士 日内瓦 大学 学习，1876 年 转到 德国 当时 的 历史 比较 语言学 中 心 莱比锡 大学 学习。1878 年 发表 著名 的《论 印欧系 语言 元音 的 原始 系统》。

后来 转到 德国 柏林 大学 学习。1880 年 回到 莱比锡 大学 攻读 博士 学位。1881 年 在 巴黎 高等 研究 学院 教 印欧 语系 古代 语言 和 历史 比较 语言学，开创 了 语言学 历史 上 的 法 兰西 学派。为了 抗议 担任 教授 必须 加入 法国 国籍 的 规定，1891 年 他 离开 法国，回到 日内瓦 大学 教 相同 的 课程。1906 年 到 1911 年 他 3 次 讲授 普通 语言学。索绪尔 在 日内 瓦 带出 了 一批 学生，形成 了 日内瓦 学派。他 去世 以后，他 的 学生 根据 听课 笔记 以及 遗留 的 手稿，整理 出 《普通 语言学 教程》，在 1916 年 用 法语 在 法国 出版。这是 语言学 历史 上 有 里程碑 作用 的 著作，世界 主要 语言 都 有 翻译 版本。

索绪尔 的 语言 理论 包括 以下 几个 方面：① 索绪尔 认为 语言 是 一种 符号 系统，语言 学 属于 符号学。符号 的 形式 和 内容 的 结合 是 任意 的。语言 符号 的 表现 形式 具有 线 条性。语言 符号 在 内容 上 是 通过 要素 之间 的 关系 构成 的 价值 系统，不同 语言 中 意 义 相同 的 词语，没有 相同 的 价值。② 索绪尔 把 语言 使用（langage）分成 语言（langue） 和 言语（话语，parole）两个 部份。语言 是 从 全 社会 的 言语 中 概括 出来 的 共同 的 心 理 系统，言语 是 在 个人 意志 支配 下 运用 语言 工具 以及 这样 产生 的 具体 表现。语言 是 系统，言语 只是 系统 的 局部 表现。③ 索绪尔 认为 认识 语言 结构 系统 依靠 句段（组合） 关系 和 联想（聚合）关系 两种 基本 关系。④ 索绪尔 把 语言 要素 分成 内部 要素 和 外部 要素。内部 要素 指 语言 本身 的 结构 系统，外部 要素 指 语言 与 民族、地理、历史 等 方面 的 关系。他 首先 强调 内部 要素 的 系统 研究。⑤ 索绪尔 认为 语言 有 共时 和 历时 两种 状态。他 强调 共时 状态 对 大众 的 现实 作用，因此 他 重视 排除 历史 的 干扰 进行 现实 的 清晰 描写。

（2）捷克 的 布拉格 学派 的 结构 主义 语言学

捷克 的 布拉格 学派 注重 音位 功能 分析，又 叫做 功能 学派、音位 学派。他们 把 结构 与 功能 结合 起来，认为 语言 活动 和 人类 其他 活动 一样 具有 目的性，应该 用 功能 观点 去 研究 语言。他们 认为 强调 共时 和 历时 的 区分 是 对 的，但是 不能 完全 割裂 它们 的 关系。例如，共时 现象 中 的 新 成份 和 旧 成份 的 辨别 必须 借助 历时 关系 考察。同样， 历时 研究 抛弃 各个 共时 系统 的 功能 制约 也 不行。语言 的 内部 研究 也 不能 忽视 外部 联系。他们 在 方法 上 注重 共时 语言 结构 特点 的 研究。针对 语言 的 谱系 分类 研究，特 鲁别茨科依 提出 "语言 联盟" 的 思想，认为 有 相似 特征 的 语言 不一定 都 有 亲属 关系， 可能 是 在 没有 亲属 关系 的 语言 互相 影响 的 情况 下 产生 的 朋友 关系。

布拉格 语言 学会 1926 年 10 月 在 捷克斯洛伐克 国家 的 布拉格 城市 成立，1939 年 因为 纳粹 分子 侵略 而 解散。学会 的 创建人 是 布拉格 查理 大学 教授 马泰休斯（V. mathesius， 1882-1945），主要 成员 还有 捷克 学者 哈弗拉内克（B. Havranek，1893-1978）等，当时 在 捷克 的 俄国 学者 雅柯布逊（R. Jakobson，1896-1982），当时 在 维也纳 的 俄国 学者 特鲁 别茨科依（H. C. Trubezkoy，1890-1938）等。1929 年，学会 向 在 布拉格 召开 的 第一次 国际 斯拉夫 学者 代表 大会 提交 了 一份 《提纲》，全面 阐述 了 自己 的 语言学 观点。这次 会议 以后 成立 了 国际 音位 学会，特鲁别茨科依 当选 这个 学会 的 主席。1932 年，在 海牙 语音 科学 会议 上，人们 正式 提出 了 "布拉格 学派" 的 名称。布拉格 学派 在 音位学 研究 中 最 著名，代表作 是 1939 年 出版 的 特鲁别茨科依 的 《音位学 原理》。特鲁别茨科依 认为

音位 是 一定 语言 中 "能够 区别 两 个 词 的 理性 意义 的 语音 对立"。在 句子 功能 分析 方面，马泰休斯 1939 年 提出 根据 语言 环境 和 交际 目的 分析 的 "实际 切分" 理论。另外，布拉格 学派 开始 比较 重视 意义 分析，从 功能 出发 广泛 探讨 标准语、语言 修养、修辞学、文艺学、美学 等 问题。

（3）丹麦 的 哥本哈根 学派 的 结构 主义 语言学

丹麦 的 哥本哈根 学派 又 叫做 语符 学派，把 结构 主义 的 抽象 特点 推到 顶峰，注重 语言 内部 结构 的 关系 网络 研究，把 语言 看做 一种 纯粹 抽象 的 符号 系统，注重 研究 它 们 的 关系 和 模式。他们 在 音位 之间 的 语音 特征 的 基础 上 提出 词 之间 的 "语义 特 征"，想 通过 有限 的 最小 要素 和 关系 发现 "语言 的 代数"，代表 人文 科学 与 自然 科 学 结合 的 趋势，与 现代 计算 语言学 的 理论 非常 接近。但是，由于 过份（"过份" 根据 《现代 汉语 词典》的 现行 规范 应该 写成 "过分"。本书 一律 写成 "过份"，原因 见 本 书 "后记"）强调 抽象，他们 的 理论 在 当时 缺乏 实用 价值。

哥本哈根 语言 学会 1931 年 在 丹麦 国家 的 哥本哈根 城市 成立，代表 人物 是 哥本哈根 大学 教授 叶尔姆斯列夫（L. HJelmslev，1899-1965）。早期 代表 人物 还有 乌尔达尔（H. Uldal，1907-1957）。1939 年 布龙达尔 发表 的 《结构 主义 语言学》，成为 这个 学派 的 纲 领。叶尔姆斯列夫 和 布龙达尔 曾经 合作，1936 年 在 哥本哈根 第3届 国际 语言学家 会议 上 提出 一份《语言 理论 提纲》。布龙达尔 到 希腊 工作 以后，叶尔姆斯列夫 继续 发展 这种 理 论，写出 学派 的 代表作 《语言 理论 导论》，1943 年 出版，1953 年 被 翻译 成 英语 出版。乌尔达尔 在 1957 年 也 单独 出版 了《语符学 纲要》。

叶尔姆斯列夫 认为 把 语言 看做 结构 关系 的 模式 来 进行 研究 才 是 科学 领域 的 主 要 任务，而 传统 语言学 实际 上 并 不是 真正 的 语言学。应当 把 语言 看做 一个 自足 的 整体 结构，寻找 语言 中 的 稳定 的 常数 和 不 稳定 的 变数 之间 的 关系，语言 系统 能够 演绎 地 预见 到 语言 单位 的 各种 可能 的 组合。叶尔姆斯列夫 认为 语言 是 符号 关系 或者 功能 构成 的，同样 语言 符号 关系 可以 表现 成 各种 不同 的 实际 方式，例如 语音、文字、电报 代码 等。从 结构 关系 这个 语言 原则 来说，一切 语言 都 是 相同 的。语言 的 区别 在 于 相同 的 结构 原则 在 具体 应用 中 产生 的 模式 不同。语言 符号 系统 中 有 3 种 关系：① 两 个 常数 的 相互 依存 关系；② 一个 常数 和 一个 变数 的 决定 关系；③ 两 个 变数 的 并存 关系。叶尔姆斯列夫 的 功能 关系 与 数学 的 函数 关系 很 接近。常数 是 替换 以后 引 起 功能 改变 的 单位，变数 的 替换 不会 引起 功能 的 改变。替换 考察 是 理解 语言 的 钥 匙。叶尔姆斯列夫 认为 语言 表达 事物，表达 的 具体 形式 是 客观 现实 中 的 无数 语音，表 达 的 抽象 形式 是 使用 这些 客观 语音 的 模式。被 表达 的 实际 内容 是 客观 现实 中 存在 的 所有 事物，被 表达 的 抽象 内容 是 对 客观 现实 的 主观 认识 的 切分 模式。只有 抽象 的 形式 和 抽象 的 内容 才能 成为 语言 符号 系统 的 真正 对象。

（4）美国 描写 学派 的 结构 主义 语言学

美国 描写 学派，是 20 世纪 20 年代 美国 学者 在 调查 美洲 印第安 语言 的 基础 上 形 成 的。他们 尊重 语言 事实，注重 对 各种 口语 的 语言 的 共时 结构 形式 进行 描写，采用 分布、替换、层次 分析 等 方法。寻找 直接 成份 的 层次 分析 方法 建立 的 层次 观念 打破

了 中心词 分析 方法 的 传统，被 后来 的 句子 分析 广泛 采用。但是，美国 描写 学派 注重 形式，不 重视 意义，重视 语言 个性，不 重视 语言 共性。

美国 描写 学派 的 先驱 是 鲍阿斯（F. Boas，1858-1942）和 萨丕尔（E. Sapir，1884-1939）。鲍阿斯 在 1911 年 为 《美洲 印第安 语言 手册》 写 的 序言 中 指出：对 语言 事实 应该 根据 新 的 情况 进行 符合 实际 的 客观 描写，不能 用 传统 的 语言 分析 规则 去 硬套。描写 不同 结构 的 语言，应该 创立 新 的 概念 和 方法。萨丕尔 1921 年 出版《语言 论》，在 注重 语言 的 结构 和 形式 的 同时，把 语言 研究 与 心理、社会 文化 研究 联系 在 一起，认 为 人 的 认识 在 很大 程度 上 受到 自己 使用 的 语言 的 影响。

美国 描写 学派 的 代表 人物 是 布龙菲尔德（L. Bloomfield，1887-1949）。他 的 著作 《语言 论》1933 年 出版，引起 了 很大 的 震动。他 总结 了 美国 描写 学派 的 研究 成果，指出 了 未来 的 研究 方向，影响 深远。布龙菲尔德 以后，哈里斯（H. S. Harris）、霍凯特 （C.F. Hockett）、特雷格（G. L. Trager）、布洛克（B. Bloch）、格里森（H. A. Gleason）、弗里 斯（C. C.fries）等 人 继承 并且 发展 了 布龙菲尔德 的 学说，因此 又 有人 把 他们 叫做 "布 龙菲尔德 以后 的 结构 主义"。

哈里斯 被 叫做 "美国 新 语言学 的 发言人"。他 在 1951 年 出版 的 代表作《结构 主义 语言学 的 方法》 中 提出 了 分布 分析 方法，并且 开始 使用 转换 分析 方法。哈里斯 认为 结构 主义 语言学 的 任务 是 通过 分布 分析 确定 语言 的 单位 及其 关系。

霍凯特 1958 年 出版 代表作 《现代 语言学 教程》，这 是 一部 非常 重要 的 结构 主义 教 材。美国 国籍 的 中国人 赵 元任 运用 这种 方法 写成 了 汉语 描写 语法 的 经典 著作《中 国话 的 文法》[①]，在 1968 年 出版。

1.2.5 转换 生成 语言学

转换 生成 语言学 是 注重 研究 语言 形式 和 语言 内容 的 复杂 对应 关系，注重 表层 结 构 和 深层 结构 的 相互 转换 和 从 相同 的 深层 结构 生成 不同 表层 结构 的 语言学。转换 生成 语言学 简称 生成 语言学。

结构 主义 语言学 和 转换 生成 语言学 互相 补充。结构 主义 语言学 虽然 偏重 语言 结构 形式 的 研究，但是 并不 忽视 对 语言 结构 内容 的 研究。同样，转换 生成 语言学 注重 内容，但是 也 不 忽视 形式。跟 传统 研究 方法 不同，它 采用 数学 形式 描写 意义 和 规则。因此，它们 的 区别 是：结构 主义 语言学 研究 特定 语言 的 系统 结构，转换 生成 语言学 研究 系 统 内部 和 系统 之间 的 要素 在 物质 形式 和 功能 内容 上 的 数学化 关系。

转换 生成 语言学 是 20 世纪 50 年代 后期 在 美国 形成 的 语言学 流派。1975 年 在 荷 兰 还 成立 了 一个 "旧 大陆 转换 生成 语言学家 学会" 的 国际性 组织。转换 生成 语言学 的 代表 学者 是 美国 的 麻省 理工 学院 的 乔姆斯基（Noam Chomsky，1928-）。转换 生成 语言学 的 学者 继承 前人 的 演绎 方法，指出 美国 描写 语言学 的 归纳 方法 的 缺陷，强调 从 认知学 的 角度 对 人类 语言 共性 的 普遍 解释，区分 人 的 大脑 先天 具备 的 语言 能力

---

① 现在 应该 叫做 《汉语 的 语法》。

和 后天 获得 的 语言 知识，认为 语言 有 生成 能力，是 有限 规则 的 无限 使用，转换 是 生成 的 重要 手段。转换 生成 语言学 在 重视 语言 形式 研究 的 基础 上，把 语言 的 内容 和 形式 有机 地 结合 起来 研究，革命性 地 取代 了 描写 语言学 的 主导 地位，并且 发展 成为 现代 语言学 中 最有 影响 的 一种 理论。转换 生成 语言学 不仅 对 语言学，而且 对 心理学、计算机 科学、信息 科学、哲学 和 认知 科学 都 有 很大 的 影响，许多 科学 领域 都 把 乔姆斯基 当做 重要 人物。

"转换" 这个 术语 虽然 来自 哈里斯，但是 被 乔姆斯基 赋予 了 新 的 内涵。转换 生成 语言学 的 哲学 基础 是 笛卡尔 的 理性 主义，与 描写 语言学 把 语言 行为 看做 一种 "刺激 反应" 的 心理 基础 相对。他们 的 "刺激 反应" 理论 解释 不了 人类 语言 行为 中 的 一个 简单 的 事实：五六 岁 的 儿童 为什么 能够 说出 和 理解 他 以前 从来 没有 听到 的 无限 话语。他 认为 人 本身 有 一种 语言 能力。

乔姆斯基 认为 语言 知识 包括 两个 部份，一 部份 是 人类 属性，是 人类 天生 共同 具备 的 普遍 语言 知识，一 部份 是 在 人类 生存 经验 中 后来 获得 的 个别 语言 知识。他 提出 过 一个 著名 的 公式：UG. $\propto$ PG。其中 UG 代表 普遍 语言 知识，$\propto$ 代表 后天 经验，PG 代表 完整 的 具体 语言 知识。整个 公式 的 意思 是 说 普遍 语言 知识 在 后天 经验 的 触发 下 变成 完整 的 具体 语言 知识。乔姆斯基 接受 了 洪堡特 语言 是 "有限 手段 的 无限 运用" 的 观点，区分 了 语言 能力 和 语言 运用，认为 描写 语言学派 采用 的 归纳 方法 不能 穷尽 语言 事实，因此 语言学 应该 采用 演绎 方法，从 语言 能力 研究 中 揭示 人 的 认知 过程。

"生成" 是 一个 数学 术语，指 用 较少 的 规则 解释 较多 的 事实。生成性 说明 语言 具有 创造性。任何 语言 的 句子 的 数量 都 是 无限 的，然而 语法 规则 是 有限 的。生成 语法 就是 要 设计 一套 规则，这种 规则 能够 产生 一种 语言 里 全部 符合 语法 并且 仅仅 符合 语法 的 句子，而且 不 只是 已经 出现 或者 看到 的 句子。"生成" 还 意味着 使用 像 数学 那样 高度 形式化 的 符号 和 公式 来 表达 概念。"转换" 是 指 按照 一定 的 规则 可以 把 一个 语言 结构 转变成 另一个 语言 结构，从而 使 形式 相同 内容 不同 的 现象 以及 不同 类型 的 句子 结构 之间 的 内在 关系 得到 充份^① 的 说明。

1957 年 乔姆斯基 的《句法 结构》发表，标志 着 转换 生成 语言学 的 诞生，形成 他 的 "经典 理论"。他 提出 利用 移位、复写、添加、删除 等 转换 规则 把 有限 的 核心 句子 转换 生成 无限 的 非核心 句子。这时 的 语法 分析 不 考虑 语义。1965 年 乔姆斯基 出版《句法 理论 问题》，形成 他 的 "标准 理论"，接受 把 语义 纳入 语法 研究 的 建议，提出 了 深层 结构、表层 结构 的 概念。在 分析 中 运用 了 语境、语义 区别 特征、语音 区别 特征 等 理论 进行 解释。语法 系统 主要 包括 基础 部份 和 转换 部份，语义 规则 对 深层 结构 做出 语义 解释，语音 规则 对 表层 结构 做出 了 语音 解释。

1972 年 乔姆斯基 出版《深层 结构、表层 结构 和 语义 解释》，形成 他 的 "扩展 的 标准 理论"，意识 到 表层 结构 与 语义 的 关系。1977 年 他 出版《关于 形式 和 解释 的 论文

---

① "充份" 根据《现代 汉语 词典》的 现行 规范 应该 写成 "充分"。本书 一律 写成 "充份"，原因 见 本书 "后记"。参看：彭 泽润. 让 "份" 为 "分（fēn, fèn）" 分忧 [J]. 北京：语文 建设，1999，(4). 以下 类似 的 写法，不再 说明。

集》，形成了 "修正 的 扩展 的 标准 理论"，不是 再 把 语义 和 语音 分别 对应 深层 和 表层，而是 调整 成 深层 向 表层 转换，表层 再 分为 语义 和 语音。

1981 年 乔姆斯基 出版 《管辖 与 约束 的 演讲》，形成 管辖 约束 理论（简称 GB 理论）。它 标志 着 转换 生成 语法 正式 进入 "原则 与 参数 模型" 阶段。最大 的 变化 是 从 规则 系统 进入 原则 系统，重点 研究 普遍 语法。它 的 原则 系统 包括7 个 部份：① X- 阶标 理论，② 题元 理论（θ 理论），③ 格 理论，④ 约束 理论，⑤ 控制 理论，⑥ 管辖 理论，⑦ 界限 理论。提出 "虚 范畴"，也 叫做 "空位"，就是 用 零 形式 表示 的 范畴。

1992 年 乔姆斯基 发表 《语言 理论 最 简单 的 方案》，提出 经济 原则、核查 理论、障碍 理论、复制 理论 等，部份 地 向 其他 理论 和 他 早期 的 理论接近。

1.2.6 当代 基础 理论 语言学

在 转换 生成 语言学 理论 出现 以后，又 产生 了 侧重点 不同 的 许多 语言学 流派，我们 暂时 归属 当代 语言学。20 世纪 末期，中国 语言学 把 学科 调整 成 "语言学（语言学 及 应用 语言学）" 和 "汉语学（汉语言文字学）"。下面 我们 就 根据 "语言学 及 应用 语言学" 的 学科 名称，把 当代 语言学 大致 分成 当代 理论 语言学 和 当代 应用 语言学 两 个 大 类 型 来 介绍。

理论 语言学 是 侧重 从 理论 上 对 语言 结构 形式 和 内容 的 关系 进行 解释 的 语言学，除了 前面 介绍 的 理论 语言学，还 包括 新兴 的 理论 语言学，例如 类型（type）语言学、认知（cognitive）语言学 和 话语（text）语言学 或者 功能（function）语言学。

（1）类型 语言学

类型 语言学，又 叫做 语言 类型学。它 是 从 人类 语言 共性 角度 解释 人类 语言 结构 的 普遍 类型 及其 规律 的 科学。

19 世纪 德国 的 洪堡特 从 类型 角度 把 语言 分成 孤立语 等 4 种 类型。20 世纪 60 年 代 开始 美国 的 菲尔墨 进一步 探讨 词语 的 语义 角色 的 普遍 类型。格林伯格（Greenberg）研究 人类 语言 动词 和 它 的 施事、受事 的 普遍 顺序 类型，并且 在 1978 年 出版 《人类 语言 的 普遍 现象（*Universals of Human Language*）》。荷兰 的 狄克（Dik）在 《功能 语法 理论（*The Theory offunctional Grammar*）》（1889 年）等 著作 中，除了 严格 区分 语义、句法 和 语用 3 种 语法 功能 以外，特别 尽量 增加 语法 的 概括 能力 或者 语法 的 普遍性。20 世 纪 末期 以来，中国 注重 打通 汉语 和 少数 民族 语言，汉语 普通话 和 汉语 方言，现代 汉语 和 古代 汉语 的 界线，从 类型学 角度 进行 比较 和 解释 中国 语言。

（2）认知 语言学

认知 功能 解释 语言学，简称 认知（cognitive）语言学，它 是 从 语言 的 思维 功能 角度 用 人类 社会 认识、感知 客观 世界 的 有限 能力、方式、经验 解释 语言 结构 的 语言学。[1]

认知 语言学 是 20 世纪 最后 20 年 兴起 的 语言学 流派。1982 年 美国 语言学家 雷柯夫（George Lakoff）等 比较 早地 指出 了 认知 语言学 关心 的 基本 问题。1990 年 美国 创办

---

[1]张 敏 认知 语言学 与 汉语 名词 短语 [M] . 北京：中国 社会 科学 出版社，1998.

了 《认知 语言学（*Cognitive Lin Guistics*）》 杂志 标志 着 这个 学科 的 建立。1996 年 出版 《认知 语言学 与 R. Jackendoff 的 认知 理论》 论文 专集。

认知 语言学 是 转换 生成 语言学 等 语言学 流派 的 进一步 发展，是 建立 在 心理学、人 类学 和 社会学 等 科学 基础 上 的 语言学。这个 学派 认为 语言 的 法则 像 其他 许多 心理 现象 一样，不是 一个 可以 简单 地 用 数学 规则 精确 描写 的 系统。于是 把 注意力 转移 到 语言 外围 的 一些 认知 问题 上面。

认知 语言学 对 深入 认识 语言 现象 的 形成 原因，人类 语言 的 共性，机器 模拟 使用 人类 语言① 和 语言 的 机器 翻译，具有 重要 意义。但是，认知 语言学 也 有 它 的 局限，容 易 忽视 形式 上 的 客观 支持，出现 主观 上 的 偏差。

认知 语言学 对 中国 的 语言学 也 产生 了 一定 影响。有人 认为 这种 方法 对于 分析 缺 乏 形态 变化 的 汉语 更加 有 优势。早期 的 模糊 语言学 注重 研究 词汇 体现 的 人类 认知 事物 的 模糊性 和 精确性 的 关系，形成 模糊 语言学。

目前，人们 进一步 挖掘 语法 等 方面 的 认知 因素，从 空间 距离、时间 顺序 和 性质 上 的 数量 程度 3 个 方面 总结 了 人类 语言 结构 状态 和 客观 事物 存在 状态 的 一致 关系。 这种 认知 心理 上 的 理据性，有人 把 它 叫做 "象似性（iconicity）"。

例如，汉语 结构 助词 "的" 是否 出现，有 没有 "的" 的 不同 功能，人们 曾经 从 语 音 的 和谐、语义 的 区别 等 方面 进行 区分。后来，认知 语言学 提出 了 具有 深层 认知 因 素 的 距离 相似性② 或者 象似性③ 的 原则。这是 空间 观念④ ⑤ 语言 认识 中 的 体现。"木 头 的 房子" 是 有 距离 的 关系 松散 的 典型 的 词组，"木头 房子" 却 像 一个 概念 整体 化 的 词 或者 固定 词组。事物 跟 它 客观 的 本质 的 属性 距离 近，跟 主观 的 非本质 的 属 性 距离 远，例如 "热水" 和 "热乎乎 的 水" 不同。

（3）话语 语言学

话语 语言学，又 叫做 功能 语言学，它 是 从 语言 在 语境 中 的 社会 交际 功能 角度 解 释 动态 话语 的 选择 规律 的 语言学。

从 20 世纪 60 年代 末期 开始，麦考莱（J. P. mccawley）、雷柯夫（G. Lakoff）、罗斯（L. R. Ross） 等人 提出 的 生成 语义学 和 菲尔墨（C. J.fillmor）提出 的 格 语法，一起 修正 了 转换 生成 语言学 的 标准 理论。菲尔墨 把 名词性 成份 在 跟 动词 搭配 中 形成 的 格 分成 施事、工具、与格、使成、处所、客体 共6 个 格。这 就 导致 功能 语言学 的 产生。

从 20 世纪 70 年代 开始，韩礼德（Halliday）等 发展 了 布拉格 学派 创始人 马泰修斯 （Mathesius）等 重视 语境 中 的 功能 解释 的 传统，开创 了 社会 功能 语言学。韩礼德， 1925 年 在 英国 出生。他 在 中国 留学 多年，他 的 博士 论文 研究 的 就是 汉语。代表作

---

① 黄 曾阳. HNC（概念 层次 网络）理论—— 计算机 理解 语言 研究 的 新 思路 [M]. 北京: 清华 大学 出版社, 1998.

② 袁 毓林. 词类 范畴 的 家族 相似性 [J]. 北京: 中国 社会 科学, 1995, (1).

③ 沈 家煊. 句法 的 象似性 问题 [J]. 北京: 外语 教学 与 研究, 1993, (1).

④ 刘 宁生. 汉语 怎样 表达 物体 的 空间 关系 [M]. 北京: 中国 语文, 1994, (3).

⑤ 储 泽祥. 动词 的 空间 适应性 情况 考察 [J]. 北京: 中国 语文, 1998, (4).

有《语义 变化 的 社会学 方面（*Social Logic Aspects of Semantic Change*）》(1975)《在 社会 语境 中 做 语义 选择 的 话语（*Text as Semantic Choice in Social Contexts*）》(1977 年) 等。 他 认为 结构 是 系统 的 体现，本身 是 一个 可以 用来 选择 的 系统。语义 的 主要 部份 来 自人 的 主观 认识，重视 对 语调、话语 题材、信息 传递 方式、话语 的 正式 程度 等 问题。

话语 语言学 对 中国 的 语言学 也 产生 了 一定 影响。一些 学者 运用 话语 语言学 方法 分析 汉语 文学 作品 的 话语，还 分析 日常 生活 中 的 手机 短 信息 等 话语。

1.2.7 当代 应用 理论 语言学

应用 语言学 是 研究 语言 和 非语言 现象 之间 的 关系、把 语言 应用 到 其他 领域 的 科学。它 主要 包括 社会 语言学、教育 语言学、计算 语言学。还 包括 文化 语言学、地理 语 言学、心理 语言学、思维 语言学、神经 语言学、文学 语言学、哲学 语言学 等。理论 语言学 和 应用 语言学 是 相对 的，而且 经常 是 体现 成 一个 整体 的。在 应用 中 产生 理论，又 把 理论 去 应用。

教育 语言学 随着 汉语 在 国内 国外 事务 中 的 地位 的 提高，已经 成为 重要 的 应用 语言学 领域。对外 汉语 教学 中 的 HSK（汉语 水平 考试）和 对内 汉语 教学 的 PSC（普通话 水平 测试）也 成为 语言学 的 重要 研究 任务。

计算 语言学 随着 计算机 网络 的 发展 和 处理 汉语 能力 的 提高，也 成为 重要 的 应用 语言学 领域。汉字 给 汉语 信息 处理 带来 的 麻烦 引发 的 汉字 编码 的 大 竞争，除了 特殊 领域 的 汉字 输入，一般 人 输入 现代 汉语 也 基本上 回归 到 具有 自然 编码 性质 的 汉语 拼音 词语 输入 方法。但是 自动 分词 或者 词式 文本 排版 改革 以及 汉语 信息 自动 搜索 等 汉语 信息 处理 的 深度 任务 仍然 等待 我们 去 探索。

下面 重点 介绍 社会 语言学。

社会 语言学 是 研究 语言 的 内部 结构 与 语言 外部 的 人类 社会 之间 的 宏观 适应 关 系 的 学科。社会 语言学 把 语言学 和 社会学 的 研究 方法 做 基础，同时 吸收 人类学、民族 学、历史学、民俗学、心理学、数学、统计学 的 方法 和 成果，进行 研究。

社会 语言学 是 20 世纪 60 年代 兴起 的 一门 新 学科。当时，第二 次 世界 大战 结束， 许多 独立 国家 出现 社会 结构 和 社会 生活 的 急剧 变化。这 就 促使 语言学家 明确 意识 到 语言 和 社会 的 密切 关系。

美国 的 拉波夫（W. Labov）是 开创 社会 语言学 的 代表 人物。他 指出：过去 习惯上 把 语言 看成 是 社会 全体 成员 共有 的 常数，现在 的 新 观点 认为 必须 把 语言 看做 一种 变 数，语言 经常 发生 系统 的 变化。这种 变化 不仅 反映 了 语言 自身 长期 的 演变，也 反映 了 语言 之外 的 社会 发展 对 语言 的影响。

社会 语言学 这个 术语 最早 出现 在 美国 语言学家 丘里（H. C. Currie）在 1952 年 发表 的 论文 《社会 语言学 的 设计：言语 和 社会 阶层 的 关系》 中。1964 年 5 月，美国 召开 了 首届 社会 语言学 大会。这次 会议 的 论文集 《社会 语言学》 由 美国 语言学家 布赖特（W. Bright）编辑，在 1966 年 出版，标志 社会 语言学 正式 诞生。

社会 语言学 的 总 任务 是 要 解决 语言 在 社会 生活 中 使用 的 种种 问题。一般 认为，

社会 语言学 主要 的 研究 领域 有：① 语言 与 社会 的 相互 关系。② 语言 使用 状况，包括 双语言 和 双方言 现象，语言 借用、混合、替换 现象，人们 对于 不同 语言 的 态度。③ 语言 环境 对 语言 使用 的 制约，包括 不同 社会 阶层 的 语言 使用 特点，语言 使用 中 的 不同 功能。④ 语言 政策 和 语言 规划。由于 各个 国家 的 国情、学术 背景 和 学者们 的 专业 兴趣 不同，研究 的 内容 不 完全 一样。例如 美国 的 拉波夫 主要 进行 微观 社会 语言学 的 研究，通过 对 城市 方言 的 调查，试图 揭示 种族、阶级、文化 程度、职业、年龄、交际 场合 等 各种 社会 因素 和 语言 变异 之间 的 相互 关系。俄罗斯 的 学者 比较 注重 宏观 社会 语言学 的 研究，更多 地 侧重 语言 状况 的 描写，语言 政策 和 语言 规划 等 问题 的 探讨。

中国 社会 语言学 也 做出 了 许多 成绩。[1] 例如，在 古代 出现 秦朝 统一 文字；20 世纪 初期 出现 统一 口语 的 国语 运动，出现 促使 书面语 和 口语 一致 的 白话文 运动；后来 创造 汉语 的 拼音 符号，简化 传统 汉字，给 没有 文字 的 少数 民族 创造 文字，实行 双语言 教学，制定 国家 的 语言 法律；21 世纪 开始 普及 国家 共同语 的 普通话，加强 语言 信息 处理 和 社会 应用 的 规范化 和 标准化 管理。

1.2.8 赵 元任 等 语言学家

在 语言学 历史 上，除了 前面 根据 语言学 流派 已经 介绍 的 人物，我们 这里 要 重点 介绍 赵 元任、王 力、吕 叔湘 等 20 世纪 有 代表性 的 中国 语言学家。[2]

赵 元任 (1892-1982)，祖籍 是 江苏 省 常熟 市，出生 在 天津 市。1910 年 考到 清华 大学，接着 留学 美国。1918 年 在 美国 获得 哲学 博士 学位。1919 年 在 美国 的 康奈尔 大学 教 物理，1921-1924 年 在 美国 哈佛 大学 教 哲学。1925-1938 年 在 中国 的 清华 大学、中央 研究院 从事 语言学 教学 和 研究。以后 在 美国 几个 大学 工作。1945 年 当选 美国 语言 学会 会长。他 是 理论 和 实践 并重 的 语言学家，而且 在 物理学、音乐 创作 等 方面 表现 出 杰出 的 才能。

赵 元任 积极 推广 中国 的 国语，出版 有关 教材 (1922 年)。他 大量 调查 研究 汉语 方言，有 《现代 吴语 研究》(1928 年)、《湖北 方言 调查 报告》(1948 年) 等 成果。他 发明 了 五度制 声调 标记 方法，弥补 了 国际 音标 的 不足。他 的 《音位 标音 的 多能性》(1934 年)、《语言 问题》(1959 年) 等 在 联系 汉语 实际 的 同时，都 具有 很高 的 理论 价值。可 以 说，赵 元任 开创 了 20 世纪 的 中国 语言学。

王 力 (1900-1986)，出生 在 广西 壮族 自治区 的 博白 县。1924 年 考到 上海 南方 大学。1926 年 考到 清华 大学。1927 年 去 法国 留学，获得 文学 博士 学位。1932 年 回到 中国，在 清华 大学、广西 大学、中山 大学 等 大学 工作。1954 年 以后 在 北京 大学 工作。

王 力 从 语音、词汇、语法 等 角度 对 汉语 的 历史 进行 了 全面 探讨，有 《中国 语法 理论》(1944 年)、《汉语 史稿》(1957 年)、《中国 语言学史》(1981 年)、《同源 字典》(1982 年) 等 成果。同时，他 对 推广 共同语、文字 改革、书面语 改革、语言 规范化 从 理论 到 实

---

①郭 熙. 中国 社会 语言学 [M]. 南京：南京 大学 出版社，1999.
②陈 建初，吴 泽顺 主编. 中国 语言学 人名 大 辞典 [M]. 长沙：岳麓 书社，1997.

践 做出 了 很大 的 成就。他 能够 很好 地 把 语言 传统 和 语言 现代化 结合 起来 研究。

　　吕 叔湘 (1904-1998)，出生 在 江苏 省 丹阳县。1926 年 从 东南 大学 外语系 毕业，到 中学 工作。1936 年 去 英国 留学。1938 年 回到 中国，在 云南 大学、清华 大学 等 大学 工作。1952 年 开始 在 中国 科学院 语言 研究所（后来 属于 中国 社会 科学院）工作。1980 年 当选 中国 语言学会 的 会长。

　　吕 叔湘 在 现代 汉语 和 近代 汉语 研究 领域 做出 了 突出 成就，有《中国 文法 要略》（1942 年）、《汉语 语法 分析 问题》（1979 年）、《近代 汉语 指代词》（1984 年）等 成果。他 对 推广 共同语、文字 改革 等 语言 现代化 事业 从 理论 到 实践 也 做出 了 巨大 成就。特别 是 在 反对 文言 和 白话 夹杂 的 文风，规范 和 纯洁 现代 汉语 方面，他 发表 了 许多 文章。他 自己 翻译 的 文章 非常 通俗、明白。他 也 很 关心 中小学 的 语文 教学。吕 叔湘 不 认为 文章 一定 要 长 才 有 价值，自己 写了 不少 有 份量 的 短 文章，收集 在《未晚斋 语文 漫谈》（1992 年）等 书 中。

　　在 建立 语言 理论 体系 方面，中国 第一 部 语言 理论 专著 是 科学 出版社 1963 年 出版 的 高 名凯 的《语言论》。

　　周 有光 (1906-2017)，出生 在 江苏 省 常州市。1927 年 大学 毕业 后，先后 在 光华 大学 和 新华 银行 工作。被 银行 派驻 美国 和 英国 工作。1949 年 回到 中国，先后 在 复旦 大学 和 上海 财经 大学 工作。1955 年 快 50 岁 的 时候，从 经济学 教授 改行 到 中国 文字 改革 委员会 和 中国 社会 科学院 工作，成为 语言学 研究员 和 教授。1958 年 诞生 的《汉语 拼音 方案》和 1988 年 诞生 的《汉语 拼音 正词法 基本 规则》都 有 他 的 重大 贡献。他 在 汉字 规划、现代 汉字学 和 普通话 规划 等 领域 有 独到 见解。他 出版 的 著作 丰富，《周 有光 语文 论集》等 体现 了 他 的 主要 成果。

【讲课】7

1.3　语言 调查

1.3.1　语言 调查 概说

　　(1) 语言 调查 的 历史

　　语言 调查 就是 到 语言 生活 中 有 目的 地 记录 语言 现象，然后 进行 分析 和 整理，写 成 报告，以便 进一步 研究 的 活动。任何 语言 研究 都 需要 有 语言 调查 做 基础。对于 没 有 现成 的 文字 记录 的 语言 现象 的 研究，例如 少数 民族 语言、主体 民族 语言 的 方言、民族 共同语 中 的 新 现象，语言 调查 显得 更加 重要。这 是 语言 研究 跟 文学 等 研究 的 明显 不同。

　　中国 语言 调查 的 历史 悠久。周朝（大约 公元前 11 世纪 开始）政府 就 派 专人 在 每年 秋收 以后 到 各地 收集 民间 语言 作品。汉朝（大约 公元前 2 世纪）扬雄 整理 前人 收集 的 材料，并且 对 从 全国 各地 来到 首都 的 官员、商人 等 进行 补充 调查，写出 了 世界 最 早 的 方言 词汇 比较 调查 研究 著作《方言》。唐朝（大约 6 世纪）有 僧人 到 印度 去 取经，

在 路途 中 进行 了 语言 调查。

16 世纪 末期（中国 明朝 末期），西方 传教士 到 中国，为了 设计 汉语 及其 方言 的 表音 文字，去 进行 宗教 传播，最先 用 现代 方法 调查 汉语 及其 方言，出版 了 利玛窦 的 《西字 奇迹》 等 书。18 世纪 俄国 皇帝 命令 专家 和 外交 官员 在 欧洲、亚洲 对比 调查 了 200 多 种 语言 中的 200 多 个 意义 相同 的 词。19 世纪 美国 语言学家 全面 调查 了 美洲 土著 民族 的 印第安 语言，其中 语言学家 派克 等 调查 了 世界 各地 的 许多 语言。中国 在 20 世纪 初期 有 赵 元任、李 方桂、罗 常培 等 学者 进行 了 汉语 方言 和 少数 民族 语言 的 调查。

1949 年 新 中国 成立 以后，为了 制定 国家 语言 政策，建设 中国 共同语，组织 了 专门 的 调查 队伍 进行 了 全面 的 语言 调查，加上 许多 专家 长期 的 努力，出版 了 大量 汉语 方言 和 少数 民族 语言 调查 报告。2000 年 前后 中国 为了 制定 新 世纪 的 语言 政策，进行 了 一次 全国 语言 状况 普查。

（2）语言 调查 的 作用

人类 一直 重视 语言 调查 工作，说明 语言 调查 和 研究 对 人类 的 生存 和 发展 非常 重要，而且 语言 调查 也 是 语言 研究 的 前提。母语 是 一个 人 掌握 得 最细致、最牢固 和 最系统 的 语言。任何 研究 语言 的 人 都 应该 从 自己 的 母语 调查 入手，无论 他 的 母 语 是 汉语 还是 外语，是 汉语 普通话 还是 汉语 方言。一个 不能 调查 和 了解 自己 母语 的 人 去 研究 语言 是 对 母语 资源 的 巨大 浪费。研究 语言 必须 首先 占有 材料，语言 理论 的 不断 丰富 和 修正，要求 学者们 尽量 掌握 人类 所有 语言 的 材料，因为 如果 材料 不全 面，不 真实，那么 产生 的 理论 往往 有 片面性，有 错误。语言 在 不断 发展，如果 不 及时 调查 记录 下来，后人 无法 知道 语言 历史 材料，对 语言 及其 文化 的 历史 发展 的 研究 很 不利。现在 我们 无法 精确 地 知道 古代 汉语 的 真实 面貌，就 是 因为 当时 没有 人 能够 用 现代 科学 方法 系统 地 调查 和 记录 当时 的 语言 情况。因此，即使 我们 来不及 深入 研究，我们 也 应该 尽量 把 当前 的 语言 事实 通过 调查 记录 下来。当然 调查 和 研究 不是 绝对 分离 的，研究 中 需要 做 调查，调查 中 需要 做 研究，只是 各自 的 侧重点 不同。

语言 调查 对于 一些 社会 问题 有 更加 明显 的 作用，例如 为了 制定 国家 语言 政策。任何 国家 都 要 通过 调查 语言 现状，制定 适合 当时 情况 的 语言 政策。新 中国 在 不同 时期，对 普通话 分别 采取 提倡、推广、普及 的 不同 政策，就 是 根据 社会 需要 和 语言 生 活 现状 的 调查 确定 的。又 例如，通过 语言 调查 可以 为 识别 民族 特征、罪犯 身份、创作 文艺 作品 等 提供 更加 直接 的 帮助。湖南 沅陵 等 县 交界 的 地方，有 一种 汉语 方言 叫 做 "乡话"，当地人 为了 证明 自己 是 少数 民族，主观 地 认为 是 少数 民族 语言，但是 语 言 专家 经过 调查 认为 是 一种 比较 古老 的 汉语 方言。

总之，语言 调查 是 语言 研究 的 一种 基本 过程，也 是 语言 学者 的 一种 基本 素质。即使 是 研究 一种 语言，例如 研究 做 共同语 的 现代 汉语，如果 具备 语言 调查 能力，就 可以 通过 不同 方言 的 现代 汉语 的 调查，结合 古代 汉语 资料，从 空间 和 时间 的 变异 比较 中 得到 启发，更好 地 说明 现代 共同 汉语 的 规律。所以 研究 普通话 的 人 不仅 要 学习 外语、古代 汉语，还要 有 调查 方言 和 少数 民族 语言 的 能力。例如，普通话 的 虚词 "了" 有 不同 的 功能，可以 在 广州 方言 中 得到 明确 的 形式 证明，因为 广州话 可以 用

不同 的 形式 来 区分 这些 不同 的 功能。

(3) 语言 调查 人员 的 基本 素质

真正 进入 语言 研究 角色，不仅 会 感到 成功 的 快乐，而且 会 在 调查 研究 过程 中 对 各种 文化 现象 产生 浓厚 的 兴趣，获得 丰富 的 人生 体验。但是，进行 语言 调查 的 人 需 要 有 特殊 的 素质。第一，热爱 语言学 事业。语言 是 人类 的 一个 重要 研究 领域，但是 它 跟 经济 的 关系 不是 非常 直接，所以 只有 热爱 语言学 事业 的 学者，才能 摆脱 眼前 利益 的 诱惑，感受 到 它 的 价值。第二，不怕 工作 困难。语言 的 田野 调查 往往 要 到 那些 偏 僻 的 地方，调查 人 不仅 要 适应 艰苦 的 生活 条件，而且 要 适应 一些 特殊 的 风俗 习惯，要 真诚 地 跟 被 调查 的 人 建立 友谊，才能 为 达到 自己 的 调查 目的 打下 基础。第三，具 备 专业 技术 能力。语言 调查 必须 具备 语言学 专业 技术 能力，最 重要 的 是 使用 国际 音 标 记录 各种 语音 现象 的 能力。要求 听觉 灵敏，语音 模仿 能力 强。另外，为了 分析 不同 语言 现象，还 需要 有 一定 的 民族学、历史学、地理学、宗教学、生物学、经济学 等 方面 的 知识。

(4) 语言 调查 的 类型

① 书面语 调查 和 口语 调查

共同语 往往 是 书面语 发展 得 比较 好 的 语言，研究 共同语 一般 可以 拿 着 书本 进行。 但是，对于 其他 语言 和 共同语 口语 中 的 新 现象，必须 进行 口语 调查。口语 调查 难度 相对 比较 大。

② 社会 调查 和 田野 调查

要 研究 变化 中 的 语言 现象 是 怎样 与 不同 的 社会 背景 发生 联系 的，必须 对 语言 进行 社会 调查。对 当代 语言 进行 社会 调查，要 更 多 地 关心 口语，对 古代 语言 进行 社 会 调查 基本上 只能 依靠 书面语。对于 没有 或者 很少 研究 过 的 语言 和 方言，就 必须 进 行 田野 调查。

进行 方言 调查、少数 民族 语言 调查 的 难度 比较 大，因为 这种 调查 往往 是 田野 调 查 和 口语 调查 结合 在 一起 进行 的。因此，它们 可以 全面 锻炼 和 体现 一个 语言 学者 的 研究 能力。

1.3.2 语言 的 社会 调查

语言 的 社会 调查 主要 是 对 影响 语言 使用 和 发展 的 各种 社会 因素 进行 调查。

(1) 社会 调查 方法

① 观察 方法

观察 方法 又 分成 一般 观察 和 参与 观察。

一般 观察 是 调查 人 单纯 做 观察 主体 从 旁边 进行 调查。一般 观察 方法 要求 在 自然、 真实 的 情景 中 进行。例如，研究者 在 商店、吸烟室、餐厅、服装店 和 城市 交通 工具 上 等 公共 场合 录音 取得 人们 自然 谈话 的 资料，然后 进行 分析 研究。这种 方法 的 优点 是 材 料 真实 程度 高，缺点 是 研究者 无法 准确 了解 调查 对象 的 社会 背景 材料，只能 根据 外 表 特征、举止 等 大致 地 确定。

参与 观察 方法 要求 研究者 做 被 观察 对象 的 一个 成员 参加 进去，同时 暗中 进行 观察 和 记录。拉波夫 在 调查 纽约市 黑人 英语 的 时候 具体 使用 了 这种 方法。拉波夫 很 有 体会 地 指出：这种 方法 有 相当 难度。因为 研究 目的 是 要 弄 清楚 人们 没有 被 做 系统 观察 对象 的 时候 是 怎么 说话 的，可是 为了 获得 这种 资料 却 必须 进行 系统 的 观察。问题 在于 系统 观察 本身 就 造成 了 一种 语境，它 会 影响 谈话者 的 语言 使用，从而 降低 语言 资料 的 真实性 和 自然性。

② 问答 方法

问答 方法 又 分成 口头 问答 和 书面 问答。

口头 问答 方法 要求 事先 根据 调查 目的 准备 话题、问题，然后 跟 调查 对象 进行 面对面 的 交谈，在 交谈 中 提出 问题，获得 回答 信息。这种 方法 可以 通过 信息 反馈，不断 获得 需要 的 信息，但是 由于 缺少 保密性，很 容易 使 对方 隐瞒 一些 不 愿意 公开 的 事实。

书面 回答 方法 要求 事先 根据 调查 目的 设计 问题 表格，然后 发给 调查 对象 填写。这种 方法 由于 调查 双方 可以 间接 进行，容易 保留 信息 的 真实性，但是 不 容易 进一步 获得 后续 的 信息。日本 国立 国语 研究所 调查 不同 阶层 的 称谓 形式，中国 教育部 语言 应用 研究所 调查 社交 称谓 采用 了 书面 问答 的 调查 方式。

调查 中 的 问答 设计 是 一门 艺术。按照 理想 的 要求，每个 问题 本身 就 应该 是 一种 假设。同时 要 注意 提问 的 策略 和 问题 的 排列 次序，最大 限度 地 防止 被 调查 的 人 迁就 规范 或者 迎合 调查者 的 期望。

通过 调查 获得 各种 信息 以后，就 通过 材料 对比、相关 因素 分析 得出 语言 因素 和 社会 因素 之间 的 关系。例如，拉波夫 把 标准 英语 第三 人称 现在时 单数 动词 有 没有 一个 后缀 "s" 做 特征 这个 话题 进行 调查 研究。他 发现 在 诺里奇 和 底特律，至少 在 一些 人 说 的 话 里 往往 没有 这个 "s"。例如 "she like him very much（她 很 喜欢 他）"，标准 的 说法 是 "she likes him very much"。于是，根据 这个 变数 进行 调查，对比 这种 说法 跟 社会 阶层 的 关系。结果 表明，社会 阶层 跟 使用 "-s" 之间 有 明显 的 相互 关系：社会 阶层 越 低，不 带 "-s" 的 越 多。这 是 大众 为了 方便，出现 的 一种 简化 语言 规则 的 趋势。

(2) 社会 调查 过程

下面 我们 根据 拉波夫 调查 研究 "纽约市 百货 公司 'r' 的 社会 分层" 的 例子，来 讨论 语言 的 社会 调查 的 过程。

① 明确 变化 要素

不同 阶级 或者 阶层 的 人 往往 存在 语言 上 的 差别。在 初步 探索 的 基础 上，拉波夫 认为，"r" 是 纽约市 各种 层次 的 话语 里 体现 社会 地位 和 语体 的 差别 的 标记。变化 要素 "r" 指 的 是 在 "car, card, four, fourth" 等 词 中 的 元音 后面 的 辅音 "r" 是否 发音。

② 建立 理论 假设

假如 纽约市 本地人 中 有 任何 两个 集团 在 社会 分层 的 阶梯 上 处于 高低 不同 的 地位，那么 他们 在 "r" 的 发音 方面 也 会 表现 出 相应 的 差异。

③ 确定 调查 方法

拉波夫 采用 的 是 快速 隐秘 观察法。他 假装 一个 顾客 进行 暗中 观察 和 记录,就是 利用 调查 对象 觉察 不到 的 迅速 的 语言 活动 做 系统 研究 语言 的 依据。

④ 选择 调查 对象

选择 萨克司、梅西斯、克拉恩斯 3 家 高、中、低 级别 明显 不同 的 大 百货 公司 的 售货 员 做 调查 对象。拉波夫 认为,可以 预料 这 3 家 公司 的 顾客 也 势必 来自 不同 的 社会 阶 层,而 这 3 家 百货 公司 和 售货员 也 可能 表现 出 类似 的 分层。拉 波 夫 预测 可能 获得 以下 结果:高级 百货 公司 的 售货员 表现 出 "r" 的 最高 数值;中级 百货 公司 的 售货员 表现 出 "r" 的 中等 数值;低级 百货 公司 的 售货员 表现 出 "r" 的 最低 数值。

⑤ 设计 调查 指标

拉波夫 向 同 一个 调查 对象 重复 询问 同 一个 问题,诱惑 调查 对象 分别 采用 随便 语 体 和 强调 语体 给出 "r" 在 辅音 前面 和 音节 末尾 位置 的 发音 情况。具体 做法 是 先 了解 一种 商品 在 4 楼 出售,然后 假装 不 了解 这个 情况 的 顾客 向 这个 公司 的 多个 售 货员 询问 哪里 出售 这种 商品。对方 只好 回答:"The fourth floor(4 楼)"。这种 对话 是 顾客 和 售货员 之间 经常 发生 的,所以 售货员 的 回答 很 自然,使用 的 是 随便语体。 而 "fourth floor" 这个 短语 又 恰好 包含 "r" 出现 的 两种 环境:第一个 "r" 在 辅音 前面,第二个 "r" 在 音节 末尾。接着,调查人 装作 没有 听 清楚 售货员 的 回答,再 重复 一遍 自己 的 问题,售货员 只好 比较 认真地 重复 他 的 回答。在 这种 情况 下,售货员 一 般 会 说 得 小心 并且 强调 声音。

⑥ 推断 结论

拉波夫 利用 快速 隐秘 观察 方法,在 萨克司 采访 了 68 人,梅西斯 125 人,克拉恩斯 71 人,搜集 了 大量 资料。统计 结果 表明,62% 的 萨克司 职员,51% 的 梅西斯 职员 和 21% 克拉恩斯 职员 全部 或者 部份 发 "r"。如果 比较 一下 各个 公司 全部 发 "r" 的 百分数, 可以 看出 分层 特别 明显。正如 假设 预测 的 那样,3 家 公司 的 职员 发 "r" 多少 的 分层 顺序 与 非语言 特征 的 分层 顺序 相同。这种 "r" 的 分层 模式 在 一些 独立 的 变项 里 也 存在。例如 克拉恩斯 样本 中 的 黑人 职员 多于 梅西斯,梅西斯 多于 萨克司,就是 说,低 级 百货 公司 里 黑人 售货员 在 职员 总数 中 占 的 百分比 高。这 同 社会 分层 的 总 格局 一致,因为 一般 来说,黑人 工人 干 低下 的 活。分析 结果 表明,克拉恩斯 的 黑人 更多 地 不 带 "r"。

(3) 社会 调查 的 类型

语言 的 社会 调查 的 类型 可以 根据 语言 使用 的 社会 要素 分成:

① 语言 的 社会 角色 调查

这 主要 是 从 语言 使用者 的 性别、年龄、阶层、民族 文化 程度 等 要素 考察 引起 语言 变化 的 参数 和 规律。例如 网络 上 出现 汉字 输入 方法 导致 的 错别字,从 书面语 开始 被 当做 新 词语:用 "斑竹" 替换 "版主"。还 有 的 其他 错误,故意 将错就错,例如 用 "东 东" 替换 "东西"。但是 毕竟 这 是 一种 语言 猎奇 心理,往往 是 昙花一现。

② 语言 的 社会 语境 调查

这 主要 是 从 语言 使用 的 政治、经济、文化 等 时代 背景 考察 引起 语言 变化 的 参数 和 规律。例如 随着 普通话 的 普及,湖南 衡山 方言 在 21 世纪 初期 开始 出现 在 系统 内部 调整 成 接近 普通话 声母 的 现象,一个 小孩儿 的 名字 中 有 "智" 这个 语素,放弃 原来 折算 成 普通话 "jì" 的 声音,选择 了 普通话 "智 zhì" 折算 成 普通话 "zì" 的 声音。

1.3.3 语言 的 田野 调查

田野 调查 主要 是 从 语言 内部 结构 的 系统 和 特点 的 角度 深入 语言 使用 的 口语 现场 进行 调查。

田野 调查 和 社会 调查 也 不能 截然 分开。例如,美国 一个 大学 进行 的 一项 世界 范围 的 语言 样本 调查 就是 结合 社会 调查 进行 的 田野 调查:在 全 世界 选择 不同 的 语言 或者 主要 方言 的 代表 地点,同时 每个 地点 又 选择 年龄、性别、专业 接近 的 大学生 30 人 作为 具体 调查 对象,让 调查 对象 先 观看 一个 几 分钟 的 没有 声音 只有 图像 的 生活 故事 影片,然后 让 他们 分别 用 自己 的 语言(具体 表现 成 一种 方言)讲述 看到 的 故事,并且 用 录音机 记录 下来。

(1)田野 调查 的 方法

田野 调查 的 方法 主要 应用 在 方言学 和 少数 民族 语言学 两 个 领域。

① 当地 调查

当地 调查 是 走到 语言 使用 的 集体 现场 进行 调查。它 分成 短期 调查 和 长期 调查。这种 方法 的 优点 是 可以 获得 大量 直接 的 感性 材料,缺点 是 要 花费 大量 时间 和 经费。

② 异地 调查

异地 调查 是 在 外地 对 离开 语言 使用 集体 的 个人 进行 调查。可以 对 从 语言 使用 地区 出来 学习、工作 的 人 调查,也 可以 从 那里 把 被 调查 的 人 专门 请 出来 进行 调查。这种 方法 要 注意 挑选 合适 的 对象,防止 材料 的 不真实性。

③ 委托 调查

委托 调查 是 写信 请 当地 专家 帮助 调查,或者 培养 当地 有 兴趣 的 语言 使用者 做 助手 进行 调查。这 要 先 把 调查 意义、调查 方案 等 告诉 对方,并且 给 对方 提供 一定 费用,用于 邮寄 等。培养 当地 助手 要 自己 事先 进行 一定 的 调查,得出 用 国际 音标 书写 的 语音 系统 的 方案,再 教给 当地 助手。当地 助手 可以 利用 自己 的 语感 帮助 核实 调查 报告。当地 助手 培养 得 好,可以 成为 长期 的 学术 朋友,甚至 事业 的 接班人。

(2)田野 调查 的 过程

① 开始 准备

调查 以前,调查 人员 必须 得到 严格 的 语言学 专业 训练,掌握 语音 调查 的 基本 技能,能够 准确 辨别 语音 和 熟练 使用 国际 音标 记录 语音。然后 准备 调查 用 的 基础 材料,例如 基本 词语 表格。基本 词语 一般 是 指 有关 日常 生活,例如 饮食、穿着、住宿、亲属 称谓 等 方面 的 词语。基本 词语 的 数量 一般 不 少于 1000 个。可以 把 基本 词语 用 自己 熟悉 的 语言 记在 卡片 上,一张 卡片 记 一个 词,这样 在 整理 语音 系统 的 时候 就 比较 方便,再 准备 一些 空白 卡片 备用。汉语 方言 语音 系统 的 调查,一般 用 中国 社会 科学院 语言

研究所 编写 的 《方言 调查 字表》做 基础，可以 比较 快 地 得到 结果。遇到 特殊、复杂 的 语音 情况，因为 跟 词汇、语法 现象 相关，所以 还 必须 借助 《汉语 方言 词汇 调查表》。在 确定 了 要 调查 哪 一种 语言 或者 方言 以后，就 应该 去 收集 有关 的 材料，特别 是 地 方志 中 的 方言 部份，了解 以往 的 研究 情况。重要 的 工具 书 要 随身 携带，以便 查阅。

② 确定 地点

根据 研究 目标 和 条件 确定 合适 的 地点。从 一定 意义 上 来说，调查 研究 自己 的 第 一 语言 或者 方言 最 方便 可靠，特别 是 对于 入门 的 人。在 方言 普查 中 往往 集中 在 城 镇 进行。可是 往往 是 在 最 偏僻 的 农村，保存 了 最 有 特色 的 方言。为了 确定 调查 地 点，应该 及时 同 地方 有关 部门 联系，说明 调查 的 内容、目的 和 意义，请 他们 介绍 当地 的 语言 和 方言 的 分布 以及 有关 的 人文 历史 等 情况，向 他们 进行 咨询。同时 请求 他 们 解决 工作 和 生活 的 一些 实际 问题。

③ 挑选 合作人

理想 的 合作人 应该 是 没有 受到 任何 其他 语言 影响 的 当地 出生、成长 的 人。他 一 直 生活 在 当地，并且 只 会 说 当地 语言，其他 语言 都 不会 说。他 的 父母 甚至 几代 人 也 都 是 当地人。这样 就 非常 理想。当然，可以 根据 情况 的 不同 灵活 选择。

寻找 这样 的 合作人，有时 有 困难，在 双语言 生活 发达 的 地区 更加 难。这 时候 就 需要 变通 一点 处理。比如，在 西双 版纳 景洪 市，当地 的 汉族 居民 都 是 从 外地 迁移 来 的，历史 只有 几十 年，但是 就 在 这 短短 的 时间 内 形成 了 一种 新 的 汉语 方言。调查 这种 方言，就 不可能 要求 发音 合作人 的 上 一代 也 是 本地人。如果 合作人 只 会 说 当 地 语言，就 要求 调查者 本人 最好 能够 一定 程度 地 熟悉 这种 语言。如果 听 不懂，就 得 请 翻译。对于 不懂 当地 语言 的 调查人，如果 被 调查 的 人 既 能够 勉强 使用 共同语，又 能够 提供 纯正 的 当地 语言，那 也 是 很 理想 的。但是，如果 对方 容易 受到 共同语 的 影 响，就 不能 请 他 做 合作人。

合作人 的 年龄 需要 根据 具体 情况 来 确定。如果 一种 语言 或者 方言 两代 人 说 的 差别 不大，可以 选择 40 岁 左右 的 中年人。如果 老年人 说 的 和 青年人 说 的 差别 较大，老年人 和 青年人 就 都 需要 调查，因为 两代 人 可能 代表 新老 不同 的 语音 系统。这种 情况 在 汉语 的 各地 方言 中 表现 比较 突出。合作人 的 语音 表达 必须 清楚，发音 器官 不 能 有 影响 发音 的 缺陷。一个 人 如果 门牙 都 脱落 了，那么 发音 自然 也 要 受到 影响。合作人 的 文化 程度 中等 比较 合适。文化 程度 太低，不 方便 调查 双方 的 沟通。如果 太 高，又 有 可能 影响 语言 的 纯正 程度。

④ 讨论 合作 方式

找到 合作人 以后，应该 跟 他 商量 每天 的 报酬，每天 的 工作 时间，总共 工作 时间 等。还 要 向 他 介绍 这项 工作 的 内容、要求 和 意义，使 他 能够 积极 配合。合作人 确定 以 后，没有 特殊 原因，最好 不要 中途 更换，以免 浪费 许多 时间。在 任何 情况 下，调查 人员 对 合作人 的 态度 都 应该 亲切 友好。

⑤ 认真 调查

调查 中 首先 是 记录 语音。任何 语言 符号 和 符号 的 序列 都 必须 通过 语音 来 表现。

所以，调查和研究 任何 一种 语言 一般 首先 从 语音 开始。用 国际 音标 把 人们 口头 的 活生生 的 语言 记录 下来，归纳 出 语音 系统，然后 进一步 研究 词汇、语法 和 修辞 等。调查 的 态度 要 认真，思想 要 集中，不仅 要 用 耳朵 仔细地 听 发出来 的 声音，而且 要 用 眼睛 注意地 看 发音 的 过程，还要 用 自己 的 发音 器官 去 模仿 合作人 的 发音。你 模仿 的 一个 声音，合作人 认为 相同，这个 声音 记录 下来，一般 比较 准确。否则，记录 下来 就 很难 保证 准确。

语音 记录 越 细致 越 好，要 用 严格 的 方式，记录 不同 的 音素 的 细微 差别。听到 自己 语言 里 没有 的 不熟悉 的 音素 要 更加 小心。遇到 有的 音素，一时 记 不 下来，不要 总是 问 合作人，以免 对方 烦躁，影响 后面 的 调查。可以 暂时 放 在 一边，过 一定 时间 再 问。实在 记 不 下来，就 用 录音机 把 它 记录下来，带 回去，向 专家 请教。

调查 工作 即将 结束 的 时候，应该 找 其他 发音 合作人，把 先前 记录 的 语音 重新 核对 一遍，确保 语音 材料 记录 的 准确性。所有 收集 到 的 语音 材料，无论 是 已经 记录 下来 的，还是 由于 时间 关系 暂时 没有 记录 下来 的，都 最好 请 发音 合作人 协助，用 录音机 记录 下来，建立 语音 档案。

⑥ 整理 调查 结果

记音 工作 的 开始，就 意味着 整理 工作 的 开始。一般 白天 记音，晚上 整理，随时 发现 问题，随时 纠正。记录 一定 数量 的 基本 常用 词语 以后，就 可以 对 这种 语言 或者 方言 的 语音 系统 做 一个 大体 的 归纳。这时 要 注意 借用 词语 和 固有 词语 的 语音 差别，书面语 词语 和 口语 词语 的 语音 差别 等。音位 的 归纳，最好 在 单音节 词 的 基础 上 进行，单音节 词 的 声音 比较 稳定，内部 结构 简单。一种 语言 如果 有 声调，还要 注意 它 到底 有 几个，是 平调 还是 非平调；如果 是 平调，那么 是 高平调 还是 低平调；如果 是 非平调，那么 是 降调 还是 升调，或者 是 曲折调 等。

然后，整理 多音节 词语 和 长篇 语音 材料，对 已经 归纳 出来 的 语音 系统 做 一些 必要 的 补充，例如 补充 声调 中 的 变调、轻声 等 现象。随着 词汇 和 语法 的 更加 详细 的 深入 调查，还 可能 有 新 的 发现，需要 对 语音 系统 进行 补充。

(3) 田野 调查 的 类型

① 全面 调查 和 重点 调查

这 是 从 调查 范围 和 深度 来 分类 的。全面 调查 的 目的 往往 是 为了 语言 或者 方言 区域 的 划分，制定 语言 政策 等。在 可能 的 情况 下，多 布置 一些 调查 地点 更加 有 代表性。全面 调查 的 内容 不能 太 细致，一般 每个 地点 根据 事先 设计 的 表格 进行。重点 调查 就是 对 特定 地点 进行 语音、词汇、语法 等 的 全面 细致 的 调查，这样 的 调查 报告 往往 是 一本 专著。重点 调查 可以 是 一个 地点 语言 或者 方言 的 整体 调查，也 可以 是 局部 调查。例如，可以 分别 从 语音、词汇、语法 等 方面 写成 专著，或者 对 一个 具体 现象 进行 调查 写成 论文。全面 调查 适合 政府 行为 或者 集体 协作。

② 对比 调查 和 个别 调查

这 是 从 调查 对象 的 多少 来 分类。对比 调查 是 从 一定 参照 语言 或者 方言 出发 对 比 不同 语言 或者 方言 进行 调查，以便 发现 相互 联系 和 发展 的 线索。可以 是 全面 的

对比 也 可以 是 专题 对比。例如，声调 对比 研究，亲属 称呼 词语 对比 调查，被动 句子 的 对比 调查。个别 调查 是 在 一种 语言 或者 方言 的 内部 进行 描写。对比 调查 难度 相对 大。全面 调查 往往 和 对比 调查 结合，重点 调查 往往 和 个别 调查 结合。

1.4 语言学 评论

1.4.1 语言学 评论 的 作用

语言学 评论 是 对 语言 使用、语言 教育、语言 研究 中 的 现象 进行 理性 的 肯定 和 否定，或者 进行 表扬 和 批评，引导 它们 朝着 健康 的 方向 发展。正如 文学 理论 中 的 文学 评论，应该 让 语言学 评论 成为 语言 理论 学科 建设 的 一个 重要 部份。[①][②]一般 通过 语言 学 著作 的 序言 或者 书评 进行 语言学 评论。但是，一般 的 书评 多数 是 说 优点，而且 一 般 是 针对 一 本 书 评论。肯定 需要 谦虚，批评 需要 勇敢，还 需要 水平。相对 来说，肯定 容易 否定 难。所以 下面 在 谈 语言学 评论 的 时候，从 否定 方面 举例 的 情况 多 一些。

语言学 评论 同样 具有 学术 价值。[③]它 有 以下 作用。

（1）它 是 维护 学术 尊严，尊重 科学 的 需要

学术 是 一件 很 严肃 的 事情，不能 容纳 任何 虚假、随便 的 东西。2000 年，一个 外 国 学者 跟 学生 合作 写 了 一 篇 论文，投稿 美国 《科学》 杂志。发现 学生 伪造 了 数据 以后，这个 学者 立即 请求 撤销 论文。《科学》 杂志 发表 社论，一方面 称赞 他 对待 科学 的 严肃 和 谨慎，一方面 批评 他 平时 没有 能够 培养 学生 健康 的 学风。[④]

（2）它 直接 影响 语言学科 和 语言 生活 发展 的 方向 和 速度

在 中国 语言学 领域，有人 甚至 词典 都 错误 地 把 文字 当做 书面语，把 汉语 的 字 当 做 构成 词 的 语素，又 把 英语 的 词 当做 字，导致 对 汉语 的 正确 认识 徘徊，不能 前进。更加 严重 的 是，当 对外 汉语 教材 普遍 采用 词 本位 教学 的 时候，对内 的 小学 语言 教 材 仍然 停留 在 字 本位 的 教学 模式 上，而且 至今 不 愿意 接受 进步 的 思想，连 拼音 教 学 都 一直 没有 贯彻 国家 标准 《汉语 拼音 正词法 基本 规则》。值得 庆幸 的 是 词 意识 比 较 强 的 《现代 汉语 词典》 终于 在 它 出版 半个 世纪 以后 的 2005 年，明确 区分 了 一 个 字 记录 或者 一个 音节 表达 的 语素 和 词，对于 词 标记 了 词性。

1.4.2 语言学 评论 的 原则

语言学 评论 不是 疯狂 的 谩骂，也 不是 肉麻 的 奉承，而是 根据 科学 道理 进行 否定 和 肯定。它 要求 坚持 下面 3 个 原则。

---

① 彭 泽润. 艰难 崛起 的 语言学 批评——兼评 "徐 德江 学说" [J]. 合肥: 学术界，2000，(4).
② 安 华林. 论 语言学 批评 学科 [J].沂州 师范 学院 学报，2003，(4).
③ 伍 铁平. 语言 和 文化 评论集 [M]. 北京: 北京 语言 文化 大学 出版社，1997.
④ 见 广州 的 报纸 《南方 周末》2001 年 12 月 13 日 关于 中国 科学院 院士 被 除名 的 报道。

（1）尊重 科学，用 科学 的 语言 理论 做 武器

不是 会 说 语言 就 可以 进行 语言学术 评论。进行 学术 评论 必须 有 扎实 的 理论 素质。有人 把 不同 时间 和 空间 的 同义词，与 现代 英语 的 一个 词 "carry" 去 对比，受到 伍 铁平[①] 批评。有人 不顾 语言 是 伴随 人类 出现 并且 逐渐 发展 的 特点，混淆 汉语 和 汉字，夸大 汉字 在 文字 中 的 地位，受到 伍 铁平[②] 批评。这些 问题 如果 评论者 没有 敏锐 的 眼光 和 深厚 的 理论 素养，就 无法 说 清楚。如果 评论者 理论 水平 低，就 会 缺少 评论 力度，甚至 会 把 对 的 说成 错 的。

（2）尊重 人格，评论 与 语言 有关 的 观点 和 事实

我们 在 进行 学术 评论 的 时候，对待 有关 观点 和 事实，要 尽量 做到 客观、冷静，千万 不能 进行 人格 上 的 侮辱。只有 心平气和 的 学术 评论 才能 产生 最好 的 评论 效果。

（3）追求 真理，不要 被 评论 对象 的 地位 高低 左右

评论 的 时候 回避 地位 高 的 人，赞扬 的 时候 回避 地位 低 的 人，都 不是 客观 的 科学 态度。尊重 学者，不 等于 掩盖 学者 的 错误。如果 是 学者，就 要 有 敢于 面对 学术 批评 的 宽阔 胸怀。美国 语言 学者 乔姆斯基 就 对比 他 大 几十 岁 的 著名 学者 进行 尖锐 的 评论。[③]

1.4.3 语言学 评论 的 内容

（1）语言 使用 中 的 观点 和 行为

我们 经常 可以 在 一些 语言 刊物 上 看到 评论 错误 使用 语言 的 文章，包括 评论《语文》教材 上 著名 作家 的 文章 中 有 毛病 的 句子、词语。在 评论 它们 的 时候，从 宏观 角度 来看，一方面 我们 充份 肯定 著名 语言学家 王 力、吕 叔湘 等 倡导 和 实践 跟 普通话 口语 一致 的 现代 汉语 书面语，另一方面，我们 反对 不 尊重 语言 发展 规律 的 观点 和 行为。例如，新闻 作品 中 不用 现代 汉语 的 "这、把、所以"，偏偏 要 用 古代 汉语 的 "此、将、故"。

在 英语 翻译 成 汉语 的 过程 中，通俗 的 英语 反而 被 翻译 成 难懂 的 汉语。例如，"many kinds of rare birds and animals have vanished from the earth." 被 翻译 成 "许多 珍禽稀兽 已经 从 地球 上 灭绝 了" "珍禽稀兽" 不是 成语，是 生造 的 文言 仿制品，比 原文 难懂。如果 在 语言 教育 中 把 它 当做 "简练" 的 语言 技巧 进行 提倡 就 更加 不 应该。"珍禽稀兽" 如果 翻译 成 "珍贵 的 鸟类 和 野兽" 或者 "珍稀 禽兽" 就 非常 明白。现代 英语 不能 用 古代 汉语 翻译。否则，简单 追求 节省 文字，就 会 浪费 信息 接收 和 理解 的 时间。又 例如，"The nobles they are fled, the commons they are cold." 被 翻译 成 "王公 贵族，纷纷 作（做）鸟兽 散。贫民 百姓，则 冷冷冰冰。" 这 根本 不是 现代 汉语。可以 翻译 成 "贵族们 个个 逃散，百姓们 人人 冷淡。" 这样 不仅 简短 又 符合 现代 汉语 的 特

① 伍 铁平. 语言 和 文化 评论集 [M]. 北京：北京 语言 文化 大学 出版社，1997.107.
②伍 铁平. 语言 文化 评论 集 [M]. 北京：北京 语言 文化 大学 出版社，1997.186.
③伍 铁平. 关于 当前 语言 文字 学界 几个 问题 的 思考 [J]. 福州：福建 外语，1997，(1).

点，还在保持原文意思的同时保持了原文对偶、押韵的修辞特点。

(2) 语言教育中的观点和行为

从中国语言教育现状中的主要问题来看，一方面我们要肯定对外汉语教材强烈的词意识，另一方面我们要指出在对内汉语教学中存在的不少问题。例如，小学语文教育没有词意识，没有通过"生词"带动"生字"教学，拼音教学没有采用国家标准《汉语拼音正词法基本规则》。① ②中学语文教学过多强调文言课文的教学，没有明确文言文教学的主要目标是阅读能力而不是写作功能，没有突出现代汉语教学的实用地位。甚至出现在高考作文评阅过程中错误鼓励用文言写作的思想，违背国家语言法律关于"普通话"是国家通用语言的规定。这已经受到批评③还有人在21世纪倒退地主张儿童读古代的经书。这也引起了社会关注④。

(3) 语言研究中的观点和行为

我们要肯定能够用正确理论指导，深入细致，全面系统，富有创新精神的研究。我们还要否定学术中的错误观点，严肃批评学术活动中的伪造、偷窃、霸道、谩骂、吹捧、孤陋寡闻等不良作风。⑤引用他人成果，不说明引用的来源，把别人的学术观点改造成自己的，是不尊重别人学术成果的不良作风，是不诚实的表现。列举参考文献，既是对别人劳动成果的必要尊重，也方便编辑和读者进一步了解或者验证。

有人写文章没有什么新见解，却胡乱套用不少新术语。当"标记"这个术语用来分析汉语以后，就有人滥用它。例如，方面说"把碗打了"是有标记"把"的句子，而"打了碗"是没有标记的句子；另一方面说"用大碗吃"是没有标记的句子，"吃大碗"是有标记的句子。这就出现同样两个介词"把、用"的性质不统一的矛盾，因为他把有标记理解成不常见的格式，把没有标记理解成常见的格式。这样不仅没有提出新的观点，而且引起术语混乱。

我们要反对那种无病呻吟的论文。它们没有新见解，都是废话或者常识。还要反对那种信口雌黄的论文。有的作者没有读过系统的专业书籍，没有看过别人写的学术论文，甚至论文的基本格式都不懂，例如，不知道怎样引用和表达参考文献。这样写出来的论文，既没有理论基础，又没有可靠的事实证据，纯粹是文化垃圾。

①刘静敏. 小学语文课本中儿化韵的拼写问题 [J]. 北京：语言文字应用, 1998,（1）.
②彭泽润, 刘英玲. 汉语拼音应用的优势、局限和问题 [J]. 长沙：长沙电力学院学报, 2002,（2）.
③彭泽润. 不应该提倡用文言文写作 [J]. 曲阜：现代语文, 2001,（10）.
④王宁. 我们应该提倡什么 [N]. 上海：语言文字周报, 2001-11-07 (4).
⑤伍铁平. 做人比做学问更加重要——简评申小龙《当代中国语法学》[J]. 天津：天津外国语学院学报, 2002,（1）.

【练习】2

> 语言 是 窗户，展示着 五彩 的 世界；语言 是 阳光，照亮 了 心灵 的 通道；语言 是 空气，围绕着 人类 所有 的 生活。
>
> 语言 是 宝库，在 它 里面，一代 一代 的 人 存放着 欢乐、悲哀、智慧 和 信仰。
>
> 在 世界 语言 的 森林 里，如果 你 只 会 说 一种 话，就 好比 你 只 认得 一个 人，你 只 走过 一条 路。

2 语言

2.1 语言 是 人类 的 标志

2.1.1 人类 有 几千 种 语言

语言 是 什么？语言 是 人类 世代 习惯 形成 的 在 思维、交际、文化 等 领域 最 重要 的 信息 工具，是 声音 形式 和 意义 内容 结合 的 又 可以 用 文字 形式 转换 的 具有 创造性 的 复杂 的 符号 系统。简单 地 说，语言 是 重要 的 信息 工具，是 符号 系统。

语言 在 哪儿？它 在 人类 生活 的 共时 差异 和 历时 变化 中，似乎 无法 捉摸，可是 又 被 词典 和 语法 著作 捉住 了。

人类 语言 有 很大 的 共时 差异。只要 我们 细细 体会 一下，谁 都 会 亲身 感受 到，我 们 周围 的 人，没有 两个 人 的 口音 完全 相同。一个 地区 的 不同 村子，一个 城市 的 不 同 区域 都 有 可能 产生 群体性 的 语言 差异。一个 人 的 语言 在 不同 时间 和 空间 也 会有差异。人类语言还存在历时变化。有的语言在不断变化的历史中延续下来，例如从古代汉语演变成现代汉语。有的语言消失了，但是它分化出不同的新语言。例如拉丁语在罗马帝国解体以后消失了，但是分化出意大利语、法语、西班牙语、葡萄牙语、罗马尼亚语等新的语言。有的语言消失了，没有留下后代，例如19世纪后期在中国新疆吐鲁番、和田发现的吐火罗语的书面语，就是没有后代的一种死语言。有的语言随着使用它的人一起消失得无影无踪，因为没有用相应的文字、录音等方式记录下来。人类对语言认识得怎样？第一，有较多的语言人们还没有调查研究过，例如南太平洋各个岛屿上的土著语言；第二，有的语言调查研究不够，还没有完全弄清楚，例如美洲的各种印第安语言；第三，对一些调查研究过的语言人们还不能确定它们到底是一些独立的语言还是同一语言的不同方言，例如泰国的泰语和中国云南傣族说的傣语；第四，真正研究清楚了的还只是很少的一部份。所以世界究竟有多少种语言，现在还没有一个确切的数字。

【讲课】8

语言有多少？世界的语言非常复杂。从一定意义上来说，世界有多少人就有多少语言。但是我们一般把一定范围的人群使用的非常接近的语言叫做一种语言，这样划分出来的语言也有几千种。

德国语言学家芬克（Frans Nikolousfinck）在1909年出版了《世界语言的谱系》，收集2000种语言的标本。现在调查出来的语言大约有5000种。正在使用的语言大约有3000到4000种，其中70%的语言没有文字记录。当然有些语言是不是一种语言的不同方言，有些方言是不是一种独立的语言，有一定的人为性。[①]

从地域分布程度来看，美洲的印第安语言超过1000种。新几内亚这个岛屿上大约有700种，印度有150多种。[②]

中国56个民族有120多种语言。地域大小和语言多少没有必然关系，但是地域越偏僻、交通条件越差，语言或者方言的数量越多。

从使用群体的多少来看，有些语言只是一个民族或者国家使用，例如现代的朝鲜语、日本语等。有些语言是许多民族或者国家使用，例如英语、阿拉伯语等。

从使用人数的多少来看，使用人口比较多的语言不多。使用人口超过100万的语言只有140多种，使用人口超过5000万的语言只有下面17种：汉语（大约10亿）、英语（3.5亿）、俄语（2.4亿）、西班牙语（2.1亿）、印地语（1.8亿）、印度尼西亚语（1.3亿）、阿拉伯语（1.27亿）、孟加拉语（1.25亿）、日语（1.16亿）、葡萄牙语（1.15亿）、德语（1亿）、法语（0.9亿）、意大利语（0.65亿）、旁遮普语（0.6亿）、朝鲜语（0.56亿）、泰卢固语（0.52亿）、越南语（0.5亿）。其余几千种语言的使用人口比较少，总共占世界人口的比例不到5%。有的语言只有几千甚至几百人使用，例如中国西藏的珞巴族使用的珞巴

---

①戴庆厦. 我国民族语文工作与社会语言学 [J]. 北京：民族语文，1987，（5）.

②《参考消息》2009-03-28报道：科学家发现，赤道地区的热带气候，导致生物种类多，寄生虫也多。当地人因为常年食物丰富，又害怕传染疾病，所以人口流动少，接触少。这恐怕是导致语言种类多的一个原因。

语，黑龙江 省 的 赫哲族 使用 的 赫哲语。 20 世纪 70 年代 初期 在 菲律宾 棉兰老 岛 南部 的 原始 森林 中 发现 居住 在 一个 岩洞 中 的 塔桑代人，他们 的 语言 只有24 人用。

从 使用 的 语言 种类 的 多少 来看，一个 人 或者 一个 民族 甚至 国家 有的 使用 一种 语言，有的 使用 几种 语言。随着 社会 交往 越来越 频繁 和 世界 市场 越来越 统一，使用 几 种 语言 的 人 和 集体 越来越 多。在 使用 的 几种 语言 中，必然 至少 有 一种 是 共同语。

从 演变 的 亲密 关系 来看，有的 很 亲密，属于 相同 语支 的 语言，例如 英语 和 德语。 有的 比较 亲密，属于 相同 语系、语族 的 语言。有的 语言 不 亲密，属于 不同 语系 的 语言， 例如 汉语 和 英语。

从 世界 通用 程度 来看，英语 第一。在 国际 事务 中 最有 影响 的 语言 就是 联合国 的 工作 语言，一共 有6 种：英语、法语、西班牙语、阿拉伯语、汉语 和 俄语。国际奥林匹克 运动 会 的 工作 语言 开始 是 英语 和 法语，后来 增加 了 西班牙语、俄语 和 德语 等。这些 语言 一般 是 很多 国家 的 共同语。例如 西班牙语 有20 个 国家 把 它 做 国语 使用，其中 美洲 有 18 个。使用 汉语 的 人 最多，但是 汉语 不够 统一。使用 英语 的 国家 最多，英语 是 世界 上 最 通用 的 语言，占有 绝对 优势 地位。[①]

2.1.2 人类是 语言 动物

人类 语言 做 信息 工具 的 特殊性，与 人类 本身 的 特殊性 密切 相关。我们 经常 用 "语言" 来 引申 表示 与 人类 语言 相似 的 一般 动物 甚至 其他 生物 的 信息 符号。但是， 即使 我们 把 它们 叫做 语言，也 是 无法 跟 人类 语言 相提并论 的。因为 人类 和 其他 动物 之间 存在 智力 上 的 巨大 差别，所以 一般 动物 无法 创造 和 使用 人类 语言 这样 复杂 的 信息 工具。

语言 和 种族、民族 没有 必然 关系。种族 是 生物学 概念，民族 是 社会学 概念，语言 是 符号学 概念。语言 和 民族 一般 有 对应 关系，因此 通过 语言 或者 方言 可以 确定 是否 是 一个 民族，是否 是 老乡。但是 它们 又 不 完全 是 一对一 的 关系。有的 民族 放弃 自己 的 母语 使用 其他 民族 的 语言，例如 满族。有的 语言 被 不同 民族 采用，例如 汉语。

是 人 就 有 语言。生理学 证明，即使 是 聋哑人，也 没有 失去 语言 能力，只是 失去 语 言 的 声音 表达 形式，或者 说 失去 外部 语言。所以 人类 是 语言 动物，语言 是 人类 的 共 同 标志。不同 的 语言 只 不过 像 相同 的 一种 动物 或者 植物 的 不同 的 变种，正如 人类 分成 白色、黄色、黑色 和 棕色 4 个 种类。

许多 动物 有 传播 信息 的 符号，比如 蜜蜂、海豚、蚂蚁、狐狸 等，都 有 比 其他 动物 更加 发达 的 信息 符号，用来 产生 简单 的 信息 功能，例如 帮助 寻找 食物、逃避 危险 等。 有的 像 人 的 手势 等，例如 蜜蜂 通过 舞蹈 表达 信息。有的 更加 像 人 的 语言，例如 野兽 的 叫喊。有些 动物 还 可以 听懂 人类 语言 表达 的 简单 信号，例如 鹦鹉、猿猴、黑猩猩、狗 等。鹦鹉 还 有 精巧 的 发音 器官，能够 产生 类似 人类 语言 的 分音节 的 复杂 的 语音 形 式，逼真 地 模仿 人 的 语言。但是，对于 这些 动物 来说，它们 的 理解 是 条件 反射 性质 的 信息 刺激，如同 听到 其他 声音 的 刺激，它们 的 模仿 是 机械 的 没有 内容 的 形式 重

---

① 《参考 消息》2009-03-18 报道：1979-2008 年 翻译 的 文学 作品，原文 是 英语 的 占有 90%。其他 10% 的 原文 语言 主要 是 法语、德语、俄语、意大利语、西班牙语、瑞典语 等20 种。

复，如同 录音机 的 播送。这是 因为 它们 只有 形式 上 的 语言 条件，没有 内容 上 的 语言 条件，也就是 缺乏 人类 思维 中 的 创造 智慧。

与 一般 动物 的 信息 工具 相比，人类 语言 有 创造性 和 社会性 两个 主要 特点。

（1）语言 的 创造性

语言 的 创造性 也 叫做 生成性 或者 离散性，是说 语言 可以 分离 成 相对 有限 的 要素 和 规则，这些 有限 的 东西 又 通过 组合 生成 相对 无限 的 单位。这是 人类 语言 与 一般 动物 的 语言 相互 区别 的 根本 特点。研究 表明，一般 动物 的 信息 传播 基本上 是 孤立 地 用 一个 声音 单位 代表 一个 信息，声音 单位 不能 组合 出 更多 的 序列，因而 无法 产生 复杂 的 形式 表达 复杂 的 思想。例如 狐狸 能够 发出 的 声音 单位 有 30 多个。但是 狐狸 传达 信息 的 形式 最多 也 只有 这 30 多种。一般 动物 即使 有时 发出 一连串 的 声音 表达 一定 的 情绪，例如 有的 鸟 的 连续 鸣叫，如同 演奏 一首 乐曲，但是 这 一连串 声音 仍然 比较 呆板，没有 组合 规律，不能 分解、离散，不能 重新 组合。人类 的 语言 却 不同，不仅 可以 用 简单 的 声音 传递 信息，而且 可以 用 这些 简单 声音 有 规律 地 组成 复杂 声音 传递 复杂 的 信息，所以 人类 传递 信息 的 形式 是 相对 无限 的。例如 说 英语 的 人 不仅 可以 把 "f, g, d, o" 代表 的 4 个 音素 组成 最小 的 实体 单位 形式 "dog（狗），fog（雾），god（上帝）"，而且 可以 用 它们 进一步 组成 更加 复杂 的 实体 单位 的 形式。

汉语 普通话 在 语音 形式 上 的 创造性 表现 在：用 大约 30 个 音位，可以 生成 大约 60 个 声母 和 韵母，然后 生成 大约 400 个 基本 音节，再 生成 大约 1300 个 带 声调 的 音节。北京话 还有 390 个 儿化 音节[①]，再 生成 相对 无限 的 音节组，再 生成 更多 的 句子 声音。在 语义 内容 上 的 生成性 表现 在：用 大约 7000 个 语素，可以 生成《现代 汉语 词典》中 收集 的 6 万多个 词，再 生成 相对 无限 的 词组 或者 短语，再 生成 更多 的 句子 意义。人类 其他 语言 也 大致 是 这样。[②]人类 语言 的 创造性 和 人类 智能 的 高度 发达 密切 相关。人 特别是 口技 演员 可以 简单 模仿 一般 动物 的 声音，叫唤 或者 诱骗 一般 动物。鹦鹉 等 动物 也 可以 简单 模仿 人 的 声音，但是 都 无法 真正 进入 对方 的 信息 运行 系统。这是 由 它们 长期 进化 的 大脑 能力 和 发音 器官 的 不同 决定 的。所以 我们 无法 责怪 一般 动物 学 不会 人 的 语言。

人们 专门 对 与 人类 最 接近 的 灵长 动物 进行 试验。例如 人们 教 黑猩猩 使用 语言，结果 黑猩猩 能够 听懂 的 语词 没有 超过 10 个。换用 类似 聋哑人 使用 的 手势语 去 教，黑猩猩 最多 也 只能 学会 一百 多个 手势语 表示 的 词。可见，一般 动物 没法 学会 人类 的 语言。人类 语言 是 把 人 与 一般 动物 隔开 的 一条 鸿沟。

（2）语言 的 社会性

语言 的 社会性 是指 语言 的 学习 和 使用 都 要 受到 人类 社会 的 制约。第一，不同 的 社会 形成 不同 的 语言。第二，人 离开 社会 无法 掌握 语言。第三，人 生长 在 不同 社会 环境 中 就 能够 掌握 不同 的 语言。第四，人类 语言 可以 通过 教学 进行 传授。

人类 的 社会 集体 由于 历史 文化 的 不同 形成 不同 的 民族，不同 的 民族 一般 会 形

---

①贾 采珠. 北京话 儿化 词典 [M]. 北京：语文 出版社，1990.

②袁 毓林. 语言 信息 的 编码 和 生物 信息 的 编码 之 比较（删除 夹杂 的 文言词：语言 信息 编码 和 生物 信息 编码 的 比较）[J]. 北京：当代 语言学，1998，（2）.

成 不同 的 语言。这 就 造成 世界 语言 的 多样性。

一个 民族 是 有 共同 文化 传统 的 集体。语言 是 文化 的 一个 重要 方面,所以 语言 是 一个 民族 的 重要 标志。但是,一个 民族 可以 使用 另外 一个 民族 的 语言,例如 分散 在 世界 各地 的 犹太人 就 有 不同 的 语言。

遗传 是 生物 普遍 存在 的 现象,所以 生物 在 成长 过程 中,携带 了 从 上 一代 中 继 承 下来 的 "密码" 或者 能力。动物 生 下来 的 时候,除了 本能 的 叫喊,什么 信号 也 不 能 用。在 以后 的 成长 过程 中,环境 使 它 的 信号 能力 转变 成 信号 行为。离开 了 自己 群体 环境 的 家养 动物,就 不 可能 获得 原来 的 全部 信号 行为。

人 也 不是 一 生 下来 就 能够 说话,至今 还 没有 发现 从 母亲 那里 一 生 下来 就 说话 的 婴儿。一般 婴儿 要 到 一 周岁 左右 才 开始 萌发 学习 语言 的 行为,而且 离开 了 自己 的 群体,就 会 像 一般 动物 一样,无法 使用 人类 语言。

1927 年 人们 在 印度 加尔各答 附近 的 森林 中,发现 两个 被 狼 抚养 大 的 孩子。当 时 这 两个 "狼 孩子" 已经 有 3 岁 了,但是 只会 吼叫 而 不会 说话,而且 牙齿 锋利,四 肢 行走。经过 训练 以后 也 很 难 恢复 正常 的 语言 能力。动物 语言 也 有 一定 的 社会性。 英国 皇家 鸟类 保护 协会 说:英国 的 燕雀 等 小鸟,原来 是 歌唱 能手,现在 由于 长期 生 活 在 交通 噪音[①] 环境 中,从小 失去 学会 歌唱 的 机会,长大 以后 难以 听到 情歌,就 难以 寻求 配偶,所以 数量 急剧 减少。

在 同类 动物 中 语言 的 生物 遗传 是 普遍 的,没有 区别。当 一个 婴儿 生 下来 以后, 周围 的 人 说 英语,他 就 变成 一个 说 英语 的 人;周围 的 人 说 汉语,他 就 变成 一个 说 汉语 的 人。所以 社会 环境 的 不同,人 获得 的 语言 种类 就 不同。但是 这些 语言 都 是 其他 动物 不 具备 的 人类 语言。

无论 什么 种族 的 人,只要 是 人类,就 可以 掌握 人类 所有 语言。如果 一个 人 带着 自己 的 语言 到 另外 一个 民族 中 生活,他 原来 的 语言 就 会 失去 作用,他 必须 重新 学 会 那里 的 语言。但是,把 一 只 鸡 放在 一群 狗 中,鸡 无法 学会 狗 的 交际 工具,正如 把 鸡 放在 人类 中,鸡 无法 学会 人类 语言。

人类 的 语言 学习 不仅 可以 在 生活 中 进行,也 可以 在 课堂 进行。然而 一般 动物 没 有 课堂 学习 的 能力。

2.1.3 副语言 和 伴语言

（1）副语言

人类 语言 的 本质 是 声音 符号 系统。它 的 主体 是 由 音质 形式 为主 的 词汇 构成 的 符号 来 表达 信息。可以 把 它 叫做 主语言。伴随 词汇 的 各种 非音质 变化 和 节奏。可以 把 它 叫做 副语言,一般 叫做 语调。副语言 是 播音 专业 人员 重点 训练 的 特色 内容。

副语言 对于 语言 艺术 包括 播音、演讲 和 朗诵 等 非常 重要,因为 它 可以 使 客观 信 息 带上 丰富多彩 的 主观 信息,在 表达 人类 思想 的 同时 表达 人类 的 情感。书面语 在 记 录 语言 的 时候 最初 只 来得及 考虑 主语言。在 考虑 记录 副语言 的 时候 也 是 逐渐 进步

[①] 噪音,也 叫做 噪声。《现代 汉语 词典》 在 表示 环境 等 噪音 的 时候,推荐 用 "噪声",没有 必要, 因为 不 符合 语言 生活 实际。其实 "噪音" 更加 通用。噪音 本来 让 人 讨厌,无法 跟 噪声 人为 区分。

的，从 区分 句子 停顿 开始，到 后来 区分 词 的 停顿。例如 汉语 直到 20 世纪 初期 才 开始 引进 西方 的 标点 符号 记录 句子 的 停顿。西方 语言 直到 8 世纪 前 才 开始 创造 空格 的 方式 来 记录 词 之间 的 停顿。但是 要 全面 再现 副语言 的 各种 细节，书面语 几乎 是 无能 的。

(2) 伴语言

人类 语言 的 表达 还 经常 借助 非语言 的 辅助 系统 伴随 语言 使用。这种 信息 符号 可 以 叫做 伴语言。伴语言 其实 不是 语言，是 伴随 语言 的 其他 符号。伴语言 是 表演 专业 人 员 重点 训练 的 特色 内容。

最 基本 的 伴语言 是 体态，包括 手势、面部 表情 和 身体 其他 姿态 传达 的 信息。有人 把 它 比喻 成 语言，叫做 体态语。这些 虽然 不 属于 语言 符号，但是 还 具有 符号性，属于 视觉 符号。

此外 人们 还 借组 实物 证据 来 表达 信息。有 时候 语言 符号 传递 的 信息 因为 具有 间接性，无法 做 证据，必须 借助 实物，法庭 物证 是 最 典型 的。在 现代 媒体 中，我们 从 广播 中 听到 录制 的 现场 声音，包括 动物 的 叫声。在 电视 中，我们 除了 听觉 实物，还 可以 看到 视觉 实物，甚至 运动 过程 的 实景。这些 是 事物 本身，没有 代替 的 性质，不 属 于 符号。

书面语 无法 直接 记录 伴语言。在 必要 的 时候，例如 剧本 中 要 告诉 演员 做 什么 表演 动作，只好 依靠 主语言 通过 括号 说明 的 方式 来 表达。

2.2 语言 是 重要 的 信息 工具

2.2.1 语言 的 功能

从 语言 的 总体 功能 来看，语言 是 最 重要 的 信息 工具。[①] 人们 估计 80% 的 信息 由 语言 负担。[②] 语言 做 人类 信息 的 载体 有 很多 方面 的 功能，首先 可以 分成 两个 方面：特定 符号 关系 实现 的 系统 功能 和 不同 系统 的 符号 差异 形成 的 文化 功能。[③]

系统 功能 又 分成 思维 功能 和 交际 功能。文化 功能 又 分成 跨越 语言 和 方言 空间 的 共时 文化 功能 和 跨越 一种 语言 和 方言 的 不同 演变 时间 的 历史 文化 功能。

思维 功能 是 指 人 的 个体 进行 内部 信息 处理 的 功能，是 一种 单方 进行 的 系统 功能。

交际 功能 是 指 人 与 人 之间 进行 外部 信息 传播 的 功能，是 一种 双方 互动 的 系统 功能。它 又 分成 共时 交际 和 历时 交际。狭义 的 交际 功能 就是 指 共时 交际 功能。共时 交际 是 相同 时期 活 着 的 人 进行 的 双向 的 信息 交流，一般 使用 口语，又 可以 进行 信 息 反馈。

①范 继淹. 语言 的 信息 [J]. 北京：中国 语文，1979，(2).
②李 宇明. 语言 文字 应当 与时共进 [N]. 上海：语言 文字 周报，2001-11-14.
③陈 建民. 语言 文化 社会 新探 [M]. 上海：上海 教育 出版社，1989.

思维 和 交际 不同: 思维 产生 信息, 交际 只是 转移 信息; 思维 中 的 信息 流动 是 由 同 一个 人 完成, 交际 中 的 信息 流动 是 由 不同 的 人 完成。它们 又 相互 联系: 思维 是 交际 的 起点 和 终点, 交际 为 思维 提供 重要 的 信息 来源。在 语言 使用 过程 中 思维 和 交际 往往 交替 进行。有 准备 的 人 想 好了 再说, 来不及 准备 的 人 一边 想 一边 说, 冒失 的 人 说 出来 再想。

文化 功能 是 指 一种 语言 在 发挥 系统 功能 的 时候 留下 人类 语言 的 差异 的 能力。不同 民族 有 不同 的 文化, 不同 时代 有 不同 的 文化, 而且 都会 在 语言 中 留下 这些 差异 的 痕迹。文化 功能 要 在 阅读 和 翻译 中, 通过 比较 不同 民族 或者 不同 时代 的 语言 才能 体会 到。

面对 古代 书面语, 这 只是 一种 单向 的 信息 获取, 无法 跟 原来 的 作者 互动, 只是 一个 语言 阅读 能力 问题。所以, 学习 外语, 要求 能够 进行 双向 的 翻译, 要求 具备 听、说、读、写 4 个 能力。但是 学习 古代 语言, 如果 也 要求 把 现代 语言 翻译 成 古代 语言, 就是 浪费 时间。当然 在 中国 封建 社会 把 古代 书面语 当做 现实 交际 的 书面语, 那是 在 口头 共同语 无法 形成 的 时代 的 不得已 的 一种 特殊 情况。

很 明显, 语言 的 系统 功能 比 文化 功能 更加 重要。

下面 我们 分别 从 思维 功能、交际 功能、文化 功能 3 个 方面 来 具体 讨论。

2.2.2 思维 功能

（1）思维

思维 是 人 的 个体 思维 器官 对 通过 感觉 器官 获得 的 客观 信息 进行 处理 的 过程, 一般 先 形成 表象、概念, 然后 进行 判断、推理 等。

人类 信息 的 获得 通过 两条 途径: 第一 信号 系统 和 第二 信号 系统。第一 信号 系统 是 客观 对象 的 直接 作用, 是 动物 的 一种 本能 的 反应 或者 反射。例如 火 烫了 手, 手 就会 立刻 缩 回去; 给 狗 喂 食物, 食物 就会 刺激 狗 分泌 唾液。一个 人 曾经 被 火 烫过 手, 当他 第二 次 接近 火 的 时候, 他 的 手 也 可能 自然 缩 回去。这些 都是 属于 第一 信号 系统, 是 人 和 一般 动物 共同 具有 的。

语言 是 符号, 是 一种 间接 的 信号, 叫做 第二 信号 系统。通过 语言 这种 信号, 人们 可以 更加 方便 地 获得 更多 的 信息。例如 "火" 这个 词 表达 的 概念, 由于 各人 经历 不同, 有的 人 可能 产生 一种 畏惧, 有的 人 可能 感到 亲切 温暖, 说明 了 这个 概念 已经 是 被 人 的 大脑 处理 过 的 一种 信号, 已经 不是 当初 的 那种 直接 获得 的 具体 信号, 它 有 相当 的 间接性、概括性。别人 叫 一声 "火", 即使 你 没有 看到 火, 也会 形成 刺激: 如果 你 正在 做饭, 也许 会 想到 饭 烧糊 了; 如果 你 在 救火, 也许 想到 危险。

思维 可以 分成 两种 形式: 形象 思维 和 抽象 思维。形象 思维 处于 感性 认识 的 低级 认识 阶段, 主要 是 对 事物 本身 进行 感觉、知觉、表象 的 直接 认识。这些 直接 的 东西 可以 暂时 不用 语言 来 代表。抽象 思维 处于 理性 认识 的 高级 认识 阶段, 是 对 感性 认识 进行 过滤、整理 和 改造, 形成 概念、判断、推理 的 间接 认识。这些 间接 的 东西 往往 要 用 语言 来 代表。

人脑 目前 还是 一个 无法 打开 的 黑色 箱子。研究 表明, 人脑 在 小孩 成长 的 过程 中, 逐渐 分化 成 左右 两个 半球, 中间 是 有 大约 2 亿 个 神经元 连接 着 的 桥梁, 用来 交换

两个 半球 的 信息。大脑 的 左 半球 管理 右 半身 的 动作，右 半球 管理 左 半身 的 动作；大脑 的 左 半球 主要 管理 语言、计算 等 抽象 思维，右 半球 主要 管理 音乐、情感 等 直观 的 形象 思维。实验 证明，严重 的 癫痫 病人，切除 联系 大脑 两 个 半球 的 桥梁，可以 减轻 痛苦、控制 病情。切除 桥梁 以后 的 病人，如果 蒙住 他 的 眼睛，把 他 平常 用 的 笔 放在 他 左手 上，信息 传入 右脑，他 可以 正确 使用，但是 说不出 名称；如果 放在 右手 上，信息 传入 管理 语言 的 左半脑，就 能够 立即 说出 它 的 名称。

（2）思维 语言

思维 的 时候 到底 有 没有 语言 存在 呢？什么 是 思维 语言？

实验 证明，人 在 沉思默想 的 时候，发音 器官 伴随着 与 平常 说话 模式 一致 的 轻微 的 运动。只是 这种 运动 产生 的 声音 无法 让人 听见，当然 思维 的 人 也 不 需要 听见 自己 的 声音。如果 放慢 思维 速度，你 能够 隐隐约约 地 感到 你 在 使用 你 经常 说 的 语言。有时 不知不觉 地 把 这种 内部 语言 发出 声音 来 了，出现 自言自语。过多 的 自言自语，使 人 觉得 好笑，甚至 使 人 觉得 精神 不 正常。思考 问题 用 的 没有 声音 的 相对 不 完整 的 语言 就是 思维 语言。思维 语言 也 叫做 内部语言。

思维 语言 有 一定 的 零散性。思维 的 人 使用 语言 在 自己 明白 的 情况 下 会 尽量 省略，如果 把 思维 语言 直接 说 出来 显得 不 连贯、不 完整。如果 要 把 思维 结果 告诉 别人，就要 把 内部 的 思维 语言 转换 成 可以 让 别人 听得 明白 的 完整 的 外部 的 交际 语言。这种 转换 能力 不强 的 人，经常 出现 有 话 说不出 的 现象。思维 语言 好比 给 自己 看 的 笔记，交际 语言 好比 经过 整理 以后 给 别人 看 的 笔记。

思维 语言 还 有 一定 的 跳跃性。不同 的 语言 或者 同一 语言 的 不同 使用者，可以 使 思维 本身 存在 的 跳跃性 变成 连贯性。思维 虽然 也 像 语言 一样 摆脱 不了 时间 的 线条，但是 由于 思维 不 需要 两个 人 有 共同 的 背景 知识，所以 可以 有 很 大 的 跳跃 变化。

从 意识流 文学 作品 可以 看到，思维 语言 的 书面 表现，也 明显 地 经过 了 加工。例如 王蒙《春之声》（春天 的 声音）的 几 段 话：

"咣地 一 声，黑夜 就 到来 了。一个 昏黄 的、方方 的 大 月亮 出现 在 对面 墙上。"（主人公 岳 之峰 刚刚 上 闷罐子车 的 心理）

"目前 不是 正在 流行 一 支 轻柔 的 歌曲 吗？叫做 什么 来着？《泉水 叮咚 响》。如果 火车 也 叮咚叮咚 地 响 起来 呢？"

"各种 信息 在 他 的 头脑 里 撞击。黑压压 的 人群。遮盖 热气腾腾 的 肉包子 的 油污 的 棉被。候车室 里 张贴着 的 大字 通告：关于 春节 期间 增添 新 车次 的 情况，临时 增添 的 新 车次 的 时刻表。男女 厕所 门前 排着 等待 小便 的 人 的 长队……"

"老 一辈 人 正在 一个 又 一个 地 走向 河 的 那边。咚咚咚，磴磴磴，嘟嘟嘟，是 在 过 桥 了 吗？连结着 过去 和 未来，中国 和 外国，城市 和 乡村，此岸 和 彼岸 的 桥 啊！"

（3）思维 和 翻译

为什么 两 个 语言 完全 不能 沟通 的 人 也许 能够 一起 完成 一天 的 旅游？为什么 两 个 语言 完全 相同 的 人 也许 无法 一起 持续 完成 一天 的 旅游？

跟 非人类 相比，人类 是 有 相同 智慧 能力 的 动物，必然 会 有 相同 的 思维 能力。相同 的 思维 能力 必然 产生 本质 相同 的 语言 工具。表面 不同 的 具有 个性 的 语言 实际 上 存在着 巨大 的 共性。这 就 为 人类 不同 语言 之间 的 翻译 创造 了 条件。

如果 我们 从 微观 的 角度 去 看，一种 语言 跟 另外 一种 语言 存在 许多 不同，甚至 觉得 毫无 联系。但是，我们 从 宏观 角度 去 看，它们 具有 非常 相似 的 结构。例如 它们 都 选择 声音 做 基本 形式，都 是 把 声音 分成 一个 一个 音节 连接 起来 表达 意思，都有 表示 物质 的 名词，表示 运动 的 动词，表示 时间 和 空间 性质 的 形容词、副词 等 实词，表示 符 号 关系 的 虚词。

即使 是 具体 的 句子 组织，也有 语言 的 共性。例如 几乎 所有 语言 的 修饰语 与 中心 语 之间 存在 着 一种 亲近 程度[①] 原则，反映 事物 本身 的 联系 程度。说 英语 的 人 不 愿意 说 "hardest-working person（最 勤奋 的 人）"，因为 "-est" 的 插入 破坏 了 它 前后 部 份 之间 的 亲近 关系。同样 说 汉语 的 人 不会 很 愿意 说 "老师 同学们" 或者 "老师、同 学们"，会 喜欢 说 "老师们、同学们" 或者 "各位 老师、同学"。

一般 表示 事物 本质 属性 的 修饰 词语 特别 优先 靠近 表示 事物 的 词。[②] 例如 "我 妈 妈、我 的 妈妈、我 的 桌子" 可以，"我 桌子" 不 可以，"小学 语文 老师、小学 的 语文 老师、教 语文 的 小学 老师" 可以，"语文 小学 老师、小学 语文 的 老师" 不 可以。

通常 我们 认为 语言 具有 民族性，思维 是 人类 共同 的。这 是 为了 强调 语言 的 个性。 其实，不同 的 民族 不仅 语言 有 个性，思维 也有 个性。不过 语言 的 个性 是 一种 外在 的 表现，容易 被 人们 感知。语言 的 个性 也 不能 夸大，例如 任何 语言 的 基本 单位 都是 词， 有的 被 书面 汉语 形式 中的 特殊 现象 迷惑 了，就 认为 汉语 的 "字" 和 英语 的 "字母" 是 性质 不同 的 单位，甚至 认为 汉语 的 基本 单位 是 "字"。也 有人 过份 强调 思维 的 个性 差别，把 西方人 的 思维 和 语言 与 东方人 的 对立 起来。

由于 人类 思维 和 语言 都有 共性，所以 无论 语言 区别 多么 大，都 可以 通过 翻译 实现 思想 的 沟通。但是，由于 它们 也 同时 具有 差异，所以 无论 什么 翻译 都 无法 完美 地 实现 思想 的 沟通。有人 对 那种 无法 对等 翻译 的 现象，单纯 从 语言 差异 中 找 原因，其 实 也 应该 同时 从 思维 差异 中 找 原因。

经常 有 关于 外星人 的 报道，但是 我们 至今 无法 跟 他们 沟通。中国 人 给 外星球 发 出 的 信息 不是 语言，而是 更加 形象 的 音乐 《高山 流水》。这种 交际 障碍 恐怕 不 像 中 国 封建 社会 不懂 外语 的 上海人 跟 外国人 做 生意 存在 的 语言 障碍，也许 我们 跟 外星 人 没有 共同 的 思维 特点。

（4）语言 是 最 重要 的 思维 工具

语言 不是 思维 的 唯一 工具。[③] 人类 从 猿人 进化 成 人 的 过程，小孩 学会 说话 的 过 程，都 可以 说明 人类 先 有 思维，后来 有 语言。先天 聋哑 的 人 不能 说话，但是 可以 思 维，因为 他们 虽然 不能 通过 语言 这个 重要 途径 获得 信息，但是 可以 通过 感觉 器官 直 接 获得 信息。我们 可以 看到 他们 能够 做 修理 自行车、发动机 等 技术 工作。通过 治疗， 有的 恢复 了 语言 能力，有的 学会 了 手指语。有个 聋哑人 恢复 了 语言 能力 以后，可以 用 语言 回忆 他 家里 的 往事。人 获得 语言 以后，人 的 思维 不可能 完全 脱离 语言，但是 可以 在 一定 的 环节 上 或者 进行 形象 思维 的 时候，暂时 不用 语言 进行 一定 的 思维。

---

① [美国] Dwight Bolinger. 语言 要略 [M]. 北京：外语 教学 与 研究 出版社，1993. 206.

②张敏. 认知 语言学 与 汉语 名词 短语 [M]. 北京：中国 社会 科学 出版社，1998. 232.

③周 建人. 思维 科学 初探 [N]. 北京：光明 日报，1976-06-13.

可见, 有 语言 能力 的 人 在 进行 思维 的 时候, 也 有 可能 不 借助 语言 进行。

但是, 语言 是 最 重要 的 思维 工具。可以 肯定 没有 语言 的 思维 达不到 有 语言 的 思维 那样 高 的 水平。人们 不可 想象 在 进行 复杂 的 抽象 思维 中 没有 语言 做 工具 的 情形。

这 是 因为 语言 具有 简便性。我们 可以 把 看到 的 各种 水 浓缩 在 一个 音节 形式 表达 的 "水" 中, 这个 音节 形象 比 事实 上 存在 的 水 的 形象 简便 多 了。我们 还 可以 增加 音节 的 组合 表达 思维 中 相对 具体 的 概念, 从而 根据 需要 方便 地 完成 各种 概念 的 表达。例如 选择 不同 的 特征 分别 表达 成 "热水、冷水、干净 的 水、肮脏 的 水" 等。这 种 用 语言 表达 的 思维 信息 在 交际 中 可能 出现 真实性 的 流失, 特别 是 在 语言 使用 双 方 理解 语言 符号 的 能力 和 条件 不 一样 的 时候。但是, 这种 真实性 的 流失 与 不能 实 现 基本 信息 的 传递 相比 当然 不算 什么。一种 语言 成为 思维 工具 以后, 这种 语言 就 和 这个 人 的 思维 建立 了 稳定 的 联系, 成为 这个 人 的 思维 的 一件 无法 脱离 的 外衣。一 个 刚刚 学习 第二 种 语言 或者 方言 的 人, 他 往往 使用 自己 相对 熟悉 的 第一 语言 思维。 一个 不能 熟练 使用 外语 的 人, 往往 需要 通过 母语 思维 的 转换 过程, 在 自己 的 大脑 中 先 进行 无声 "翻译"。学到 了 一定 熟练 程度 就 可以 逐渐 直接 用 外语 思维 了。学习 汉语 普通话 的 人 也 会 有 这样 的 现象: 在 用 普通话 的 过程 中, 一般 没有 问题, 但是 情 绪 激动 的 时候, 突然 失去 控制, 方言 夹杂 进来 了。

人 在 成长 过程 中, 语言 和 思维 是 同步 发展 的。一方面 思维 促进 语言 的 发展, 小 孩 越 懂事, 他 的 语言 能力 就 越 好。另一方面 语言 促进 思维 发展, 小孩 越 有 使用 语言 的 能力, 他 的 智力 就 越 好。可见 重视 儿童 语言 学习 效率 对 儿童 的 智力 成长 非常 重 要。

语言 甚至 可以 影响 人 的 性格。研究 表明, 同样 的 人 使用 不同 的 语言, 性格 特点 会 发生 变异。例如, 有的 人 说 汉语 就 严肃、内向, 说 英语 等 就 活泼、外向, 因为 英语 的 表达 更加 直接; 说 汉语 就 急躁、冲动, 说 日语 就 温和、有 耐心, 因为 日语 在 语法 上 最后 说 动词。

2.2.3 交际 功能

（1）交际

鸟 在 天空 中 一群 一群 地 飞, 野兽 在 原始 森林 里 一群 一群 地 跑。它们 也 有 交际 吗? 我们 不 很 清楚。但是, 我们 人类 自己 是 需要 交际 的。人 与 人 构成 社会, 除了 物质 上 的 相互 联系 和 制约 以外, 必然 会 有 信息 的 沟通 或者 交流。城市 人口 多, 造成 住房 紧张, 这 是 物质 关系。人言可畏, 谣言 的 迅速 传播, 会 造成 人 的 精神 紧张, 这 是 精神 关系。

我们 需要 触摸、拥抱, 需要 眼睛 看着 眼睛, 需要 唱歌, 需要 跳舞, 需要 说话……这些 都 是 交际 需要。即使 是 一辈子 没有 离开 过 自己 村子 的 人, 也 仍然 在 自己 的 范围 里 面 找 人 聊天, 进行 频繁 的 交际。人们 几天 不 出门, 心里 就 可能 闷得 慌。

在 现代 社会, 人们 活动 的 条件 越来越 好, 交际 范围 越来越 广, 交际 内容 也 越来越 多。

交际 是 通过 人 与 人 之间 的 往来 接触, 进行 情感 和 思想 的 信息 交流。交际 必须 有 不同 的 信息 发出 人 和 接收 人, 必须 有 信息 的 传播 意图、行为。没有 其他 人 接收

的 信息 不是 交际。母鸡 "咯咯" 叫，可以 使 人 获得 "生 蛋 了" 的 信息，但是 没有 传播 意图，不是 交际，只是 自然 信息。看到 小偷 在 偷 东西，心里 想 说 但是 没有 说 出来，这 是 没有 形成 交际 的 行为。

(2) 语言 是 最 重要 的 交际 工具

交际 总 会 凭借 一些 工具。最简单 的 是 用 我们 人 自己 身体 的 活动，包括 眼神、手势、身势 等。例如 中国 人 见面 握手，日本 人 见面 鞠躬，西方 人 见面 接吻、拥抱，还有 白眼、瞪眼、笑、哭、伸 舌头、摇头、点头、拍 肩膀、拍 背部、耸 肩膀、鼓掌、挥手、招手、摊手 等 各种 动作，都 是 表示 不同 的 思想 感情 的 交际 方法，都 使用 了 视觉性 或者 触觉性 工具。我们 常常 看到 海上 或者 空中 作业 用 的 旗语，交通 用 的 红绿灯，公共 厕所 门口 区分 男女 性别 用 的 示意 图画，聋哑 人 的 手指语，数学 符号，物理、化学 公式，还有 电报 代码 等，也 都 是 代表 一定 意义 的 交际 工具。

语言 也 是 交际 工具，它 分成 听觉 的 口语 和 视觉 的 书面语 两种 方式，分别 表现 成 语音 和 文字 两种 形式。在 各种 交际 工具 中 最 重要 的 是 语言 这个 交际 工具，因为 它 具有 基础性 和 广泛性[1] 两个 明显 的 特点。

基础性 是 说 其他 交际 工具 都 建立 在 语言 的 基础 上。比如 旗语、红绿灯、电报 代码、科学 公式 等 都 需要 用 语言 加以 规定 和 解释。握手、鼓掌、接吻、拥抱 等 虽然 与 语言 没有 直接 联系，但是 一种 交际 信息 行为，必须 在 人们 的 头脑 中 转换 成 语言 代码 才能 被 人们 接收 和 理解。语言 在 它们 中间 充当 的 角色 好比 商品 交换 的 等价物。语言 不仅 可以 解释 语言 以外 的 交际 工具，而且 有 像 词典 中 出现 的 自我 解释 功能。

书面语 拿 口语 做 基础，并且 跟 口语 进行 系统 对应。所以，书面语 用 的 文字，不能 跟 旗语、红绿灯 相提并论。

广泛性 是 说 语言 做 交际 工具 使用 的 范围 最 广泛。其他 符号 一般 在 特定 范围，表达 特定 的 意义。语言 使用 的 范围 是 没有 限制 的，不管 是 具体 的 还是 抽象 的，不管 是 客观 存在 的 还是 人们 主观 认为 的，哪怕 是 极其 复杂 或者 微妙 的 情感，都 可以 用 语言 表达。

人类 是 一种 精神 动物，通过 艺术 进行 的 情感 交流 成为 人类 生活 的 重要 内容。艺术 活动 是 人类 的 一种 特殊 的 交际 活动。文学 艺术 是 人类 最常见 的 艺术。文学 艺术 中 传递 信息 的 工具 也 是 语言，它 表达 非常 复杂 的 社会 生活 信息。

当然，我们 也 会 出现 无法 用 语言 表达 的 情况。这 正好 说明 其他 交际 工具 在 特殊 领域 中 的 补充 作用。

人类 语言 在 传递 信息 方面 也 有 一定 的 局限性。在 特定 场合 的 简单 意义 的 表达，虽然 可以 使用 语言，但是 运用 非语言 工具 可能 效果 更好。例如，小孩 接受 别人 送 的 礼物，先 看看 大人 是否 点头 同意，接 的 时候 恭敬 地 用 双手，并且 带有 高兴 和 感激 的 面部 表情。这种 非语言 交际 比 语言 交际 更加 好。用 语言 反复 教 小孩 学会 礼貌，不如 让 他 在 礼貌 的 人群 中 看 一次 的 效果 好。在 表达 爱情 的 时候，人们 也 经常 不 直接 使用 语言。

由于 有些 语言 信息 代码 的 完整 还原，需要 接受者 具有 发出者 相同 的 人生 经验 做

---

①彭 泽润. 谈 语言 在 信息 符号 中 的 地位 [N]. 北京：光明日报，1987-11-10.

背景。这种 苛刻 的 要求 往往 不 现实，所以 有人 干脆 说：用 语言 表达 自己 的 感受 显得 太 苍白。① 可是 没有 语言 表达 可能 变成 空白。

电话机、录音机、传真机、计算机、通讯 卫星 等 可以 提高 信息 工具 的 使用 效率，但是 它们 只是 依靠 和 帮助 语言 的 辅助 工具，不是 独立 的 信息 符号 工具。

2.2.4 文化 功能

猫 和 狗 从 自己 留 在 路上 的 气味 或者 粪便 辨认 自己 回家 的 路，人类 通过 语言 或者 文物 来 辨认 自己 的 历史 足迹。

（1）文化

广义 的 文化 是 指 人类 社会 在 历史 发展 过程 中 创造 的 物质 财富 和 精神 财富 的 全部 差异。狭义 的 文化 是 指 精神 财富，包括 经验、知识、科学、技术、文学、艺术、思想、信仰、宗教、道德、法律、风俗、制度、教育、语言、生活 方式、思维 方式 以及 从 社会 上 获 得 的 能力 与 习惯 等 方面 的 差异。其中 文学、艺术 是 最 有 代表性 的。

文化 的 价值 就 在于 人类 财富 的 风格 特征，是 在 不同 民族 或者 同一 民族 的 不同 历史 时期 的 比较 中 获得 的 差异。

例如，英语 从 日耳曼语 演变 出来，正如 法语 从 拉丁语 演变 出来。但是 由于 古代 日耳 曼语 没有 用 文字 记录 的 文献 流传，加上 英国 被 外国 长期 占领，英语 一直 没有 得到 很 好 的 应用。从 1150 年 到 1450 年 英国 被 法国 西部 诺曼底（Normamdie） 地区 的 人 占领 了 300 年，英国 使用 3 种 语言。法语 是 英国 宫廷 和 政府 工作 语言。拉丁语 是 教会 和 学 术 语言。英语 是 老百姓 用 的 语言，最 不 受到 重视。英语 从 1362 年 才 开始 逐渐 成为 国 家 会议 和 法庭 辩护 语言。又 由于 文艺 复兴 运动 的 复古 思潮，英国 文学 作品 出现 大量 外来词，包括 外来 的 古代 词语，分别 来自 古代 希腊语、拉丁语、法语 的 词语。这种 混杂 局面，导致 有些 英国 作家 的 作品，如同 20 世纪 初期，中国 的 文言文、白话文 和 方言 的 夹杂 的 文章。② 在 用 英语 翻译 传播 《圣经》 的 过程 中，也 导致 英语 中 产生 许多 来自 《圣经》 的 熟语。③

语言 是 文化 的 载体，没有 语言 记录 的 文化，只能 通过 保存 或者 从 地下 挖掘 出来 的 物质 财富 中 考察。人类 一代 一代 地 把 深刻 的 内心 活动 的 结果，各种 历史 事件、信仰、观念、悲哀、欢乐，都 收入 语言 的 宝库 中。语言 是 一 条 最 生动、最 丰富、最 牢固 的 纽带，它 把 世世代代 的 人 连接 成 一个 伟大 的 整体。语言 不仅 可以 记载 文化，语言 本身 在 它 的 发展 过程 中 也 变成 了 人类 历史 和 文化 的 足迹。语言 在 自己 使用 和 发 展 过程 中 也 忠实 地、全方位 地 反映 着 文化 的 变化。不同 民族，不同 时期 的 语言 结构 中 具有 的 指称 和 反映 事物 的 独特 方式，都 是 人类 社会 文化 的 折射。

因此，学习、使用 和 研究 不同 的 语言 一定 要 注意 这种 语言 的 文化 背景。同样，了 解 和 研究 一定 民族 的 文化 必须 研究 和 利用 这个 民族 的 语言。

（2）从 语言 现实 中 体现 的 文化 差异

---

①记者. 来自 第一 代 乡村 大 学生 的 调查 报告 [N]. 北京：中国 青年 报，1999-12-11（3）.

②李 赋宁. 英语 历史 [M]. 北京：商务 印书馆，1991.6-12.

③曹 青. 英语 与 宗教 文化 [J]. 杭州：浙江 大学 学报，1993（4）.

不同 的 民族 文化 造成 不同 的 语言 和 方言，同时 也 形成 了 不同 的 思维 差别。[①]例如，汉语 不 重视 词 在 语言 结构 中 的 形态 变化，英语 则 相反。这是 汉语 的 灵活性，也 可以 说 反映 了 汉族 人 思维 中 存在 一定 的 散漫性。

一般 说来，西方 传统 思维 模式 把 逻辑 分析 和 推理 做 基础，注重 认识 活动 的 细节。中国 代表 的 东方 民族 思维 方式 把 直观 综合 做 思维 基础，比较 注重 从 整体 方面 来 把 握 对象。[②]这 两种 不同 的 民族 思维 方式 在 语言 中 也 有 显著 的 反映。例如，在 姓名 排 列 中，中国 首先 是 家族 的 姓氏，然后 是 表示 辈份 的 名字（现代 已经 没有 这个 部份 了），最后 才是 自己 个人 特有 的 名字，突出 的 是 家族 整体；西方人 一般 首先 是 自己 的 名字，然后 是 父亲 的 名字，最后 才是 表示 家族 的 姓氏，突出 的 是 个体。

在 时间、地址 的 表达 顺序 上，也 不 一样。一个 把 具体 的 放在 后面，一个 把 具体 的 放在 前面。中国人 习惯 按照 年、月、日、时、分、秒 排列 顺序，地址 习惯 按照 国家、省、市、县、街道、门牌 号码 排列 顺序，突出 的 是 整体 到 个体 的 近景式 的 分析 关系。西方人 的 习惯 相反，突出 的 是 个体 向 整体 的 远景式 的 合成 关系。

如果 你 读到 下面 两个 信封 上 开头 的 文字，你 也许 能够 从 词语 的 次序 中 判断 哪 个 是 指 收信人，哪个 是 指 发信人，哪个 是 东方人 写 的，哪个 是 西方人 写 的。

① 王 湘清，和平 路1号，北京 市，中国

② 中国 北京市 和平 路1号 王 湘清

说 英语 的 人 这种 开门见山 的 习惯，导致 写 文章 也 有 这种 不同，说 汉语 的 人 不 喜欢 一 开头 就 告诉 你 结论，好像 生怕 告诉 了 别人 结论，别人 就 不 会 读 下去 了。如果 他 对 你 的 结论 没有 兴趣，又 何必 浪费 他 的 时间！

在 英语 中 名词性 修饰 成份 如果 很 长，一般 让 中心 成份 先 出现，也 体现 了 这种 开门见山 的 习惯。汉语 则 相反，有时 读 了 或者 听 了 老半天 也 不 知道 这个 很 长 的 修 饰语 到底 要 修饰 什么。这 可以 说 是 汉语 表现 出来 的 汉族 的 含蓄，也 可以 说 是 不 干 脆，时间 紧迫感 不 强。请 比较 下面 英语 的 句子 和 对应 的 汉语 的 句子

① The United States is a varied land of forest, desert, mountains, high flat lands and fertile plains.

② 美国 是 一个 拥有 森林、沙漠、山脉、高原 和 肥沃 的 平原 的 多样化 的 国家。

如果 要 在 汉语 中 让 中心语 快 一点 出现，只好 重复 中心语。例如：

③ 一个 幽灵，共产 主义 的 幽灵，在 欧洲 大陆 徘徊。

由于 不同 民族 表现 现实 世界 的 角度 和 侧重点 不 完全 一致，所以 指称 同类 事物 的 词语 也 具有 民族 文化 特色。例如，汉语 中 "男女、夫妻、公婆、子女" 等 词语 的 内部 语 素 顺序 是 男性 在 前面，女性 在 后面。但是 云南 省 丽江 地区 的 纳西语 中 "夫妻、男女" 分别 是 [mizo]、[nͬinəvkæ]，直接 翻译 成 汉语 是 "妻子+丈夫、女+男"。虽然 两个 东西 排列 总要 一个 在 前面，一个 在 后面，但是 在 比较 中 体现 了 纳西族 母权 社会 制度 结束 得 比较 晚。在 汉语 中 表示 亲属 关系 的 词语 区分 细致，堂兄 和 堂弟、堂姐 和 堂妹、表

---

①张 今，陈 云清. 英汉 比较 语法 纲要 [M]. 北京：商务 印书馆，1981.

②李 晓明. 中国 传统 思维 模式 中 的 模糊化 特征 [A]. 中国 传统 文化 的 反思 [C]. 广州：广东 人 民 出版社，1987.

兄 和 表弟、表姐 和 表妹，要 区分 性别、年龄 大小、系属。而 英语 中 却 一律 概括 成 cousin。汉语 中 "伯父、叔父、舅父、姨父、姑父" 和 "伯母、婶妈、舅妈、姨妈、姑妈" 这 两 组 称谓，前 一 组 称谓 英语 统称 uncle，日语 统称 おじ，后 一 组 英语 统称 aunt，日语 统称 おば。英语 的 "grandfather" 汉语 分成 "祖父、外祖父"；英语 的 "brother-in-law"，汉语 分成 "内兄、内弟，大伯子、小叔子，姐夫、妹夫"。小孩 可以 直接 叫 自己 父母 的 名字，这 在 说 英语 的 民族 中 常见；但是，在 说 汉语 的 民族 中 少见。

这些 都 是 中国 古代 严密 的 等级 制度、复杂 的 人际 关系 在 亲属 称谓 上 打下 的 深深 的 烙印。今天 的 社会 已经 发生 很大 变化，但是 仍然 可以 透过 现代 汉语 的 现状 找到 这种 痕迹。

【图表】 "同胞" 用 词表达 的 不同 格局

汉语	匈牙利语	英语	法语	马来语	汉语	壮语
哥哥	bâtya	brother	frère	sudayã	哥哥	bei^{42}
弟弟	öccs				姐姐	
姐姐	néne	sisiter	soeur		弟弟	nueŋ^{42}
妹妹	húg				妹妹	

同样，父母 相同 的 孩子，汉语 用 "同胞" 概括，用 词 区分，有 不同 的 区分 格局。汉语 和 匈牙利语 按照 性别 和 年龄 区分成 4 个 词表达 的 "哥哥、姐姐、弟弟、妹妹"。可是，英语 和 法语 只 按照 性别 区分 成 两 个 词表达 的 "brother（哥哥、弟弟）" 和 "sisiter（姐姐、妹妹）"。马来语 可以 整体 用 一个 词表达。广西 壮语 只 按照 年龄 区分 成 两 个 词表达 的 [bei^{42}]（哥哥、姐姐）" 和 "[nueŋ^{42}]（弟弟、妹妹）" [①]。通过 比较 世界 上 16 种 语言 发现："祖父" 和 "孙子"，有的 语言 用 单纯词 表示，有的 语言 用 "父亲" 和 "儿子" 的 派生词 表示。[②]汉语 缺乏 词 的 语法 形态 变化，用来 标志 词语 之间 的 复杂 的 结构 关系。汉字 一直 保持 自己 的 书写 方式，单字 既 不能 把 内部 的 语音 要素 分解 记录，也 不能 把 外部 的 词 连接 记录。英语 相反，有 比较 严格 一致 的 词 的 形态 变化 要求，文字 可以 用 单字 反映 词 内部 的 语音 要素，也 可以 通过 字组 之间 的 间隔 把 每个 词 的 内部 连接 起来，使 外部 得到 分离。显然，这种 语言 结构 差异，与 民族 的 思维 方式 等 文化 差异 有 关系。对比 一下 英语 的 "It is raining" 和 汉语 的 "下雨 了"，就 可以 看出，相对 来说，汉语 具有 灵活性 或者 随意性，英语 具有 严谨性 或者 机械性，也 可以 说 汉语 的 人治性 比较 强，英语 的 法治性 比较 强。

母语 是 日语 的 人 会 说 这样 有 积极 意义 的 汉语："老师，您 跑 得 像 狗 一样 快！"，"我 要 像 乌龟 一样 坚持 下去。" 日本人 的 名字 就 有 "犬养幸子、龟田" 等。可是，汉族人 会 联想 到 有 消极 意义 的 汉语 词语："放狗屁、走狗、痛打落水狗、缩头 乌龟、乌龟 王八蛋" 等。

上面 说 的 这些 差别 涉及 思维 文化 的 差别，但是 不能 否认 人类 在 深层 的 思维 能力 上 仍然 具有 本质 的 共同性。我们 既 不能 忽视，也 不能 夸大 这种 差异。另外 这种 语

---

①石 安石，詹 人凤 语言学 概论 [M]. 北京：高等 教育 出版社，1988. 26.

②伍 铁平. 男性 直系 亲属 名称 的 类型 比较 [A]. 语言 论文集 [M]. 北京：商务 印书馆，1985.

言 差异 也 在 随着 语言 的 接触 发生 变化。

（3）从 词语 理据 来源 和 价值 变化 中 体现 的 文化 足迹

语言 是 化石，从 词语 的 源流 可以 了解 人类 文化 的 足迹。语言 是 储存 传统 的 水库，词语 是 这个 水库 里 的 水珠。一种 语言 的 词语 发展 历史，就是 一个 民族 的 文化 发展 历史。

例如，藏语 的 [ŋʏ⁵⁵]，有 "银子" 和 "钱" 两个 意思。其中 "银子" 是 本义，"钱" 是 转义。这 说明 藏族 在 历史 上 曾经 用 银子 做 早期 的 货币。

朝鲜语 的 [sɯsɯŋ] 原来 的 意义 是 "僧人"，后来 泛指 "老师、师傅"。这 可以 证明 朝鲜族 的 教育 与 佛教 有 密切 关系，最早 的 教师 可能 是 僧人 担任。

汉语 称呼 哥哥 的 妻子 为什么 叫做 "嫂子" 呢？原来 是 为了 尊敬 嫂子 和 哥哥，把 "嫂子" 和 "老人" 类比。（《释名》 的 解释 是 "嫂，叟。老者称也"）在 中国 农村 直到 20 世纪 仍然 存在 这样 的 伦理 观念，大 哥哥 和 父亲，大 嫂子 和 母亲，可以 在 家族 权力 中 平等。英文 的 "嫂子" 叫做 "sister-in-law"，词义 结构 是 "在 法律 条文 中 规定 了 的 姐姐"。可见，中国 古代 是 从 人际 关系 看待 嫂子，而 英国 古代 是 按照 婚姻 法律 关系 看待 嫂子。[①]通过 对 词语 的 源流 考察，我们 可以 了解 古老 文化 习俗 神秘 的 历史 源头。

词典 解释 用 的 词语 的 变化 也 可以 反映 文化。例如 《新华 字典》 对 "孝" 这个 语素 的 解释 的 时间 变化，也 反映 出 一个 比较 短 的 历史 时期 的 文化 变化：1962 年 的 解释 是 "敬爱 父母"；1971 年 是 "封建 伦理 道德 之一，指 对 父母 尽心 奉养 并且 顺从"；1980 年 和 1985 年 是 "儒家 宣扬 的 反动 说教，指 对 父母 无条件 地 顺从；现在 指 尊敬、奉养 父母"。《现代 汉语 词典》1996 年 的 解释 是 "孝，孝顺"，"［孝顺］尽心 奉养 父母，顺从 父母 的 意志"。

中国 改革 开放 以后，人们 喜欢 数字 "8" 等，不 喜欢 "4" 等。这 反映 出 一些 人 遇到 突然 到来 的 富裕 和 贫穷 之间 的 距离 的 扩大，在 心理 上 难以 接受，于是 寻求 迷信 性质 的 心理 安慰。原来 广州话 的 "8" 和 "发财" 的 "发" 同音，"4" 和 "死" 谐音。这 还 导致 企图 利用 电话 号码 和 汽车 号码 数字 获得 额外 利润 的 心理 现象。广东 人 还 喜欢 吃 西北 草原 上 的 "发菜"，因为 名称 与 "发财" 同音。这种 寻求 吉利 的 心态 在 这个 经济 发展 没有 很好 规范 的 时代 得到 了 放大。

（4）从 地名 词语 中 体现 人类 迁移 的 足迹

从 地名 可以 证明 人类 分布、迁移 的 历史 足迹。地名 在 词汇 中 比较 稳固，不太 容易 发生 变化。历史 上，有的 民族 从 一个 地方 迁移 走 了，而 这个 地方 的 地名 却 被 后来 迁移 进来 的 民族 沿用，并且 长期 保存 下来。

恩格斯 曾经 对 英国 的 许多 城市 名称 进行 考证，认为 这些 地名 是 大约 1000 多 年 以 前 的 罗马人 征服 不列颠 留下 的 痕迹。他 说："罗马人 征服 不列颠 最 永久 的 纪念碑 是 把 拉丁 语言 中 的 词 castra（野营）保留 成 最初 曾经 是 罗马 军队 驻地 的 许多 城市 的 名称 或者 名称 的 一部份，例如 卡斯特、莱斯特、伍斯特、切斯特、温彻斯特 等"。[②]

---

①周 光庆. 古汉语 词源 结构 中 的 文化 心理 [J]. 武汉：华中 师范 大学 学报，1989，(4).

②马克思、恩格斯. 马克思 恩格斯 全集 第 14 卷 [M]. 北京：人民 出版社，1960. 279~290.

中国 地名 中的 一些 资料 也 可以 说明 民族 迁移 的 情况。《汉书·地理志》 中 说 在 现在 的 陕西省 米脂县 内 有 龟兹县。考证 表明 古代 龟兹县 主要 在 新疆 自治区 的 库车县。这 也 是 新疆 库车人 到 内地 定居 的 一个 证据。

中国 西晋 末年，统治者 腐败 无能，北方 边境 上 的 许多 少数 民族 纷纷 向 南方 侵犯，从而 导致 中原 地区 大量 汉族 居民 向 南方 迁移。于是 我们 就 可以 从 当时 南方 的 许多 地名 上 推断 当时 民族 迁移 的 路线 和 区域。比如 晋代 初年 山东 境内 有 兰陵郡 和 东莞郡。后来 他们 迁移 到 江苏省 武进县，于是 在 武进县 设置 南 兰陵郡 和 南 东莞郡。

（5）从 外来词 中 体现 的 文化 交流

语言 相互 影响，最 常见 的 是 词 的 借用，出现 外来词。从 借词 可以 反映 民族 文化 之间 的 接触 和 交流。通过 外来词 我们 可以 洞察 各个 民族 在 政治、经济、科学、文化 等 方面 相互 接触、交流 的 情况。

汉族 在 历史 上 不断 借用 外来词。有些 词 一直 流传 下来，由于 时间 太 长，人们 已经 觉察 不到 它们 是 外来词 了。例如 "葡萄、石榴、苜蓿、菠萝、狮子、玻璃" 是 汉朝 从 西域 借来 的 词，"佛、菩萨、罗汉、阎罗、魔（魔鬼）、僧（僧人）、尼（尼姑）、和尚、塔 " 是 汉朝 以后 从 印度 借来 的 佛教 词，"胡同、站、蘑菇" 是 元朝 从 蒙古语 中 借来 的 词。鸦片 战争 以后，特别 是 到了 现代，像 "桑巴、探戈、扑克、卡拉 O K、巧克力、的士、MTV (music television, 音乐 电视）" 等 大量 词语 从 英语 中 被 借用 进来。

由于 地域 不同，外来词 可能 停留 在 一种 语言 的 方言 中。比如 中国 广东、福建 等 省 由于 海上 交通 方便，与 海外 接触 早 又 接触 得多，出现 一些 在 方言 中 流行 的 外来词。例如 广东话 把 衬衣 叫做 "恤衫"，这 是 借用 "shirt" 加上 语素 "衫" 构成 的 词。再 例如，厦门话 把 拐杖 叫做 "洞葛"，把 肥皂 叫做 "雪文"，这 分别 是 从 马来语 的 "tongkat" 和 "sabon" 借用 的。

从 外语 中 的 汉语 外来词 看 汉族 文化 的 对外 影响，例子 也 很多。例如 汉语 的 "茶" 这个 词，随着 茶叶 的 出口，16 世纪 就 输入 欧洲，被 许多 国家 借用。中国 茶叶 输出 路线 不同，外语 借用 的 声音 也 不同。一条 路线 是 从 中国 西北部 的 丝绸 贸易 道路 运往 欧洲，因而 这些 地方 采用 了 北方 方言 中 "茶" 的 声音，例如 俄语 是 чай [$tʰaːi$]，意大利 语 是 ccia。另外 一条 路线 是 厦门人 把 茶叶 运往 爪哇 的 万丹，然后 再 运往 欧洲 各国，因而 采用 了 福建 一带 的 汉语 方言 闽语 中 "茶" [te^{35}] 的 声音，例如 英语 是 tea，法语 是 thé，德语 是 Tee。从 "茶" 这个 汉语 词 在 各个 国家 的 语言 中 的 借用 发音，就 可以 看出 当时 中国 通过 哪些 途径 与 外 民族 进行 贸易 交往。

总之，语言 全方位 地 体现 人类 历史 文化。语言 就 如同 是 人类 的 一部 大 百科 全书，无论 你 翻阅 哪 一页，都 能 从中 得到 其他 方面 得 不到 的 文化 历史 材料。语言 是 比 骨骸、武器、墓穴 更加 丰富、生动 的 文化 足迹。

2.3　语言 是 通用 的 符号

2.3.1　词 是 语言 基本 的 符号 实体 单位

【讲课】10

（1）符号 和 征候

符号 是 简明 地 代替 事物 的 事物。符号 又 叫做 记号、信号。征候 是 事物 本身 的 属性 的 外部 表现。征候 跟 符号 相同 的 是 都 可以 使人 获得 信息，不同 的 是 符号 中 的 现象 和 信息 之间 没有 必然 的 本质 联系，只有 人工 约定 的 性质，而 征候 相反。

人们 只要 闻到 一种 特定 的 芳香，就 知道 附近 可能 有 桂花，这 芳香 就是 桂花 的 属性。这种 自然 存在 的 属性，既 没有 通过 代表 的 事物 表现 出来，也 没有 用来 表示 其他 事物，它 就 只是 事物 本身 的 征候，不是 符号。

如果 两个 不认识 的 人 见面，约定 双方 手 拿 桂花 做 识别 方式，那么 桂花 就是 代表 特定 身份 的 符号 了。如果 有 一束 桂花，一束 石榴花，两个 人 都 想要 桂花，两个 人 又 不会 写字，于是 规定：一张 纸 不涂 颜色 表示 石榴花，另 一张 纸 涂上 颜色 表示 桂花。一个 人 包好 放在 一起，另一个 人 就 挑选，选到 有 颜色 的 纸 就 表示 得到 了 桂花。这 桂花 就是 符号 代表 的 对象 了，那 有 颜色 和 没有 颜色 的 纸团 就是 符号 了。

听到 有人 咳嗽 就 知道 他 身体 不舒服，这种 咳嗽 声音 不是 符号。我们 可以 用 咳嗽 的 声音 提醒 别人 注意，这种 咳嗽 声音 是 符号，但是 这 不是 语言 符号。

不论 一块 牌子 是 什么 形状，它 本身 就是 一块 牌子，不是 符号。但是，在 路口 插上 一块 画有 "×" 的 牌子，表示 禁止 通行，插上 一个 画有 "Z" 图形 的 牌子，表示 前面 的 路 有 急弯。这时候，这种 牌子 上 的 图形 就 成了 表示 意思 的 符号。

符号 到处 存在。两个 人 约定 先来 的 人 在 路口 摆上 一个 草 做 的 标记，表示 有人 已经 走 过去，这时 草 也 成了 一种 符号。一队 船只 在 海上 航行，指挥员 可以 挥动 红、黄、绿 多种 颜色 的 旗帜，来 指挥 别的 船只，这时 旗帜 变成 了 符号。在 大雾 中 或者 在 夜晚，人们 用 闪动 的 红灯 给 海上 船只 传达 信号，这时 红灯 也 变成 了 符号。符号 可以 独立 存在，也 可以 依附 在 其他 事物 上面。例如 一座 建筑、一件 时装，甚至 一个 人，除了 实现 居住、穿着、生存 等 功能 以外，还 可以 同时 有意 用来 做 符号 表现 民族 特色、人 的 个性、人 的 社会 关系 等。因此，符号学 中 明显 提出 的 系统 理论 被 广泛 用来 研究 人类 社会 的 其他 现象。

符号 的 作用 是 能够 简化、明确 对 事物 的 表达。事物 太 复杂 或者 太 抽象 了，就 用 符号 简化、明确，用 符号 代表。如果 一种 符号 仍然 不够 方便、简单，还 可以 再次 使 符号 又 变成 符号，出现 符号 的 符号。例如，用 文字 记录 的 书面语 代替 用 声音 表现 的 口语，使 口语 可以 固定 下来。在 选择性 考试 题目 中，用 "1、2、3、4 ……" 或者 "A、B、C、D ……" 代替 相对 复杂 的 选择 项目。

符号 还 可以 通过 它 的 间接 特点 改变 人们 对 事物 的 感受 方式，产生 特定 的 艺术 效果。例如，美国 一个 少女 裸体 活动 在 公共 场所，但是 没有 任何人 注意到 她 是 裸体 的，因为 她 的 身体 上 用 颜料 画着 看上去 半裸露 的 衣服。我们 从 照片 上 看，确实 不 容易 看出 那个 少女 完全 没有 穿 衣服。[①] 颜料 在 这个 时候 就是 一种 代替 衣服 的 视觉 符号。

（2）符号 的 类型 和 结构

根据 符号 的 不同 地位，可以 把 符号 分成 语言 符号 和 非语言 符号。语言 符号 是 基

---

① 长沙 的《电视 时报》2002 年 4 月 11 日 用 照片 配套 报道。

础。其中 语言 符号 可以 分成 主语言 符号 和 副语言 符号。主语言 符号 是 词。副语言 符号 又 分成 语调、拟音 等 主观性 语音。非语言 符号 又 分成 跟 语言 相关 的 非语言 符号 和 跟 语言 不 相关 的 非语言 符号。跟 语言 相关 的 非语言 符号 又 分成 表情、手势、体态、服饰 等。

根据 符号 的 不同 形式，可以 把 符号 分成 听觉 符号、视觉 符号、触觉 符号，分别 例如 口哨、红绿灯、握手。语言 也 可以 有 这些 不同 的 形式，分别 叫做 口语、书面语（包括 用 手势 转换 拼音 的 哑语）、盲文。口语 是 基础。

根据 符号 与 代表 对象 是否 有 联系 或者 是否 有 道理，可以 把 符号 分成 有理 符号 和 无理 符号。在 门前 挂着 自行车 轮胎，或者 把 自行车 打翻 以后 放在 路边，表示 修理 自行车，这是 有理 符号。同样 是 用 招手 的 方式 叫唤 人，美国人 是 手心 朝上，墨西哥人 是 手心 朝下，汉族人 两种 都 可以。这种 符号 道理 不 明显，可以 说 是 无理 符号。如果 说 汉字 中 通过 笔画 数量 多少 来 联系 词义 的 "一、二、三" 是 有理 符号，那么 "四、五、六" 就是 无理 符号。数学 中 的 "+" 和 "－" 也 可以 说出 一定 的 道理。

符号 的 结构 可以 分成 形式 和 内容。起 代替 作用 的 直接 出现 的 事物 是 符号 的 形式，被 代替 的 被 联想 到 的 事物 就是 符号 的 内容。在 两个 事物 之间 起 连接 作用 的 是 人 的 大脑。形式 和 内容 结合 起来 就 出现 第三个 事物，这 就是 符号 实体。

（3）词 和 符号

语言 就是 用 声音 代替 所有 事物 的 符号，通常 把 语言 用 的 声音 叫做 语音，把 语言 表示 的 事物 就 叫做 语义。它们 分别 用 "音响 印象" 和 "事物 印象" 的 方式 表现。语义 来自 人 对 事物 形式 和 内容 的 整体 认识。这样 的 语言 就是 口语。如果 用 文字 代替 口语 就 形成 书面语。语言 的 意义 还 可以 指 客观 上 不 存在 只是 在 人们 观念 中 存在 的 虚 概念，例如 "上帝、鬼"。人们 经常 说："那个 人 打扮 得 像 鬼 一样"。"鬼" 是 什么 样子？谁 看到 过？"鬼" 只是 一种 观念 中 的 概念。

符号 是 在 具有 抽象 思维 能力 的 人脑 作用 下 的 产物。它 的 内容 和 形式 都是 概括 和 具体 的 对立 统一。例如 语言 中 的 一个 词 的 声音 或者 意义，既 可以 具体 到 每个 人 那里 的 不同，也 可以 抽象 到 大家 公认 的 相同。

【图表】语言 符号 的 结构
【形式1——————内容1】　　【形式2——————内容2】
【音响 印象 ＋ 自然 事物 印象】←【事物 形式 ＋ 事物 内容】

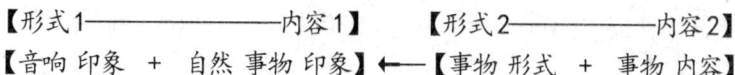

词 是 语言 中 最 基本 的 符号 实体 单位。比如 汉语 用 $[z\partial n^{35}]$ 这个 声音 做 符号 的 形式。它 代表 "能够 说话 又 会 制造 和 使用 工具 的 高级 动物" 这个 意义。这个 意义 做 符号 的 内容，就 和 形式 一起 构成 一个 词。反过来 说，这个 意义 在 汉语 中 可以 用 $[z\partial n^{35}]$ 这个 声音 来 代替。做 词 的 结构 部份 的 语素 如果 也 算 符号，那么 也 只是 语言 基本 符号 的 下层 符号。词 以上 的 单位 是 语言 的 符号 组合 序列。

声音 变成 语言 的 形式 必须 由 一定 空间 的 社会 成员 在 一定 的 时间 中 赋予 一定 的 意义 表达 功能。否则 只是 一些 物理 刺激。对于 外语 或者 外方言 的 声音 如果 不 了解 它 结合 的 意义，我们 可能 用 母语 的 结合 习惯 做 近似 的 联想。

例如 英语 的 "oldfool（老蠢子）" 被 汉族人 当做 "恶毒妇"，"Thank you very

much" 被 当做 "三 块 油 喂 了 猫 吃"。有 个 汉族 老太太 责怪 外国人 说话 怪:明明 是 "水",美国人 说 是 "窝头(water)";明明 是 "五个",法国人 偏偏 说 是 "三个 (cinq)";明明 是 "鞋子",日本人 说 是 "裤子(クツ)";明明 是 "毛驴"、蒙古人 说 是 "马"。①

"日本" 这个 词 在 不同 方言 中,听 起来 分别 像 普通话 的 "一本、二本、四本、十 本"。一个 听众 说 他 的 名字 是 "杨强",主持人 总 听 不 出来,使 对方 有些 生气 了。② 原来 他 说 的 是 方言,是 普通话 "盐 钱" 的 声音,也 难怪 了。

(4) 语言 符号 的 基本 形式 是 声音

语言 符号 的 基本 形式 是 声音。语言 可以 没有 文字,但是 不能 没有 声音。人类 为什 么 选择 声音 而 不 选择 文字 做 语言 符号 的 基本 形式?

第一,声音 具有 表现 方式 上 的 优点。它 可以 随时 产生,随时 消失,使用 中 不 占有 空间,不 需要 光线 等 条件,没有 携带 和 储存 等 负担,不 需要 占用 人 的 手、眼睛 等, 从而 不 影响 一般 的 劳动。第二,语音 具有 组合 上 的 优点。它 可以 在 相对 无限 的 时间 的 线条 上 组合 成 相对 无数 的 声音 单位,足够 完成 人类 信息 的 表达。

当然,声音 也 有 它 的 缺点,看 不 见 摸 不 着,受到 时间 和 空间 的 限制。所以 口语 中 的 词 清晰 程度 不 高,稍微 不 留意 就 听 不 懂。人们 经常 利用 手势、眼神、重复、解 释 等 办法 弥补。另外,声音 不 是 语言 形式 的 专利,例如 口哨、音乐 等 都 利用 声音 传递 意义。

(5) 文字 是 符号 的 辅助 形式 不 是 直观 的 事物

弥补 口语 不 足 的 更 重要 的 系统 方式 就是 引进 视觉 的 文字 进行 辅助。语音 好 比 人 的 皮肤,文字 好比 人 的 衣服,互相 补充,共同 实现 语言 的 整体 功能。文字 用来 直接 记录 口语,虽然 是 可见 的,但是 它 已经 是 有 代替 作用 的 符号 形式。所以 阅读 文字 表 达 的 信息,跟 看 电视 图像 获得 的 信息 不 一样。电视 图像 是 直观地 记录 事物 在 空间 上 的 形状 和 在 时间 上 的 运动。阅读 书籍 必须 有 还原 事物 的 想象 能力,看 电视 就 容 易 形成 在 想象 方面 的 懒惰 心理。③所以,我们 不能 让 青少年 沉浸 在 电视 中。

2.3.2 任意性 和 强制性

语言 中 的 符号 表现 出 任意性 和 强制性、价值性 和 理据性、线条性 和 层次性 等 对立 统一 的 特点。

语言 符号 的 内容 和 形式 从 结合 关系 来看 表现 出 任意性 和 强制性 的 对立 统一。

(1) 任意性

语言 符号 的 任意性 是 指 符号 在 产生 过程 中,声音 和 意义 的 结合 可以 任意 选择, 没有 必然性。

不同 的 语言 中 声音 相同 的 词 有 不同 意义,意义 相同 的 词 有 不同 声音。这 说明 声音 和 意义 之间 是 任意 的。同样 所有 语言 中 的 声音 和 意义 的 关系 也 不是 绝对 不能

---

①赵 元任. 语言 问题 [M]. 北京:商务 印书馆,1980.3.

②长沙:湖南 经济 广播 电台,1994-02-12.

③张 永一. 电视 文化 与 书籍 文化 [J]. 南京:唯实,1996,(11).

改变 的。例如 英语 ［rait］ 可以 表示 "写（write）、正确（right）、右派（Right）、写作（write）" 等 多种 意义。［mei］ 在 现代 汉语 中 可以 表示 "美、没、每" 等 意思，同时 在 英语 中 又 可以 表示 "可以（may）、五月（May）" 等 意思。

同样 的 意义，也 可以 约定 用 不同 声音 表示。例如 "书" 这个 词 在 不同 语言 中 的 发音 是：［ʂu］（汉语），［buk］（英语），［livr］（法语）［kniga］（俄语），［hon］（日语）。

文字 和 口语 的 结合 同样 具有 任意性。例如 汉字 "新闻、手纸" 在 日语 中 记录 "报纸、信" 意思 的 词。字组 "name" 在 汉语 拼音 中 记录 词 "那么"，在 英语 中 记录 "名字，命名" 意思 的 词。同样 的 词语，可以 用 不同 的 字 记录，这 是 被 文字 改革 的 事实 证明 了 的。

任意性 是 语言 的 本质 属性，它 说明 语言 是 不可以 离开 人类 社会 存在 的 自然 物质。但是，语言 符号 如果 有 悠久 的 历史 渊源 关系，就 会 使人 感觉 到 语言 似乎 具有 生命 力量。

任意性 特点 告诉 我们，语言 不是 神秘 的 上帝 创造 的，不是 完全 无法 改变 的。例如，现代 汉语 不要 坚持 使用 "故、目"，而要 说 容易 听懂 的 "所以、眼睛"；不要 坚持 使用 麻烦 的 繁体 汉字，而要 使用 经过 简化 的 简体 汉字。"从容" 可以 从 读 "匆容" 改变 成 读 "丛容"，"步" 字 下面 的 特殊 部件，在 日语 借用 的 汉字 中 就 写成 部件 "少"，方便 类推。

（2）强制性

语言 符号 的 强制性 是 指 语言 符号 一旦 进入 使用 阶段，它 的 声音 和 意义 的 关系，任何 个人 必须 遵守，不能 随意 改变。

一方面，同样 的 声音 不能 随便 赋予 它 不同 的 意义。例如 "因为" 和 "音位" 同音，就 在 语言学 领域 出现 一定 麻烦，这种 情况 要 尽量 避免。另一方面，同样 的 意义 不能 随便 改变 声音 形式。例如，当初 把 "人" 叫做 "狗"，把 "狗" 叫做 "人"，完全 可以。但是 汉族人 长期 约定 成 现在 的 样子，就 不能 反过来 再 把 "人" 叫做 "狗"，也 不能 再 把 "狗" 叫做 "人"。

强制性 特点 告诉 我们，使用 语言 必须 遵守 协定。个人 服从 集体，落后 的 服从 进步 的。

语言 规范化 工作 就是 人们 有 意识 地 加强 和 维护 语言 符号 的 这一 特点。中国 推广 普通话，规范 现行 汉字，规范 汉语 拼音 的 书写 格式，都 是 语言 强制性 的 表现。如果 大家 都 说 普通话，你 一个人 还 在 使用 方言，你 就会 受到 损失。

语言 之间 的 翻译，更加 要 注意 双方 语言 存在 的 特殊 的 强制性 现象。英语 的 "Milky Way"，不能 翻译 成 "牛奶路"；反过来，汉语 的 "银河"，不能 翻译 成 "Silver River（银子 的 河流）"。第一 届 东亚 运动会 上，一个 外国 记者 到处 打听 "杀鹿比赛"，因为 他 不懂 "鹿死谁手" 的 强制 含义。1977 年 美国 总统 卡特 访问 波兰，他 说 "我 想 了解 你们 的 愿望"，可是 翻译 成 波兰话，找错 了 对应 的 意义，变成 了 "我 对 你们 有 色欲"。

语言 符号 比 其他 任何 符号 的 强制性 要 明显，因为 它 涉及 整个 社会 的 每时每刻。这 好比 汽车票 可以 相对 自由 地 涨价，而 火车票、邮票 是 不能够 随便 变动 价格 的。

（3）任意性 和 强制性 的 对立 统一

57

任意性 强调 声音 和 意义 的 关系 的 变化 和 多样性, 强制性 强调 这种 关系 的 稳定 和 唯一性。这 是 它们 的 对立 表现。任意性 着眼 声音 和 意义 结合 过程 的 可能, 强制性 着眼 这种 结合 以后 的 使用 过程 中 的 现实, 从而 构成 一个 整体; 任意性 体现 在 强制性 中, 强制性 包含 着 任意性。这 是 它们 统一 的 表现。在 这个 对立 统一 中, 任意性 是 矛盾 发展 的 主要 方面。

这种 对立 统一 关系 告诉 我们, 必须 随时 留心 语言 的 发展, 及时 调整 自己 的 语言 方向。一方面, 在 遵循 任意性 原则 的 时候, 不能 出现 语言 使用 中 的 随意性, 例如 不断 调整 语言 规范, 不断 进行 文字 改革。另一方面, 在 遵循 强制性 原则 的 时候, 不能 出现 语 言 发展 中 的 压制性。向往 自由 是 人 的 天性。有人 经常 想 打破 语言 常规, 例如 夹杂 一 些 古代 的、方言 的、外语 的 语言 成份。在 语言 教学 等 重要 领域 根据 强制性 原则 进行 规范 的 同时, 也 应该 允许 人们 在 有些 领域 有 使用 语言 的 一定 自由, 应该 允许 人们 使用 更加 有效 的 语言 新 形式。更加 不能 为了 强制性 原则 否定 文学 艺术 语言 有 条件 地 打破 常规。

2.3.3 价值性 和 理据性

语言 符号 从 信息 功能 角度 表现 出 价值性 和 理据性 的 对立 统一。[1]

(1) 价值性

价值性 是 指 语言 符号 不管 从 什么 时候、什么 地方, 依据 什么 东西 产生, 它 发挥 实 际 作用 的 价值 由 特定 系统 的 关系 决定。价值性 特点 告诉 人们 不能 孤立 地、静止 地 看待 一个 语言 符号 提供 的 信息 的 实际 作用。

理据性 不管 怎样 都 无法 影响 符号 的 实际 价值 的 确定。语言 符号 的 实际 价值 决定 于 特定 时间 和 空间 的 语言 系统 的 现实 制约 关系, 而 不是 这种 理据, 如同 商品 的 价 值 决定 于 一定 时间 和 空间 的 人们 付出 的 平均 劳动力, 不是 决定 于 任何 一个 人 的 劳 动力。商品 的 保存 可能 导致 价值 的 增加 或者 减少。词语 理解 的 保守 也 可能 导致 这种 现象。例如, 表扬 如果 来自 一个 爱说 好话 的 人, 就 应该 降低 价值, 相反 要 增加 价值。

在 英语 中 "chairman（主席)", 词 的 语素 意义 结构 是 "椅子 上 的 男人", 有些 使用 英语 的 现代人 还 认为 这 是 男女 不 平等 的 表现, 为了 保护 妇女 权益, 试图 把 这 个 词 改成 "chairperson", 语素 结构 是 "椅子 上 的 人"。1976 年 前后, 还 使用 过 "chair", 有人 不 满意 自己 被 叫做 "椅子", 没有 流行。[2]可见, 从 词语 的 理据 上 来 维护 妇女 权益, 没有 实质 效果。词 内部 的 语素 构造 理据 上 的 性别 差异, 并不 影响 整 个 词 的 意义 不 区分 性别 的 价值。事实上 "chairman" 整个 词 在 使用 中 并没有 性别 限制。

(2) 理据性

理据性 是 指 语言 的 声音 和 意义 之间 的 结合 总是 有 一定 道理、根据。[3]理据性 特点

---

①孙 力平 [J]. 必然 和 已然一语言 符号 任意性 问题 [A]. 中国 语言 学报 第9集 [C]. 北京: 商务 印书馆, 1999.

②董 桥. 文字 是 肉 做 的 [M]. 上海: 文汇 出版社, 1997.57.

③曹 聪孙. 语言 的 任意性 和 词语 的 理据 揭示 [J]. 天津 师大 学报, 1998, (5).

告诉 人们 可以 透过 这个 特点 寻找 文化 足迹，而且 给 语言 的 学习 和 使用 带来 记忆 的 方便，带来 色彩 意义 这种 语言 的 附属 价值。根据 理据性 的 强 和 弱，可以 把 语言 符号 相对 分成 有理 符号 和 无理 符号。例如 多语素 的 词 比 单语素 的 词 一般 更加 有理。

理据性 可以 给 符号 的 价值 提供 暗示、引导。语言 符号 中 有 少量 的 摹拟 事物 声音 的 词 有 一定 的 理据性，很 容易 让 人 记住。多语素 的 词 可以 分析 理据。例如 英语 "manservant（男仆）、publicservant（公仆）"，汉语 "火车、汽车、huār（花儿）、niǎor（鸟儿）" 等，这些 词 里面 可以 分析 出 两个 语素 意义。单语素 的 词 的 理据 不是 都 能够 找到。有些 比较 明显，例如，公鸡 的 叫声，汉语 是 "wōwō（喔喔）"，俄语是 [kykɑpeky]，英语是 "cock-a-doodle-doo"，法语是 "cocorico"，德语是 "kikeriki"。很多 语言 表示 "大、小" 的 词，从 发音 角度 可以 看出 与 开口 大小 有 理据 关系，例如，汉语 普通话 的 "大、小"，方言 中 的 "大、细"。英语 中 的 "wee、teeny、chip、slip、nib、least、little、bit、tip、thin" 等 词 都 与 "小" 的 意思 有 关系，都 用 高 元音。一般 语言 中 称呼 "爸爸、妈妈" 的 词 开头 的 声音 经常 是 嘴唇 部位 发出 的 辅音。

理据性 太 强 的 音译词 会 干扰 价值性 的 表达。例如，"奥林匹克" 来自 英语 "Olympic"，最先 被 翻译 成 "我能比呀"。

（3）价值性 和 理据性 的 对立 统一

价值性 强调 符号 在 特定 使用 过程 中 产生 的 实际 作用，理据性 强调 符号 形成 过程 中 的 依据 和 动力。这 是 它们 的 对立。价值性 和 理据性 都 涉及 语言 的 功能、意义，并且 从 现实 和 历史 两个 角度 配合 起来。这 是 它们 的 统一。

在 价值性 和 理据性 的 对立 统一 中，价值性 是 矛盾 的 主要 方面。例如，湖南 西部 汉语 方言 的 词 "家公、家婆" 从 理据 来看 应该 是 普通话 "爷爷、奶奶" 的 意思，但是 不 影响 它 表示 普通话 "外公、外婆" 的 价值。当然，人们 总是 在 寻求 理据性 和 价值性 的 一致。例如，普通话 "马路" 由于 理据 不 符合 现实 生活 的 变化，逐渐 被 理据 不同 而 价值 相同 的 同义词 "公路" 代替 了。同样，很多 模拟 外语 声音 翻译 过来 的 词 最后 被 自己 创造 的 词 代替 了，也是 因为 可以 增加 词 的 理据性。

理据性 是 偶然 的，不是 必然 的，例如，曾经 有人 根据 英语 "big（大）、thick（厚）、fill（充满）" 等 反面 例子，认为 开口度 小 的 元音 成为 表示 意义 "小" 的 理据 不可 靠。

词 的 理据 意义 往往 不 变化，但是，随着 事物 的 变化 或者 人 的 认识 深入，词 的 价值 意义 会 变化。例如，"袋鼠" 在 理据 上 跟 老鼠 有 联系，其实 跟 "老鼠" 不是 一个 类型，而且 雄性 的 也 没有 "袋子"。字 的 结构 中 体现 的 理据 意义 更加 不能 阻碍 字 记录 的 词 或者 语素 意义 的 变化。例如 "鲸鱼" 这个 词 不仅 有 语素 "鱼"，而且 记录 第一个 语素 的 "鲸" 字 左边 虽然 用 "鱼" 做 形旁，但是 这 不 妨碍 我们 把 它 归属 哺乳 动物 的 类型。[1]

（4）理据性 和 任意性 的 对立 统一

[1] 黄 河清. 从 初始 词 到 现代 词 演变 的 几个 原因 [A]. 上海市 语文 学会. 语文 论丛 7 [C]. 上海：上海 教育 出版社，2001. 54-59.

语言 的 理据性 不能 否定 语言 任意性 这个 本质 属性。[1]即使 前面 说 的 模拟 声音 的 词 好像 不是 随意 产生 的，但是，它们 内部 的 语素 具有 任意性，更加 重要 的 是 整个 词 的 声音 和 意义 在 不同 语言 中 产生 的 不同 模拟 结果 也 说明 在 本质 上 仍然 是 任意 的。

理据性 和 任意性 也 是 对立 统一 的。任意性 体现 声音 和 意义 结合 的 多种 可能，理据性 体现 的 是 一种 结合 现实。理据性 只是 一种 可能 的 实现，任意性 总要 表现 成 一种 理据。在 使用 中 理据 可能 淡化、消失，消失 的 理据 也 可能 通过 误解 产生 新 的 理据。不过 由于 人类 语言 历史 悠久，又 长期 没有 文字 记录，所以 许多 词 特别 是 单音节 词 的 理据 无法 准确 知道。

2.3.4 线条性 和 层次性

语言 符号 在 结构 顺序 上 表现 出 线条性 和 层次性 的 对立 统一。

（1）线条性 和 平面性

语言 符号 的 线条性 主要 是 指 语言 符号 只能 在 时间 的 线条 上 一个 单位 接着 一个 单位 依次 出现。语言 像 一条 一条 的 链条 表现 出来。语言 符号 的 线条性，在 文字表现 的 书面语 中 变得 更加 直观。例如，汉语 说 "我 妈妈 很 高兴 地 观看 了 我 的 表演"，从 表面 形式 上 可以 看到 由 14 个 字 或者 音节 构成 的 线条性 排列，但是 结合 内容 来看 它 记录 了 "我＋妈妈＋很＋高兴＋地＋观看＋了＋我＋的＋表演" 一共 10 个 词 的 线条性 排列。如果 把 14 个 音节 再 分析 一下，可以 看到 它 记录 了 由 37 个 音素 形成 的 线条性 排列：

Wǒ māma hěn gāoxìng de guānkàn le wǒ de biǎoyǎn.

当然，由于 思维 也 是 在 一定 时间 中 进行 的，语言 的 内容 本身 也 有 一定 的 与 形式 一致 的 线条性。借助 语言 思维 的 时候 也 不能 不 带上 线条性 的 特点，所以 一般 不能 一心两用。即使 在 熟练 的 思维 方式 中 出现 一心两用 现象，也 是 使 注意力 在 两条 自动化 的 思维 线条 上 来回 跳动。

汉语 的 声调 和 音素 之间 的 关系 具有 一定 的 平面性，儿化 舌面 元音 相对 于 一般 舌面 元音 也有 平面性。但是 声音 的 平面 展开 受到 很大 的 局限。然而 文字 的 平面 展开 相对 自由。当 文字 的 基本 单位 "字" 与 语言 的 语素 或者 音素、音节 对应，从而 记录 语言 的 时候，它 也就 记录 了 语言 的 线条性。因此 任何 文字 的 字 和 字 之间 是 线条性 排列 的。但是，字 的 内部 结构 不 受到 这种 限制，可以 朝 平面 的 不同 方向 展开 结构 单位 部件、笔画。

有人 以为 汉字 是 平面性 文字，英文 是 线条性 文字，这 是 把 字 的 内部 结构 和 外部 结构 关系 搞错 了。因为 他们 把 英语 一个 词 用 的 字（多数 是 字组）与 汉语 的 单字 错误 地 对应 起来 了。当然 从 单字 来 比较，汉字 的 单字 比 英文 的 单字 的 平面 要 复杂，这 是 因为 单字 数量 多，必然 要求 内部 结构 复杂，才能 实现 外部 的 区别。

（2）层次性

层次性 主要 是 指 语言 符号 在 认识 的 空间 上 通过 不同 的 层次 单位 组织 起来。

"比如 说，你 一个，我 一个，加 起来 是 几个？笨蛋！" "爸爸，我们 加 起来 是 两个 笨蛋！" 这个 对话 就 反映 出 对 语言 的 层次性 的 误解。

---

[1]石 安石. 语言 符号 的 任意性 和 可论证性 [J]. 太原：语文 研究，1989，（4）.

人类 的 思维 在 同一 时间 范围 中，可以 是 多 方向 地 进行 一定 幅度 的 空间 跨越。语言 单位 的 意义 在 组合 过程 中 往往 不是 按照 线性 顺序 进行 的。两 个 词、两 句 话、两 段 话 靠 在 一起，不 一定 是 平行 的 直接 意义 组合 关系。例如：

"（我＋妈妈）＋｛［（＜很＋高兴＞）地］＋（观看＋了）］＋［（我＋的）＋表演］｝。"

当然，确定 层次 仍然 存在 着 一些 分歧。语音 板块 的 松紧 和 语义 关系 的 理解 会 有 矛盾。例如，"在 火车 上 看 一本 外国 小说" 这样 的 句子，当 状语（特别 是 比较 长 的 状语）出现 在 一个 动宾 结构 之前 的 时候，是 把 充当 述语 的 词 "看" 还是 把 充当 谓语 的 述宾 词组 "看 一本 外国 小说" 看成 做 状语 的 词组 "在 火车 上" 的 直接 成份？就 是 把 它 看成 状语 加 中心语 "看"，还是 述语 "在 火车 上 看" 加 宾语 的 词组 呢？两 种 处理 方法 都 有人 使用。从 语义 地位 来说，还是 前者 好。

就是 单纯 的 声音 形式 也 有 一定 的 层次性，例如 音素 组成 更大 层次 的 音节，音节 组成 更大 层次 的 音节组。

（3）线条性 和 层次性 的 对立 统一

线条性 强调 时间 上 的 占有，只有 一个 层次；层次性 强调 空间 上 的 占有，具有 多个 层次。这 是 它们 的 对立。但是，线条性 着重 考虑 相同 级别 的 单位 之间 的 现实 关系，层次性 着重 考虑 不同 级别 的 单位 之间 的 心理 关系，它们 互相 补充，构成 一个 整体。这 是 它们 的 统一。所以 线条性 和 层次性 是 对立 统一 的。

世界 是 在 时间 和 空间 中 存在 的。对于 用 声音 做 基本 物质 载体 的 语言 来说，时间 上 的 展开 几乎 成为 必然 的 出路。但是 人们 可以 利用 有限 的 空间 感受 能力，从 时间 和 空间 的 立体 角度 提高 语言 表达 的 整体 效果。这 就是 语言 具有 线条性 和 层次性 对立 统一 的 原因。总之，语言 的 线条性 涉及 全局，是 矛盾 的 主要 方面；语言 的 层次性 限于 局部，是 次要 方面。关于 语言 的 长 时间 的 发展 变化，跟 这里 说 的 时间 不 一样，我们 在 后面 再 说。

【讲课】11

2.4 语言 是 符号 的 系统

2.4.1 语言 系统

（1）语言 具有 系统性

特定 时间 和 空间 互相 联系 和 互相 制约 的 要素 构成 的 整体 就是 系统。交通 信号灯 只有 红色、黄色、绿色 3 个 要素，而且 不能 组合，是 简单 的 符号 系统。一个 符号 系统 至少 要 有 两个 符号。但是 两个 符号 不 一定 是 简单 的 系统。例如，计算机 信息 虽然 只有 "0" 和 "1" 两个 符号，但是 通过 规则 组合 出 无数 的 符号组。语言 具有 系统性。语言 系统 就是 特定 时间 和 空间 的 词 和 语法 互相 联系 和 互相 制约 的 要素 构成 的 整体。语言 系统 分成 口语 和 书面语 两种 实体，分别 有 语音 和 文字 两种 形式，分别 有 语义 和 口语 两种 内容。

2008 年 津巴布韦 货币 贬值 很 快，1 年 贬值 231 万倍，几乎 每天 缩水 一半。2008 年，津巴布韦 货币 面值 最高 到 10 亿，价值 20 美元。中国 在 1949 年 前 的 一段 时间 也 出现 类

似 现象。这 说明 时间 和 空间 对 系统 的 作用。有人 主张 在 普通话 中 增加 有的 方言 有 的 入声 等，减少 有的 方言 没有 的 儿化、轻声 等，违背 了 语言 的 系统性 规律。

（2）语言 系统 的 角度 和 平台

语言 怎样 构成 自己 的 结构 系统 呢？语言 是 由 多种 成份 组成 的 分成 不同 角度、平 台、层次、级别 的 复杂 系统。

语言 成份 首先 可以 分成 单位 和 特征 两个 角度。单位 是 可以 相对 分离 或者 划分 的 成份，好像 人 的 手 和 脚。特征 是 只能 通过 对比 感觉 到 的 性质，好像 人 的 胖 和 瘦。

单位 又 可以 分成 3 个 平台：① 实体 平台，由 内容 和 形式 结合 的 语素、词、句子 等 层次 的 单位 构成。② 内容 平台，由 语素义、词义、句义 等 层次 的 单位 构成。③ 形式 平 台，其中 基本 形式 的 听觉 的 语音 形式 平台，由 音素、音节、句音 等 层次 的 单位 构成；辅助 形式 的 视觉 的 文字 形式 平台，由 形素、字、句形 等 层次 的 单位 构成。

（3）语言 系统 的 层次 和 级别

语言 实体 单位 可以 分成 3 个 层次：做 原料 的 原始 层次，做 构件 的 静态 层次，做 成品 的 动态 层次。其中 静态 层次 和 动态 层次 可以 合 起来，叫做 现实 层次，是 语言 使 用 现实 中 实际 操作 的 层次。每个 层次 又 可以 分为 两个 级别：具有 最小 特点 的 基本 级别，不是 最小 的 扩展 级别。

【讲课】12

从 原料 到 构件 的 生成 过程 在 语言 历史 中 已经 完成，从 构件 到 成品 的 生成 过程 需要 在 语言 现实 中 完成。第二 个 过 程 是 语言 使用 的 关键 过程。由于 汉语 使用者 一般 没有 词式 文 本 习惯，所以 树立 和 强化 汉语 使用 词 的 意识，用好 构件 单位 显得 非常 重要。

① 原始 层次。这 是 没有 自由 使用 能力 的 非现实 单位，是 最小 的 单位。基本 级别 的 原始 单位 包括 语素、语素义、音素、形素，它们 在 各自 的 层次 中 不能 再 被 分析 出 更小 的 单位 了。扩展 级别 的 原始 单位 包括 语素组[①]、语素组义、音 素组、形素组。例如，"现代化" 中 的 "现代" 就是 一个 语素组，"现" 里面 的 韵母 就 是 一个 音素组。

② 静态 层次。这 是 具有 自由 使用 能力 的 现实 单位。基本 级别 的 静态 单位 是 词、词义、音节、字，它们 在 各自 的 静态 层次 是 最小 的 自由 活动 单位。扩展 级别 的 静态 单位 是 词组、词组义、音组、字组。例如 "学习、study" 这 两个 词 的 文字 形式 分别 是 2 和 5 个 字 构成 的 字组。[②]

③ 动态 层次。这 是 具有 信息 实现 功能 的 现实 单位。基本 级别 的 动态 单位 是 句子、句义、句音、句形。扩展 级别 的 动态 单位，可以 分成 句组、句组义、句组音、句组形。进一 步 扩展 的 动态 单位，包括 篇章、篇章义、篇章音、篇章形。它 也 可以 扩展 成 书本、丛书 等。

---

①周 殿龙. 再 论 素组——语言 分析 的 新 概念 [J]. 长春：社会 科学 战线，1997，（5）.
②王 洪君. 从 字 和 字组 看 词 和 词组 [J]. 北京：中国 语文，1994，（2）.

【图表】语言 系统 的 结构

			特征角度	原始 层次	现实 层次	
					静态 层次	动态 层次
书面语 (广义 的 语言)	口语 (语言)	A.语符—— 语言 符号 的 实体 单位 平台				[句组] 扩展 级别
						【句子】
		B.语法—— 语言 符号 的 实体 结构 平台			[词组] 扩展 级别	
					【词】	
		1.语义—— 语言 核心 内容 平台		[语素组] 扩展 级别		
				【语素】		
			{义征}			
		2.语音—— 语言 听觉 形式 平台 【口语】=1+2 【口语】=A+B	{音征}			
				【音素】		
				[音素组] 扩展 级别		
					【音节】	
					[音节组] 扩展 级别	
						【句音】
						[句组 声音] 扩展 级别
		3 文字—— 语言 视觉 形式 平台 【书面语】=（1+2）+3 [图画]=1（意思）+3 （图形）	{形征}			
				【形素】(笔画)		
				[形素组] 扩展 级别		
					【字】	
					[字组] 扩展 级别	
						【句形】
						[句组 形体] 扩展 级别

以上 说 的 3 个 层次 之间 是 性质 上 的 不同, 不是 数量 上 的 不同。虽然 一般 后面 的 层次 比 前面 的 在 长度 上 往往 要 长, 但是 没有 必然 的 大小 关系。例如 一个 语素 只 要 具备 条件, 就 可以 成为 词、句子、篇章。所以 不能 简单 地 认为 词 大于 语素, 句子 大于 词, 虽然 肯定 词组 大于 词。

以上 分析 是 从 理论 上 做 的 系统 分析。在 实际 操作 中 有些 往往 被 人 忽略, 例如 语素组。另外, 在 理论 上 有 "句音" 还要 有 "语素音、词音、词组音" 等 概念。为了 简 化 和 对称, 我们 没有 在 图形 中 全部 体现 它们。值得 注意 的 是 "最小" 这个 区别 特征 是 有 条件 限制 的, 必须 分别 放在 原始、静态 和 动态 3 个 不同 层次 中 比较。例如, 语素、词 和 句子 都 是 最小 单位, 不能 把 它们 进行 大小 比较。

另外, 通过 对比 单位 之间 的 不同 和 相同 特征, 可以 找到 "义征、音征、形征"。它 们 表示 各个 层次 同一 级别 的 单位 之间 的 联系 和 区别, 它们 无法 从 形式 上 分离 出来, 所以 不是 结构 单位。

(4) 语言 系统 在 教学 中 的 操作

为什么 说话 的 人 能够 用 很少 的 音素 或者 笔画 说出 或者 写出 以前 从来 没有 说过 的 无数 句子, 听话 的 人 能够 迅速 理解 过去 从来 没有 听过 的 无数 句子? 奥妙 就 在于 语言 系统 的 网络 层次 特点 使 语言 富有 创造性。语言 系统 在 实际 语言 教学 操作 中 一 般 分成 "语音、词汇(语义)、语法(语义)" 3 个 平面, 对于 书面语 还有 第 4 个 平面 "文 字", 与 使用 联系 起来, 还有 第 5 个 平面 "语用"(包含 一般 说 的 "修辞")。语法 是 语言 各个 级别 的 单位 之间 的 结构 规则, 包括 形式 结构 和 内容 结构。一般 说 语法 主要 指 句子 的 结构。也 有的 把 "语义" 从 词汇 中 分离 出来, 分离 出来 的 "语义" 有的 也 涉及 句子 中 一般 语法 规则 没有 管住 的 意义 或者 语用 中 的 意义。

【讲课】13

语言 系统 在 实际 语言 教学 操作 中 一般 主要 分析 词 和 句子, 其次 是 语素 和 词组。

2.4.2 语言 和 言语

(1) 语言 和 言语 的 对立 统一

一个 正常 的 人 从小 就 能够 学会 一种 语言, 往往 是 一种 家乡 方言, 有的 人 还 可能 使用 多种 语言 或者 方言。但是 许多 人 对于 语言 系统 的 抽象 知识 却 很少 知道 或者 完全 不 知道, 比如 他 说 的 语言 中 有 多少 个 音位 就 可能 不 知道。人们 认识 语言 通常 是 从 语言 的 具体 现象 开始 的, 比如 知道 一个 词语 应该 怎么 读, 能够 跟 哪些 词语 配搭 使用 等。语言 通常 指 一个 抽象 的 系统, 是 由 词语 和 规则 构成 的 整体。例如 一般 说 的 现 代 汉语 就是 从 现代 汉族人 共同 使用 的 汉语 中 抽象 出来 的 系统, 包括 抽象 在 《现代 汉语 词典》 里面 的 大约 6 万 个 词语, 和 在 "现代 汉语 语法" 著作 中 的 各种 规则。方 言 也 有 系统, 只是 不一定 有人 去 做 详细 的 概括。

言语 是 指 运用 这个 系统 产生 的 具体 事实。从 语言 到 言语 的 语言 使用 过程 叫做 语用。语言 中 的 每个 词 每 一条 语法 规则, 从 形式 到 内容, 都 可以 在 言语 中 出现 许 多 相似 又 不同 的 事实。

"家里有人吗？""叔叔，我不就是人吗？"在这个对话中，说明语言中的"人"，在言语中出现不同的事实。

语言和言语是抽象和具体的对立统一关系。①

语言和言语的对立具体表现在：第一，语言是概括在一起的静态的心理现象，言语是具体表现出来的动态的现实现象。第二，语言是相对有限的抽象要素和规则，言语是相对无限的具体事实。第三，语言是社会集体共同使用的，言语是社会个体使用的。第四，语言舍弃了言语中的杂质主要留下言语中的精华。言语中包含着语言需要的精华也包含不少偏离共同标准的杂质，所以语言对言语有规范作用。例如盲目流行的感叹词"哇塞"其实是闽语骂人的"我操"的意思，应该尽量淘汰这个理据不好的词。

语言和言语的统一具体表现在：第一，语言体现在言语中，语言是言语体现在人的大脑中的一种心理现象，没有言语我们无法体会语言。第二，言语包含着语言，每个句子都是在一定的语言规范的指导下出现的，没有语言我们无法产生可以相互明白的言语。第三，言语中的杂质和语言中的精华在一定条件下可以相互转化。例如，文言词"故"，在现代汉语有"所以"能够从听觉到视觉更加明确地代替它的情况下，就已经在《现代汉语词典》中从精华变成了杂质。

区分语言和言语，使我们能够在语言研究中分清主要和次要，首先抓住矛盾的主要方面。这特别对语言规范化有重要意义。20世纪的语言学研究主要是研究语言本体的系统。

有人说，语言没有阶级性，言语有阶级性。这实际上转移了认识语言和言语关系的逻辑基础。应该说不同的阶级可以使用同样的语言，能够产生同样的言语。只有言语表达的思想才具有阶级性。不同的阶级、阶层对同样的词语的理解并不完全相同，例如对"幸福"的理解不同，这也只能说明思想的差异，因为同样阶级的人由于社会阅历的不同，对于"幸福"的理解也不一样。承认言语有阶级性，实际上混淆了语言和思想的关系。

【讲课】14

（2）语言在内容上的抽象性

语言的抽象性实际上是人类思维的抽象能力的表现。下面主要讨论语言内容上的抽象性。

第一，语言的抽象性表现在把相似的不同事物当做相同事物。这就使语言具有笼统性。例如："这是谁做的？""这是人做的！"其中"人"太抽象，几乎失去交际价值，使回答无效。当然如果用来搪塞回答，又有交际价值了。所以，笼统性和明确性的对立统一是抽象性和具体性的对立统一的一种表现。

客观事物本来是具体的，只是人们为了认识的方便，忽略次要差别，而有意识地把它们从连续的时间和空间网络中抽象出来，才形成一个一个相对有限的词表示的抽象的对象。例如，"人"本来是一个一个具体存在的，中国就有10多亿个。

①尹斌庸. 模糊集合论与语言研究 [A]. 语言论文集 [C]. 北京：商务印书馆，1985.

但是，人 的 大脑 可以 舍弃 他们 之间 的 各种 次要 区别，建立 一个 相同 的 概念 印象，于 是 找到 一个 声音 来 代替 这个 客观 世界 并不 存在 的 "个体"。

物质 世界 的 个体 无法 都 用 单词 对应，但是 词 可以 在 必要 的 时候 组合 起来 与 它 对应。我们 不能 给 每 一棵 树、每 一条 狗 取 一个 名称。即使 我们 给 每 一个 人 取 一个 名称，也 不能 保证 每个 名称 不 相同。对于 相同 的 名称 表达 了 不同 的 对象，我们 就会 通过 增加 词语 进行 限制，例如 "左边 的 松树" 和 "右边 的 松树"。

第二，把 不能 分割 的 连续 现象 在 相对 薄弱 的 环节 强行 分割 成 离散 的 事物。这 就 使 语言 具有 模糊性。例如："我 叫 你 上午 来，怎么 现在 才 来？" "现在 还 不是 下 午 嘛！" 所以，模糊性 和 精确性 的 对立 统一 是 抽象性 和 具体性 的 对立 统一 的 另外 一种 表现。

当 概括性 的 对象 之间 的 边界 不能 相对 分离 的 时候，就 出现 模糊性。例如 "黎明— —早晨——上午——中午——下午——傍晚——夜晚——深夜" 等 就是 一个 连续体 中 的 一组 模糊 词。这些 词 的 区分，与 "人——狗——猫" 的 区分 不 一样。即使 我们 规定 8 点 到 12 点 是 上午，但是 8 点 和 12 点 也 不 可能 成为 绝对 精确 的 界限。

对于 语言 内容 的 抽象性 和 具体性 也 要 辩证 地 对待。它们 都 是 语言 需要 的。在 语 言 使用 中 要 根据 需要 确定 采取 不同 程度 的 抽象 用法 或者 具体 用法。绝对 的 明确、 精确 和 笼统、模糊 本来 是 不 存在 的。如果 在 征婚 广告 中 提出 "1.7123 米" 的 比较 精 确 的 身高 要求，不仅 没有 必要，而且 给 自己 设置 了 障碍。模糊 理论 对于 自动 控制 等 具有 巨大 的 实践 意义，也 促使 模糊 语言学[1] 产生。

（3）自然性 的 具体 单位 和 功能性 的 抽象 单位

具体 单位 是 言语 事实 中 自然 存在 的 个体性 的 语言 单位。抽象 单位 是 根据 语言 功能 的 不同 区分 出来 的 集体性 的 语言 单位。从 音素 和 音位 的 关系 最 容易 看到 这种 关系。因此，我们 也 可以 把 具体 单位 叫做 "素单位"，把 抽象 单位 叫做 "位单位"。

例如 "我 是 广东人" 连续 出现 了 14 个 音素：

$$[\text{wo}^{214}\ \text{s}\int^{51}\ \text{kuaŋ}^{214}\ \text{tuŋ}^{55}\ \text{zəȵ}^{35}]$$

但是 在 不同 人 或者 不同 时间 的 发音 中 出现 的 上面 音素 往往 不 完全 一样，会 有 一些 可以 忽略 的 自然 差别。例如 上面 的 句子 可以 是：

$$[\text{uo}^{213}\ \text{ʃ}^{52}\ \text{guaŋ}^{314}\ \text{duȵ}^{44}\ \text{ʒəȵ}^{24}]$$

$$[\text{ʊo}^{313}\ \text{ʃ}^{41}\ \text{kuɔȵ}^{215}\ \text{toŋ}^{34}\ \text{ʒəȵ}^{25}]$$

……

我们 可以 把 上面 对应 位置 的 不同 音素，当做 自由 变化 的 具体 单位，概括 起来 形 成 一个 集体性 的 抽象 音素，叫做 一个 音位。

同样，语义、语言 符号 都是 具体 和 抽象 的 对立 统一。注意：理论 上 具体 单位 是 无 数 的，但是 人 能够 感觉 到 的 是 有限 的。另外，具体 和 抽象 是 相对 的。例如，多义词 的 每个 意义 事实 上 已经 是 概括 的，但是 对于 整个 词 的 意义 来说，它 又 是 相对 具体 的。

除了 在 语音 中 用 音素 和 音位 区分 具体 单位 和 抽象 单位 以外，其他 单位 没有 这

---

①伍 铁平. 模糊 语言学 [M]. 上海：上海 外语 教育 出版社，1999.

样 强调。另外 在 不需要 特别 区分 的 情况 下，一般 可以 通用，例如 一般 说 的 音素 文字，就是 音位 文字。

（4）自然 特征 和 功能 特征

使用 具体 语言 的 人 对 不同 的 音素 和 义素 的 敏感 程度 不同。有时 不 去 理会 那些 差别，或者 觉得 那些 差别 并不 重要；有时 对 一些 差别 却 相当 敏感，觉得 不 分辨 清楚 不行。这 就 分别 形成 自然 特征 和 功能 特征。当然 自然 特征 是 功能 特征 的 基础。有 功能 区别 必然 有 自然 区别，有 自然 区别 不一定 有 功能 区别。一般 说 的 区别 特征 主要 是 指 功能性 的 区别 特征。如果 把 不同 的 自然 音素 放在 相同 的 位置 替换 发现 具有 区分 词 的 意义 的 作用，那么 音素 之间 的 区别 特征 就 同时 具有 音位 之间 的 区别 特征。

义素 之间 的 差别 只有 当 它 在 具体 语言 中 出现 概念 上 的 差别 的 时候，才能 叫做 不同 义位 的 差别。国际 音标 表格 把 世界 上 主要 语言 中 出现 的 主要 音位 根据 它们 的 功能 区别 特征 综合 起来 列成 一个 表格，就 成了 人类 语言 主要 音素 的 表格 了。它 为 不同 语言 之间 的 人 学习 对方 大部份 的 语音 提供 了 方便。

义征 也 可以 像 音征 一样 从 具体 语言 中 的 对立性 义征 中 概括 综合 出来。例如 年龄 的 大小 这个 义征 在 区分 英语 的 称谓 词 的 时候 就 不 具有 义位 功能。反过来，在 汉语 中 就 具有 义位 功能，是 构成 "哥哥、姐姐、弟弟、妹妹" 不同 词 的 语义 区别 特征。从 理论 上 来说，我们 完全 可以 从 人类 各种 语言 中 抽象 出 所有 义征，形成 一张 像 国际 音标 表格 一样 的 "国际 词义 表格"。不过，由于 词 和 义征 数量 大、主观性 强，难以 得到 完整 的 分析 结果。

2.4.3 口语 和 书面语

（1）口语 是 书面语 的 基础

语言 是 人类 特有 的 标志。大约 在 300 万年 以前 地球 上 出现 了 人类。[①] 有了 人类 就 有了 口语。可是，文字 是 在 5 千年 以前 的 地中海 周围 才 出现。有了 文字，才 有 书面语。

口语 和 书面语 是 语言 的 两种 不同 的 存在 方式。口语 是 口头 表达 信息 的 听觉 符号 系统，书面语 是 书面 表达 信息 的 视觉 符号 系统。语音 系统 和 语义 系统 分别 构成 口头 语言 的 形式 系统 和 内容 系统。文字 系统 和 口语 系统 分别 构成 书面 语言 的 形式 系统 和 内容 系统。它们 的 结构 关系 可以 概括 成 这样 的 公式：

书面 语言 ＝ 文字 ＋ 口语（＝ 语音 ＋ 语义）

因此，口语 和 书面语 不是 平行 的 两个 系统。口语 第一，书面语 第二。口语 是 书面语 的 基础 和 源泉，书面语 是 口语 的 转换。但是，很多 人 不 明白 这个 道理，以为 文字 是 第一 的，书面语 是 第一 的，只 重视 视觉 的 区别 和 效果，不 重视 听觉 的 区别 和 效果。

有 一个 大学生 原来 叫做 "成头珠"，取名 的 人 肯定 是 从 视觉 语素 考虑 的。联想 "珠宝"，多 美好 的 名字 啊！可是 因为 从 听觉 上 很 容易 联想 到 "成头猪"，经常 被 同学 取笑。他 实在 无法 忍受，被迫 去 公安局 申请 更改 名字，叫做 成维。有人 为了 使 自己 的 名字 写 出来 独一无二，不惜 创造 一个 字，例如 "䲜"，使 本来 数量 庞大 的 汉字 体

---

①参看 北京 的 《科技 日报》2001 年 1 月 5 日 的 有关 文章。

系 突然 增加 很多 新 成员，给 汉语 使用 造成 极大 的 负担。这 都 是 不 重视 口语，不 明白 口语 和 书面语 关系 的 理论 造成 的 结果。

"脑袋" 这个 词 在 汉语 发展 历史 上，词 的 核心 语素 曾经 发生 过 这样 的 替代 过程：元——首——头——脑。今天 的 汉语 方言 中 表示 "脑袋" 的 词，已经 没有 语素 "首" 出现 在 词 中 了，可见，很早 就 发生 了 "头" 取代 "首" 的 过程。原因 是 "首" 在 上古 就 开始 跟 "手" 同音，为了 回避 同音词。[①] 可见，同音词 即使 有 汉字 区分，也 不能 解决 口语 不能 区分 的 根本 问题，口语 是 解决 问题 的 根本。

可以 说，书面语 是 用 文字 包装 口语 的 结果。如果 把 口语 比喻 成 脚，文字 就是 鞋子，书面语 就是 穿 了 鞋子 的 脚。我们 不能 削足适履，必须 让 鞋子 迁就 脚。如果 把 口语 比喻 成 人，那么 可以 表现 人 的 图象 的 纸张 就是 文字，书面语 是 给 人 拍摄 成 的 照片。看到 书面语 就 想起 它 代表 的 你 掌握 了 的 口语，如同 看到 照片 就 想起 照片 代表 的 你 见到 过 的 人。如果 你 没有 学习 过 那种 口语，即使 你 看到 象形 文字 也 无法 获得 什么 语言 信息，最多 只能 获得 一些 图画 信息。社会 的 存在 虽然 不 决定于 是否 有 文字 记录 的 书面语，但是 文明 发达 的 社会 不能 没有 文字 记录 的 书面语。没有 书面语 就 不可能 有 发达 的 科学 文化，人类 的 进步 就 只能 是 极端 缓慢 的。所以，虽然 口语 第一，但是 文字 出现 以后，书面语 在 一定 意义 上 比 口语 占有 更加 重要 的 地位。

书面语 会 反过来 对 口语 产生 一定 的 反作用。有些 词语 和 规则 是 从 书面语 中 产生，再 扩展 到 口语 中 的。例如 简称 一般 是 这样 出现 的。由于 受到 汉字 的 制约，汉语 的 轻声、儿化、语音 脱落 等 现象 无法 用 文字 明确 表现 出来，从而 制约 了 口语 的 这些 现象 的 使用 和 发展。

(2) 口语 和 书面语 的 不同 特点

在 中国 文言文 时代，在 欧洲 拉丁文 时代，口语 和 书面语 的 关系 不 正常。正常 情况 下，口语 和 书面语 的 不同 特点 可以 从 以下 方面 认识

第一，从 地位 来看，有 是否 是 基础 的 不同。口语 第一，是 基础，书面语 第二，是 延伸。所以 口语 区分 了，书面语 一般 会 跟着 区分。但是 书面语 可能 有 一定 的 独立性，可以 利用 它 的 视觉 优势，把 口语 没有 区别 的 声音 用 不同 文字 区分 开来。口语 要 反过来 表达 这种 区分 就 比较 麻烦 了，例如 "章" 和 "张" 在 口语 中 只好 说 "立早章" 和 "弓长张"。书面语 的 这种 特点 带来 的 好处 是 增加 书面 信息 表达 能力，坏处 是 容易 导致 书面语 脱离 口语，带来 得不偿失 的 后果。

第二，从 条件 来看，有 是否 可以 大量 利用 外部 语境 的 不同。口语 因为 一般 在 面对面 的 人 的 交际 现场 使用，所以 有 条件 利用 更多 的 外部 语境。书面语 利用 外部 语言 环境 的 条件 欠缺。写作 的 时候，由于 交际 对象 不 在 面前，交际 背景 不 明朗，作者 无法 使用 语调、表情、手势 等 辅助 手段。口语 就 不一定 了。口语 能够 依赖 交际 本身 的 现实 时间、空间、对象 等 背景，还 可以 利用 说话人 的 语调、手势、表情 等 手段。说话人 还 可以 随时 根据 听话人 的 反应 情况 调整 自己 的 言语，听话人 也 可以 随时 要求 说话人 做出 必要 的 解释。

第三，从 风格 来看，有 是否 严谨 的 不同。书面语 比较 谨慎，口语 比较 随便。口语 一

---

① 汪 维辉.汉语 核心词 的 历史 与 现状 研究 [J].大理：大理 大学 学报，2017（5）.

般 在 集体 劳动 中 使用，要求 快，说 出来 就 被 对方 听到 了，语言 的 修改 过程 展现 在 对方 面前。这样 会 有些 缺陷，可能 出现 比较 多 的 语法、语音 和 语义 错误，需要 在 动态 过程 中 矫正。由于 书面语 没有 外部 语境 可以 利用，所以 作者 要 把 事情 交代 得 更加 完整 些，把 话 说 得 更加 清楚 些。书面语 可以 一个 人 预先 慢慢 准备，可以 反复 修改，等 到 修改 好 了 再 拿给 读者 看，也 允许 读者 反复 仔细 阅读。这样 书面语 的 句子 比较 完美，也 相对 比较 长，结构 成份 比较 完整，残缺、重复 现象 比较 少。需要 注意 的 是，文言文 时代 遗留 下来 的 书面语 和 口语 的 风格 的 不同 不能 提倡。

第四，从 发展 来看，有 是否 进步 的 不同。口语 总 在 进步 和 发展，但是 书面语 相对 容易 保守，很 容易 跟 不上 口语 的 发展。当 书面语 与 口语 的 距离 越 拉 越 远，到 了 一定 程度 以后，人们 会 用 接近 口语 的 新 书面语 去 替换 它。汉语 历史 上 白话 取代 文言 就是 一个 典型 的 例子。古代 拉丁文 成为 一种 死 的 书面语 也 是 这样。

必要 的 时候，我们 应该 把 口语 和 口头 形式，把 书面语 和 书面 形式 区分 开来。因为 口语 和 书面语 有 语体 风格 的 不同，口头 形式 和 书面 形式 没有 这种 不同。

（3）书面语 和 口语 是 两条 同等 重要 的 信息 通道

在 一般 使用 条件 下，口语 有 时间 空间 的 制约，书面语 正好 弥补 了 口语 的 不足。通过 书面语 人们 可以 把 话 送到 遥远 的 地方 或者 留存 到 以后 久远 的 年代，在 社会 生活 中 大大 完善 了 语言 的 交际 作用。所以，书面语 为 个人 的 思维 成果 在 更大 的 时空 范围 里 相互 交流，为 人类 思维 成果 的 保存 与 积累 提供 了 方便。书面语 甚至 比 口语 更加 便于 人们 充份 接受 信息，在 现代 生活 中 人们 借助 书面语 比 借助 口语 获得 的 信息，几乎 难以 区分 作用 的 大小。

当然，随着 科学 技术 的 发展，今天 我们 已经 可以 采用 录音 技术 逼真 地 保存 口语 了。这样 口语 可以 一定 程度 地 打破 时间 和 空间 的 局限，而且 不会 产生 文字 丢失 部份 口语 信息 的 危险。但是，这种 技术 从 记录 到 还原 需要 特定 的 条件，非常 麻烦。它 无法 跟 简单 方便 的 文字 相比。

如果 重视 文字 记录 的 书面语，忽视 语音 表现 的 口语 也 不能 适应 现代 社会 需要。前面 我们 说过 语音 也 有 跟 文字 相比 的 优势。在 中国 的 封建 社会，劳动者 素质 不 要求 有 很好 的 书面语 水平。封建 社会 刚刚 结束 的 时期，中国 劳动者 要 学习 文化 和 科学，必须 掌握 共同 的 书面语。今天，人们 不仅 要 通过 书面语 获得 信息，而且 要 跨越 方言 口语 的 空间 进行 口头 交流，所以 同时 要 重视 共同语 的 口语 的 水平。如果 一个 人 只能 看 和 写 普通话，不能 听 和 说 普通话，那么 他 就是 一个 语言 素质 不 合格 的 现代人。

2.4.4 共时 关系 和 历时 关系

【讲课】15

语言 是 共时 关系 和 历时 关系 的 对立 统一。共时 关系 是 矛盾 的 主要 方面，直接 实现 语言 的 价值。

共时 关系（synchronic relation）和 历时 关系（diachronic relation）这 两 个 术语 用于 区别 语言 在 时间 上 的 两种 不同 状态。共时 关系 是 指 相对 没有 发生 变化 的 特定 时期 的 系统 的 静态 结构。历时 关系 是 指 相对 明显 变化 的 不同 时期 的 单一 线索 的 动态 过程。共时 关

系 是 相对 存在 的, 历时 关系 是 绝对 存在 的, 因为 静止 是 相对 的, 运动 是 绝对 的。

语言 好比 一 棵 树, 把 树干 横着 切断, 在 横断面 上 我们 看到 的 是 千万 条 纤维 集 结 成 的 关系 网络, 那 就是 语言 的 共时 关系; 竖着 劈开, 在 纵切面 上 看到 的 是 上下 相连 的 一条条 纤维 的 脉络, 那 就是 语言 的 历时 关系。也 可以 拿 一 只 苹果 来 比方。 它 开始 腐烂 前 是 一个 完好 的 共时 状态。它 开始 腐烂 以后, 从 一个 洞 到 最后 全部 腐 烂 就是 一个 历时 状态。

共时 语言学 用 描写 的 方式 研究 具体 语言 系统 中 一条条 纤维 之间 的 差别 与 联系。 它 揭示 语言 的 现实 价值。历时 语言学 用 比较 的 方式 研究 具体 语言 中 一条条 纤维 在 历史 上 的 联系 和 变化, 它 揭示 语言 的 发展 方向。

把 共时 关系 和 历时 关系 混淆 起来, 会 带来 严重 的 后果。[①]如果 缺乏 共时 关系 和 历时 关系 的 区分, 分析 的 结果 就 缺乏 逻辑 的 一致性, 就 会 违背 科学。例如, 不管 古代 和 现代, 把 用 汉字 记录 的 所有 词 拿到 一起 来 比较 同音词, 因而 得出 汉语 同音词 特别 多 的 结论 就 不对。在 现代 汉语 中 随意 夹用 文言词 是 语言 使用 上 缺乏 共时 意识 的 表 现。有人 经常 用 历时 中 的 介词 "将" 代替 共时 中 的 介词 "把", 导致 与 共时 中 的 副词 "将 (将要)" 发生 冲突。如果 这样, 那么 "我 以后 将 把 动词 分成 4 档"[②], 就 可 能 说成 "我 以后 将 将 动词⋯⋯"。

2.4.5 组合 关系 和 聚合 关系

语言 单位 是 组合 关系 和 聚合 关系 的 对立 统一。组合 关系 是 矛盾 的 主要 方面, 它 直接 体现 语言 的 使用 面貌。

组合 关系 是 指 语言 系统 中 的 不同 单位 在 现实 中 可以 连续 出现 的 直接 关系。例 如, "狗 咬 人" 到底 是 谁 发出 咬 这个 动作, 它 的 价值 决定于 不同 语言 系统 的 组合 关系。通常 说 的 一个 句子 中 的 主语 和 谓语 出现 在 相互 连接 的 前后 位置, 就是 组合 关系。

聚合 关系 是 指 语言 系统 中 具有 共同 特征 的 单位 在 心理 联想 中 可以 替换 形成 的 间接 关系。例如, 看到 言语 中 出现 "狗 咬 人" 的 "狗", 就 会 在 听觉 形式 上 产生 "狗⟶苟⟶构⋯⋯" 这样 的 心理 联想, 也 会 在 视觉 形式 上 产生 "狗⟶狍⟶ 枸⋯⋯" 这样 的 心理 联想, 也 可以 在 意义 内容 上 产生 "狗⟶猪⟶猫⋯⋯" 这样 的 心理 联想。这些 都 是 聚合 关系。不同 句子 中 出现 的 主语 具有 共同 的 语法 位置 或者 搭配 能力 特征, 也 是 聚合 关系。

组合 关系 和 聚合 关系 是 语言 系统 中 两种 最 基本 的 关系, 是 打开 语言 系统 的 两 把 总 钥匙。因为 语言 中 的 所有 单位 和 规则 都 不能 离开 这 两种 关系。组合 关系 和 聚 合 关系 纵横 交错, 把 分布 在 言语 中 的 各种 成份 毫无 遗漏 地 网罗 起来, 构成 一个 多 层次 的 关系 网络, 同时 带动 整个 语言 体系 正常 运转。

组合 关系 是 一种 有 顺序 的 单一 方向 的 链条 关系, 它 是 线条性 和 层次性 的 对立 统一。聚合 关系 是 一种 没有 顺序 的 多 方向 的 辐射 关系, 它 是 有限性 和 无限性 的 对

---

①[瑞士] 索绪尔. 普通 语言学 教程 [M]. 北京: 商务 印书馆, 1996.138.

②黄 曾阳. HNC (概念 层次 网络) 理论 [M]. 北京: 清华 大学 出版社, 1998.258.

立 统一。

有 聚合 关系 的 语言 单位, 一般 可以 在 组合 关系 的 同一 位置 替换。共同 特征 越 多, 替换 的 可能性 越 大, 区别 使用 功能 的 难度 也 越 大。但是, 有 的 聚合 关系 只是 形式 上 的 替换 或者 认识 上 的 替换, 例如 同音词、同形词 关系。

2.4.6 类推 和 例外

（1）类推性

类推性 是 语言 中 具有 一种 使 同类 现象 向 一个 现象 看齐 的 力量。语言学 历史 上 的 格里木 定律 就是 指 历史 关系 中 的 语言 系统 的 类推性。这 是 人类 语言 具有 创造性 的 根源, 也 是 人类 语言 减轻 负担 的 关键。它 可以 帮助 人们 生成 相对 无限 合乎 规则 的 句子, 也 可以 帮助 语言 在 发展 过程 中 铲除 不 合乎 原有 规则 的 坎坷, 推广 新 规则 的 适用 范围。

在 具体 语言 系统 中, 同类 现象 达到 了 一定 数量 就 可以 归纳 出 规则。通常 说 的 语法 规则 是 指 实体 单位 的 结构 规则, 其实 语音、文字 等 也 都 有 自己 的 规则。

类推 规则 可以 用 数学 的 比例 公式 描写:

A：B = C：?

在 这个 公式 里, 如果 知道 A、B、C, 就 可以 类推 出 "?"。

人们 在 学习 和 使用 具体 语言 的 时候, 掌握 有关 规则 并且 能够 进行 类推 是 十分 必要 和 有益 的, 它 可以 帮助 人们 更快 更好 地 学习 和 使用 语言。比如, 英语 可数 名词 复数 形式 在 后面 加 "-（e）s", 动词 过去式、过去 分词 在 后面 加 "-ed" 的 规则 为 我们 学习 和 正确 使用 英语 名词、动词 提供 了 方便。

幼儿 学习 母语 是 自己 逐渐 总结 规则, 进行 类推。成年人 学习 外语 可以 直接 接受 别 人 总结 的 规则, 进行 类推。

（2）例外性

例外性 是 说 语言 中 有 一种 抗拒 和 偏离 规律 的 力量。语言学 历史 上 的 维尔纳 定 律 就是 指 历史 关系 中 的 语言 系统 的 例外性 以及 例外 中 的 规律。在 类推 规则 中 出现 例外 是 十分 正常 的, 因为 从 根本 上 说 语言 是 一种 社会 现象, 许多 规则 往往 受到 社 会、文化 等 多种 因素 的 影响, 形成 一些 旧 习惯, 也 可能 出现 一些 有 一定 影响 力量 的 新 习惯。例如, 英语 可数 名词 中 存在 不 规则 的 现象, 动词 中 也 有 为数 不少 的 不 规 则 动词 现象。我们 如果 对 例外 缺乏 认识, 在 学习 和 使用 语言 的 过程 中 就 可能 被 规 则 迷惑, 盲目 类推 而 进入 误区。

当然 类推 中 的 规律 和 例外 也 是 相对 的。大 的 规律 例外 比较 多。许多 例外 也 有 自己 特有 的 小 规律。不过 有 的 小 规律 很难 发现, 或者 发现 了 但是 类推 价值 不大。

例如, 汉语 的 动词 和 形容词, 既 可以 做 谓语 或者 述语, 也 可以 做 主语 或者 宾语, 表面 看来, 使 人 误以为 汉语 没有 词类。实际上 做 主语 和 宾语 的 功能 是 例外, 也 有 小 规律, 那 就是 句子 的 核心 动词 不能 是 动作 动词, 而 动作 动词 是 动词 的 主体。有人 以为 英语 的 词 跟 汉语 的 词 很不 一样, 具有 单一 的 词性。其实, 英语 中 一样 有 许多 多 功能 的 词, 例如 "divorce（离婚）、embrace（拥抱）、employ（雇用）、puzzle（迷惑）" 等 都 兼职 做 动词 和 名词, 不过 在 使用 中 会 贴上 不同 的 语法 标志。

71

2.4.7 信息 剩余 和 信息 紧缺

剩余性 也 叫做 羡余性，是 指 符号 通过 一定 形式 提供 的 信息 内容 超过 了 足够 的 数量。

一般 情况 下 人们 为了 保证 对方 能够 有效 理解 或者 接收 信息，总是 提供 比 实际 需要 多 得多 的 信息量，无论 是 使用 口语 还是 书面语，情况 都 是 这样。信息 学 理论 表明：剩余 信息 有助于 排除 噪音，信号 中 干扰 越多，剩余 信息 也 应该 越多。

提供 剩余 信息 的 方法 包括 词语 的 重复 使用。例如，"It was terrible, dreadful, awful." 这 是 词义 的 信息 剩余。也有 语法 特征 的 重复 使用，例如 "The boy goes out." "The boys go out." 在 这 两 个 句子 中 "单数" 和 "复数" 的 区别 在 名词 和 动词 上面 重复 表现。

信息 紧缺 是 指 符号 通过 一定 形式 提供 的 信息 内容 没有 达到 足够 的 数量。

尽管 语言 是 一种 多 层次 的 结构 系统，通常 情况 下 都 能够 借助 词汇、语法 和 语境 手段 区分 同音、同形 的 单位，排除 混淆 与 歧义，准确 地 传递 信息，但是 如果 对 使用 剩余 信息 的 作用 认识 不够，也 可能 导致 信息 紧缺 而 进入 误区。在 口语 中，"上午" 和 "下午"，由于 语音、语义 太 接近，造成 信息 紧缺，很 容易 听错。"小李 借 小王 一支 钢笔" 这个 句子 如果 没有 特定 的 语境，就 无法 传达 准确 的 信息。如果 说成 "小李 借给 小王 一支 钢笔" 和 "小李 从 小王 那里 借来 一支 钢笔" 就 不会 出现 信息 紧缺 了。

有时 人们 故意 造成 信息 紧缺，以便 引起 对方 注意。例如，撒娇 的 孩子 说："马马（妈妈），我 灶（早）就 饿 了。"

从 阅读 角度 来说，信息 越 有 剩余性，效率 越 高。从 说 和 写 的 角度 来看 相反。语言 中 要 把 这 对 矛盾 保持 在 一定 的 平衡 状态 中。如果 把 现代 汉语 的 词 换成 文言词 写 起来 相对 轻松，理解 起来 会 相对 麻烦，听 起来 更加 会 造成 信息 紧缺。汉字 简化 对 书写 有 好处，对 阅读 有时 会 带来 坏处。如果 没有 限制 地 简化，也 会 造成 信息 紧缺。

在 语言 使用 中 要 尽量 保持 信息 数量 的 平衡，不要 使 信息 太 剩余 或者 太 紧缺。

有时 为了 提高 语言 的 艺术 效果，有意 造成 信息 紧缺。例如，在 特殊 情况 下 说 "你 真 行！" 就 可以 产生 这种 效果。

2.4.8 系统 封闭 和 系统 开放

语言 是 封闭性 和 开放性 的 对立 统一。封闭性 是 矛盾 的 主要 方面，是 保持 一种 语言 的 本来 面貌 的 关键。开放性 是 语言 适应 社会 发展 需要 做出 的 灵活 反应。

语言 的 封闭性 是 说 语言 系统 自己 有 足够 形式 表达 本 民族 的 思想 的 现成 能力，一般 会 排斥 不 符合 本 系统 固有 特点 的 成份。它 告诉 我们，不同 的 语言 虽然 是 不同 的 系统，它们 在 语音、语义、词汇、语法 各个 方面 都 存在 着 差异，但是 每一 种 语言 都 能够 很好 地 为 该 语言 社会 的 全体 成员 服务，所以 语言 之间 没有 本质 上 的 高级 和 低级 的 区分。

语言 的 开放性 是 说 语言 系统 具有 产生 和 接受 新 形式 表达 新 思想 的 潜在 能力，在 需要 的 时候 创造 新词，吸收 外来词。虽然 每种 语言 拥有 的 音位 数量 不多，但是 根据 排列 组合 规律 构成 的 音节 的 数量 非常 多，然而 具体 语言 使用 的 实际 音节 仅仅 是

可能 组合 的 音节 总数 的 很小 的 一 部份。每一 种 语言 的 语义 系统 都 拥有 数量 众多 的 义位 和 义位 的 组合,它们 为 该 语言 的 所有 符号 及其 组合体 提供 语义 内容,包括 赋予 新词语 特定 的 语义 内容。虽然 不同 语言 的 语法 的 侧重点 可能 不同,但是 任何 一种 语言 的 语法 规则 都 能够 为 说话人 提供 足够 的 规则 模式,让 说话人 说出 相对 无限 的 句子。

一般 来说,词 的 开放性 比较 强,语法 和 语音 的 封闭性 比较 强。例如 新 的 音节 形式 一般 很难 出现,但是 也有 一定 开放性。例如,汉语 普通话 通过 吸收 外来词 "咖啡" 和 方言词 "尴尬" 就 增加 了 新 的 音节 形式 "kā" 和 "gà"。查 词典、字典 就可以 发现 汉语 "ga" 和 "ka" 音节 中 的 语素 一般 是 外来 的。

另外,处于 强势 地位 的 语言 封闭性 更加 强,处于 弱势 地位 的 语言 开放性 更加 强。

2.5 语言 的 分类 和 概况

2.5.1 语言 的 结构 分类

语言 的 分类 一般 从 两个 角度 进行:结构 分类、亲属 分类。结构 分类 注重 语言 在 系统 关系 中 的 内部 面貌,亲属 分类 注重 语言 在 历史 过程 中 的 外部 联系。

结构 分类 是 从 共时 角度 根据 语言 系统 结构 的 内部 特点 分类。亲属 类型 相同 的 语言 一般 有 一些 共同 的 结构 特点。

结构 特点 是 多种多样 的。例如,从 语音 上 分类,我们 可以 根据 有 没有 声调,把 世界 上 的 语言 分成 两大 类型:一类 是 有 声调 的 语言,包括 汉藏 语系 的 语言,印欧 语系 的 立陶宛语 和 非洲 苏丹 语族 的 一些 语言;另外 一类 是 没有 声调 的 语言。有的 语言 音位 多,例如 美洲 的 印第安语 多到75 个 音位;有的 语言 音位 少,例如 澳大利亚 的 阿龙塔 语 很少,不到 20 个 音位。有的 语言 元音 多,例如 英语44 个 音位,元音 占了 20 个;有 的 语言 辅音 多,例如 俄语41 个 音位,辅音 占了 35 个,还有 阿拉伯语、波兰语、日语 等。有的 语言 闭音节 多,例如 英语、德语 等;有的 语言 开音节 多,例如 汉语、日语 等。从 "施事"(A)、"动作"(B)、"受事"(C) 的 语法 顺序 来看,有的 语言 是 "A B C" 类型,例如 英语、汉语;有的 是 "A C B" 类型,例如 日语,阿尔泰 语系 突厥 语族 的 多数 语言;有的 是 "B A C" 类型,例如 阿拉伯语 等。

从 19 世纪 以来,结构 分类 主要 注重 考察 词 和 句子 的 结构 变化。结构 变化 通常 表现成 词 的 各种 语法 形态 的 变化,所以 结构 分类 又 叫做 形态 分类。由于 它 反映 了 语言 的 本质 类型,所以 又 叫做 类型 分类。

结构 分类 一般 把 世界 上 的 语言 分成 4 种 类型:孤立语、屈折语、黏着语、多式 综合 语。当然 这种 分类 是 相对 的,例如 英语 属于 屈折语,但是 现代 英语 变得 越来越 接近 孤立语。"北京 语言 文化 大学" 和 "Beijing Language and Culture University"①。除了 "and" 几乎 没有 什么 不同。

---

①这 在 20 世纪 50 年代 以前 的 英语 中 几乎 不 可能 用 这样 的 语序 结构。

形态 变化 最 典型 的 俄语 也 有 这个 趋势。[①] 每种 类型 的 语言 都 包含 着 其他 类型 的 特点，只是 多少 的 不同。

（1）孤立语

孤立语 又 叫做 词根语，是 词 的 形态 变化 比较 少 的 语言，就是 构成 词 的 语素 中 表示 词 的 语法 意义 的 附加 语素 比较 少。这样 的 词 在 组织 句子 的 时候 主要 靠 词序 和 虚词 来 表达 语法 关系。这样 看来，词 在 句子 里 是 孤零零 的，没有 一点 变化，所以 叫做 孤立语。又 因为 孤立语 中 词 的 内部 语素 主要 是 词根，附加 语素，包括 词尾、词缀 比较 少，所以 又 叫做 词根语。孤立语 以外 的 屈折语、黏着语、多式 综合语 可以 叫做 形态 语。

例如 汉语 "我 喜欢 我 的 书"，两个 "我" 虽然 在 不同 语法 位置，可是 不 发生 形态 变化。但是 加 了 一个 虚词 "的" 表示 "我" 和 "书" 之间 的 所有 关系。可是 英语 不同，两个 "我" 分别 说成 "I" 和 "my" 两种 形态。一看 形态 就 知道 是 什么 语法 位置 的 "我"。

属于 孤立语 的 有 汉语、壮语、苗语 等 汉藏 语系 的 语言、南岛 语系 的 语言，还有 越南语、缅甸语 和 西非 土著 居民 用 的 一些 语言。

（2）屈折语

屈折语 和 黏着语 是 与 孤立语 相对 的 词 的 形态 变化 多 的 语言。在 这种 语言 中，构成 词 的 主体 语素 的 后面 或者 前面 一般 出现 表示 词 的 语法 意义 的 附加 语素。例如 英语 不仅 有 "read" 和 "reader" 这样 的 派生 新词 的 变化，还有 "reads、reading" 等 语法 形态 变化。

屈折语 包括 印欧 语系 和 闪-含 语系 的 大部份 语言。例如 俄语、德语、阿拉伯语、印地语 等。英语 也 是 屈折语，在 英语 词 的 后面 出现 的 附加 语素 "-s" 可以 对应 几个 意义：如果 是 附加 在 动词 后面 就 表示 "单数" "第三 人称" "现在时" 意义 的 动词，如果 是 附加 在 名词 后面 就 表示 "复数" 或者 "领有 关系" 意义 的 名词。附加 语素 "-s" 结合 紧密，拆开 以后 难以 确定 它 的 意义。屈折语 有 内部 屈折 变化，就是 改变 单纯词 内部 的 部份 语音 要素 来 区分 不同 的 语法 意义。例如，英语 "foot" 表示 "单数 的 脚"，"feet" 表示 "复数 的 脚"；"take" 表示 "现在时 的 拿"，"took" 表示 "过去时 的 拿"。在 屈折语 中 形态 变化 比较 多 的 语言 叫做 综合语，例如 德语、俄语、印地语、立陶宛语。较多 地 采用 词序、虚词 代替 形态 变化 的 语言 叫做 分析语，例如 英语、丹麦语、保加利亚语、法语、意大利语。由于 分析语 的 特点 接近 孤立语，所以 有人 把 汉语 等 孤立语 也 叫做 分析语。

（3）黏着语

黏着语 主要 包括 阿尔泰 语系、乌拉尔 语系 等 语系 的 许多 语言。例如 维吾尔语、蒙古语、土耳其语、芬兰语、匈牙利语，还有 日语、朝鲜语，非洲 班图 语族 的 许多 语言。土耳其语 是 黏着语。在 土耳其语 中 "sev-" 表示 "爱"，是 一个 动词 的 主体 语素。在 它 的 后面 可以 有 下面 的 附加 语素："-dir-" 表示 "第三 人称"，"-ler" 表示 "复数"，"-miş-" 表示 "过去时"，"-erek-" 表示 "将来时"。由 它们 组合 形成 的 "sev-miş-

---

①李 济生. 现代 俄语 发展 中 的 分析型 倾向 [J]. 北京：北京 大学 学报，1990，（4）.

dir-ler" 就是 "他们 从前 爱" 的 意思, "sev-erek-dir-ler" 就是 "他们 将要 爱" 的 意思。在 斯瓦希里语 中 "wa-ta-si-po-ku-ja"（假如 他们 不 来）中 "-ja" 是 主体 语素，表示 "来"，它 前面 附加 的 "wa-" 表示 "复数 第三 人称"，"-ta-" 表示 "将来时"，"-si-" 表示 "否定"，"-po" 表示 "假定"，"-ku-" 表示 "动词 性质"。上面 语素 之间 的 结合 松散，一般 每个 语素 又 像 屈折语 中 独立 的 词，而且 每个 附加 语素 用 音 节化 的 形式 表达 特定 的 一个 意义。

屈折语 和 黏着语 的 相同 是 都有 表示 语法 意义 的 附加 语素。它们 的 不同 是：第一，从 附加 语素 形式 表示 的 语法 意义 的 关系 来看，屈折语 不是 一 对 一 的 关系，黏着语 是 一 对 一 的 关系；第二，屈折语 的 附加 语素 与 主体 语素（词根）结合 紧密，黏着语 结 合 松散；第三，屈折语 有 少量 的 内部 屈折 变化 形式，黏着语 没有。

(4) 多式 综合语

多式 综合语，又 叫做 编插语，是 词 和 句子 重合 的 语言。这种 语言 的 一个 句子 表现 成 一个 包含 多种 复杂 成份 的 词。这个 相当于 句子 的 词，把 表示 动作 的 成份 做 核心，然后 在 它 的 前后 加上 表示 施事、受事 等 的 成份。

多式 综合语 包括 美洲 和 古代 亚细亚 的 一些 语言。例如，在 北美 印第安人 的 契努克 语 中，"-i-n-i-a-l-u-d-am（我 来 是 为了 把 它 交给 她）" 是 一个 词，也 是 一个 句子。其中 "-d-" 是 主体 语素，表示 "转移（给）"，第一个 "i-" 表示 "最近 过去时"，"-n-" 表示 主语 代词 "单数 的 我"，第二个 "-i-" 表示 宾语 代词 "它"，"- a-" 表示 第二 个 宾语 代词 "她"，"- l-" 表示 "前面 的 'a' 是 间接 宾语"，"- u-" 表示 "离开 说话 人 地 转移"，"- am" 表示 "前面 的 'd' 有 目的"。又 例如 美洲 的 阿尔 贡金语 的 "akuo-pi-n-am（他 从 水 中 拿起 它）"，"-akuo" 是 主体 语素 表示 "拿"，附加 语素 "-pi-" 表示 "水"，"- n-" 表示 "用手"，"- am" 表示 "它"。

多式 综合语 跟 黏着语 不同。多式 综合语 中 的 附加 语素 的 形式 和 意义 不是 一 对 一 的 关系，而且 附加 语素 结合 紧密。多式 综合语 跟 屈折语 的 不同 是，多式 综合语 句子 跟 词 不 区分，屈折语 区分。

2.5.2 语言 的 亲属 分类

【讲课】16

语言 的 亲属 分类 是 根据 语言 在 历史 来源 中 的 亲近 程度 进行 的 分类。它 认为 语言 跟 使用 它 的 人类 一样，有的 有 亲属 关系，有的 没有。亲属 关系 就是 语言 之间 具有 共同 来源，也就 是 说，这些 语言 从 一个 共同 的 原始 语言 分化 出来。根据 语言 之间 从 疏远 到 亲近 的 程度 不同，可以 把 语言 分成 语系、语族、语支 3 种 级别 的 类型。根据 语言 内部 的 分歧 程度 不同，还 可以 分成 不同 级别 的 方言。它们 的 关系 依次 是：语系──→语族──→语支──→语言──→一级 方言──→二级 方言……

世界 上 每 一种 具体 的 语言 都有 一定 的 上下 类属 关系。属于 同一 最 下层 方言 之 间 历史 来源 关系 最近，差别 最小。不同 语系 之间，差别 最大。

所以，亲属 分类 就是 根据 语言 的 历史 来源 中 亲密 关系 的 远近，把 世界 上 的 语言 进行 不同 级别 的 系统 分类。显然，这种 分类 是 从 历时 角度 来 研究 语言 的。

按照 亲属 分类，可以 把 已经 了解 到 的 语言 分成 10 多个 语系：印欧 语系、汉藏 语系、乌拉尔 语系、阿尔泰 语系、闪-含 语系、伊比利亚-高加索 语系、达罗毗荼 语系、南岛（马来-波里尼西亚）语系、南亚 语系，等等。[①]亲属 分类 是 在 对 印欧 语系 语言 的 全面 研究 的 基础 上 产生 的，所以 在 各 语系 中 研究 得 最 充份 和 深入 的 语言 是 印欧 语系 的 语言。汉藏 语系 的 语言 的 研究 在 近 几十 年 来 也 有 较大 的 进展。

汉藏 语系 与 印欧 语系 是 两 个 主要 的 语系。它们 的 语言，除了 分布 不同 以外，还 有 以下 不同 特点：第一，前者 除了 个别 语言 或者 方言（例如 藏语 安多 方言）以外，都 有 起 区别 意义 作用 的 声调；后者 没有。第二，前者 的 语法 手段 主要 靠 语序 和 虚词；后者 主要 靠 词 的 形态 变化。第三，后者 有 起 区别 意义 作用 的 重音；前者 没有 重音，但是 有的 有 轻声。第四，前者 有 较多 的 起 区别 事物 类别 的 量词；后者 不多。另外，汉藏 语系 的 语言 有的 保留 了 较早 的 文献，例如 汉语 有3000多 年 前 的 甲骨文，藏语 有6 世纪 的 碑文，缅甸语 有12 世纪 的 碑文，泰语 有13 世纪 的 碑文。

（1）汉藏 语系

汉藏 语系 的 语言 主要 分布 在 中国、印度 和 南亚 各个 国家。有人 把 汉语 语族 和 壮 侗 语族 合并 成 汉傣 语族，让 汉语 与 语支 平行。有人[②] 主张 汉藏 语系 只 包括 汉语 和 藏 缅 语族；壮侗 和 苗瑶 语族 应该 属于 南岛 语系。有人[③] 认为 古代 汉语 与 南岛 语系 的 语言 也 有 同源 关系。越南语 的 系属 没有 确定，有人 认为 属于 汉藏 语系，也 有人 认为 属于 南亚 语系。汉藏 语系 语言 的 亲属 分类 较多 地 参考 了 结构 特点 的 共性。

① 汉语 语族：汉语（中国 国语，汉族、回族、满族 和 畲族 通用，使用 人口 特别 多，内部 的 方言 分歧 很大）。

② 壮侗 语族（又 叫做 侗泰 语族、侗台 语族、黔台 语族）：主要 分布 在 中国 的 中南、西南 地区 和 泰国、缅甸、越南、老挝 等 国家。

a. 壮傣 语支：壮语、傣语、布依语（以上 主要 分布 在 中国 广西，云南、贵州 等 地区），泰语（泰国 国语，越南），老挝语、掸语（缅甸）。

b. 侗水 语支：侗语、仫佬语、水语、毛南语（以上 都 在 中国，主要 分布 在 中国 贵州、广西、湖南 等 地区）。

c. 黎语 语支：黎语（主要 分布 在 中国 海南）。

③ 苗瑶 语族：主要 分布 在 中国 的 西南、中南 地区 和 越南、老挝。

a. 苗语 语支：苗语（中国，越南，老挝，泰国），畲语（中国）。

b. 瑶语 语支：瑶语（中国，老挝，越南）勉语、布努语、拉珈语 等。

④ 藏缅 语族：主要 分布 在 中国 的 西南、西北 地区 和 缅甸、不丹、尼泊尔、印度（锡金）等 国家。

a. 藏语 语支：藏语（中国 西藏 自治区 和 青海、四川、甘肃、云南 等 省 的 部份 地区，尼泊尔，不丹），嘉戎语（中国 四川），门巴语（中国 西藏）。

b. 彝语 语支：彝语、傈僳语、哈尼语、纳西语、拉祜语、白语（以上 分布 在 中国 四川、贵州、云南 等 地区）。

①戚 雨村 主编．语言学 引论 [M]．上海：上海 外语 教育 出版社，1985.310～327.
②例如，美国 学者 白保罗（P. k. Benedict）、马蒂索夫（J. A. Matisoff）。
③例如，法国 学者 沙加尔（Sagart），中国 学者 邢 公畹。

c. 景颇语 语支：景颇语 又 叫做 克钦语（主要 分布 在 缅甸、中国 云南 省 德宏 傣族 景颇族 自治州），那加语（印度），博多语（印度，孟加拉）。

d. 缅语支：缅甸语，莱普语（尼泊尔，不丹），阿昌语，载瓦语（中国 云南）。

e. 其他 语言：越南语 又 叫做 京语（越南，中国），宗卡语 又 叫做 不丹语（不丹 国语，印度 锡金），穆尔米语（尼泊尔），钦语（缅甸），曼尼普尔语、加罗语、梅塞语、卢谢语（以上 分布 在 印度），土家语、怒语、羌语、基诺语、独龙语（以上 分布 在 中国）。

(2) 印欧 语系

印欧 语系 的 语言 主要 分布 在 欧洲、美洲、亚洲、南部 非洲 和 澳洲 等 地方。大致 范围 是 从 西边 的 美洲，经过 斯堪的纳维亚 半岛 横贯 欧洲，中间 再 经过 伊朗、印度，一直 到 东边 中国 的 新疆，是 一个 范围 很 广泛 的 地区。

① 印度 语族（有人 把 印度 语族 和 伊朗 语族 合并 成 印度-伊朗 语族）

印地语（印度 的 国语，毛里求斯、斐济 等），孟加拉语（孟加拉 的 国语，印度、巴基斯坦 等），旁遮普语（巴基斯坦，印度），马拉蒂语（印度），奥里亚语（印度），拉贾斯坦语（印度），阿萨姆语（印度），比利亚语（印度），康卡尼语（印度），信德语（巴基斯坦，印度），比哈尔语（印度，尼泊尔），古吉拉特语（印度，巴基斯坦），乌尔都语（巴基斯坦 的 国语，印度 穆斯林），僧加罗语（斯里兰卡 的 国语），克什米尔语（克什米尔，查谟），马尔代夫语（马尔代夫），茨冈语 又 叫做 吉卜赛语（分散 在 吉卜赛人 居住 的 国家 和 地区），梵语（古代 印度）。

② 伊朗 语族

a. 东部 语支：普什图语（阿富汗国语，巴基斯坦），奥塞梯语（俄罗斯，格鲁吉亚）。

b. 西部 语支：波斯语（伊朗国语，阿富汗），库尔德语（伊朗，土耳其，伊拉克，叙利亚，亚美尼亚），塔吉克语（阿富汗，中国，塔吉克斯坦）。

③ 斯拉夫 语族

a. 东部 语支：俄语（俄罗斯 等 欧洲 国家，中国，美国），乌克兰语，白俄罗斯语。

b. 西部 语支：波兰语，捷克语，斯洛伐克语。

c. 南部 语支：保加利亚语，马其顿语，塞尔维亚-克罗地亚语（塞尔维亚，黑山），斯洛文尼亚语。

④ 波罗的语族

a. 东部 语支：立陶宛语，拉脱维亚语。

b. 西部 语支：古代 的 普鲁士语（已经 消亡）。

⑤ 日耳曼 语族

a. 东部 语支：峨特语等（已经 消亡）。

b. 西部 语支：英语（英国、美国、加拿大、澳大利亚、新西兰、南非 等 国家 使用，现代标准语 在 15 世纪 在 伦敦 方言 的 基础上 形成），德语（德国、奥地利、瑞士、卢森堡），荷兰语（荷兰，苏里南），卢森堡语，佛莱芒语（比利时），依地语 又 叫做 犹太德语（散居 在 德国、波兰 和 俄罗斯 等 国家 的 犹太人 使用），阿非利勘斯语 又 叫做 南非 荷兰语（南非，纳米比亚）。

c. 北部 语支（又 叫做 斯堪的那维亚 语支）：丹麦语，瑞典语（瑞典，芬兰国语），挪威语，冰岛语，法罗语（大西洋 中 的 法罗 群岛）。

⑥ 拉丁 语族（又 叫做 罗曼 语族）

a. 伊伯利亚-拉丁 语支：西班牙语（西班牙，阿根廷、古巴、墨西哥 等 许多 拉丁 美洲 国家），加泰隆语（西班牙 西北部），葡萄牙语（葡萄牙，巴西、莫桑比克、安哥拉 等）。

b. 高卢-拉丁 语支：法语（法国、加拿大、比利时 南部、瑞士 西部、中非、刚果、海地 等），普鲁凡斯语（法国 东南部），加泰隆语（安道尔，法国 等）。

c. 东部 语支：意大利语（意大利，瑞士 等），罗马尼亚语，摩尔多瓦语（Moldovan），撒丁语（意大利），拉托-罗曼语（瑞士，意大利）。

⑦ 凯尔特 语族

a. 盖尔 语支 又 叫做 戈伊迪利 语支：爱尔兰 盖尔语（爱尔兰，英国），苏格兰 盖尔语 又 叫做 纯正 盖尔语（英国，加拿大）。

b. 不列颠 语支：威尔士语（英国，美国），布列塔尼亚语（法国 布列塔尼亚 半岛）。

c. 高卢 语支：高卢语 等（已经 消亡）。

⑧意大利克 语族

a. 古代 的 拉丁语（后来 发展 成 拉丁 语族）。

b. 奥斯干-温布利安语支：奥斯干语，温布利安语（都 已经 消亡）。

⑨ 其他 与 语族 平行 的 语言：希腊语（希腊，塞浦路斯，土耳其）；阿尔巴尼亚语（阿尔巴尼亚，塞尔维亚，黑山，意大利，希腊）；亚美尼亚语（亚美尼亚，黎巴嫩、叙利亚 等）；涅西特语（已经 消亡）；吐火罗语（已经 消亡）。

（3）乌拉尔 语系

乌拉尔 语系 的 语言 主要 分布 在 欧洲 匈牙利、芬兰、爱沙尼亚 和 俄罗斯 最 北边 的 地区。

① 芬兰-乌戈尔 语族（也 有人 把 它 的 两 个 语支 叫做 两 个 语族）：

a. 芬兰 语支：芬兰语，爱沙尼亚语，拉普语（挪威、瑞典、芬兰 等），乌德穆尔特、马里语、科米语、卡累利阿语（以上 在 俄罗斯）。

b. 乌戈尔 语支：匈牙利语（匈牙利国语，罗马尼亚 等），奥斯恰克语 又 叫做 汉蒂语、沃古尔语 又 叫做 曼西语（以上 在 俄罗斯）。

② 撒莫狄 语族：涅涅茨语、塞尔库普语、牙纳桑语（以上 分布 在 俄罗斯）。

（4）阿尔泰 语系

阿尔泰 语系 的 语言 分布 在 从 北部 的 俄罗斯 的 西伯利亚，向 西边 经过 中亚、小亚细亚，一直 到 土耳其 和 罗马尼亚 的 很 长 的 地域。朝鲜语、日语 归属 的 语系 难以 确定，接近 阿尔泰 语系。

① 突厥 语族

a. 布尔加语支：楚瓦什语 等。

b. 西南 语支 又 叫做 奥古兹 语支：土耳其语（土耳其 的 国语，保加利亚，塞普路斯），撒拉语（中国），土库曼语，阿塞拜疆语，特鲁赫曼语、嘎嘎乌兹语（以上 在 伊朗、阿富汗）。古代 的 奥古兹语 属于 这个 语支。

c. 西北 语支 又 叫做 基普查克 语支 又 叫做 克普恰克 语支：哈萨克语（哈萨克斯坦、蒙古、中国），鞑靼语、巴什基尔语、吉尔吉斯语 又 叫做 柯尔克孜语、卡拉恰伊语（以上 分布 在 俄罗斯、中国）。

d. 东南 语支 又 叫做 查加泰 语支 又 叫做 葛逻禄 语支：维吾尔语（中国 新疆，哈萨克），乌兹别克语（乌兹别克 国语，阿富汗，中国 新疆），撒拉语（中国）。

e. 东北 语支 又 叫做 回鹘 语支：西部 裕固语、柯尔克孜语、塔塔尔语（以上 分布 在 中国），图瓦语、楚瓦什语、雅库特语（以上 分布 在 俄罗斯）。古代 回鹘语 属于 这个 语支。

② 蒙古 语族

蒙古语（蒙古 国语，中国 内蒙古），布里亚特语 又 叫做 布里亚特 蒙古语、卡尔梅克语（俄罗斯）、莫科勒语（阿富汗）、达斡尔语（中国 内蒙古 自治区 及 黑龙江省）、东乡语（中国 甘肃省）、土族语（中国 青海省）、保安语（中国 甘肃省）。古代 契丹语 属于 这个 语族。

③ 通古斯 语族

a. 通古斯 语支：埃文基语（Evenki）又 叫做 鄂温克语（Ewenk）（俄罗斯，中国 黑龙江 和 内蒙古），鄂伦春语（中国 黑龙江 和 内蒙古）。

b. 满洲 语支：满语（1990 年 中国 黑龙江 有 少数 老人 使用）、锡伯语（中国 新疆）、赫哲语 又 叫做 纳奈语（俄罗斯），。古代 的 女真语 也 属于 这个 语支。

④ 与 语族 平行 的 语言：朝鲜语。

（5）闪含 语系

闪含 语系 的 语言 主要 分布 在 亚洲 中东、阿拉伯 半岛、北非 和 西非 地区。

① 闪语族 又 叫做 闪米特 语族

a. 东部 语支：古代 阿卡德语、古代 巴比伦语（都 已经 消亡）。

b. 北部 语支：古代 迦南语、古代 腓尼基语 等（都 已经 消亡）。

c. 南部 语支：阿拉伯语（埃及、伊拉克、黎巴嫩、约旦、沙特 阿拉伯、也门、阿尔及利亚、摩洛哥、突尼斯、苏丹 等），马耳他语，阿姆哈拉语（埃塞俄比亚 的 国语，苏丹），提格里尼亚语、提格雷语、古拉格语（以上 都 分布 在 埃塞俄比亚）。

d. 与 语支 平行 的 语言：希伯来语（以色列 复活 的 语言），亚叙语（叙利亚、黎巴嫩 等）。

② 含语族

a. 柏柏尔 语支（分布 在 北非 和 撒哈拉）：什卢赫语、瑞菲安语（摩洛哥），塔马其格特语（摩洛哥，阿尔及利亚），卡布列语（阿尔及利亚，多哥），图阿列格语（尼日尔，马里，利比亚 等）。

b. 库希特 语支 又 叫做 库施特 语支：索马里语（索马里国语，埃塞俄比亚、肯尼亚、吉布提），加拉语 又 叫做 盖拉语（埃塞俄比亚，肯尼亚），贝贾语（埃塞俄比利亚，苏丹）。

c. 乍得 语支（分布 在 西非）：豪萨语（乍得，尼日利亚，尼日尔，喀麦隆，多哥，加纳，马里）。

d. 古代 埃及 语支：古代 埃及语、古代 科普特语（都 已经 消亡）。

（6）伊比利亚-高加索 语系

集中 分布 在 中亚 高加索 一 带。

① 南部 又 叫做 卡尔特维里 又 叫做 伊比利亚 语族：格鲁吉亚语（格鲁吉亚、土耳其），赞语、斯万语（俄罗斯）。

② 西部 又 叫做 阿布哈兹-阿第盖 语族：卡巴尔达语、阿第盖语、阿布哈兹语、乌柏哈语（俄罗斯）。

③ 东部 又 叫做 维依纳赫 又 叫做 巴茨比-启斯梯 语族：车臣语、巴茨比语、印古什语（俄罗斯）。

④ 达吉斯坦 语族：阿瓦尔语、达尔金语、拉克语、列兹金语、塔巴萨兰语（从前 的 苏联）。

⑤ 与 语族 平行 的 语言：巴斯克语（西班牙、法国 南部）。

(7) 达罗毗荼 语系 又 叫做 德拉维达 语系

这个 语系 的 语言 主要 有：塔密尔语 又 叫做 泰米尔语（新加坡，印度 东南部，斯里兰卡 北部，斯里兰卡，马来西亚，斐济），泰卢固语、马拉亚拉姆兰语、刚迪语、图卢语、库鲁克语、库伊语（印度），布拉林伊语（巴基斯坦）。

(8) 南岛 语系 又 叫做 马来-玻里尼西亚 语系

分布 在 北面 从 台湾、夏威夷 开始，南面 到 新西兰，西面 从 马达加斯加 开始，东面 到 圣诞 岛 的 广大 地域，主要 属于 印度。

① 印度尼西亚 语族：印度尼西亚语，爪哇语、迅他语、马都拉语、米兰卡语、布金语、阿钦语、巴塔克语（印度尼西亚），马来语（马来西亚、新加坡、文莱的国语，泰国），菲律宾语 又 叫做 他加禄语，依洛卡诺语（菲律宾），比科尔语（印度尼西亚，菲律宾），邦板牙语、邦阿西楠语。马拉瑙语（菲律宾），马达加斯加语，高山语（中国 台湾）。

② 密克罗尼西亚 语族（分布 在 群岛 上）：马绍尔语，吉尔柏特语，特鲁克语，瑙鲁语，昌莫罗语（关岛）。

③ 美拉尼西亚 语族：斐济语，莫图语、雅比姆语（巴布亚-新几内亚）。

④ 波里尼西亚 语族：萨摩亚语（西萨摩亚，东萨摩亚），毛利语（新西兰 东部），汤加语，塔希提语（塔希提岛），夏威夷语（美国）。

(9) 南亚 语系 又 叫做 澳斯特罗-亚细亚 语系

主要 分布 在 南亚 和 中国 的 云南。越南语 没有 确定 归属，有人 认为 属于 这个 语系。

① 孟-高棉 语族：高棉语（柬埔寨 的 国语，泰国，越南），孟语（缅甸 东南部，泰国），佤语 又 叫做 佧佤语（中国 云南，缅甸），布朗语、德昂语（中国 云南）。

② 蒙达 语族：桑塔利语、蒙达利语、霍语、萨瓦拉语、科尔摩语（印度 东北部）。

还有 一些 语言 构成 不同 的 小 语系：

(10) 尼日尔 科尔多凡 语系

大约 有 100 种 主要 语言，分成 6 个 语族。下面 分别 列举 一种 主要 语言：弗拉尼语（尼日利亚，几内亚，塞内加尔，冈比亚，毛里塔尼亚 等），马林凯语（塞拉利昂，冈比亚，马里，科特迪瓦），莫西语（布基纳法索），约鲁巴语（尼日利亚，贝宁），斯瓦希里语（坦桑尼亚国语，肯尼亚，科摩罗，乌干达，卢旺达，布隆迪，刚果），桑戈语（中非）。

(11) 尼罗 撒哈拉 语系

大约 有 10 种 主要 语言，分成 5 个 语族。分别 举例：丁卡语（苏丹），卡努里语（尼日利亚），哲马尔语（尼日尔），马巴语（乍得），富尔语（苏丹）。

(12) 科伊桑 语系

有 霍屯督语（纳米比亚），散达维语、哈察语（坦桑尼亚），布希曼语（博次瓦纳，南非，纳米比亚）。

(13) 爱斯基摩-阿留申 语系

有 爱斯基摩语（丹麦，俄罗斯，加拿大，美国），阿留申语（美国，俄罗斯）。

(14) 古亚细亚 语系

有 俄罗斯 的 楚克奇语、科里亚克语、捷尔缅语 等。

（15）澳大利亚 语系

有 阿兰达语、门金语 等。

（16）巴布亚 语系

有 恩加语、卡泰语、基怀语、奥罗科洛语（巴布亚 新几内亚），马林德语、宁博拉语（印度尼西亚）。

（17）北美 印第安 各种 语言

大约 有30 种 主要 语言，分成 大约 10 个 语系，主要 有6 个 语系。分别 举例：奥杰布华语（美国，加拿大），那伐鹤语（美国），切罗基语（美国），尤蒂 阿次蒂克语（墨西哥），扎波特语（墨西哥），玛雅语（洪都拉斯）。

（18）中南美 印第安 各种 语言

大约 有 20 种 主要 语言，分成 3 个 语系。分别 举例：米斯基托语（尼加拉瓜），吉语（巴西），楚凯亚语（秘鲁国语）。

2.5.3 世界 语言 的 概况

亚洲

【中国】95% 以上 的 人 说 汉语。使用 人口 超过 100 万 的 少数 民族 语言 有：壮语（Zhuang，Chuang）、维吾尔语（Uygur）、藏语（Zang，Tibetan）、苗语（Miao）、蒙古语 Mongolian）、朝鲜语（Korean）、瑶语（Yao）、彝语（Yi）、哈萨克语（Kazakh）等。

【日本】 通用 日语。

【朝鲜】【韩国】 通用 朝鲜语（韩语）。

【越南】 绝大 多数 居民 说 越南语（Vietnamese）。少数 民族 语言 包括 汉语、泰语（Thai）、高棉语（Khmer）等。

【老挝】80% 以上 的 人 说 老挝语（Lao）。还有 苗语、瑶语 等。法语 在 许多 官方 部门 使用。

【柬埔寨】 85% 的 居民 说 高棉语。法语、汉语、越南语 的 使用 人数 都在 40 万 以上。

【蒙古】 主要 通用 蒙古语，大约 有5 万 人 说 哈萨克语。

【菲律宾】 他加禄语（Tagalog）是 南 吕宋岛 的 语言，被 当作 国语。此外，还有 比科尔语（Bikol）、希利盖农语（Hiligaynon）、伊洛坎诺语（Ilocano）等。英语 被 当作 第二 语言。

【缅甸】75% 的 居民 说 缅甸语（Burmese）。另外 两种 重要 语言 是 克伦语（Karen）和 掸族泰语（Shan）。

【泰国】 85% 的 居民 说 泰语，另外 有 400 万 人 说 汉语。少数 民族 语言 包括 马来语（Malay）、高棉语 等。

【马来西亚】 国语 是 马来语（基本 同 印度尼西亚语）。它们 和 泰米尔语（Tamil）、汉语 都 是 官方语。

【新加坡】75% 的 居民 说 汉语，其余 的 主要 说 马来语 和 泰米尔语。通用语 是 英语，国语 是 马来语。它们 和 汉语、泰米尔语 都 是 官方语。

【文莱】 通用 语言 是 英语，国语 是 马来语。

【印度尼西亚】 印度尼西亚语（Indonesian）是 国语，其他 主要 语言 是 爪哇语（Javanese）、迅他语（Sundanese）、马都拉语（Madurese）等。

【巴基斯坦】 通用 语言 是 英语, 国语 是 乌尔都语 (Urdu), 但是 把 乌尔都语 (基本 同印地语, 但是 文字 不同) 做 母语 的 只有 500 万人。其他 主要 语言 有 旁遮普语 (Punjabi)、信德语 (Sindhi) 和 普什图语 (Pashto) 等。

【印度】 印度 通用122 种 使用 人口 超过 1 万人 的 语言, 主要 有 29 种。但是 没有 一种 语言 的 使用 人数 超过 总人口 的 30%。主要 语言 有 印地语 (Hindi)、乌尔都语、孟加拉语 (Bengali)、马拉蒂语 (Marathi)、比哈尔语 (Bihari)、古吉拉特语 (Gujarati)、奥里亚语 (Oriya)、旁遮普、拉贾斯坦语 (Rajasthani)、阿萨姆语 (Assamese)、比利语 (Bhili)、信德语 共 12 种。锡金 后来 归属 印度, 75% 的 居民 说 尼泊尔语, 其他人 说 一种 与 不丹 的 琼卡语 相似 的 语言。

【孟加拉】 通用 语言 是 英语, 国语 是 孟加拉语。

【尼泊尔】 尼泊尔语 (Nepali) 是 国语, 其他 语言 有 比哈尔语、藏语 等。

【不丹】 国语 是 琼卡语 (Jonkha), 它 使用 藏语 字母 做 文字 的 基本 单位。南部 通用 尼泊尔语。

【斯里兰卡】 官方 语言 是 僧伽罗语 (Sinhalese), 其他 主要 语言 是 泰米尔语。

【阿富汗】 官方 语言 是 波斯语 (Persian) 和 普什图语 (Pashto)。其他 语言 有 乌兹别克语 (Uzbek) 和 土库曼语 (Turkmen)。

【伊朗】 波斯语 是 国语。其他 语言 有 阿塞拜疆语 (Azerbaijani) 和 库尔德语 (Kurdish) 等。

【土耳其】95% 以上 的 居民 说 土耳其语 (Turkish), 其他 语言 有 库尔德语、阿拉伯语 (Arabio)、亚美尼亚语 (Armanian) 等。

【伊拉克】 国语 是 阿拉伯语, 其他 语言 主要 有 库尔德语 和 亚美尼亚语 等。

【叙利亚】 绝大 多数 居民 说 阿拉伯语, 法语 被 许多 居民 当做 第二 语言。少数 民族 语言 有 库尔德语、亚美尼亚语 等。

【黎巴嫩】 官方 语言 是 阿拉伯语, 法语 也 被 广泛 使用。

【约旦】 说 阿拉伯语。

【也门】 说 阿拉伯语。

【沙特阿拉伯】 说 阿拉伯语。

【科威特】 说 阿拉伯语。

【格鲁吉亚】 说 格鲁吉亚语、奥塞梯语。

【亚美尼亚】 说 亚美尼亚语、库尔德语。

【阿塞拜疆】 说 阿塞拜疆语。

【哈萨克 斯坦】 说 哈萨克语。

【土库曼 斯坦】 说 土库曼语。

【乌兹别克 斯坦】 说 乌兹别克语。

【塔吉克 斯坦】 说 塔吉克语 (Tadzhik)。

【吉尔吉斯斯坦】 说 尔吉斯语。

非洲

【埃及】 几乎 都 说 阿拉伯语。

【苏丹】 官方 语言 是 阿拉伯语。其他 语言 有 努比亚语 (Nubian)、贝贾语 (Beja) 等。

82

【南苏丹】2011 年 独立。官方 语言 是 阿拉伯语。

【利比亚】 绝大 多数 居民 说 阿拉伯语，西部 有 部份 人 说 图阿列格语（Tuareg）。

【摩洛哥】 多数 人 说 阿拉伯语，法语 和 西班牙语 也 比较 通用。

【毛里塔尼亚】 法语 是 官方 语言，但是 大约 有80% 的 居民 说 阿拉伯语。

【塞内加尔】 官方 语言 是 法语。沃洛夫语（Wolof）是 最 重要 的 本地 语言。其他 本地 语言 包括：弗拉尼语（Fulani）、谢列尔语（Serer）、迪奥拉语（Dyola）和 马林凯语（Malinke）等。

【冈比亚】 官方 语言 是 英语。本地 主要 语言 有 马林凯语、沃洛夫语 和 弗拉尼语。

【马里】 法语 是 官方 语言。班巴拉语（Bambara）是 最 重要 的 本地 语言。其他 本地 语言 有 弗拉尼语、素宁凯语（Sninke）、马林凯语、宋盖语（Songhai）等。

【赤道几内亚】 官方 语言 是 西班牙语。其他 语言 有 芳语（Fang）、布比语（Bubi）等。

【科特迪瓦】 官方 语言 是 法语。在 50 多 种 本地 语言 中，没有 一 种 语言 的 使用 人数 超过 全体 公民 的 15%。比较 重要 的 部族 语言 有：迪乌拉语（Dyula）、塞努佛语（Senufo）等。

【喀麦隆】 法语 和 英语 都是 官方 语言，但是 说 英语 的 人 少 一些。本地 语言 有 100 多种，其中 最 重要 的 是 班图语（Bantu）。

【布基纳法索】 法语 是 官方 语言。最 重要 的 本地 语言 是 莫西语（Mossi）、其次是古 尔马语（Gurma）、图阿列格语、弗拉尼语 等。

【尼日利亚】 是 非洲 语言 最多 的 国家，有250 种 语言。官方 语言 是 英语，最 重要 的 本地 语言 是 豪萨语（Hausa），其次 是 约鲁巴语（Yoruba）、伊博语（Ibu）、卡努里语（Kanuri）、埃菲克语（Efik）、伊比比奥语（Ibibio）等。

【乍得】 官方 语言 是 法语，使用 最 广泛 的 本地 语言 是 萨拉语（Sara），其次 是 阿拉 伯语。

【加蓬】 法语 是 官方 语言，主要 的 本地 语言 是 芳语。

【刚果】 官方 语言 是 法语。本地 语言 有 林加拉语（Lingala）和 刚果语（Gongolese）。

【中非 共和国】 官方 语言 是 法语，本地 语言 主要 有 桑戈语（Sang）、格巴亚语（Gbaya）、班达语（Banda）等。

【刚果（金）】 官方 语言 是 法语，本地 语言 主要 有 基恩格瓦纳语（Kingwana）、鲁巴语（Luba）、林加拉语（Lingalai）、刚果语等。

【布隆迪】 隆达语（Lunda）和 法语 是 官方 语言，斯瓦希里语（Swahili）做 贸易 语言 使用。

【埃塞俄比亚】 阿姆哈拉语（Amharic）是 国语，其他 语言 有 提格里尼亚语（Tigrinya）、提格雷语（Tigre）等。

【索马里】 绝大 多数 人 说 索马里语（Somali），但是 许多 人 懂 阿拉伯语。

【肯尼亚】 官方 语言 是 斯瓦希里语，也 广泛 使用 英语。其他 语言有 吉库尤语（Kikuyu）和 卡姆巴语（Kamba）等。

【乌干达】 英语 是 官方 语言。本地 语言 有 干达语（Ganda）、恩科列语（Nkole）、契加语（Chiga）、兰戈语（Lango）等 十几 种。

【坦桑尼亚】 通用 斯瓦希里语，英语 也 广泛 使用。本地 有 120 种 语言，多 属于 班图 语言。

其中 比较 重要 的 有 苏库马语（Sukuma）、尼亚姆维兹语（Nyamwezi）、恰加语（Chagga）、赫赫语（Hehe）等。

【莫桑比克】 官方 语言 是 葡萄牙语，最 重要 的 本地 语言 是 马库阿语（Makua）和宗加语（Tsonga）。

【毛里求斯】 克里奥耳 法语 是 主要 交际 语言，其他 语言 有 印地语、乌尔都语、汉语 等。英语 是 官方 语言，但是 说 英语 的 人 并不多。

【马达加斯加】 几乎 全体 土著 居民 都 说 马达加斯加语（Malagasy）。马达加斯加语 和 法语 都 是 官方 语言。

【安哥拉】 官方 语言 是 葡萄牙语。最 重要 的 本地 语言 是 姆崩杜语（Mbundu）。

【几内亚（比绍）】 官方 语言 是 葡萄牙语，本地 语言 有 巴兰特语（Balante）、弗拉尼语（Fulani）、马林凯语（Malinke）等。

【几内亚】 官方 语言 是 法语。主要 的 本地 语言 有 弗拉尼语、马林凯语、苏苏语（Susu）等。

【加纳】 英语 是 官方 语言。最 重要 的 本地 语言 是 特威语（Twi）和 芳蒂语（Fanti）。

【津巴布韦】 官方 语言 是 英语。最 重要 的 本地 语言 是 绍纳语（Shona）。

【赞比亚】 官方 语言 是 英语。最 重要 的 本地 语言 是 别姆巴语（Bemba）。

【博茨瓦纳】 官方 语言 是 英语，本地 语言 是 茨瓦纳语（Tswana）。

【贝宁】 法语 是 官方 语言，丰语（Fon）是 本地 语言。

欧洲

【阿尔巴尼亚】 说 阿尔巴尼亚语（Albanian）。

【罗马尼亚】90％ 的 人 说 罗马尼亚语（Rumanian）。有 150 万 少数 民族 居民 说 匈牙利语（Hungarian），有47 万人 说 德语。

【塞尔维亚】 说 塞尔维亚语（Serbo）。塞尔维亚语 用 斯拉夫 字母，克罗地亚语 用 拉丁字母，但是 语言 相同，实际 上 是 一种 语言。

【黑山】 说 克罗地亚语（Croatian）。

【斯洛文尼亚】 说 斯洛文尼亚语（Slovenian）。

【马其顿】 说 马其顿语（Macedonian）。

【俄罗斯】 使用 俄语、鞑靼语（Tatar）等。

【爱沙尼亚】 说 爱沙尼亚语（Estonian）。

【拉脱维亚】 说 拉脱维亚语。

【立陶宛】 说 立陶宛语（Lithuanian）。

【白俄罗斯】 说 白俄罗斯语、俄语。

【乌克兰】 说 乌克兰语。

【摩尔多瓦（Moldova）】 说 摩尔多瓦语。

【波兰】 说 波兰语（Polish），少数 人 说 卡舒布语（Kashubian）。

【匈牙利】 说 匈牙利语。

【捷克】 说 捷克语（Czech）。

【斯洛伐克】 说 斯洛伐克语（Slovic）和 匈牙利语。

【保加利亚】90％ 的 人 说 保加利亚语（Bulgarian），大约 有 75 万 少数 民族 居民 说 土耳其语。

【德国】 德语 是 国语。唯一 的 一种 少数 民族 语言 是 索布语 (Sorbian) 又 叫做 卢萨语 (Lusatian)，分布 在 东德 的 东南 角，大约 有5 万 人 使用。

【法国】 法语 是 国语。少数 人 说 普罗旺斯语 (Provencal)、布列塔尼语 (Breton)、德语、加泰隆语 (Catalan) 等。

【意大利】 意大利语 是 国语。在 与 奥地利 交界 的 意大利 地区 有 大约 20 万 人 说 德语。西北部 地区 有 10 万 人 说 法语。

【荷兰】 国语 是 荷兰语 (Dutch)。少数 人 说 弗里西亚语 (Frisian)。

【比利时】 北部 说 佛兰芒语 (Flemish)，南部 说 法语，都 是 官方 语言。

【卢森堡】 法语 是 官方 语言，但是 德语 做 书面语 也 广泛 使用。居民 之间 说 卢森堡语 (Luxembourgian)。

【英国】 英语 是 国语。威尔士 大约 60 万 人 说 威尔士语 (Welsh)，就是 威尔士人 说 的 凯尔特语。苏格兰 大约 有7.5 万 人 说 苏格兰 盖尔语 (Gaellc)。

【爱尔兰】 英语 和 爱尔兰语 (即盖尔语) 都 是 官方 语言，但是 说 爱尔兰语 的 人口 只有20% 左右。

【芬兰】90% 以上 的 人 说 芬兰语 (Finnish)。在 西南 海岸 和 南 海岸 地区 大约 有 30 万 人 说 瑞典语。有1850 人 说 拉普语 (Lappish)。

【瑞典】 瑞典语 (Swedish) 是 国语。在 西部 边远 地区 有 3 万 人 说 芬兰语，1 万 人 说 拉普语。

【挪威】 国语 是 挪威语 (Norwegian)。少数 民族 拉普人 (大约 2 万人) 说 拉普语。

【丹麦】 说 丹麦语 (Danish)。

【冰岛】 说 冰岛语 (Icelandic)。

【瑞士】 有4 种 官方 语言：德语、法语、意大利语、罗曼斯语 (Romansch)。

【奥地利】 说 德语。

【希腊】 国语 是 希腊语 (Greek)。少数 民族 语言 包括：25 万 人 说 土耳其语，5 万 人 说 马其顿语，5 万 人 说 阿尔巴尼亚语。

【马耳他】 英语 是 第二 语言，本地 语言 是 马耳他语 (Maltese)。

【西班牙】 西班牙语 (Spanish) 是 国语。有 500 万 人 说 加泰隆语 (Catalan)，西北部 大约 有 300 万 人 说 葡萄牙语 的 一种 方言——加利西亚语 (Galician)。与 法国 交界 的 地区 有 60 万 人 说 巴斯克语 (Basque)。

【葡萄牙】 通用 葡萄牙语 (Portuguese)。

【圣马力诺】 说 意大利语 (Italian)。

【摩纳哥】 法语 是 主要 语言，少数人 说 意大利语。

【列支敦士登】 说 德语。

【安道尔】 说 加泰隆语。

美洲

【加拿大】 国语 是 英语 和 法语。说 法语 的 600 万 人 几乎 都 住 在 魁北克 省。其他 语言 包括 德语 (使用 人口 56 万)、意大利语 (使用 人口 54 万)、乌克兰语 (使用 人口 31 万)、荷兰语 (使用 人口 14.5 万)、波兰语 (使用 人口 13.5 万)、汉语 (使用 人口 9.5 万) 等。此外

还有 许多 印第安 语言。

【美国】 国语 是 英语。其他 主要 语言 使用 情况 是：800 万人 说 西班牙语，600 万人 说 德语，400 万人 说 意大利语，250 万人 说 法语，250 万人 说 波兰语，150 万人 说 依地绪语（Yiddish）。此外 还有 瑞典语、挪威语、斯洛伐克语、葡萄牙语、俄语、荷兰语、立陶宛语 等 少数 人 说 的 语言。印第安人 多 说 一种 印第安 语言。

【墨西哥】 官方 语言 是 西班牙语。有 300 万人 说 印第安 语言。

【危地马拉】 官方 语言 是 西班牙语。大约 一半 的 人 是 印第安人，他们 说 玛雅（Maya）系列 的 10 多种 不同 语言。

【洪都拉斯】 绝大 多数 居民 说 西班牙语。中部、西部 地区 通行 伦卡语（Lenca，是 一种 印第安 语言）。巴亚 群岛 通行 英语。

【萨尔瓦多】 说 西班牙语。

【尼加拉瓜】 绝大 多数 人 说 西班牙语，东部 海岸 有 2.5 万人 说 一种 印第安 语言，叫做-莫斯基托语（Mosquito）。

【哥斯达黎加】 通用 西班牙语。还有 两种 印第安 语言：布里布里语（Bribri）和 卡贝卡尔语（Cabecar）。

【巴拿马】 国语 是 西班牙语。还有 瓜伊米语（Guaymi）、库纳语（Cuna），都 是 印第安 语言。

【古巴】 说 西班牙语。

【海地】 法语 是 官方 语言，但是 大多数 人 说 的 法语 是 一种 与 本地 语言 混合 的 法语。

【多米尼加】 说 西班牙语。

【牙买加】 官方 语言 是 英语，但是 多数 人 说 一种 与 本地 语言 混合 的 牙买加 英语。

【特立尼达 和 多巴哥】 官方 语言 是 英语。

【委内瑞拉】 绝大 多数 居民 说 西班牙语。还 通行 属于 印第安 语言 的 阿拉瓦克语（Arawak）和 加勒比语（Carib）。

【哥伦比亚】 绝大 多数 人 说 西班牙语，少数人 说 阿拉瓦克语 和 加勒比语。

【圭亚那】 绝大 多数 人 说 英语。沿海 地区 通行 阿拉瓦克语，内地 也 通行 加勒比语。

【巴西】 绝大 多数 人 说 葡萄牙语，但是 也 有 不少 人 说 德语、意大利语、西班牙语、波兰语 和 日语。

【厄瓜多尔】 官方 语言 是 西班牙语。最 重要 的 印第安 语言 是 凯楚亚语（Quechua），大约 有 50 万人 使用。

【秘鲁】 西班牙语 是 官方 语言。主要 的 本地 语言 是 凯楚亚语 和 艾马拉语（Aymara）。

【玻利维亚】 官方 语言 是 西班牙语。但是 这个 国家 的 印第安人 很多，所以 说 官方 语言 的 人 只有 40%。两种 主要 的 印第安 语言 是：凯楚亚语 和 艾玛拉语。

【智利】 绝大 多数 人 说 西班牙语。南方 有 说 德语 的 少数 民族。最 重要 的 印第安 语言 是 阿劳堪尼亚语（Araucanian）。

【巴拉圭】75% 的 人 说 西班牙语，是 官方 语言。其余 的 多数 说 属于 印第安 语言 的 瓜拉尼语（Guarani）。

【阿根廷】 官方 语言 是 西班牙语。有 100 万人 说 意大利语，50 万人 说 德语，20 万

人 说依地绪语 (Yiddish)。

【乌拉圭】 几乎 都 说 西班牙语。

【波多黎各】 说 西班牙语。英语 是 第二 语言，城市 人 多 说 英语。

【巴哈马】 说 英语。

【苏里南】 官方语言 是 荷兰语。一般 交际用 一种 叫做 塔基-塔基语 (Taki-Taki) 的 混合 英语。其他 语言 有 印地语 (Hindi)、爪哇语 (Javanese)、加勒比语 等。

【格林纳达】 说 英语。曾经 通行 的 混合 法语，现在 即将 消亡。

大洋洲

【澳大利亚】 除了 5 万 土著 居民，其余 都 说 英语。少数 民族 语言 包括 阿兰达语 (又 叫做 阿龙塔语，Aranda) 和 门金语 (Murngin)。

【新西兰】 国语 是 英语。在 大约 有 20 万 的 毛利人 中间，有 一半 人 说 毛利语 (Maori)。

【巴布亚新几内亚】 使用 几 百 种 语言。最 重要 的 交际 语言 是混合 英语 和 玻利斯-莫图语 (Police-motu)，它们 也 是 官方 语言。

【斐济】 大约 40% 的 人 说 本地 的 斐济语 (Fijian)。占 人口 一半 的 印度 血统 居民 说 印地语 和 乌尔都语。但是 这个 国家 的 官方 语言 是 英语，绝大 多数 居民 会 说 英语。

2.5.4 中国 语言 的 概况

中国 的 语言 主要 是 汉语，另外 有 经过 研究 的 125 种[①] 少数 民族 语言。这些 语言 分别 属于 汉藏、阿尔泰、南亚、南岛 和 印欧 5 大 语系。中国 有 一首 很 流行 的 歌曲 说 "56 个 民族 56 种 语言"。这 明显 把 语言 和 民族 当做 一对一 的 关系，是 歌词 作者 不 了解 语言学 知识 的 结果。据说 后来 的 演唱者 把 歌词 改成 了 "56 个 民族 56 种 文化"。

（1）汉藏 语系 的 中国 语言

中国 语言 属于 汉藏 语系 的 最多，大约 占有 50%。最 主要 的 是 做 中国 国语 的 汉语。汉语 是 汉族 和 许多 少数 民族 使用 的 语言。

属于 壮侗 语族 的 中国 语言 有 壮语、布依语、傣语、侗语、水语、仫佬语、毛南语、拉珈语、黎语、仡佬语 等 语言，主要 分布 在 广西、贵州、云南、湖南、广东、海南 等 省区。

属于 苗瑶 语族 的 中国 语言 有 苗语、布努语、勉语、畲语 4 种 语言，主要 分布 在 贵州、湖南、云南、广西、四川、广东 等 省区。

属于 藏缅 语族 的 中国 语言 有 藏语、门巴语、嘉戎语、彝语、傈僳语、纳西语、拉祜语、哈尼语、景颇语、载瓦语、阿昌语、羌语、普米语、白语、基诺语、独龙语、怒语、土家语、珞巴语、僜语、白马语、尔龚语、尔苏语、木雅语、贵琼语 等 几十 种。这个 语族 包含 的 语言 数目 还 不能 确定，主要 分布 在 西藏、四川、云南、贵州、甘肃、青海、湖南 等 省区。

（2）阿尔泰 语系 的 中国 语言

中国 语言 属于 阿尔泰 语系 的 也 比较 多，大约 占有 30%。主要 分布 在 中国 北部 边境 省区。

---

① Walter Shearer and Sun Hongkai. Speakers of the Non-Han Languages and Dialects of China ［M］. America:The Edwin Mellen Press，2002.

属于 突厥 语族 的 中国 语言 有 维吾尔语、哈萨克语、乌孜别克语、塔塔尔语、柯尔克孜语、撒拉语、西部 裕固语7种, 主要 分布 在 新疆维吾尔 自治区、甘肃 省 和 青海 省。

属于 蒙古 语族 的 中国 语言 有 蒙古语、达斡尔语、东乡语、土族语、保安语、恩格尔语 6 种。主要 分布 在 内蒙古、辽宁、吉林、黑龙江、新疆、青海、甘肃 等 省区。

属于 通古斯-满 语族 的 中国 语言 有 鄂温克语、鄂伦春语、满语、锡伯语、赫哲语 5 种, 主要 分布 在 内蒙古、新疆、黑龙江 等 省区。

(3) 其他 语系 的 中国 语言

中国 语言 属于 南亚 语系 孟-高棉 语族 的 语言 有 佤语、布朗语、德昂语 等 语言, 分布 在 云南 省。

属于 南岛 语系 印度尼西亚 语族 的 语言 有 高山语 等 语言, 分布 在 台湾 省。

属于 印欧 语系 的 语言 有 俄语 (属于 斯拉夫 语族)、塔吉克语 (属于 伊朗 语族) 等 语言, 分布 在 新疆维吾尔 自治区。

另外, 朝鲜语 (分布 在 吉林 省 延边 地区) 和 京语 (分布 在 广西 东兴) 两种 语言 属于 什么 语系 没有 确定。

中国 人民 银行 发行 的 人民币 上面 用来 表示 "中国 人民 银行" 的 书面 语言, 有 汉语、蒙古语、藏语、维吾尔语、壮语。其中 汉语 用 汉字 和 拼音 (拉丁 字母) 两种 文字 (包括 准文字) 书写。其他 语言 分别 用 蒙古文、藏文、维吾尔文 (阿拉伯 字母)、壮文 (拉丁 字母) 等 文字 书写。

当你发出第一声啼哭的时候，你知道这声音的伟大吗？当你喊出第一声"妈妈"的时候，你知道这是你用语音创造的处女作吗？语音是人人可以弹奏的音乐。

语音是蜂蜜，它粘着你的情感，我的梦幻，他的思索……世界上的万事万物。在人与人之间，在人与自然之间，粘接成绵延的一座座立交桥。

3　语音

3.1　语音是语言的听觉形式

3.1.1　语音的自然性和社会性

语音是由人类发音器官发出的用来负载信息的声音。它是语言符号的第一物质外壳，是能够用耳朵感知的语言的听觉形式。没有代表特定意义的声音不是语音，例如，刮风、下雨的声音，鸟、狗叫的声音，人打呼噜、咳嗽的声音。

研究语音的性质、结构、作用等的科学叫做语音学。语音学根据不同的研究目的、方法和内容，可以分为多种分支学科，例如，普通语音学、生理语音学、声学语音学、心理语音学、实验语音学、音位学等。

语音学在推广标准语音、制订文字方案、调查方言和少数民族语言以及语言教学等方面起着非常重要的作用。朗诵、播音、唱歌、演讲、说台词、写诗，也都与语音学

知识 密切 相关。随着 现代 科技 的 发展，语音学 的 研究 范围 和 作用 远远 超出 了 这些。现代 语音学 的 研究 由于 得到 生理学、心理学、声学、电子 技术、通信 工程 等 多种 科学 技术 的 支持，形成 了 一些 与 语音学 有关 的 边缘 学科。语音学 已经 用于 语言 障碍 矫治、通信 工程、自动 控制 以及 人工 智能 等 领域。

语音 可以 从 多种 角度 进行 分析。一般 认为 语音 具有 4 种 性质：

① 物理 性质。语音 通过 振动 空气 表现 成 声波，这 使 声音 有 了 物质 存在 的 方式。② 生理 性质。语音 由 人的 发音 器官 发出，这 使 声音 有 了 产生 途径。③ 心理 性质。语音 在 人的 大脑 控制 下 产生，并且 通过 人的 耳膜 来 感受，同时 进行 意义 联想、判断，这 使 声音 实现 自己 的 社会 价值 提供 了 技术 条件。④ 社会 性质。语音 最终 要 能够 把 不同 意义 区分 开来，这 使 声音 实现 了 它 的 目的，体现 了 它 的 本质 特点。

前面 3 个 性质 可以 合并 起来，叫做 语音 的 自然 性质，与 语音 的 社会 性质 并列。从 一般 的 语言 教学 实践 来看，人们 最 关心 的 是 语音 的 社会 性质 和 生理 性质。

语音 的 社会 性质，是 语音 不同于 其他 声音 的 本质 属性。一个 语音 单位，有 没有 表达 意义 的 功能，完全 是 社会 约定俗成 的。从 前面 的 语言 的 符号 性质 和 后面 的 音位 分析 中 可以 得到 这 方面 的 详细 说明。

各种 语言 或者 方言 的 语音 有 自己 的 特点。例如，俄语 里 的 舌尖 颤音 [r]，英语、汉语 里 没有 或者 很少 用。亚洲 的 语言 一般 有 声调，欧洲 的 语言 一般 没有。非洲 有的 语言 存在 一 系列 吸气音。法语 里 存在 丰富 的 鼻化 元音。美国 英语 多 带 卷舌音，与 英国 英语 不同。汉语 辅音 送气 与 不送气 必须 区别，而 英语、俄语 却 不 对立。英语、俄语 辅音 的 清音 和 浊音 系统 对立，而 汉语 普通话 中 只有 两 个 擦音 有 这种 对立。俄语 多数 辅音 有 腭化 与 非腭化 的 对立，英语 有 一 套 齿间音，舌叶音，汉语 有 舌尖 元音。

[讲课] 17

3.1.2 语音 的 物理 性质

物体 振动 就 会 发出 声音，声音 使 空气 产生 波动，形成 声波，声波 作用 到 人的 耳朵 上 的 接收器 耳膜 上面，就 使 人 感到 它 的 存在。人类 的 语音 也 一样，是 由 发音 器官 的 振动 引起 的 声波。因此，语音 跟 许多 其他 声音 一样，可以 从 物理学 的 声学 角度 分析 它 的 特征。

任何 声音 都 具有 音高、音强、音长、音质 4 个 要素。每种 语言 的 语音 利用 的 要素 不 完全 相同，但是 其中 音质 是 必须 得到 充份 利用 的。

（1）音高

音高 是 声音 的 高低，它 决定于 物体 振动 频率 的 高低，也 就是 单位 时间 内 物体 振动 次数 的 多少。计算 频率 的 单位 是 赫兹（Hz）。1 秒 钟 振动 1 次，就 叫 1 赫兹（Hz）。

大的、长的、松的、厚的、粗的 物体 振动 的 次数 少，频率 低，声音 就 低；反过来，声音 就 高。小孩 的 声带 比较 短、薄，成人 的 声带 比较 长、厚。女人 的 声带 比较 短、薄，男子 的 声带 比较 长、厚。女人 说话 的 声波 频率 在 150～350hz 之间，小孩 更加 高，男子 在 95～230hz 之间，因而 小孩 比 成人，女人 比 男人 的 声音 高。

人的 耳朵 听到 的 声音 频率 大致 在 20～20000hz 之间，低于 20hz 的 声波 叫做 次声波，地震、火山 爆发 可以 产生 这样 的 声波；高于 20000hz 的 声波 叫做 超声波，蝙蝠 可以 发出 这种 声波。

汉藏 语系 语言 的 声调 的 功能，就是 利用 音高 变化 来 区别 意义。所有 语言 的 语调 都有 不同 的 表达 功能，也是 利用 了 音高。

（2）音强

音强 是 声音 的 强弱，它 决定于 物体 振幅 的 大小，也 就是 物体 在 振动 中 离开 平衡 位置 的 距离 的 大小。

外力 越 大，振幅 越 大，声音 就 越 强。计算 振幅 的 单位 是 分贝（dB），一般 谈话 的 音强 大致 在60~70分贝。如果 高到 120~130分贝，就会 感到 声音 太大，耳朵 振动 得 痛。健康 的 人，说话 声音 洪亮，病人 说话 往往 有气无力，这 主要 和 音强 有关。语音 中，一般 说来，元音 的 音强 大于 辅音，浊音 大于 清音，因为 元音 和 浊音 是 振动 声带 发出 的 声音。

英语、俄语 等 的 "重音"，句子 中 强调 词语 意义 的 "重读"，主要 是 利用 音强 区分 出来 的。汉语 的 "轻声" 主要 利用 了 音强 来 区分。音强 的 变化 经常 伴随 音长 的 变化。

（3）音长

音长 是 声音 的 长短，它 决定于 一定 时间 内 声音 持续 时间 的 长短。声音 在 时间 上 出现 空白 就是 停顿。不同 语言 单位 的 正常 停顿，句子 中 的 强调 停顿，说话 中 的 故意 停顿，以及 唱歌 中 的 停顿 都 和 声音 的 时间 空白 有关。可以 说 停顿 是 音长 的 零 形式。

元音 持续 时间 长短 可以 形成 长元音 和 短元音。英语 和 汉语 广州话 就有 利用 音长 做 词语 区分 形式 的 情况。

（4）音质

音质，又 叫做 音色，是 声音 的 基本 特征，它 决定于 不同 频率 和 振幅 的 声波 叠加 在 一起 形成 的 声波 形状。一般 说 的 音素 都是 从 音质 角度 切分 出来 的。

声音 绝大 多数 不是 只有 一个 频率 的 单纯 的 声音，而是 由 许多 频率、振幅 不同 的 单纯 声音 组成 的 复合 声音。其中 频率 最低、振幅 最大 的 叫做 基音，是 音质 的 决定 因素，其余 的 都是 陪音。在 复合 声音 中，由于 基音 和 不同 陪音 之间 的 振幅 和 频率 相互 影响，形成 许多 的 复杂 波形，音色 也 就 千差万别。

如果 陪音 和 基音 的 频率，形成 整 倍数 的 比例 关系，就 会 产生 有 规则 或者 周期性 振动 的 声音。这种 声音 就是 乐音。否则 就是 噪音。例如，乐器 发出 的 声音，语音 中 由 声带 振动 产生 的 元音，都是 乐音；泼水 的 声音，语言 中 的 清辅音 都是 噪音。浊辅音 有 乐音 性质，但是 又有 一些 噪音 成份。

一般 从 语音 产生 的 角度 来 了解 音质。引起 音质 不同 的 3 个 要素 是：

第一，发音 物体。不同 的 人 说 同 一个 词语 或者 句子，有 自己 特有 的 音色，这是 因为 每个 人 有 不同 质地 的 声带、口腔 等 发音 物体。不同 的 人 发 同一 音素 有 细微 不同 的 音质，但是 往往 被 忽略。好比 敲打 木板、敲打 石块、敲打 金属 会 发出 音质 不同 的 声音，同一 把 胡琴，系上 丝 的 琴弦 和 系上 金属 琴弦，拉出 的 声音 也有 不同 音质，也是 发音 物体 的 不同 造成 的。语音 中 不同 的 发音 部位 就是 形成 不同 辅音 的 发音 物体。

第二, 发音 方法。同样 是 弦乐器, 用 弓 拉 还是 用 手 弹拨, 产生 的 音质 不同。在 语音 中, 是 摩擦 还是 阻塞 发音, 是 送气 还是 不送气 发音, 都 是 形成 不同 辅音 的 发音 方法。辅音 主要 通过 发音 部位 和 发音 方法 两个 方面 决定 自己 的 特点。

第三, 共鸣器 的 形状。京胡 和 二胡, 大提琴 和 小提琴 都 用 琴筒 做 共鸣器。但是 琴筒 形状、体积、容积 不同, 即使 系上 同样 的 琴弦, 由 同一个 人 用 同一 把 弓 拉, 音质 也 不同。不同 的 人 音质 不同, 同样 一个 人 正常 说话 和 口中 含着 东西 说话 的 声音 听 起来 也 不同, 也 与 共鸣器 有关。口腔 和 鼻腔 是 人类 发音 的 两个 主要 共鸣器。口腔 的 形状 可以 变化, 鼻腔 可以 打通 也 可以 堵住, 从而 产生 不同 的 元音。元音 的 不同 主要 取决于 共鸣器 形状 的 不同。

在 科技 高度 发达 的 今天, 语言学家 研究 语音 已经 不 满足于 单纯 靠 耳朵 听 的 状况, 开始 尝试 用 现代 物理 手段 把 听觉 形象 转化 成 视觉 形象。常用 的 仪器 是 示波器、语图 仪。语图仪 的 语音 实验 能力 很 强。它 先 录音, 然后 进行 滤波 分析, 并且 通过 烧灼 的 电感纸, 把 各种 语音 成份 的 能量 分布 显示 出来。实验 语音学 是 一门 新兴 学科, 在 语音 研究 中 发挥 着 越来越 大 的 作用。

3.1.3 语音 的 生理 性质

从 生理 角度 分析 语音, 就是 分析 产生 语音 的 器官 和 器官 运动 的 方式, 好像 了解 产品 生产 的 过程。任何 一个 语音, 都 是 人 的 发音 器官 协同 运动 的 结果。现代 可以 通过 电子 技术 合成 人工 语音, 但是 与 人 的 发音 器官 发出 的 声音 相比, 目前 还 很难 那么 逼真, 而且 电子 产生 声音 也 不能 代替 人们 日常 说话 的 发音。

声音 的 产生 需要 3个 条件: 动力、振动体 和 共鸣器。人 的 发音 器官 就 像 一架 结构 精巧 的 乐器。发音 器官 从 下 往 上 主要 有 肺、支气管、气管、喉头、声带、咽腔、口腔、鼻腔 等。这些 发音 器官, 按照 功能 也 可以 分为 3部份。

（1）动力 部份

动力 部份 包括 肺、支气管、气管。发音 的 动力 是 呼吸 的 时候 肺 产生 的 气流。肺 是 由 无数 肺泡 组成 的 海绵 形状 的 组织, 本身 不能 自动 扩张 和 收缩, 要 依靠 肌肉 的 活动。胸部 肌肉 收缩 使 肋骨 上升, 同时 横膈膜 收缩 下降, 胸腔 因而 扩大, 肺 也 随着 扩张 而 产生 吸气 的 力量。腹部 肌肉 收缩, 压迫 内脏 使 横膈膜 舒张 上升, 同时 胸部 肌肉 收缩 使 肋骨 下降, 胸腔 因而 缩小, 肺 也 随着 收缩 而 产生 呼气 的 力量。呼吸 产生 的 气流 就 成为 发音 的 动力, 这个 动力 的 基地 就是 肺。

气管 由 半圆 形状 的 软骨 构成, 有 弹性, 上面 连接 喉头, 下面 连接 支气管, 通到 肺脏。气管 和 支气管 是 输送 动力 的 管道。它 把 口腔、鼻腔 吸进 的 空气 送到 肺部 或者 把 肺部 呼出 的 空气 排出 体外, 源源 不断 地 为 发音 运送 动力。

人类 语言 绝大 多数 是 利用 呼出 气流 发音, 只有 少数 语言 利用 吸收 气流 发音, 产生 "吸气音"。例如, 非洲 一些 语言 有 一 系列 的 吸气音, 中国 海南 方言 也 存在 吸气音。现代 汉语 普通话 中 模拟 因为 感叹 咂 嘴巴 的 声音 的 词 "啧啧（zézé）", 它 在 表达 行为 中 的 实际 发音 是 发 吸气音（用 " ' " 表示吸气）[ts' əts' ə]。有时 呼唤 家禽、家畜 也 用 吸气 发音, 例如, 安徽 淮北 呼唤 小鸡 吃食 的 声音 [p' əp' ə], 湖南 衡山 近 距离 呼唤 鸡、狗 的 声音 [t' ət' ə]。不过, 这 是 像 咳嗽 一样 的 自然 声音, 语言 中 表达 这些 意义

92

的 词 不发 吸气音。

（2）振动 部份

振动 部份 像 工厂 的 生产 车间，包括 声带 和 各个 发音 部位。

声带 在 喉咙 里的 喉头 中，是 声音 的 重要 加工厂，除了 部份 清辅音 以外，声音 都 要 通过 它 进行 初步 加工。

【图表】发音 器官

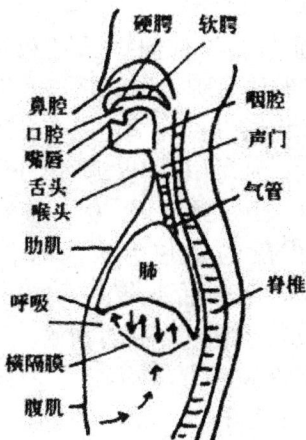

A. 发音 器官 整体

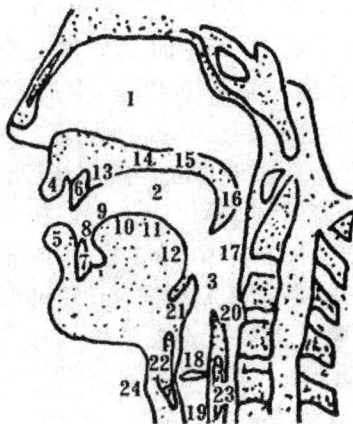

1. 鼻腔 2. 口腔 3. 咽腔 4. 上嘴唇 5. 下嘴唇
6. 上 牙齿 7. 下 牙齿 8. 舌尖 9. 舌叶 10. 舌面前
11. 舌面中 12. 舌面后（舌根） 13. 上齿龈
14. 硬腭（前腭） 15. 软腭（后腭） 16. 小舌 17. 咽壁
18. 声带 19. 气道 20. 食道 21. 会厌 软骨
22. 甲状 软骨 23. 环状 软骨 24. 喉头

B. 头部 发音 器官

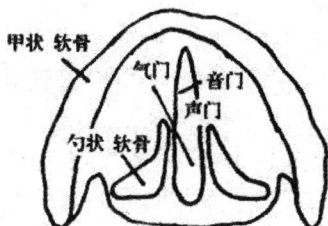

C. 声门 横切面

①呼吸，清音 ②元音，浊音 ③咳嗽，声门塞音 ④耳语

D. 声门 打开 和 合拢 的 4 种 状态

从 人体 发音 器官 图形 中 的 喉头 横断面 部份 可以 看到，喉头 上层 由 甲状 软骨 和 两 块 勺状 软骨 组成，底层 还有 环状 软骨 连着 气管，整体 形成 圆筒 形状，连接 咽腔 和 气管。会厌 软骨 位于 喉头 上方，好比 一个 阀门，可以 自由 开关 气流 通道。喉头 起着 支撑、保护、调节 声带 的 作用。喉头 中间 有 一对 声带，它 是 两片 富有 弹性 的 像 嘴唇 形状 的 肌肉，大约 13～17 毫米 长。前端 连接 在 甲状 软骨 上，后端 连在 勺状 软骨 上。两片

93

声带 之间 的 空隙 叫做 声门。其中 主体 部份 叫做 音门，长度 大约 占 声带 的 三 分 之 二，由 两 片 勺状 软骨 控制 的 部份 叫做 气门，大约 占 三 分 之 一。

由于 肌肉 的 松弛 紧缩 和 勺状 软骨 的 来回 转动，声带 可以 放松 或者 拉紧，声门 可以 打开 或 关闭。声带 可以 颤动，是 多数 声音 产生 的 基础 物体。

声门 大开，是 平常 呼吸 或者 发 噪音（清辅音）的 状态。声门 关闭，气流 从 声带 之间 挤出，使 声带 颤动 发音，是 发 乐音（元音 和 浊辅音）的 状态。声门 紧闭，是 咳嗽 前 或者 发 喉塞音 的 状态。音门 关闭，气门 敞开，是 说 悄悄话 的 状态。

口腔 是 最大、最有 能力 的 语音 加工 车间，通过 不同 的 阻塞 部位 和 阻塞 方法 可以 从 不同 角度 加工 出 各种 辅音。口腔 的 后面，喉头 上面 是 咽腔，是 一个 管状 的 三岔 口，上面 通 鼻腔，前面 连接 口腔，下面 连接 喉头 和 食道。

控制 气流 流动 的 阻塞 部位 叫做 发音 部位。它 像 河流 中 的 堤坝，在 上游、中游、下游 的 不同 地点，控制 着 发音 气流。下面 从 外 到 内 介绍 口腔 各个 发音 部位。

发音 部位 在 语音 描写 中 通常 指 几个 部位 在 发音 的 动态 中 形成 的 位置。在 各种 发音 器官 中，有些 是 能够 活动 的，比较 重要，例如，嘴唇、舌头 等，叫做 主动 发音 器官。其他 像 上齿、齿龈、硬腭 等 不能 活动，叫做 被动 发音 器官。发音 的 时候 一般 通过 主动 器官 去 接近 被动 器官。发音 部位 的 名称 主要 用 主动 发音 器官 命名。

"双唇" 指 上 嘴唇 和 下 嘴唇。"唇齿" 指 上 牙齿 和 下 嘴唇。"齿间" 指 上 牙齿、下 牙齿 和 舌头 之间。发 "齿间" 声音 的 时候，舌尖 向 牙齿 之间 的 位置 靠近，形成 3 个 部份 配合 控制 的 局面。

舌头 是 口腔 中 最重要、最灵活 的 发音 器官。舌头 从 前 到 后 可以 分为 舌尖、舌叶、舌面 3 个 部份，其中 舌面 又 可分 为 前部、中部、后部 3 个 部份。舌面后 又 叫做 舌根。

口腔 上方 的 拱形 部份 是 上腭，上腭 的 前面 是 硬腭（前腭），后面 是 软腭（后腭）和 小舌。硬腭 又 分为 前部、中部、后部 3 个 部份。

"舌尖前" 指 舌尖 与 上齿背 接触 形成 的 位置。英语 中 舌尖 可以 接触 下齿背，音质 相似。"舌尖中" 指 舌尖 与 上齿龈 接触 形成 的 位置。上齿龈 是 上齿 后方 隆起 的 肌肉 部份。"舌尖后" 指 舌尖 和 硬腭 前部 接触 形成 的 位置。由于 舌尖 要 靠近 硬腭 后部，必须 卷 起来，所以 在 汉语 教学 中 又 叫做 "卷舌" 或者 "翘舌"，与 "舌尖前" 叫做 "平舌" 相对。舌尖前、舌尖中、舌尖后 中 的 前、中、后 很难 从 舌尖 本身 区分，一般 从 舌尖 接触 的 口腔 上面 的 上齿背、上齿龈、硬腭 3 个 部位 来 区分。

"舌叶" 指 舌尖 接触 上齿龈，同时 舌面 前部 与 硬腭 前部 接触 形成 的 像 叶子 形状 的 位置。

"舌面前" 指 舌面 前部 与 硬腭 中部 接触 形成 的 位置。"舌面中" 指 舌面 中部 与 硬腭 后部 接触 形成 的 位置。"舌面后" 指 舌面 后部 与 软腭 接触 形成 的 位置，也 叫做 "舌根"。

"小舌" 指 软腭 后面 的 向下 延伸 的 部份，有时 指 它 和 舌头 后部 接触 形成 的 位置。

"咽壁" 又 叫 "喉壁"，是 指 咽腔 周围 的 肌肉 组织。"声门" 指 声带 之间 的 空隙。

（3）共鸣 部份

语音 的 共鸣器 包括 口腔、鼻腔、咽腔 和 胸腔。咽腔 是 口腔 和 鼻腔 的 共同 延伸 部份，

胸腔 是 咽腔 的 延伸。咽腔 和 胸腔 本身 不 产生 不同 的 有 功能 作用 的 语音,只是 起 辅助 作用。

鼻腔 和 口腔,好像 一个 在 楼上 一个 在 楼下,中间 隔着 的 一层 楼板 就是 上腭,里面 的 软腭 和 小舌 就是 一 扇 活动 的 门。口腔 和 鼻腔 可以 产生 不同 的 共鸣 形状,其中 口腔 加工 的 声音 最多。口腔 是 一个 语音 共鸣器,通过 舌位 和 嘴唇 变化 来 改变 形状,从而 产生 不同 的 元音,包括 口音、鼻音、鼻化音。

所有 的 辅音 和 一般 的 元音 都是 "口音"。发 口音 的 时候,小舌 和 软腭 一起 抬起,堵塞 鼻腔 通道,气流 只能 从 口腔 中 流出。鼻腔 虽然 也是 比较 重要 的 共鸣器,但是 由于 里面 没有 像 口腔 中 的 舌头 一样 的 东西 用来 改变 共鸣器 形状,所以 只能 通过 关闭 口腔 中 的 不同 位置 的 门,来 产生 不同 的 鼻腔 和 口腔 联合 的 共鸣 空间。

鼻腔 由于 没有 发音 堵塞 的 可能,不能 单独 发出 辅音。传统 当做 辅音 的 "鼻音",其实 它 除了 在 元音 前面 做 辅音,在 单独 形成 音节 或者 在 音节 末尾 的 时候 更加 像 元音[1],是 "鼻腔 元音"[2]。当 这种 鼻腔 元音 在 口腔 堵塞 位置 因为 要 后接 口腔 元音 的 时候,也 可以 突然 打开 这个 口腔 堵塞 位置 形成 鼻腔 和 口腔 联合 发出 的 塞 辅音。因此,对应 "鼻化 元音" 的 说法,可以 叫做 "鼻化 辅音",例如 n 是 p 的 鼻化,可以 模仿 õ 的 写法 写成 p̃。能够 鼻化 的 只有 塞音,而且 一般 是 浊 塞音。也有 清 塞音 鼻化 的 现象,例如 中国 四川 喜德 的 彝语。

如果 鼻腔 元音 不 在 口腔 元音 前面 的 时候,还 说 它 是 "辅音",那么 这 是 一个 错觉。这个 错觉 产生 的 原因 是 对 "堵塞 口腔 通道" 理解 的 偏差。这时 的 气流 并不 从 堵塞 位置 通过 或者 产生 作用,这个 堵塞 只是 为了 扩大 鼻腔 空间,形成 一个 特定 口腔 和 鼻腔 联合 共鸣 的 空间。所以 我们 说 它 是 鼻腔 元音。这样,汉语 普通话 的 韵母 中 的 辅音,就 不太 例外 了。也 就是 说,汉语 普通话 的 韵母 中 没有 辅音,音节 中 没有 闭音节。

为什么 汉语 从 普通话 到 其他 方言,表示 应答 的 "嗯" 很多 是 发 单纯 的 鼻音,甚至 鼻音 可以 单独 形成 表达 其他 意义[3] 的 音节? 为什么 日语 的 鼻音 ん [ŋ] 也 可以 自成 音节? 也 是 因为 鼻音 具有 元音 可以 自成 音节 的 特点。

无论 是 口音 还是 鼻音,区分 不同 音素 都 靠 口腔。发 鼻音 的 时候,除了 改变 口腔 阻塞 位置,没有 其他 方法;所以,在 国际 音标 表格 中 鼻音 放在 辅音 中 排列,成了 一种 与 塞音、擦音 平行 的 发音 方法。

如果 口腔 和 鼻腔 两个 共鸣器 同时 起 共鸣 作用,就 会 形成 "鼻化 元音",又 叫做 "口鼻音"。如果 把 鼻音 叫做 "鼻腔 元音",把 一般 的 元音 叫做 "口腔 元音";那么,任何 一个 口腔 元音 都 可以 通过 鼻腔 的 同时 共鸣 形成 鼻化 元音。这 3 种 元音,在 人类 语言 中 都有 可能 具有 区别 意义 的 作用。

---

[1]彭 泽润. 鼻音 的 性质 和 类型 [A]. 现代 语音学 论文集 [C]. 北京:金城 出版社,1999.

[2]戚 雨村 主编. 语言学 引论 [M]. 上海:上海 外语 教育 出版社,1985. 68.

[3]例如 衡山 方言 的 "鱼",原来 读 [nⁱ].

3.1.4 语音的心理性质

研究表明，人们在说话过程中，发音器官不同部位是在0.1～0.05秒的极端短的时间里进行有规律的、精确的一次性位置变化，包括声带的松紧，共鸣器形状的改变，软腭、小舌的升降等。发音器官这样迅速的调节活动，完全依靠大脑中枢神经系统的自动控制来实现，这是一种复杂的心理过程。

大脑中枢神经系统的自动控制主要有以下几个方面。

第一，指挥。大脑从言语中枢向言语运动分析区域发出动觉冲动，然后从皮层向各个发音器官发出语音信号。对呼吸系统的控制是由延髓的呼吸中枢和视丘下部共同发出指令，通过神经传导，使吸气与呼气不断交替地进行。对振动系统和共鸣系统的控制是由大脑语言运动分析区域的皮层发出指令信号，经过神经传导到各个发音效应部位。

第二，协调。发音是动力系统、振动系统、共鸣系统协同作用的结果。控制和统一协调它们的是大脑中枢神经系统。

第三，监听。说话的声音不仅传到听话人的耳朵里，而且也被说话人接收。大脑指挥发音器官发出的声音被自己的听觉器官接收重新送回自己的大脑，这个循环过程叫做声音反馈。大脑利用听觉的监听功能，据据反馈的声音判断发出的声音是否符合要求。如果不符合，就迅速发出指令，让发音器官做必要的调整。

第四，识别。人类从听觉上辨别语音实际上有一个筛选过程，不是有什么声音就听什么声音。同样的声波，由于注意力的集中焦点不同，或者有人打岔，听到的结果可能不同。不同的声波也可能听成相同的声音，例如，男人、女人、老人、小孩发 [a] 音素，由于各人声腔状况不同，[a] 的声波有很大差异，但是人们能够忽略这些差异，听起来都是 [a]。说汉语的人对辅音是否送气极为敏感，而说英语的人却并不那么认真，所以说英语的人，可能把"肚子饱了"，听成"兔子跑了"。语音识别同各个民族、各个人形成的语音听说习惯有很大关系。

语音的心理学研究还很不够。尽管近年来已经可以通过各种实验手段来了解大脑对语音的控制加工过程，但是大脑和语音关系的奥秘还没有揭开。

3.2 音素 和 国际 音标

3.2.1 音素和音标

（1）音素

音素是最小的语音单位。狭义的音素特指音质音素。对于印欧语系等语系的语言，主要注意音质音素。但是，在汉藏语系里，还要特别注意音高这种非音质音素。

例如，"教师"，在普通话里读成 jiàoshī [tɕiau⁵¹ʂʅ⁵⁵]，可以切分出 j [tɕ]、i [i]、a [a]、o [u]、sh [ʂ]、i [ʅ] 6 个音质音素。而英语读音是 teacher [ˈtiːʃə]，可以切分出 t [t]、ea [iː]、ch [ʃ]、er [ə] 4 个音质音素。分析音质音素的时候，忽略了音高、音长、音强等非音质特征。

理论上 音素 有 无数 个，实际上 人们 能够 辨别 和 利用 的 只有 大约 100 个，特定 语音 系统 中 就 更加 少 了。

在 没有 跟 "音位" 做 对比 分析 的 时候，音素 其实 就是 用 的 "音位" 的 含义。例如 平常 说 的 "音素 文字" 就是 "音位 文字"。

根据 发音 特点，音质 音素 可以 分为 元音 和 辅音 两 大类，内部 还 可以 分出 许多 小类。元音 和 辅音 的 区别 主要 有 4 个 方面：气流 是否 有 阻碍，肌肉 紧张 状况，气流 缓急 程度，声带 是否 颤动。其中 气流 在 共鸣器 内 是否 受到 阻碍 是 最 可靠 的 标准。元音 都 要 震动 声带。辅音 中 的 清辅音 不要 震动 声带。有的 音质 音素 具有 元音 和 辅音 双重 特点，叫做 半元音 或者 半辅音（无擦通音）。

（2）音标 和 文字

专门 记录 音素、音节 等 语音 单位 的 视觉 符号 形式 叫做 音标。音标 与 表音 文字 很 接近，都是 视觉 形式，而且 经常 直接 采用 表音 文字 中 的 字 做 形式。不够 用 的 时候，通过 附加 笔画、转换 位置、合并 等 方法 加工 出 新 的 视觉 形体 做 音标。

但是，音标 的 目标 是 专门 记录 语音 单位，文字 的 目标 是 记录 语音 和 语义 结合 的 口语 单位。

音标 分为 通用 音标 和 专用 音标。通用 音标 就是 国际 音标。专用 音标 是 为 特定 语言 设计 的 音标，例如 汉语 拼音。专用 音标 往往 同时 具有 表音 文字 的 功能。例如，双唇、不 送气、清、塞 辅音 音素，用 国际 音标 写成 [p]，用 英语 文字、俄语 文字 和 汉语 拼音 分别 写成 p，п，b。

音标 记录 语音 同样 具有 概括性 和 具体性 的 对立 统一 特点。例如，发 舌面、前、不 圆唇 元音，从 舌面 与 上腭 靠近 的 [i] 到 舌面 与 上腭 离得 很远 的 [a]，从 [i] 到 [a] 连续 发音 的 时候 有 一个 滑动 的 过程，在 这个 发音 过程 中，理论上 有 无数 的 音素 连接 起来。一般 标记 得 比较 详细 的 音标 也 只用 [i……ɪ……e……ɛ……æ……a] 这 几个。它们 的 符号 价值 也是 在 它们 系统 的 相互 制约 中 体现 的。相近 的 声音，在 不同 语言 中 有时 很 重要，有时 不 重要。

音标 是 文字 表达 语音 的 必要 补充。一方面，文字 发展 到 一定 时期 以后，不能 明确 地 反映 语音 的 时候，必须 用 音标。由于 语音 变化 而 记录 语言 的 文字 一般 不 变化，所以 文字 和 语音 的 矛盾 往往 越来越 大。另一方面，即使 是 新 设计 的 表音 文字，由于 文字 追求 简明，所以 不能 细致 区分 语音。因此，音标 在 语言 教学 中 必然 发挥 重要 作用。由于 少数 民族 语言，主体 民族 语言 的 方言 一般 没有 完善 的 文字 系统，所以 研究 它们 的 时候，音标 就 显得 更加 必要 了。

（3）音标 和 音素

划分 音素 的 时候 要 注意 防止 把 音标 和 音素 进行 简单 对应。当 直接 采用 表音 文字 做 音标 的 时候，因为 受到 字 的 数量 的 限制，音素 和 音标 不一定 是 一对一 的 关系。例如，汉语 拼音 的 "zh、ch、sh、ng、yi" 等。西方 语言 使用 的 表音 文字 具有 一定 的 直接 表音 的 功能，但是 还 不是 狭义 的 音标，也会 出现 字 和 音素 不是 一对一 的 关系。例如，英语 的 "thing" 就是 5 个 字 表示 3 个 音素。英语 的 "logic, break, quiet, pocket" 中 的 读音 [k] 分别 用 "c, k, q, ck" 这 4 个 字 或者 字组 表示； "to, too, two, through, threw, clue, shoe" 中 的 读音 [u:] 分别 用 "o, oo, wo, ough, ew, ue, oe" 表示；"dane，dad，father，call，village，mang"中的a读音都不一样。1950年去世的英国作家肖伯纳幽默地指出，我们可以把"fish（鱼）"拼写成"ghoti"，因为"enough（足够）"，"women（妇女们）"，"nation（民族）"中分别有"gh，o，ti"与"f，i，sh"对应读音相同。俄语文字符号和读音比较一致。另外，不同拼音文字不一样的形体，也不便于国际交流。

（4）汉语的音标

书写汉语的音标有一个发展过程。从汉语的音节书写来看，开始是用同音字整体产生的单拼，后来通过反切产生"声母＋韵母（包括声调）"的双拼，通过注音字母产生"声母＋介母＋韵母（附加声调）"的三拼，通过汉语拼音形成"声母＋韵头＋韵腹（附加声调）＋韵尾"的四拼。①

注音字母没有把韵尾和韵腹分开标记，所以没有彻底音素化。《汉语拼音方案》中的字母是彻底音素化的音标，也具有一定的表音文字性质，例如，设计音节隔离符号，有"ertong（儿童）"（其中的拼音没有声调符号）的词拼写例子。汉语拼音是专门为规范的北京话或者现代汉语的共同语设计的。

如果要准确记录古代汉语、汉语方言的语音，必须采用国际音标。我们可以通过"汉语普通话声母和韵母配合表格"，了解汉语拼音和国际音标记录普通话的对应关系。

用汉语拼音给文言文注释声音，严格来说，不科学。但是，古代汉语的语音系统无法恢复，也没有必要付出巨大的代价在语言现实生活中恢复。所以只好将就着用现代语音系统标记和说出古代语言。

【图表】汉语 音节 分解 历史

niǎo 音节的音素分解步骤	1	2	3	4	跨越时间
没有记录（公元前14世纪）	鸟				1200年
单拼（同音字，公元前2世纪）	niǎo（音节整体）				300年
双拼（反切，1世纪）	n（声母）	iǎo（韵母）			2000年
三拼（注音字母，1918年）	n 声母	i（介音）	ǎo（韵身）		40年
四拼（汉语拼音，1958年）	n 声母	i（韵头）	ǎ（韵腹）	o（韵尾）	60年

3.2.2 国际音标

狭义的音标一般指国际音标。国际音标（International Phonetic Alphabet，简称IPA）是世界通用的遵循音素和音标一对一的原则的音标。

1888年在英国伦敦成立的"语音教师协会"（1897年改名为"国际语音学协会"）制订发表国际音标。后来经过多次修订。我们采用1996年修订版本②，同时做了细小的技术处理。国际音标能够记录世界上所有语言及其方言的语音。

---

① 彭泽润，崔安慧.语言接触对汉语拼写和汉字注音工具发展的影响——纪念汉语拼音60周年和周有光去世1周年[J].吉林：北华大学学报，2018（5）.

② 罗常培、王均.普通语音学纲要[M].北京：商务印书馆，2002.265-266.

【图标】国际 音标 元音 和 音高

元音 前后 高低			①	②	③	④	⑤	⑥	⑦	⑧	⑨	⑩	音高	
			舌面						舌尖				平	11,22,33,44,55
			前		中央(央)		后		前		后			12,13,14,15
			不圆	圆	不圆	圆	不圆	圆	不圆	圆	不圆	圆	升	23,24,25
1	(高)	高 (闭)	i	y	ɨ	ʉ	ɯ	u	ɿ	ʮ	ʅ	ʯ		34,35,45
2		次高	ɪ	ʏ				ʊ						54,53,52,51
3	(中)	半高 (半闭)	e	ø	ɘ	ɵ	ɤ	o					降	43,42,41
4		中	E		ə									32,31,21
5	(低)	半低 (半开)	ɛ	œ	ɜ		ʌ	ɔ						313, 535……
6		次低	æ		ɐ								曲	131, 353……
7		低 (开)	a	Œ	A		ɑ	ɒ						3131,1313……

说明：本 表格 一共 有 33 个 元音 音标。使用 这些 元音 音标 的 时候，可以 在 符号 上面 加"~"表示 鼻化 (Nasalized)；加"⌒"表示 元音 非音节性(No-syllabic)。在 符号 右上角 加 小 "ɼ"表示 卷舌 (Rhoticity)。一般 的 舌面 元音 都 可以 卷舌化，高 元音 一般 不 直接 卷舌化。在 符号 下面 加 小"T"形 符号，并且 把"T"的 竖笔 分别 指向 上、下、左、右 表示 舌位 高化 (Raised)、低化(Lowered)、前化(Advanced Tongue Root)、后化(Retracted Tongue Root)。把"ˈ"分别 加 在 左上角 和 左下角，分别 表示 重音(Primary stress) 和 次重音(Secondary stress)。在 元音 后面 加 "ː""ˑ"表示 长(Long) 和 半长(Half long)。在 元音 上面 加""表示 超短音(Extra short)。用"↗" 和"↘"分别 表示 语调 升高(Global rise) 和 降低(Global fall)。音高 是 根据 赵元任 发明 的 数字 表示 符号 补充 的。

【图表】国际 音标 舌面 元音 舌位 示意

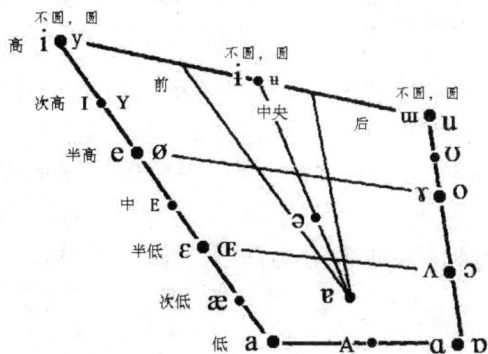

【图表】国际音标 辅音

发音方法 \ 发音部位			双唇①	唇齿②	齿间③	舌尖前④	舌尖中⑤	舌尖后⑥	舌叶⑦	舌面前⑧	舌面中/前⑨	舌面后⑩	小舌⑪	咽壁⑫	声门⑬
1 鼻	浊/鼻腔元音		m	ɱ			n	ɳ		ȵ	ɲ	ŋ	N		
2 塞	清	不送气	p				t	ʈ		ȶ	c	k	q		ʔ
3	清	送气	pʰ				tʰ	ʈʰ		ȶʰ	cʰ	kʰ	qʰ		ʔʰ
4	浊	不送气	b				d	ɖ		ȡ	ɟ	g	ɢ		
5	浊	送气	bʰ				dʰ	ɖʰ		ȡʰ	ɟʰ	gʰ	ɢʰ		
6 塞擦	清	不送气		pf	tθ	ts		ʈʂ	tʃ	tɕ	cç				
7	清	送气		pfʰ	tθʰ	tsʰ		ʈʂʰ	tʃʰ	tɕʰ	cçʰ				
8	浊	不送气		bv	dð	dz		dʐ	dʒ	dʑ	ɟʝ				
9	浊	送气		bvʰ	dðʰ	dzʰ		dʐʰ	dʒʰ	dʑʰ	ɟʝʰ				
10 擦	清		ɸ	f	θ	s		ʂ	ʃ	ɕ	ç	x	χ	ħ	h
11	浊		β	v	ð	z		ʐ	ʒ	ʑ	ʝ	ɣ	ʁ	ʕ	ɦ
12 边擦	清						ɬ								
13	浊						ɮ								
14 边(通)	浊						l	ɭ			ʎ	ʟ			
15 闪	浊						ɾ	ɽ							
16 颤	浊		ʙ				r						ʀ		
17 通(半元音)	浊		w	ʋ			ɹ	ɻ			j	ɰ			

说明：本表格一共有 107 个辅音音标。挤喉音(Ejective or Ejective stop)、缩气(塞)音(Implosive)和吸气音(Later or Later click)由于一般不用，没有列入。附加在基本音标下面的有："。"表示浊音清音化(Voiceless)，"v"表示清音浊音化(Voiced)，"～"表示紧喉(Creaky voiced)，"ı"表示辅音自成音节(Syllabic)①。附加在基本音标右上角的有："n"表示鼻音除阻(Nasal release)，加小"l"表示边音除阻(Lateral release)，"ㄱ"表示无声除阻(唯闭音)(Lateral release)；"'"或者"h"表示送气(Aspirated)；"w"表示圆唇化(Labialized)，"j"表示硬腭化(Palatalized)，"ɣ"表示软腭化(Velatalized)，"ʕ"表示咽喉化(Pharyngealized)。软腭化或者舌根化还可以在符号腰中加小"～"表示。

国际音标因为遵守音素与音标一个对应一个的原则，所以能够保证相对准确地记录语音。国际音标的数量比任何一种语言的专用音标的数量要多。它的形体一般来自拉丁文字这种国际通行的音素文字。还吸收了希腊等其他表音文字体系的少数字，并且用一些字的大小、手写、倒写、连写或者添加附加笔画等办法来补充。

国际音标在使用的时候，通常用方括号"［ ］"标记，使它跟表音文字或者其他音标得到区分。

---

① 实际上，辅音一般无法单独成为音节。能够单独成为音节的是鼻音。这些鼻音已经不是辅音，而是鼻腔发出的元音。

要注意,各种语言在使用国际音标的时候,为了使符号简便一些,根据自己音系的特点,进行了一定的音位归纳,做了一定的变通处理。例如,英语的送气符号省略了,所以"peak、speak、keep"中的"p"都注音 [p],实际上第一个应该是 [pʰ],第三个应该是解除阻碍中不发音的 [pʼ]。当然,变通处理必须在音位学原则许可的范围中进行。

所以,国际音标在使用中相对地分为严式音标和宽式音标两种。它们相互补充,自己的优点是对方的缺点。宽式音标是记录相对抽象的音位的音标,它的优点是节省音标,简化语音系统的表达。严式音标是记录相对具体的音素或者音位变体的音标,它的优点是能够精确地表达自然语音特点的细微差别。不过,绝对的严式音标不存在,违背对立原则的宽式音标没有价值。

很多语言的词典都用国际音标注音。在中国语言教学和研究中,特别是调查汉语方言和少数民族语言的时候,一般用它来记录语音。学好了国际音标,学习外语的语音就有了一把钥匙。例如,英语的 sh,德语的 sch,法语的 ch,波兰语的 sz,都是 [ʃ]。

3.2.3 音征

音素是最小的语音单位本身不能再切分,但是,我们可以通过比较分析出一些音征,使音素之间相互区别开来。

音征就是语音的区别特征,是从对比中发现的区分不同语音单位的特征。例如,汉语普通话 [pau²¹⁴](饱)和 [pʰau²¹⁴](跑)中的 [p] 和 [pʰ],通过对比,发现第一个音素不同。第一个音素的不同,又只有"不送气"和"送气"的发音特征不同,其他特征——双唇、闭塞、清音都相同。

音征分为自然性音征和功能性音征两种。对功能性音征研究的重视,产生了区别性特征理论(distinctivefeature theory,简称 DF 理论)。

同样的两个音素,如果有"清音"和"浊音"的自然区别特征,说英语的人认为大不一样,能够敏感地区分开来;说芬兰语的人认为就是一样的,难以区分开来;说汉语普通话的人除了一组舌尖后擦音以外,也认为是一样的。所以,"清音"和"浊音"是英语辅音音位的功能性区别特征,不是芬兰语辅音音位的功能性区别特征。

又例如,汉语普通话 /kʰ/ 音位与 /k/ 音位的区别特征表现成"送气"与"不送气"的对立。这种自然区别在英语中同样有,但是不对立,只不过是音素的区别特征。

一个音素是语音的一些自然性区别特征的总和,一个音位则是语音的一些功能性区别特征的总和。当然,我们知道,任何一个音素从绝对意义上来说,仍然具有概括性,不能穷尽它的自然性区别特征。国际音标反映的区别特征是在所有语言中可能做音位区别特征用的音素区别特征。但是,这并不妨碍我们把音素的自然区别特征和音位的功能区别特征相对地区分开来。

人类语言的音素之间有功能作用的语音特征到底有多少?目前无法完整地罗列出来。有一些区别特征已经被大家公认。常见的区别特征有 9 组:(1)有阻:无阻;

(2) 不送气：送气；(3) 突发：延续（塞：擦）；(4) 开：闭（舌位 低：舌位 高）；(5) 圆唇：不 圆唇；(6) 卷舌：不卷舌；(7) 鼻化：不鼻化；(8) 高：低；(9) 升：降。

区别 特征 可以 形成 "二元 特征（binaryfeature）" 对立，用来 区别 音素。例如："±送气。"

分析 音征，可以 从 物理 上 的 声学 角度 进行，常见 的 是 从 生理 上 的 发音 角度 进行。上面 说 的 一些 区别 特征 可以 说 是 综合 起来 的。国际 音标 表格 就 比较 全面 地 反映 了 发音 角度 的 音征，但是 为了 人脑 处理 的 方便，这个 表格 没有 完全 采用 方便 电脑 的 二元 对立 的 方式 排列 所有 的 音征。

3.2.4 元音 和 音高

(1) 元音 的 类型

元音 是 气流 在 共鸣器 中 不 受到 阻碍 产生 的 音素。元音 的 音质 主要 决定于 口腔 这个 共鸣器 的 形状，而 舌头 和 嘴唇 的 活动 状态 是 导致 口腔 形状 不同 的 主要 因素。

【讲课】19

根据 主要 是 舌面 还是 舌尖 起 作用 改变 口腔 形状，元音 分 为 舌面 元音 和 舌尖 元音。一般 的 舌面 元音 还 可以 产生 鼻化、卷舌化 等 附加 变化。

(2) 舌面 元音

发 舌面 元音 的 时候，舌头 用力 比较 均衡，舌尖 不 起 特殊 作用。舌面 元音 再 根据 舌位 和 嘴唇 形状 分类。舌位 是 发音 中 舌头 隆起 的 最高 部位 在 口腔 中 的 位置，包括 前后 不同、高低 不同 的 位置。嘴唇 的 形状 是 指 嘴唇 的 圆 和 不圆。具体 区分 如下：

第一，舌位 的 前后。分为 前、中央、后 3 个 等级。舌位 靠 前面 的 叫做 前元音，例如 [i]、[a]；舌位 靠 后面 的 叫做 后元音，例如 [u]、[ɑ]；舌位 在 中央 的 叫做 中央 元音 或者 央元音，例如 [ə]、[ʌ]。

第二，舌位 的 高低。一般 最多 分为 高、次高、半高、中、半低、次低、低 7 个 等级，其 中 次高 和 次低 一般 不用。舌位 最高 的 是 高元音，例如 [i]、[u]，舌位 最低 的 是 低元 音，例如 [a]、[ɑ]，舌位 不高 不低 的 是 中元音，例如 [ə]。其余 类推。

第三，嘴唇 的 形状。嘴唇 拢圆 的 是 圆唇 元音，例如 [y]、[o]，嘴唇 向 两边 展开 或 者 嘴形 自然 的 是 不 圆唇 元音，例如 [ɛ]、[ə]。

[i]、[e]、[ɛ]、[a]、[ɑ]、[ɔ]、[o]、[u] 是 8 个 标准 元音 或者 基本 元音。前面 5 个 是 不 圆唇 的，后面 3 个 是 圆唇 的。这 8 个 元音 是 8 个 距离 平均 的 舌头 位置 发出 的 常 见 的 代表性 元音。任何 一个 舌面 元音 都 可以 在 它们 之间 的 相应 位置 上 标记 出来。掌握 了 标准 元音 以后，就 可以 拿 它们 做 尺子 来 练习 其他 陌生 的 元音。例如，只要 会 [i]，就 可以 改变 一个 参数 发出 [y]。

描写 舌面 元音 的 顺序 是：舌头 部位、舌位 前后、舌位 高低、嘴唇 形状。下面 描写 并 且 举例 说明 常见 的 舌面 元音：

[i] 舌面、前、高、不 圆唇 元音。各种 语言 都有，例如，汉语 普通话 的 "里" lǐ [li²¹⁴]；俄语 的 и [i]（和）；法语 的 vie [vi]（生命）；日语 的 い [i]。

[y] 舌面、前、高、圆唇 元音，是 [i] 的 圆唇 元音。例如，汉语 普通话 的 "铝" lǚ [ly²¹⁴]；法语 vue [vy]（视觉）。德语 中 这个 音素 主要 是 长元音 [y:]，例如，Düne [ˊdy:nə]（沙滩）。

[ɪ] 舌面、前、次高、不 圆唇 元音。例如，英语 it [ɪt]（它）；德语 kind [kɪnt]（小孩）。汉语 普通话 "白" bái [pai³⁵]。

[Y] 舌面、前、次高、圆唇 元音。主要 是 德语 的 "短 y"，例如，füllen [ˊfYlən]（装满）。

[e] 舌面、前、半高、不 圆唇 元音。例如，英语 pen [pen]（钢笔）；德语 Beet [be: t]（花坛）；法语 été [ete]（夏天）；其中 法语 和 德语 的 [e] 舌位 比较 高，英语 的 [e] 舌位 稍微 低。汉语 普通话 二合 元音 ei [ei] 也 包含 这个 元音，例如 "飞" fēi [fei⁵⁵]。

[ø] 舌面、前、半高、圆唇 元音。例如，德语 Löwe [ˊlø: və]（狮子）；法语 deux [dø]（二）。汉语 上海 方言 的 "看" [kʰø³⁵]。

[ɛ] 舌面、前、半低、不 圆唇 元音。例如，德语 Bett [bet]（床）；法语 fait [fɛ]（行为）。俄语 音位 [e] 的 典型 变体（在 前后 没有 腭化 辅音 并且 重读 的 时候）也是 这个 元音，例如 это [ˈɛt]（这个）。日语 え [ɛ]。汉语 普通话 "写" xiě [ɕiɛ²¹⁴]、"缺" quē [tɕʰyɛ⁵⁵]。英语 二合 元音 [ɛə] 中 的 主要 元音 也是 这个 音素，例如 air [ɛə]（空气）。

[œ] 舌面、前、半低、圆唇 元音。德语 和 法语 中 常见，例如，德语 Löffel [ˊœfəl]（羹匙）；法语 seul [sœl]（单独的）。汉语 广州 方言 的 "靴" [hœ]。

[æ] 舌面、前、次低、不 圆唇 元音。主要 是 英语 有，例如 man [mæn]（人）。汉语 普通话 韵母 ian、üan 中 的 主要 元音 a 有人 认为 是 [æ]，一般 认为 是 [ɛ]。

[a] 舌面、前、低、不 圆唇 元音。法语 的 [a] 是 比较 典型 的 "前 a"，例如 patte [pat]（爪子）。俄语 非腭化 辅音 之间 重读 的 a [a] 也 接近 [a]，例如 там [tam]（那里）。日语 あ [a]。汉语 普通话 韵母 "爱" ài [ai⁵¹]、"安" ān [an⁵⁵]。

[u] 舌面、后、高、圆唇 元音。各种 语言 都有，例如，汉语 普通话 的 "苦" kǔ [ku²¹⁴]；俄语 рука [ruka]（手）；法语 bouche [buʃ]（嘴）。英语 和 德语 中 这个 元音 主要 是 在 长元音 中 出现，例如，英语 two [tu:]（二）；德语 Hut [hu:t]（帽子）。日语 う 段 假名 音节 的 元音 基本上 也是 这个 元音，但是 嘴唇 圆 得 不 明显，接近 [ɯ]。

【讲课】20

[ɯ] 舌面、后、高、不 圆唇 元音。例如，汉语 衡山 方言 "二" [ɯ⁴⁴]。

[ʊ] 舌面、后、次高、不 圆唇 元音。例如，英语 book [b ʊk]（书）；德语 Hund [hʊnt]（狗）；汉语 普通话 韵母 "包" bao [bɑʊ⁵⁵]。

[o] 舌面、后、半高、圆唇 元音。例如，汉语 普通话 "拨" bō [po⁵⁵]；德语（多是 长音）Hof [ho: f]（庭园）；法语 beau [bo]（美丽的）。

[ɤ] 舌面、后、半高、不 圆唇 元音。例如，汉语 普通话 的 "鹅" é [ɤ³⁵]、"歌" gē [kɤ⁵⁵]。

[ɔ] 舌面、后、半低、圆唇 元音。例如，汉语 广州 方言 "火" [fɔ]；德语 Dock [dɔk]（船坞）、法语 pomme [pɔm]（苹果）。英语 中 有 长短 两个 [ɔ]，短 [ɔ] 的 舌位 稍微 低于 长 [ɔ:]，例如 law [lɔ:]（法律）和 dog [dɔg]（狗）。俄语 重读 的 o 中 的 基本 成份 也是 [ɔ]，例如 тот [tʊɔt]（那个）。日语 お [ɔ]。

[ʌ] 舌面、后、半低、不 圆唇 元音。主要 出现 在 英语 中，例如 study [ˈstʌdi]（学习）。俄语 非重读 o、a 的 一种 读音，例如 вода [vʌˈda]（水）、ваза [ˈvazʌ]（花瓶）。

[ɑ] 舌面、后、低、不 圆唇 元音。例如，英语 car [kɑː]（车）；法语 pâte [pɑːt]（面团）。德语 中 有 长短 两个 舌位 偏前 的 [a]，例如 staat [ʃtɑːt]（国家）和 stadt [ʃtɑt]（城市）。汉语 普通话 "当" dāng [taŋ⁵⁵]、"刀" dāo [tau⁵⁵]。

[ɒ] 舌面、后、低、圆唇 元音。与 [ɑ] 相对。例如，汉语 苏州话 "卖" [mɒ]。

[ɨ] 舌面、中央、高、不 圆唇元音。例如，俄语 的 мышь [mɨs]（老鼠）。

[ə] 舌面、央、中、不 圆唇 元音。发音 的 时候 舌头 最 接近于 静止 的 状态，因此 这个 元音 主要 出现 在 非重读 或者 轻声 的 弱化 音节 位置，例如，英语 again [əˈgein]（再）；俄语 хорошо [xərʌˈsɔ]（好）；德语 löwe [ˈløːvə]（狮子）；法语 celui [səˈlɥi]（这个）。例如，汉语 普通话 轻声 的 "了" le [lə]、"恩" [ən⁵⁵]。英语 有 长元音 [əː]，例如 bird [bəːd]（鸟）。

[ʌ] 舌面、央、低、不 圆唇 元音。例如，汉语 普通话 "八" bā [pʌ]。

（3）舌尖 元音

舌尖 元音 是 主要 依靠 舌尖 用力 抬起 形成 的 共鸣 空间 产生 的 元音。舌尖 抬 起来 但是 不 与 上腭 发生 摩擦。舌头 的 中线 呈现 马鞍 形状，实际上 有 两个 高点，一个 在 舌尖 部份，一个 在 舌面 后部。舌尖 元音 有 前 和 后、圆唇 和 不圆唇 的 区别。汉语 中 有 4 个 舌尖 元音

[ɿ] 舌尖、前、高、不 圆唇 元音。主要 出现 在 汉语 [tsɿ、tsʰ、sɿ] 3 个 音节 中，例如，汉语 普通话 "撕" sī [sɿ⁵⁵]；汉语 合肥 方言 的 "米" [mɿ]、"皮" [pʰɿ]；汉语 山西 汾阳 方言 的 "低" [tɿ]。有人 认为 日语 音节 す、つ、ぢ、づ 中 的 元音 也 接近 [ɿ]。

[ʅ] 舌尖、后、高、不 圆唇 元音。主要 出现 在 汉语 的 [tʂʅ、tʂʰʅ、ʂʅ、ʐʅ] 音节 中。例如，普通话 "是" shì [ʂʅ⁵¹]

[ɥ] 舌尖前、高、圆唇 元音。主要 出现 在 汉语 的 方言 中，例如，苏州 方言 "诗" [sɥ]，"知" [tʂɥ]。[51]

[ʮ] 舌尖、后、高、圆唇 元音。例如，汉语 湖北 麻城 方言 "鱼" [ʮ]，"书" [ʂʮ]。

（4）卷舌化 元音

发 舌面 元音 的 同时 舌尖 向 硬腭 翘起，就 形成 了 卷舌化 元音。卷舌 可以 说 是 舌面、舌尖 同时 起 作用。国际 音标 用 倒写 的 小 "r" 放在 基本 符号 的 右上角 表示，例如 [ɚ]，或者 合成 一个 音标 [ɚ]。为了 书写 和 印刷 方便，一般 写成 [ɚ] 或者 [ər] 等。卷舌 元音 在 汉语 中 很 常见，例如，北京 话 "儿" [ɚ³⁵]，"二" [ɚ⁵¹]。汉语 方言 中 的 所谓 "儿化韵" 中 存在 丰富 的 卷舌 元音。美国 英语 中 的 卷舌 元音 比较 多，例如，poor（贫穷）、hard（硬）中 元音 后面 紧跟 一个 r，美国人 多数 把 这些 元音 发成 卷舌 元音，而 英国人 不 发成 卷舌 元音，这是 英国 英语 和 美国 英语 的 一个 显著 差别。高元音 一般 不能 直接 儿化，因为 舌位 已经 很 高，无法 再 让 舌交 翘 起来。例如 "小鸡儿" 中 的 "鸡儿" 是 "鸡" 加 "儿"，就是 舌位 下降 到 元音 ə 的 位置 同时 卷舌。

（5）鼻化 元音

发 一般 元音 的 时候，鼻腔 通路 也 打开，口腔 和 鼻腔 同时 共鸣，使 一般 元音 带上 鼻腔 共鸣 色彩，这样 形成 的 声音 就是 鼻化 元音。国际 音标 在 一般 元音 符号 上面 加 "~" 表示 鼻化，例如 [ã]、[ũ]、[õ]。汉语 许多 方言 有 鼻化 元音，例如，绍兴 "三" [sã]，

昆明"烟"[iẽ]。北京话 在 儿化韵 中 也 存在 鼻化 元音,例如,"缝儿"[f ɤ̃⁵¹],"明儿"[miɤ̃]。法语 中 鼻化 元音 相当 丰富,成为 语音 的 一 大 特色。例如,bon(好)[bõ],vin(酒)[vɛ̃],un(一)[œ̃],dans(在……内)(dã)等。

(6)鼻腔 元音

鼻腔 元音 就是 单纯 通过 鼻腔 共鸣 产生 的 元音。一般 的 口腔 内 一定 发音 部位 紧闭,软腭 小舌 下垂,让 从 肺部 流来 的 气流 回到 喉咙 再 从 鼻腔 中 出去,这样 发 的 声音 是 鼻腔 元音。即使 这样 的 鼻音 是 元音,由于 要 通过 联合 口腔 来 改变 共鸣 空间 形成 不同 鼻腔 元音,所以 把 它们 寄存 在 辅音 表格 中。例如 湖南 湘乡 方言 的 "你" [n¹¹]、"我" [ŋ¹¹]。鼻腔 元音 可以 像 口腔 元音 一样 单独 表达 词义,也 可以 在 音节 末尾 出现。这些 鼻腔 元音 在 后面 接 口腔 元音 的 时候,自然 有 一个 冲开 口腔 堵塞 部位 的 发音 特点,使 口腔 共鸣 切换 成 口腔 共鸣,所以 这 时 具有 辅音 特点。所以,具体 的 鼻音 包括 元音 和 辅音,参看 辅音 部份。

【讲课】21-22

(7)音高 的 标记

音高 主要 依附 在 元音 上面。由于 欧洲 语言 一般 没有 利用 音高 区别 意义,所以 国际 音标 长期 没有 设计 音高 符号。音高 可以 起 区别 意义 作用 的 时候 叫做 声调。声调 共时 的 实际 音高 数值 叫做 调值,可以 分成 平直、上升、下降、曲折 4 种 类型。调值 相同 的 语素 在 历史上 属于 什么 声调 类型 叫做 调类,汉语 历史上 有 平、上、去、入4种 类型。

中国 语言 学者 在 标记 音高 的 时候,曾经 采用 音乐 中 的 五线谱 的 方式,后来 借鉴 音乐 中 的 简谱 方式,发明 五度 标调 方法。五度 标调 方法 就是 把 音高 分成 5 个 相对 距离 相同 的 高低 程度 用1~5进行 标记。

五度 标调 方法 的 一种 方式 是 划 一 根 竖线,把 它 从 上 到 下 分成 5 个 距离 相等 的 部份,再 根据 实际 情况 在 竖线 的 左边 标记 音高 的 起点 和 终点 的 位置,然后 把 两 个 点 连接 成 线条。这种 方法 的 特点 是 形象,但是 容易 产生 误差。汉语 拼音 的 声调 符 号 就是 使用 这种 方法 产生 的。

五度 标调 方法 的 另外 一种 方式 是 直接 用 "1,2,3,4,5" 中 的 数字 表示 音高 的 起点、终点、转折点。例如,"214" 就是 表示 从2度 下降 到1度,再 上升 到4度。这些 数 字 一般 用 比较 小 的 字体 写 在 一个 音节 的 右上角。

有的 语言 或者 方言 的 音高 还 出现 高于 5 度 或者 低于 1 度 的 数值。这是 用 假声 音高,就是 声带 挤压 或者 松弛 后 产生 的 超越 常规 声带 产生 的 最高 或者 最低 的 音高。

(8)调值 的 相对性

调值 记录 的 是 相对 音高,必须 通过 与 本 语言 其他 声调 进行 反复 比较,才能 确定 一个 声调 的 具体 调值。最好 找到 音素 相同,只是 音高 不同 的 词 比较。如果 先 确定 了 一个 是 5 度,发现 还有 一个 更加 高,就要 把 这个 更加 高的 记成 5 度,不能 记成 6 度,再 把 原来 的 5 度 记成 4 度。声调 音高 的 变化,不能 超出 1 到 5 的 范围。每个 声调 的 整体 模式 是 平调、升调、降调,还是 曲折调,这种 辨别 最重要。具体 多少 度 可以 有 一些 出入。

在 没有 仪器 的 情况 下,人们 只能 用 耳朵 反复 听、辨别。有了 仪器,可以 更加 科学

地 准确 地 测定 调值。用 语图仪、音高计 或者 示波器 等, 可以 测量 出 各个 音高 变化 的 频率 数值, 然后 把 这些 频率 数值 换算 成 对数值, 把 最高 频率 的 对数值 与 最低 频率 的 对 数值 的 差 分成 5 度, 得出 每 1 度 的 对数值 范围, 最后 就 可以 把 各个 频率 的 对数值 换算 成 五度 数值。[①]

3.2.5 辅音

辅音 是 气流 在 发音 器官 的 一个 部位 受到 阻碍 形成 的 音素。对 辅音 可以 从 发音 部位 和 发音 方法 两 个 角度 进行 分类。

描写 辅音 的 顺序 是: 发音 部位、发音 方法。发音 方法 的 排列 顺序 一般 是: 送气 或者 不送气、清音 或者 浊音、阻碍 方式。例如, [p] 是 双唇、不送气、清、塞、辅音。

按照 发音 部位, 从 外面 到 里面 有 双唇音、唇齿音、齿间音、舌尖前音、舌尖中音、舌尖后音、舌叶音、舌面前音、舌面中音、舌面后音（舌根音）、小舌音、咽壁（喉壁）音、声门（喉）音 等。

辅音 的 发音 方法 可以 从 5 个 方面 分析。

（1）阻碍 方式

阻碍 方式 就是 发音 器官 形成 阻碍 和 解除 阻碍 的 方式。发 辅音 一般 经过 3 个 阶段: 成阻, 就是 形成 阻碍; 持阻, 就是 保持 阻碍; 除阻, 就是 排除 阻碍。根据 3 个 阶段 的 不同 特点, 辅音 可以 分成

① 塞音。成阻 阶段 发音 器官 紧闭, 持阻 时间 很 短, 然后 发音 器官 突然 被 气流 冲开, 或者 突然 爆破, 像 破门 而出。例如 [p], [pʰ]: 双唇、不送气、清、塞、辅音, 双唇、送气、清、塞、辅音。一般 语言 中 都有, 例如, 英语 speak [ˊspiːk]（说）; 俄语 палка [ˊpalkʌ]（棍子）; 德语 pille [ˊpɪlə]（药丸）; 法语 poumon [puˊmɔkã]（肺）; 汉语 普通话 中 "拨" bo [po⁵⁵] 和 "坡" po [pʰo⁵⁵]; 日语 ぱ [pa]。

[b] 双唇、不送气、浊、塞、辅音。例如, 英语 big [big]（大的）; 俄语 бап [bal]（舞会）; 德语 Bahn [baːn]（道路）; 法语 bas [bɑ]（低矮的）; 日语浊音 ば [ba]; 汉语 厦门 话 "米" [bi]。

[t], [tʰ] 舌尖中、不送气、清、塞、辅音, 舌尖中、送气、清、塞、辅音。多数 语言 中 都有, 例如, 汉语 普通话 "低" di [ti⁵⁵] 和 "踢" ti [tʰi]; 英语 state [steitʰ]（状态）; 俄语 ты [tɨ]（你）; 德语 Tat [tɑː t]（行为）; 法语 tante [tãː t]（姑母）; 日语 た [ta]。

[d] 舌尖中、不送气、浊、塞音。例如, 英语 deed [diːd]（行为）; 俄语 дух [dux]（精神）; 德语 Damm [dɑm]（堤坝）; 法语 doute [dut]（疑惑）; 日语 浊音 だ [da]。

[k], [kʰ] 舌根、不送气、清、塞、辅音, 舌根、送气、清、塞、辅音。多数 语言 中 都有, 例如, 汉语 普通话 "光" guang [kuaŋ⁵⁵]; 英语 school [skuːl]（学校）; 俄语 клуок [kluːbk]（线团）; 德语 kunst [kunst]（艺术）; 法语 cuvette [kyˊvɛt]（脸盆）; 日语 か [ka]。

[g] 舌根、不送气、浊、塞、辅音。例如, 英语 get [get]（得到）; 俄语 гайка [ˊgajkʌ]（螺帽）; 德语 Gut [guːt]（财富）; 法语 garçon [gaR ˈsoã]（男孩）; 日语 浊音 が [ga] 行 假名 音节 的 辅音。

---

①石 锋. 语音学 探微 [M]. 北京: 北京 大学 出版社, 1990. 57.

　　[ʔ] 声门、不送气、清、塞、辅音。这个辅音是由声带爆破发出的，所以没有相对的浊辅音。德语中元音开头的词，经常在元音前面出现这个音素。例如，Akzent [ʔakˈtsent]（重音）、Unordnung [ˈʊnʔɔrdnʊŋ]（紊乱）。汉语上海方言"达" d [dˈaʔ] 的末尾也是。

　　[tʰ] 舌尖后、送气、清、塞、辅音。例如，瑶语 [tʰiŋ]（恐怕）。

　　也有在除阻阶段不发音的唯闭音。例如，汉语广州话"鸭" [ap]、"一" [jat] 中的 [p]、[t]。

　　② 擦音。成阻阶段发音器官不完全闭合，留有缝隙，气流在持阻和除阻阶段摩擦着，像从门缝里挤出去。例如：

　　[ɸ] 双唇、清、擦、辅音。主要是日语 ふ 的辅音，例如，ふゆ [ɸuju]（冬天）；汉语湖南湘乡方言的 [ɸən]（分）。

　　[β] 双唇、浊、擦、辅音。是与 [ɸ] 相对的浊辅音。西班牙语常见，例如，libro [ˈliβro]（书）。[f] 唇齿、清、擦、辅音。多数语言中有，例如，汉语普通话"富" fù [fu⁵¹]；英语 far [fɑː]（远）；俄语 фаза [ˈfazʌ]（阶段）；德语 Fahne [ˈfɑːnə]（旗帜）；法语 facile [faˈsil]（容易）。

【讲课】23-24

　　[v] 唇齿、浊、擦、辅音。是与 [f] 相对的浊辅音。例如，英语 vast [vɑːst]（巨大的）；俄语 ваза [vaz]（花瓶）；德语 Wüste [vyːst]（沙漠）；法语 vide [vid]（空的）。

　　[θ] 齿间、清、擦、辅音。例如，英语 thing [θiŋ]（东西）。

　　[ð] 齿间、浊、擦、辅音。是与 [θ] 相对的浊辅音。例如，英语 this [ðis]（这）。

　　[s] 舌尖前、清、擦、辅音。多数语言中有，例如，汉语普通话"四" sì [sɿ⁵¹]；英语 sing [siŋ]（唱）；俄语 сын [sin]（儿子）；德语 kasten [ˈkastən]（箱子）；法语 savon [saˈvɔ̃]（肥皂）；日语 さ [sa]。

　　[z] 舌尖前、浊、擦、辅音。是与 [s] 相对的浊辅音。例如，英语 season [ˈsiːzn]（季节）；俄语 зад [zal]（厅）；德语 satz [zɑts]（句子）；法语 voisin [vwaˈzɛ̃]（邻居）；日语 ざ行（じ除外）音节的辅音。

　　[ʃ] 舌叶、清、擦、辅音。例如，英语 shop [ʃɔp]（商店）；俄语 щи [ʃiː]（菜汤）；德语 schaffen [ˈʃafən]（完成）；法语 chat [ʃa]（猫）。

　　[ʒ] 舌叶、浊、擦音。是与 [ʃ] 相对的浊辅音。例如，英语 measure [ˈmeʒə]（度量）；法语 jouet [ʒwɛ]（玩具）。

　　[ʂ] 舌尖后、清、擦、辅音。例如，汉语普通话"诗" shī [ʂʅ⁵⁵]。

　　[ʐ] 舌尖后、浊、擦、辅音。是与 [ʂ] 相对的浊辅音。例如，汉语普通话"日" rì [ʐʅ⁵¹]。

　　[ɕ] 舌面前、清、擦、辅音。例如，汉语普通话"希" xī [ɕi⁵⁵]、日语 し [ɕi] 及其拗音 しゃ、しゅ、しょ [ɕja、ɕju、ɕjo] 的辅音。

　　[ç] 舌面中、清、擦、辅音。主要见于德语，例如，wichtig [ˈviçtiç]（重要的）；日语 ひ 及其拗音 ひゃ、ひゅ、ひょ 的辅音也经常发成 [ç]。

　　[x] 舌面后、清、擦、辅音。例如，汉语普通话"花" huā [xua⁵⁵]；俄语 xop [xɔr]（合唱

队）。

[ɣ] 舌面后、浊、擦、辅音。是与 [x] 相对的浊辅音。西班牙语 和 葡萄牙语 常见。

[χ] 小舌、清、擦、辅音。德语 常见，例如，macht [maχt]（力量）。

[ʁ] 小舌、浊、擦、辅音。与 清擦音 [χ] 相对 的 浊音。法语 r 在 巴黎 方言 中 是 这个 音素，例如，rouge [ʁu:ʒ]（红的）。

[h] 声门、清、擦、辅音。例如，英语 home [houm]（家）；德语 haben [ʰɑ：bən]（有）；日语 は [ha] 行（ふ、ひ除外）的 辅音。

[ɦ] 声门、浊、擦音，是与 [h] 相对 的 浊辅音。例如，汉语 上海 方言 [ɦa]（鞋）。

[ħ] 喉壁、清、擦、辅音。例如，阿拉伯语 [ħalluf]（猪）。

③ 塞擦音。成阻 和 持阻 的 时候 与 塞音 相同，除阻 同 擦音，整 个 过程 结合 很 快。例如：

[pf] 唇齿、清、塞擦、辅音。德语 常见，例如，Pfad [pfɑ：t]（小径）；汉语 西安 方言 [pfeipfu]（肥猪）。

[ts] 舌尖前、清、塞擦、辅音。例如，汉语 普通话 "资" zī [tsɿ⁵⁵]；俄语 цедь [tsel´]（目 的）；德语 Zahn [tsɑ：n]（牙齿）；日语 つ [tsu]。

[ʣ] 舌尖前、浊、塞擦、辅音。是与 [ts] 相对 的 浊辅音。日语 づ [dzu]。

[tʃ] 舌叶、清、塞擦、辅音。例如，英语 child [tʃaild]（小孩）；俄语 час [tʃas]（钟点）。

[ʤ] 舌叶、浊、塞擦、辅音。例如，英语 edge [eʤ]（刀口）。

[tʂ] 舌尖后、清、塞擦、辅音。例如，汉语 普通话 "指" zhǐ [tʂʅ²¹⁴]。

[tɕ] 舌面前、清、塞擦、辅音。例如，汉语 普通话 "鸡" jī [tɕi⁵⁵]；日语 ち [tɕi] 及 其 拗音 ちゃ、ちゅ、ちょ [tɕja、tɕju、tɕjo] 的 辅音。

[ʥ] 舌面前、浊、塞擦、辅音。是与 [tɕ] 相对 的 浊辅音。主要 是 日语 浊音 ぢ [ʥi] 和 じ [ʥi] 及 其 拗音 じゃ、じゅ、じょ [ʥja、ʥju、ʥjo] 的 辅音。

④ 边音。和 塞音 很 接近，但是 堵塞 的 是 口腔 中间 的 通道，气流 从 两边 流过。例如：

[l] 舌尖中、浊、边、辅音。多数 语言 中 有，例如，汉语 普通话 "辣" là [lA⁵¹]；英语 lateral [ˈlætərəl]（侧面的，边音）；德语 Luft [luft]（空气）；法语 lent [lã]（慢的）；日语 ら [la] 基本上 也 是 这个 音素。

[ʎ] 舌面中、浊、边、辅音。西班牙语、葡萄牙语，意大利语 及 法语 方言 常见。例如，法语 briller [briʎe]（放光）。

边音 一般 颤动 声带。但是，中国 西南 少数 民族 语言 也 存在 声带 不 振动 的 边音，例如，贵州 大南山 苗语 [laŋ]（带子）。

⑤ 颤音。可以 说 是 塞音 的 连续 发音，把 能够 颤动 的 舌尖、小舌、双唇 等，用 很 快 的 速度 连续 用 气流 冲开 又 自动 关闭，形成 颤动。例如：

[r] 舌尖中、浊、颤、辅音。例如，俄语 роза [ˈrɔzʌ]（玫瑰）；德语 的 规范 读音 要求 把 r 发成 这种 颤音，例如，Rübe [ˈry：bə]（萝卜），尽管 这种 读音 还 不够 普及；法语 中 把 r 发成 这种 颤音 也 比较 多，例如，rond [rã]（圆的），但是 这 不是 规范 的 读音。

[ʀ] 小舌、浊、颤、辅音。德语 和 法语 常见，例如，德语 Recht [ʀeçt]（权利）；法语 rire [ʀi:ʀ]（笑），Paris [paʀi]（巴黎）。

⑥ 闪音。发音 的 时候，舌尖、小舌 闪动 一下，不 堵塞，也 不 摩擦。例如，英语 very

[veri]（很）中的 r 发闪音 [r]。主要 出现 在 西班牙语 中。

⑦ 通音。又 叫做 半元音、半辅音。持阻 阶段 口腔 通路 接近 开放，气流 通过 的 时候 只 产生 很 轻微 的 摩擦，又 叫做 半元音、无擦 通音。它 很 接近 同 部位 的 擦音。例如，英语 we [wiː]（我们）、year [jəː]（年）中 的 [w]、[j]，汉语 普通话 "雨" [ɥy²¹⁴]、"瓦" [ʋA] 中 的 [ɥ]、[ʋ]。例如：

[j] 舌面前、浊、通、辅音。例如，英语 yes [jes]（是）；俄语 юный [ˈjunij]（少年的）；法语 fille [fij]（女儿）；德语 jung [juŋ]（年轻的）；日语 や、ゆ、よ [ja、ju、jɔ] 的 辅音。汉语 普通话 中 i [i] 做 声母 的 时候 也 接近 [j]，例如，"烟" yān [jen⁵⁵]。

⑧鼻音

口腔 元音 前 的 鼻音，由于 从 鼻腔 共鸣 转换 成 口腔 共鸣，必须 冲开 两个 共鸣 的 堵塞点，于是 具有 辅音 特点。跟 鼻腔 元音 不同，叫做 鼻腔 辅音，同 部位 的 写法 还是 一样。例如：

[m] 双唇、浊、鼻、辅音。一般 语言 中 都有，例如，汉语 普通话 "猫" māo [mɑu⁵⁵]；英语 man [mæn]（人）；俄语 мало [ˈmalʌ]（少）；德语 Mühle [ˈmyː lə]（磨坊）；法语 maison [mɛˈzɔ̃]（房屋）；日语 ま [ma]。

[n] 舌尖中、浊、鼻、辅音。多数 语言 中 都有，例如，汉语 普通话 "南" nán [nan³⁵]；英语 nine [nain]（九）；俄语 нос [nɔs]（鼻子）；德语 nun [nuːn]（现在）；法语 neuf [nœf]（新的）；日语 な [na]。

[ɲ] 舌面前、浊、鼻、辅音。主要 是 日语 に [ɲi] 及其 拗音 に や、に ゆ、に よ [ɲja、ɲju、ɲjɔ] 中 的 辅音。汉语 湖南 衡山 方言 [ɲõ¹¹]（娘）。

[ɲ] 舌面中、浊、鼻、辅音。例如，法语 peigne [pɛɲ]（梳子）。

[ŋ] 舌面后、浊、鼻、辅音。例如，汉语 普通话 "领" lǐng [liŋ²¹⁴]，汉语 长沙方言 [ŋo⁵³]（我）；英语 finger [ˈfiŋgə]（手指）；德语 jüngling [ˈjʏŋliŋ]（青少年）；日语 が [ga] 行 假 名 的 [g] 处于 元音 之间 的 时候 也 可以 发成 [ŋ]。

[ɱ] 唇齿、浊、鼻、辅音。例如，汉语 广东 大埔 客家话 [ɱan]（饭）。

发 鼻音 的 时候，声带 往往 颤动，但是 在 中国 西南 少数 民族 语言 里 也有 声带 不 颤 动 的 清化 鼻音，国际 音标 用 附加 符号 "。" 在 下面 标记。例如，贵州 三都 水语 [m̥a]（狗）、四川 喜德 彝语 [n̥u]（深）等。这种 鼻音 有些 类似 清、擦 口腔 辅音。

一般 辅音 都 不是 鼻音。鼻音 严格 说来 不是 单纯 的 辅音，还 具有 元音 的 性质。

（2）清音 和 浊音

气流 通过 声带 的 时候，可以 引起 声带 颤动，也 可以 不 引起 颤动。根据 声带 是否 颤 动，可以 把 辅音 分为 浊音 和 清音 两类。浊音 颤动 声带；清音 相反。上述 辅音 中，鼻音、边音、颤音、闪音、通音 一般 都是 浊音。只有 塞音、擦音、塞擦音 存在 清 和 浊 经常 对立 的 两套，例如，[p]: [b]，[k]: [g]，[f]: [v]，[s]: [z]，[ts]: [ʣ]，[tʃ]: [ʤ]。

（3）送气音 和 不送气音

发音 的 时候，气流 相对 强 的 叫做 送气，否则 是 不送气。送气，国际 音标 用"ʰ" 或者 用 小 "ʰ" 标记 在 右上角 来 表示，例如，北京话 "怕 [pʰA]" 中 的 [pʰ]，也 可以 写成 [pʰ]。不送气，国际 音标 用 零形式，就是 不加 标记 表示，例如，北京话 "爸 [pA]" 中 的 [p]。只有 塞音 和 塞擦音 存在 送气 与 不送气 的 对立。例如，[t]: [tʰ]，[k]: [kʰ]，[ts]:

[tsʰ]、[tɕ]：[tɕʰ]。

(4) 附加 语音 特征

每个 辅音 都有 固定 的 发音 部位 和 方法。但是 有时 还 可以 利用 其他 可以 利用 的 部位 和 方法 对 一个 辅音 附加 上 一种 伴随 的 发音 特征，使 音色 产生 一定 的 变化。常 见 的 附加 音征 有：

① 腭化。舌面 前部 稍微 向 硬腭 方向 抬起，使 辅音 带有 [i] 的 色彩 就是 腭化。国 际 音标 在 一般 辅音 符号 最后 的 笔画 末尾 用 加 小 [j] 的 形状 延长，也 可以 在 右上 角 加 小 [j] 表示 腭化，例如 [pʲ]、[kʲ] 等。一些 语言 腭化 辅音 与 一般 辅音 形成 对立，区别 意义，例如，中国 广西 武鸣 壮语 [ka]（腿）——[kʲa]（秧）；贵州 榕江 侗语 [pa]（鱼）——[pʲa]（岩石）；俄语 的 软音 例如 Ть、Нь、Ль 等，实际 就是 腭化 辅音 [tʲ]、[nʲ]、[lʲ] 等，和 [t]、[n]、[l] 等 形成 对立，例如，брат [bratʲ]（兄弟）——брать [bratʲ]（拿），стал [stal]（曾经来）——сталь [stalʲ]（钢）。汉语 方言 中 也 有 腭化音，但是 很少 形成 对立。

② 唇化。嘴唇 变圆，使 辅音 带有 圆唇音 [u] 的 色彩，就是 唇化。国际 音标 在 辅音 下 加 [w] 表示 唇化。例如，广州话 "瓜" [ka]——"家" [ka]，广西 罗城 仫佬话 [ta]（过）——[ta]（锁）。

③ 舌根化。舌面 后部 稍微 向 软腭 方向 移动，使 辅音 略带 [ɯ] 的 色彩，就是 舌根化。国际 音标 用 在 音标 中间 加 "～" 号 的 办法 表示，例如 [ɟ]、[ɫ] 等。英语 处在 音 节 末尾 的 [l] 一般 读成 舌根化 的 声音，例如，feel [fiːɫ]（感觉），pool [pˊuːɫ]（池塘）。

3.3 音位

3.3.1 音位 和 音位 变体

(1) 语音学 和 音位学

一般 把 从 自然 角度 研究 语音 的 科学 叫做 语音学（Phonetics），而 把 从 表达 意义 的 社会 角度 研究 语音 的 科学 叫做 音位学（Phonology）。

音位学 就是 语音 管理学，就是 从 音素 角度 出发，把 自然 存在 的 复杂 的 语音 现象，管理 得 井井有条 的 科学，也 就是 把 音素 管理 成 音位 的 过程。如同 一个 国家 把 数量 众多 的 人 管理 到 一个 一个 相对 有限省（直辖市）、地区（市）、县（区，市）、乡（镇）、村、组，还 可以 管理 到 自然 形成 的 更小 的 单位 家庭。音位学 揭示 语音 的 本质 特征，能够 把 许多 音素 中 起 区别 意义 作用 的 主体 部份 显示 出来，从而 能够 简单 明了 地 表现 出 语音 系统。狭义 的 音位 是 相对于 音素 来说 的 音质 音位，广义 的 音位 还 包括 非音质 音 位。

任何 语言 或者 方言 实际 包含 的 音素 很多，远远 超出 人们 的 想象，可以 说 是 无数 的。这 不仅 在于 每 一个 人 的 发音 器官 都 不 完全 相同，而且 在于 就是 相同 的 人 重复 相同 的 音素，每次 产生 的 声音 也 不 可能 完全 相同。所以，即使用 国际 音标，再 添加

各种 附加 符号 也 无法 全部 区分。我们 只能 从 一个 音素 区域 或者 一组 被 认为 很 接近 的 音素 中 选出 一个 来 代表 它们。

但是，这些 无数 的 音素 在 不同 语言 或者 方言 中，意义 和 作用 有着 很 大 的 不同。在 特定 的 语言 或者 方言 中，存在 数量 不多 的 能够 引起 意义 不同 的 音素，也 存在 数量 很 多 的 不能 引起 意义 不同 的 音素。区分 和 管理 这些 音素 就是 音位学 需要 做 的 事情。

音位学 对 语音 教学 和 文字 设计 都 具有 基础 理论 意义。1958 年 中国 颁布 的 《汉语 拼音 方案》 就是 根据 音位学 原理 设计 的，它 只 用 26 个 拉丁 字母 就 把 普通话 拼写 出来 了。这个 方案，以及 1988 年 配套 颁布 的 《汉语 拼音 正词法 基本 规则》，科学 地 解决 了 拼写 汉语 的 问题，给 汉语 学习 和 应用 带来 极大 方便。

（2）音位 和 音素

音位 是 在 特定 语言 或者 方言 中，起 区别 意义 作用 的 最小 的 语音 单位。"最小" 是 与 音素 共同 的 特点，说明 音位 分析 的 对象 是 音素。"起 区别 意义 作用" 是 指 这个 音位 中 的 音素 在 相同 位置 进行 替换，能够 引起 词 的 意义 的 改变，而 不是 说 这个 音素 本身 一定 要 表达 什么 意义。

为什么 音位 必须 属于 特定 语言 或者 方言？因为 只有 在 一定 的 语言 或者 方言 中，才能 看出 哪些 音素 重要，就是 能够 引起 意义 的 不同，哪些 音素 不 重要。例如 [s]、[z] 两 个 音素，在 芬兰语 中 与 在 英语 中 的 重要性 不 一样。在 芬兰语 中，[s] 可以 读成 [z]，[z] 可以 读成 [s]。在 表示 数目 "六" 这个 意义 的 时候，既 可以 读成 [ku:si]，也 可以 读成 [ku:zi]，[s] 与 [z] 的 替换 没有 引起 意义 变化。在 英语 中，[s] 与 [z] 不能 进行 这样 的 替换，seal [si:l] 不能 读成 zeal [zi:l]，因为 seal 的 意义 是 "密封、封条" 等，一旦 替换 就 变成 了 zeal，意义 是 "热情、热心" 等。[s]、[z] 的 区别 在 芬兰语 中 不 重要，在 英语 中 却 很 重要。这 说明，同样 的 音素 在 不同 的 语言 或者 方言 中 区别 意义 的 作用 不 一样。[s]、[z] 在 芬兰语 中，由于 不 起 区别 意义 的 作用，属于 同一 音位，而 在 英语 中 起 了 区别 意义 的 作用，是 两 个 不同 的 音位。

音位 与 做 音位 变体 的 音素 是 什么 关系？是 社会 单位 和 自然 单位 的 关系，是 概括 与 具体 的 关系，是 集体 和 个体 的 关系，是 从属 特定 语言 和 不 从属 特定 语言 的 关系。从 理论 上 来说，音素 和 音位 一样 也 有 概括性。因为 从 音位 里 分化 出来 的 具体 的 音素 也 仍然 是 存在 细微 变化 的 一些 音素 的 概括，但是 这种 概括 不 考虑 语言 的 社会 作用，是 各种 语言 共有 的。在 特定 语言 中 的 一个 音位 里，相近 音素 区别 往往 被 使用 这种 语言 的 人 忽略 掉 了，这些 不同 音素 给 他们 的 感觉 如同 一个 音素。这样 在 不 区分 的 时候，一个 音素 一般 就是 指 一个 音位。

（3）音位 变体

属于 特定 语言 系统 的 同一 音位 的 各个 音素，叫做 音位 变体。它 是 这个 音位 的 具体 表现。音位 用 双斜线 "∥" 括 起来，音位 变体 是 具体 的 音素，仍然 用 方括号 "[ ]" 括 起来。一般 用 国际 音标 注音 的 时候，只要 不是 强调 音位 与 音位 变体 对立，就 直接 采用 方括号 "[ ]" 标记。在 一定 情况 中，可以 不 加 标记。

上面 英语 "s、z" 的 音位 及其 变体 的 表现 形式 是：/s/ [s]；/z/ [z]。芬兰语 "s、z" 的 音位 及其 变体 的 表现 形式 是：/s/ [s]；[z]。

音位 的 变体 在 理论 上 有 无数 个, 但是 至少 有 一个 最 明显, 有的 有 几个 明显 的 变体。音位 变体 分为 自由 变体 和 条件 变体。

同一 音位 中 的 不同 变体, 要不要 规范 成 一种 形式 呢? 音位 的 变体 是 客观 存在 的, 这些 变体 的 差别 不能 夸大 也 不能 忽视。对于 自由 变体, 我们 可以 选择 一个 最 常见 的 变体 做 发音、书写 的 标准。条件 变体 往往 是 为了 发音 方便, 顺应 前后 语音 环境 而 出现 的, 不会 带来 大 的 麻烦。否则, 发音 不 方便。例如, 把 "白" 和 "饱" 中 的 "a" 替换 一下, 发音 比较 别扭。

音位 怎样 从 做 音位 变体 的 音素 中 概括 出来? 首先 必须 用 分布 和 对比 的 分析 方法 确认 对立、互混、互补、相似 关系。它们 不仅 对 系统性 很强 的 语音 分析 有用, 对于 语义、语法 甚至 语言 以外 的 其他 系统 的 分析 也 很 有用。

3.3.2 对立

对立 是 指 不同 音素 能够 出现 在 相同 语音 环境 而且 替换 以后 会 引起 词 的 意义 的 改变。在 相同 语音 环境 中, 替换 不同 音素 引起 了 意义 的 改变, 那么 这 几个 音素 就 对立, 它们 属于 不同 的 音位。例如, 在 汉语 普通话 中, "肚子 饱 了" 和 "兔子 跑 了" 两个 句子 的 意义 不同, 就是 由于 [t] 和 [tʰ], [p] 和 [pʰ] 在 句子 中 的 替换 引起 的。

同样, 在 [__u⁵¹tʂ] 这个 汉语 普通话 的 语音 环境 中, 能够 出现 并且 形成 不同 词 的 音素 有: [p] (步子)、[pʰ] (铺子)、[t] (肚子)、[tʰ] (兔子)、[kʰ] (裤子)、[ts] (柱子)、[l] (路子) 等。这些 音素 都 属于 不同 的 音位。

在 英语 里 有 这样 一些 词语: bay [bei] (海湾), day [dei] (天), fay [fei] (仙女), gay [gei] (愉快), hay [hei] (干草), k [kei] (拉丁 文字 第 11 个字), lay [lei] (放置), may [mei] (可能), nay [nei] (否定), pay [pei] (支付), ray [rei] (光线), say [sei] (说), shay [ʃei] (轻便 的 马车), way [wei] (道路)。它们 可以 从 出现 环境 角度 概括 成 一个 公式: "___ei"。这个 公式 说明 了 下面 音位 的 存在: /b/、/d/、/f/、/g/、/h/、/k/、/l/、/m/、/n/、/p/、/r/、/s/、/ʃ/、/w/。同样, 对比 英语 的 "chip (碎片) ——cheep (便宜) ——jeep (吉普车)", 可以 发现 在 这些 单词 中, "p" 以外 的 两个 辅音 对立, 两个 元音 也 对立。

音位 的 对立 现象 既 可以 出现 在 音质 语音 要素 中, 也 可以 出现 在 非音质 语音 要素 中。上述 方法, 也 可以 用来 判断 非音质 语音 要素 是否 对立。要 确定 德宏 傣语 的 调值 [35]、[55]、[31]、[53]、[11]、[33] 是否 对立, 同样 可以 看 它们 出现 在 相同 的 语音 环境 的 时候, 有 没有 区别 意义 的 作用: [la³⁵] (厚)、[la⁵⁵] (田)、[la³¹] (脸)、[la⁵³] (姨妈)、[la¹¹] (骂)、[la³³] (准备)。很 明显, 它们 的 关系 对立, 分别 是 不同 的 声调 音位。

有 对立 作用 的 音素 不 一定 在 所有 词 中 都 会 产生 对立 作用。例如, 在 "铺子" 和 "步子" 中 对立 的 音素, 不能 构成 "票子" 和 另外 一个 词 的 对立。

不 对立 的 情况 有 两种: 互混, 互补。它们 分别 形成 音位 的 自由 变体 和 条件 变体。

3.3.3 互混 和 自由变体

互混 是 指 不同 音素 能够 出现 在 相同 语音 环境 但是 替换 以后 不会 引起 词 的 意义 的 改变。具有 互混 分布 关系 的 音素 就是 一个 音位 的 "自由 变体"。

在汉语兰州方言中，"怒"可以读成 [nu³⁵]，也可以读成 [lu³⁵]，这说明在 "＿u³⁵" 这个语音环境中，[n]、[l] 可以自由替换而没有引起意义上的改变，它们的关系互混，所以 [n]、[l] 在这个方言中属于同一音位，是同一音位的两个自由变体。可以用符号表示成：/ n /＿ [n], [l]。

在德语中，舌尖颤音 [r] 与小舌颤音 [R] 是互混关系，例如，mir（我，第三格）可以读成 [mi:r] 或者 [mi:R]。可以用公式表示成：/ r /＿ [r], [R]。

非音质语音要素也存在着互混现象。汉语昆明方言的调值 [31]、[42] 都可以出现在 [ma] 这个语音环境中，但是没有区别意义的作用，"麻"既可以读成 [ma³¹]，也可以读成 [ma⁴²]。[31] 与 [42] 是互混关系，因而在汉语昆明方言中它们是同一调位 /阳平/ 的自由变体，用公式可以表示成：/ 31（阳平）/＿ [31], [42]。

音位的自由变体又可以分为完全自由变体和部份自由变体。在任何语音环境中都可以自由混读的是完全自由变体。与条件变体配合只在一定的语音环境中可以自由混读的是部份自由变体。黎语保定方言的 / r / 音位，在词的开头可以自由选择读颤音 [r] 或者闪音 [ɾ]，而在其他情况下只能读颤音 [r]。例如，[ra:u⁵³]、[ɾa:u⁵³] 都表示"笑"的意思，而表示"饿"的意思，只能读 [tsʰok⁵⁵ran⁵³]。因而黎语保定方言的 / r / 音位是部份自由变体，可以用公式表示成：

/ r /—— [r], [ɾ] ＼#＿; [r] ＼其他条件

在上面公式中，我们把自由变体排列在一行，自由变体之间用"，"隔开。把条件变体每个排列成一行，同时用右斜线"＼"隔开条件变体和它的条件，线的前面表示具体的一个条件变体，线的后面表示它的语音环境或者条件。"#"表示音节的边界，这个位置不能再延长。"＿#"表示位于音节的末尾，"#＿"表示位于音节的开头。生成音系学家设计了一个语音环境变化公式：A—→B＼X-Y。意思是 A 在 X 和 Y 之间变成 B。

英语辅音音位 / p / 在音节开头的时候发送气音 [pʰ]，例如，port [pʰɔːt]（港口），在 s 后面发不送气音 [p]，例如，sport [spɔːt]（运动），这是这个音位的两个条件变体。/ p / 在音节末尾的时候，可以不除阻，写成 [p̚]，也可以除阻，写成 [pʰ]，它们自由混读。例如，stop（停止）既可以读成 [stop̚]，也可以读成 [stopʰ]，这是这个音位的两个部份自由变体，可用公式表示如下：

/ p /—— [pʰ] ＼#＿; [p] ＼s＿ [p̚]; [pʰ] ＼＿#

3.3.4 互补和条件变体

互补是指不同音素有条件地出现在不同的环境，即使在相同环境替换也不会引起词的意义改变。你出现的地方我就不出现，我出现的地方你就不出现，这就是互补。具有互补分布关系的音位变体叫做条件变体。

在汉语普通话中，[a] 只出现在 [＿i]、[＿n]、[u＿n] 这样的发音部位偏前的语音环境中，例如 [tai⁵¹]（代）、[tuan⁵¹]（断）；[ɛ] 只出现在 [i＿n] 和 [y＿n] 这样两头的发音部位都偏前的环境中，例如 [ien³⁵]（盐）、[yen³⁵]（圆）；[A] 只出现在音节末尾，就是"＿#"这样的环境中，例如 [tʰA]（他）、[tɕiA⁵⁵]（家）；[ɑ] 只出

现在 [__u]、[__ŋ] 这样的 发音 部位 偏后 的 语音 环境 中，例如 [tɑu⁵⁵]（刀）、[tɑŋ⁵⁵]（当）。[a]、[ɛ]、[A]、[ɑ] 4 个 音素 各自 有 自己 的 分布 位置，不会 在 同一 语音 环境 中 出现，所以 是 互补 的。加上 其他 原因，[a]、[ɛ]、[A]、[ɑ] 可以 归并 成 同一 音位，叫做 /a/ 音位。这个 /a/ 音位 和 4 个 条件 变体 的 关系 如下：

/a/ —— [a] __i; __n　[ɛ] \i__n; y__n　[A] __#; [ɑ] __u, __ŋ

对比 英语 的 "peak（山顶）、speak（说）、beak（鸟 的 尖 嘴巴）"，可以 发现 第一个 "p" 和 第三个 "b" 对立，所以 必须 分开 成 两个 音位，用 两个 字 书写。第一个 "p" 发音 送气，第二个 "p" 发音 不送气，它们 有 条件 地 出现 在 不同 环境 中，因而 不可能 对立，所以 把 它们 合并 成 一个 音位，用 相同 的 字 书写。

在 英语 里，[l] 只 出现 在 音节 的 开头 或者 浊辅音 与 元音 之间，例如，let [let]（让）、glass [glɑːs]（玻璃）；清音化 的 边音 [l̥] 只 出现 在 清辅音 与 元音 之间，例如，class [klɑːs]（班级）、sleep [sl̥iːp]（睡觉）；舌根化 的 浊边音 [ɫ] 只 出现 在 音节 的 末尾 或者 元音 的 后面，例如 pool [pʰuːɫ]（水池）、milk [mɪɫk]（牛奶）。所以，它们 也 互补，是 相同 音位 的 条件 变体。

互补 关系 也 出现 在 非音质 语音 要素 中。从 音位 的 角度 看，普通话 上声 的 变调 实质 上 是 上声 调位 的 条件 变体：

214（上声）/ —— [21] __55, __35, __51（弱化）；[35] __314, __313, __312（异化）；[214], [213], [212] __#（基本 不变）

上面 第 3 个 条件 变体 又 出现 3 个 自由 变体。

确定 几个 音素 是 不是 对立 比较 容易，只要 找出 一个 相同 的 语音 环境 就 可以 证实。但是，确定 是 不是 互补，必须 尽可能 地 找到 所有 的 语音 环境 去 观察。

对立、互混 和 互补 的 区别 靠 两个 特征：是否 位置 相同，是否 替换 以后 引起 意义 不同。其中 对立 和 非对立 是 是否 引起 意义 不同。其中 互补 和 非互补 是 是否 出现 的 相同 位置。

3.3.5　非音质 音位

由 音质 音素 单位 构成 的 音位 是 音质 音位，又 叫做 音段 音位。主要 依靠 它 形成 语音 片断。例如，汉语 普通话 的 元音 音位 /a/ 和 /i/，辅音 音位 /p/ 和 /pʰ/ 就是 音质 音位。

由 音高、音强、音长 构成 的 音位 是 非音质 音位，又 叫做 超音段 音位。

它 一般 附加 在 音质 音位 上面。例如，汉语 普通话 /(i) 55/ 和 /(i) 35/ 就是 在 发 /i/ 的 时候 附加 的 有 区别 意义 作用 的 音高。然而 英语 的 /i/ 音位 就 没有 这种 附加 音位。句子 中 的 语调、逻辑 重音 等 不 属于 音位 范围。

非音质 音位 分为 调位、重位、时位，分别 由 音高、音强、音长 的 不同 决定，这些 不同 都有 可能 引起 词 的 意义 的 改变。

不同 语言 音位 的 数量、特征 不 一样。从 辅音 音位 来说，汉语 有 22 个，英语 有 24 个，俄语 有 35 个，法语 有 20 个，普米语 多 到 43 个，新西兰 的 毛利语 只有 10 个。从 非音质 音位 来说，汉语 普通话 有 调位，有 一定 的 重位，没有 时位。英语 没有 调位，但是 有 重位、时位。壮语 有 调位、时位。

（1）调位

调位 是 由 音高 形成 的 音位，通常 叫做 声调。汉语 普通话 的 阴平、阳平、上声、去声，也 就是 汉语 普通话 的 4 个 调位：/ 55 /、/ 35 /、/ 214 /、/ 51 /。纳西语 也 是 4 个 调位：/ 55 /——[tu⁵⁵]（抵住）；/ 33 /——[tu³³]（触动）；/ 13 /——[tu¹³]（毒辣）；/ 31 /——[tu³¹]（千）。

任何 一种 语言 的 音节 都有 音高，但是 不一定 能够 起 区别 意义 的 作用。例如，汉语 普通话 [iou] 这个 音节，元音 都 相同，因为 音高 不同，表示 了 "优、油、有、又" 等 不同 的 意义；然而 英语 里 的 you [ju:]（你），虽然 也 可以 有 音高 的 变化，但是 这些 变化 不会 产生 "你" 以外 的 意义。绝大 多数 汉藏 语系 的 语言，中南 非洲 的 很多 语言，美洲 的 部份 印第安 语言，都 属于 声调 语言。声调 多少 不 一样。普米语 的 箐花 方言 只有 2 个 声调，例如，[bu] 读 高平调，意思 是 "虫"，读 低升调，意思 是 "蒸"。侗语 有 15 个 声调。有 的 声调 转折 两次，由 3 个 部份 复合，例如 越南语① 的 6 个 声调 [55]、[445]、[323]、[43]、[3424]、[31] 中 的 [3424] 就是。

（2）重位

重位 是 由 音强 形成 的 音位。语言 中 一般 叫做 重音 和 非重音 的 对立，轻音 和 非轻音 的 对立。

有 固定 的 词重音 的 语言，一般 没有 重位。但是，它 是 一种 音强 的 表现 方式。例如，法语 的 词重音 是 固定 重音，重音 的 音强 也 比 其他 语言 弱，每 一个 单词 不论 音节 多少，重音 只有 一个，并且 固定 在 最后 一个 音节。例如，musique [my: zik]（音乐）。这种 重音 形成 了 词 的 明显 标记，通过 它 可以 看到 词 与 词 的 明显 界线。

类似 法语，固定 重音 落 在 词 的 末尾 或者 最后 一个 音节 上 的 语言 较多。例如：

阿塞拜疆语：[oˈxɑ]（读），[buzˈlu]（冰的）。

柯尔克孜语：[ɑˈtɑ]（父亲），[ɑtɑˈlɑr]（父亲们）。

阿眉斯语：[liˈma]（五），[uˈmah]（田地）。

有的 语言 的 固定 重音 落 在 词 的 倒数 第二个 音节 上。例如：

排湾语：[ʔinatsavaˈtsavan]（身体），[qadav]（太阳）。

布嫩语：[siɳˈhaihli]（刀），[davus]（酒）。

固定 重音 落 在 词 的 第一个 音节 上 的 语言 比较 少。例如：

达斡尔语：[ˈsɑutəl]（座位），[ˈthərəg]（车）。

蒙古语：[ˈna:dam]（玩笑），[ˈugue]（没有）。

当 词 的 重音 不 固定 的 时候，就 可能 由于 重音 的 位置 不同 而 引起 意义 的 不同，形成 重位。例如：

英语：concert [ˈkɔnsət]（音乐会）；concert [kənˈsə: t]（协商）。

柯尔克孜语：[bɑlɑˈbəz]（我们 的 孩子）；[baˈlabəz]（我们 是 孩子）。

国际 音标 在 音节 的 左上方 加 一 短竖 "ˈ" 表示 该 音节 是 重读 音节。有的 不仅 有 主重音，而且 还有 次重音。次重音 在 音节 的 左下方 加 一 短竖 "ˌ" 表示。例如 英语 的 "modernization [ˌmɔdənaiˈzeiʃən]（现代化）"。

---

①傅 成洁 等. 越南语 基础 教程（1）[M]. 北京：北京 大学 出版社，1989. 115.

德语 的 词 像 英语 一样，重音 也 有 主重音 和 次重音 的 区分，例如 ebenfalls ['e: bən'fals]（同样），vorhanden [ˌfoː rˈhandən]（现存的）。

有人 把 上面 音强 为 主 形成 的 重音 叫做 "力量 重音"，因为 还有 相对 的 音高 为 主 形成 的 "乐调 重音"。例如 日语、梵语、古希腊语、立陶宛语、挪威语、瑞典语 等 都 是 有 乐调 重音 的 语言。

日语 中 多音节 词 的 各个 音节 在 音强 的 轻重 上 没有 差别，但是 有些 词 里 的 一个 音节 有 音高 上扬 的 乐调 重音，用来 和 没有 这种 重音 的 音节 进行 区别，构成 重位。例如：[hana]（鼻子）—— ['hana]（开端）—— [ha'na]（花儿）；['haʃi]（筷子）—— [ha'ʃi]（桥梁。

挪威语 和 瑞典语 的 乐调 重音（对比 使用，用ˆ表示）伴随 着 力量 重音（用 ' 表示）出现。例如 挪威语 bøner 这个 词，如果 第一个 t 音节 发成 升调 [ˆ' bønər]，意思 是 "农民"，发成 降调 [' bønər]，意思 是 "豆子"。但是 无论 发成 升调 还是 降调，第一个 音节 都 同时 带 力量 重音。

汉语 普通话 有 "轻声" 这种 区别 意义 的 重位，但是 由于 汉字 不 便于 记录，得不到 很 好 的 书面 反映，从而 影响 它 的 使用 和 发展。轻声 音位 用 在 汉语 中 一般 采用 声调 的 零形式 表示。例如：地方 [ti⁵¹faŋ⁵⁵]（各级 行政 区域）—— 地方 [ti⁵¹faŋ]（部份，部位）；大意 [dA⁵¹ji⁵¹]（主要 内容）——大意 [dA⁵¹ji]（疏忽）。

汉语 普通话 的 轻声 音节 受到 前面 音节 的 影响，伴随 没有 音位 作用 的 音高 变化，从 高 到 低 分 [4]、[3]、[2]、[1] 4 级，依次 出现 在 上声 [21]、阳平 [35]、阴平 [55]、去声 [51] 后面。这 是 受到 音高 末尾 的 同化。[21] 后面 的 轻声 最高，是 因为 上声 的 基本 形式 还有 上升 部份，在 这里 上升 部份 被 删除，但是 这种 势力 转移 到 了 轻声 上面。汉语 普通话 轻声 的 这种 音高 变化，当然 不是 第 5 个 声调，只是 4 个 声调 的 一种 "特殊 变体"。但是，总体 说来，轻声 是 汉语 普通话 的 一种 特殊 的 非音质 音位，属于 "重位" 范畴。

轻音 音节，常常 伴随 引起 音长、音高、音质 向弱 的 方向 变化，合 起来 叫做 音节 弱化。例如 英语 的 a [ei, ə]（一个）、the [ðiː, ði, ð ə, ð]（这）、and [ænd, ənd, ən]（和）、of [ɔv, əv, v, f]（的）、to [tuː, tu, tə]（向），汉语 普通话 的 "妈妈" [mA⁵⁵mə]。

有的 语言 既有 重音，又有 声调。例如 瑞典语、挪威语 等。在 瑞典语 中，绝大 多数 重音 音节 读 升调，但是 也有 一部份 读 降调。升调、降调 在 部份 词 中 区别 意义。例如，anden ['andən] 中 的 [an] 读 升调 表示 "鸭子"，读 降调 表示 "灵魂"。这种 现象 在 瑞典语 中 并不 普遍，而且 声调 数量 不多。这种 声调 是 相对于 重音 的 次要 特征。反过来，汉语 普通话 的 轻音 是 相对于 声调 的 次要 特征。

（3）时位

时位 是 由 音长 构成 的 音位。它 主要 体现 成 长元音 和 短元音 的 对立。国际 音标 在 元音 后 加 两个 点 [ː] 表示 长音。在 英语 中，所有 元音 在 浊辅音 的 前面 都 比 在 清辅音 的 前面 发音 时间 长 一点，但是 这种 长短 没有 区别 意义 的 作用，是 条件 变体。例如①：beat [bit]（打）——bead [bi:d]（珠子）；bit [bɪt]（一点）——bid [bɪː d]（出价）。

---

① VictoriaFormkin & Robert Rodman, *An Introduction to Language*, p93. CBS College Publishing,

但是，也 有人 认为 英语 存在 一种 有 区别 意义 作用 的 长短音。这 就是 忽略 舌位 高低 的 差别，而 把 上面 的 [i] 和 [ɪ] 的 区别，当做 是 [i] 的 长短 区别，写成 [i:]、[i]。这 也 说明 音长 与 音质 的 相互 影响。

汉语 广州 方言 中 有 跟 英语 类似 的 现象。例如 [sa:m⁵⁵] 表示 "三"，[sam⁵⁵] 表示 "心"；[ka:i⁵⁵] 表示 "街"，[kai⁵⁵] 表示 "鸡"。

再看 一些 有 时位 的 语言。德语 kam [ka:m] 表示 "来了"，kamm [kam] 表示 "梳子"。土库曼语 [o: t] 表示 "火"，[ot] 表示 "草"。错那门巴语 [ri:¹³] 表示 "腐烂"，[ri¹³] 表示 "山"。云南 德宏 傣语 [pa:³³] 表示 "尖端"，[pai³³] 表示 "走"。

在 既有 重音 又有 长短音 的 语言 中，重音 一般 落在 长音 音节 上。但是 也 有 不同 的 情况，例如 中国 台湾 高山族 泰耶尔语 多音节 词 的 重音 一般 落在 最后 一个 音节 上，而 长音 一般 在 倒数 第二个 音节 上。例如，[tu:'nuʔ]（脑）、[səku:'taw]（胸）。

【讲课】26

3.4 音位 的 归纳

3.4.1 音位 归纳 的 原则

前面 重点 介绍 了 对立、互混、互补 对 音位 归纳 的 作用。下面 系统 地 总结 一下 音位 归纳 的 原则。

（1）系统 原则

系统 原则 是 指 被 归纳 的 音素 必须 属于 特定 的 语言 或者 方言 系统，不能 跨 系统 说 音位。例如，不能 笼统 地 问 [t] 和 [tʰ] 是 不是 一个 音位。因为 如果 把 它们 放在 英语 中 是 1个 音位，放在 汉语 中 是 2个 音位。

（2）对立 原则

对立 原则 是 指 凡是 对立 分布 的 音素 必须 分开 成 不同 的 音位。例如 汉语 的 [t] 和 [tʰ]，英语 的 [t] 和 [d]。

如果 音素 之间 不 对立，一般 要 合并 成 一个 音位。具体 情况 就要 看 下面 的 互混 和 互补 原则。

（3）互混 原则

互混 原则 是 指 凡是 互混 分布 的 音素 必须 合并 成 一个 音位。例如，有的 汉语 方言 音节 开头 的 [n] 和 [l]，末尾 的 [n] 和 [ŋ] 互混。

（4）互补 原则

互补 原则 是 指 凡是 互补 分布 的 音素 就 有 可能 合并 成 一个 音位。互补 的 音素 是否 合并 成 一个 音位，还要 进一步 考虑 相似 原则。

（5）相似 原则

相似 原则 是 指 凡是 既 互补 分布，又 发音 特点 相似 的 音素 肯定 可以 合并 成 一个 音位。例如，英语 不送气 清 塞音 [p]、[t]、[k] 出现 在 /s/ 和 元音 之间，送气 清 塞音

1983.

117

[pʰ]、[tʰ]、[kʰ] 出现 在 其他 情况 下。可见 有 互补 关系。同时，两组 中 对应 的 音素 发音 特点 相似，只有 不送气 和 送气 的 不同。所以 肯定 可以 把 [p] 和 [pʰ]、[t] 和 [tʰ]、[k] 和 [kʰ] 分别 合并 成 /p/、/t/、/k/ 3 个 音位。

同样，在 汉语 普通话 里，元音 [a]、[A]、[ɑ] 和 [æ]（[ε]）互补，而且 都是 舌位 偏 低 的 不圆唇 元音，发音 特点 相似。因此 可以 把 它们 合并 成 /a/ 一个 音位。

互补 的 音素 如果 语音 差别 明显 不相似，一般 不能 合并 成 一个 音位。例如，汉语 普通话 的 [m] 和 [ŋ]，[p] 和 [ŋ]，[f] 和 [tɕ]。它们 都 互补，可是 因为 语音 差别 大，所以 不能 合并 成 一个 音位。

汉语 普通话 的 [iɑŋ] 和 [uɑŋ]，[iA] 和 [uA] 分别 有 互补 关系，任何 一个 声母 与 一个 韵母 之间 都有 互补 关系。不过，它们 不是 音素，不能 进行 音位 归纳。但是，在 电脑 输入 汉字 的 编码 中，如果 把 汉语 每个 声母 和 韵母 当做 音节 的 一个 最小 拼写 单位，用来 设计 "双拼" 汉字 输入 方案，就有 类似 音位 归纳 的 价值。

【图表】音位 归纳 流程

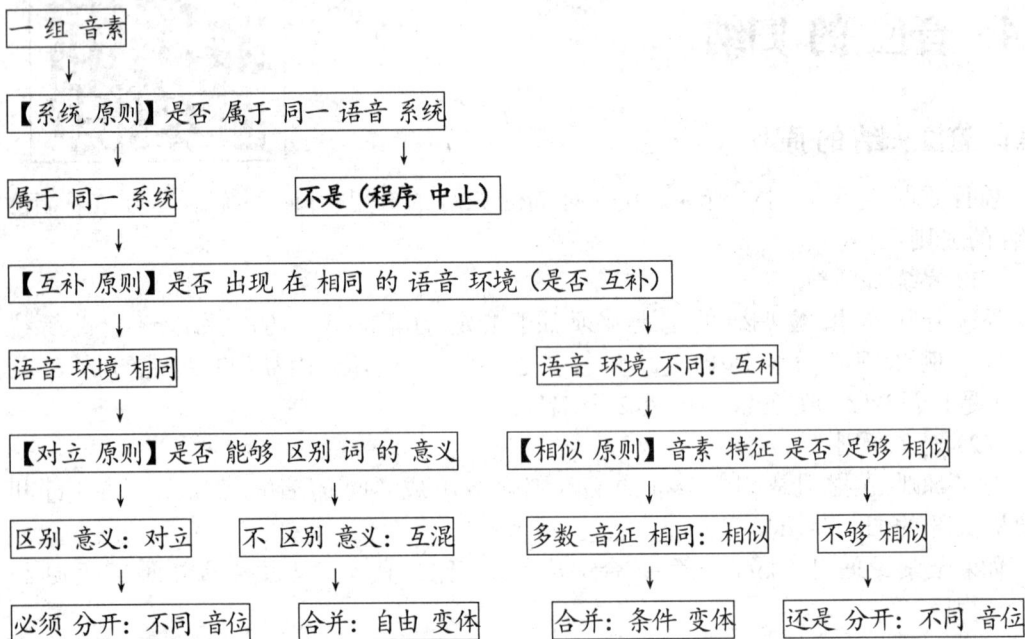

```
          ┌──────────┐
          │ 一组 音素 │
          └──────────┘
                ↓
   【系统 原则】是否 属于 同一 语音 系统
         ↓                    ↓
  属于 同一 系统        不是（程序 中止）
         ↓
   【互补 原则】是否 出现 在 相同 的 语音 环境（是否 互补）
         ↓                              ↓
  语音 环境 相同               语音 环境 不同：互补
         ↓                              ↓
【对立 原则】是否 能够          【相似 原则】音素 特征 是否
区别 词 的 意义                足够 相似
     ↓         ↓                  ↓              ↓
区别 意义：  不 区别 意义：   多数 音征 相同：  不够 相似
  对立       互混              相似
     ↓         ↓                  ↓              ↓
必须 分开：  合并：          合并：          还是 分开：
不同 音位    自由 变体        条件 变体        不同 音位
```

(6) 附加 原则

① 语感 原则。由于 相似性 有 很大 的 主观性，把握 的 程度 不一样，结果 不一样，所以 在 同一 音系 中 音位 的 多少，会 出现 不同 的 归纳 结果。一般 来说 应该 尽量 考虑 人们 的 语感。习惯上 认为 是 一个 音素 的 几个 实际 不同 的 音素 往往 很 相似。

② 历史 原则。归纳 共时 语音 系统，在 可能 的 范围 里，最好 能 同 语音 历史 吻合，例如，汉语 普通话 的 "ian、üan" 中 的 "a"，如果 认为 是 [ε]，就 与 "ie" 中 的 [ε] 一样，可是 前者 归纳 到 /a/ 音位 中，这 就是 考虑 了 历史 原则，因为 "ian" 在 一些 方言 中 还 读 an，例如 "间、咸"。

汉语 普通话 的 [tɕ]、[tɕʰ]、[ɕ] 分别 同 [tʂ]、[tʂʰ]、[ʂ]，[ts]、[tsʰ]、[s]，[k]、[kʰ]、[x]

互补。从 共时 出发 归纳 音位, [tɕ]、[tɕʰ]、[ɕ] 可以 归纳 到 上面 3 组 辅音 的 任何 1 组。但是 从 历史 来看, [tɕ]、[tɕʰ]、[ɕ] 来源 于 [ts]、[tsʰ]、[s] (例如, 济、妻、西) 和 [k]、[kʰ]、[x] (例如, 基、欺、希)。仅仅 考虑 历史 因素, [tɕ]、[tɕʰ]、[ɕ] 就 应该 合并 到 [ts]、[tsʰ]、[s] 或者 [k]、[kʰ]、[x]。当然 [tɕ]、[tɕʰ]、[ɕ] 是 独立, 还是 合并 到 其他 音位 中 去, 还得 考虑 其他 因素。

③ 经济 原则。归纳 出来 的 语音 系统 应该 尽量 简明。例如, 汉语 普通话 的 [ɿ]、[ʅ] 和 [i] 3 个 元音 互补, 把 它们 合并 成 /i/ 1 个 音位, 这个 音位 就 有 3 个 变体; 把 它们 合并 成 /ɿ/ (包括 [ɿ]、[ʅ]) 和 /i/ 2 个 音位, 音位 增加 了 1 个, 变体 却 减少 了 1 个。仅仅 从 音位 本身 来看, 很难 说 哪 一 种 归纳 更加 经济。如果 从 表音 文字 方案 的 设计 来看, 合并 成 一个 音位 就 节省 字。如果 联系 儿化韵 来 分析, 情况 又 不 一样 了。[ɿ] 和 [ʅ] 儿化 变成 [ɚ], 例如, "子儿 [tsɚ²¹⁴]、汁儿 [tʂɚ⁵⁵]", 但是 [i] 变成 [iɚ], 例如, "(小)鸡儿 [tɕiɚ⁵⁵]"。这样 可以 看出 分成 两个 音位 比较 合理。

④ 对称 原则。归纳 出来 的 语音 系统 尽可能 对称。例如, 汉语 普通话 的 [m] 和 [ŋ] 互补, 并且 语音 比较 相似, 都 是 鼻音, 可以 把 它们 归纳 成 一个 音位, 但是 把 它们 分成 两个 音位 更好。这样, 从 整个 系统 来看, /m/、/n/、/ŋ/ 就 同 /p/、/t/、/k/ 和 /pʰ/、/tʰ/、/kʰ/ 形成 平行 对称 的 聚合 系列。同时 这种 归纳 也 符合 历史 原则。

3.4.2 音位 归纳 的 相对性

在 归纳 音位 的 时候, 我们 常常 会 遇到 有 几种 接近 的 方案 可以 选择, 说明 音位 在 音系 的 分析 中 有 定 的 相对性。音位 总数 的 多少 与 单个 音位 中 音位 变体 总数 的 多少 成 反比 关系。所以 一方面 简单, 另一方面 就 复杂。下面 准备 从 两个 方面 讨论 这个 问题。

(1) 绝对 音素 分析 和 相对 音素 分析

一般 把 一个 音节 分为 元音、辅音 (包括 复元音、复辅音) 2 类, 属于 绝对 音素 分析。绝对 的 音素 分析 方法, 注重 最小 切分 单位 的 绝对性, 标准 统一, 系统 简明, 它 切分 出 来 的 单位 数量 相对 少。它 既 可以 描写 印欧、阿尔泰 语系 的 语言, 也 可以 描写 汉藏 语 系 的 语言。

中国 传统 的 音韵学 把 一个 音节 分成 声母、韵母 和 声调 3 类, 属于 相对 音素 分析。相对 音素 分析 方法, 强调 最小 切分 单位 的 宏观 的 对称 联系, 操作 简单, 它 切分 出来 的 单位 数量 相对 多。汉藏 语系 和 南亚 语系 的 部份 语言 一般 使用 这种 分析 方法。

汉语 从 绝对 音素 角度 分析, 有 辅音 音位 22 个, 元音 音位 7 个, 声调 音位 4 个; 从 相 对 音素 角度 分析, 有 声母 22 个, 韵母 39 个, 声调 音位 4 个。有的 语言 从 相对 音素 角度 分析, 得出 的 声母、韵母 的 数量 就 特别 多, 例如 部份 藏族人 使用 的 道孚语 声母 有 200 多个, 羌语 北部 方言 韵母 多到 270 个。

(2) 不足 分析 和 过份 分析

在 绝对 音素 分析 中 仍然 存在 不足 分析 和 过份 分析 的 相对 不同。一段 话语 从 音 质 角度 出发 就是 一段 由 一个个 音素 串连 起来 呈现 线性 状态 的 语音 序列。从 语音 序 列 中 切分 音素, 一般 来说, 切分 下来 的 一个 音素 就是 一个 音位 的 具体 的 音位 变体, 但是 有时 音位 切分 会 遇到 困难。因为 音素 根据 发音 器官 是 滑动 还是 跳动 分成 两种情况：滑动 前后 的 声音 很难 切分 下来，这种 音素 叫做 动态 音素；跳动 前后 的 音素 比较 容易 切分 下来，这种 音素 叫做 静态 音素。用 语图仪 实验，汉语 普通话 介音 可以 切 下来，韵尾 就 切 不 下来。动态 音素 怎么 切分 常常 难以 确定，这时 就会 形成 不足 分析 方法 和 过份 分析 方法 的 区别。它们 是 相对 来说 的，不足 分析 方法 主张 合并，把 动态 的 音素 处理 成 一个 音位；过份 分析 方法 主张 分离，把 动态 音素 处理 成 两个 音位。例如，汉语 普通话 的 [aɪ]，处理 成 /aⁱ/ 一个 音位，是 不足 分析，处理 成 /a/ 和 /i/ 两个 音位 是 过份 分析。英语 的 前 高 长 元音 [iː]，处理 成 /iː/ 是 不足 分析，处理 成 /i/ 和 /j/ 是 过份 分析。

　　一个 动态 音素 究竟 应该 怎样 分析，要 根据 语言 系统 的 实际 情况 决定。例如，辅音 [ts]，在 英语 里，被 处理 成 /t/ 和 /s/ 两个 音位 的 组合；在 汉语 普通话 里，却 被 处理 成 /ts/ 一个 音位。因为 在 英语 中 [ts] 中 的 [s] 可以 起 语素 表达 作用，使人 感到 是 两个 语音 单位。例如，名词 单数 复数 形式 的 不同：cat——cats；动词 现在时 第三 人称 单数 与 不是 第三 人称 的 单数 形式 的 不同：he writes——I write。汉语 普通话 没有 这 种 语素 形式，给人 的 感觉 是，[tsʰ] 是 一个 语音 单位。另外，英语 本来 就有 复辅音，符 合 音系 的 基本 格局；而 汉语 普通话 的 情况 相反。汉语 普通话 的 [tʂ, tʂʰ, tɕ, tɕʰ] 情况 类似。

　　过份 分析 方法 甚至 把 一个 音位 的 发音 特征 分离 出来 看成 一个 音位，例如，把 汉 语 普通话 的 [ɚ] 分成 /ə/ 和 /r/ 两个。/ɚ/ 本来 是 一个 音素 的 发音 特征，在 时间 上 本来 没有 先后 区分，如果 这样 把 这个 音素 同时 带有 的 两种 特征 切分 成 在 时间 上 先后 相对 的 两个 音位，也 属于 过份 切分。再 例如，在 苗语 的 一些 方言 里 有 一种 带 浊擦音 的 韵母。发音 的 时候，如果 韵母 带 浊辅音 韵尾，浊擦 特征 伴随 着 韵母 元音 的 全过程。在 高坡 苗语 里，带 浊擦音 的 韵母 只 出现 在 /22/ 声调 音节 里，其他 音节 不 出现，因此 可以 把 它 当作 /22/ 声调 音节 的 一种 伴随 特征，省略 标记，这 就是 进行 不足 分析。例如，[li²²]（迟）——[li⁴³]（挤〈虱子〉）、[mɘã²²]（眼睛）——[mɘã⁵⁵]（有）。在 贵州 凯里 凯棠 苗语 里，带 浊擦音 的 韵母 的 浊擦 成份 有 区别 意义 的 作用，需要 专门 标记，添加 ɦ。有人 把 它 当做 一个 独立 的 音位，就 属于 过份 分析。例如，[ta¹³]（翅膀） ——[tɦa¹³]（死）、[maŋ¹³]（揉）——[mɦaŋ¹³]（戴〈项圈〉）。

　　（3）区别 特征 的 不同 选择

　　有时 音位 之间 的 不同 表现 成 多种 区别 特征 同时 对立。例如，英语 长元音 和 短元音 的 不同，除了 音长 的 不同 以外，还有 音质 上 的 差异：[iː] —— [ɪ]。两种 区别 特征 并存，所以 有的 写成 [iː] —— [ɪ]、有的 写成 [iː] —— [ɪ] 的 对立。选择 音长 做 区别 特征，音 质 方面 的 差异 就 成了 伴随 特征；选择 音质 做 区别 特征，音长 方面 的 差异 就 成了 伴 随 特征。

　　在 英语 中，不同 词典 对 元音 的 描写 有 一些 选择 差异。主要 是：[i] —— [ɪ]，[u] —— [ʊ]，[ɔ] —— [ɒ]，[o] —— [ə]，[ɛ] —— [e]。

　　汉语 广州话 只有 [aː] 与 [a] 有 长短 对立，有人 干脆 把 前面 的 [aː] 记成 [a]，把 后面 的 [a] 记成 [ɐ]。①

---

①袁 家骅 等. 汉语 方言 概要 [M]. 北京：文字 改革 出版社，1983. 182.

在 汉藏 语系 语言 中, 声调 常常 同 声母 或者 韵母 有 一种 对应 关系, 互相 制约, 具有 一定 声母 或者 韵母 的 音节 只 出现 在 一定 声调 中。这 同样 是 两种 区别 成份 叠合 并存 的 现象。

例如 侗语 车江话 有 9 个 舒声调, 送气 清 塞音 和 送气 清 塞擦音 声母 只 出现 在 [35]、[13]、[453] 3 个 5 舒声调 的 音节 中, 不送气 清塞音 和 塞擦音 只 出现 在 [55]、[11]、[323]、[31]、[53]、[33] 6 个 舒声调 的 音节 中, 形成 互补 分布。例如:

[pa⁵⁵] 鱼　[pa¹¹] 耙　[pʰa³⁵] 灰色

[pa³³] 大姑母　[pa³¹] 大蝗虫　[pʰja¹³] 翻

[pa⁵³] 叶子　[pa³³] 糠　[pʰja⁴⁵³] 破

如果 把 9 个 舒声调 处理 成 9 个 声调 音位, 清 塞音 和 清 塞擦音 声母 送气 与 不送气 的 特征 就 成了 伴随 特征, 送气 成份 可以 略去, 减少 一套 送气 清 塞音 和 送气 清 塞擦 音 的 辅音 音位。如果 把 清 塞音 和 清 塞擦音 声母 的 送气 与 不送气 特征 处理 成 音位 的 区别 特征, 清 塞音 和 清 塞擦音 音位 就 有 送气 和 不送气 两套, 而 [35]、[13]、[453] 3 个 声调 就 成了 送气 清塞音 和 塞擦音 声母 的 伴随 特征, 声调 音位 可以 减少 3 个。究竟 应该 选择 哪一种 区别 特征 做 音位 的 区别 特征, 这 既要 考虑 语言 的 实际 情况, 又要 考虑 音位 归纳 的 系统性 和 经济性 原则。还要 考虑 语言 历史 比较 的 需要 等。

在 上面 说的 侗语 车江 方言 的 9 个 舒声调 中, 与 送气 清 塞音、送气 清 塞擦音 声母 相关 的 [35]、[13]、[453] 3 个 舒声调 分别 跟 其他 6 个 舒声调 中 的 [55]、[323]、[53] 的 调值 比较 接近。在 其他 一些 侗语 方言 里, 车江 方言 舒声调 的 [35] 和 [55], [13] 和 [323], [453] 和 [53] 声调 分别 属于 同一 调类;在 侗水 语支 的 语言 中, 清 塞音 和 清 塞擦音 声母 一般 都 分 送气 和 不送气 两套。考虑 到 这些 因素, 把 侗语 车江 方言 清 塞音 和 清 塞擦音 的 送气 和 不送气 处理 成 音位 的 区别 特征, 把 [35]、[13]、[453] 3 个 声调 处理 成 送气 清 塞音 和 清 塞擦音 的 伴随 特征 比较 合适。

在 汉语 方言 中 也 有 这种 情况, 例如 湖南 永州 的 汉语 官话, 塞音 中 清 和 浊 的 对 立, 与 阴平 和 阳平 对立 重合, 但是 去声 却 没有 阴去 和 阳去 的 对立 与 它 重合。所以 这 两种 对立 都 不 忽略, 一起 描写 出来。然而 湖南 湘潭 方言 平声 和 去声 都 分 阴 和 阳, 清 和 浊 分别 只是 阴 和 阳 的 伴随 特征, 而且 浊音 有 清化 的 趋势, 就 可以 考虑 忽视 清 浊 的 区分。许多 方言 例如 湘潭 方言, 并不 存在 真正 的 清浊 对立, 只 需要 在 音位 归纳 的 时候, 说明 浊音 变体 的 规律。

3.4.3　音位 系统 举例

汉语 普通话 有 多少 音位? 我们 从 汉语 拼音 方案 说起。汉语 拼音 中 的 字 和 普通话 音位 的 关系, 汉语 拼音 方案 没有 做 明确 的 说明。事实上, 它 是 普通话 的 音位 归纳 的 一种 典型 代表。

汉语 拼音 方案 归纳 的 普通话 辅音 音位 有 22 个, 与 一般 的 音位 归纳 一致。由于 音 位 变体 差别 不大, 不 做 详细 分析。这些 音位 是: b/p/, p/pʰ/, m/m/, f/f/, d/t /, t/tʰ/, n/n/, l/l/, g/k/, k/kʰ/, h/x/, j/tɕ/, q/ tɕʰ/, x/ɕ/, z/ts /, c/tsʰ/, s/s/, zh/tʂ/, ch/tʂʰ/, sh/ʂ/, r/ʐ/, ng/ŋ/。

汉语 拼音 方案 归纳 的 普通话 元音 音位 有 7 个, 同一 音位 的 音位 变体 的 差别 比较大，情况 比较 复杂。下面 分别 介绍。

(1) a / a /

[a] 出现 在 韵尾 [i] [n] 的 前面，例如，安 ān [an⁵⁵]、呆 dāi [tar⁵⁵]。

[A] 出现 在 没有 韵尾 的 韵母 中。例如，阿 ā [A⁵⁵]、家 jiā [tɕiA⁵⁵]。

[ɑ] 出现 在 韵尾 [-u] [-ŋ] 的 前面。例如，高 gāo [kɑu⁵⁵]、帮 bāng [pɑŋ⁵⁵]。

[ɛ] 出现 在 韵母 [i_n] 的 中间 或者 [y_n] 的 中间。例如，点 diǎn [tien²¹⁴]、卷 juǎn [tɕyen²¹⁴]。

(2) o / o /

[o] 出现 在 单韵母 中 和 [u] 前面。例如，拨 bō [po⁵⁵]，钩 gōu [kou⁵⁵]。

[o] 出现 在 复韵母 的 韵腹 上。例如，过 guò [kuo⁵¹]。

[ʊ] 出现 在 韵尾 或者 [-ŋ] 的 前面。例如，刀 dāo [tɑu⁵⁵]、公 gōng [kʊŋ⁵⁵]。这个 变体 接近 [u] 音位，为了 防止 au 与 an 混淆，才 用 o 代替 u。

(3) e / e /

[e] 出现 在 韵尾 [-ɪ] 的 前面。例如，悲 bēi [per⁵⁵]

[ɛ] 出现 在 韵头 [i-] 或者 [y-] 的 后面。例如，接 jiē [tɕiɛ⁵⁵]、缺 quē [tɕʰyɛ⁵⁵]。[ɛ] 也 可以 用 [æ] 记录。

[ə] 出现 在 鼻音 韵尾 前面 和 轻声 音节 中。例如，分 fēn [fən⁵⁵]、登 dēng [təŋ⁵⁵]、的 de [tə]。

[ɤ] 出现 在 单韵母 的 位置 上。例如，鹅 é [ɤ³⁵]、喝 hē [xɤ⁵⁵]。

(4) i / i /

[i] 出现 在 舌尖 声母 和 零声母 以外 的 声母 后面，又 不是 韵尾 位置 的 位置。例如，逼 bī [pi⁵⁵]、宾 bīn [pin⁵⁵]、标 biāo [piɑʊ]。

[j] 出现 在 零声母 音节 的 韵头 位置。例如，压 yā [jA⁵⁵]、烟 yān [jen⁵⁵]。宽松 一点 记录，可以 用 [i]。

[ɪ] 出现 在 韵尾 位置。例如，哀 āi [ar⁵⁵]。宽松 一点 记录，可以 用 [i]。

[ɿ] 出现 在 /ts, tsʰ, s/ 后面。例如，资 zī [tsɿ⁵⁵]、雌 cī [tsʰɿ⁵⁵]、思 sī [sɿ⁵⁵]。

[ʅ] 出现 在 /tʂ, tʂʰ, ʂ/ 的 后面。例如，知 zhī [tʂʅ⁵⁵]、吃 chī [tʂʰʅ⁵⁵]、诗 shī [ʂʅ⁵⁵]、日 rī [ʐʅ⁵⁵]。

(5) u / u /

[u] 出现 在 不是 [f-] 的 声母 后面 的 韵腹 位置。例如，扑 pū [pʰu⁵⁵]。

[ʋ] 出现 在 [f-] 声母 后面。例如，父 fù [fʋ⁵¹]。

[w] 出现 在 零声母 音节 的 韵头 位置。例如，弯 wān [wan⁵⁵]、尾 wěi [wer²¹⁴]。

[ʊ] 出现 在 韵尾 位置。例如，标 biāo [piɑʊ⁵⁵]。

(6) ü / y /

[y] 出现 在 声母 的 后面。例如，区 qū [tɕʰy⁵⁵]、军 jūn [tɕyn⁵⁵]。

[ɥ] 出现 在 零声母 音节 的 韵头 位置。例如，雨 yǔ [ɥ²¹⁴]、冤 yuān [ɥen⁵⁵]。

(7) er / ɚ /

[ɚ] 用于 单独 形成 音节。例如，儿 ér [ɚ³⁵]。在 去声 音节 中，舌位 下降 到 次低 位置。例如 "二"。

er 是用两个字表示一个音素，其中的 r 只表示 [ə] 这个音素的卷舌发音特征。声母 r 也卷舌，用它兼职。r 出现在音节的开头是音素 [ʐ]，r 出现在音节结尾是发音特征 [-r]。

此外，汉语拼音方案设计的字还有 v、y、w 3 个以及 ê、ü 2 个带附加符号的字。v 是预备用来拼写外来语、少数民族语言和方言的。其实一般没有用过。y 和 w 具有隔音符号的作用，不过它们在拼写中有时还可以分别代替一个音位。例如，淹 yān、鸭 yā 中的 y 代表 /i/ 音位；湾 wān、挖 wā 中的 w 代表 /u/ 音位。ü 代表 /y/ 音位，在电脑中经常用 "V" 代替。ê 只用于叹词 "诶"，它的读音不太稳定，也可以读 [ei]，因此 ê 可以忽略，不能算成独立的音位。

汉语拼音方案设计的阴、阳、上、去 4 个声调符号，实质上代表了普通话的 4 个声调音位，尽管它没有明确的说明。4 个声调音位也可以用 /55/、/35/、/214/、/51/ 来表示。其中 /214/ 有 3 个明显的变体：[21]、[35]、[214]，/51/ 有 [53]、[51] 两个变体。

汉语拼音方案的音位归纳除了基本原则以外，主要考虑了经济原则，所以它最简明。汉语普通话音位归纳出现的不同结果，主要是：

① [tɕ]、[tɕʰ]、[ɕ] 是当作 3 个独立的音位，还是把它们归纳到 /k/、/kʰ/、/x/，或者 /ts/、/tsʰ/、/s/，或者 /tʂ/、/tʂʰ/、/ʂ/ 中去。② 零声母是否是一个音位。③ [i]、[ɿ]、[ʅ] 合并成 1 个，还是分开成 2 个或者 3 个音位。④ [ɚ] 是否看成两个音位的组合。⑤ [e]、[ɛ]、[ə]、[o]、[ɣ]、[ʌ] 是合并成一个，还是分化成 2 个或者 3 个。

【图表】汉语普通话音节结构

音节：guāng [kuɑŋ]⁵⁵				
声韵				声调
声母	韵母			
	韵头	韵身		
		韵腹	韵尾	
k	u	a	ŋ	55

也有一种分析把汉语普通话的韵尾与韵腹看成一个整体，认为是一个音素并且这样归纳音位。在历史上的注音字母中就是这样分析的。汉语普通话可以这样合并成一个音位的有：ai＝/aⁱ/，ei＝/eⁱ/，ao＝/aᵘ/，an＝/aⁿ/，en＝/əⁿ/，ang＝/aᵑ/，eng＝/əᵑ/，ong＝/uᵑ/。这样减少了构成一个音节的音位数量，但是增加了音位总数量。这样处理有一定道理，因为这些复合元音具有动态性，跟英语不同。

但是，一般不这样处理，只是在音位组合中说明它的组合特点。例如，汉语普通话 "光" /kuɑŋ⁵⁵/ 这个音节的结构，如果彻底音素化，可以按照层次从大到小分析到音位。

这种多层次分析方法被广泛用于分析汉藏语系语言的语音。在越南语[①] 的元音系统中，有 /i/、/e/、/ɛ/、/u/、/o/、/ɔ/、/ɯ/、/ɤ/、/ɤ:/、/a/、/

---

①傅成洁等. 越南语基础教程 [M]. 北京：北京大学出版社，1989.

ɑ: /共11 个 音位。后元音 丰富，元音 有 长短 区别。

日语[①] 的 元音 系统 很 简单，只有 /i/、/e/、/a/、/o/、/u/共 5 个 音位。如果 把 它们 画 在 舌位图上，就 形成 一个 左右 对称 的 形状。

3.5 语音 系统

3.5.1 语音 系统 的 内容

语音 系统 是 指 一种 语言 或者 方言 的 全部 音位 及其 结构 规则 构成 的 整体。一种 语言 的 音位，不是 一 盘 散沙，它们 按照 特定 的 方式 彼此 对立 又 相互 联系，形成 一个 严密 的 系统。

语音 系统 的 内容 包括：① 全部 音质 音位 和 非音质 音位。例如，汉语 普通话 有 30 多 个 音位。② 音位 的 主要 变体 及其 出现 的 条件。例如，普通话 "a" 代表 有 4 个 条件 变体 的 1 个 音位。③ 音位 之间 的 聚合 关系。例如，普通话 "b、d、g" 因为 发音 方法 相同，就 形成 聚合 关系。④ 音位 之间 的 组合 关系。例如，普通话 "g" 只能 拼 开口呼、合口呼，就 形成 组合 关系。

（1）音位 之间 的 聚合 关系

音位 之间 的 聚合 关系，有 一个 重要 特点 是 平行 对称。每个 音位 用 一个 特征 与 一 组 音位 联系，又 通过 另外 的 特征 联系 一组 音位，平行 的 组 与 组 之间 有 通过 相应 的 区别 特征 对称，这样 就 聚合 成 平行 对称 的 系列。

在 汉语 普通话 中，/p, pʰ, m, t, tʰ, n, k, kʰ, ŋ/ 出现 下面 图表 中 的 聚合 关系。

【图表】辅音 的 聚合 关系

p	pʰ	m
t	tʰ	n
k	kʰ	ŋ

从 横行 看，每行 的 3 个 音位 通过 发音 方法 的 不同 形成 对立，同时 通过 发音 部位 的 相同 形成 双唇音、舌尖音 和 舌根音 3 个 横行 的 联系。从 竖行 看，每行 的 3 个 音位 通 过 发音 部位 的 不同 形成 对立，同时 通过 发音 方法 的 相同 形成 不送气 塞音、送气 塞音 和 鼻音 3 个 竖行 的 联系。

根据 平行 对称 原则，从 聚合 系列 中 一组 音位 的 特点，可以 大致 推断 出 和 它 处 于 同一 聚合 系列 的 另一组 音位 的 情况。例如，我们 如果 知道 一种 语言 有 /ts/、/tsʰ /、/s/ 一组 音位，而且 知道 有 /tɕ/ 音位，就 可以 推测 出 肯定 有 /tɕʰ/、/ɕ/。

各种 语言 音位 对立 关系 不同，聚合 的 系列 也 就 不同。前面 图表 体现 汉语、英语 和 彝语 聚合 关系 的 不同 格局。同样 是 塞音，由于 对立 关系 的 不同，汉语 形成 送气音 与 不送气音 两 个 聚合 系列，英语 形成 清音 与 浊音 两个，彝语 形成 送气 清音、不送气 清音 和 浊音 3 个。

---

①周 炎辉. 日语 入门 [M]. 北京：人民 教育 出版社，1982.

【图表】不同 语言 的 辅音 的 聚合 格局 对比

汉语 普通话	英语	彝语
p——pʰ	p——b	p——pʰ——b
t——tʰ	t——tʰ	t——tʰ——d
k——kʰ	k——g	k——kʰ——g

语音 系统 受到 聚合 关系 的 影响 有 可能 衍生 出 新 的 音位。比如 古代 英语 的 辅音 音位 系统 中 有 这样 的 一个 聚合 系列。

在 舌根音 和 鼻音 双向 聚合 的 交叉 位置 出现 了 一个 空位。因为 在 古代 英语 里，[ŋ] 仅仅 是 /n/ 的 一个 条件 变体。由于 平行 对称 的 系统 作用，在 语音 演变 的 历史 过程 中，[ŋ] 终于 成为 一个 独立 的 音位，填补 了 聚合 系列 中 的 空位。

但是 这种 平行 对称性 不是 绝对 的，在 语音 系统 中，常常 有 一些 音位 仅仅 处在 单 向 的 聚合 系列 中，使 系统 呈现 局部 不 整齐 的 状态。比如 汉语 普通话 中 的 /ʐ/ 和 / l/。

【图表】辅音 聚合 关系 空位 和 填补

p	b	m
t	d	n
k	g	○

(2) 音位 之间 的 组合 关系

每一 种 语言 的 音位 都 有 自己 独特 的 组合 规律，它 包括 组合 的 位置 和 范围。

在 一个 音节 中，元音 和 辅音 可以 出现 在 哪些 位置 上，每一 种 语言 都 有 自己 的 规定。例如 汉语 普通话，辅音 音位 除了 /n/ 和 /ŋ/ 2 个 鼻辅音 以外，都 只能 出现 在 音节 的 开头，而 英语 的 辅音 音位，除了 /h/ 和 /ŋ/，既能够 出现 在 音节 的 开头，又 能够 出现 在 音节 的 结尾，其中 大多数 还 能够 出现 在 音节 的 中间。

在 组合 的 同一 位置 的 声音，组合 范围 也 不 一样。例如 汉语 普通话 在 声母 位置 的 辅音 /f/ 只能 拼 合口呼 韵母 中 的 /u/，然而 /k/ 可以 拼 许多 韵母。

在 一个 音节 中，元音 与 元音，辅音 与 辅音 同类 之间 是否 可以 组合，不同 的 语言 有 不同 的 限制。例如，汉语 普通话 不 允许 在 一个 音节 中 把 几个 辅音 音位 组合 在 一 起，因此 只有 单辅音 没有 复辅音，而 英语、德语、俄语 等 都 有 复辅音。又 例如，法语 不 允许 在 一个 音节 中 把 元音 音位 组合 在 一起，因此 法语 只有 单元音，没有 复元音，而 汉语 和 英语 等 既有 单元音 又 有 复元音。

在 一个 音节 中，同类 的 几个 音位 排列 在 一起，它们 的 先后 顺序 或者 组合 位置，在 不同 语言 中 也 不同。例如，英语 的 3 个 辅音 音位 组合 在 一起，出现 在 音节 的 开头，第一个 音位 必定 是 /s/，第二个 音位 必定 是 /ptk/ 中 的 一个，第三个 音位 必定 是 /lrwj/ 中 的 一个。又 例如，汉语 普通话 3 个 元音 组合 在 一起，出现 在 一个 音节 中，第一个 音位 必定 是 /iu/ 中 的 一个，第二个 音位 必定 是 /aoe/ 中 的 一个，第三个 音位 必定 是 /iu/ 中 的 一个；并且 在 这个 三合 元音 开头 和 末尾 的 位置 上 不能 同时 出现 /i/ 和 /u/，就是 不 允许 出现 /ii/ 和 /uu/ 这样 的 排列 组合。

3.5.2 音节 是 语音 的 基本 单位

(1) 音节 的 性质

音节 的 切分 音素 是 最小 的 语音 单位。音节 是 最小 的 自由 的 语音 单位。

在 最小 的 语音 单位 的 前提 下,音节 最 容易 被 感觉 到,也 最 容易 发音。诗歌 讲究 音节 的 对称 和谐,原始 文字 一般 都 是 把 一个 音节 当作 一个 整体 记录。我们 要 强调 一个 词 的 意义,总是 把 词 中 的 一个 音节 整体 延长 时间、加强 音量。例如,"beautiful",变成 "b—e—a—u—tiful"。音节 这样 引起 人们 注意,是 因为 每个 音节 的 节拍 延续 的 时间 大致 与 人体 心 脏 跳动 的 节拍 有 紧密 联系。

【讲课】27

音节 在 有 声调 的 语言 中,由于 有 一个 声调 做 标志,甚至 文字 把 音节 做 直接 分离 单位 记录,所以 最 容易 感觉 到。例如, 汉语 的 音节 比较 明确,只有 像"我们" 的 "们" 这样 的 音节 在 快 速 的 轻声 位置 会 变 得 含糊、弱化,甚至 脱落。

但是,在 英语 中,音节 的 界线 相对 难以 确定。特别 是 在 英语 语音 中 的 词 和 词 之间 的 音素 可能 出现 连接 发音,就 更加 容易 模糊 音节 的 界线。例如,"It's also easy(这 也 容易)" 和 "It's all so easy(一切 都 这样 容易)"。也许 "all" 发音 会 长 一些,也许 连 这 一 点 区别 也 会 抹杀。

一个 音节 可以 由 一个 音素 构成,例如,珞巴语 "[i:](弓)、[a:](那)";基诺语 "[m⁴²](做)",景颇语 "[ŋ⁵⁵](不)"。在 更多 的 情况 下 音节 由 几个 音素 构成。

相邻 的 几个 音素,在 不同 的 语言 环境 中 可能 属于 一个 音节,也 可能 分别 属于 几 个 音节。例如,[u—a—i],在 汉语 里 由于 发音 的 具体 情况 不同,可能 是 "歪(uāi)",也 可能 是 "五爱(wǔ·ài)",还 可能 是 "吴阿姨(Wú āyí)"。

怎么 确定 一个 语音 片断 是 不是 一个 音节?人们 从 元音、响度 和 肌肉 紧张 程度 等 角度 进行 过 思考。

从 元音 的 角度 来看,一个 音节 中 一般 都有 元音,元音 或者 附加 辅音 构成 一个 音 节。一个 词 里 有 几个 元音 或者 元音 组合,就 有 几个 音节。全部 元音,有 元音 性质 的 鼻音,以及 少数 擦音 等 辅音,在 一些 口语 词 特别 是 模拟 感叹 等 声音 的 词语 中,经常 能够 独立 形成 一个 音节。这 是 音节 的 一个 特点。对于 没有 复元音 的 语言,例如 俄语、 维吾尔语、哈萨克语、柯尔克孜语、塔塔尔语、阿眉斯语、排湾语 等 语言,这个 办法 好。其实, 对于 有 声调 的 语言 来说,从 声调 的 角度 很 容易 把 音节 分离 出来。但是,不管 从 元音 还是 从 声调 判断,都 还 不能 从 本质 上 绝对 区分 音节 和 非音节。

从 响度 的 角度 来看,各个 音素 发音 的 响度 不 一样。在 音素 连续 的 序列 中,响度 最大 的 音素 是 音峰,响度 最小 的 是 音谷,有 几个 音峰 就 有 几个 音节。这种 说法 比较 科学,但是 没有 下面 这种 认识 直观。

划分 音节 一般 根据 肌肉 紧张 程度 进行。当然,根据 紧张 程度 和 根据 响亮 程度 划分 出来 的 音节 一般 一致。这 两种 方法 的 不同 实际 上 是 着眼点 的 不同,都 科学。

【图表】普通话 音质 音节（声母+韵母）的 组合

四呼	韵母	韵母	p / b	pʰ / p	m / m	f / f	t / d	tʰ / t	n / n	l / l	k / g	kʰ / k	x / h	tɕ / j	tɕʰ / q	ɕ / x	ts / z	tsʰ / c	s / s	tʂ / zh	tʂʰ / ch	ʂ / sh	ʐ / r	ø
开口呼 (16) 286	A	a	疤	爬	马	发	搭	他	那	拉	嘎	卡	哈				砸	擦	撒	扎	插	沙		**啊**
	o	o	拨	泼	摸	佛																		**喔**
	ɣ	e					得	特	呢	勒	哥	科	喝				则	侧	色	遮	车	蛇	热	**鹅**
	ɿ	-i															**字**	词	思					
	ʅ	-i																		**指**	吃	诗	日	
	ŋ	ng							哼															
	n	n																						**嗯**
	ɚ	er																						**二**
	ai	ai	白	拍	埋		代	抬	耐	来	该	开	孩				栽	猜	赛	摘	拆	筛		**爱**
	ei	ei	杯	培	没	飞	得		内	类	给		黑				贼			这		谁		**诶**
	au	ao	包	抛	猫		刀	逃	闹	老	高	考	好				早	操	搔	招	超	烧	绕	**坳**
	əu	ou		剖	谋	否	斗	偷		搂	够	口	后				走	凑	搜	州	抽	收	肉	**欧**
	an	an	班	攀	满	翻	单	贪	男	兰	干	看	含				赞	参	三	占	产	山	然	**安**
	ən	en	本	喷	门	分			嫩		根	肯	很				怎	岑	森	真	尘	深	人	**摁**
	aŋ	ang	帮	胖	忙	方	当	汤	囊	狼	钢	抗	航				脏	仓	嗓	章	厂	上	让	**昂**
	əŋ	eng	崩	朋	猛	风	灯	疼	能	冷	更	坑	横				增	层	僧	正	成	生		**扔**
合口呼 (10) 109	u	u	不	扑	木	扶	读	图	努	路	姑	哭	呼					粗	苏	主	出	书	如	**屋**
	uA	ua									瓜	夸	花							抓		刷		**挖**
	uo	uo					多	拖	挪	落	锅	扩	活				做	错	所	捉	戳	说	弱	**窝**
	uai	uai									怪	快	坏							拽	揣	摔		**外**
	uei	uei					对	推			归	亏	灰				最	摧	虽	追	吹	水	锐	**威**
	uan	uan					短	团	暖	乱	关	宽	换				钻	窜	酸	专	穿	闩	软	**弯**
	uən	uen					吨	吞		抡	棍	困	混				尊	村	孙	准	春	顺	润	**温**
	uaŋ	uang									光	狂	黄							装	创	双		**汪**
	uŋ	ong					东	通	农	龙	工	空	红				总	从	送	中	冲		容	
	ueŋ	ueng																						**翁**
齐齿呼 (10) 80	i	i	比	皮	米		低	体	你	里				几	起	西								**一**
	iA	ia								俩				家	掐	下								**呀**
	iɛ	ie	别	撇	灭		叠	贴	捏	列				街	切	写								**也**
	io	io																						**哟**
	iau	iao	标	票	妙		掉	挑	鸟	料				交	敲	小								**要**
	iəu	iou			谬		丢		牛	留				究	秋	休								**优**
	iɛn	ian	边	片	面		点	天	年	连				尖	牵	先								**烟**
	in	in	宾	品	民				您	林				今	亲	新								**音**
	iaŋ	iang							娘	良				江	抢	香								**养**
	iŋ	ing	并	平	明		定	听	宁	铃				精	青	星								**应**
撮口呼 (5) 24	y	ü							女	绿				居	区	需								**雨**
	yɛ	üe							虐	略				决	缺	学								**约**
	yɛn	üan												卷	全	选								**元**
	yn	ün												军	群	迅								**云**
	yŋ	iong												窘	穷	凶								**用**

说明：(1) 汉语普通话有声调4个，声母22个，韵母41个。(2)《汉语拼音方案》韵母表格只有35个韵母。根据《汉语拼音方案》韵母表格说明，增加韵母 ɑ, -i[ɿ], -i[ʅ]。根据《现代汉语词典》，增加韵母 io, ng[ŋ], n。(3) 鼻音可以做辅音或者声母，也可以做元音或者韵母，发音都没有阻碍，都可以延长，单独音节表达意思。(4) 表格中没有反映声调差异。(5) 音节注音的例子：pA^{55}（疤），p^hA^{35}（爬），mA^{214}（马），mA^{51}（骂）。(6) 不包括儿化音节，普通话有427个音质音节，其中开口呼286个（韵母16个），合口呼109个（韵母10个），齐齿呼80个（韵母10个），撮口呼24个（韵母5个）。(7) 仿宋体表示同音单位很少。(8) 黑体表示押韵的韵部或者韵身19个。包括16个开口呼韵母，还有iu，一般错误合并到ong[uŋ]中的iong[yŋ]。

（2）音节 的 结构 成份

从 紧张 角度 来看，发音 器官 的 肌肉 每 紧张 一次，就 形成 一个 音节。音节 中 紧张 的 顶点 叫做 音峰，紧张 的 最低点 叫做 音谷。音谷 是 音节 的 分界线。

根据 每次 肌肉 紧张 过程 的 程度 变化，一个 音节 可以 分为 3 个 阶段：第一，起音。这 个 阶段 紧张 逐渐 加强。第二，领音。这个 阶段 紧张 最强。第三，收音。这个 阶段 紧张 减 弱。领音 是 音节 的 紧张 高峰，领音 的 前面 和 后面 分别 是 起音 和 收音。它们 可以 是 单音素，也 可以 是 音素组。例如，汉语 的 声母 和 韵头 就是 构成 音素组 做 起音。一个 音 节 可以 没有 起音、收音，但是 不能 没有 领音。领音 往往 是 主要 元音 充当，除非 一个 辅 音 形成 音节 的 特殊 现象。

音素 在 语流 中 其实 不 完全 分离。构成 音节 的 音素 之间 往往 出现 过渡 性质 的 音 素 或者 语音 特征，这 就是 "音渡"。例如 "ài（爱）" 从 "a" 到 "i" 之间 会有 许多 过渡 的 元音 连续 出现，整个 发音 是 一种 滑动 过程。这种 情况 在 音节 边界 表现 得 没有 这样 明显。也有 例外，例如 英语 的 "an" 和 " apple" 可以 连接 在 一起，使 前面 的 "n" 划分 到 后面 音

节 的 开头 位置。

一个 声调 贯穿，滑动 的 感觉 明显，而 后者 属于 前面 响亮 并且 重音 落在 前 一个 音 素 上，几个 音素 滑动 的 感觉 不 明显。如果 是 相连 的 单元音，那么 分别 是 一个 独立 的 音节，发音 器官 从 一种 状态 迅速 跳动 到 另一种 状态，中间 没有 逐渐 变化 的 过程，有 几个 音节 肌肉 就 紧张 几次，形成 几个 音峰。例如，普通话 的 "āǐ"，不是 一个 音节，而是 "ā，yǐ"两个 音节。

由 两个 元音 组成 的 复元音 叫做 二合 元音。可以 分为 领音 在 前 一个 元音 上面 的 前响 复元音 和 领音 在 后 一个 元音 上 的 后响 复元音。东乡语 的 前响 二合 元音 有 ［ɑi］、［ɑu］、［ou］、［əi］、［ui］5 个，后响 二合 元音 有 ［iɑ］、［iu］、［iə］、［uɑ］ 等 4 个。

由 3 个 元音 组成 的 复元音 叫做 三合 元音。它 分为 起音、领音、收音，它们 从 弱到 强，再 从 强到 弱。中间 的 比较 紧张、响亮、清晰，所以 叫做 中响 复元音。东乡语 有 ［uɑi］、［iɑu］ 两个 三合 元音。

有的 语言 有 复元音，例如 英语、汉语、藏语、壮语、蒙古语、布嫩语 等。有的 语言 基本 上 没有 复元音，也 就是 音节 内部 元音 组合 是 空位，例如 俄语、法语、维吾尔语、彝语、哈萨克语、阿眉斯语 等。

在 同一 音节 中 多于 一个 辅音 的 组合 叫 复辅音。复辅音 只能 处于 同一 紧张 加强 的 起音 阶段 或者 同一 紧张 减弱 的 收音 阶段。

塞擦音 也 可以 说 是 一种 特殊 的 融合性 的 复辅音，虽然 在 公布 的 国际 音标 基本 表格 中 没有 直接 列出。塞擦音 由 发音 部位 相同，清浊 一致 的 一个 塞音 和 一个 擦音 紧 密 相连 组成。为了 方便 音标 符号 的 构成 和 使用，一般 用 [t] 表示 与 后 一个 擦音 同 部位 的 清塞音，用 [d] 表示 与 后 一个 擦音 同 部位 的 浊塞音，例如 汉语 普通话 的 ［ts］、［tʂ］、［tɕ］，英语 的 ［ts］、［dz］、［tʃ］、［dʒ］。它们 的 发音 部位 通过 表示 擦音 特征 的 后面 的 符号 区别。

塞擦音 的 两个 辅音 音素 结合 得 很 紧密，只有 一个 发音 过程，成阻 阶段 是 塞音，除阻 阶段 是 擦音，听 起来 就 像 一个 音素。中国 语言 学者 从 汉语 的 实际 出发，一般 把

塞擦音 看成 单辅音。

复辅音 在 汉藏 语系、南亚 语系 的 语言 中，比较 少见。即使 有，位置 也 比较 固定，结合 方式 比较 严格，有 一定 的 规律。常见 的 有 位于 音节 开头 的 鼻冠音，例如 苗语 腊乙坪话 [mpʰu³⁵]（翻倒）、布朗语 [npʰlat³⁵]（分散）、德昂语 [mprai]（修理）等。

复辅音 在 印欧 语系 的 语言 中 也 叫做 辅音群，比较 多见，出现 的 位置 和 结合 的 方式 也 比 汉藏 语系 的 语言 自由 得多。真正用 相同 性质 的 音素 复合 的 复辅音 在 现代 汉语 中 不 存在，出现 组合 中 的 空位。

如果 几个 音素 不 属于 同一 音节，即使 连续 出现，也 不是 复音素，例如 英语 distinct（明显）中 的 [s] 和 [t]，汉语 "宁可 [niŋkʰɤ]" 中 的 [ŋ] 和 [kʰ] 就 不是 复音素。

复元音、复辅音 的 存在 是 使 语言 音节 结构 类型 复杂化 的 重要 原因。

第二，音节 结尾 的 音素 是否 是 辅音。从 音节 结尾 的 情况 来看，以 元音 结尾 的 音节 叫做 开音节，以 辅音 结尾 的 音节 叫做 闭音节。有的 语言 只有 开音节，没有 闭音节。例如，在 彝语、哈尼语、纳西语、傈僳语 中 闭音节 就是 一个 组合 空位。

有的 语言 虽然 开音节、闭音节 都有，但是 占的 比重 不 一样。如果 从 谁 更加 占优势 的 角度 来看，汉语、日语、苗语 等 是 多 开音节 的 语言。在 汉语 普通话 的 大约 400 个 音质 音节 中，开音节 有230 多个，占 优势，闭音节 只有170 多个，而且 都用 具有 元音 性质 的 鼻音 [n]、[ŋ] 结尾。景颇语 共 有 2628 个 音节，其中 闭音节 1866 个，开音节 762 个，闭音节 占 明显 优势。英语、俄语、法语 等 也是 闭音节 占 优势 的 语言。

第三，音节 内部 元音 和 辅音 的 可能 位置 是否 多。从 音节 中 元音 和 辅音 组合 的 结构 类型 来看，有的 语言 类型 较少，有的 语言 类型 较多。我们 用 "C" 表示 辅音（consonant），用 "V" 表示 元音（vowel）。

英语 的 音节 数量 比较 多，构成 音节 的 音素 最多 有7 个，比 汉语 多 3 个（当然 汉语 还 有 声调 要素）。英语 比较 复杂 的 音节 例如：CCCVCCC (sprinkle)，CCCVVC (strike [straik])、CCVCCC (twelfth [tʰwelf θ])、CCCVCC (strict [strikt])。

其中 由 单元音 和 辅音 组合成 一个 音节 的 类型 有 15 种：V (oar)；CV (see), VC (art)；CVC (gas), CCV (star), VCC (ask)；CCCV (screw), CCVC (start), CVCC (left), VCCC (asks)；CCCVC (spring), CCVCC (plant), CVCCC (tasks)；CCCVCC (script)；CCCVCCC (sprinkle)。

在 维吾尔语 中 只有 "VCV, VC, CVC, VCC, CVCC" 6 种 类型。在 汉语 普通话 中 只有 "V（啊），CV（八），VC（音），CVC（林）" 4 种 类型。而 在 喜德 彝语 一般 只有 "V，CV" 2 种 类型。

第四，单个 音位 的 组合 位置 是否 多。同类 音位 中 的 不同 音位 在 音节 中 的 位置 不 完全 一样，有的 语言 音位 的 位置 固定，有的 语言 音位 的 位置 不 固定。例如，傈僳语 的 "ŋ" 只 出现 在 音节 开头，例如 [ŋa⁵⁵]（掀开），汉语 普通话 的 "ŋ" 只 出现 在 音节 末尾，例如 "东" [tuŋ⁵⁵]，藏语 拉萨话 的 "ŋ" 既 可以 出现 在 音节 开头，例如 [ŋa⁵⁵]（五），又 可以 出现 在 音节 末尾，例如 [tuŋ¹³]（茅）。

第五，单个 音位 的 组合 能力 是否 强。从 音位 与 音位 的 结合 能力 来看，不同 的 语言 有着 不同 的 特点。汉语 普通话 的 [s] 不 与 [i] 相拼，英语 和 汉语 广州话 的 [s] 可以 与 [i] 相拼，例如 英语 的 see [si:]（看见），广州话 的 [si³³]（四）。

由于 不同 语言 的 音节 结构 都有 自己 的 特点，一种 语言 在 通过 语音 翻译 直接 借用 别的 语言 的 词语 的 时候，一般 都要 进行 改造，使 它 适合 自己 的 音节 结构 特点。英语 的 tank [tʰæŋk] 是 一个 单音节 词，借到 汉语 里，"坦克" [tʰan²¹⁴ kʰɤ⁵¹] 成了 双音节 词。"马克思 [mA²¹⁴kɤ⁵¹sʅ⁵⁵]" 在 汉语 中 是 3 个 音节，在 英语 中 是 1 个 音节 "Marx [ma:ks]"。

留心 音节 结构 特点，才能 防止 在 学习 外语 的 时候，用 母语 的 音节 结构 类型 去 套用 外语。纳西语、傈僳语 没有 闭音节，使用 这 两种 语言 的 人 在 说 汉语 的 时候，容易 丢失 鼻韵尾，把 "gōngpíng（公平）" 说成 "gūpí"，把 "xìngmíng（姓名）" 说成 "xìmí"。

再 例如，俄语 的 音节 结构 中 没有 复辅音 和 复元音，但是 辅音 可以 出现 在 音节 的 后面，形成 闭音节。

（5）音组

人们 在 说话 的 时候，常常 不是 一个 音节 一个 音节 单独 或者 完全 分开 说，而是 许多 音节 按照 词 的 单位 连续 起来 说，形成 语流。在 语流 中，音节 与 音节 的 组合 单位 叫做 音组。音组 的 划分 一般 按照 词 的 形式 分成 双音节 和 多音节。说话 速度 加快 的 时候，可以 打破 词 的 界线 进行 组合。简单 音组 可以 组合 成 复杂 音组。它 的 组合 方式 简单，与 词组 构成 复杂 词组 相似。

在 构成 一个 词 的 音组 的 时候，各个 音节 往往 通过 重音、轻声、减少 内部 停顿 等 形成 一个 整体。人们 在 读 文章 的 过程 中，特别 是 读 没有 词 空隙 的 汉语 书面语 的 过程 中，由于 认得 的 字 有限 或者 分离 词 的 过程 不熟悉，导致 音组 的 这种 整体 感觉 被 破坏，从而 影响 听者 的 理解。例如，"学-生-会-来-的"，"发-展-中-国-家-用-的-电器" 等 就 很难 离开 环境 确定 音组。

各个 音节 在 音组 中 的 发音 与 它 单独 的 发音 并不 完全 一样，一般 都会 产生 语流 音变。音变 的 总 趋势 是 前后 相邻 的 两个 音节 发音 相互 配合，形成 协同 发音，从而 使得 整个 音组 的 发音 省力 顺口 自然 流畅。产生 语流 音变 的 音组，必须 整体 感知，不能 把 其中 的 一部份 独立 出来，独立 出来 往往 要 改变 原样。

3.5.3　语调

语调 是 一句 话 或者 一句 话 中 一个 音组 在 语音 上 的 韵律 特征。它 表现 出 说话人 的 思想 感情 和 主观 态度，例如 慷慨激昂、庄严平静、热烈、冷静 等。同一 句 话 用 不同 的 语调 说 出来，会 在 表达 内容 和 表达 效果 上 产生 很大 的 差异。

语调 由 音高、音强、音长 等 非音质 语音 要素 构成，有时 也会 影响 到 音质，主要 包括 句调、句重音 和 发音速度 等 内容。任何 语言 的 每个 句子 都有 语调。

（1）句调

句调 是 语调 的 主要 体现，是 整个 句子 声音 音高 变化 的 总体 趋势。句调 在 句子 末尾 表现 得 最 明显。句调 一般 分为 升调（用↗表示）、降调（用↘表示）和 曲折调。一般 情况 是 升调 表示 疑问，降调 表示 陈述、祈使、感叹，曲折调 表达 的 意义 比较 复杂，应该 根据 具体 的 交际 环境 理解。音高 没有 变化 的 平调，一般 比较 少见。例如 英语：

Are you quite（↗）sure?（你 很有 把握 吗？）

Yes，I am quite（↘）sure.（是的，我 很有 把握）

汉语 是 有 声调 的 语言。当 一 句话 的 句调 与 各个 音节 的 声调 结合 在 一起 的 时候，音高、音强、音长 的 变化 错综 复杂。从 具体 的 音节 来看，音节 的 调值 会 因为 前后 音节 的 声调 和 句调 的 影响 而 发生 一定 变化。一般 情况 是 把 双音节 音组（词）做 语调 的 基础，顺势 简化，前后 音节 调值 的 过渡 尽可能 平滑，并且 有 偏低 的 趋势。各个 音节 的 调值 变化 仍然 能够 区别 意义。从 整个 句子 来看，音高 变化 的 总体 趋势 仍然 很 明显，句子 末尾 升降 的 音阶 幅度 会 大 一些。[①]例如：

A:你 去 学校？（↗）

B：是的，我 去 学校。（↘）

在 汉语 中 没有 词语 顺序 变动 表示 疑问，但是 有 专门 表示 疑问 的 语气 词，还有 疑问 代词 可以 利用。如果 放弃 这些 标志，语气 的 上升 就 成为 表示 疑问 不可 缺少 的 手段。例如：

你 说 我？

I beg your pardon？（请 你 再说 一次，好 吗？）

（2）句重音

句重音 是 在 一句话 或者 一个 音组 中，一个 或者 几个 音节 发音 在 音强 甚至 音高、音长 上 突出 而 形成 的 重音。句重音 往往 与 句子、词组 的 结构 有关。英语 的 词 重音 在 大多数 情况 下 与 句重音 一致。当 英语 的 双音节 词 或 多音节 词 出现 在 语句 中 的 时候，这些 词 的 重音 也 就是 句子 的 重音。英语 的 单音节 词 出现 在 语句 中 的 时候，也 有 轻 重 的 区别。有 句重音 的 词 大都 是 名词、形容词、动词、指示代词、副词、疑问词、感叹词 等 实词，冠词、单音节 m 介词、连词、人称代词、关系代词 等 没有 句子 重音。例如：

'That is the 'man who 'helped me.（就是 那 个 人 曾经 帮助 过 我）

'This is the 'best that I can 'do.（这是 我 能够 做 的 最好 的 事情）

汉语 "说 下去 还要 时间" 与 "说 下去 就 下去" 中 的 "下去" 就是 靠 句重音 对比 区分 不同 的 意义。

上面 说 的 句重音 是 狭义 的 句重音，又 叫做 "节律 重音"。广义 的 句重音 包括 句子 强调 重音。

强调 重音 又 叫做 "逻辑 重音"。为了 强调 句子 中 的 一定 内容 而 把 一定 音节 说 得 用力 一些，使 它 更加 突出 一些，这样 形成 的 重音 就 叫做 强调 重音。强调 重音 与 表达 的 内容 密切 相关，提供 的 是 说话者 需要 强调 的 信息，由 不同 的 具体 需要 决定。

（3）发音 速度

发音 速度 包括 发音 时间 的 长短、停顿 时间 的 长短 等。一般 延长 和 一般 缩短 要 受 到 语言 音节 结构 的 类型、使用 该 语言 的 民族 的 交际 习惯、个人 的 风格 以及 表达 的 思想 内容 等 方面 因素 的 影响 和 制约。

强调 延长（用 ⇐⇒ 表示）和 强调 缩短（用 ⇒⇐ 表示）可以 表达 出 特定 的 意义。例如：

【你 这个 人 ⇐⇒……】 —— 【你 这个 ⇐⇒ 人】；

【我 ⇐⇒ 喜欢 ⇒⇐ 你】 —— 【我 ⇒⇐ 不 ⇐⇒ 去】。

在 句子 与 句子 之间 和 句子、音组 内部，有着 各种 长短 不同 的 停顿。停顿 用 句子

---

①吴 宗济 主编．现代 汉语 语音 概要［M］．北京：华语 教学 出版社，1992.156～174.

的 结构 层次 做 依据，目的 是 为了 把 意思 分 层次 表达 清楚。一般 情况 是 句子 之间 的 停顿 长于 句子 内部 词组 之间 的 停顿，词 与 词 之间 可以 有 短暂 的 停顿，词 的 内部 一般 不 允许 停顿。

不同 的 停顿（用 △ 表示）能够 区分 歧义。例如：

学生△会△来△的——学生会△来△的；

没有△鸡△鸭，△△也△可以——没有△鸡，△△鸭也△可以；

我们△学校△教授，△△中青年△多——我们△学校△教授△中，△△青年△多。

为了 表达 特定 的 思想 感情 出现 的 停顿，叫做 强调 停顿 或者 逻辑 停顿。这种 停顿 具有 强烈 的 艺术 感染力。例如 下面 句子：门 突然 打开 了，进来 了 一个△黑影。

3.5.4 语流 音变 和 语素 音变

（1）语流 音变 和 语素 音变 的 区别

在 动态 的 语流 中，音素 等 语音 单位 受到 语音 环境 的 影响 而 发生 的 临时 变化，叫做 语流 音变。

引起 语流 音变 的 语音 环境 有 两种：第一，邻近 的 语音。第二，语音 以外 的 条件。例如，笑 的 时候 圆唇 元音 可能 不 圆唇 或者 丢失，出现 "笑 的 话 [xa^{51}] 都 说 [ʂɤ^{55}] 不 [pɯ^{51}] 清楚 [tʂʰu^{214}] 了 "。生气 的 时候，可能 使 不送气 辅音 变成 送气 辅音，出现 "这 [tʂʰɤ^{51}] 东西，真 [tʂʰɤ^{55}] 是 的！" 急忙、紧张 中 说话 可能 出现 增加 声音 的 现象。例如，出现 "害怕 [pʰia^{51}]"。

一个 语素 在 不同 词 中 出现 不同 的 语流 音变 就是 语素 变体。英语 表示 复数 的 "s" 在 不同 的 词 的 后面 分别 读 [s]、[z] 和 [iz]，分别 例如 "books、dogs、benches" [s]、[z] 和 [iz] 就是 一个 语素 的 3 个 变体。汉语 "薄 板子" 的 "薄" 和 "薄弱" 中 的 "薄" 出现 语音 不同，也是 语素 变体。这种 语音 变化 已经 不是 语流 音变，而是 比较 固定 的 语素 的 不同 语音 变体。

（2）语流 音变 的 类型

常见 的 语流 音变 有6种：同化、异化、弱化、脱落、增加、调换。其中 同化 最 常见。

① 同化 不 相同 或者 不 相近 的 声音 在 语流 中 连续 发出，其中 一个 因为 受到 另一个 的 影响 而 变得 与 那个 相同 或者 相近，这种 现象 叫做 同化。同化 是 最 常见 的 语流 音变。

前面 的 引起 后面 的 声音 变化，叫做 顺同化；后面 的 引起 前面 的 声音 变化，叫做 倒同化。全部 发音 特征 同化，叫做 全同化；发音 方法 或者 发音 部位 的 一个 方面 同化，叫做 半同化。例如：

汉语 普通话：[kʰuən^{214}]（捆）+ [paŋ^{214}]（绑）—→ [kʰuəm^{214}paŋ^{214}]（捆绑）。

汉语 广州话：[kam^{55}]（今）+ [jat^{2}]（日）—→ [kam^{55}mat^{2}]（今天）。

[m^{22}]（唔）+ [hai^{22}]（系）—→ [m^{22} mai^{22}]（不是）。

土族语：[kun]（人）+ [guɑː]（没有）—→ [kuŋguɑː]（没有 人）。

毛南语：[kam^{51}]（不）+ [taŋ^{42}]（来）—→ [kan^{55}taŋ^{42}]（不 来）。

从 上面 的 例子 可以 看出，不管 被 同化 的 声音 是 在 前面 还是 在 后面，最有 同化 力量 的 发音 部位 是 双唇 部位。它 使 我们 想到 许多 语言 中 的 "爸爸" 和 "妈妈" 这些 幼

儿 最先 掌握 的 词语, 往往 也用 双唇音 开头, 大概 是 这个 发音 部位 使用 最 方便。

② 异化

相同 或者 相近 的 声音 在 语流 中 连续 发出, 其中 一个 因为 受到 另一个 的 影响 而 变得 与 那个 不 相同 或者 不 相近 了, 这种 现象 叫做 异化。例如:

京语: [vak²²] (明亮) + [vak²²] —→ [vaŋ²²vak²²] (重叠 形式)。[ut²²] (快走) + [ut²²] (快走) —→ [un²²ut²²] ("快走" 的 重叠)。

苗语 养蒿话: [pu⁴⁴] (沸) + [pu⁴⁴] (沸) —→ [pi⁴⁴pu⁴⁴] ("沸" 的 重叠)。

汉语 普通话 的 上声 相连 产生 的 变调 也是 一种 异化。例如, "理想、美好", 前 一个 上声 从 [214] 异化 成 [35]。

英语 的 marble ['mɑ:bl] (大理石) 这个 词 来源于 法语 的 marbre [marbr], 曾经 包含 两个 [r], 后 一个 [r] 现在 已经 异化 成 [l]。

③ 弱化

本来 不比 其他 声音 弱 的 声音 在 语流 中 连续 发出, 由于 受到 邻近 语音 的 强势 地 位 的 影响 变得 比较 弱, 这种 现象 叫做 弱化。同化、异化 是 为了 发音 方便, 弱化 主要 是 为了 发音 省力。这样 省力 有 条件。有的 是 对 前面 的 语素 进行 重复 的 结果, 例如 "爸爸"; 有的 是 在 表达 意义 方面 不是 主要 语素, 例如 "鞋子"。弱化 经常 表现 成 音长 变 短、音高 变 低、音强 变 弱, 也 表现 在 音质 上 的 辅音 和 元音 的 变化。辅音 的 弱化 表 现 成 受到 阻碍 的 程度 减弱, 具体 表现 成 清音 变成 浊音, 塞音 变成 擦音 等。元音 的 弱 化 表现 成 复元音 变成 单元音, 单元音 变得 含混, 就是 向 央元音 [ə] 靠拢 等。例如:

汉语 普通话: [kʰou²¹⁴tai⁵¹] —→ [kʰou²¹⁴tɕ] (口袋)。[mA⁵⁵mA⁵⁵] —→ [mA⁵⁵mə] (妈 妈)。[ni²¹⁴ti⁵¹] —→ [ni²¹⁴də] (你的)

英语: but [bʌt] —→ but [bət] (但是)。of [ɔf] —→ of [əv] (……的)

柯尔克孜语: [mektep] (学校) + [i] (他的) —→ [mektebi] (他 的 学校)。

撒拉语: [gɑgɑ] (哥哥) + [m] (我 的) —→ [gɑgəm] (我 的 哥哥)。

④ 脱落

一组 声音 在 语流 中 连续 发出, 其中 一个 或者 几个 被 丢失 或者 删除 了, 这种 现象 叫做 脱落, 又 叫做 减音。脱落 常常 发生 在 说话 比较 快 或者 随意 的 时候, 是 语音 进一 步 弱化 的 结果。英语 中 脱落 现象 比较 多, 而且 在 文字 上 可以 体现 出来。英语 中 的 "失去 爆破" 就是 一种 常见 的 脱落 现象。汉语 也有, 但是 汉字 无法 体现, 把 它 掩盖 起来 了, 要 留心 语音 实际 才能 发现。例如:

英语: and [ænd] —→ and [ənd] —→ and [ən] (和)。fast train [fa:st trein] —→ fast train [fa:strein] (快车)。I am [ai æm] —→ I am [ai əm] —→ I'm [aim] (我 是)。she is [ʃi iz] —→ she's [ʃi:z] (她 是)。is not [iz nɔt] —→ isn't [iznt] (不是)。she has [ʃi hæz] —→ she has [ʃi həz] —→ she's [ʃi:z] (她 将)。I shall [ai ʃæl] —→ I shall [ai ʃəl] —→ I'll [ail] (我 将)。I have [ai hæv] —→ I've [aiv] (我 已经)。

汉语 普通话: 豆腐 dòufu —→ dòuf。我们 wǒmén —→ wǒm。

喜德 彝语: [tsʰo³³ɣo⁴⁴] —→ [tsʰo³³o⁴⁴]。

柯尔克孜语: [kijim] (衣服) + [i] (他 的) —→ [kijimi] (他 的 衣服)。

普米语：[sgia]（爱）+ [sgia]（爱）—→ [sgasgia]（相互 爱）。

⑤ 增加

一组 声音 在 语流 中 连续 发出，为了 发音 自然 流畅 而 增加 了 原来 没有 的 音，这种 现象 叫做 增加。

汉语 普通话 语气词 "啊 a" 受到 前面 音素 的 同化 等 作用 而 发生 增加 语音 现象，变成 "呀 ia、哇 ua、哪 na" 等。

英语 的 不定冠词 a 后面 接 一个 元音 开头 的 词语 的 时候，要 增加 一个 [n]，写成 an，例如，afriend [ə frend]（一个 朋友），a 在 辅音 前面 不 增加 语音，an old friend [ən ə uld frend]（一个 老 朋友），a 在 元音 前面 增加 [n]。再看 其他 语言 的 例子：

载瓦语：[tem²¹]（拍照）+ [aʔ⁵⁵] —→ [tem²¹maʔ⁵⁵]（拍照 吧）。[let⁵⁵]（聪明）+ [e⁵⁵] —→ [let⁵⁵ne⁵⁵]（聪明的）。

维吾尔语：[sijɑ]（墨水）+ [ŋ] —→ [sijɑjiŋ]（你 的 墨水）。[toχu]（鸡）+ [m] —→ [toχurum]（我 的 鸡）。

⑥ 调换

调换 是 两个 声音 相互 调换 位置。这种 情况 少见。

调换 常常 与 其他 音变 现象 同时 发生。高山族 泰耶尔语 [bahɔq]（洗）在 后面 接 被动态 附加 语素 [un] 的 时候，[b] 与 [h] 调换 位置，[a] 同时 弱化 成 [ə]，读成 [həbɔqun]。鄂伦春语 ['tju:tukʰ]（从 房子 里）在 后面 接 反身 领属 的 附加 语素 [wi] 的 时候，[w] 被 同化 成 [pʰ]，[pʰ] 再 与 [kʰ] 调换 位置，读成 ['tju:tupʰkʰi]（从 自己 的 房子 里）。

汉语 北京 方言 把 "言语" 从 yányǔ [ien³⁵y²¹⁴] 读成 [yen³⁵i²¹⁴]。

> 文字像高明的魔术师, 它用阳光把口语包装起来, 语言不再看不见。它用高明的摄影技术, 把口语拍摄成照片, 语言不再无法保存。
>
> 是它让口语插上翅膀, 使我们能够飞越时间的隧道, 倾听古人的教导。是它让我们能够站在地球的顶峰, 游览大地和海洋, 写出山脉和河流, 看到欢乐和痛苦, 读懂爱和恨, 建立思维和心灵的网络。

4　文字

4.1　文字 是 语言 的 视觉 形式

4.1.1　文字学 属于 语言学

由于 电子 信息 技术 发达, 人 可以 通过 电话、录音 等 使 口语 直接 打破 时间 和 空间 的 局限。但是, 用 文字表现 的 图书、书信, 仍然 会 使 人 感到 有 一种 好像 从 城市 走进 乡村 的 自然、舒适 的 享受。

由于 文字 不是 语言 存在 的 必要 部份, 人们 往往 忽视 文字 在 现代 社会 的 重要 作用, 甚至 有的 语言学 教材 没有 讨论 文字 的 内容。这 不 符合 时代 需要。

研究 文字 的 科学 叫做 文字学。汉字 是 现代 文字 中 最 复杂 的 文字, 所以 汉字 的 研究 受到 较多 关注。可是, 有人 以为 只有 汉字 这样 的 古老 的 文字 才 有 文字学, 这种 观点 比较 片面。有人 为了 强调 汉字 的 文字 地位, 把 汉语 的 语言学 和 文字学 并列, 叫做

"语言文字学、汉语言文字学"，这不科学，因为这像把人和动物并列。

文字学从研究对象的种类范围可以分成普通文字学和具体文字学。普通文字学研究各种文字共同的特点、规律，例如，各种文字中共同的基本单位"字"到底是什么。具体文字学研究特定形体系统甚至特定语言使用的文字系统的特点和规律，例如，汉字学就是专门研究汉字，包括历代汉语使用的汉字，以及日本、朝鲜、越南等国家借用去记录他们的语言用的汉字。

从研究对象的时间范围大小可以分成共时文字学和历时文字学。共时文字学研究相对稳定的比较短的一定时期的文字，例如现代文字学，现代汉字学，甲骨文研究。现代汉字学在近年才引起学者的高度注意。[①]历时文字学研究文字在比较长的时间中的变化，例如文字发展的历史，汉字演变历史。

【讲课】28

文字学还可以分成艺术文字学和技术文字学。艺术文字学研究书法这种文字书写艺术的规律，例如为什么在汉字基础上形成的书法艺术表现能力比较强，现代规范汉字的书法艺术应该怎样提高和普及。技术文字学研究文字在新的技术处理过程中遇到的相关问题，例如在文字现代化过程中，怎样利用电脑处理文字学特别汉字等特殊文字信息的理论和方法。

在文字电脑信息处理过程中，出现了许多文字学新课题。例如伴随文字出现的新文字代码，包括表情符号、谐音数字、谐音别字等。还有文字书写的电子款式等问题。在文字应用频繁的现代社会出现了文字规划问题，例如我们怎样用专门的语言法律确定"规范汉字"和"汉语拼音"的法定地位。随着视野的开阔，还有一些长远的战略性课题。例如我们发现汉语及其方言使用过所有类型的文字，记录汉语共同语的古代汉字用词文字，记录汉语共同语的现代汉字用语素文字，记录湖南江永汉语方言的"女书"是音节文字，记录中亚汉语方言的"东干文"是音素文字，用来拼写现代汉语共同语和给现代汉字注音的汉语拼音具有音素文字性质。我们应该从这些历史事实的对比研究中，从战略上把握汉字发展趋势，重视推行和完善汉语拼音，使它在汉字历史发展中发挥重要作用。

4.1.2 文字 记录 口语

文字是书面语言的形式系统，是与语音相对的语言的视觉形式系统。文字的基本单位是字，在表音文字中又叫做"字母"。

语音是听和说的语言形式，文字是看和写的语言形式。可以使人获得信息的物体本身不是文字，即使是描绘物体的图画，或者其他传递信息的像现代文字一样形体抽象的图形，也不一定是文字。

文字必须记录口语。我们不能把文字当做图画。即使汉字的形体在现代文字中相对接近图画，我们也不能认为汉字可以跳过口语的语音直接表示意义。如果一种视觉符号系统，没有与口语形成比较一致的稳定联系；那么，这种视觉符号系统的

---

①苏培成.20 世纪的现代汉字研究 [M] . 太原: 书海 出版社 2001.

形式，即使 它 的 形态 看 上去 像 文字，也 只能 叫做 图画 那样 的 东西。

文字 记录 口语，总是 通过 一个 一个 的 字 去 记录 口语 中 一个 一个 的 语素 或者 音节 或者 音素。因此，每个 字 在 一定 的 书面 语言 中 只能 记录 和 代表 一种 声音 或者 这种 声音 表达 的 意义。相反，图画，即使 是 连环画，都 不 只是 代表 一种，人们 可以 用 不同 的 语言 去 解释。

所以，有人 说 汉字 可以 直接 表达 意义，等于 把 汉字 当做 图画，这是 错误 的。"怕"是 形声字，从 形体 上 无法 看到 "害怕"的 意思。[①]

4.1.3 文字 不是 书面语

"不少 人 就 把 文字 和 书面语 等同 起来，进一步 把 文字 和 语言 等同 起来"[②][③]。例如，有人 看到 在 联合国 文件 中，汉语 文本 最薄，就 说 汉语 最 精练。这是 把 书面语 形式 的 篇幅 和 语言 的 精练 两个 没有 必然 关系 的 事物 等同 起来 了。有人 说 "汉字 是 比 拼音 文字 更加 高级 的 书面 语言"[④]。这 就 明显 地 混淆 了 文字 和 书面语。有人 看到 汉字 是 语素 文字，每个 字 一般 记录 一个 语素，语素 有 意义，而 英语 用 音素 文字，每个 字 记录 的 一般 是 没有 意义 的 音素，就 以为 只有 记录 有 意义 的 语素 或者 词 的 视觉 单位 才 是 字；所以 把 汉字 的 "字" 和 英语 的 "词" 等同 起来，说 学习 汉语 只 需要 掌握 几 千 个 常用字，学习 英语 需要 掌握 几 万 个 "词"。有人 直接 把 英语 的 "词" 叫做 "字"。"有人 说，一个 '英文字' 平均 用5个 字母⋯⋯这 是 误解。所谓 '英文字' 实际 上 是 词儿。"[⑤] 有人 甚至 把 英语 词 中 的 语素（包括 词根，词缀，词尾）当做 汉字 的 部件（包括 部首），把 词 的 结构 和 字 的 结构 混淆 起来，例如 有 《英文 部首 字典》 这样 不 恰当 比喻 的 书名。这 本 书 的 作者 在 "前言" 中 说 "英文 字母 和 单词 之间 有 没有 类似 汉字 偏旁 部首 的 桥 呢? 有，这 就是 英文 部首。"[⑥] 这 违背 了 语言学 的 基本 常识。这 就 好像 错误 地 把 词根 加 词缀 类比 成 声母 加 韵母。

有的 教材 也 出现 类似 问题。例如，"任何 文字 都 具有" 形体、声音、意义 "三个 方面"[⑦][⑧]，就是 把 "文字" 等同 "书面语"。"文字 和 语言 是 不同 的 交际 需要 的 产

---

①陈 炜湛. 我 对 汉字 前途 问题 的 一些 看法 [A]. 中国 社会 科学院 语言 文字 应用 研究所. 汉字 问题 学术 讨论会 论文集 [C]. 北京：语文 出版社，1988.

②胡 明扬 主编. 语言学 概论 [M]. 北京：语文 出版社. 2000. 248.

③不过 这 本 教材 在 第249 页 说 "把 现代 汉语 中 使用 的 词语 跟 书写 这些 词语 的 字符——汉字 等同 起来，让 人 误以为 现代 汉语 就 那么 三四 千 个 单词，这 就 跟 有人 误认为 西方 语言 只有26 个 '字' 一样 荒唐"。在 这 句 话 中，作者 正确 指出 不能 混淆 词 和 字。但是，"西方 语言 只有 26 个 字" 并不 与 西方 语言 有 多少 词 发生 矛盾，正如 可以 同时 说 西方 语言 有 多少 音节。可见 不是 "一样 荒唐"。其实，人们 一般 会 说：西方 语言 用 的 文字（例如 英语 用 的 文字）系统 只 需要 26 个 字。因为 音素 文字 的 字 主要 对应 音素，一种 语言 的 音素 很少，所以 字 的 数量 就 少。人们 不必 对 字 的 数量 很 少 感到 奇怪。正如 判断 一个 民族，也 不能 看 人 的 数量 的 多少。

④徐 德江 汉字 是 高级 的 书面 语言 [J]. 北京：汉字 文化. 1994，(4).

⑤周 有光 中国 语文 的 现代化 [M]. 上海：上海 教育 出版社. 1986. 80.

⑥梁 兴哲 主编. 英文 部首 字典 [M]. 北京：北京 大学 出版社，1992. 2.

⑦邢 公畹 主编. 语言学 概论 [M]. 北京：语文 出版社，1992. 270.

⑧不过 这 本 教材 在 第201 页 正确 地 说 "文字 本身 并不 是 书面语"，"文字⋯⋯与 书面语 不是

物"① 就是 把 "文字" 和 "语言" 并列。有时 人们 又 把 "字" 和 "音节" 等同 起来，例如 "说话 只能 一个字一个字、一句话一句话地说"②。这里 的 "一个字" 应该是 "一个 音节" 或者 "一个 词"。如果 说 写 文章，就 可以 说 "一个字一个字地写"。"花儿" 是 两个字 记录 一个 音节，就 必须 同时 读 出来。

可见，人们 平时 使用 词语 往往 不 很 讲究，使 词语 和 概念 产生 混乱 关系。如果 出现 概念 的 错误 运用，问题 就 非常 严重。如果 概念 运用 没有 错误，词语 表达 出现 混乱，就 不是 那么 可怕，不过 也要 尽量 避免，因为 科学 需要 准确。从 科学 术语 的 角度 来看，我 们 必须 让 "书面语" 和 "文字" 两个 术语 有 明确 分工。应该 说 形体 是 文字 的 基本 特征，正如 声音 是 语音 的 基本 特征。虽然 语音 和 意义 结合 形成 口语，但是 我们 不会 把 语音 当做 语言。同样，文字 和 口语 结合 形成 书面语，我们 也 不 应该 把 文字 当做 书 面语。

用 语音 这种 听觉 的 声音 事物 代替 所有 事物，就 形成 口语。用 文字 这种 视觉 的 图 形 事物 代替 口语，就 形成 书面语。口语 好像 在 电视 里面 用 电子 光线 代替 的 现实 中 的 活人，书面语 就 好像 对着 电视 里面 的 图像 拍摄 下来 的 照片。绘画 就 好像 直接 对着 现实 中 的 人 拍摄 的 照片，它 没有 中间 事物 的 制约。如果 把 文字 当做 书面语，就 好像 把 冲洗 照片 用 的 纸张 当做 照片。

用 文字 表现 的 书面语，与 用 语音 表现 的 口语 不是 平行 的 两个 系统。这是 因为 口语 是 书面语 的 基础，书面语 中 体现 着 口语。没有 口语 就 没有 书面语，但是，没有 书 面语 可以 有 口语。

另外，书面语 要 跟 口语 一致，口语 怎么 说，书面语 就 怎么 写，不 应该 说 的 是 一 套，写 的 是 另外 一 套。但是，这种 一致 不是 机械 的 一致。一方面，口语 中 重复 的 东西，书面语 可以 不 重复，因为 书面语 可以 反复 看。另一方面，口语 中 省略 的 东西，书面语 必 须 补充 出来，因为 书面语 中 看不到 交际 中 的 人 和 环境。从 演讲 记录 中 可以 看到，口 头 多余 的 成份 没有 了，但是，经常 在 括号 中 补充 说明 "热烈 的 掌声" 等。这种 不一 致，也 不能 过份 夸大。不能 允许 口语 说 "这、所以"，书面语 写 "此、故"。这 就 好像 照片 通过 一定 的 修饰 技巧，可以 比 实际 中 的 人 更加 漂亮，但是，变成 绘画，甚至 完全 改变 了 人 的 真实 面貌，就 不行 了。

【讲课】29

4.2 文字 的 类型

4.2.1 表意 文字 和 表音 文字

（1）文字 类型 跟 语言 类型 没有 必然 关系

文字 类型 跟 语言 类型 不仅 没有 必然 关系，也 没有 很大 的 关系，但是 跟 文化 传播

一回事……不能 混为一谈"。可能 是 作者 不同 造成 的 矛盾。

①马 学良、瞿 霭堂 主编. 普通 语言学 [M]. 北京：中央 民族 大学 出版社，1997.398.

②胡 明扬 主编. 语言学 概论 [M]. 北京：语文 出版社，2000.18.

有 很大 的 关系。①中国、朝鲜、日本 语言 类型 不同，但是 曾经 使用 相同 的 文字 就是 汉字。印度 的 印地语 和 巴基斯坦 的 乌尔都语 实际上 是 一种 语言，但是 分别 使用 印度 文字 和 阿拉伯 文字，因为 宗教 信仰 不同。塞尔威亚语 和 克罗地语 是 一种 语言，分别 使用 斯拉夫 字母 和 拉丁 字母。哈萨克斯坦 和 中国 的 哈萨克语 分别 采用 斯拉夫 字母 和 阿拉伯 字母。

当然，同一 文字 被 其他 语言 借用 以后 会 发生 系统 变异。被 借用 后 的 文字 也 可以 叫做 另外 一种 文字。

(2) 文字 和 口语

即使 把 不同 语言 使用 的 任何 文字 当做 不同 的 文字，世界上 的 文字 种类 还是 比 语言 种类 少。因为 一些 少数 民族 语言 仍然 没有 文字，而且 在 有 文字 的 语言 中 往往 只是 共同语 有 文字，方言 也 没有 自己 完整 的 文字 体系。

另一方面，即使 不同 文字 中 单个 的 字 相同，由于 字 在 不同 语言 中 的 记录 功能 和 组合 方式 不 一样，所以 仍然 不能 当做 完全 相同 的 文字。汉语 和 日语 中 的 汉字 就 不 一样。例如，与 汉语 中 "新闻、手纸" 相同 的 字组，在 日语 中 分别 是 "报纸、信" 的 意思。又 例如，同样 是 拉丁 字组合 的 "long"，在 英语 和 汉语 中 代表 的 声音 和 意义 都 不同。

(3) 几种 文字 分类 方法

语音 系统 可以 从 是否 有 声调，是否 有 颤动 辅音，是否 有 鼻化 元音 等 角度 分类。我们 也 可以 从 不同 角度 给 文字 进行 分类。

我们 可以 根据 文字 形体 特征 是否 接近 图画，把 文字 分成 图画 文字 和 线条 文字。古代 的 文字 一般 是 图画 文字，现代 文字 一般 是 线条 文字。现代 线条 文字 有的 形成 比较 整齐 的 方块 形状，例如 印刷 的 一般 汉字，印刷 的 大写 拉丁 文字；有的 形成 不 整齐 的 茅草 形状，例如 小写 的 拉丁 文字，手写 的 行书、草书 汉字。

文字 可以 根据 发生 方式 分成 自源 文字 和 借源 文字。自源 文字 是 指 没有 受到 其他 文字 影响 独立 形成 的 文字。一些 已经 死去 的 原始 文字，例如 古代 埃及 的 圣书字，还有 在 同一 语言 中 直接 继承 原始 文字 发展 出来 的 文字，例如 汉字，都 属于 自源 文字 类型。借源 文字 是 指 直接 或者 间接 借用 其他 语言 中 已经 使用 的 文字 形成 的 文字。直接 借用 是 对 原来 文字 不加 改造 的 使用。间接 借用 就是 借鉴 其他 文字 的 形体 或者 原理 而 创造 的 文字。例如，日语 中 的 汉字 多数 是 直接 借用。越南 字喃、方块 壮字、方块 苗字、方块 侗字、方块 瑶字 等 主要 是 直接 借用 汉字 进行 适当 改造 的 文字。朝鲜语（韩语）中 的 音节 文字 就是 间接 借用 汉字 的 结果，它 的 形体 结构 像 汉字，它 记录 语言 的 原理 却 是 音节 文字 的 方式，字 里面 又 包含 有 音素 文字 的 结构 要素。它 把 一个 音节 中 的 音素 符号 在 一个 方块 平面 中 进行 多 方位 组合。

(4) 字 的 口语 记录 功能 是 文字 分类 的 本质 标准

从 文字 中 占 主体 地位 的 字 直接 记录 的 口语 单位 的 性质② 来看，我们 可以 把 文字 分成 词 文字、语素 文字、音节 文字、音素 文字。这 是 文字 的 本质 类型，因为 文字 的 本质 是 记录 口语，文字 的 基本 单位 是 字。词 和 语素 是 容易 感觉 的 数量 比较 少 的 直

---

①周 有光. 语言 类型 和 文字 类型 [J]. 香港: 语文 建设 通讯, 2001, (67).
②王 伯熙. 文字 的 分类 和 汉字 的 性质 [J]. 北京: 中国 语文, 1984, (2).

观 语言 单位, 所以 古老 的 文字 都 是 这种 类型。但是 语素 在 一种 语言 中 数量 比 音素 多 得多。相反, 音素 难以 分析 出来, 但是 音素 在 一种 语言 中 数量 比 语素 少 得多。音 节 的 数量 位置 在 中间。从 方便 的 角度 来看, 人们 当然 喜欢 字 的 总数 少 的 文字。这 就是 为什么 今天 绝大 多数 文字 都 是 音素 文字 的 原因。

现代 文字 的 主流 是 音素 文字。凡是 还 使用 非音素 文字 的 语言, 一定 要 配备 音素 文字 性质 的 辅助 文字。汉语 主要 用 语素 文字 汉字, 所以 配备 音素 文字 性质 的 拉丁 文 字 (拼音)。日语 主要 用 语素 文字 汉字 和 音节 文字 假名, 所以 也 配备 音素 文字 性质 的 拉丁 文字 (罗马字)。

古代 汉语 的 词 基本上 是 一个 语素 充当, 所以 古代 汉字 那种 语素 文字 也 可以 叫做 词 文字。不过, 在 现代 文字 中 已经 没有 词 文字 了。词 文字 在 现代 语言 中 很难 使用, 因为 单字 表达 的 语音 形式 的 长度 一般 不会 超过 一个 音节, 而 现代 语言 由于 语音 系统 的 简化 很难 保持 多数 词 不 超过 一个 音节。在 汉字 中 曾经 把 "海里、千瓦" 等 双音节 词 用 一个 新 创造 的 汉字 表示, 但是 后来 被 废除 了。如果 用 那种 字, 虽然 减少 了 词 的 书面 长度, 但是 会 增加 大量 的 新字, 会 增加 人们 的 记忆 负担, 得不偿失。

(5) 表意 文字 和 表音 文字 的 含义

词 和 语素 是 有 意义 的 语言 实体 单位, 所以 词 文字 和 语素 文字 可以 统称 表意 文 字。音节 和 音素 是 只有 声音 的 语言 形式 单位, 所以 音节 文字 和 音素 文字 可以 统称 表音 文字。

本来 口语 是 声音 和 意义 结合 的 符号 系统, 文字 记录 口语 自然 既 表达 了 声音, 也 表达 了 意义。这 是 从 整体 来 说 的。但是, 对于 具体 的 单个 的 字, 不一定 都 表达 了 这 两 个 方面, 甚至 连 一方面 也 没有 表达。例如 英语 "thank" 中 的 "t" 或者 "h" 就 是 单独 什么 也 没有 表达 的 字。

(6) 几种 文字 分类 的 错觉

有人 把 图画性 很 强 的 文字 叫做 表形 文字 或者 象形 文字, 那是 不能 跟 表意 文字 并列 的, 只能 做 表意 文字 内部 区分 的 小 类型。语素 文字 在 早期 图画性 很 强, 后来 图 形 抽象化 变成 线条 了, 但是 不 改变 它 的 语素 文字 性质。

有人 认为 还有 记录 句子 的 文字。其实, 那 只是 帮助 记忆 事情 的 图画, 不可能 与 语言 中 具体 的 句子 对应, 因为 相同 的 图形 可以 用 不同 的 句子 去 理解。而且 句子 的 数量 相对 无限, 难以 用 图形 全部 表达。

有人 看到 英文 的 字 可以 组成 字组 表达 词 或者 语素 的 意义, 就 说 英语 的 文字 也 是 表意 文字, 这 就 混淆 了 字 和 字组 的 区别。

有人 看到 汉字 中 有 同音 代替 的 假借 现象, 就 说 汉字 也 是 表音 文字, 这 是 忽略 了 对 字 的 主体 现象 的 考虑, 把 次要 矛盾 当做 主要 矛盾。

有人 看到 表意 文字 的 单字 中 既 有 与 意义 有关 的 形旁, 又 有 与 声音 有关 的 声旁, 就 说 这 是 意音 文字。这 是 混淆 了 字 和 偏旁 的 功能, 没有 分 层次 认识 事物。其实, 在 表音 文字 和 表意 文字 之间 不能 存在 中间 状态 的 文字 类型, 因为 语言 实体 单位 和 语音 单位 性质 的 不同 决定 了 表音 文字 和 表意 文字 性质 的 不同。

有人 把 英语 等 用 的 音素 文字 记录 一个 词 的 字组 当做 一个 "字", 错误 地 以为 "字"(例如: foot) 是 表音 符号 "构成" 的, 再 对比 汉语 用 的 语素 文字 的 真正 的 字

（例如：脚），主要 是 形声字，所以 是 表意 符号 和 表音 符号 构成 的。其实 food 是 4 个 音素字 记录 的 词，"脚" 是 一个 语素字 记录 的 词，字 内部 有 "月，去，刀" 3 个 部件。不能 把 4 个 音素字 和 3 个 部件 错误 类比。这种 根据 部件 性质 给 文字 分类 的 做法 没有 抓住 文字 的 实质，应该 根据 字 的 语言 记录 功能 给 文字 分类。因此，应该 把 汉字 叫做 表意 文字 下属 的 语素 文字，不是 叫做 意音 文字（其实 是 表意 文字 内部 的 形声字 造字 方法），语素 文字 或者 表意 文字 才 是 文字 的 本质 类型。

如果 一定 要 说 "意音 文字"，只有 日语 的 文字 似乎 是 的。但是 它 也 只是 语素 文字 "汉字" 和 音节 文字 "假名"，也 就是 表意 文字 和 表音 文字 两种 文字 混合 使用。例 如 "这 是 什么？这 是 伊藤 的 桌子"，日语 写成："これは何ですか？これは伊藤の机です"，表示 "什么"、"桌子"、"伊藤" 等 实词 分别 用 汉字 "何"、"机"、"伊藤" 记录，虚词 和 越来越多 的 一些 实词，用 假名 记录。这里 的 これ 也 用 汉字 "此" 这种 早期 的 写法，"何"（什么）现在 也 更多 地 用 假名 なん。小学 教学 用 假名 的 比例 更加 大。日语 原来 全部 用 汉字 记录，现在 是 唯一 在 表意 文字 里面 混杂 使用 表音 文字 的 语言，这 说明 表音 文字 的 优越性 和 文字 改革 的 艰难性。

确实，音素 文字 中 的 字 几乎 都 是 一个 声旁 充当 的 单纯字，语素 文字 的 字 主要 是 形旁 和 声旁，形旁+形旁 构成 的 复合字（形声字，会意字）。所以 我们 可以 把 音素 文字 和 语素 文字，换成 表音（声旁）文字 和 意音（形旁，声旁）文字 的 对应 表达。但是 毫无 疑问，从 字 的 功能 命名 比 从 部件 要素 特点 命名 更加 科学，而且 "意音 文字" 除了 代 表 "形声字"，还 不能 代表 会意字 等 其他 字 的 结构 原理 特点。

4.2.2 语素 文字

语素 文字 是 能够 基本上 把 语言 中 的 不同 语素 用 不同 的 单字 表示 出来 的 文字。即使 这些 语素 有的 是 同音 的，它 也 能够 用 不同 的 字 区别 开来。我们 很难 找到 更多 的 活着 的 语素 文字 了。日语 的 文字 中，部份 用 汉字 这样 的 语素 文字，部份 用 音节 文字。

汉字 可以 说 是 唯一 保留 下来 的 有影响 的 语素 文字。它 的 字 基本上 把 语素 做 直 接 记录 对象，一个 字 记录 口语 的 结果 基本上 就 是 一个 书面 语素。只有 个别 例外，例如 "花儿①、葡萄" 等 用 两 个 字 记录 一个 语素。不过 在 日语 里，例外 更加 多，跟 中国 汉 字 "樱" 对应 的 日本 汉字 "桜"，是 一个 语素字，记录 的 日语 语素，也 是 一个 词，有 3 个 音节 的 长度，所以 也 可以 借用 汉字 做 音节字 写成 3 个 汉字："佐久良"。用 汉字 直 接 做 表音字，大材小用，于是 简化 一些 汉字 发明 了 音节 文字 假名。中国 在 借用 拉丁 文 字 形成 汉语 拼音 以前 用 的 "注音 字母" 就 是 类似 假名 的 本土化 的 表音 文字，最后 还是 放弃 了。

由于 汉字 记录 的 语素 基本上 是 单音节 的，所以 汉字 单字 代表 的 声音，读 出来 就 是 一个 音节 的 长度。因此 有人 认为 汉字 是 音节 语素 文字，这 会 使 人 误以为 汉字 也 是 音节 文字。现代 汉语 普通话 有 大约 400 个 音质 音节，加上 声调 变化 大约 也 只有 1300 个 音节。如果 用 音节 文字 记录 汉语，最多 只要 用 大约 1300 个 字。可是，《现代 汉语 常

---

① 不能 按照 汉字 的 多少 认为 是 两个 语素。"儿" 只是 音节 的 发音 特征。类似 英语 foot 变 feet。

用字表》中就有3500个字。可见，汉字的音节性与语素性有本质区别，不能并列。

语素文字由于单字符号特别多，就有必要通过部件进行单字层次的下层编码，从而减少最小结构要素，使单字系统具有生成性。但是，不能因为现代汉字有80%的字是形旁加声旁构成的形声字，就认为汉字是表意文字和表音文字结合的意音文字，而不是语素文字。因为字的内部编码与字码本身的功能是两个不同层次的事情。做声旁的部件和做表音文字的字，不能同等看待，不在同一层次，因此无法比较。

为什么在多数文字纷纷采用音素文字的同时，汉字一直走着自己的语素文字的道路呢? 这确实是一个需要全面探讨的问题。有人认为这是汉语的特点决定的，这似乎不太科学。越南语等类似汉语有声调的语言，为什么可以从使用汉字改革成使用英语用的文字类型呢? 有人说汉字能够超越方言，维护了语言不统一的中国的国家统一。他们认为表意文字的唯一好处是可以让说不同语言的人同样应用[1]。这也是片面的。其实表音文字也一样。例如拉丁字母可以记录英语、法语、德语汉语等许多语言。藏语用的文字是半音素化的音节文字，由于语音变化然而文字保守，这种文字也可以超越时间上的古代和现代语言，超越空间上的3种方言。[2]不过，漫长的封建社会不仅没有使汉语受到外来文字的较大影响，而且长期维护了用汉字记录的脱离口语的书面汉语文言文的地位，同样确实使汉字得到了稳固的地位。虽然我们从封建社会中醒悟以后，发现了汉字在现代化面前的不方便，但是汉字在观念上已经难以从汉语解脱。正如封建思想难以在短时期从中国人的脑袋中彻底消失。即使汉字在麻烦的编码的搀扶下能够勉强进入电脑，我们仍然不得不承认它在现代化面前的不方便。当然，我们已经给汉字配备一个助手来弥补汉字的不足。这个助手就是威力越来越大的汉语拼音，它目前虽然不是正式的汉语文字，但是它在传统汉字不方便的许多领域发挥自己的作用，成为拼写汉语的法定工具。在将来的很长一段时间，我们一方面应该优化并且正确使用现行汉字，同时应该执行国家的语言法律，按照《汉语拼音正词法基本规则》等国家标准正确使用汉语拼音，使汉语通过两种书面方式充份发挥自己的作用。

【讲课】30

4.2.3 音节文字

音节文字是能够基本上把语言中的不同音节用不同的单字表示出来的文字。一种语言的音节数量虽然比语素少，但是比音素（音位）多得多。所以，音节文字适合音节数量比较少的语言。如果音节数量比较多，也采用音节文字，那么就有可能在一个单字内部再按照音节的结构，进行音素化文字编码，例如朝鲜文字。

由于表达语音方式的不同，我们把音节文字分成"整体音节文字"和"音素化音节文字"。音素化音节文字又分成"半音素化音节文字"和"全音素化音节文字"。

①高 名凯. 普通 语言学 [M] . 北京: 知识 出版社, 1957. 123.

②②周 有光. 比较 文字学 初探 [M] . 北京: 语文 出版社, 1998 年. 358.

"整体 音节 文字" 中 的 字 整体 表现 一个 音节 的 语音 信息。这种 文字 记录 的 语言 往往 音节 的 数量 比较 少，例如 日语 只有 几十 个 音节。"半音素化 音节 文字"，用 字 的 主体 偏旁 表现 音节 中 的 辅音 信息，音节 中 的 元音 信息 不 表示 或者 用 附加 的 偏旁 表示。

这种 文字 用 附加 的 偏旁 表示 元音 也 是 受到 音素 文字 的 影响。阿拉伯语 用 的 音节 文字，在 庄重 的 出版物 中 仍然 保持 旧 习惯，不 表示 元音。藏语 用 的 音节 文字，用 零形式 表示 元音 "a"，用 附加 偏旁 表示 其他 元音 "i, e, u, o"。"全音素化 音节 文字" 全面 体现 音节 中 的 音素 结构。

（1）整体 音节 文字

（a）日语 假名

日语 的 文字 是 一种 "混合 文字"。其中 的 假名 是 配合 借用 的 汉字 使用 的 整体 音节 文字。日语 文字 也 有 类似 汉语 拼音 的 拉丁 字母 转写 方案。假名 的 形体 根据 汉字 的 单纯字 或者 复合字 中 的 部件 设计。例如，表示 音节 "a" 的 平假名 "あ" 来自 汉字 "安" 的 行书，片假名 "ア" 来自 汉字 "阿" 左边 偏旁 的 变体。

【图表】日语 音节 文字 的 字①

片假名	ア 阿	イ 伊	ウ 宇	エ 江	オ 於	ハ 八	ヒ 比	フ 不	ヘ 阝	ホ 保
平假名	あ 安	い 以	う 宇	え 衣	お 於	は 波	ひ 比	ふ 不	へ 阝	ほ 保
拉丁字	a	i	u	e	o	ha	hi	fu	he	ho
片假名	カ 加	キ 几	ク 久	ケ 介	コ 己	マ 万	ミ 三	ム 牟	メ 女	モ 毛
平假名	か 加	き 几	く 久	け 計	こ 己	ま 末	み 美	む 武	め 女	も 毛
拉丁字	ka	ki	ku	ke	ko	ma	mi	mu	me	mo
片假名	サ 散	シ 之	ス 須	セ 世	ソ 曾	ヤ 也	ユ 由	ヨ 与		
平假名	さ 左	し 之	す 寸	せ 世	そ 曾	や 也	ゆ 由	よ 与		
拉丁字	sa	si	su	se	so	ya	yu	yo		
片假名	タ 多	チ 千	ツ 州	テ 天	ト 止	ラ 良	リ 利	ル 流	レ 礼	ロ 呂
平假名	た 太	ち 知	つ 州	て 天	と 止	ら 良	り 利	る 留	れ 礼	ろ 呂
拉丁字	ta	ci	cu	te	to	ra	ri	ru	re	ro
片假名	ナ 奈	ニ 二	ヌ 奴	ネ 祢	ノ 乃	ワ 和	ン		ツ 州	ヲ 乎
平假名	な 奈	に 仁	ぬ 奴	ね 祢	の 乃	わ 和	ん		っ 州	を 远
拉丁字	na	ni	nu	ne	no	wa	n		q	(o)

假名 的 原理 是 从 音节 入手 记录 口语。日语 的 基本 音节 有 103 个。书写 这些 音节 的 字 一共 有 72 个。单纯字 有 47 个，记录 了 44 个 由 元音 或者 辅音 和 单元音 构成 的 简单 音节 和 2 个 特殊 语音 现象，例如 "ふ（fu）" "や（ja）"。这些 字 类似 半音素化 音节 文字 的 字。这 47 个 字 构成 假名 的 "50 音图"。其中 1 个 音节 保持 了 过去 用 2 个 字 书写 的 习惯。复合字 有 25 个，记录 了 23 个 简单 音节。这些 复合字 用 单纯字 做 基本 部件，然后 在 基本 部件 的 右上角 加 双点 或者 小 圆圈 做 附加 部件 构成，例如 "ぶ、

---

①这里 只是 列举 47 个 基本 部件 代表 的 音节 或者 语音 现象。括号 中 的 汉字 表示 前面 假名 的 形体 来源。"ヰ（井），ゐ（为）"和"ヱ（惠），ゑ（惠）"现在 很少 用，没有 出现 在 表格 中。本 表格 根据 人民 教育 出版社 等 编写 人民 教育 出版社 1988 年 出版 的 《中日 交流 标准 日本语》 编制。

ぷ"。其中 有 2 个 音节 都 用 复合字 书写，看 上去 是 两个 字。其实 其中 一个 字 是 附加 在 另一个 字 的 上面，应该 是 两个 部件 构成 的 音节字。用 两个 字 构成 的 字组 记录 了 36 个 由 辅音 加 复元音 构成 的 复杂 音节，例如 "きゃ（kja）"。这些 字 类似 半音素化 音节 文字 的 字。另外，日语 的 音节 还 可以 延长 元音 产生 新 的 音节，并且 与 短 音节 对立，能够 区别 意义。长 音节 用 表示 短 音节 的 字 加 一个 字 形成 字组 表示。日语 通过 增加 音节 末尾 的 辅音 "っ" 还 可以 形成 闭音节。因此 日语 的 实际 音节 不 只 有 103 个，音节 文字 像 其他 文字 类型 一样 会 有 例外，字 和 记录 对象 也 不 完全 一 对 一。

用 典型 的 整体 音节 文字 记录 语言 的 比较 少，目前 只 发现 "江永 女书"[①]。女书 是 借鉴 汉字 形体 制订 的 比 汉字 方便 的 记录 汉语 的 整体 音节 文字。

女书 记录 湖南 省 江永 县 上江圩 乡 及 其 附近 的 汉语 方言。这种 文字 大约 明朝 后期 出现，20 世纪 30 年代 停止 传授，到 90 年代 随着 会 使用 它 的 几个 老人 的 去世 开始 消失。女书 是 由 起义 男性 为了 保密 创造 的。因为 后来 主要 在 缺乏 学习 汉字 条件 的 瑶族 女性 之间 学习 和 使用，所以 叫做 "女书"。

女书 文字 的 字 的 形状 是 菱形，一般 的 字 是 传统 的 语素 汉字 变形 的 结果。女书 音节 文字 是 一种 没有 经过 规划 的 民间 文字，不 包括 异体字，用 了 大约 1000 个 字 记录 大约 1200 个 音节。

【图表】女书 文字

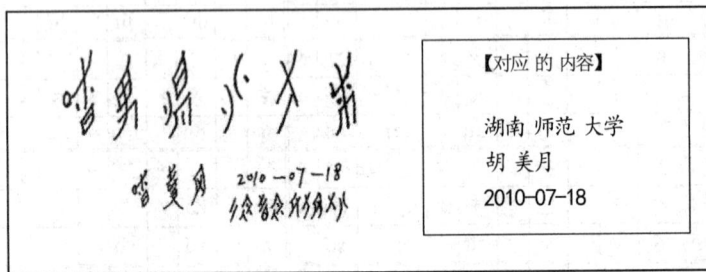

【对应 的 内容】

湖南 师范 大学
胡 美月
2010-07-18

（2）半音素化 音节 文字

半音素化 音节 文字 过去 有人 叫做 "辅音 音素 文字"，那 不 很 准确。因为 每个 字 记录 的 是 口语 中 的 一个 音节，即使 在 文字 上 没有 或者 没有 同等 地 直接 表现 音节 中 的 元音。

在 半音素化 音节 文字 中，元音 或者 有的 元音 在 书写 的 时候 可以 省略。单独 不能 明确 的 元音 可以 通过 语境 去 推测 确定。因为 一种 语言 中 辅音 音位 一般 多于 元音 音位，人们 觉得 首先 要 区别 的 是 辅音。使用 这种 文字 的 语言 一般 有 丰富 的 内部 屈折 的 语音 形态 变化，而且 元音 相对 不 丰富。

（a）阿拉伯 文字

阿拉伯 文字 有 28 个 基本 部件，同时 是 根据 辅音 确定 的 常用 的 字。有 3 个 附加 部件 专门 表示 长 元音 [a][u][i]，还有 其他 附加 部件 包括 点 和 线条，用来 表示 元音。

阿拉伯 文字 的 部件，例如：

---

① 彭 泽润. 江永 女书 文字 研究 [M]. 长沙：岳麓 书社，2011.

إنابةتجذرضظعغ~فقكلمنهو

部件 在 电脑 中 输入 以后，会 自动 粘接 到 一起 形成 词 的 书写 单位 的 整体。例如 上面 随意 输入 的 加 空格 的 部件，删除 空格[①] 以后 就 自动 排版 变成 有 3 个 小 词距 的 4 个 字组：

إنابةتجذرضظعغفقكلمنهو

阿拉伯 文字的 书写 顺序 在 现代 文字 中 也 比较 特殊，是 从 右边 向 左边 书写。它 的 基本 部件 单独 使用 和 组合 使用 的 形体 要 发生 变化。在 拼写 中 又 根据 在 词 的 开头、中间、结尾 的 位置 不同 出现 不同 的 写法。阿拉伯 文字 像 速记 符号 一样 便于 连笔 书写，但是 由于 正式 书面语 省略 元音 的 书写，视觉 区分 程度 小，阅读 起来 要 困难 一些。

例如，"可以 请 您 帮助 我 填写 这 张 签证 申请书 吗？" 这 句 话，假如 用 拉丁 字母 转写 阿拉伯 字母，阿拉伯语 的 正式 书面语 是：

"Hl ttfdh dhl b ms adt l ml is tmarh tlbt ta shirh hzh？"

但是 在 教材 中，会 详细 写出 所有 元音：

"Hal tatafadh dhal bi musa adati li mal is timarah talabit ta shirah hazihi？"

如果 用 英语 翻译 是：

"Will you please help me filling this visa application form？"

把 这个 英语 句子 按照 阿拉伯语 的 正式 书面语 写法 省略 元音 是：

"Wll y pls hlp m fllng ths vs pplctn frm？"

可见，阿拉伯语 在 正式 书面语 中 省略 不少 元音 的 文字 形式，但是 由于 在 阅读 中 自动 恢复 的 规律性 强，加上 有 剩余 信息 的 语境 的 帮助，不 会 导致 不能 阅读。这种 文字 只要 把 所有 表示 元音 的 部件 从 平面 结构 的 一个 部份 独立 成 线性 单位，那 就是 音素 文字 了。

阿拉伯人 在 公元 7 世纪 以前 是 阿拉伯 半岛 的 一个 具有 地方 文化 特征的 群体。后来 通过 战争 扩展 领土 范围，并且 随着 伊斯兰教 这种 精神 力量 的 统治 领域 的 扩大，同时 通过 禁止 使用 阿拉伯 文字 以外 的 文字 记录 宗教 经书 《古兰经》，形成 了 一个 强大的 阿拉伯 国家 群体。因此，阿拉伯 文字 也 产生 了 广泛 的 影响。这种 影响 导致 由 印度人 创造 的 现代 国际 社会 通用 的 数字 符号，也 叫做 "阿拉伯 数字"。其实，这 是 由于 欧洲 各国 通过 阿拉伯人 的 传播，把 这种 数字 吸收 进了 自己 的 文字 体系 中。10 个 阿拉伯 数字 是：0，1，2，3，4，5，6，7，8，9。

这些 符号 简单 而且 形体 整齐。虽然 各个 国家 的 各种 语言 中 表达 数目 的 名称 的 声音 不 一样，但是 书面上 都用 它 来 记录 数目，是 在 计算 数量 的 领域 中 真正 国际化 的 文字 代用 符号。

阿拉伯 文字 是 排列 在 拉丁 文字 后面 的 第二 位 的 国际性 的 现代 文字。现在 使用 阿拉伯 文字 或者 类似 文字 的 国家 有 几十 个，主要 分布 在 非洲 和 亚洲 交界 的 区域，主要有：非洲 的 埃及、里塔尼亚，阿尔及利亚，利比亚，苏丹 等 国家；亚洲 的 也门、约旦、叙利亚、伊拉克、黎巴嫩、沙特阿拉伯 等 国家，包括 中国 的 维吾尔族[②]、哈萨克族、柯尔克孜族 等。亚洲 的 阿富汗、伊朗、巴基斯坦，使用 类似 的 文字。这些 地方 的 人 多 信仰 伊斯兰

---

① 按照 电脑 软件 预置 的 自动 顺序，从 右边 到 左边 逐一 删除。

② 采用 阿拉伯 字母 的 中国 维吾尔语 的 文字，可以 参看 人民币 纸币 背面 "ZHONGGUO RENMIN YINHANG" 这些 汉语 拼音 下面 最后 一 行 的 左边。

宗教。

名，再把阿富汗，伊朗，巴基斯坦 3 国列为使用类似文字的国家最后在中国的括注中加入。这样一来。

(b) 藏语 文字

藏语 文字[①] 是 现代 中国 的 一种 主要 的 少数 民族 文字，是 在 7 世纪 仿照 古代 印度 文字 制定 的 半音素化 的 音节 文字。它 有 30 个 基本 部件 表示 各种 辅音 分别 加 元音 a 构成 的 音节，有 4 个 附加 部件 加 在 基本 部件 的 上面 或者 下面 表示 其他 元音，例如 [i]] [e] [u] [o]。书写 的 时候 每个 音节 的 右上角 加上 一个 点，用来 隔开 音节。

(c) 印度 文字 和 埃塞俄比亚 文字

印度 文字 是 古代 印度 通用 书面 语言 用 的 一种 半音素化 的 音节 文字。现代 印度 的 语言 和 文字 的 种类 也 很多，通用 的 文字 叫做 印地 (Hindi) 文字，就是 印度 文字 的 继承。

埃塞俄比亚 国家 通用 文字 叫做 阿姆哈拉尔 (AMharic) 文字，有 37 个 基本 部件 表示 37 个 辅音，通过 7 个 附加 小 部件 表示 7 个 元音，组成 247 个 音节 字。

【图表】朝鲜语 文字 的 音素 部件

(3) 全音素化 音节 文字

全音素化 音节 文字 很少，典型 的 代表 是 朝鲜 的 "谚文"。

朝鲜 从 公元 300 年 开始，一方面 在 书面语 中 使用 外语，就是 借用 汉字 表示 的 汉语 文言 做 他们 的 书面语；另一方面 借用 汉字 将就 着 记录 朝鲜 语言。这样 持续 了 大约 500 年。后来 创造 和 试验 音节 文字，又 经历 了 大约 500 年。终于 在 公元 1446 年 公布 了 朝鲜语 用 的 全音素化 音节 文字，叫做 "谚文"。朝鲜 半岛 北方 在 1948 年 废除 了 汉字，全部 使用 这种 音节 文字。南方 (韩国) 有的 报纸 也 全部 采用 音节 文字，有的 混合 使用 音节 文字 和 语素文字，就是 谚文 和 汉字。不过 像 日本 一样，汉字 的 使用 数量 受到 很 大

---

① 藏语 文字 样品 参看 人民币 纸币 背面 "ZHONGGUO RENMIN YINHANG" 这些 汉语 拼音 下面 一 行 的 右边。

的 限制。

朝鲜 音节 文字 是 表意 文字 形体 和 表音 文字 原理 结合 的 典型 代表。从 形体 特征 来看，明显 像 汉字。从 原理 上 来看，它 不仅 直接 记录 音节，而且 表现 了 音节 内部 的 音素、音征，具有 音节 和音素 文字 的 特点。它 的 部件 表示 音素，部件 组合 成 汉字式 的 方块 形状，一个 方块 形体 记录 一个 音节。由于 字 的 数量 比较 多，所以 在 字 里面 通过 音素 进行 再 编码，分解 成 表示 音素 的 部件。字 内部 有 辅音 部件 19 个 和 元 音 部件 21 个。这 40 个 部件，可以 组合 出 大约 2400 个 记录 现代 朝鲜语 音节 的 字。

例如，书写 朝鲜语 的 音节 " [sin]"的 字，它 的 结构 类似 汉字 的 "焚"：上面 是 "人 [s]" 和 "丨 [i]"，下面 是 "ㄴ [n]"。同样 同样 的 音节，由于 表示 音素 的 部件 出现 组合 位置 的 不同 可能 形成 不同 的 异体字。和 汉字 一样，如果 把 现代 已经 死去 的 字 或者 被 淘汰 的 异体字 加 进来，朝鲜语 在 历史 上 积累 下来 的 字 也 不少，有 1 万 多个。

这种 音节 文字 在 表示 音素 的 部件 中，还 通过 线条 的 不同 表现 来 体现 音素 之间 的 音征。例如，当 横线 与 竖线 在 笔画 腰中 相接 的 时候，用 长横 的 腰部 连接 短竖 表示 后 元音；在 表示 通音 的 部件 上面 加 横线 表示 塞音，再 加 一 横 表示 送气。在 汉语 拼音 的 "zh，ch，sh" 中 也 有 通过 "h" 表示 舌尖后 的 发音 特征 的 现象，但是 它 用 独立 的 字 表示。由于 这种 文字 的 最小 的 自由 的 形体 表示 音节，而 表示 音素 的 形体 不 自由，只是 相当于 汉字 中 字 的 部件，所以 是 音节 文字，不是 音素 文字，准确 地 说 是 音素化 的 音节 文字。

全音素化 文字（例如 朝鲜 文字）的 字 由 部件 构成 这样 的 模式： i。半音素化 的 文字（例如 阿拉伯 文字）的 字 由 部件 构成 这样 的 模式： 丨（b 和 c 在 书面 上 可以 省略，所以 用 附加 部件 书写）。如果 把 它们 的 部件 分别 变成 独立 的 字 书写 成：abcd 和 abc，就是 音素 文字 了。

4.2.4 音素 文字

音素 文字 是 能够 基本上 把 语言 中 不同 的 音素[①] 用 不同 的 单字 表示 出来 的 文字。例如 英语 的 "study（学习）" 这个 词 的 形式 有 5 个 音素，是 用 5 个 音素字 记录 的。当 字 不够 用 或者 为了 节省 字 的 情况 下，也 可以 用 字组 或者 字 兼职 的 方式 补充。例如 英语 的 "thing（东西）" 这个 词 只有 3 个 音素，但是 用 了 5 个 字，"th" 和 "ng" 都 是 字组 记录 的 音素。汉语 普通话 用 的 拼音 符号 中 "zh、ch、sh、ng、er" 等 也 是 用 字组 表示 音素。由于 历史 发展 等 原因，也 会 出现 一个 字表示 几个 音素 的 情况，例 如 英语 "box（盒子）" 中 的 "x"。

（1）拉丁 文字

拉丁 文字，又 叫做 "罗马 文字"，是 现代 世界 上 记录 语言 最多、使用 范围 最广泛 的 通行 文字。它 分布 在 美洲、澳洲 的 几乎 全部、非洲、欧洲 的 大部份，亚洲 的 土耳其、越南、印度尼西亚、马来西亚、菲律宾 等 将近 100 个 国家 和 地区。用 它 记录 的 英语 也是 最 通行 的 语言，所以，有人 干脆 把 它 叫做 "英语 文字"。

拉丁 文字 是 古代 希腊 文字 经过 发展 以后，被 借用 过来 记录 拉丁语 的 一种 文字。

---

① 这里 说 的 "音素"，其实 是 经过 概括 的，就是 "音位"。

公元前 7 世纪 罗马 帝国^① 的 人用 它 记录 拉丁语。开始 只有 21 个 字。罗马人 征服 希腊 以后，吸收了 当时 的 希腊文字 中的 "Y" 和 "Z"。中世纪，从 "I" 分化 出 "J"，从 "V" 分化 出 "U" 和 "W"。这样 就 发展 成 现在 由26个 字 构成 的 拉丁 文字。

拉丁语 做 口语 在 国际 交往 中 使用 了 1000 多 年。到了 公元 5 世纪，随着 罗马 帝国 灭亡 而 消失 了。但是，拉丁 文字 记录 的 拉丁语 文献 仍然 影响 着 后代，特别 是 伴随着 基督教 的 广泛 传播 扩大 了 影响。拉丁 文字 后来 也 就 成了 英语、德语、法语、意大利语、西班牙语、葡萄牙语、罗马尼亚语 等 语言 的 文字 基础。它 也 是 中国 汉语 拼音 的 形体 基础。它 在 日语 文字 中 做 一种 辅助 书写 形式，与 汉字、假名 一起 夹用，用来 标音、书写 外来词 等。

(2) 斯拉夫 文字

斯拉夫 文字 是 在 拉丁 文字、阿拉伯 文字 之外 的 当代 世界 第三 大 文字。它 是 在 公 元 9 世纪，由 希腊 正教 传教士 基里尔（Cyril）把 希腊 文字 楷书 做 基础 设计 的 一种 音 素 文字。受到 希腊 正教 这种 宗教 的 传播 和 各个 民族 文字 共同化 等 影响，俄罗斯、白俄 罗斯、乌克兰、保加利亚、塞尔维亚 和 黑山、蒙古 等 国家，哈萨克 斯坦 等 国家 的 东干语^②，现在 都 使用 斯拉夫 文字。经过 精简 的 现代 俄罗斯 语言 中 的 斯拉夫 文字 有33 个 字，其 中 有 11 个 字 与 拉丁 文字 中 的 字 一样。不同 的 字母 例如：Д，Г，Щ，И，Л，Ы，Ь。

(3) 希腊 文字

希腊 文字 是 公元前 10 世纪 希腊 人 在 借用 的 腓尼基 文字 的 基础 上，根据 希腊 语 言 的 特点 增加 表示 元音 的 字 以后 形成 的 音素 文字。除了 希腊语 使用 以外，它 的 一 些 字 继续 在 数学、物理 等 科学 领域 做 符号 使用。希腊 文字 有 17 个 辅音字 和 7 个 元 音字，例如：ΑΒ Γ Δ Ε Ζ Η Θ Ι κ Λ Μ Ν Ξ0Π Ρ Σ Τ Υ Φ Χ Ψ Ω。

4.2.5 中国 少数 民族 的 文字

中国 少数 民族 的 文字^③ 各种 类型 都有。

语素 文字 在 历史 上 使用 过，例如 东巴 文字、沙巴 文字、西夏 文字、女真 文字、契丹 文字 的 大字 等，现在 一般 都 消失 了，或者 被 表音 文字 代替 了。只有 像 方块 壮文 等 语素 文字 还 被 少数人 在 特殊 场合 使用。

有些 音节 文字 和 音素 文字 也 消失 了。这些 文字 有的 由于 本身 没有 得到 充份 的 发展 消失 了，例如 方块 白文。有的 虽然 发展 得 比较 好，但是 后来 由于 被 其他 民族 的 语言 替换 而 消失 了，例如 满文。目前 还有 这种 替换 在 进行，例如 锡伯语 只有 分布 在 新疆 的 不到 3 万 锡伯人 现在 还 在 使用，而 分布 在 东北 等 地区 的 锡伯人 已经 不 使用 了，改换 使用 汉语。

中国 少数 民族 现在 使用 着 的 音素 文字 和 音节 文字，一般 都 是 新 中国 成立 以后 创造 或者 改造 的。极少数 是 音节 文字，例如 彝文、朝鲜文。大多数 是 音素 文字，而且 一

---

① 大约 在 今天 的 意大利 国家 的 位置
② 实际 是 回族 移民 带去 的 汉语 西北 方言。
③戴 庆厦、许 寿椿、高 喜奎. 中国 各 民族 文字 与 电脑 信息 处理 [M]. 北京：中央 民族 学院 出版 社，1991.

般 采用 国际化 的 拉丁 文字 做 文字 基础。

这些 拉丁化 的 音素 文字 有：贵州 东部 的 苗文，湖南 西部 的 苗文，四川、贵州 和 云南 交界 地区 的 苗文，云南 东北部 的 苗文，壮文，布依文，侗文，瑶文，白文，哈尼文，黎文，傈僳文，佤文，纳西文，景颇文，载瓦文，土文 等。

不是 采用 拉丁 文字 做 基础 的 表音 文字 包括：使用 阿拉伯 文字 做 基础 的 维吾尔文、哈萨克文、柯尔克孜文；使用 叙利亚 文字 做 基础 的 蒙古文、锡伯文；使用 印度 文字 做 基础 的 藏文；使用 斯拉夫 文字 的 俄罗斯文。

中国 4 个 自治区 的 主要 的 少数 民族 语言 的 文字 可以 在 人民币 纸币 背面 "ZHONGGUO RENMIN YINHANG" 这些 汉语 拼音 下面 看到：中间 一 行 的 左边 是 内蒙古 自治区 的 蒙古语 文字，右边 是 西藏 自治区 的 藏语 文字；最后 一 行 的 左边 是 新疆 维吾尔 自治区 的 维吾尔语 的 文字，右边 是 广西 壮族 自治区 的 壮语 的 文字。它们 记录 的 意思 都 是 "中国 人民 银行"。

4.3 笔画

4.3.1 形素 和 形位

笔画 是 最小 的 文字 形体 单位。它 是 文字 书写 中 笔尖 在 书写 材料 上 画 出 的 点 和 线条。每一 次 从 笔 落 下去 到 笔 起来 的 过程 形成 的 轨迹 就是 一个 笔画。

一般 来说，一种 文字 体系 中 字 的 总数 越多，单个 字 的 笔画 数量 就 越多，单字 的 形体 平面 结构 就 越 复杂。另外，由于 结构 方圆 风格 的 不同 也 影响 笔画 数量。例如 汉字 的 "口" 是 3 笔，拉丁字 的 "o" 是 1 笔，但是 它们 构成 几乎 一样 的 文字 空间 造型。汉字 数量 多，现代 通用 汉字 就 有 7000 个，所以 汉字 的 单字 平均 笔画 大约 有 10 笔，平面 非常 复杂。英语 文字 只有 26 个 表示 音素 的 字，所以 单字 笔画 数量 很少，平面 非常 简单。

从 笔画 到 字 的 组合 不一定 是 线条性 的 组合，可以 多 方向 地 进行 平面 组合。所以，如果 不 懂得 动态 书写 过程 中 的 规律 和 习惯，那么 静态 地 观察 书写 或者 印刷 出来 的 文字，它们 的 笔画 界线 不好 区分。

习惯 了 汉字 的 人 第一 次 写 英文 的 时候，就 不 知道 笔画 在 什么 地方 开始 和 结束。例如，中国人 谁 都 会 画 圆圈 "〇"，可以 从 圆圈 上 的 任何 一点 开始 画；但是 在 汉语 拼音 没有 出现 的 时候，人们 写 英语 的 字 "o"，却 不 知道 习惯 上 要 从 左上角 开始 往 下 画。

有 一个 韩国 留学生 来 中国 学 汉语，虽然 在 他 自己 的 国家 仍然 有 使用 汉字 的 传统，他 在 没有 学 汉语 的 时候 能够 用 汉字 写出 自己 的 名字，但是 他 不 知道 中国 汉字 的 笔画 顺序。他 把 "出" 中 的 左上角 的 笔画 "竖折" 拆成 "竖" 和 "折" 2 笔，而且 先 写出 "土"，再 去 补 4 竖。他 写 "工" 字，是 先 写出 "二"，再 写 竖。对于 他们，写 字 就 像 画画 一样 具有 随意性。即使 是 部份 使用 汉字 记录 日语 的 日本人，他们 对 中国 汉字 的 一些 笔顺 也 仍然 不 熟悉。当然，就是 中国人 也 会 出现 少量 的 笔画 错误，

这 是 因为 部份 笔画 本身 的 规律性 不 强, 或者 由于 对 传统 的 书写 顺序 没有 熟悉。

　　自然 存在 的 具体 笔画 叫做 形素, 具有 区别 记录 功能 的 自然 笔画 形成 的 集体 叫做 形位。形素 和 形位 的 关系 类似 音素 和 音位 的 关系。例如, "一(横)" 是 一个 功能 笔画, 大小 和 装饰 等 方面 的 变化 不会 引起 功能 变化, 但是 长短 的 不同 在 汉字 的 "土" 和 "士" 中, 在 英语 文字 的 "I" 和 "T" 中 就是 不同 的 功能 笔画。

4.3.2 形征

　　形征 是 笔画 形体 的 区别 特征。它 类似 音征。笔画 特征 有: 长短、方向、弯直、粗细 等。

　　笔画 的 长短 是 指 同 方向 的 线条 在 书写 中 延续 的 距离。笔画 的 方向 是 指 笔画 在 书写 中 从 开头 到 结尾 延伸 的 趋势。笔画 的 弯直 是 指 笔画 在 延伸 过程 中 方向 是 否 改变。笔画 的 粗细 是 指 笔画 轨迹 的 面积 大小。

　　字 的 区别 特征 除了 通过 笔画 的 形征 反映 以外, 还 表现 在 笔画 的 多少 和 笔画 的 组合 位置 两个 特征 上。

　　具有 区别 字 的 功能 的 笔画 特征 是 功能性 的 形征。它 可以 造成 记录 的 语言 单位 在 意义 上 的 不同。例如 "土" 和 "士" 中 的 横 的 长短, "干" 和 "于" 中 的 竖 是 否 带钩。"话" 和 "活", "低" 和 "纸", "浅" 和 "线" 等, 在 快写 中, 也会 出现 特征 对立 模糊 甚至 混淆 的 现象。

【图表】汉字 笔画 区别 特征

笔画			方向								弧形		粗细		长	复合
			右	右上	右下	左	左下	左上	上	下	右弧	左弧	尖头	尖尾		
横	平横	长横(一)	+												+	
	平横	短横(-)	+												-	
		提(刁2)		+												
竖(丨)										+						
撇		撇(丿)				+					+		+		+	
		撇点(兰2)				+							+			
点	短点	点(丶)			+						+		+		-	
	短点	左点(杰5)				+					+		+			
	长点	捺(入2)									+			+	+	
折	钩折	横钩(了1)				+								+		+
	钩折	竖钩(丁2)		+										+		+
	钩折	上钩(儿2)						+						+		+
	钩折	提钩(切2)		+										+	-	+
	线折	折(及2)													+	+

　　有的 是 非功能性 的, 例如, "言" 中 的 横 的 长短, "小" 和 "尘" 上面 的 竖 是 否 带钩。同样, "刀、刃" 和 "力", "己" 和 "巳" 等 分别 靠 笔画 长短、多少, 笔画 分散、交叉、粘接 等 产生 功能性 区别 特征。但是, 这些 特征 一般 只是 自然性 区别 特征, 构成 汉字 的 大量 剩余 信息。

汉字 主要 靠 笔画和 部件 的 多少、排列 和 交叉 的 方式 来 构成 字 的 功能性 区别 特征。然而,音素 文字 的 字,笔画 数量 并不多,所以 笔画 的 区别 特征 多数 具有 功能性。

事实 上,在 手写体 中 笔画 的 区别 特征 经常 不 固定。因为 文字 也有 信息 剩余,少量 笔画 不 符合 规范 不 影响 整个 字 跟 其他 字 的 区分。

4.3.3 笔画 的 类型

笔画 的 类型 有 层次性,而且 具体 文字 的 笔画 类型 分类 不 一样。一般 把 汉字 分成 "横、竖、撇、点、折" 5 种 笔画。这 可以 减少 笔画 数量,方便 信息 处理。但是,在 这种 分类 中 把 "竖钩" 归属 "竖",这 就 与 "干" 和 "于" 的 功能 区别 特征 违背。另外 捺 归属 点 是 因为 方向 相同,可是 左点 与 撇 的 方向 相同。

常见 的 笔画 类型 可以 按照 层次 表示:笔画:(1)点——圆点,尖点,方点,圈点;(2)线条——直线,曲线(弧线,折线,环线)。

(1)点

点 的 主要 特征 是 短、尖、圆。分 圆点、尖点、方点 和 圈点 等。

圆点 是 实心 的 小圆,表音 文字 常用。例如 阿拉伯 文字 的 28 个 字,有 15 个 用了 圆点,拉丁 文字 中的 "i、j" 等 也 使用 了。与 表音 文字 相配 的 句号 也是 圆点。

尖点 是 开头 小 结尾 大 的 三角形 的 点,是 汉字 中 典型 的 点。常见 书写 方向 是 右下 方向,例如 "文、压" 中的 点。也有 向 左下 方向 书写 的,例如 "小、照" 中 最 左边 的 点,一个 写成 开头 大 的 撇点,一个 写成 开头 小 的 左点。"羊、曾、单" 右边 的 点 都 是 撇点。但是,如果 像 "5 笔" 分类 方法,忽略 笔画 长短,只 考虑 方向,取消 点类 和 捺类 的 区分,那么 撇点 也 要 按照 笔画 方向 归入 撇。尖点 与 撇、捺 的 共同 特点 是 向 非垂直 的 下方 倾斜,只是 长短 不同。如果 这样 按照 长短 分类,长点 必须 归属 捺,例如 "这" 下面 交叉 的 长点 就是 捺 的 变化。还有 一种 "挑点",例如 "冰(冰)、清(清)" 中 左下 位置 的 笔画,从 宋体 来看 应该 属于 "折",从 正楷体 来看 应该 属于 "提",5 笔 分类 归属 提,进一步 归属 横。

方点 倾斜 的 短 长方 形状,是 一种 不 常见 的 变体。汉字 黑体 中 的 点 就是 方点。

圈点 是 空心 的 小 圆形。日语 假名 文字 使用 了 圈点。汉语 中 与 汉字 相配 的 句号 也是 圈点。

点画 虽然 短小,但是 运用 起来 灵活,特别 是 在 汉字 书法 艺术 中,它 起着 区别 字 的 功能 和 平衡 字 的 形体 的 重要 作用。例如 "刀" 与 "刃" 的 区别 就在于 是否 有 一点,而 "冼" 与 "洗" 的 区别 就在于 两点 和 三点;在 "我、找、钱、成" 等 包含 "戈、戋" 这种 倾斜 部件 的 字 中,点 就 起着 平衡、稳定 字形 的 作用。草书 中 经常 用 调整 点 的 位置 或者 增加 点 的 方法 来 补救 危险 状态 的 字形。

(2)直线

直线 的 主要 特征 是 两头 一样 大,中间 不 拐弯。直线 可以 按照 是否 与 水平 方向 平行 或者 垂直,分成 正 直线 和 斜 直线。

正 直线 笔画 包括 横 和 竖。它们 是 汉字 的 主要 笔画,是 使 汉字 形成 方块 形状 的 主要 因素。正 直线 中 与 水平 方向 平行 的 是 横,与 水平 方向 垂直 的 是 竖。横 又 分 长横 和 短横,例如 "一、十、大" 中的 横画 都是 长横,而 "三、上、土、士" 等 字 中

包含 短横。竖也分 长短,例如 "中、申、巾" 的 第一笔都是 短竖,最后 一笔是 长竖。

斜 直线 一般 可以 向 左下、右下、右上(一般 用于 复合 笔画)3 个 方向 延伸,例如 "A、V"。汉字 的 "撇、捺" 不是 严格 的 直线。在 表音 文字 中,两种 直线 都 使用,例如 在 大写 的 拉丁 文字 中,有21 个 包含 直线 笔画。汉字 中 例如 "斗" 中 的 横,"刁" 中 的 提 也是 斜 直线,但是 提 的 两头 不 一样 大。

直线 有 支撑 整个 字 的 结构 的 作用,特别 是 长 直线。当 长 直线 出现 的 时候,它 往往 就是 主笔,字 的 结构 形体 也 就 由 它 决定,而 其他 的 笔画 就 如同 零件 一样 被 分 别 装配 在 需要 的 位置 上。比如 汉字 中 的 "干、中、量、非",拉丁 文字 中 的 "A、B、D、E、F、T" 等 都是 直线 起着 重要 作用 的 字。

(3)弧线

弧线 指 圆周 的 任意 一段 形成 的 线条。用于 文字 的 弧线 形成 了 一种 独特 的 笔画。弧线 这种 笔画 显示 出 了 它 比 折线 顺畅、快捷 的 优势。在 许多 文字 体系 的 笔画 中,特别 是 手写体 中 占有 相当 重要 的 位置。阿拉伯 文字 是 弧线 笔画 使用 最多 的 文字。在 它 的 28 个 基本 部件 中,有 26 个 包含 弧线。在 拉丁 文字 的 26 个 大写 字 和 26 个 小写 字 中,有7 个 大写 字 和21 个 小写 字 包含 弧线。

汉字 标准 楷书 中 的 长捺(人)、长撇(入)是 弯曲 比较 小 的 弧线。另外 竖左弯钩 (家)、竖右弯钩(戈)包含 弧线。显然 这种 笔画 在 楷书 中 使用 得 少。但是 在 手写体 的 行书 和 草书 中 弧线 却 经常 使用。只 不过 汉语 的 手写 行书 字体 因为 数量 庞大,成本 高,所以 没有 像 阿拉伯 文字、拉丁 文字 的 小写体 一样 做 常用 印刷体 使用。近年来,随着 电脑 显示 和 印刷 的 普及,经过 规范 的 行书 也 已经 做 印刷体 使用。

(4)折线

折线 一般 是 由 直线 加 直线 或者 弧线 或者 尖点 构成 的 复 合 笔画。折线 的 使用 满足 了 文字 形体 多样性 的 需求,所以,与 直线 相比,折线 更加 变化 丰富。

在 现代 汉字 中,包含 折线 的 笔画 叫做 折笔。常见 的 折笔 有 近 30 种,其中 只 曲折 一次 的 单折笔 有 11 种:横折(口)、横 撇(又)、横钩(欠);竖折(山)、竖钩(小)、竖提(以);撇折 (车)、撇提(给)、撇点(女)、撇钩(家);捺钩(戈)。

【讲课】31

正是 折线 千变万化 的 排列 和 交叉 组合 构成 了 成千上万 多 姿多彩 的 方块 汉字。而 在 表音 文字 中,折线 就 较少 使用。比如 拉丁 文字 的 大写 字,只有 "E, L, M, V, W, Z" 等 包含 折线。

(5)环线

环线 指 开头 和 结尾 在 同一 点 上 相交 的 笔画。这种 笔画 在 各种 文字 体系 的 笔画 中 都 占 比较 少,而且 主要 出现 在 手写体 中。比如 拉丁 文字 的 大写 中 只有 "0, Q" 用 了 环线 笔画,在 小写 斜体 行书 中 多 一些,例如 "a, b, d, g, o, q" 等 包含 环线; 而 在 圆体 行书 中 较多 地 使用 了 环线,但是 这种 圆体 近年来 基本上 被 斜体 取代 了。

现代 汉字 的 楷书体 中 只有 表示 零 的 汉字 "〇" 是 环线。但是 现代 汉字 的 行书体 中 环线 也是 常见 的 笔画,例如 "王、子、到" 等 字 中 的 交叉 笔画 都 可以 写 成 环线。

环线 除了 在 表音 文字 中 可以 单独 构成 字 以外,大都 出现 在 附属 的 连接 前后 两

笔 的 位置 上, 起 牵连 和 省略 笔画 的 作用, 因而 它 也 多 成为 手写 行书 的 常用 笔画。环线 和 弧线 的 使用 有利于 减少 笔画 数量, 是 加快 书写 速度 的 重要 途径。同时, 它 具有 较强 的 随意性。

4.4 字

4.4.1 字是文字的基本单位

(1) 字 的 定义

字 是 最小 又 自由 的 文字 单位, 它 是 文字 体系 中 的 基本 单位。在 排版 中 能够 自由 地 被 调动 位置 的 最小 单位 就是 字。[①②]

从 缩写 中 也 可以 看到 字 在 最小 单位 中 的 自由 性质。例如, 英语 可以 写 "Jack (J for short): 'Don't do it!'" 从 这里 可以 知道 "J" 是 一个 自由 的 最小 的 "字"。对应 的 汉语 翻译 是 "杰克 (简称 '杰'): '别 这样!'" 从 这里 可以 知道 "杰" 和 "J" 是 同样 地位 的 "字", 虽然 它们 分别 记录 的 是 "音素" 和 "多音节 语素 中 的 一个 音节"。

同样 是 汉语, "普通话 水平 测试" 根据 拼写 文本 "pǔtōnghà shuǐpíng cèshì" 简称 "PSC", 根据 汉字 文本 应该 简称 "普水测" 或者 "普测"。这 也 说明 了 字母 和 字 具有 同等 性质。

当然, 为了 分析 部件 和 笔画, 我们 也 可以 临时 把 部件 和 笔画 当做 字 来 书写 和 设计 字库, 例如 "丿, 彡, 冫"。

(2) "字母" 是 表音 文字 中 的 字

"字母 (letter of an alphabet)" 习惯 上 用来 指 表音 文字 中 的 字, 包括 英语 中 那样 的 音素字, 日语 中 那样 的 音节字, 朝鲜语 中 那样 的 音素化 音节字。

"字母" 是 在 一种 误解 中 为了 表达 这种 外来 概念 创造 的 名称。英语 "alphabet (字表)" 在 古代 拉丁语 中 写成 "alphabetum", 是 通过 希腊 文字表格 前面 两个 字 的 个体 名称 "alpha" 和 "beta" 组合 创造 的 表示 集体 概念 的 词。过去 使用 汉语 的 人 经常 把 "词" 叫做 "字"。这样, "字" 有时 用来 表示 与 "字" 有关 的 其他 概念。例如 用 "字义" 来 表示 "语素 意义" 或者 "词义", 在 成语 "字正腔圆" 中 用 "字" 表示 "音节"。因此, 人们 很 容易 从 这种 错误 基础 出发, 把 音素 文字 中 记录 一个 词 的 字组 当做 一个 字, 真正 的 字 就 降低 级别, 当做 字 内部 的 下层 单位, 也 就是 部件, 叫 做 "字母"。

(3) 字 的 自由性

字 的 自由性 怎样 理解? 字 的 自由性 必须 建立 在 视觉 空间 的 基础 上, 不需要 考虑 它 的 服务 对象——语音 和 语义。如同 考虑 音节 的 分离, 不需要 考虑 意义 和 文字 一样。

汉字 是 语素 文字, 每个 字 一般 记录 了 一个 语素, 语素 有 意义。这 就 容易 使 人 产

---

①彭 泽润. 字母 和 字 是 同级 单位 [J]. 南宁: 阅读 和 写作, 1988, (7).
②彭 泽润. 普通 文字学 中 的 "字" 及 有关 理论 问题 [J]. 长沙: 湖南 师范 大学 学报, 1994, (1).

生 误解, 以为 要 记录 一个 有 意义 的 单位 才 叫做 字。其实, 语音 的 音节 只管 声音, 文字 的 字 只管 形体, 语言 的 词 才要 管 意义 和 声音。如果 是 书面 语言 的 词 就要 管 声音、意义 和 形体。音素 文字 中 的 字 即使 不 表示 声音, 例如 "Who" 中 的 "W", 也是字; 语素 文字 的 字 即使 没有 单独 表示 意义, 例如 "巧克力" 中 的 "巧" 等, 也是 字。

(4) 字 与 音节、词 的 关系

字 与 音节、词 在 各自 体系 中 具有 共同 特点, 都是 线条性 切分 下来 的 最小 的 自由 单位。不过, 音节 的 内部 结构 成份, 从 听觉 物质 来看 一般 只能 进行 线条性 分析, 当然 声调 有些 例外。然而, 字 的 内部 结构 成份, 从 视觉 物质 来看, 一般 主要 进行 平面 结构 分析。

字 跟 音节、词、语素 有 联系, 但是 我们 不能 混淆 它们。目前, 连 语言学 教材 都 大量 存在 明显 混淆 它们 的 现象①, 值得 我们 关注。词 和 语素 是 形式 和 内容 结合 的 语言 单位, 音节 是 口语 的 形式 单位, 字 只是 语言 的 书面 形式 单位。字 是 文字 单位, 词 是 语言 单位②。明白了 字 和 词 的 不同, 就 不会 产生 这样 的 误解: 认为 掌握了 几 千 个 汉字 就 掌握了 汉语 的 所有 词, 认为 英语 等 音素 文字 中 的 字 就是 词, 英语 的 "字" 数 以万计, 难以 掌握。

(5) 字 的 线条性 和 平面性

为什么 说 字 和 字 之间 的 组合 具有 线条性, 字 里面 的 结构 又 具有 平面性? 口语 形式 的 表现 具有 线条性, 文字 记录 口语, 文字 的 基本 单位 是 字, 字 必须 通过 自己 的 组合 对应 记录 口语 中 的 单位, 所以 字 的 外部 组合 具有 线条性。但是, 一个 字 体现 成 一个 视觉 的 平面 空间, 字 的 内部 结构 像 图画 一样 可以 进行 平面 构造。字 的 内部 具有 平面性 是 一切 文字 的 共性。所以, 说 "汉字 是 平面型 文字"③④ 不 准确, 只能 说 汉字 是 平面 复杂 的 文字。

4.4.2 部件

(1) 部件 的 性质

部件 是 在 从 笔画 到 字 的 结构 过程 中 的 中间 单位, 是 一种 在 结构 中 不 成字 的 笔画块。这个 笔画块 具有 重复 出现, 和 别的 部件 组合 成字 的 能力。有人 就 怀疑 这个 定义, 例如 "众" 这个 字 不 就是 3 个 "人" 字 吗? 其实, 仔细 观察 就是: "人" 这个 字 变成了 3 个 都 不 相同 的 部件, 而且 失去了 原来 做字 的 自由性。正如 "人" 本来 也是 一个 词, 但是 在 "人民" 这个 词 里面, 它 就 失去了 词 的 资格。

部件 一般 只用来 分析 结构 复杂 的 文字 中 的 字。语素 文字 中 的 字 的 数量 很多, 必须 通过 比较 多 的 笔画 组合, 才能 相互 区分。音节 文字 中 的 一些 字 也 可能 出现 部件。字 的 笔画 太多, 必然 会 想 办法 分 层次 结构。部件 就是 这样 的 中间 层次。阿拉伯

---

①彭 泽润, 邱 盼盼. 字 和 词 的 可比性 及其 相关 问题 的 认知 错觉——认知 语言学 要 遵循 逻辑[J].北京: 当代 语言学, 2013, (4).

②王 立. 汉语 词 的 社会 语言学 研究 [M]. 北京: 商务 印书馆, 2003. 169.

③胡 裕树 主编. 现代 汉语 (修订本) [M]. 上海: 上海 教育 出版社, 1987. 188.

④吴 启主 主编. 现代 汉语 教程 [M]. 长沙: 湖南 师范 大学 出版社, 1990. 156.

文字、朝鲜 文字 虽然 是 音节 文字，但是，字 内部 也 可以 分解 部件，分别 对应 音素。英语 用 的 字 只有26个，用 少量 的 笔画 就 可以 相互 区分，当然 不 需要 分 部件。

(2) 部件 的 类型 和 结构

在 字 的 下层 编码 中，可以 把 构成 字 的 偏旁 分成 "声旁、形旁、配旁" 3 种。有人 把 它们 分别 叫做 "声符、形符、记号"。它们 分别 表示 3 种 编码 方式：声旁 与 声音 联系 选取 代码，形旁 与 意义 联系 选取 代码，配旁 不 与 声音 和 意义 联系 选取 代码。"声旁、形旁" 是 有理 代码。"配旁" 是 无理 代码，例如 "鸡" 中间 的 "又"。

在 检索 复杂 的 汉字 的 过程 中，为了 有 层次 地 检索，先 检索 领头 的 部件。这个 领头 的 部件 叫做 部首，就是 合体字 的 形旁 或者 独体字 的 第一个 笔画。

部件 多 的 字 还有 结构 的 层次性，在 汉字 中 一般 把 第一次 切分 出来 的 一级 部件 叫做 "偏旁"，例如，"韶" 中 的 "音" 和 "召"；把 最后 切分 出来 的 末级 部件 叫做 "字根"，例如 "韶" 中 的 "立、日、刀、口"。

部件 一般 由 简单 的 字 充当，或者 对 简单 的 字 进行 改造，所以 人们 容易 识别 和 分析。例如，"照" 中间 的 "日、刀、口" 是 简单 的 单字，下面 的 部件 是 由 "火" 演变 出来 的 "四 点"。有的 部件 组合 字 的 能力 很 弱，例如 "步" 下面 的 部件。

有的 部件 已经 看 不出 它 的 演变 痕迹 了，例如 "步" 下面 的 部件。有的 部件 不是 由 单字 演变 出来 的，而且 与 它 记录 的 语言 单位 毫无 联系，是 单纯 的 记号，例如 简化 字 "赵" 中 的 "×"。有的 虽然 可以 单独 做 字，但是 做 部件 的 时候 跟 这个 字 记录 的 语言 单位 同样 既 没有 意义 联系，也 没有 声音 联系，例如 "鸡" 中 的 "又"。

从 方便 申脑 信息 处理 和 人 掌握 文字 的 角度 来说，对 一些 生成 能力 很 弱 又 不能 单独 做 字 用 的 部件，我们 可以 忽略 它们 的 历史 关系，在 字形 整理 过程 中 进行 淘汰，用 相近 的 常见 部件 代替。例如 "步" 下面 的 部件。

部件 在 组成 字 的 时候 会 发生 类似 音位 变体 的 变化。例如，部件 "文" 在 "纹、紊、这" 中，"土" 在 "至、到、地" 中 的 变化。如果 说 音位 组合 变化 是 为了 发音 的 方便，那么，部件 组合 变化 是 为了 方便 书写 和 使 字形 美观。其实，笔画 本身 也 有 组合 变化 的 问题。

(3) 部件 融合 和 语素 融合 的 不同

语素 文字 除了 通过 "象形" 的 造字 原理 构成 一些 基本 的 简单 符号 以外，就是 大量 利用 它们 与 其他 语素 的 声音 或者 意义 的 联系，进行 编码，创造 新 的 字。如果 都 利用 意义 联系 编码，就 形成 创造 字 的 "会意" 方法。如果 声音 联系 和 意义 联系 两个 方面 都 利用，就 形成 "形声" 方法。形声 方法 由于 依靠 了 语音，多 了 一个 具体 的 可靠 途径，所以 是 最 有效 的 方法。"指事" 只是 会意 的 一种 特殊 方式。这些 原理，不仅 属于 汉字，也 属于 历史 上 存在 过 的 其他 古老 的 语素 文字。这些 原理 都 使 部件 融合 成字，而 不是 字 和 字 之间 的 组合 关系。这 就 好像 语素 和 语素 融合 成词，而 不是 词 和 词 之间 的 组合 关系。但是，我们 不能 因此 发生 逻辑 误会，看到 英语 的 字 没有 这样 的 复杂 结构 关系，就 以为 汉字 从 部件 到 字 的 构造 等同 英语 从 语素 到 词 的 构造。[1]

(4) 字 的 声旁 和 表音字 的 不同

---

① 周 有光. 世界 文字 发展 历史 [M]. 上海：上海 教育 出版社，1997.

在 表意 文字 的 形声字 中, 字 的 声旁 看 起来 是 表音 的, 但是 跟 表音 文字 中 的 字 或者 表音字 有 本质 的 不同。声旁 是 根据 语音 建立 的 随机 理据, 可以 出现 声音 和 形体 复杂 对应 关系; 然而, 表音字 跟 语音 建立 的 规则 的 理据, 可以 出现 基本上 一对一 的 简 单 关系。汉语 拼音 的 一对一 关系 更加 明显。在 表意 文字 的 假借字 中, 即使 整个 字 是 表音 的, 其实 只是 一个 语素 随机 借用 记录 其他 语素 的 字 代替 记录, 不是 用 这个 字 去 记录 一个 抽象 的 音节。因此, 假借字 看 起来 是 更加 像 表音 文字 中 的 音节字, 其实 也 有 本质 的 不同。

4.4.3 字素 和 字位

（1）字素 和 字位 的 关系

在 语音 中, 不仅 音素, 而且 词 等 的 声音 都有 自然性 和 功能性 的 区别。例如 "我们" 这个 词 的 声音 就会 有 很多 细微 差别, "们" 即使 脱落 后面 的 音素, 也 至少 要 保留 住 "m" 或者 一个 鼻音 特征, 才能 使 "我们（wǒm）" 和 "我wǒ" 区别 开来。

字位 是 功能 一致 的 字 的 概括, 是 指 具有 相同 记录 功能 的 有 形状 和 大小 等 变化 的 不同 的 自然 字 的 集体。字素 就是 一个 字位 的 具体 表现, 是 记录 功能 相同 的 字 在 不同 使用 环境 中 的 变化 状态。字位 的 形状 变化 形成 字体, 字位 的 大小 变化 形成 字号。 字位 还 可以 发生 倾斜、拉伸、阴影 等 变化。

字体 和 字号 的 恰当 选择, 对 版面 的 充分 利用, 对于 版面 款式 在 信息 表达 效果 和 美化 效果 上 会 产生 重要 作用。

（2）字体

字体 就是 在 保持 同一 字位 功能 状态 的 情况 下, 通过 字 与 字 之间 发生 的 相同 特 征 的 形体 变化 而 产生 的 有 特定 风格 的 具体 字形。细微 的 字体 变化 是 在 保持 笔画 的 方向 和 长短 不变 的 前提 下 进行 的。随着 电脑 文字 信息 处理 的 发展, 涌现 了 越来 越 多 的 新 字体, 书法家 甚至 每个 人 都 有 可能 把 自己 的 字体 应用 到 排版 中。

字体 在 手写 中, 可以 发生 很大 的 变化, 甚至 模糊 字 和 字 的 界线 和 区分。书法 中 的 行书、草书, 就是 大胆 突破, 有意 制造 危险 形态 或者 超常 形态 来 获得 艺术 效果, 但 是 整个 汉字 的 拓扑[①] 图形 或者 轮廓 要 尽可能 保留, 否则 只能 是 绘画 或者 制图 了。

字体 分成 功能性 字体 和 风格性 字体 两个 大类。在 表音 文字 中, 字 一般 首先 有 大写 和 小写 的 功能性 的 形体 变化 大 的 字体 分别。类似 区别 在 日语 假名 中 分别 叫做 平假名 和 片假名 的 区别。其中 有 一种 是 通用 字体, 例如 英语 的 小写, 日语 的 平假名。 大写 和 小写, 是 一种 具有 一定 辅助 功能 作用 的 字形 变化。大写 字母 一方面 起 醒目 的 非功能 作用; 另一方面, 它 可以 做 专有 名称 和 句子 开头 的 标记, 具有 辅助 功能 性质。 汉字 因为 数量 庞大, 没有 功能性 字体 变化。

风格性 字体 具有 各自 的 不同 变化。例如 英语 等 用 的 拉丁 文字, 手写体 有 意大利体、 圆体、斜体 等 字体。印刷体 有 白正体、白斜体、黑正体、黑斜体、方头正、方头斜、细体、花 体、白歌德体、黑歌德体 等。汉字 有 4 种 常见 的 印刷体: 宋体、楷体、仿宋、黑体。其中 宋

---

① 拓扑 tuòpù, 英文 topology, 指 数学 中 关于 几何 图形 在 连续 改变 形状 的 时候, 还能 保留 不变 的 一些 特性。它 只 考虑 物体 之间 的 位置 关系, 而 不 考虑 它们 的 距离 和 大小。

体 最 常见。正楷 是 最 接近 手写 字体 的。

有人 看到 汉语 拼音 不用 常见 的 细体 排版、书写，就 认为 不是 记录 汉语 了，这是 极大 的 误解。

（3）字号

字号 是 字 的 空间 比例 的 大小 变化。在 汉字 中 常见 的 印刷 字 是 5 号。报纸 用 小 5 号 的 也 比较 多。在 WORD 软件 中，汉字 电脑 字号 最小 的 字号 是 8 号，最大 的 字号 是 初号，中间 一共 区分 了 16 个 大小 级别：初号，小初，1，小 1，2，小 2，3，小 3，4，小 4，5，小 5，6，小 6，7，8。在 一些 专业 排版 软件 中，还 可以 对 字号 做 任意 调整。

在 WORD 软件 中，英语 字号 可以 从 5 到 72 磅，中间 一共 区分 了 21 个 大小 级别：5，5.5，6.5，7.5，8，9，10，10.5，11，12，14，16，18，20，22，24，26，28，36，48，72。很 明显，按照 磅 来 计算 字 的 大小 更加 精确，而且 具有 可比性。

汉字 的 一个 8 号、5 号 和 小 4 号 字 大小 分别 等于 英语 文字 一个 5 磅、10 磅 和 12 磅 字 的 大小。汉字 初号 大小 在 英语 文字 48 磅 和 36 磅 之间。在 电脑 排版 中，可以 利用 选择 英语 字号，增加 汉字 字号 变化 的 丰富性。例如 在 汉字 5 号 和 小 4 号 之间 没有 等级 变化 了，但是 在 英语 文字 中 还有 10.5 磅 和 11 磅 两个 级别 的 变化。

4.5 文字 系统

4.5.1 文字 系统 的 内容

一种 语言 的 文字 系统 是 由 一些 文字 要素 相互 联系 和 相互 制约 构成 的 整体。它 包括 以下 内容：

（1）笔画 系统，包括 笔画 形状、笔画 数量、笔画 顺序，等等。

（2）部件 系统，包括 形旁、声旁、配旁 等，音节 文字 的 音素 偏旁，等等。

（3）单字 系统，包括 字 的 方位 结构，不同 时期 的 各种 历时 字体，同一 时期 的 各种 共时 字体，字号 变化，等等。

（4）字组 系统，包括 记录 词 的 字组，记录 语素、音节、音素 的 字组，记录 句子、篇章 的 字组，字组 的 距离 等 标记，字 的 大写 小写 变化，等等。

（5）标点 符号 系统，包括 声音 停顿 符号，意义 突出 符号，等等。

（6）款式 系统，包括 字 和 字组 的 排列 顺序，移行 规则，大写 小写 使用 规则，等等。

（7）代码 系统，包括 哑语 代码、旗语 代码、电脑 代码 系统、谐音 趣味 代码、表情 符号 代码 系统，等等。

字 之间 互相 相似 可以 形成 近形字、同旁字（偏旁 相同） 等 聚合。

如果 把 字 跟 它 记录 的 语言 单位 联系 起来 考虑，还 可以 形成 许多 聚合 关系：多音字，多义字；同音字，异体字，异读字；近音字，近义字。例如 异体字，它 是 指 在 记录 的 语言 单位 不变 的 情况 下 可以 互相 替换 的

【讲课】32

字。汉字 的 异体字 包括 狭义 的 异体 关系 的 字,也 包括 简体 和 繁体 关系 的 字,也 包括 从 甲骨文 到 隶书、楷书,从 宋体 到 黑体、仿宋体 等等 变化 中 的 字。狭义 的 异体字 是 指 同时 时间 出现 的 形体 差别 明显 不同 但是 功能 一样 的 字,这 是 首先 要 规范 的 对象。

4.5.2 字组 和 词式 文本

（1）字组

字组 是 记录 一个 音素、音节、语素、词、词组 等 语言 单位 的 多于 一个 字 的 文字 单位。例如,英语 用 的 文字 中 "shall" 用 5 个 字 记录 1 个 词,也 是 一个 语素,一个 音节。其中 的 "sh、ll" 都 用 2 个 字 记录 1 个 音素。日语 "きゃ" 是 用 2 个 字 记录 一个 音节 "kja"。汉语 中 "巧克力" 用 3 个 字 记录 1 个 词,也 是 一个 语素。汉语 "语言学 概论" 是 用 5 个 字 记录 一个 词组。

语言 中 记录 1 个 词 最少 用 1 个 字,例如 英文 词 "I（我）" 和 "a（一个）",汉语 的 "我" 和 "是" 用 单字 记录。但是 更多 的 词 用 字组 记录,例如 英语 的 "beautiful（美丽）",汉语 的 "聪明"。

一种 文字 的 字 的 总 数量 越少,记录 一个 词 需要 的 字 的 数量 就 越 多,反过来 就 越 少,它们 之间 构成 反比例 关系。一种 语言 的 音素（音位）往往 是 几十 个,然而 一种 语言 的 常用 的 语素 总是 多 到 几千 个,一种 语言 的 常用 的 词 总是 多 到 几万 个。相反,一个 词 里面 包含 的 音素 比 包含 的 语素 要 多 几倍。例如,英语 采用 音素 文字,字 的 总数 只 有 26 个;汉语 采用 语素 文字,一般 要 7000 个。但是,英语 的 文字 记录 1 个 词 大约 平均 要 5 个 字;汉语 的 文字 记录 1 个 词 大约 平均 只要 2 个 字。英语 的 文字 如同 数学 中 的 二进制,汉语 的 文字 如同 数学 中 的 十进制。

在 一种 语言 的 语音 系统 中,音节 的 总 数量 和 一个 词 的 形式 用 的 音节 数量 也 有 反比例 关系。北京话 比 广州话 音节 总 数量 相对 少,多音节 词 就 相对 多。

为什么 英语 文字 中 字 的 总 数量 那么 少,汉语 文字 中 字 的 数量 又 那么 多？因为 任何 语言 中 的 1 个 词 里面 包含 的 语素 平均 大约 2 个,包含 的 音素 平均 大约 5 个。语言 中 的 音素 是 最小 的 形式 切分 单位。切分 的 长度 越 小,切分 出来 的 单位 的 数量 就 越 少。语素 的 形式 一般 是 一个 音节,音节 多数 比 音素 单位 大,切分 出来 的 数量 就 多。

字组 不 等于 词组,也 不 等于 音节组。词组 在 口头 形式 上 肯定 是 音节组,在 书面 形式 上 肯定 要 用 字组 记录。但是,字组 记录 的 可以 是 小于 词组 的 词,例如 "学习",也 可以 记录 比 音节组 小 的 音节,例如 "哪儿"。

（2）词式 文本 和 正词法

词式 文本 是 用 按照 词 这个 单位 书写,把 记录 每个 口语 词 的 所有 字 连接 在 一起,使 词 和 词 之间 在 书写 上 有 明显 的 距离 等 标记,逼真 地 体现 口语 词 的 界线[①]。用 这种 方式 书写 的 书面语 文本 叫做 词式 文本[②]。

---

①彭 泽润. 汉语 拼音 正词法 和 汉语 的 词式 书写 [J]. 北京:语文 建设,1998,（2）.

②彭泽润,陆 丙甫,黄 昌宁. 语义 互联网 时代 迫切 需要 汉语 词式 文本[J]. 北京:中国 语文,2014(5):

词式 文本又 叫做 词式 书写[1]、词 连写、分词 连写。词式 书写 的 说法，适合 书写 时代。信息 时代 的 文字 基本 不写 了，是 输入。词 连写 和 分词 连写，都 不 明确，使人 以为 是 把 词 和 词 连接 起来 写，把 意思 搞反。

【图表】4 世纪 日耳曼语 文字 的 字式 书写

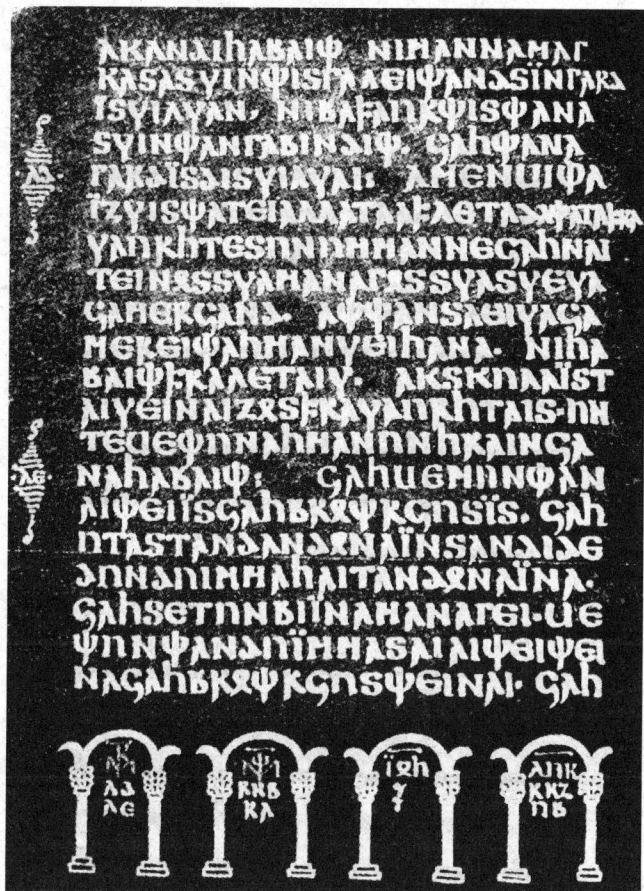

早期 的 词式 文本 还 采用 符号 做 词 的 边界 标记，例如 拉丁 文字 早期 采用 的 隔离 词 的 符号 "："，楔形 文字 早期 采用 的 隔离 词 的 符号 "、"。

词式 文本 中 的 距离 叫做 词距。词距 也 可以 说是 一种 特殊 的 标点 符号[2]，是用 空间 距离 的 形式 来 代替 古代人 用过 的 隔离 词 的 符号。词式 文本 是 书写 方式 的 进步，西方 文字，例如 日耳曼语 在 4 世纪 以前 也 没有 词式 文本 文本，而是 像 汉字 的 字 一样 的 字式 书写 格式，字母 和 字母 连续 书写，中间 没有 词 的 距离。

词式 文本 是 跟 非词式 文本 对应 的。词式 文本 是 现代 文字 普遍 采用 的 书写 方式，例如 英语 等 用 的 拉丁 文字，传统 的 蒙古语 文字 也 是 采用 词式 文本，把 一个 词 的 全

467～478.

① 蒋 辅文. 提倡 词式 书写 和 词式 排版 [J]. 成都：中文 信息，1997，(5).

② 曹 季南. 论 中文 的 词义 空格 形式——空格 的 标点 功能 [J]. 上海：上海 师范 大学 学报，1998，(2).

部 音素字 连接 成 一个 整体 书写。非词式 文本 一般 是 字式 书写,例如 汉字 的 书写。在 字式 书写 的 影响 下,还 在 新 创造 的 表音 文字 中 出现 音节式 书写,例如 苗语、越南语。不过,越南语 像 古代 汉语 一样,单音节 词 很 丰富。

词式 文本 需要 正词法 的 帮助。正词法 是 适应 词式 文本 需要 对 词 进行 确认 和 书写 的 规则,例如《汉语 拼音 正词法 基本 规则》。在 词式 文本 习惯 还 没有 形成 的 文字 或者 文字 转写 代码 中 特别 需要。

【图表】842 年 中古 德语 文字 的 词式 文本

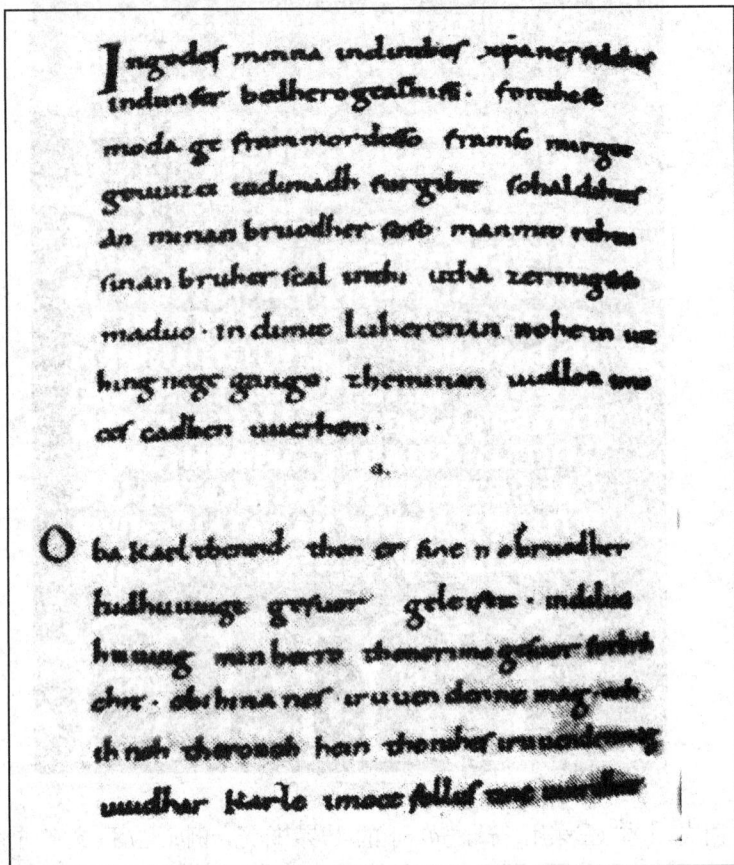

(3) 词式 文本 的 意义

词式 文本 能够 逼真 地 反映 口语 中 词 的 信息,方便 阅读,能够 提高 书面 语言 的 阅读 效率。小学生 看到 课文 有 "同学 活泼 可爱,老师 和蔼可亲" 的 句子,因为 没有 词距,回家 就 问:"爸爸,蔼 可亲 是 谁?" 没有 词距 小学生 就 误解成 "老师 和 蔼可亲"。一个 留学生 问 老师:"爱全" 是 谁? 原来 他 在 歌词 里 听到:"把 爱全 给了 我"。

对于 表音 文字,由于 词 内部 的 字 相对 多,阅读 中 辨别 词 的 边界 更加 困难,采用 词式 文本 的 迫切性 更加 强。因此,拉丁 文字 等 文字 最早 的 标点 符号,是 实现 词式 文本 的 隔离 词 的 符号。

古代 文字 一般 是 词 文字,例如 古代 汉语 的 文言文 用 的 汉字,字 和 词 基本上 重合,一个 词 用 一个 字 记录,实行 字式 书写。由于 语言 的 发展,如果 再 这样,人们 只能 看到 字 的 界线,看不到 词 的 界线,所以 现代 文字,特别 是 表音 文字 一般 采用 词式 文本。但是，在 汉语 中 词式 文本 仍然没有 得到 很好 的 推广。

（4）词式 文本 和 文字 类型

一个 词 用 的 字 越 多，实行 词式 文本 的 需要 就 越 强烈。否则，阅读 起来 相当 困难。例如，如果 不 实行 词式 文本，写成 这样 的 英语：

"Doyoumindiflaskyouoneortwoquestions？（我 可以 问 你 一两 个 问题 吗？）"

就 很 浪费 阅读 时间。虽然 没有 词 的 边界 我们 也 能够 阅读，如同 汉语 文言文 在 印刷 的 时候 几乎 没有 标点 符号，我们 也 能够 阅读，但是 毕竟 这样 阅读 比较 困难，而且 可能 发生 误解。例如，"提高 人民 生活 水平"，从 词 的 切分 来看，有 14 个 可能："提，高，提高，人，高人，人民，生，民生，活，生活，水，活水，平，水平"。

有的 歧义，可以 通过 词式 文本 区分。例如，"巴基斯坦一中将"，"电子行业中国有重点企业"，"学生会来的"，"从小学语文"，"学校对"，"中国语文现代化学会"，"我国汉语研究中国外理论语言学成果的借鉴和发展"[1]，"由词汇集成的词汇是一个整体"[2]，"由于种植籽瓜有利可图，使大批的种植者就到过渡带来开垦"[3]，"这不是伊丹十三个人的问题"[4]，"香港人气少女"[5]。每个 例子 都 有 歧义，真正 的 意思 是 什么？我们 可以 用 词式 文本 表达 清楚。

词式 文本 是 音素 文字 普遍 采用 的 文字 书写 方式，然而 汉字 书写 汉语 至今 没有 普遍 采用。[6]这 是 因为 一种 语言 的 音素 是 最小 的 语音 单位，每个 词 包含 的 音素 大大 多于 它 包含 的 语素 的 数量。汉字 是 语素 文字，一个 词 大约 用 2 个 语素字，即使 不 实行 词式 文本，阅读 的 时候 寻找 词 的 界线 也 相对 容易。所以，英语 的 书写 中 既有 字 的 小距离，也 有 词 的 大距离，分别 叫做 "字距" 和 "词距"。但是，采用 现行 汉字 的 汉语 书写 中 只有 字 的 距离 一种。因此，人们 很 容易 把 英语 词 的 距离 与 汉语 字 的 距离 错误 对应，把 英语 的 词 叫做 "字"。

在 没有 词式 文本 习惯 的 汉语 中，词式 文本 还 可以 强化 汉语 使用 中 的 词 意识。例如 英语 的 词 history 和 law 分别 对应 汉语 的 词 "历史" 和 "法律"。可是 人们 在 写作 或者 翻译 中 经常 用 不能 做 词 用 的 语素 "史、法" 代替，出现 "世界 当代 科技 史、国家 通用 语言 文字 法" 等 现象。在 词式 文本 中，很 容易 发现 "史" 和 "法" 的 不自由 局面，从而 重新 调用 真正 的 现代 汉语 的 词 "历史" 和 "法律"。

（5）汉语 的 词式 文本

如果 用 汉语 拼音 书写 汉语，那么 必须 像 音素 文字 一样 实行 词式 文本，才 方便 阅读。所以 1958 年 公布 《汉语 拼音 方案》，规定 了 汉语 音节 的 书写 规则，1988 年 又 补充

---

① 这 是 《华东 师范 大学 学报》1980 年 第2 期 方 经民 文章 题目。

②邵 敬敏、方 经民. 中国 理论 语言学 历史 [M]. 上海：华东 师范 大学 出版社，1991.212.

③俞 士汶，朱 学锋. 关于 汉语 信息 处理 的 认识 及其 研究 方略 [M]. 北京：语言 文字 应用，2002，（2）.

④文 池 思想 的 魅力——在 北大 听 讲座 [M]. 北京：新 世界 出版社，2001.14.

⑤ 还有 误解 以后 不 太 文雅 但是 确实 在 媒体 上 出现 过 的 例子。除了 "一次性 交付 15 元（办理 结婚证）"，还有 网友 列举 的 一些 例子："超市 竞争 出现 阶段性 高潮"，"全国性 产品 展销会"，"做 一次 告别性 的 演出"。

⑥仉 玉烛. 汉字 分词 连写 初探 [J]. 北京：语文 建设，1992，（3）.

公布 了 《汉语 拼音 正词法 基本 规则》（1996 年 成为 国家 标准），规定 汉语 词 和 句子 的 书写 规则。这个 规则 的 基本 精神 是：用 拼音 书写 汉语 要 按照 词 这个 单位 书写。这样，用 汉语 拼音 书写 "我 是 来自 中华 人民 共和国 的 学生。" 应该 是：

Wǒ shì láizì Zhōnghuá RénMín Gònghéguó de xuésheng.

用 汉字 这样 的 语素 文字，为什么 几 千年 以来 没有 实行 词式 文本，现在 却 有人 呼唤 改革 呢？因为 它 在 古代 是 一种 词 文字，一个 词 一个 语素，一个 词 内部 一般 只 需要 1 个 字。这种 保持 一个 词 用 一个 字 记录 的 书面语，在 付出 了 脱离 口语 的 代价 的 基础 上，维持 了 几 千年 的 历史。随着 汉语 的 发展，单音节 词 占 的 比例 越来越 少。最近 100 年 以来，现代 汉语 书面语 一直 保持 跟 口语 基本 一致。如果 仍然 不 实行 词式 文本，带来 的 不 方便 就 越来越 多 了。在 汉语 信息 处理 中，这个 问题 更加 突出。例如，一次 输入 "xdh" 或者 "xiandaihua"，可以 很 快 地 一次 输出 "现代化"，因为 没有 同音词 的 选择 问题。如果 分 3 次 处理，就 会 慢 多 了，因为 要 对 同音 语素 进行 多次 选择。

可是，很多 人 由于 从小 在 学习 和 使用 汉语 书面语 的 时候，就是 通过 一个 一个 字 从 语素 角度 认识 汉语 的，所以，对于 书面 上 的 一个 句子，不 知道 在 哪儿 把 词 切分 开来。因此，强化 汉族 的 词 意识[1] 已经 非常 迫切，许多 语言 信息 处理 专家 也 在 呼吁 汉语 实行 词式 文本 的 改革。[2][3]当然 任何 改革 都 会 出现 麻烦。但是 只要 方便 比 麻烦 多，这样 的 事情 就 值得 去 做。而且 习惯 以后，麻烦 几乎 可以 忽略。暂时 没有 形成 词式 文本 习惯 的 汉语 使用者，很 容易 注意 词式 文本 在 词 的 分离 方面 遇到 的 麻烦。其实，这 些 麻烦 任何 语言 包括 英语 也 有。例如 "there can not be" 中 的 "can not" 这个 词组 由于 使用 频率 高，长度 适当，发音 紧凑，也 可以 当做 一个 词，写 成 "cannot"。"（a）one to one（correspondence）" 中 的 "one to one" 可以 当做 一个 松散 的 词 用 连接 符号 把 原来 的 3 个 词 连接 起来，写成 "one-to-one"。有人 说 "老 师 和 同学 们" 中 的 "们" 不好 处理，其实 只要 比较 英语 "（see directly into）each other's minds" 类似 的 " 's "，就 可以 处理 成 " 老师 和 同学们 "。

4.5.3 字 的 大写 和 小写

字 的 大写 和 小写 是 在 相同 情况 下 通过 空间 上 的 大小 区分 的 字 的 不同 形体。在 音素 文字 中，字 一般 有 大写 和 小写 的 字体 分别。小写 字体 是 在 大写 字体 的 基础 上 形成 的。小写 产生 的 方法 主要 有 两种：一种 是 省略 笔画，例如，拉丁 文字 从 B 变成 b，希腊 文字 从 N 变成 ν；一种 是 连接 笔画，例如 斯拉夫 文字 从 Б 变成 б，希腊 字母 从 H 变成 η。但是 在 有些 情况 下，这 两种 方法 很难 分开。

字 的 大写 和 小写 的 分化 是 逐步 形成 的。在 希腊 文字 中，字 最初 只有 一种 形体，就是 现代 的 大写体 的 原始 形状。后来，文字 使用 更加 频繁，人们 对 书写 速度 的 要求 更加 高，于是 逐渐 分化 出 正字体 和 斜字体。斜字体 与 正字体 相比，斜体字 比较 简单，比

---

①彭 泽润. 必须 从 儿童 教育 开始 强化 汉民族 的 "词" 意识 [A]. 王 均 主编. 语文 现代化 论丛（2）[C]. 北京：语文 出版社，1996.

②陈 力为. 当前 中文 信息 处理 的 几个 问题 [J]. 北京：计算机 世界，1987，（21）.34.

③俞士汶. 关于 受到 限制 的 规则 汉语 的 设想 [A]. 王 均 主编. 语文 现代化 论丛（1）[C]. 济南：山东 教育 出版社，1995.

较 潦草。公元 8 世纪 以后，斜字体 又 演变 出 形体 更加 简单 的 小写 字体，最终 形成 了 大写体 和 小写体 的 不同 写法。

虽然 小写 字体 是 后来 出现 的，但是 在 一般 书写 中 它 是 常用 的 形体，因为 它 比 大写 字体 写得 更快。从 这 一点 来看，大写 和 小写 的 不同，类似 汉字 的 正楷 和 行书 的 不同，是 一种 字位 变体。但是，大写 和 小写 的 不同，还 形成 使用 功能 上 的 差别。所 以 是 一种 特殊 的 字位 变体。

大写 在 英语 等 语言 中 出现 在 书写 句子 开头 的 词 和 专有 名称 的 每个 词 的 开头，兼职 表示 标点 符号 的 功能，能够 标记 句子 界限 和 特殊 词 的 身份。大写 字母 用 在 句 子 开头，能够 与 句号 相互 呼应，分别 在 句子 开头 和 末尾 标明 句子 之间 的 界限，增强 了 文字 记录 口语 的 表现 能力。标题 中 每个 词 开头 的 字，甚至 全部 字，为了 醒目，都 可以 大写。

在 德文 中，所有 名词 的 第一个 字母 都要 大写，大写 起 名词 标志 的 作用。

大写 虽然 在 一定 意义 上 起着 标点 符号 的 作用，但是 它 只 依附 在 文字 上面，不 像 标点 符号 是 专职 的。

日语 中 的 音节 文字 类型 的 假名，有 片假名 和 平假名 的 区分，类似 大写 和 小写 的 关系。一般 用 平假名，拼写 外来词 等 用 片假名。

4.5.4 文字 款式 及其 顺序 和 距离

（1）文字 款式

文字 款式 是 调动 各种 文字 辅助 要素 用 文字 记录 口语 的 综合 方式。在 用 文字 记 录 口语 的 时候，人们 先后 积累 创造 了 丰富 的 文字 辅助 要素。除了 字 的 字体、字号 等 变化，标点 符号、词式 文本 等 以外，还有 下面 要 讨论 的 文字 顺序 和 距离 这些 影响 款 式 的 要素。

文字 顺序 就是 文字 中 各种 单位 先后 出现 的 时间 安排。文字 顺序 包括 字表格 的 顺 序，字 内部 的 笔顺，字 外部 的 字序，字组 的 行序 等。文字 距离 就是 文字 中 各种 单位 周围 保留 空白 空间。文字 距离 包括 字距、词距、行距，段落 的 距离，标题 的 距离、篇章 的 距离 等。其中 词距 在 词式 文本 中 已经 讨论 了。

行距 和 标题 距离 是 排版 中 最 重要 的 距离，需要 精心 调整 好。目前 排版 中 的 1 倍 行距 太小，显得 很 拥挤，1.5 倍 行距 又 太大，浪费 空间。最好 在 "多倍 行距" 中 设置 成 1.13 倍 行距。标题 距离 要 比 行距 大，特别 是 总 标题 前后 要 有 几 行 大小 的 空白。 还要 根据 标题 级别 大小 和 字号 大小，做 有 层次 的 对应 的 空白 大小 的 距离 调整。目 前 排版 中 自动 设置 的 1-3 级别 标题，其中 2-3 级 标题 的 距离 似乎 太大。

通过 文字 款式 的 设计 和 调整，不仅 可以 区分 信息 的 主要 和 次要 关系，有效 利用 书写 平面 空间，而且 可以 美化 视觉 空间，使 我们 能够 赏心悦目 地 获得 语言 信息。

（2）字表格 的 顺序

字表格 的 排列 顺序，是 指 文字 中 的 字 从 静态 的 角度 聚集 在 一起 的 时候 采用 的 排列 顺序。

对于 字 的 数量 比较 少 的 音素 文字 和 音节 文字，可以 用 一种 习惯 规定 的 方式 排 列 字 在 表格 中 的 顺序。例如，英语 26 个 字 的 顺序 是：a b c d e f g h i j k l m n o p q r s t u v w x y z.

但是，对于 汉字 这样 有 几 千 个 常用字 的 文字 来说，必须 想 办法 来 进行 合理 的 排列。如果 完全 像 上面 26 个 拉丁字 一样 没有 理据 地 规定 顺序，就 不 方便 记忆。给 汉字 排列 顺序 的 传统 方式，是 根据 形体 结构 的 特点，利用 部首 偏旁 和 笔画 数量 两个 方面，分 层次 找 共同 特点 和 不同 特点 的 关系，确定 每个 字 的 位置。后来，出现 汉语 拼音 以后，一般 按照 汉语 拼音 中 字 的 顺序 排列。但是，拼音 毕竟 不是 汉字 本身，往往 要 与 传统 方法 配合 使用。例如 《现代 汉语 通用字表》 就 有 几种 排列 方式。

在 词典 中 记录 词 的 字组 的 排列 顺序 根据 文字 性质 不同 采取 不同 方法。在 英语 词典 中，在 如果 记录 词 的 字（字母）的 顺序 位置 相同，就 依次 根据 字 在 表格 中 的 顺序 排列。

在 汉语 词典 中，虽然 采用 汉语 拼音 排列，但是 一般 仍然 先 排列 字 再 排列 词，不 能 使 词 有 标准 一致 的 顺序。所以 《现代 汉语 词典》 不是 典型 的 词典，因为 没有 区分 单字 记录 的 词 和 不能 单独 做 词 用 的 语素。

（3）平面性 的 笔序 和 部件 顺序

由于 文字 是 在 平面 上 展开 的，除了 具有 语言 不可 避免 的 时间 上 的 线条性 以外，线条 在 字 内部 的 延伸 过程 中 还有 一个 平面性 问题。下面 先说 字 内部 的 平面性 结构 顺序。

笔序 是 字 内部 的 平面性 结构 顺序，就是 一般 说 的 笔画 顺序。它 与 阅读 顺序 无关，阅读 的 时候 不 需要 按照 笔画 顺序 进行，因为 字 的 内部 不 反映 线条性 的 语言 单位 或者 语音 单位。

笔序 从 上下 方向 来看，从 上 到 下 是 一条 普遍 规则；但是 从 左右 方向 来看，从 左 边 到 右边 和 从 右边 到 左边 都 有过，不过 从 左边 到 右边 是 共同 的 发展 方向。

笔画 顺序 是 字 内部 平面 的 笔画 的 书写 顺序。它 与 阅读 顺序 无关，因为 字 的 内 部 不 反映 线条性 的 语言 单位 或者 语音 单位。在 汉字 书写 中，习惯 上 第一 层 从 上 到 下，第二 层 从 左 到 右，再 加上 先 中间 后 两边，先 里头 后 封口，先 横 后 竖，先 横 后 撇 等 特殊 规则。当然，这些 规则 是 建立 在 楷书 基础 上 的，行书 可以 适当 打破。

在 汉字 中，由于 字 的 数量 庞大，字 内部 的 笔画 最少 的 虽然 只有 1 笔，但是 多数 字 的 内部 有 很多 笔画，必需 按照 部件 建立 中层 的 平面 结构 单位，所以 还 存在 部件 之间 这样 的 平面 结构 顺序，例如，"逞" 的 部件 顺序 是 "口——王——之"。

（4）线条性 的 字序

字序 是 字 外部 的 线条性 组合 顺序，是 指 字 在 记录 口语 的 动态 使用 过程 中 在 书 写 平面 的 一个 线条 或者 一行 上 先后 出现 的 顺序。它 是 一个 字 到 另一个 字 的 书写 和 阅读 顺序。

字 的 顺序 可以 分成 上下 方向 的 竖写 和 左右 方向 的 横写。竖写 一般 从 上 到 下。横 写 又 可以 分成 两种：现代 一般 采用 从 左边 到 右边 的 顺序，古代 一般 采用 从 右边 到 左边 的 顺序。一家 中国 大陆 的 人 开办 的 商店 在 降价 广告 上 写 "本日 大 卖出"，一个 中国 台湾 顾客 仍然 按照 旧 的 顺序 习惯 从 右边 到 左边 阅读，把 它 错误 地 读 成 了 "出卖 大 日本"。

字序 的 改变 对 字 的 内部 结构 会 产生 一定 影响。汉字 中 的 象形字，有 一些 在 开

始是 横躺着 的, 例如 "车" 在 甲骨文 和 金文 中 有的 画 成 两个 车轮 前后 水平 放置 的 样子, 由于 受到 古代 汉字 竖写 顺序 的 制约, 变成了 站立 的 样子。有 一些 有 上下 结构 和 左右 结构 两种 写法 的 异体字, 例如 "群、裙、峰" 等 字, 在 整理 规范 的 过程 中, 由于 受到 现代 汉字 横写 顺序 的 影响, 选择 左右 结构 做 正体。随着 字 的 顺序 的 变化, 一些 音素 字 的 形体 也 会 发生 方向 变化。古代 希腊 字母 和 拉丁 字母 开始 是 从 右 到 左 书写, 后来 由于 变成 从 左 到 右, 字 本身 的 样子 也 倒转 过来。例如 拉丁 字母 k 和 F, 竖 的 笔画 原来 是 在 右边。

字 是 文字 中 最小 又 自由 的 平面性 结构 单位。字组 是 字 和 字 线条性 组合 起来 记 录 口语 单位 多于 1 个 字 的 文字 单位。由于 拉丁 文字 数量 非常 少, 字 内部 的 笔画 都 很 少, 所以 没有 部件 的 平面 结构 问题。再 加上 汉字 书写 缺少 词距, 只有 字距, 这样 人 们 很 容易 错误 地 把 英语 中 被 词距 隔离 的 词 (用 1 到 多个 字 记录) 和 汉语 中 被 字 距 隔离 的 字 (记录 1 个 词 或者 语素 或者 音节 或者 音征) 等同 起来, 于是 认为 一个 英语 词 的 书写 单位 是 一个 线条性 结构 的 一个 "字", 跟 汉语 平面性 结构 的 字 等同, 进一 步 错误 认为 汉字 是 平面型 文字, 英语 文字 是 线条型 文字。其实, 所有 文字 的 字 内部 都 是 平面性 结构, 字 的 外部 都 是 线条性 结构。

蒙古语 文字 在 从 竖排 改 横排 书写 的 时候, 词 内部 表示 音素 的 部件 还 是 不能 变 成 横排, 而是 要 保持 竖排, 可见 它 书写 词 的 文字 单位 是 具有 平面 结构 性质 的 1 个 字, 不是 字组。蒙古 文字 可以 叫做 音素化 的 词音 文字, 就是 用 1 个 字 记录 1 个 词, 这 个 字 的 部件 分别 按照 上下 顺序 对应 词 的 音素。跟 朝鲜语 文字 类似, 但是 朝鲜语 文字 是 音素化 的 音节 文字, 就是 用 1 个 字 记录 一个 音节, 字 内部 的 部件 分别 上下 左右 多 方位 顺序 对应 音素。虽然 蒙古语 文字 的 字 是 在 一个 方向 展开 平面, 朝鲜语 文字 是 在 几个 方向 展开 平面, 但是 它们 都 是 构成 1 个 不能 再 分割 的 平面。这 如同 "林" 和 "麻" 都 是 最小 平面, 不能 再 分解。然而 "be" 虽然 也 是 平面, 但是 不是 最小 平面, 因为 还 可以 分解 成 "b" 和 "e" 两个 平面 的。因此 蒙古语 文字 和 朝鲜语 文字 不是 一 般 的 音素 文字, 而是 具有 音素 文字 性质 的 其他 类型 的 表音 文字。

(5) 版面 顺序 中 的 行序

行序 是 行 和 行 的 先后 顺序, 是 指 从 一 行 字 到 下 一 行 字 的 书写 和 阅读 顺序。 行序 可以 分成 上下 行距 和 左右 行距。现在 文字 一般 采用 上下 行距, 而且 从 上 到 下 排列 行。古代 文字 曾经 主要 采用 左右 行距, 一般 从 右 到 左 排列。当 这种 行距 在 现代 文字 中 为了 活跃 版面 使用 的 时候, 受到 现代 文字 的 影响, 可能 出现 从 左 到 右 左右 行序。

字序 和 行序 结合 起来 就 形成 版面 的 顺序。一般 来 说 应该 保持 字距 小于 行距, 如 果 还有 词距 的 话, 应该 保持 词距 小于 行距 大于 字距。如果 处理 不好, 就 会 引起 误会 和 不统一。例如, 我们 发现 银行、邮局 等 用 的 凭证 上 的 文字 有的 没有 这种 距离 区分 意识, 把 汉字 按照 方格 等 距离 均匀 排列, 没有 行间 距离 和 字间 距离 的 区别。特别 是 当 排列 成 传统 的 竖行, 又 分 上下 两个 栏目 的 时候, 由于 没有 行 与 行 之间 的 明确 距离, 就 更加 不 知道 怎么 读 了。

造成 不统一 的 情况 主要 是 受到 对联 要求 对齐 的 影响 形成 的 不良 习惯。例如, 当 姓名 是 两个 字 的 时候 一定 要 在 中间 空 一个 字, 硬性 跟 3 个 字 的 姓名 占有 一样 长

的 空间, 这种 特殊 是 毫无 道理 的, 纯粹 为了 跟 主要 姓名 的 长短 保持 一致, 但是 又 没有 使 超过 3 个 字 的 姓名 也 做到 这点 的 办法。标题 如果 是 两个 字, 也 习惯性 地 要求 在 中间 空格。表格 中 这种 习惯 最 明显, 不管 词语 多少 要求 两头 对齐。好在 汉字 还没 有 实行 词式 文本, 否则 这种 特殊 空格 不仅 破坏 书写 规律, 而且 会 跟 词距 发生 矛盾。

【图表】文字 版面 顺序 类型

【竖排】字 从 上 到 下 排列	行 从 上 到 下 排列	
	行 从 左 到 右 排列	
【横排】行 从 上 到 下 排列	字 单向 排列	字 从 左 到 右 排列
		字 从 右 到 左 排列
	字 双向 排列 (牛 耕地 方式)	

(6) 版面 顺序 的 类型 和 发展 趋势

版面 的 顺序 可以 分成 5 种

A. [──, ──, ──→, ……] 字序 从 左 到 右 横排, 行序 从 上 到 下。例如 英语、壮语 等 用 的 拉丁 文字, 俄语、东干语 等 用 的 斯拉夫 文字、印度语、藏语 等 用 的 印度 文字, 汉语 等 用 的 汉字。

B. [──, ──, ←──, ……] 字序 从 右 到 左 横排, 行序 从 上 到 下。例如 阿拉伯语、维吾尔语 等 用 的 阿拉伯 文字, 拉丁 文字 (古代)。

C. [──→, ←──, ──→, ……] 字序 的 上 一行 从 左 到 右, 下 一行 从 右 到 左, 交替 进行, 形成 像 牛 耕地 一样 的 随机 顺序 横排, 行 从 上 到 下。例如 古代 希腊 语 等 文字。

D. [┊, ↓, |, |] 字序 从 上 到 下 竖排, 行序 从 右 到 左。例如 汉语 (古代, 保留 旧 习惯 的 台湾、香港 等 地区 的 现代) 等 用 的 文字。

E. [|, |, ↓, ┊] 字序 从 上 到 下 竖排, 行序 从 左 到 右。例如 蒙古语 (内蒙古)、汉语 (现代 偶尔 采用) 等 用 的 文字。

总结 上面 版面 顺序 规律, 可以 发现: 无论 字距 还是 行距, 都 没有 从 下 到 上 的。但

166

是在左右关系上就有3种不同,包括起点是左边,起点是右边和左边右边交替做起点。古代无论字序还是行序多从右边到左边,但是现代多从左边到右边。

从拉丁文字、斯拉夫文字、阿拉伯文字、印度文字和汉字文字5大现代文字家族的情况来看,版面行序的主流已经统一到A和B两种共同的行序:从上到下。特别是随着电脑文字信息处理的国际化影响,在电视屏幕上已经非常一致,只有在汉字中为了固定显示电视剧名称的时候在左右位置会出现左右关系的行序或者竖行。但是,字序仍然有分歧,虽然牛耕地方式的随机字序没有了,但是有左边起点和右边起点两个分支。拉丁文字家族、斯拉夫文字家族、印度文字家族和汉字文字家族一般采用左边起点的字序,所以电视台的台标一般出现在屏幕的左上角,字幕的动态字序是从左边到右边逐渐显示的顺序。只有阿拉伯文字家族的文字一般采用右边起点的字序,所以电视台的台标一般出现在屏幕的右上角,在字幕的动态字序是从右边到左边逐渐显示的顺序。很明显,拉丁字母代表和影响的版面顺序具有的国际性强。

不属于这些文字家族的蒙古文习惯字序向下,行序向右,难以适应横排的书写格式。必要的时候也只好采取特殊的将就措施。例如在人民币上,为了保持字的方位不变化,只好处理成每个竖行写一个字,导致字的高度非常不一致。在跟横排文本对照排版的时候,为了实现横排有整齐一致的高度,又只好把字打翻90度排列,使字的顶部在左边。这样如果把文本顺时针旋转90度看,那么就像古代汉语"字序从上到下竖排,行序从右到左"的版面顺序了。

为什么文字的版面顺序现在多数采用从上到下,从左到右的国际性方式?这是为了逐渐适应右手书写文字的习惯,使右手和书写工具不容易挡住视线,方便回顾最新写的字,而且在毛笔书写的时候可以等待字迹变干而不被手擦掉。

古代文字的版面顺序一般都有一个变化发展过程。例如,希腊文字最初是字从右到左,行从上到下书写。但是,后来,调整了两次,才进入现代通用方式。希腊人先把它改成了"牛耕地"的方式:一行从右到左,一行从左到右,交替变化。到公元前5—4世纪,才最终确定现行书写方式。

在汉字早期的甲骨文时期,每个字占有的面积并不相同,笔画多的字就大,笔画少的字就小。特殊情况下合起来写,例如把"十二月"3个字合起来当做一个字写,有点像造新字。顺序也不固定。到了周朝和秦朝使用竹简,才比较稳定地采用字从上到下,行从右到左的顺序。这个传统顺序在汉字中坚持很久,直到清朝末年才开始动摇。最终,1955年《人民日报》,带头推广横排,引进从左到右,行从上到下的现代通用顺序。但是传统的从上到下的字序在对联张贴现场中完全保留,在其他排版场合为了偶尔使用,只是行序有的变通使用从左到右的顺序。台湾等地区还保留古代汉语版面顺序。最好尽量淘汰传统顺序习惯,因为在新旧版面顺序混合使用或者混合理解的时候容易产生误会,例如在日本商店出现的没有词距的"本日大卖出",如果从右到左阅读就出问题了。

汉字家族和受到汉字影响的阿拉伯文字家族的文字都有字从上到下,行从右到左书写的传统,例如古代汉字,受到汉字书写影响的早期朝鲜文字、维吾尔文字、蒙古文字。但是,汉字一次性直接从拉丁字母家族借用改进了版面顺序,然而其

他 文字 一般 只是 不 完全 采用 了 从 上 到 下 的 通用 行序,还 保持 自己 从 右 到 左 的 字序。在 字序 改革 上,四川 凉山 一带 的 彝语 文字 受到 汉字 书写 改革 影响 比较 大,原来 字序 也 从 右 到 左,后来 经过 改革,也 采用 了 从 左 到 右 书写 顺序。

(7) 电子 字幕 版面 顺序 和 顿距

随着 电视、电脑 的 普及,电子 字幕 这种 新型 版面 形成 自己 的 特色。如果 是 纯粹 的 字幕,那么 这个 版面 跟 黑板 一样,是 一个 连续 的 写 和 擦 的 过程,是 书面语 和 口语 互相 印证 的,一般 无法 像 书本 可以 回头 阅读。但是 如果 是 一个 影像 屏幕 中 的 字幕,跟 黑板 又 不同。黑板 可以 全部 用 写 文字,黑板 的 文字 显示 的 是 口语 中 的 重要 信息。而 电子 影像 屏幕 版面 的 主体 是 用来 显示 影像 的,只有 在 边缘,一般 在 屏幕 下边 留 一 行 来 显示 文字,形成 单行 显示,显示 对话 或者 重要 口语 信息。如果 是 双语言,例如 英语 和 汉语,或者 双文字,例如 汉字 和 拼音 对照 会 用 两行 来 显示。如果 两种 文字 的 字序 不 一样,在 动态 字序 显示 过程 中,会 出现 从 左 和 右 两个 不同 角度 开始 显示 的 现象,例如 在 英语 和 阿拉伯语 对照 的 字幕 中。有时 会 在 空余 的 边上 显示 一定 时间 比较 固定 的 栏目、电影、电视片 名称。这个 名称 如果 是 汉字 还 有 可能 采用 竖行 排版。出现 字幕 的 往往 是 有 足够 时间 准备,需要 反复 使用,需要 弥补 口语 听觉 不足 的 内容,例如 歌唱、影视 对话 等。纯粹 的 语言 节目,例如 新闻、娱乐 节目 出现 字幕 的 比较 少。

单行 字幕 显示 可以 从 起点 的 边缘 位置 显示,也 可以 居中 显示。一般 省略 标点 符号,但是 英语 保留 标点 符号 的 多。在 用 英语 和 汉语 同步 翻译 的 韩语 电视片 字幕 中,我们 发现 英语 全部 保留 标点 符号,但是 汉语 除了 问号、省略号 出现 行 的 末尾 才 写 出来,句号、逗号 等 标点 符号 都 省略 了。多数 人 为了 减少 麻烦,只 出现 文字,不管 标点 符号。

在 这种 没有 标点 符号 的 单行 显示 中,为了 弥补 标点 符号 的 损失,会 产生 一种 新 的 书写 距离,可以 叫做 顿距。顿距 就是 在 连续 话语 中,根据 语法 结构 层次,在 一定 音节 数量 长度 的 话语 位置 停顿 的 视觉 距离 表示。它 是 比 字距 和 词距 都 大 的 距离。在 实行 词式 文本 的 英语 中,字距 最 小,词距 等于 一个 字(半角 距离),顿距 等于 大约 4 个 字。在 实行 字式 书写 的 汉语 中,因为 不 需要 词距,就 用 英语 的 词距(半角 距离)或者 等于 一个 汉字 的 字 的 距离(全角 距离)表示 顿距。下面 看 一组 汉语 的 例子:

① 我带着我女儿 我太太

② 你要是怕死 你走 我去

③ 没办法 哎 你们日本人(下 一 行 出现:不是……)

④ 快走吧 /老大 你一个人危险

⑤ 快走吧 老大 你一个人危险

每行 写 多少 字 受到 书写 空间 和 口语 速度 的 限制。①②是 根据 正常 口语 速度 和 书写 空间 布置 的 正常 句子,分别 用 半角 顿距 和 全角 顿距。③ 一 行 没有 把 最后 一个 比较 长 的 句子 写 完整。④用 "/" 隔离 对话 中 两个 人 说 的 话。⑤用 普通 顿距 隔离 对话 中 两个 人 说 的 话,又 用 普通 顿距 隔离 一个 人 说 的 话 中 的 停顿。为了 提供 规范 的 书面语 样品,提高 国民 语言 素质,我们 应该 提倡 系统 使用 标点 符号 的 书写 方式。例如 ④ 和 ⑤ 应该 这样:

⑥ 快走吧! /老大,你一个人危险!

在 世界 各地 电视台 字幕 中，无论 汉字、印度 文字、阿拉伯 文字，在 不同 类型 的 文字 中 夹杂 拉丁 文字 书写 的 英语 单词 和 阿拉伯 数字 的 现象 很 普遍。但是，同样 性质 的 语言 单位 的 拉丁 文字 的 转写，又 有 习惯 差异。在 汉语 拼音 中 姓名 分成 姓氏 和 名字 两 个 词 写，名字 内部 的 几 个 音节 连接 在 一起 写，但是 在 韩语 中 音节 之间 习惯 加 "-" 连接。朝鲜语 文字 实行 词式 文本，但是 中国 吉林 的 "延边 卫视" 这个 电视台 名称 的 朝鲜语 对照 文字，因为 受到 给 汉字 注音 的 习惯 影响，一个 音节 一个 音节 地 对应 拼 写 成4 个 单位 了。其实 应该 按照 词 拼写 成2 个 单位。

我们 有时 发现 银行、邮局 等 地方 使用 的 凭证 上 的 文字 均匀 排列，没有 行间 距离 和 字间 距离 的 区别。特别 是 当 排列 成 竖行，又 分 上 和 下 两 个 栏目 的 时候，由于 没 有 行 与 行 之间 的 明确 距离，就 不 知道 怎么 读。在 公交车 路线 指示 牌子 上，也 有 这 个 问题，为了 机械 对称 排版，导致 字距 大于 行距。这样 乘客 把 字距 和 行距 正好 看 反，产生 阅读 错误。

4.5.5 标点 符号

（1）标点 符号 的 性质 和 来源

标点 符号 是 文字 的 辅助性 符号，用来 还原 被 文字 漏掉 的 口语 停顿、语调 等 非音 质 信息。它 是 文字 发展 到 一定 阶段 的 产物。早期 的 文字，不管 是 表意 文字 还是 表音 文字，都 不 使用 系统 的 标点 符号。

没有 标点 符号，或者 标点 符号 不 完善，会 造成 口语 信息 的 流失，甚至 产生 误解。有 一个 笑话 可以 说明。主人 写 了 "下 雨 天 留 客 天 留 我 不 留" 这样 的 话。由于 没 有 标点 符号，主人 的 意思 是 "下 雨 天 留客，天 留 我 不 留！" 客人 理解 成 "下 雨 天，留客 天。留 我 不 留？" 或者 "下 雨 天，留客 天。留 我 不？留！"

殷商 时代 汉字 的 重复 字 的 符号 "＝"，拉丁 文字 早期 采用 的 隔离 词 的 符号 "："，楔形 文字 早期 采用 的 隔离 词 的 符号 "、"，就是 标点 符号 的 萌芽。但是，系 统 的 标点 符号 的 出现 时间 比较 晚。

西方 文字 在 公元 8 世纪 以前，只用 句号。8 世纪 以后，慢慢 出现 了 冒号、分号 等。但是 这 以后 的 很长 时间 里，这些 标点 符号 都 比较 随意 使用，没有 严格 的 使用 规则。一直 到 15 世纪 末期，威尼斯 印刷 师傅 阿尔德·曼努齐 在 原有 标点 符号 的 基础 上，又 创造 了 部份 新 的 标点 符号，并且 规定 了 所有 标点 符号 的 固定 用法。从此，西方 文字 标点 符号 才 最终 得到 系统化、规范化。

汉字 在 汉朝 出现 了 "句号" 和 "读号"。不过，在 文字 印刷 中 一般 不用，只是 阅 读人 临时 用 笔 去 标记。最初，句号 用 笔画 竖提 表示。读号，类似 现在 的 逗号 和 顿号，用 "、" 表示。到 了 宋朝，读号 仍然 用 "、"，句号 改成 了 圆圈 "〇"。1897 年 清朝 的 王 炳耀 最早 引进 外国 新式 标点。随着 白话文 运动 的 出现，开始 系统 引进 西方 文字 中 的 标点 符号，并且 逐步 改造 成 一套 对 汉字 适用 的 标点 符号。1920 年，国家 教育 部门 颁布 了 标点 符号 12 种。[①]1951 年 中央 人民 政府 出版 总署 公布 了《标点 符号 用法》。1990 年，国家 语言 文字 工作 委员会 和 新闻 出版署 发布 了 修订 的《标点 符号 用法》，

①管 锡华. 古代 标点 符号 发展 历史 论纲 [J]. 长沙：古汉语 研究，1997，（2）.

1995 年 成为 国家 标准。

标点 符号 的 作用 不是 用来 表现 语言 中 的 音素、音节 或者 语素 等 单位，而是 用来 表示 词语 和 句子 的 停顿 和 语调 等 非音质 特征 表达 的 意义，标明 语言 符号 及其 序列 的 特殊 性质 和 作用。现代 各种 文字 使用 标点 符号 的 习惯 虽然 不 完全 相同，但是 也 有 许多 相同 的 地方。例如，句号 表示 句子 与 句子 之间 的 停顿，问号 表示 疑问 语调 等。

（2）标点 符号 的 类型

现代 各种 文字 使用 的 标点 符号 虽然 不 完全 相同，但是 也 有 很多 相同 的 地方。我 们 可以 大致 根据 标点 符号 的 功能 不同 分成 两 个 大类：

A. 分割 句子 和 句子 单元 的 标点 符号

a. 分割 句子 的 标点 符号

句子 是 语言 使用 的 最小 单位，标记 句子 的 符号 叫做 句号。用 标点 符号 标记 句子，是 各种 标点 符号 首先 要 考虑 的 问题。句号 有 表示 句子 边界 停顿 和 句子 语气 两 个 作用。疑问 语气 一般 用 疑问号 "？"，非疑问 语气 一般 用 句号 "。" 其实，疑问号 就是 表示 疑问 的 句号。其中 表示 强烈 的 感叹 和 祈使 语气 的 句子，还 有 可能 用 惊叹号 "！"，意义 没有 表达 完 的 句子 还 有 可能 用 省略号 "……"。

要 注意，在 汉语 中，由于 句子 缺乏 结束 的 形态 标记，人们 很 容易 把 几个 句子 当 做 一个 句子，甚至 把 这个 篇章 当做 一个 句子，内部 都 用 逗号 分割，最后 才 用 一个 句 号。

b. 分割 句子 单元 的 标点 符号

句子 内部 构成 的 词多 的 时候，人们 说话 就 会 自然 选择 一些 结构 上 允许 的 位置 分割 成 几个 内部 单元，进行 停顿。这些 停顿 位置 一般 采用 逗号 "，"标记。在 汉语 中，短 的 并列 词语 之间 还 可以 采用 顿号 、标记。句子 中间 列举 没有 完 的 时候 可以 用 词 语 "等，等等"（汉语），"and soon"（英语）表达，也 可以 用 省略号 "……" 表示。意思 转折、意义 相同、声音 延长 的 时候 还 可能 用 破折号 "——"。表示 后面 引用 别人 的 句 子、分解 意思 等 功能，还 可能 用 冒号 "："。

要 注意，这种 句子 内部 的 标点 符号 的 使用 要 尽量 不 破坏 句子 成分 的 层次 关系，尽量 选择 层次 高 的 成分 边界 使用。例如，在 复句 中 要 优先 考虑 分句 边界，再 考虑 分 句 内部 的 句子 成分。另外，在 汉语 中，不要 扩大 顿号 的 使用 范围，尽量 多 用 逗号。

B. 说明 词语 身份 特殊 的 标点 符号

说明 词语 身份 特殊 的 标点 符号 跟 语言 结构 单位 没有 直接 关系，只是 对 身份 特殊 的 词、词组 和 更大 的 语言 片断 进行 说明性 标记。引号 " " ' ' 是 用来 说明 里面 的 词语 是 别人 说 的 或者 意义 特殊 等。括号 "（ ），[ ]，〈 〉，{ }" 是 用来 说明 里面 的 词语 是 解释 前面 词语 的，或者 是 次要 的，或者 是 顺序 地位 更加 低 的，或者 是 具有 同类 概括 关系 的，等等。汉语 中 还 有 特殊 的 书名号 "《 》，〈 〉"。

要 特别 注意 的 是，人们 很 容易 扩大 书名号 的 使用 范围，把 本来 应该 使用 引号 的 地方 用 了 书名号，例如 会议、课程、产品 等 名称。

（3）标点 符号 的 差异

不同 文字 中 标点 的 差异, 可以 从 它 与 文字 的 关系 上 得到 一些 解释[①]。例如: 省略号 在 汉字 中 是6点, 在 英语 中 是3点, 这 是 因为 1 个 汉字 相当于 2 个 英语 字 的 长度。破折号、连接号 也 是 一样, 前者 是 后者 的 两倍 长。句号, 英语 中 是 实心 小 圆圈, 在 汉字 中 是 空心 小 圆圈, 是 因为 汉字 平面 复杂, 英语 字 平面 简单。顿号 、 是 汉字 的 特产, 不是 因为 这个 符号 有 传统, 而是 因为 汉字 书写 汉语 没有 词 与 词 的 距离。顿号 在 一定 程度 上 表示 并列 的 词 的 距离, 同时 有 英语 逗号 的 部份 功能。表示 顺序 的 时候, 在 汉字 "一、二、三、" 中 用 顿号 "、", 在 音素字 "a. b. c." 和 阿拉伯 数字 "1.2.3." 中 用 "."。

4.5.6 语境 形变

（1）语境 形变 的 性质

像 语音 在 语言 环境 中 发生 变化 一样, 文字 也 会 在 语言 环境 中 发生 变化。语境 形变 就是 文字 在 书写 过程 中 受到 前后 文字 单位 的 制约 和 影响 发生 的 变化。这 是 一般 书写 文字 的 人 要 注意 的, 更 是 从事 书法 艺术 的 人 要 注意 的。如果 说 语流 音变 是 为了 发音 方便, 那么 语境 形变 是 为了 书写 方便 和 美观。

在 汉字 的 字 内部, 相同 的 部件 由于 受到 临近 部件 多少、位置 等 的 影响 会 发生 变化。例如, "文" 在 "刘" 中 比较 窄, 捺 给 右边 退让, 变成 了 长点; 在 "这" 里面 整体 缩小, 但是 捺 无法 伸展, 变成 提; 在 "纹" 中 也 比较 窄, 捺 保持 原样; 在 "齐、雯" 中 比较 扁。部件 "土" 在 "地" 中 为了 给 右边 笔画 多 的 "也" 退让, 就 变得 很 窄, 其中 的 长横 变成 了 提; 在 "坐" 里面, 两横 挤 在 下面。掌握 了 这些 字形 结构 的 特点, 就 可以 把 字 写 得 匀称、美观。

在 字 和 字 之间, 甚至 在 整个 篇幅 的 文字 之间, 同样 有 许多 语境 形变 规则 我们 要 掌握。例如, 在 草书 中, 字 的 大小 变化, 字 的 结构 松紧 变化, 笔画 的 长短、方向 的 变化, 笔画 的 自然 呼应, 它们 包含 的 规律 都 值得 留心。由于 汉字 长期 竖写, 养成 了 许多 相应 的 结尾 笔画 的 趋势, 与 横写 不 适应。例如, "化" 的 最后 笔画, 许多 人 喜欢 把 最后 的 钩 往 左下 方向 结束。

如果 下 一个 字 接着 在 下面 写, 当然 可以 呼应。如果 下 一个 字 接着 在 右边 写, 就 背道而驰 了。

英语 的 字 长期 采用 横写 顺序, 每个 字 在 书写 中 都 与 左右 方向 的 字 在 笔画 上 呼应。由于 长期 实行 词式 文本, 一个 词 用 的 字 经常 互相 牵连, 写成 一个 整体。汉字 由于 没有 实行 词式 文本, 一个 词 的 字 可能 没有 连接, 而 不同 词 中 的 字 却 可能 连接 在 一起。

（2）快写体

快写体 就是 采用 一定 的 技巧 简化 书写 程序, 快速 地 写 出 的 汉字 变体。这样 自然 会 使 文字 的 正常 形体 发生 变化, 产生 与 正体 相对 的 快写体。在 汉字 的 历史 上, 一直 存在 这 两种 情况, 并且 推动 正体字 的 变化, 一般 由 快写体 演变 成 新 的 正体。当 汉字 从 小篆 的 快写体 中 演变 出 隶书 以后, 就 同时 进一步 分化 出 特色 不同 的 正体 和 快写

---

①彭 泽润. 标点 与 汉字 [J]. 南宁: 阅读 与 写作, 1990, (8).

体。楷书 属于 正体，行书 和 草书 属于 快写体。表音 文字 的 小写体，前面 说过，也是 一种 快写体。

这种 分化 一方面 是 文字 工具 实用 领域 的 效率 需要，另一方面，是 文字 书法 艺术 领域 的 审美 需要。后者 是 重要 的 推动力。如果 只是 单纯 为了 效率 需要 或者 审美 需要，写 出来 的 字 可能 就 不像 样子 了，即使 快 或者 美观，但是 别人 可能 不 认识，也 不能 起到 资料 保存 和 信息 交流 的 工具 作用。

草书，特别 是 狂草，大大 加快 了 书写 速度。不少 楷书 是 十几笔 的 字，草书 只用 两三 笔 就 写 出来 了。有时候 一个 短语、一 句 话 只用 一两 笔 就 写完 了。但是，草书 的 价值，主要 是 从 艺术 角度 去 体现。它 由于 失去 了 文字 的 功能 作用，降低 了 实用 价值。

快写体 要 在 速度 和 识别 程度 之间，进行 总体 平衡，达到 一种 最好 的 协调 状态，从 而 达到 快写 目的，提高 工作 效率。

中国 台湾 早 就 有 于 右任 书写 的 "标准" 草书 流行，中国 大陆 有 黄 若舟[1] [2]等 写 的 快写体 字帖 流行，也 有 学者[3] 主张 制定 这样 的 规范。这 就 为 汉字 快写体 的 形成 和 规范 打下 了 很好 的 基础。我们 非常 希望 文字学 和 书法 领域 学者 在 国家 语言 管理 部 门 领导 下 联合 研究 制定 现代 汉字 快写体 的 规范。

4.6 文字 的 技术 转换

4.6.1 一般 文字 代码

一般 文字 代码 文字 代码 是 在 文字 的 基础 上 设计 的 在 特殊 领域 比 文字 更加 方便 的 符号，包括 电报码、灯语、旗语、盲文、哑语、电脑码 等。

代码 的 简单，不是 在 形体 本身，而是 在 使 符号 具有 更强 的 生成性，也就是 使 原 来 符号 的 内部 结构 要素 变得 有序化、有限化，能够 用 尽可能 少 的 东西 生成 尽可能 多 的 东西。例如，汉字 电报 代码，只用 "0123456789" 共 10 个 符号 生成 所有 汉字 的 区别 形式。在 电子 通讯 和 信息 处理 领域，像 汉字 这样 的 规则性 不 很 强 的 文字 才 更加 需 要 使用 代码。

文字 代码 方便，因为 它 能够 摆脱 文字 的 视觉 局限，在 它 受到 局限 的 范围 外面 继 续 发挥 作用，主要 在 航空、航海、测量、军事、交通 等 方面，在 夜间 和 远 距离 进行 信息 联系 的 时候 发挥 作用。旗语 在 航海 等 生活 中 使用，就是 由于 语音 和 文字 本身 无法 在 远 距离 或者 夜晚 有效 地 进行 交际。

（1）灯语 和 旗语

灯语 是 用 灯光 亮 的 时间 长短 搭配 来 表示 不同 的 信息。铁路 及 一般 市内 交通 用

---

①黄 若舟. 黄 若舟 快写法 [M]. 上海：上海 人民 美术 出版社，1994.

②彭 泽润. 现代 汉字 钢笔字 快写 艺术 [M]. 北京：科学 普及 出版社，1992.

③殷 焕先，姜 宝昌，盛 玉麒 等. 明确 制定 手头 草体 的 规范 和 确定 楷草 二体制 [J]. 济南：文史 哲，1984，（4）.

红绿灯 做 信号 标志。旗语 是 用 旗子 的 各种 姿态 表示 一定 的 数码 或者 字母 代表 的 信息，从而 进行 通讯 和 联络。

灯语、旗语 是 一种 简单 的 视觉 信号，表达 比较 简单 的 意义，与 文字 联系 不 紧密、系统。如果 与 文字 甚至 语言 完全 失去 联系 就 是 其他 符号。

体育 比赛 用来 计算 时间 的 旗语 是 特殊 符号，也 是 为了 避免 声音 传递 引起 时间 误差。

【图表】汉语 哑语 字母 手势

（2）哑语 和 盲文

哑语，又 叫做 手指语 或者 指语，是 聋哑人 使用 的 用于 日常 交际 的 文字 代码。由于 聋哑人 不能 使用 口语，哑语 成为 他们 基本 的 交际 工具。哑语 一般 用 不同 手势 来 代替 字数 很少 的 表音 文字 再 表达 口语。在 汉语 中 用来 代替 汉语 拼音 再 表达 汉语。跟 哑语 伴随 使用 的 还有 做 非语言 符号 的 手势语。

手势语 指 聋哑人 用 的 由 手势、体态 等 形成 的 符号。一般人 在 说话 的 时候 也 伴随 一定 的 手势 和 体态 进行 辅助。手势语 与 文字 或者 语言 联系 不大。两个 手掌 合拢，和 脑袋 一起 向 肩膀 的 右边 倾斜，表示 睡觉；一只 手 握 成 拳头，向上 伸出 拇指，表示 好；一只 手 握 成 拳头，小指 向下 伸出，表示 坏 等。

哑语 用 手指 做 各种 形式 代替 表示 音素 的 字，再 组合 成 表示 音节 的 字组，从而 代替 表示 各种 语词 的 文字。汉语 哑语 是 20 世纪 初期 由 美国 传教士 梅耐恩 女士 开创。现代 通用 的 方案 是 1963 年 根据 汉语 拼音 方案 制定 的。它 模仿 字母 图形、借助 传统 习惯 设计 手指 形态。例如 "A"，一般 用 表示 最好 或者 第一 的 手势，就是 拇指 伸出，指尖 向上，其余 4 个 指头 握 成 拳头；"C" 是 模仿 字母 的 形状，就是 4 个 指头 并拢 弯曲，与 大拇指 形成 半圆 形状。

在 交际 过程 中，手势语 和 哑语 配合 使用，表达 思想 感情。一般 来说，手势语 形象、明确，聋哑 和 正常 的 人 都 能够 沟通，但是 表示 的 意义 不很 细腻、连贯。常常 用 一个

动作 表达 一个 话语 段落, 要 加以 联想。哑语 通过 音素 文字 系统 地 代表 语言, 能够 表达 丰富 的 意思, 但是 由于 用 一 只 手 通常 是 右手 表示, 所以 动作 多, 用 起来 显得 麻烦。

盲文 是 盲人 使用 的 触觉 交际 工具。由于 盲人 可以 使用 口语, 所以 盲文 对于 他们 也 是 在 口语 的 基础 上 使用 的 书面语。盲文 用 几个 突起 的 点 做 基本 的 触觉 单位, 让 这些 点 在 一个 平面 上 排列 成 不同 的 方式, 分别 表示 不同 的 表音 文字 中 的 字。

可以 想象 要 是 让 哑语 和 盲文 来 直接 区分 几 千 个 汉字 非常 难。所以, 在 汉语 这 样 没有 表音 文字 的 语言 中, 汉语 拼音 由于 它 只 用 了25个 字 就 能够 写出 汉语 的 声 音, 所以 它 在 这些 领域 发挥 着 文字 使者 的 特殊 作用。

(3) 电报 代码

电报 代码 是 利用 10 个 阿拉伯 数字 编制 的 直接 代替 文字 的 符号 系统。它 是 在 20 世纪 末期 以前 电子 信息 技术 不 发达 的 时代 常用 的 军事 和 邮电 部门 的 电子 通信 文字 代码。

一般 只有 使用 汉字 这样 的 文字 的 地区 才 需要。中国 汉字 通用 的 电报码, 一个 汉 字 的 流水 号码 是 4 个 阿拉伯 数字。例如: "中" 是 "0022", "国" 是 "0948"。从 "0000" 开始, 一直 到 "9999", 其中 任何 一个 4 位 数 都 能够 代替 一个 汉字 和 符号。

电报 代码 的 特点 是: ① 唯一性。一个 字 一个 号码, 没有 重复 号码。② 简便性。编码 和 学习 的 方法 都 很 简单。③ 无理性。由于 设计 没有 理据, 所以 无法 全部 记住, 电报 业 务员 一般 真正 熟悉 的 汉字 代码 也 不过 一两 千个, 稍微 冷僻 的 字, 还 得 随时 翻看 本 子。因此, 军事 部门 的 电报 代码 具有 保密性。

4.6.2 电脑 文字 代码

电脑 文字 代码 是 指 在 电脑 处理 中 为了 适应 机器 的 技术 条件 使用 的 文字 代码。 它 分成 两种: 内码 和 外码, 就是 电脑 内部 处理 用 的 文字 代码 和 电脑 外部 联系 用 的 文字 代码。

电脑 内部 处理 用 的 文字 代码 是 指 适应 电脑 二进制 计算 需要 而 编制 的 代码。这 里 我们 不 多 说。

电脑 外部 联系 文字 代码 是 指 适应 电脑 和 人脑 交际 需要 编制 的 代码。它 要求 既 要 尽量 使 符号 数量 减少, 适应 机器 需要, 又 不能 过份 减少, 要 适应 人脑 的 需要。只有 字 的 总 数量 多 的 文字 才 有 外码 问题。

由于 表音 文字 的 字 的 数量 不是 很多, 所以 可以 直接 在 键盘 上 对应 输入。因此, 像 英语 这样 的 表音 文字 早 就 能够 在 电脑 中 自由 进出。汉字 数量 太多, 直到 20 世纪 80 年代, 汉字 通过 编码 才 能够 实现 用 电脑 处理 信息 的 理想。汉字 电脑 输入 代码 方案 多 到 几 百 种, 投入 使用 的 也 有 几十 种。

汉字 进入 电脑 为什么 要 编码? 因为 汉字 是 字 的 总 数量 繁多 的 文字, 它 内部 的 生成 要素, 就是 字, 不 具备 有限、有序 的 特点。如果 说 语言 是 给 思想 编码 的, 那么 文 字 和 速记 等 符号 是 给 口头 语言 的 声音 编码, 电脑 输入 代码 等 符号 是 给 书面 语言 的 文字 编码。所以 电脑 输入 代码, 对于 人 的 思想 来说 是 第三级 编码 了。因此 多数 作 家 喜欢 用 与 文字 性质 相当 的 汉语 拼音, 而 不 喜欢 用 专门 设计 的 文字 代码 在 电脑

中用 汉字 写作。[①]

汉字 编码 有 哪些 类型？首先 分成 无理码 和 有理码，有理码 又 分成 形码 和 音码。

① 无理码。无理码 包括 做 外部 编码 相互 交换 用 的 专门 设计 的 区位码 和 现成 的 电报码。区位码 和 电报码，也 可以 用来 输入 汉字。但是 由于 它 的 无理性，没有 谁 能够 全部 记住 它，所以 是 在 特殊 情况 下 才 使用。

② 形码。是 拆分 汉字 的 最小 部件 "字根"，把 它们 按照 接近 情况 甚至 强行 分类，然后 配合 国际 通用 的 在 26 个 拉丁 字母 的 基础 上 设计 的 "英语 键盘"，在 这个 键盘 上 选择 符号 代替，或者 只用 这些 符号 的 位置。这种 方法 的 优点 是 只要 能够 拆分 字 的 形体 就 可以 用，所以 对于 古典 文献 的 输入 和 拼音 能力 不强 的 专职 打字员 看打 文稿 很 适用；缺点 是 它 与 语言 的 声音 有 隔离，影响 普通 写作 的 人 的 思维，而且 难以 学习 和 记忆。流行 的 代表 方案 是 "五笔 字型"，但是 它 的 设计 有 的 地方 违背 了 汉字 结构 规则。

③ 音码。它 直接 利用 汉语 拼音 方案，或者 在 它 的 基础 上 进行 压缩 编码。"全拼" 就是 直接 利用，不要 学习，与 使用 表音 文字 的 人 一样。但是，汉语 拼音 毕竟 不是 正式 文字，所以 人们 希望 花 少量 的 记忆 获得 更 快 的 速度 达到 输入 汉字 的 目的，于是 被 压缩 的 "双拼" 方案 产生 了。

"双拼"，就是 把 汉语 音节 中 用 多个 字母 表示 的 声母 和 韵母 全部 用 一个 字母 代替，而且 用来 代替 的 字母 不能 超过 英语 键盘 的 范围，实现 一个 音节 只 用 2 个 字母 的 快速 输入。例如，用 较早 通用 的 "双拼" 方案 输入 "国家 推广 全国 通用 的 普通话"，只要 按照 词语 分组 输入 "GOJB（国家） TVGH（推广） QCGO（全国） TYYY（通用） D（的） PTH（普通话）" 就 可以 了。

在 "双拼" 中，多于 2 个 字 的 词语 可以 只 打 前 3 个 加 最后 一个（如果 只有 3 个，最后 一个 用 空格 代替）音节 的 第一 字母 就 可以 了，例如 "普通话" 打 "PTH≡"。"≡" 表示 空格键。

这样，汉字 的 输入 比 英语 的 输入 在 击打 次数 上 还要 少，速度 还要 快。但是，也 不能 因为 汉字 能够 像 现在 这样 进入 电脑 就 以为 一切 由 汉字 带来 的 麻烦 问题 都 解决 了。成千成万 的 汉字 加上 它 的 各种 字体，即使 赶进 了 电脑，但是 它 占据 着 大量 的 电脑 储存 空间，必然 付出 巨大 的 代价，也 会 影响 处理 效率。直接 的 语音 或者 字形 输入，也许 会 使 汉字 走出 困境。但是 这种 办法 对 语音 或者 文字 的 规范 要求 相当 高，代价 很 大。为什么 在 "双拼" 中 可以 用 近 30 个 拉丁 字母 表示 汉语 的 近 70 个 声母 和 韵母 呢？因为 利用 了 互补 分布 的 原理。声母 和 韵母，一个 在 前面，一个 在 后面，它们 永远 不会 在 一个 音节 的 同一 地方 出现，一个 声母 和 另一个 韵母 可以 共同 用 一个 字母。另外，有些 韵母 内部 也 互补 分布，就是 不会 拼合 相同 的 声母，例如 "iang" 和 "uang"，"ia" 和 "ua"，它们 都 可以 分别 共同 用 一个 字母。

音码 输入 从 长远 来看 具有 很大 应用 优势，特别 是 当 普通话 和 拼音 在 现代人 中间 得到 普遍 推广 使用 以后，在 一般 的 现代 语言 信息 处理 中，一定 会 成为 一种 大众 方法。当然，对于 不能 准确 发音 的 现代 语言 生活 不 常用 的 字，这种 方法 就 不能 发挥 优势

---

① 彭 泽润. 汉字 编码 在 信息 符号 编码 中 的 地位 和 原理 [J]. 湘潭 大学 学报，1992，（2）.

了。

使用 音码 一定 要 注意 把 词语 做 输入 单位,而 不能 用 汉字 的 字 做 单位。否则,容易 出现 一般 人 都 会 出现 的 误解,以为 拼音 输入 会 出现 多 得 可怕 的 重码 现象。语言 的 基本 单位 是 词,文字 的 基本 单位 是 字,文字 只是 语言 的 一种 书面 形式。不能 因为 汉字 文本 中 反映 不出 汉语 的 词,就 以为 汉语 只能 一个 一个 字 输入。另外,在 写作 的 时候 要 尽量 使用 符合 现代 汉语 特点 的 双音词,而 不 使用 有 文言 色彩 的 单音词,否则,重码 会 增加。现代 汉语 中 的 单音词 往往 是 高频率 的 词,它 往往 有 简码,例如 "的、一、是、不" 用 "双拼" 输入,分别 打 "D、Y、I、B" 加 一个 空格键 就 可以 了。个 别 的 词语 电脑 中 没有 编码,可以 采用 多字词 带 出来 的 办法,例如 "只能" 输入 "只 (有)" 和 "能(够)",并且 先后 删除 括号 中 的 字 就 带 出来 了。

4.6.3 口语 的 速记 符号

使用 语言 的 时候,说 的 速度 比 书写 的 速度 要 快。根据 统计,平均 每 分钟 说 出来 的 音节 数量 是:法语 530 个 音节,日语 310 个 音节,德语 250 个 音节,英语 英国人 220 个 音节,美国人 150~175 个 音节,汉语 160~180 个 音节。世界 上 说话 速度 最慢 的 是 波利尼西亚、美拉尼西亚 和 密克尼西亚 的 居民,他们 平均 每 分钟 只 说 50 个 音节。当然,这些 数据 不是 绝对 的,甚至 有 很 大 的 出入。

把 口语 记录 下来,或者 把 头脑 中 想 好 的 文章 写 出来,变成 书面 形式,一般 都 要 用 文字。使用 一般 的 文字 记录 口语 速度 比较 慢。例如 汉族人 用 汉语 说话,平均 每 分 钟 能够 说 160~180 个 音节,而 用 汉字 平均 每 分钟 只能 写 30 多 个 音节,很难 达到 40 个 音节。可见,一般 记录 语言 的 速度 远远 低于 说话 速度。如果 因为 工作 需要,要 把 口 语 立即 记录 成为 书面语,就要 采用 新 的 书写 技巧。这些 技巧 除了 前面 说过 的 通过 快写体 进行 文字 快速 书写 以外,常见 的 技巧 是 使用 专门 设计 的 速记 符号。

快写体 在 写作 和 选择性 记录 中 很 有用。但是,它 的 书写 速度 还 不能 达到 更高 的 要求。速记 符号 系统 可以 进一步 加快。

速记 就是 用 类似 音素 文字 或者 音标 的 简易 图形 快速 记录 口语。一般 的 速记 符号 有点 接近 阿拉伯 字母 的 原理 和 形状,通过 最 简单 的 直线 和 曲线 的 变化 表示 辅音,通过 附加 符号 表示 元音。

世界 最早 的 速记 符号 产生 在 公元前 350 年。这是 一种 专门 用来 记录 希腊语 的 速 记 符号。这种 速记 符号 比 当时 的 希腊 文字 快 一倍 多。据说 古代 希腊 哲学家 苏格拉底 的 回忆录 就是 他 的 学生 用 这种 速记 符号 记录 下来 的。

公元前 82 年 古代 罗马 的 泰罗 (Tiro),又 创造 了 一种 泰罗 速记 符号。这是 一种 草 书 形式 的 拉丁语 速记 符号,影响 很大。从此,世界 各个 国家 的 学者们 都 看到 了 速记 的 用处,先后 发展 了 自己 民族 语言 的 速记 事业。1588 年 英国 考古学家 伯莱特 发现 了 泰罗 速记,经过 研究 整理,写成 《符号学》,这 就是 英国 最早 的 速记 方案。

以后,法国 在 1651 年,德国 在 1796 年,美国 在 1840 年,俄国 在 1858 年,日本 在 1882 年 都 先后 创造 了 记录 自己 民族 语言 的 速记 方案。中国 当时 派驻 日本、美国 等 国家 做 文化 参赞 的 蔡锡勇 先生,在 看到 西方 速记 发展 的 情况 下,也 在 1896 年 写 了 中国 第一 本 速记 著作 《传音 快字》,开创 了 中国 速记 事业。中国 速记 开始 照顾 了

方言 差别, 使 声母 的 平舌音 和 翘舌音, 韵母 的 前鼻音 和 后鼻音 等 不能 区分。后来, 随着 普通话 的 普及 逐渐 完全 按照 普通话 语音 设计。

【图表】速记 符号 样品①

a. 几何 系统 速记

b. 椭圆 系统 速记

c. 斜体 系统 速记

【说明】3 种 速记 的 内容 都 是:"实现 四个 现代化 是 一 场 伟大 的 革命。在 这 场 伟大 的 革命 中, 我们 是 在 不断 地 解决 新 矛盾 中 前进 的。因此, 全党 同志 一定 要 善于 学习, 重新 学习。"

速记 符号 不是 文字 代码, 它 是 文字 性质 的 口语 代码。它 在 设计 的 时候 根本 不 考虑 文字, 它 接近 音素 文字, 但是 形体 更加 简化。因此, 在 阅读 速记 文本 的 时候 不能 像 文字 一样 容易 明确, 必须 及时 整理 成 普通 文字 的 文本。

汉语 速记 无法 建立 在 汉字 的 基础 上, 只能 建立 在 拼音 方案 的 音素 分析 的 基础 上, 因为 汉字 对应 的 语素 太多, 拼音 对应 的 音素 很少。

①弋 义、夏 正社. 现代 实用 速记 [M]. 长沙: 湖南 科学 技术 出版社, 1990.18~22.

文字 要 多写 一些 笔画, 一定 要 有 一定 的 信息 剩余 程度。速记 追求 用 最小 的 形体 表达 最多 的 信息, 追求 最大 效益。所以, 前者 便于 阅读, 但是 不能 使 书写 达到 最快 的 速度, 后者 相反。

速记 和 文字 比较 起来, 有 以下 具体 特点

① 简易性。速记 符号 的 笔画 简单, 容易 写。一个 音节, 用 一个 笔画 表示。笔画 线条 上 的 不同 部份 的 形体 特征, 表示 组成 这个 音节 的 不同 部份, 在 汉语 中 一般 分成 声母 和 韵母。

② 省略性。熟悉 以后, 常用 的 词语 甚至 句子 都 可以 省略, 留下 很少 的 区别 特征 就 可以 了。例如 交叉、叠放、使用 形态 等, 都是 速记 中 的 省略 标志。这 就 像 在 电脑 汉字 输入 中, 把 "现代化" 省略 成 "XDH"。

③ 主观性。速记 中 单位 的 长短, 词语 仓库 的 成员 构成, 有 很大 主观性。每个 人 可以 根据 具体 情况, 在 基本 符号 的 基础 上, 主观 构建 只有 自己 才 认识 的 符号 系统。基本 符号 本身 的 设计, 也是 多样 的。但是, 基本 原理 接近, 例如, 符号 的 区别 特征, 一般 是 线条 的 长短、弯直、方向 等。

一般 汉语 速记, 只要 熟练, 都 可以 每分钟 记录 160~180 个 音节, 基本上 能够 把 汉语 口语 记录 下来。

录音 技术 只能 实现 用 有声 方式 记录 口语 的 目的, 不能 代替 速记。听 录音, 转写 成 文字, 如同 现场 记录 一样 麻烦。所以, 速记 到 今天 仍然 在 新闻、司法 和 商业 等 工作 中 广泛 应用。速记 方案 可以 自由 设计, 一种 语言 的 共同语 和 各种 方言 都 可以 直接 设计。在 共同语 得到 普及 的 情况 下, 当然 要 把 共同语 做 标准 对象。

【练习】5

　　没有 语义 的 语音 是 毫无 意义 的。没有 意义 地 发出 声音，就 像 鸟 在 树林 里 叽叽喳喳 叫，就 像 水 在 溪流 里 哗啦哗啦 响。我们 在 语音 上 捕捉 语义，也许 像 风声 过去 一样 一无所获，也许 像 熟练 的 渔民 一样 满载而归。

　　在 汉语 口语 中，词 是 不带 校徽 的 学生。在 汉字 记录 的 书面 汉语 中，词 被 字式 文本 模糊 了 界限。《现代 汉语 词典》走上 了 区分 词 和 非词、标注 词性 的 进步 道路。中国 对外 汉语 教学 词 意识 明朗，中国 对内 汉语 教学 词 意识 淡薄。

5　语符 和 语义

5.1　语符 是 语言 的 实体

　　前面 两章 说 的 都 是 语言 的 形式。以下 两章 将 从 形式 和 内容 结合 的 实体 角度，重点 从 语义 内容 上 来 认识 语言。语符 是 实体 单位，语法 是 实体 单位 之间 的 关系。

　　语符[①] 就 是 语言 符号，是 形式 和 内容 结合 的 语言 实体。词 是 语言 备用 的 基本 的 实体 单位。对于 从 字 和 词 基本 重合 的 古代 书面语 中 走 出来 不到 100 年 的 中国人 来 说，词 的 认知 和 词 意识 的 发展 是 汉语 生活 中 的 大事。

　　熟语 是 词化 了 的 词组，也 就 是 具有 词组 那样 比较 长 的 形式 的 词。词组 是 词 的 扩展 单位。句子 是 产生 了 信息 功能 的 实体 单位，是 语言 使用 的 基本 的 实体 单位。语素 是 做 原始 材料 的 实体 单位。语言 的 使用 过程 就 是 用 现成 的 词 或者 进一步 构成 词

---

　　①1957 年 丹麦 的 语言学家 乌尔达尔 出版 一 本 著作，叫做 《语符学 纲要》。他 从属 的 学派 叫做 "语符 学派"。

组,加上 语气 等 功能 手段 产生 句子,表达 和 传递 信息 的 过程。

语义 是 语言 意义,它 很难 从 语言 实体 的 形式 上 分离 出来,所以 讨论 语义 实际上 离不开 词、句子 这样 的 实体 单位 的 名称,无法 像 语音 这种 物质 一样,可以 相对 独立 地 使用 一 套 名称。

语义 主要 分 词的 语义 和 句子 的 语义,分别 简称 词义 和 句义。词义 是 语义 最 基础 的 部份。词义 怎么 构成 句义,怎么 获得 动态 语用 意义,还要 分别 参考 语法 和 语言 使用 部份 的 内容。

5.1.1 词汇

词汇 是 互相 联系 互相 制约 的 词 和 熟语 两种 语符 构成 的 整体。一般 指 一种 语言 或者 方言 中 的 词 和 熟语 的 集合,例如 "汉语 词汇、英语 词汇"。也 指 词 的 各种 使用 领域 的 集合,包括 一个 人 或者 一 部 作品 甚至 一个 专业 使用 的 全部 词。例如 "鲁迅 的 词汇、红楼梦 词汇、计算机 词汇、4 级 英语 词汇、课文 词汇" 等。

词汇 和 词 是 集体 和 个体 的 关系。一种 语言 或者 方言 只有 一个 词汇,所以 不能 说 "学了 10 个 英语 词汇"。词 和 熟语 合成 词语。广义 的 词 就是 指 词语。

做 语言 形式 的 语音 和 做 语言 结构 法则 的 语法 变化 比较 慢,而且 在 数量 上 也是 有限 的。词汇 这种 语言 的 实体 单位 的 集合,相对 变化 快,数量 虽然 不是 无限 的,却 要 庞大 得多。

描述 个人 日常 已经 掌握 的 词汇 还 比较 容易,但是 面对 一个 民族 浩瀚 的 词汇 海洋,即使 是 词汇 专家 也 非常 困难。一种 语言 的 词,如果 加上 行业 词语 和 偶尔 使用 的 古代 词语,恐怕 有 几 十万 个。如果 再 加上 一种 语言 的 地域 方言 词语 那就 几乎 无法 计算 了。但是,一般 的 共时 词典 收集 的 都是 一种 语言 在 特定 时期 通用 的 词语,数量 相对 少,不到 10 万。例如 《现代 汉语 词典》 有 6 万 多个 词语。然而 一般 有 文化 的 人 真正 掌握了 2 万个 常用 词 就 基本 满足 需要 了。

在 没有 时间 和 空间 限制 的 词典 中,词 的 数量 不仅 多 而且 不断 变化。有人 把 一 本 法国 法语 词典的 1948 年 版本 和 1960 年 版本 做 比较,发现 增加 了 3973 个 词。但是,新 增加 的 词 中 只有 9% 属于 普通 词汇,其余 都是 各个 科技 部门 的 行业 词汇。拿 旧 《辞海》 和 新 《辞海》 中 "电" 字 开头 的 词条 进行 比较,从 116 个 增加 到 374 个,增 加 了 两倍 多。有些 今天 家喻户晓 的 新词 在 旧 《辞海》 中 没有,例如 "电扇、电钟、电 视剧、电子计算机" 等。当然,旧 《辞海》 中 原来 有的 词语,也许 后来 不用 了。

5.1.2 基本词 和 高频词

根据 词汇 体系 中 词 的 不同 地位 和 作用,通常 把 词汇 分成 基本 词汇 和 非基本 词汇 两种,它们 中 的 词 分别 叫做 基本词 和 非基本词。同时,根据 词 在 特定 时间 和 空间 范 围 中 的 使用 频率,可以 把 词 分成 高频词 和 低频 词。

(1) 基本词

在 整个 词汇 体系 中,有些 词 表示 的 事物 或者 行为 与 人们 世世代代 的 日常 生活

有着 密切 的 关系，这些 词 连同 表示 它们 的 结构 关系 的 常用 虚词，都 是 基本词。基本词 是 词汇 的 核心 部份，被 不同 时代 不同 地域 使用 同一 语言 的 人 普遍 使用。基本词 往往 是 一个 语素 形成 的 词，而且 往往 是 一个 音节 表现 的 词，但是 不 排除 具备 条件 的 多 语素 多音节 的 词。

基本词 中 的 单语素 词 是 基本词汇 也是 整个 词汇 的 核心，这 就是 根词。根词 和 词根 不同，词根 是 做 词 的 主体 部份 的 语素。

基本词 具备 以下 3 个 主要 特点

第一，长久 使用。这些 词 能够 经受 时间 的 考验，生命 长久。例如 "人、手、山、打、十、百" 等 词语，在 甲骨文 中 就 已经 存在，至今 仍然 是 汉语 中 主要 的 和 常用 的 词语；英语 中 的 "father、man、and、way、to" 从 中古 到 现代 一直 使用。这些 词 表示 的 事物 和 概念 都 非常 稳定，这种 稳定性 决定 词语 有 顽强 的 生命力。

第二，普遍 使用。这些 词 能够 经受 空间 的 考验，在 一定 的 时代 被 整个 民族 共同 使用，流行 地域 广泛。人们 可能 因为 受到 各种 因素 的 限制 而 不 知道 方言词、行业语，却 不能 不 使用 基本词，否则 就 没有 办法 交际。例如 "我、你、好、坏"；英语 的 "we、they、good、bad、eye" 等 词语，都 是 基本词，任何 阶层、任何 职业 的 人 都 必须 使用。

第三，构成 词 的 能力 强。这些 词 能够 经受 能力 的 考验，可以 通过 组合 生成 大量 的 新词。随着 社会 的 发展，新 事物 不断 出现，新 概念 层出不穷，新 的 词语 也 随着 大量 产生。基本词 由于 是 历史 流传 的 词语，便于 人们 理解 和 接受，所以 自然 成 了 构成 新词 的 基础 和 材料。大多数 基本词 都 有 构成 词 的 能力，其中 有 的 构成 词 能力 还 相当 强，例如 "学"，是 一个 基本词，它 还 可以 用 语素 的 身份 和 别的 语素 一起 构成 新词，例如 "学费、学历、学派、学识、文学、学说" 等。

基本词汇 中 有 一些 词 同时 具备 以上 三 个 特点，但是 也 有 例外。有的 可能 缺少 一个 方面 的 能力。例如 "我、你、他、吗、和" 等 汉语 词 和 "and、but" 等 英语 词，就 缺乏 构成 词 的 能力。

有些 词 在 现代 通常 不 做 独立 的 词 使用，而是 做 一个 具有 构成 词 的 能力 的 语素 使用，我们 可以 把 它们 叫做 基本 语素。例如 普通话 中 的 "父、母、民、口" 等。但是，"口" 等 在 有些 汉语 方言 中 还是 基本词。

事实 上，由于 语言 在 不断 变化，不可能 出现 绝对 意义 上 的 世代 使用 的 词。有的 基本词 到 了 后来 可能 变成 构成 词 的 基本 语素。

在 语言 调查 中 调查 基本词，就 可以 抓住 这种 语言 中 具有 本质 特征 的 部份。基本词 对于 认识 不同 语言 之间 的 亲属 关系，对于 历史 地 认识 一种 语言 很 有用；但是 对于 现实 生活 中 的 语言 教学 和 使用，恐怕 高频词语 更 有 作用。

（2）非基本词

词汇 体系 中 基本词 以外 的 词 统称 非基本词。主要 包括 新造词、方言词、古语词、行业词、外来词 等。

非基本词 不 具备 基本词 的 三 个 特点，但是 具有 很强 的 适应性。它 能够 敏感 地 反映 社会 生活 的 变化 情况。20 世纪 后期 中国 改革 开放 以来，中国 的 社会 生活 发生 了 巨大 的 变化，也 就 产生 了 许多 新词，例如 "开放、承包、万元户、电脑、大哥大、软包装、卡拉ok" 等。这些 新词 在 今天 的 语言 中 频繁 出现，但是 是否 具有 稳定性 还要 等待 历

史 的 检验。

基本词 与 非基本词 又 互相 联系。第一，基本词 是 词汇 的 核心 部份，是 构成 新词 的 基础，基本词 顽强 的 再生 能力 使 非基本词 不断 产生。第二，基本词 和 非基本词 可以 相互 转化。非基本词 中 的 一些 词，由于 它 反映 的 事物 长 时间 同 人们 的 生活 密切 相关，有 可能 逐渐 具备 基本词 的 性质，从而 转化 成 基本词。例如 "电" 这个 词，在 古代 汉语 中 不是 基本词，但是 由于 "电" 这种 现象 在 现代 已经 深入 到 人们 生活 的 各个 方面，因 此 变成 了 基本词。现代 汉语 中 用 "电" 做 词根 产生 了 大量 的 新词，例如 "电灯、电 话、电脑、电视、电子、电梯" 等。同时，也 有 一些 本来 属于 基本词 表示 的 事物，在 生活 中 逐渐 消失，这些 词 就 变成 非基本词。例如 "皇帝" 等 历史 词语。

（3）高频词

词 在 不同 时间 和 空间 的 交际 中 出现 的 频率 不同，出现 次数 多 的 是 高频词，出 现 次数 少 的 是 低频 词。一般 来说 基本词 是 高频词，非基本词 是 低频词。但是 也 有 相 反 的 情况。一个 非基本词 经常 可以 成为 高频词。例如 "作业、考试" 对于 学校 是 高频词， "改革" 在 20 世纪 和 21 世纪 交界 时期 的 中国 是 高频词。

区分 高频词 和 低频 词 对 语言 教学 特别 是 外语 教学 有 很高 的 参考 价值。在 语言 信息 的 机器 处理 方面 作用 更大。近年来 人们 对 高频词 的 研究 兴趣 日益 浓厚，也 取得 了 一定 的 成果。我们 一方面 要 确定 一定 时期 整个 民族 语言 的 高频词，另一方面 还要 确定 各个 行业 的 高频词，例如 "导游 语言 词汇"、"医药 信息 处理 词汇"。《朗曼 当代 英 语 词典》（Longman Dictionary of Contemporary English）是 高频词 理论 应用 的 杰作。它 只 用 2 千个 常用 词 解释 了 5.6 万个 词。这 意味着 学 了 最 常用 的 2 千个 英语 单词 就 可以 把 大约 6 万个 词 全部 读 懂。

汉语 词典、字典 由于 受到 文言 传统 的 深刻 影响，在 这个 方面 做得 仍然 不够。例如 查找 《现代 汉语 词典》对 语素 "诽" 的 解释，是 "毁谤"，再 查找 "毁谤"，解释 是 "诽谤"，又 回到 "诽"。正如 注音 " '会' 读 '慧' "，可能 会 越 解释 越 糊涂。随着 科学 技术 的 发展，语言学家 利用 计算机 对 词语 进行 统计，使得 高频词 与 低频词 的 统 计 更加 客观。现代 汉语 统计 的 结果 表明，虽然《现代 汉语 词典》收集 了 6 万多个 词 语，但是 最 常用 的 2 千个 词 和 4 千个 词 在 话语 中 的 覆盖率 分别 可达 到 80% 和 90%，其中 位置 在 前面 的 190 个 词 就 覆盖 了 50%。2 千个 高频词 在 各种 语言 中 占 的 覆盖 程度 出入 不大，英语 大约 78 %，捷克语 大约 75%，俄语 大约 80%。

英语 的 前 14 个 高频词[1] 依次 是：

the, of, and, a, to, in, is, you, that, it, for, are, was, he

现代 汉语 前 60 个 高频词[2] 依次 是：

的，了，是，一（数），不，在（介），有，我，个（量），他，就（副、连），这（代），
着，上（名），说，人，和（介、连），地，也，你，我们，到（补），大（形），里（名），
来（动），都，还，把（介），去，又，看，要（助动），很，能（助动），十，小（形、

---

①王 初明. 应用 心理 语言学［M］. 长沙：湖南 教育 出版社，1990.3.

②北京 语言 学院 语言 教学 研究所. 现代 汉语 频率 词典［M］. 北京：北京 语言 学院 出版社，
1986.492.

头），那（代），得，她，好（形、补），年，他们，两（数），三，什么，从（介），没（副），二，出（补），自己，天，几，走（动），主义，用，中，到（动），国，起来（补），对（介）

高频词 在 最 前面 的 部份 主要 是 单音词，这是 语言 经济 原则 的 优先 表现。越 高频 使用 的 词 越要 让它 优先 简短，才能 提高 总体 效率。在 汉语 190 个 高频词 中，非单音 词 只有 39 个[①]，其中 "革命、工作、同志、敌人、阶级" 具有 一定 的 时代性：

> 我们，他们，什么，自己，人民，起来，革命，时候，工作，这样，没有，社会，同志，可以，知道，问题，这个，出来，怎么，现在，可是，已经，生产，你们，发展，阶级，这些，敌人，但是，人们，孩子，思想，因为，研究，世界，一定，经济，科学，国家

高频词 是 相对于 一定 时代、一定 领域 来说 的。不同 时期 和 不同 使用 领域 会有 出入。通用 高频词 和 专用 高频词 的 不同。专用 的 又 可以 根据 行业 分类。例如 "夺目、蔚蓝、皎洁" 等 在 文艺 领域 是 高频词，在 别的 领域 就 不一定。

5.1.3 熟语

（1）熟语 的 性质

词汇 中 除了 典型 的 词 以外，还 包括 跟 词 功能 一致 的 熟语。

熟语 又 叫做 固定 词组，是 熟悉性 的 词组。它 像 一般 词组，但是 在 形式 上 比 一般 词组 固定，在 意义 内容 上 比 一般 词组 具有 整体性，所以 跟 词 的 性质 很 接近。

其实 传统 归纳 的 "熟语" 从 现代 汉语 来看 要 分成 两种：第一 种，完全 词化，成语 基本上 是 这样 的。它 是 现代 的 词，古代 的 词组，例如：胸有成竹、水落石出。这种 应该 属于 有 汉语 特色 的 词，而 不是 有 特色 的 词组。个别 惯用语 词化 以后 也 纳入 一般 的 词。因此，我们 说 的 熟语，不再 包括 成语。

第二 种，一些 来自 口语 的 熟语，在 现代 还是 词组，例如：老鼠 过街，人人 喊打；天下 乌鸦 一般 黑。这些 才是 我们 确定 的 真正 的 熟语。

口语化 的 熟语，它 虽然 从 表层 结构 来看 像 一般 词组，各个 部份 可以 独立 做 词用，说 的 时候 可以 有 内部 停顿，书写 的 时候 也 经常 分成 不同 的 词；但是 从 深层 结构 来看，它 的 结构 意义 具有 词 的 融合性 或者 凝固性，中间 一般 不能 随意 插入、替换 和 改变 顺序。例如，"七上八下" 不能 说成 "八下七上"，也 不能 说成 "七上 和 八下"；"指鹿为马"，不能 说成 "指马为鹿" 或者 "指鹿是马" 等。英语 的 "leaky vessel（表层：漏管；深层：饶舌 的 人）"；"the apple of one's eye"（表层：眼睛 上 的 苹果；深层：掌上明珠）"；"rain cats and dogs（表层：使 猫 和 狗 落下；深层：下 倾盆大雨）" 等 也 都 不能 任意 改变 结构 成份 和 次序。因此，熟语 在 所有 语言 的 词典 中，都 当做 词条 或者 衣服 主要 词条 解释。

熟语 意义 的 表层 和 深层 不一致。它 的 意思 类似 词 的 引申 意义，可以 使 人 产生 联想，通过 超常 的 意义 理解，激发 语言 使用者 的 情感，达到 比 普通 词组 更加 有效 的 语言 效果。熟语 往往 在 漫长 的 语言 历史 中 沉淀 着 劳动 人民 的 智慧，有 较强 的 历史

---

①北京 语言 学院 语言 教学 研究所. 现代 汉语 频率 词典 [M]. 北京：北京 语言 学院 出版社，1986. 658～661.

性、文化性。一个 词组 的 意义 往往 浓缩 着 一个 历史 故事、一种 历史 经验 等，并且 要 在 自己 的 经验 的 帮助 下 通过 联想、抽象 的 思维 过程 才能 很好 理解。例如 "胸有成竹" 是 说 宋朝 画家 文 同 画 竹子 的 一种 感悟 状态，表示 "事先 已经 有 充份 把握"；"天 下 乌鸦 一般 黑" 是 经验 的 积累，表示 具有 相同 事物 的 属性 一致。这些 意义 一旦 离开 原来 词组，就 难以 存在。在 英语 中 "to dance on atight rope" 表层 的 意思 是 "在 拉 紧 的 绳子 上 跳舞"，但是 做 熟语 的 深层 意义 是 "冒险"。"kiss the hare's foot" 也 只能 是 "姗姗来迟" 的 意思，而 不能 解释 成 表层 意义 "吻 兔子 的 脚"。

(2) 熟语 的 类型

熟语 分成 两 类：通用 熟语 和 专用 熟语。通用 熟语 包括 惯用语、套话、俗话（谚语）、歇后语、名言 等。这类 在 意义 上 具有 间接性，有 表层 意义 和 深层 意义 的 不同。狭义 的 熟语 指 这类。专用 熟语 包括 专名语 和 术语。狭义 的 固定 词组 指 专名语。下面 分别 介绍。

(3) 通用 熟语

通用 熟语 有的 比较 短小，一般 要 跟 其他 词 结合 才能 成为 句子。有的 比较 长，一般 可以 单独 做 句子。

第一，惯用语。惯用语 是 有 比喻 意义 的 熟语。在 汉语 中 一般 由 3 个 音节 组成，一般 是 述宾 结构，意义 形象 生动，例如 "打 埋伏、捧 臭脚、唱 双簧、狗 扯皮、穿 小鞋、一 刀 切" 等。惯用语 的 形式 结构 比 其他 熟语 灵活 一些，例如 "吹 牛皮" 可以 说成 "吹 臭 牛皮、吹 大 牛皮、吹牛"，"泼凉水" 可以 说成 "泼 点 凉水"。

第二，套话。套话 是 套用 的 礼貌 性质 的 熟语。套话 一般 用来 表示 问候、致意、寒暄。例如，"祝愿 您 身体 健康" 等，英语 中 的 "How are you（您好）"，"Good bye（再 见）"，"see you later（以后 见）"，"Good morning（早上 好）"，"Good evening（晚 上 好）" 等。

第三，俗话。俗话 又 叫做 "谚语"，是 指 包含 通俗 道理 或者 生活 经验 的 熟语。例如："种 瓜 得 瓜，种 豆 得 豆"，"枪 打 出头 鸟"，"人怕 出名 猪 怕 壮"，"费力 不 讨 好"，"快 是 糠头 慢 是 米"，"性急 吃不得 热 豆腐"。在 英语 中 例如："No pains, no gains（不 费力，不会 有 收获）"，"A friend in need is a friend indeed（患难与共 的 朋 友 是 真正 的 朋友）"。

第四，歇后语。歇后语 是 由 表层 和 深层 两 个 意义 部份 配合 形成 的 诙谐 性质 的 熟 语。前 一 部份 一般 是 比喻，后 一 部份 一般 是 真正 的 意义。汉语 中 歇后语 很 丰富，例 如："哑巴 吃 黄莲——有 苦 说不出"，"泥菩萨 过 河——自身 难保"。

第五，名言。名言 又 叫做 格言，是 名人 说 的 富有 哲理性 的 句子。例如："知识 就是 力量"。它 与 俗话 不同，俗话 来自 群众 的 口语。

(4) 专用 熟语

第一，专名语。专名语 就是 多于 一个 词，专门 用于 机构、单位 名称 的 词组。

它 的 特点 是 有 一个 特定 的 对象，不能 进行 一般 的 组合 理解。例如 "中华 人民 共 和国 教育部 语信司、国家 语言 文字 工作 委员会"。"The United states of America（USA, 美国）"，"The United Nations International Children's Emergency Fund（UNICEF, 联合国 国际 儿童 救济 基金会）"。

专名语 一般 有 简称 对应，例如，"中华 人民 共和国 —→ 中国"， "全国 人民 代表 大会 —→ 全国 人大 —→ 人大"， "北京 师范 大学 —→ 北京 师大 —→ 北 师大 —→师大" 等。

第二，术语。术语 是 在 专门 领域 中 使用 的 有 特定 含义 的 词语，它 的 意义 受到 行业 领域 的 其他 词语 的 严格 限制，不能 望文生义。例如 "表音 文字" 做 语言学 中 的 一个 术语，不能 像 一般 人 一样 有 不同 理解，只能 当做 "单个 的 字 一般 直接 记录 语音 单位 的 文字" 理解。所谓 说 外行话，就 是 不 懂得 术语，也 就 是 不 懂得 系统 的 专业 知识。术语 往往 从 特定 行业 的 个人 使用 开始，有 封闭性，如果 不 注意 沟通，就 容易 造成 术语 混乱 甚至 术语 灾难。一般 考试 说 的 "名词 解释" 应该 叫做 "术语 解释"，因为 被 解释 的 一般 不是 一个 名词。

5.1.4 词典

任何 一种 语言 中 的 词汇 都 像 一个 海洋。人们 怎么 了解 一个 陌生 的 词语 呢? 我们 会 立即 想到 词典。

什么 是 词典? 词典 是 可以 查阅 词 的 形式 和 内容 信息 的 工具书，是 词 的 仓库。它 汇集 语言 里 的 词语，按照 一定 次序 排列，进行 描写、解释，说明 词 的 形体、声音、意义、结构、用法 等，同时 编制 方便 查找 的 索引 方法，让 读者 随时 可以 查阅。

词典 不 像 一般 书籍 那样 要求 全书 意思 连贯，表达 相关 的 主题。词条 提供 信息 的 数量 和 内容 根据 词典 的 性质 和 规模 决定，有的 涉及 许多 方面，有的 只是 涉及 一个 方面。

词典 的 编排 方法 与 其他 书籍 不同，不 分 章节，而 是 按照 形体 类别、声音 类别、意义 类别 等 方式 编排。对于 使用 表音 文字 的 语言 来说，一般 按照 有限 的 字 的 习惯 顺序 排列。

对于 使用 汉字 的 汉语 来说，现在 一般 借助 汉语 拼音，采用 类似 表音 文字 的 方式 排列。但是，为了 特殊 需要，也 可以 采用 按照 部首、笔画 等 形体 上 的 方法。因为 汉字 不是 表音 文字，所以 汉语 词典 还 需要 有 特有 的 索引。索引 的 方法 一般 与 编排 的 方法 互相 补充。

为什么 英语 只有 词典，汉语 还 有 字典? 字典 是 使用 汉字 这样 的 表意 文字 的 语言 中 特有 的 工具书，它 解释 字 本身 的 创造 原理 和 现实 结构，甚至 解释 记录 的 语素 等。汉语 字典 解释 语素 的 时候，类似 英语 分析 词根 和 词缀 等 语素 的 工具书。在 古代 汉语 中，由于 基本上 一个 语素 充当 一个 词，一个 字 记录 的 是 一个 语素，同时 也 是 一个 词，所以 在 书面 上 出现 字、词、语素 基本 重合 的 现象。因此，中国 在 很长 一段 时间 中，把 词典 也 叫做 字典。

在 现代 汉语 中 由于 词 和 语素 不 重合，字 和 语素 基本 对应，字 的 数量 又 多。所以 有 词典 和 字典 两种 近似 的 工具书。字典 主要 从 视觉 基本 单位 字 出发，主要 解释 语素 包括 可以 做 词用 的 语素，也 解释 字 记录 的 多音节 单纯词 中 的 一个 音节，还 解释 部份 相关 的 不 容易 从 字 直接 理解 的 常用 词语。字典 篇幅 一般 比较 小。例如《新

华 字典》。[①]

词典 除了 具有 字典 的 功能 以外，能够 提供 全面 的 词语 信息，所以 篇幅 比较 大。例 如 《现代 汉语 词典》。

《现代 汉语 词典》 是 国务院 责成 中国 社会 科学院 编写 的 推广 普通话 的 词典。它 有 里程碑 意义，这是 第一 次 出现 的 汉语 活 语言 的 词典。不过，它 在 整个 20 世纪 没 有 区分 单字 条目 里 的 语素 和 词，没有 标注 词性。2004 年 李 行健 主编 的 《现代 汉语 规范 词典》，全面 标准 词性，但是 把 不 成词 的 语素 也 标准 了 "词性"。2005 年 《现代 汉语 词典》 第 5 版，在 竞争 中 改进，开始 区分 一个 字 记录 的 词 和 非词，并且 把 词 标 注 词性。因为 它 把 一个 字 记录 的 词 和 不 成词 的 语素 混合 在 "字" 的 条目 中 解释， 人们 只能 看到 几个 字 构成 的 字组 记录 的 词语。

词典 按照 性质、规模 和 用途 的 不同，可以 分成 不同 类型。

(1) 通用 词典 和 专业 词典

从 词典 的 用途 来看，可以 分成 通用 词典 和 专业 词典。它们 的 主要 区别 是：通用 词典，又 叫做 语文 词典，收录 的 词条 主要 是 通用 的 语词，不是 一定 学科 或者 行业 专 用 的 语词 或者 术语。通用 词典 除了 根据 词典 任务 确定 词 的 选择 原则 以外，还要 解决 词 的 界线、词义 项目 界线、词义 性质、意义 的 解释 或者 翻译、修辞、读音、书写、例句、 词 的 来源 和 构成 以及 熟语 等 问题。专业 词典 是 提供 专业 知识 的 词典，对 专业 术语 的 内涵 进行 阐述，分析 这些 术语 涉及 的 各种 理论 和 实践 问题，介绍 研究 的 历史 和 现状，以及 各种 学派 和 观点。当然，有些 词典 兼有 以上 两种 词典 的 性质。例如 中国 的 《辞海》。

(2) 单语 词典 和 双语 词典

语文 词典 按照 包含 语言 种类 的 数量，可以 分成 单语 词典 和 双语 词典。单语 词典 是 用来 解释 和 被 解释 的 语言 相同 的 词典。例如，《现代 汉语 词典》、《现代 俄罗斯 标准 语 词典》 等。它 主要 用来 学习 和 使用 本 民族 语言。

双语 词典 解释 和 被 解释 的 语言 涉及 两种 或者 更多 语言 的 词典。中国 出版 的 《俄汉 大 辞典》、《日汉 辞典》、《汉德 词典》。它 主要 用来 学习 和 使用 外语，或者 进行 语 言 之间 的 翻译。同时 用 两种 语言 进行 解释 的 又 叫做 双语 双解 词典。

(3) 标准语 词典 和 方言 词典

如果 从 被 解释 的 词语 属于 民族 共同语 还是 地方 方言 的 角度 来 区分，语文 词典 又 分成 标准语 词典 和 方言 词典。标准语 词典 解释 符合 规范 的 词语，不 符合 规范 的 一 般 不 解释，即使 解释 也要 区别 对待，使 读者 明白 规范 和 不规范。例如 法国 的 《法兰 西 学院 词典》，中国 的 《现代 汉语 词典》。方言 词典 专门 收集 一种 或者 几种 方言 的 词 汇。例如 《长沙 方言 词典》、《广州 方言 词典》。

(4) 历时 词典 和 共时 词典

语文 词典 还 可以 从 被 解释 和 解释 内容 涉及 的 时间 范围 不同 分成 历时 词典 和 共 时 词典。解释 一种 语言 历史 上 的 全部 词语 和 这些 词语 的 变化 过程 的 词典 叫做 历时 词典。解释 特定 时期 的 词语 现状 的 词典 叫做 共时 词典。例如 《辞源》、《汉语 大 词典》

---

①程 荣. 辞书 单字 条目 与 相关 词语 关系 的 处理 [J]. 太原：语文 研究，2001，(1)：29-34.

等 广泛 收集 古代 到 现代 的 词语, 反映 词语 在 各个 时代 的 发展、变化 情况, 是 历时 词典。《现代 汉语 词典》 是 典型 的 共时 词典, 它 比较 全面 地 反映、记录 了 现代 词语 的 状况, 很少 涉及 古代 词语。

(5) 综合 词典 和 专科 词典

非语文 词典 可以 分成 综合性 词典 和 专科性 词典 两类。综合 词典 一般 指 百科 词典, 是 综合 解释 通用 和 各个 行业 专用 的 词语 的 词典。它 给 广大 读者 提供 各个 学科 的 基本 知识。例如 法国 的 《拉鲁斯 大 百科 辞典》、中国 的 《中国 大 百科 全书》 等。

专科 词典 是 专门 解释 一个 学科 专用 的 词语 的 词典。例如 中国 出版 的 《经济 大 辞典》、《地理学 词典》。

以上 不同 类型 的 词典 也 可以 结合。例如 中国 出版 的 《俄汉 航空 词典》 是 专业 双语 词典。

(6) 网络 百科 词典

在 网络 时代 还 出现 一种 大众 动态 编写 的 网络 百科 词典。任何 对 这个 词条 有 信息 储备 的 人 都 可以 编写 和 不断 修改 词条, 当时 是否 能够 被 通过, 还要 经过 网站 审批。由于 编写者 和 把关者 专业 水平 有限, 这种 词典 在 使用 中 还是 要 自我 鉴别 信息 的 科学性。

5.2 词

5.2.1 词是语言的基本单位

词 是 语言 的 基本 单位, 因为 它 是 语言 中 最小 又 自由 的 内容 和 形式 结合 的 符号 实体 单位。语言 符号 的 切分 可以 长 可以 短。最短 的 符号 是 语素, 最长 的 可以 是 一次 长 时间 的 谈话 内容 或者 一本 最厚 的 书 的 内容, 但是 词 是 基本 的。词 在 任何 语言 中 客观 存在。汉语 也 不 例外, 即使 书写 中 没有 表现 出来。①

如果 忽略 了 词 在 语言 符号 切分 中 的 基本 地位, 就 抓不到 语言 符号 系统 的 关键, 从而 产生 系列 错误。有人 根据 语素 是 数量 上 最少 的 符号, 认为 它 应该 是 基本 符号。因此, 有人 错误 地 认为 只要 学会 几 千 个 汉字 (汉语 书面 语素), 就 掌握 了 汉语 的 词汇。其实 语言 的 基本 符号, 除了 数量 上 最少 以外, 还要 具有 在 符号 系列 中 的 独立 运用 的 自由性 特点。只有 词 才 同时 具备 这 两个 特点。

词 和 字、音节 都 是 最小 的 自由 单位, 但是, 它们 所属 的 平面 不同, 字 只是 视觉 的 形体 单位, 音节 只是 听觉 的 声音 单位。

词 和 语素、词组 是 同一 平面 的 单位, 但是 不是 同一 层次 的 单位。这 是 我们 下面 要 重点 区分 的。

确定 什么 是 词, 关键 是 把 词 和 词 内部 的 语素 以及 词 外部 的 词组 区分 开来。这些 单位 之间 经常 存在 中间 状态, 给 分类 造成 困难。因此 缺乏 词 意识 的 汉语 使用者, 甚至 怀疑 词 的 存在。这 会 出现 因噎废食, 放弃 对 词 的 确认。对于 英语 这样 的 书面 语

---

① 王 立 汉语 字 和 词 的 公众 语感 的 测量 [J]. 北京: 语言 文字 应用, 2002, (3).

言, 可以 说 词 已经 被 文字 中 的 词 之间 的 空隙 明确 分离。其实, 英语 中 也 存在 是 词 和 不 是 词 的 中间 状态, 但是 这 并不 妨碍 人们 认识 事物 矛盾 的 主要 方面。例如, "one to one（一 对 一）", "reading room（阅览室）"。

语素 是 语言 中 最小 的 内容 和 形式 结合 的 单位。[①]一个 语素 可能 对应 一个 语素、词 或者 句子, 所以 它 不一定 比 词 或者 句子 小。

有的 语素 能够 直接 做 词 使用, 叫做 成词 语素 或者 自由 语素, 例如 "学"。有的 语素 只能 做 词 的 一 部份 用 在 词 里面, 叫做 不成词 语素 或者 黏着 语素, 例如 "习" 就 是, 它 只能 用 在 "学习、练习、习作" 等 词 中间。表示 词 的 语法 形态 变化 的 语素 也 是 不成词 语素, 例如 英语 "books" 中 的 "s"。有些 词 具有 黏着 特点, 可以 叫做 黏着 词。

词组 又 叫做 短语, 是 由 一个 以上 的 词 直接 组合 成 的 内容 和 形式 结合 的 单位。词组 不一定 短, 复杂 的 词组 往往 比 简单 的 句子 长, 因为 词组 和 句子 是 从 功能 的 角度 区分 的。

语素、词、词组 的 区别 特征 是: 是否 一定 最小, 是否 一定 自由 或者 是否 一定 能够 独立 运用。它们 的 共同 特征 是: 都 是 内容 和 形式 结合 的 实体。理论 上 很 容易 区分, 实践 中 比较 难。

5.2.2 词 的 识别 和 词位

词 的 识别, 对于 "词" 意识 不强 的 汉语 使用者 特别 重要。

（1）用 造句 方法 区分 词 和 语素

语素 虽然 具有 意义, 但是 它 仅仅 是 构成 词 的 要素, 无论 是 在 结构 上 还是 在 句 法 功能 上 都 不 自由。所以, 区分 词 和 语素, 可以 用 造 句子 的 方法 进行, 看 它 能不能 独立 做 句子 成份 使用。例如 "学" 和 "学习" 是 词, 都 可以 做 述语 带 宾语, 但是 其 中 的 "习" 不行, 不能 说 "习 汉语"。

汉语 中 的 词 "黑板" 可以 切分 成 两个 语素 "黑" 和 "板"。这 两个 语素 在 构 成 词 的 时候, 前后 有 严格 的 线性 位置 的 限制, 既 不能 颠倒 它们 的 次序, 也 不能 在 中间 夹杂 其他 语素。但是 做 词 的 整体 的 "黑板" 可以 自由 使用。例如:

① 黑板！

② 我们 学校 的 黑板, 用 了 不知 多少 年 了。

③ 黑板 具有 多么 无私 的 奉献 精神 啊！

④ 多么 具有 牺牲 精神 的 黑板 啊！

在 上面 几个 例子 中,"黑板" 既 可以 单独 充当 句子, 又 可以 充当 句子 成份, 而且 在 不同 位置 保持 意义 一样。两个 语素 拆开 以后 就 没有 这种 特点 了。可见, 词 在 意义 上 具有 自足性, 在 结构 上 具有 独立性。

（2）用 插入 方法 区分 词 和 词组

区分 词 和 词组 可以 采用 插入 方法。词 在 独立 运用 的 时候, 无论 是 意义 方面 还是

---

①构成 词 的 语素 是 一个 词 的 内部 结构 中 的 语素, 所以 有人 叫做 "词素"。"词素" 在 我们 的 书 中 是 与 "词位" 对应 的 一个 概念。

功能 方面 都 不能 再 继续 切分, 也 不能 在 里面 插入 成份。 词组 里面 可以 插入 成份。

例如, 在 汉语 中 "黑板" 是 词, "黑板子" 是 词组, 英语 对应 的 是 "blackboard" 和 "black board"。 它们 都 是 词 和 词组 的 关系, 意思 不 一样, 不能 把 "黑板" 解释 成 "黑色 的 板子"。 切分 和 插入 的 可能性 也 不 一样, "黑板子" 可以 插入, 说成 "黑色 或者 白色 的 板子", "black board" 可以 插入, 说成 "black or white board"; 但是 "黑板" 和 "blackboard" 不能 插入。 在 "There are sixty readers in the reading room (阅览室 里 有 60 个 读者)" 这个 句子 中, 我们 可以 立即 断定 "readers" 是 词, 而 不 是 "read+er+s" 3 个 词 构成 的 词组。

可是 在 汉语 中, 由于 没有 按照 词 书写 的 习惯, 所以 容易 导致 把 一个 字 表示 的 语 素 错误 地 当做 词, 从而 把 真正 的 词 当做 词组。 例如 "理发——理 了 一次 发", "考试 ——考 完 试"。 其中 "考试——考 完 试", 是 一种 很 没有 道理 的 错误 类推, 因为 "考 试" 的 两个 语素 是 并列 关系, 却 被 当做 了 述语 和 宾语 的 关系。 这 就 形成 汉语 特殊 的 "离合词", 就是 一个 词 内部 不 自由 的 语素 可以 临时 被 其他 成份 插入 进来, 成为 有 条件 的 词组。 有人 用 这些 特殊 情况 否定 汉语 词 的 存在, 认定 字 就是 词。 这 就 没 有 抓住 主要 矛盾。 另外, "考试——考 完 试" 不能 再 扩展 成 "——考 完 这个 学期 的 哲学 试"。 可见 插入 符合 动词 中间 的 成份 有些 类似 一些 语言 中 的 语法 中缀。

另外,《现代 汉语 词典》2005 年 区分 一个 字 记录 的 词 和 非词 以后, 连续 两个 新版 本 都 没有 全面 清理 和 更新 例子, 仍然 保留 用 词组 和 复合词 混合 举例 的 格局, 使 举 例 不 跟 词 匹配。 给 词 举例 必然 是 词组, 不 应该 是 词, 即使 是 复合词 也 不行。

(3) 词素 和 词位

词素[①] 是 一个 词 的 形式 和 内容 的 具体 表现。 词位 是 一个 词 忽视 形式 和 内容 中 没有 功能 差别 的 细微 差别 的 概括。 词典 上 的 一个 词条 就是 一个 词位。 词位 不仅 会 出现 符号 内容 上 的 变体, 也 会 出现 符号 形式 上 的 变体。 我们 说 的 多义词、同音词、 同形词、异读词、异写词, 词 的 形态 变化 等, 都 是 这种 分析 的 结果。 多义词 是 一个 词位 的 内部 差别, 同音词 是 不同 词位 的 区别。 它们 都 是 词 在 内容 上 的 区别。

【讲课】34

5.2.3 造词法

(1) 造词法 和 构词法

词 的 分析 可以 从 产生 方法 和 结构 方式 两 个 方面 进行。 为 了 方便 区分, 前者 可以 叫做 造词法, 后者 可以 叫做 构词法。 有人 把 "联合式" 和 "缩略式" 并列 做 词 的 结构 方式, 就是 没有 注意 这种 区分。[②]

造词法 是 指 从 动态 的 时间 来源 角度 分析 创造 新词 的 方法。 构词法 是 指 从 静态 的 空间 结构 角度 分析 语素 构成 词 的 方法。 无论 是 造词法 还是 构词法, 这些 都 是 词 的 历史 属性, 对于 一般 语言 使用者 来说, 不 需要 掌握。 正如 房屋 的 建筑 原理, 对于 房

---

① "词素" 在 本书 中, 跟 "词位" 对应, 不是 "语素" 的 意思。

②彭 泽润. 缩略 造词法 [N]. 上海: 汉语 拼音 小报, 1995-10-15 (4).

屋 的 一般 住户 不 必要 掌握。但是 掌握 一些 能够 更加 理性 地 记忆 和 使用 词。

造词法 可以 分成 原生法 和 再生法 两种。其中 再生法 又 可以 分成 复合 再生法、缩略 再生法,分别 简称 复合法、缩略法。

(2)原生 造词法 和 再生 造词法

原生 造词法 是 没有 任何 基础 的 由 单个 语素 直接 形成 词 的 造词 方法。所有 语素 都 是 原生 的。原生 造词法 产生 的 词 和 语素 一般 没有 道理 或者 理据 可以 说。但是,不 排除 它们 在 产生 的 时候,有 一定 偶然 的 依据,虽然 现在 有 很多 看 不 出来 了。

表意 文字 中 的 独体字 如果 追溯 它 的 原始 形状,往往 有 图画 象形 的 道理。单纯词 有 一部份 与 词 的 对象 的 声音 有 一定 的 联系,例如 汉语 的 模拟 词语 表达 对象 的 声音 创造 的 词 "猫,啊,爸爸,妈妈" 与 小孩 最初 发出 的 声音 往往 是 最 容易 发出 的 双唇 辅音 和 开口 元音 有 一定 联系。外来词 中 的 原生词,也 有 一定 道理,就是 模仿 外语 中 的 语音。当然,这些 道理 随着 相关 知识 的 淡化,也 就 不 起 作用 了。

单纯词 是 一个 词根 语素 原生 的 词。例如 汉语 中 的 "山,水,沙发,葡萄",英语 中 的 "book(书),work(工作),red(红),read(读)",俄语 的 "дом(房子),читать(读)" 等 都 是 单纯词。单纯词 不能 再 继续 切分,否则 得到 的 只是 毫无 意义 的 音位 或者 音节 这样 的 形式,所以 没有 结构 上 的 道理 可以 说。单纯词 不同于 单音词、单义词。

再生法 是 在 原生 的 现成 语素 的 基础 上 再 构成 新词 的 造词 方法。它 分成 形式 再生 和 内容 再生 两种。形式 再生 分成 复合 再生 和 缩略 再生。内容 再生 通常 叫做 引申 造词法。

(3)复合 造词法

一个 词 怎样 具体 再生 出来,往往 伴随着 各种 原因。一般 是 把 几个 原始词 或者 语素 直接 连接 在 一起 形成 一个 新词,这 就是 复合 造词法。例如,英语 "work(工作)+er(的人)" 变成 "worker(工人)",汉语 "工+人" 变成 "工人","(现+代)+化" 变成 "现代化"。

有的 语素 可能 在 误解 中 产生。但是 只要 它 能够 有 理据 地 区分 词 的 意义 也 会 被 社会 接受。例如,英语 的 "bikini(比基尼,一种 三点式 游泳 衣服,用 两块 布 做成 的)" 本来 是 借用 马绍尔 群岛 的 一个 环形 石礁 的 名称,但是 聪明 的 语言 使用者 发现 前面 的 "bi" 在 英语 的 其他 词 中 有 表示 "双" 的 意思,就 想到 表示 "单" 的 意思 的 "mono",于是 创造 一个 新词 "monokini" 特指 "一块 布 做 的 露出 上身 的 游泳 衣服",也 叫做 "露胸 比基尼"。英语 中 由 带 词缀 的 词 派生 成 不带 词缀 的 词,往往 伴随 不讲 道理 的 类推 产生。

(4)缩略 造词法

把 词组 或者 词 切除 其中 的 语素 或者 部份 语素 形式,缩减 省略 成 一个 新词,这 就是 缩略 造词法。有的 从 口语 开始,更多 的 从 书面语 开始。词组 的 缩略,例如,汉语 的 "科学 普及——科普",,"语言 文字 工作 委员会——语委",,"独立 国家 联合体——独联体";英语 的 "The United Nations——UN(联合国)"。词 的 缩略,例如,英语 的 "television(电视)、telephone(电话)、omnibus(公共 汽车)、bicycle(自行车)" 分别 压缩 成 "telly(文字 也 发生 了 相应 变化)、phone、bus、bike"。汉语 的 "蝴蝶" 压缩 成 "蝶",可以 说 "蝶恋花"。汉语 外来词 "的士" 做 语素 压缩 成 "的",出现 在 "打的”、“的哥” 等 词 中。

在 缩略 词 中 被 切除 的 部份 往往 是 表达 次要 信息 的 部份。但是,由于 形式 类推 力量,也 可能 例外。例如,汉语 的 “邮政 编码——→邮码” 和 “邮政 编码——→邮编”,后者 不 合理 可是 更加 流行。在 英语 缩略 词 中 通常 是 提取 构成 词组 的 每个 词 的 第一个 字 母 来 造成 临时性 的 新词。由于 音素 文字 中 的 字母 一般 不 代表 单独 的 音节,如果 遇 到 两个 不 成 音节 的 辅音 字母 在 一起,只好 用 字母 名称 读音。例如,英语 的 “television(电视)” 压缩 成 “TV”,只能 读 [ˊtiːˊviː]。新词 “TV” 只 保留 了 原来 的 部份 视觉 形式,总 给 人 临时性 的 感觉。这种 方法 由于 字母 本身 有限,创造力 不 很 强,很 容易 出现 形式 相同 的 词。

如果 压缩 的 字母 中 有 元音 字母,整个 又 构成 英语 的 音节,人们 就会 按照 通常 的 语音 拼合 规则 读。例如:从 词组 “Test of English as Foreign Language” 压缩 形成 的 词 “TOEFL”,读 [təufl]。从 词组 “Teaching English as second Language “ 压缩 形成 的 词 “TESL”,读 [tesl]。

有的 只是 文字 上 压缩,词 的 读音 不 发生 改变。例如,“Professor(教授)” 和 “Doctor(医生、博士)” 分别 压缩 成 “Prof.” 和 “Dr.”。

切除 词缀 构成 新词 的 例子 也 有。例如,英语 的 “peddler(小贩)、editor(编辑者)、television(电视)、action(行动)” 分别 被 切除 词缀 构成 “peddle(叫卖)、edit(编辑)、televise(拍电视)、act(干)”。这种 造词法 又 叫做 “反向 派生”。缩略 造词法 中 的 语素 切除 方法,可以 分成 语素 外部 切除 和 语素 内部 切除 两种。把 语素 整体 从 词 里面 进行 切除 比较 容易。但是 在 语素 的 内部 切除 音素 表达 的 语素 形式 比较 难,特别 是 对于 不是 使用 音素 文字 的 书面 语言 更加 难。在 不同 词 的 语素 内部 截取 部份 形式,然后 搭配 在 一起 形成 一个 新词,这种 缩略法 叫做 “截搭”①,例如,英语 “smog(烟雾)” 是 从 “smoke(烟)” 和 “fog(雾)” 中 分别 提取 一 部份 声音 连同 形体 合成,“motel(汽车 旅馆)” 是 从 “motor(汽车)” 和 “hotel(旅馆)” 中 提取 合成。汉语 “甭” 是 从 “不” 和 “用” 中 提取 合成,“俩” 是 截取 “两个” 最 前面 的 部份 声音 形成。

很 明显,在 汉语 中 这种 造词 方法 受到 汉字 的 局限,没有 发展 前途,因为 在 音素 文字 那里 不必 增加 单字,而 在 语素 文字 这里 必须 创造 新的 单字,这样 就得 不偿失。

无论 表音 文字 还是 表意 文字 在 通过 书面 途径 使用 缩略 方法 的 时候,它们 共同 的 特点 是:一般 提取 书面 词语 中 有 代表性 的 字 记录 的 信息,然后 逐渐 应用 到 口语 中 间。不过,在 汉字 中 是 文字 和 声音 一起 切割 下来,在 英语 中 不一定 能够 提取 原来 词 的 声音。

(5) 引申 造词法

同一个 词 可以 在 不 改变 词 的 形式 的 条件 下,通过 词 的 内容 联想 产生 相关 新意 义 的 新词,这 就是 引申 造词法。引申 可以 分成 概念 引申 和 词性 引申 两种。

概念 引申 一般 是 在 词 的 功能 类型 不变 的 情况 下 适当 偏离 原来 的 概念。例如,计算机 中 的 “软件” 被 引申 指 管理 等 无形 条件。

词性 引申 在 与 词 的 概念 密切 相关 的 前提 下,既 改变 概念,又 改变 词 在 句子 中

---

① VictoriraFromkin 等. 语言 导论 [M]. 北京:北京 语言 学院 出版社,1994.148.

的 语法 功能。例如，英语 的 "sun、moon" 一般 做 名词，分别 表示 "太阳、月亮"，可以 让 它 改变 词性，变成 分别 表示 "晒、闲逛" 的 动词。汉语 的 "青春" 一般 是 名词，可 以 让 它 改变 成 形容词，表示 "有 青春 气息 的"，可以 说成 "很 青春"。

图书 名称 《电脑 学习 ABC》 中 的 "ABC" 是 用 缩略 加 引申 的 方法 创造 的 词。它 的 意思 是 "基础"，理据 是 "学习 英语 书面语 先 要 学习 字母，字母 从 这 3 个 开始 学"。同一个 单纯词 可以 通过 意义 接近，用 不同 的 字 再生 出 新 的 书面 同音 的 单纯词 或者 语素，所以 声旁 相同 或者 相近 的 汉字 表示 的 语素 意义 往往 也 很 接近，例如 "留、溜、遛、馏、熘"，它们 与 "流、浏" 都 有 "［+移动］" 的 语义 特征。

5.2.4 构词法

（1）构成 词 的 语素 的 类型

对于 一个 多 语素 的 词 的 结构，首先 可以 分成 词干 和 词尾。词干 是 表示 词 的 概 念 意义 的 词 的 主体 部份，词尾 是 专门 表示 词 的 语法 意义 的 附属 部份。词干 又 可以 分成 词根 和 词缀。词根 是 表示 词 的 主要 概念 意义 的 部份，词缀 是 表示 词 的 次要 概 念 意义 的 部份。例如，英语 的 "readers（读者们，读物）" 可以 像 下面 这样 切分。

【图表】多 语素 词 的 结构

read（读）	er（的 人）	s（复数）	词 的 表现 类型 和 词典词 的 结构 类型		
词根	词缀	词尾	词典词	单纯词	read
词干				派生 的 复合词	reader
词			书写词	带 语法 形态 的 词	readers

很 明显，虽然 词尾 和 词缀 都 是 次要 的 虚 语素，但是 有 没有 词尾 不 影响 词 的 概 念 意义，然而 有 没有 词缀 会 改变 概念 意义，使 词 完全 变成 另外 一个 词。词典 上 的 词 一般 是 词干。英语 的 "-ing" 是 词尾，但是 在 "reading-room（阅览室）" 中 的 "-ing-" 就 变成 了 化石性 词尾。

汉语 中 没有 这种 严格 意义 的 词尾，因为 虽然 汉语 的 "们" 有些 类似，但是 它 表 示 复数 只 用 在 指人 的 代词 和 名词 后面，不是 必要 的 形式，而且 不 要求 别 的 词 发生 语法 上 的 照应 变化。

词根 和 词缀 在 多于 2 个 语素 的 词 中 可能 出现 不同 的 结构 层次。例如，在 "（现 +代）+化" 这个 词 的 结构 中，括号 里面 是 两个 词根，括号 外面 是 词缀，构成 "现代 化"；英语 "（fish+er）+man" 括号 里面 是 词根 加 词缀，括号 外面 是 词根，构成 "fisherman"。

（2）派生词 的 结构

派生词 是 由 词根 加 词缀 构成 的 词。词根 是 主要 部份，词缀 是 次要 的 部份，所以 叫做 派生。

英语 有 大量 的 派生词，像 汉语 有 大量 的 复合词 一样，可以 从 大量 的 词 中 分析 出 少量 的 语素，便于 记忆。这 就 说明 通过 相对 有限 的 汉字 记录 的 语素，为 学习 汉语 的 词 提供 方便，并 不是 汉字 带给 汉语 的 特殊 作用。

派生词 的 词缀 可以 加 在 词根 前面、后面、中间，分别 形成 前缀、后缀、中缀。加 前缀 和 后缀 的 比较 多。例如，汉语 中 的 "老师、老鼠、石头、绿化"；英语 中的 "unmarked（无标记的）、typist（打字员）、girlish、inexpert、unkindly、supermarket（超级市场）、superhighway（高速 公路）、highly（非常）、rebuild（重建）、friendship（友谊）、dislike（厌恶）、happiness（幸福）、superman（超人）"。

加 中缀 的 比较 少。例如，中国 台湾 高山语 百宛话 səqas（砍）、səməqas（正在砍）、sənəqas（被砍了）。

同一个 词根 通过 不同 词缀 的 派生，可以 构成 一个 词 的 群体。例如 英语 的 词根 "man" 可以 构成 "manish（男子气 的），manly（男子 气度 的），manliness（男子 气度），unman（使 丧失 男子 气度），unmanly（没有 男子 气度 的），unmanliness（没有 男子 气度），manless（无人 的），manned（载人 的）"。

（3）复合词 的 结构

复合词 是 词根 和 词根 构成 的 词。多于 两个 词根 构成 的 复合词，也会 出现 层次，整个 词 的 结构 类型 由 最大 的 层次 决定。例如 "对＋（不＋起）" 是 中补 关系。

常见 的 词 的 结构 关系 有 以下 几种。

第一，主谓词。后面 的 词根 对 前面 的 词根 进行 陈述，前后 有 类似 句子 的 主语 和 谓语 的 关系。又 叫做 陈述 关系 的 词。例如：汉语 的 "性急，心疼，脑溢血，心里美（萝卜），口红"；英语 的 "earthquake（地震），snowfall（下雪）"。

第二，述宾词。前面 的 词根 对 后面 的 词根 进行 支配、联系，前后 有 类似 句子 的 述语 和 宾语 的 关系。又 叫做 动宾 关系、支配 关系 的 词。例如：汉语 的 "刺耳，剪彩，司机，保值，集资，待业，节育，打假"；英语 的 "pickpocket（扒手），breakwater（防洪堤）"。

第三，定中词。前面 的 词根 对 后面 的 词根 进行 修饰 和 限制，前后 有 类似 句子 的 定语 和 中心语 的 关系，所以 叫做 名词性 偏正 关系 的 词。例如：汉语 的 "地毯，舞厅，热心，人大，邮局；微机，地铁，职称，中学，彩电，铁饭碗，硬骨头，老虎钳，核潜艇"；英语 的 "blackboard（黑板），light-blue（浅蓝的），bookshop（书店），sciecefiction（科幻 小说），widescreen（宽银幕）"。

第四，状中词。前面 的 词根 对 后面 的 词根 进行 修饰 和 限制，前后 有 类似 句子 的 状语 和 中心语 的 关系，所以 又 叫做 谓词性 偏正 关系 的 词。例如：汉语 的 "笔直，热爱，苦咸，旁听，笔谈，面试，口试，痛恨，试用，预习"；英语 的 "widespread（普遍），upbuild（建立）"。

第五，中补词。后面 的 词根 对 前面 的 词根 进行 补充 说明，前后 有 类似 句子 的 中心语 和 补语 的 关系，所以 又 叫做 谓词性 补充 关系 的 词。分成 谓词性 和 名词性 两种。例如：汉语 的 "提高，破坏，缩小，在于，书本，车辆"；英语 的 "lookout（提防，守望者），looker-on（旁观者）"。

第六，并列词。后面 的 词根 和 前面 的 词根 是 平行 关系，前后 有 类似 句子 的 联合 或者 并列 关系。又 叫做 联合 关系 的 词。分成 谓词性 和 名词性 两种。例如：汉语 的 "皮毛，人民，领袖，东西，质量，动静，展销，考评，测试，好歹，长短，愧疚"；英语 的 "deaf-mute（聋哑者），bittersweet（又苦又甜的）"。

5.3 词义

5.3.1 词义是语义的基础

（1）词义的性质

词义是语义的基础。复杂的意义总是通过一个一个的词的意义组合。然而，语素的意义只是给语义提供意义的理据。例如，"国家"这个词中的语素"家"表示"像家一样"的理据，但是不能把这个理据直接当做词义的一部份。不过，在一定的语境中由于需要，理据意义可能临时充当现实意义。例如，"你年纪这么小怎么是老师？" "词义具有概括性和具体性、客观性和主观性、民族性和全人类性对立统一的性质。处于连续状态中的事物，反映在词义中还会有模糊性与精确性的对立统一。它在动态使用中具体、精确，在静态备用中概括、模糊。它建立在客观的基础上，又受到主观能力的限制。

任何事物都是具体的，然而具体的事物又都是相对的，因为运动是绝对的，静止是相对的。所以词义永远具有概括性，又永远具有具体性。例如，"人"可以一个一个具体地数，但是每个人又是他一生的概括。一般来说"人"不会与其他对象界线模糊，但是把人按照成长时间进行分类就出现模糊现象了。"青年"与"非青年"的界线就很模糊。但是，体育、科研等部门在使用这样的词的时候会加以相对精确的限制。当然，语言表达中有时还必须使用这样的模糊词。

人类总是在接近和适应自然，为了减少自然对人类的危害。所以语言中的词义也永远不能离开客观性。然而人类又是在自然的作用下不断发展自己，主观的认识又总会不同程度地无法接近客观的自然。所以主观性也会在一定程度上存在。例如，记录复合词"鲸鱼"字组中的"鲸"这个形声字，造字理据反映出来的把鲸鱼当做鱼类的认识就是脱离客观现实的，与当时的认识水平不够有关系。其实"鲸鱼"是哺乳动物。

每个词属于一定的民族，同时又能够被外民族语言翻译过去，但是又不存在价值绝对相等的翻译。这就说明词义是民族性和全人类性的对立统一。

（2）词义的概括

人们是怎样认识词义的呢？静态的词义又是怎样从语言现象中概括出来的呢？词义的概括必须在一定系统中抓住本质性的区别特征，放弃许多次要特征。例如，用"蛇（shé）"这个符号来概括"一种圆又细长、有鳞、没有肢体的爬行动物"，就忽略了它们的死活、同类的大小、颜色、用途等特征。如果有必要说明这些特征，就采用增加其他词来组合的办法，例如"一条大死蛇"。

由于事物之间有相似联系，人们认识的注意点会转移，所以，词义的概括对象的范围大小，会在语言发展过程中发生变化，导致词义的扩大、缩小、变换。

由于不同语言同样概念用词概括的程度不同，导致词的对应不整齐。例如汉语的"哥哥"和"弟弟"，英语用"brother"一个词概括。汉语普通话的否定副词"不"和"没"，在湖南新晃等汉语方言中只有"没"一个词表达。有时出现概括内含不对称, 例如 湖南 衡山 汉语 方言 用 "麻" 表示 "辣" 的 意思, 因为 他们 过去 的 生活 中 几乎 不会 接触 "麻" 的 味道。

5.3.2 词义 的 类型

词义 是 词 的 内容, 就是 一个 词 的 语音（书面语 的 词 还 包括 文字）形式 负载 的 全部 信息。词义 可以 从 两个 角度 来 分类: 一方面 可以 从 意义 的 来源 角度, 分成 结构 意义 和 概念 意义; 另一方面 可以 从 意义 的 地位, 分成 理性 意义 和 色彩 意义。结构 意义 和 概念 意义 可以 区分 虚词 和 实词, 理性 意义 和 色彩 意义 可以 区分 词义 的 基本 信息 和 附加 信息。

先看 结构 意义 和 概念 意义:

（1）结构 意义

结构 意义, 又 叫做 语法 意义, 它 是 词 在 语言 系统 结构 中 的 相互 关系。例如, 为什么 "这件 事情 来得 太 突然 了" 中 的 "突然" 不能 替换 成 "忽然", 为什么 汉语 的 动词、形容词 等 一般 做 谓语 的 词 在 直接 做 主语 或者 宾语 的 时候, 要求 句子 具有 非 动作 的 性质。即使 不能 立即 找到 规律, 也 不能 简单 地 用 "惯用法" 来 搪塞。

虚词 一般 只有 这种 结构 意义, 有的 也 具有 一定 的 色彩 意义, 但是 没有 下面 说的 概念 意义。我们 把 词 的 这 部份 意义 放在 "语法" 一章 中 专门 说。一种 语言 的 结构 系统 是 怎样 给 词 分工 的? 哪个 词 可以 和 哪个 词 用 什么 方式 组合? 这些 问题 包含 结构 意义。结构 意义 是 从 句子 中 词 与 词 在 结构 的 可能 性和 频率 的 高低 等 情况 中 概括 出来 的。例如, 在 汉语 中 词组 修饰 名词 的 词语, 一般 放在 名词 前面, 可是 在 英语 中 经常 通过 虚词 "of" 联系 放在 名词 的 后面。这种 意义 就是 从 很多 具有 这种 特点 的 句子 中 概括 出来 的。英语 的 "high" 和 "tall" 同样 表示 "高", 可是 后者 与 有 生命 的 词 搭配。汉语 中 的 "胖" 和 "肥", 都是 脂肪 多 的 意思, 可是 后者 与 人 以外 的 动物 搭配, 如果 用于 人 就会 产生 色彩 意义 的 不同。这是 局部 结构 规律, 即使 是 认识 习惯 形成 的 规律。

（2）概念 意义

概念 意义, 又 叫做 词汇 意义 或者 指称 意义, 它 是 词 与 客观 事物 之间 的 分割 对应 关系。例如, 汉语 直接 分配 "哥哥、姐姐、弟弟、妹妹" 4个 词 对应 的 概念 对象, 英语 只 直接 分配 "brother, sister" 两个 词 对应。英语 如果 要 把 这些 对象 像 汉语 一样 用 词 分成 4类, 就 必须 用 词组 这种 间接 方式。

概念 对象 可以 是 客观 存在 的, 也 可以 是 使用 语言 的 人们 想象 出来 的。由于 人类 认识 能力 的 局限 和 精神 生活 的 需要, 人们 会 想象 出 一些 自己 暂时 还 不 理解 或者 不 能 实现 的 东西, 并且 用 词 表达 出来。这样, 我们 就 容易 理解 "鬼怪、神仙、上帝、仙女、天堂、地狱" 这些 词 为什么 也 有 概念 意义。这种 意义 是 人 对 客观 世界 的 变形 的 反映, 是 歪曲 的 不 正常 的, 又 在 一定 时期 和 地域 必要 的 反映。随着 人类 认识 的 进步, 这种 词 有些 会 逐渐 消失, 有些 会 改变 意义 或者 分化 出 新 的 意义。

使用 一定 语言 的 人 会 不断 地 去 认识 客观 的 自然 和 社会 现象, 然而 语言 使用者 又 受到 自然 环境 和 社会 环境 的 制约。在 对象 与 人 的 双向 关系 作用 下, 人们 把 自己 已经 获得 的 关于 客观 世界 对象 的 认识 用 语言 符号 替换 下来, 就 形成 了 词 的 概念 意义。

再看 理性 意义 和 色彩 意义：

（3）理性 意义

理性 意义 是 词义 中 不 受到 主观 因素 影响 的 对 客观 事物 的 认识。理性 意义 是 词义 的 本质 特征 或者 主要 属性 的 反映。它 忽略 了 各种 附加 色彩 的 差别，是 理解 一个 实词 的 意义 的 基本 信息。

词典 解释 的 意义 主要 是 理性 的 概念 意义。说 一个 词 有 几个 意义，就是 有 单义词 和 多义词 的 区分，一般 是 从 这个 角度 考虑 的。对于 一本 详细 的 词典，应该 注意 各种 意义 的 注释。

（4）色彩 意义

色彩 意义，又 叫做 非理性 意义，它 是 人 的 主观 倾向 附加 在 词 的 概念 意义 上面 的 认识。包括 感情 色彩、风格 色彩、形象 色彩、联想 色彩、文化 色彩 5 种 类型。感情 色彩 来自 人 对 词 的 对象 的 主观 评价。风格 色彩 来自 使用 语言 的 方式、场所 的 影响。形象 色彩 来自 词义 结构 的 历史 底层 蕴含 的 感性 事物。联想 色彩 来自 词义 系统 中 与 其他 词 的 密切 关系。文化 色彩 来自 词 在 流通 过程 中 获得 的 民族 历史 足迹。

使用 语言 的 人 经常 把 意义 相同 的 词语，分别 赋予 不同 的 主观 倾向，就 出现 了 色彩 意义。色彩 意义 是 在 与 概念 意义 基本 一致 的 同义 词语 的 对比 中 体现 的。这种 对比 的 意识 在 语言 使用 中 越 强，色彩 意义 就 越 明显。否则，可能 暂时 淡化，甚至 被 人们 忽略。

例如 听 外国人 说 自己 的 语言，听 一个 语言 表达 能力 不 强 的 人 说话，我们 要 随 时 准备 原谅 和 忽略 他 语言 中 的 色彩 意义 的 失误，只 注意 提取 概念 意义。

色彩 意义 都 需要 语言 使用者 有 一定 的 联想 能力，但是 联想 色彩 是 通过 想象 联系 其他 有关 理性 意义 产生 的。例如，"丰满"，使人 产生 "成熟 女性，有 弹性，圆润，乳 房，臀部" 等 联想 意义。也许 有人 从 高级 的 艺术 美感 的 角度 联想，也许 有人 从 低级 的 色情 角度 联想。"家"，有的 人 产生 "温暖，安全，舒适" 等 联想 意义，有的 人 产生 "冰冷，厌烦，监狱" 等 联想 意义。

文学 艺术 语言 表现 出 丰富 的 形象 色彩 和 联想 色彩，日常 交际 语言 表现 出 丰富 的 感情 色彩 和 文化 色彩。科技 语言 不 需要 太多 的 色彩，好比 绘画 中 的 素描。

色彩 意义 一般 依附 在 概念 意义 的 理性 意义 上面。在 旧 的 书面语 仍然 有 深刻 影 响 的 情况 下，也有 的 依附 在 结构 意义 的 理性 意义 上面。例如，汉语 的 "的" 和 "之"，"及" 和 "暨" 都 是 虚词，有 语体 色彩 的 不同。不过，这些 色彩 意义 的 利用 没有 很大 的 积极 意义，得不偿失，应该 属于 规范 的 对象。

色彩 意义 虽然 不是 词 的 本质 特征，但是 在 语言 使用 中 作用 很大，不能 忽视。

由于 感情 色彩 的 原因，所以 有 可能 当面 说 你 "很 聪明"，背后 说 你 "很 狡猾"。 由于 形象 色彩 和 联想 色彩 的 原因，所以 歌词 "我 想 有 个 家"，比 "我 需要 温暖" 要 形象 得多。由于 形象 和 风格 色彩 同时 起作用 的 原因，所以 一般 可以 说 "他 的 性 格 是 小 胡同 赶 猪——直来直去"，但是 在 悼词 中 只能 说 "他 性格 直爽"。

由于 文化 色彩 的 原因，汉语 中 优美 的 诗句 "一 片 冰心 在 玉壶"，翻译 成 任何 一种 语言 都 难以 保证 原有 信息 不 出现 流失 甚至 损失。说 英语 的 人 不 经过 汉族 文化

的 注释 就 无法 准确 理解 翻译 出来 的 英语 句子 "An icy heart in vase made of Jade （一颗 冰冷 的 心 在 玉石 做 的 瓶子 里）"。英语 的 "dear" 在 用于 人 的 意义 中，翻译 成 汉语 的 "亲爱的" 也 很 勉强，说 汉语 的 人 觉得 份量 太重。汉语 中 的 "亲爱的" 不能 随便 用 在 英语 "dear" 可以 搭配 的 词语 关系 中。

在 中国 的 对外 汉语 教学 机构 名称 中，往往 在 "语言" 后面 加上 "文化"。例如，原来 的 "北京 语言 学院"，1996 年 改成 "北京 语言 文化 大学"；中国 人民 大学 的 对外 汉语 教学 机构 叫做 "对外 语言 文化 学院"。可见语言 和 文化 有 密切 关系。

一般 情况 下，色彩 的 选用 要 大众化，要 用 有 长期 效应 的 流行 色彩。不能 为了 色彩，过多 地 使用 生僻 的 古代 语言 中 的 词，或者 方言 中 的 词。

5.3.3 义素 和 义位

（1）义素 和 义位 的 关系

语义 可以 像 语音 一样 从 具体 和 抽象 两个 角度 认识。义素（有人 用 "义素" 这个 术语 指 我们 说 的 "义征"，请 读者 特别 注意。高 名凯 在 《语言 论》（商务 印书馆，北京，1995 年）中 从 具体 认识 和 抽象 认识 两个 角度，区分 语音 上 的 "音素 和 音位"，语义 上 的 "义素 和 义位"，词汇 上 的 "语素 和 词位"，语法 上 的 "法素 和 法位"。这是 一种 非常 系统 的 理论 处理。但是，在 现实 中 人们 把 "素" 这个 语素 用来 表示 具体 单位，例如 "音素"，也 用来 表示 结构 成份，例如 "语素"，还 用来 表示 区别 特征，例如 "义素"。我们 应该 注意 术语 处理 的 系统性）是 词 或者 语素 在 不同 话语 中 体现 出来 的 具体 意义。义位 是 对 义素 进行 概括 的 结果，它 是 一个 词 或者 语素 互相 联系 的 不同 的 意义 的 集体。

义素 和 义位 的 关系 类似 音素 和 音位 的 关系，都 是 具体 和 抽象，个体 和 集体 的 关系。不同 的 是：相同 音位 的 不同 音素 必须 声音 接近 而且 不 引起 表达 意义 的 对立，然而 相同 义位 的 不同 义素 必须 意义 接近 而且 没有 声音 形式 上 的 对立；音位 只 相对 于 最小 的 语音 单位 音素，义位 一般 相对 于 做 最小 的 自由 构造 单位 的 词，也 有时 用 于 分析 语素。

义位 的 分析 比 音位 的 分析 更加 具有 相对性、主观性。一个 词 的 义位 有 多少 个 义素？在 不同 的 词典 中 可能 由于 认识 不同 和 篇幅 限制 的 不同 产生 不同 程度 的 概括 结果。因此，一个 词 的 义位 的 确定 成为 词典 编辑者 的 知识 财产 权利，受到 法律 保护。有人 抄袭 《现代 汉语 词典》 的 义位 就 受到 法律 惩罚。[1]

（2）单义词 和 多义词

正如 有的 音位 只有 一个 明显 的 变体 音素，有的 词 的 义位 也 只有 一个 明显 的 变体 义素，这 就是 单义词。

义素 在 词典 中 经常 叫做 "义项"，就是 词 或者 语素 的 一项 意义 变体。如果 一个 词 有 几个 互相 联系 的 义素，就是 多义词。它 的 不同 义素 往往 用 顺序 数字 依次 表明。例如，《现代 汉语 词典》2005 年 以前 的 版本 给 "花" 的 解释 是：① 被子 植物 的 生殖 器官：（果树 的）花（开 了）。② 像 花 的 形状 的 东西：雪花，火花。③ 像 花 一样 颜色 鲜艳

---

[1]参看 《中国 语文》1997 年 第2 期 第130 页。

的: 花（衣服）。④ 像 花 的 种类 多 一样 使 人 迷惑, 吸引 人 的: 眼花, 花言巧语, 花花世界。⑤ 像 花 一样 吸引 人 的 人: 交际花。由于《现代 汉语 词典》2005 年 以前 的 版本 仍然 像 传统 的 字典 一样, 没有 明确 区分 一个 字 记录 的 词 和 非词, 所以 上面 的 5 个 意思, 只能 说 ① 和 ③ 是 词义, 其余 只是 词 内部 的 语素 意义, 它们 的 例子 全部 是 词, 不是 词组。

多义词 在 任何 语言 中 都 普遍 存在。它 减少 了 语言 符号 形式 的 压力, 提高 语言 符号 形式 的 利用 效率。由于 多义词 引申 方向 不 一样, 所以 不同 语言 的 多义词 很难 形成 简单 的 对应 翻译 关系。

多义词 往往 通过 词 的 内容 再生 的 方法 产生。多义词 中 的 意义, 根据 它 在 历史 过程 中 出现 的 先后 关系 可以 分成 原始义 和 引申义。引申义 又 可以 分成 近 距离 引申义 和 远 距离 引申义。远 距离 引申义 又 可以 分成 比喻义、借代义 等。比喻义 比较 常见。借代义 比较 少, 例如 "唇舌" 表示 "话语" 的 理据 是 用 借代 方式 产生 的。

多义词 中 的 意义, 根据 共时 的 使用 频率 可以 分成 常用义 和 非常用义, 或者 高频义 和 非高频义。原生义 可以 同时 是 常用义, 但是 有 很多 不是。如果 编写 词典 特别 是 共时 性 的 和 用于 对外 语言 教学 的 词典, 那么 重点 要 放 在 常用义 上面, 而 不是 放 在 原生 义 上面。

有人 把 多义词 的 一个 义素, 叫做 "义位"①。这 是 因为 义素 本身 仍然 具有 一定 的 概括性。正如 音素 本身 一般 也 不是 绝对 具体 的。

5.3.4 词 的 语素 融合 和 词义 理据

我们 首先 要 认识 语素 在 词 内部 的 特征。一个 语素 不管 原来 是否 自由, 当 它 做 创造 词 的 材料 以后, 就 有 了 语素 融合 的 特点。

词 的 语素 融合 是 指 词 内部 几个 语素 分别 提供 理据, 并且 融合 在 一起 整体 表示 词 的 形式 和 内容。即使 这个 语素 原来 是 词, 它 在 保留 一定 原来 特征 做 理据 的 同时, 会 失去 和 增加 一些 特征 用来 适应 构造 新词 的 需要, 也 就是 说 一定 词 中 的 语素 只 出现 特定 义素。例如, 语素 "家" 在 词 "国家" 中间, 原来 的 意义 基本上 消失 了; 语素 "候" 在 词 "时候" 中间, 从 声音 形式 上 来看 声调 由 第 4 声 变成 了 轻声, 音长 变短 了, 音强 变弱 了, 音素 也 发生 了 变化。

词 内部 的 语素 是 一种 历史 的 融合 关系, 不 像 词 的 外部 构成 词组 一样, 是 一种 现实 的 组合 过程。词 的 内部 和 外部 结构 的 不同 性质, 好比 数学 中 的 乘法 和 加法。加法 和 乘法 结合 形成 的 词语 就是 熟语。这 就是 说, 一个 词 对于 使用者 来说 是 现成 的, 可以 从 词典 中 查找 到。词 的 内部 结构 工作 不要 语言 使用者 临时 去 做, 它 是 在 历史 上 由 最初 使用 过 这个 词 的 人 做 好 了 的 工作。相反, 一般 的 词组 和 句子 是 无法 在 词典 中 找到 的, 需要 语言 使用者 用 词 临时 去 创造。词 内部 和 外部 的 结构 的 不同, 不仅 在于 生成 的 时间 关系 上, 更加 重要 的 是 内部 结构 的 融合性。词 的 内部 不能 随便 插入, 词 的 意义 也 不能 根据 语素 意义 进行 简单 的 组合 或者 加 起来, 必须 整体 记忆 和 使用。

---

① 蒋 绍愚. 两次 分类——再 谈 词汇 系统 及其 变化 [J]. 北京: 中国 语文, 1999,（5）.

因此，我们 不 应该 随便 把 合成词 直接 拆分 成 词组 使用。例如 "是非" 不能 拆分 成 "是 与 非"[①]，应该 说 "对 和 错" 或者 "正确 和 错误"。同样，"利弊" 不能 说 "利 和 弊"，应该 说 "好处 和 坏处"。普通话 "有" 的 反义词 不是 古代 汉语 的 "无"，而 是 "没" 或者 "没有"。

词义 的 理据 可以 帮助 人们 理解 和 记忆 词义。例如 "彩电" 可以 通过 它 缩略 的 原 形 "彩色 电视" 来 寻找 义征。"主席" 可以 通过 底层 语义 结构 "主持 酒席 的 人" 来 帮助 理解 表层 语义 结构 "主持 会议、组织 的 人"。前者 表层 结构 和 底层 结构 一致，后 者 不 太 一致。

当 语义 结构 的 表层 结构 和 底层 结构 不 一致 的 时候，为了 提高 词语 理解 和 记忆 的 效率，词典 不 应该 放弃 底层 结构 的 暗示 力量。特别 是 像 "穿 小 鞋、吃 大锅 饭" 这样 的 惯用语。

词义 的 理据 有时 会 扭曲 使用。例如，"妇女" 中 的 两个 语素 "妇" 和 "女" 本 来 意义 相近，人们 故意 忽视 "妇"，看重 "女"，从而 模仿 创造 "妇男" 这个 临时性 的 词。有时 会 误解 使用。例如，粤方言 的 "（菩）提子" 被 误解 用来 表示 新 品种 的 葡萄。"哇塞" 本来 是 闽方言 骂人 "我 操" 的 意思 转化 的 不 文明 的 感叹词，但是 被 误解 成 普通话 的 "哇" 或者 英语 的 "wow" 流行。有的 语素 意义 淡化 或者 兼顾 新旧 语素 导致 重复性 构词，例如，"这其中"（其中，这 里面），"现如今"（如今，现在），"来自于"（来 自，来源于），"故所以"（所以，故）。

5.4　词 的 系统

词语 是 一个 复杂 的 系统。这个 系统 包括 内容 和 形式 上 的 系统。词 的 内容 系统 包括 语义场 的 各个 方面。词 的 形式 系统 除了 语音 和 文字 部份 的 分析 以外，还有 同音、 同形、异形 之类 的 问题 都 需要 在 下面 讨论。

5.4.1　义征

（1）什么 是 义征?

义征[②] 就是 语义 特征（semantic feature），是 词 和 词 之间 通过 比较 找 出来 的 不同 意义 特征。词义 是 对 词 的 代替 对象 的 特征 概括 反映 的 结果。词义 与 词义 之间 的 不 同，正是 靠 这些 特征 区别 的。

义征 是 像 音征 一样 从 词 的 对比 中 发现 的，而 不是 像 音素 或者 语素 一样 从 线性 的 语言 形式 或者 实体 中 切分 出来 的，因此 无法 在 语言 中 直接 观察。例如，能够 表示 "蛇" 的 对象 特征 的 要素 大致 有 "［＋身体 圆］［＋细长］［＋有 鳞］［-有 肢体］［＋爬 行］［＋动物］" 等。

这些 要素 的 集合 就 形成 了 "蛇" 的 词义。不同 的 词义，总是 体现 在 不同 义征 上 面，即使 是 十分 相近 的 词义，也 至少 有 一个 意义 特征 不同。例如，通过 "［＋有 肢

---

①苏 培成. 规范 人名 用字 的 是 与 非（是非，对 和 错）[N]. 上海：语言 文字 周报，2003-08-13.
②请 读者 特别 注意，"义征" 在 别的 书中 可能 叫做 "义素"。

体]" 这个 义征，"蜥蜴" 可以 和 "蛇" 区别 开来；通过 "［＋爬行］" 可以 和 "鱼" 区别 开来；通过 "［＋尾巴 长 又 容易 断］" 可以 和 "恐龙" 区别 开来。

义征 如果 在 词 之间 具有 区分 词义 的 功能，就是 义位性 义征。否则 是 自然 角度 的 义素性 义征。正如 有 功能 作用 的 音征 是 音位性 音征 一样。自然 语义 特征 可以 说 是 无限 的，因为 具体 事物 的 属性 有 无限性。但是，人类 认识 的 和 认识 中 利用 的 属性 是 有限 的。

例如，对于 "蛇" 和 "蜥蜴" 来说，"［±有 鳞］" 是 没有 区别 作用 的，但是 对于 没有 鳞 的 动物 来说 就 有 区别 作用 了。

因此，在 对 几个 词 的 意义 进行 比较 的 时候，只要 抓住 功能性 区别 特征 就 可以 了。例如，在 比较 "蛇" 与 "蜥蜴" 的 时候，用 "［±有 肢体］" 就 基本 有效，而 像 "［＋动物］" 这个 特征 只有 在 与 具有 "［-动物］" 义征 的 词义 比较 的 时候 才 有用。

（2）语素 的 义征

音征 分析 一般 针对 音素 这种 最小 语音 单位 分析。然而 在 交际 中 体现 语义 的 最小 单位 是 词，不是 语素。所以，分析 义征 一般 针对 语言 中 的 词 的 意义，而 不是 语素 的 意义。虽然 语素 的 意义 对于 理解 和 记忆 词 的 意义 有 帮助，但是 词 的 意义 不是 语素 意义 的 简单 加 起来。

但是，语素 的 义征 在 语言 使用 中 会 影响 词义 的 使用。假如 我们 给 一个 男性 取名 "丽娜"，从 符号 上 来说 没有 什么 错误，但是 它 在 使用 中 会 因为 其中 的 书面 语素 的 义征 惯性 而 使人 产生 性别 错觉。

所以，维护 女性 权益 的 一些 人，要 把 英语 的 "chairman" 改成 "chairperson"；因为 前者 语素 融合 的 底层 结构 是 "椅子 上 的 男人"，后者 是 "椅子 上 的 人"。其实 这种 化石 意义 并不 影响 词 的 意义 是 "主席"。正 因为 这样，加上 语言 本身 的 惯性，这个 词 一直 保持 它 的 原样。

但是，我们 在 创造 新词，在 取名 的 时候 要 避免 这种 不 必要 的 麻烦，使得 词 的 意义 和 它 的 编码 成员 的 意义 尽可能 接近。

汉语 的 字典，"词汇 速成 手册" 这样 的 工具书，都是 注重 从 语素 的 区别 特征 来 分析 词语 的。由于 一种 语言 的 语素 的 数量 大大 少于 词 的 数量，所以 这种 分析 有利于 从 一个 角度 快速 学习 和 掌握 词语。但是，不能 夸大 这种 作用。语素（在 汉语 中 往往 叫做 "字"）的 学习，永远 不能 代替 词 的 学习。比如 你 知道 "激" 和 "光" 的 语素 意义，不一定 懂得 "激光" 这个 词 是 什么 意思。

（3）义征 分析

义征 分析 是 从 区别 特征 角度，用 最 常用 的 词 对 词义 进行 分析 和 描写 的 一种 手段。它 是 从 微观 角度 理解 词义 的 必需 过程。由于 词 的 数量 庞大，非常 复杂，所以 无法 把 一种 语言 的 词 在 有限 的 时间 和 空间 中 进行 比较，只好 从 小 范围 逐个 地 进行 分析。这种 比较 一般 分成 3 个 步骤 进行：确定 比较 对象，进行 比较 分析，表达 比较 结果。

第一步，确定 比较 对象。主要 是 寻找 具有 共性 和 比较 价值 的 一组 词义。例如，"沙发、凳子" 和 "椅子" 具有 共同 的 词义 区别 特征 "［＋坐 的 家具］"，可以 构成 有 价值 的 对比 对象。而 像 "沙发" 和 "头发"，尽管 在 词义 系统 中 具有 间接 的 关系，但是 由于 距离 太远，即使 最终 可以 完成 比较，也 不 具有 实际 价值。因此，确定 比较 对

象 要 注意 相关性 或者 共同性 的 程度 尽量 高。

第二 步，进行 功能性 区别 特征 的 比较。例如，对 "男人" "男孩" "女人" "女孩" 进行 比较 分析，确定 它们 的 共同 特征 是 "［＋人］"；再 对 "男人" 和 "男孩、女人" 和 "女孩" 进行 比较 分析，确定 它们 的 共同 特征 分别 是 ［＋男性］ 和 ［＋女性］；最后 分析 "男人" 和 "女人、男孩" 和 "女孩"，分别 得出 ［＋成年］ 和 ［＋不是 成年］ 两 个 区别 特征。

第三 步，表达 比较 结果。表达 结果 用 的 词语 一定 要 是 最 常用 的 词。对 比较 分析 的 结果 通常 采用 二元 对立 的 方式 表述。用 "＋" 和 "－" 分别 表示 "具有" 和 "不 具有" 什么 特征。

表达 义征 分析 结果 的 方式 有 两 种：列举 方式 和 表格 方式。下面 用 "男人、男孩、 女人、女孩" 举例 展示 两 种 方式。

【图表】义征 的 列举 排列 和 表格 排列 对比

男人 ［＋男性］［＋成年］［＋ 人］

男孩 ［＋男性］［-成年］［＋人］

女人 ［-男性］［＋成年］［＋人］

列举 排列

＋／-	男性	成年	人
男人	＋	＋	＋
男孩	＋	－	＋
女人	－	＋	＋
女孩	－	－	＋

表格 排列

可以 说，对 词义 区别 特征 进行 比较 分析 的 方法 是 音位 区别 特征 分析 方法 的 推 广，但是 具体 的 操作 顺序 经常 相反。音位 区别 特征 分析 方法 一般 先 从 全局 提出 一套 描写 音系 结构 的 二元 对立 区别 特征 系统，然后 根据 不同 音系 结构 特点 选取 具体 的 区别 特征 进行 描写 说明。这种 方法 在 逻辑 上 是 演绎 的。词义 区别 特征 分析 方法 刚好 相反，只能 从 具体 范围 中 的 词 开始，再 扩大 到 每个 词 的 语义 区别 特征。因此，它 很 容易 具有 主观 色彩，产生 不同 的 分析 结果。同时，对于 数量 庞大 的 词义 系统 来说，这 种 归纳 方法 很难 做到 全部 列举。另外，对于 不是 二元 对立 的 词义 关系 还 需要 经过 变 通 才能 使用。

把 大量 的 词义 描写 成 比较 少 的 语义 特征，可以 使 词义 的 理解 更加 简明、客观、 科学，提供 一部 语义 形式化 的 词典，对于 机器 处理 语义 信息 包括 机器 翻译、电脑 智能 化，具有 极大 的 应用 价值。尽管 这种 分析 方法 还 存在 着 一定 的 局限性，但是 它 毕竟 为 词义 系统 的 分析 和 词义 的 形式 描写 提供 了 理论 依据 和 分析 途径。

同义词 就是 区别 特征 少 而 相同 特征 多 的 一 组 词。要 善于 发现 它们 的 区别 特征， 才能 准确 理解 和 恰当 使用。例如 "看、看见、看望、盯、瞪、瞟、瞻仰、鸟瞰、偷看" 等 的 区别。

当 人类 把 所有 的 区别 特征 把握 好 了，也许 会 出现 一张 像 "国际 音标 表格" 一 样 但是 更加 复杂 的 "国际 义征 表格"。

5.4.2 语义场

词义 之间 存在 着 复杂 的 联系，每个 具体 的 词义 都 在 这种 联系 构成 的 语义场 网络 中，形成 词义 系统。语义场 是 具有 通过 共同 义征 互相 联系 和 通过 不同 义征 互相 制约 的 词 聚合 的 集体。它 像 物理 上 的 磁场 一样，互相 排斥 又 互相 吸引。

对 不同 词义 进行 比较，可以 看到 词义 的 共性 和 个性。例如：

自行车 ［＋ 交通 工具］［＋ 陆路］［-机动］［-燃油］［＋运载 人］

公共 汽车 ［＋ 交通 工具］［＋ 陆路］［＋ 机动］［＋ 燃油］［＋ 运载 人］

电车 ［＋ 交通 工具］［＋ 陆路］［＋ 机动］［-燃油］［＋ 运载 人］

卡车 ［＋ 交通 工具］［＋ 陆路］［＋ 机动］［＋ 燃油］［-运载 人］

它们 在 "交通 工具、陆路" 等 特点 上 具有 共性，而 在 是否 机动、是否 燃油、是否 运载 人 等 特点 上 又 有 区别。

【讲课】35

语义场 是 意义 的 聚合，不是 形式 的 聚合。对 多义词 来说，它 的 形式 可能 属于 不同 的 语义场，这 是 由于 它 的 意义 被 聚合 在 不同 的 语义场 中 造成 的。例如，"教师 和 学生" 中 的 "教师" 指 "在 教育 中 起 引导 作用 的 人"，而 "教师 和 公务 员" 中 的 "教师" 指 "把 教育 做 职业 的 人"。可见，语言 单位 的 形式 与 意义 在 语义场 中 不能 简单 地 对应。

在 不同 语言 中，同类 意义 的 聚合 结果 有时 也 不 一样。例如，在 表示 亲属 称谓 的 语义场 中，汉语 用 "父亲" 和 "母亲" 来 区别 亲属 关系，把 父亲 系列 的 同辈份 的 亲戚 叫做 "伯父、叔父、伯母、婶母"，把 母亲 系列 的 叫做 "舅父、姨父、舅母、姨母"；而 英语 只用 "uncle" 和 "aunt" 区别 性别，在 大小 和 系列 关系 上 没有 区分。也 就是 说，这些 义征 双方 都 有，但是 英语 只 利用 了 性别 义征 来 区分 词 的 意义，要 表示 其他 意义 特征，英语 会 通过 词 和 词 编码 形成 词组 来 表达。

在 不同 时代，语义场 的 意义 构成 会 因为 认识 和 事物 本身 的 变化 产生 一些 变化。例如，在 古代 汉语 中，"鲸" 属于 鱼类，而 在 现代 汉语 中，它 属于 哺乳 动物 这个 语义场。在 古代 英语 中，"tide" 具有 时间、季节、小时、潮汐 等 意义，由于 后来 "time，season，hour" 等 词语 的 出现，"tide" 包含 的 意义 就 出现 了 变化，缩小 成 表示 潮汐 等 意义。

从 理论 上 来说，一种 语言 中 任何 两个 词 都 有 共同 义征，只是 这个 共同 义征 在 语义场 中 的 距离 大小 或者 力量 大小 不同。例如，在 "青年" 和 "人" 之间 容易 发现 共同 义征，在 "世界" 和 "人" 之间 就 难以 发现。在 实践 中，我们 关心 的 是 距离 近 的 词。

如果 一个 语义场 不再 有 更大 的 语义场 能够 包含 它，它 就是 语义 总场。如果 一个 语义场 不能 再 分 更小 的 语义场，它 就是 最小 的 语义场。大小 不同 的 语义场 之间 在 总场 的 率领 下，形成 一种 有 层次 的 网络 关系。

【图表】语义 总场 框架①

实义 (开放性 强)	物质	具体	物体	自然 物体	时空：时间，空间……
					天：太阳，月亮……
					地：山，水……
					动物：鸡，猪……
					植物：树，草……
					……
				人工 物体	……
			人	身份	……
				仪容	……
			……		
		抽象	人	心理	思想：……
					感情：……
				……	
			事情	生活：语言，交往，文体……	
				行业：政治，军事，科教……	
				……	
			……		
	运动	具体	物体 的 运动：空间 运动，时间 运动……		
			人 的 活动：全身 运动，眼睛 运动，手 运动……		
			……		
		抽象	人 的 心理 活动：……		
			人 的 社会 活动：……		
			存在，变化，联系：……		
			……		
	性状	具体	事物 的 状态：……		
			人 的 状态：……		
			……		
		抽象	事物 的 性质：……		
			人 的 性质：……		
			……		
虚义 (封闭性 强)	语法成分	代词，副词，区别词，数词，量词，叹词			
	语法关系	介词，连词，助词，语气词			

---

①彭 泽润. 论 类义 与 类义 词典 [J]. 北京: 中国 人民 大学 学报, 1990, (5).

对于 汉语 语义 总场 的 认识[①] 20 世纪 末期 以来 中国 出版 的 一些 类义 词典[②] [③] 中 得到 了 反映，但是 不 成熟。后来 计算 语言学 把 它 推进 了。有的 从 词性 的 角度 进行 第一 层 分离，有的 从 人 和 世界 的 关系 中 进行 第一 层 分离。

这 是 两 个 交叉 的 平等 的 角度，很难 说 哪 个 更加 科学。但是，词性 的 分类 并不 是 脱离 语义 的 分类，属于 同一 词性 的 词 往往 是 在 更大 范围 的 意义 上 具有 共同 特点。语法 就是 意义 的 组合 法则。

我们 可以 从 哲学 上 得到 一些 启发：世界 是 物质 的，所以 会 有 很多 名称，这些 物 质 名称 反映 在 语言 中 就 形成 许多 名词；物质 是 运动 的，反映 在 语言 中 就 形成 许多 动词；物质 的 运动 是 在 空间 和 时间 中 进行 的，物质 运动 过程 中 会 产生 很多 属性，反映 在 语言 中 就 形成 许多 形容词，以及 相对 有限 的 副词、数词、量词、代词 等。至于 连词、介词、助词 是 语言 符号 系统 中 的 副产品。

5.4.3 类义词

类义词 是 具有 共同 语义 特征 或者 共同 属于 一个 较大 意义 类别 的 一组 词。

由于 多义词 的 存在，类义词 的 构成 往往 有着 相对 的 关系。一个 词 的 不同 义项 可 以 与 不同 的 词 构成 类义 关系。例如，"打" 在 一种 意义 上 与 "拍" 构成 一组 类义词，而 在 另一种 意义 上 又 可以 与 "骂" 构成 一组 类义词。"拍——打" 的 "打" 与 "打 ——骂" 的 "打" 分别 使用 了 "打" 的 不同 义素。又 例如，在 英语 中，man 可以 与 child 构成 一组 类义词，也 可以 和 woman 构成 一组 类义词，这 就 分别 使用 了 man 的 两 个 义素，就是 "成年人" 和 "男人"。

在 不同 语言 中，类义词 的 构成 不 完全 相同。例如，在 汉语 中，"一楼" 从 地面 的 一层 算起。然而 在 英国 英语 中 从 汉语 的 "二楼" 算起。在 汉语 中，习惯 把 "星期一" 做 一个 星期 的 开始，而 英语 把 "星期日" 做 一个 星期 的 开始。前 一个 例子 起点 一样，但是 在 数 同一 栋楼 的 层数 的 时候，汉语 要 比 英语 多出 一层，顺序 相同，意义 不 完 全 相同。后 一个 例子 起点 不 一样，但是 日期 相同，顺序 不同，意义 相同。

（1）上下 类义词 和 平行 类义词

语义场 既 具有 纵向 的 上下 关系，又 具有 横向 的 平行 关系，分别 构成 上下 语义场 和 平行 语义场，属于 这种 语义场 的 词 分别 叫做 上下 类义词 和 平行 类义词。例如："爸 爸、妈妈" 是 "哥哥、姐姐、弟弟、妹妹" 的 上级 语义场，又 是 "爷爷、奶奶" 的 下级 语义场。同时，"哥哥、姐姐、弟弟、妹妹" 构成 平行 语义场。

上义词 与 下义词 是 相对 的，我们 可以 把 相邻 层次 上 的 叫做 直接 上下 类义词，把 层次 隔离 的 叫做 间接 上下 类义词。例如，交通 工具 中，如果 "机动车" 和 "汽车" 有 直接 的 上下 类义词 关系，那么 "机动车" 与 "卡车" 就是 间接 上下 类义词 关系。这 要 看 具体 分 出来 的 层次 有 多少。

（2）顺序 类义词 和 非顺序 类义词

①廖 定文. 建议 编写 现代 汉语 分类 词典 [J]. 上海：辞书 研究，1980，（4）.

②梅 家驹 等. 同义词 词林 [M]. 上海：上海 辞书 出版社，1983.

③林 杏光 等. 简明 汉语 义类 词典 [M]. 北京：商务 印书馆，1987.

平行 类义词 还 可以 进一步 分成 顺序 类义词 和 非顺序 类义词。

顺序 类义词 的 成员 按照 一定 的 固定 顺序 排列，词 与 词 之间 的 意义 也 依赖 先后 顺序 关系。有的 是 直线 顺序，例如，"初一 / 初二 / 初三"，"小学 / 中学 / 大学"，"一中 / 二中 / 三中"，"学士 / 硕士 / 博士" 等。有的 是 循环 顺序，例如，"春 / 夏 / 秋 / 冬"，"星期日 / 星期一 / 星期二 / 星期三 / 星期四 / 星期五 / 星期六" 等。

非顺序 类义词 的 成员 没有 严格 的 顺序 关系。例如，"工人 / 农民 / 医生 / 教师……" 都 指 职业，"摸 / 爬 / 滚 / 打……" 都 指 身体 动作，"笔 / 墨水 / 纸张……" 都 指 文具。

5.4.4 同义词 和 反义词

同义词 和 反义词 属于 广义 类义词 的 范围，是 两种 具有 特色 的 类义词。

（1）同义词

同义词 是 具有 非常 多 的 共同 语义 特征 的 一组 词。与 类义词 相比，同义词 的 相同 义征 占 的 比例 大 得 多，关系 亲 得 多，几乎 难以 区分 它们 的 不同。所以，同义词 的 辨别，比 类义词 的 辨别，在 语文 教学 中 更加 重要。

意义 完全 相同，没有 什么 积极 作用 的 形式 不同 的 词，叫做 绝对 同义词。例如 "电脑" 和 "计算机"，"讲演" 和 "演讲"，"发动机" 和 "引擎"，"话筒" 和 "麦克风" 等。这种 同义词 一般 成为 规范 的 对象。

一般 说 的 同义词 是 相对 同义词，就是 通过 有 一定 积极 作用 的 次要 意义 区别 的 同义词。例如 "边疆" 和 "边境"，"压迫" 和 "压榨"，"漂亮" 和 "美丽"，"突然" 和 "忽然" 等。

相对 同义词 一般 是 语言 中 的 积极 因素，可以 给 准确 细致 地 表达 意义 提供 多种 选择 的 可能性。

相对 同义词 往往 具有 比较 明显 的 基本 的 相同 义征，同时 又 有 造成 词义 细微 差别 的 不同 义征。这种 差别 主要 表现 在 意义、色彩 和 用法 等 方面。例如：

轻视 ［＋看不起］［-程度 重］
蔑视 ［＋看不起］［＋程度 重］

这 组 同义词 的 细微 差别 表现 在 概念 意义 上；

成果 ［＋结局］［＋褒义］
后果 ［＋结局］［-褒义］

这 一组 的 细微 差别 主要 表现 在 色彩 上；

突然 ［＋做 状语］［＋做 谓语］［＋做 定语］
忽然 ［＋做 状语］［-做 谓语］［-做 定语］

这 一组 的 细微 差别 主要 表现 在 句法 功能 方面。

同义词 的 聚合 是 在 一种 语言 的 长期 使用 过程 中 逐渐 形成 的，在 不同 的 语言 中 往往 会 有 不同 的 表现 形式。例如，汉语 中 "肥" 和 "胖" 是 一组 同义词，它们 的 共 性 和 个性 表现 成：

肥 ［＋脂肪 多］［-形容 人］
胖 ［＋脂肪 多］［＋形容 人］

然而 英语 用 一个 词 fat 来 表示，既 可以 形容 人，也 可以 形容 肉类 动物。

（2）反义词

反义词是 共同 义征 多 而且 不同 义征 相反 或者 相对 的 一组 词。例如：给 ［＋使］［-自己］［＋具有］ 拿 ［＋使］［＋自己］［＋具有］ 死 ［＋生命］［＋停止］ 活 ［＋生命］［-停止］ 忘记 ［＋停止］［＋知道］ 记住 ［-停止］［＋知道］ 丢失 ［＋停止］［＋具有］ 保存 ［-停止］［＋具有］ 在 一组 反义词 中，如果 肯定 一方 必然 会 否定 另外 一方，或者 否定 一方 必然 肯定 另外 一方。这种 不 允许 第三 种 情况 出现 的 反义词 就 叫做 绝对 反义词。例如，"活 / 死、有 / 没有、反 / 正、弯曲 / 直" 等。

如果 肯定 一方 就 否定 另外 一方，但是 否定 一方，不一定 就 肯定 另外 一方。这种 存 在 中间 状态 的 反义词，叫做 相对 反义词。例如，"大" 和 "小"。由于 多义词 的 存在，一个 词 可能 会 分别 处于 不同 的 语义场 中，构成 不同 的 反义词。例如，"开" 分别 可以 和 "关、闭合、封" 等 构成 反义 关系。

在 不同 语言 中，反义词 的 情况 也 会 有 不同。例如，汉语 中 的 "长" 和 "短"、英 语 中 的 "long" 和 "short" 两组 反义词 并 不 完全 对应。汉语 可以 说 "长处 / 短处"，英语 只能 说 "shortcoming（缺点）"，不能 说 "longcoming"。又 例如，英语 的 "strong" 和 "weak"，与 汉语 的 "强" 和 "弱" 也 不 完全 对应。英语 可以 用 "strong point" 表示 "优点"，用 "weak point" 表示 "缺点"，汉语 只有 "弱点"，没有 "强点"。这种 语言 之间 的 反义词 对比，对 外语 学习 十分 重要。

尽管 类义词、同义词 和 反义词 是 不同 的 词义 聚合 类型，但是 由于 它们 都 有 相同 又 有 不同，所以，在 互相 区别 的 同时 还 存在 一定 的 联系。

5.4.5 同音词 和 同形词

词 与 词 互相 区别，语音 形式 和 书写 形式 是 一个 重要 的 标志。一般 来说 声音 和 文字 不同 的 词，应该 是 两个 不同 的 词，但是 语言 中 的 语音、文字、意义 之间 的 关系 比较 复杂，语音 和 文字 相同 的，有时 可能 是 两个 不同 的 词；相反，语音 和 文字 不同 的 词，可能 是 一个 词 的 不同 变体。

决定 词 和 词 的 界线 的 标准 不是 形式，而是 意义。意义 上 毫无 联系 的 词，即使 形 式 相同，也 不能 看成 一个 词。意义 上 没有 联系 的 词，由于 形式 上 的 相同，可以 产生 同音、同形 或者 声音 和 文字 形体 都 相同 的 聚合 集体。

（1）同音词

同音词 是 在 口语 中 语音 不能 区分 但是 意义 上 没有 联系 的 不同 的 词。在 汉语 中，由于 书面语 不 实行 词式 文本，造成 汉语 使用者 词 意识 的 缺乏，甚至 产生 同音词 恐惧症 或者 词 意识 遗忘症。[①] 这 是 由于 人们 模糊 了 词 和 语素 的 界限，导致 把 同音 语素 也 当做 同音词，错误 地 扩大 了 同音词 的 范围。例如 把 古代 的 词、方言 的 词 和 现代 汉语 普通话 的 词 只要 学 普通话 中 文字 和 声音 相同 就 放 在 一起 当做 同音词。其实，这些 来 自 不同 时间 和 空间 的 词 在 普通话 中 往往 没有 词 的 资格，即使 同音，也 不能 叫做 同 音词。例如 在 普通话 中 跟 音节 yī 同音 的 语素 会 有 几十 个，但是 只有 数字 "一" 具

---

①周 有光 周 有光 语文 论集 第2卷 [M]．上海：上海 文化 出版社，2002．182．

有 词 的 资格，其他 都 要 说成 "医（治）、医（生）、（中）医、衣（服）、依（据）……"。①

由于 同音词 可能 得到 书面上 的 区分，所以 可以 分成 异形 同音词 和 同形 同音词。文字 形式 不同 语音 形式 相同 的 不同 意义 的 词，叫做 异形 同音词。在 汉语 中 例如：失意——诗意；传票——船票；海报——海豹；发言——发炎；形式——形势；期中——期终；著名——注明。再看 英语 的 例子：see（看见）——sea（海洋）；son（儿子）——sun（太阳）；pair（对、双）——pear（梨子）。

由于 汉语 用 汉字，所以，汉语 在 书面上 区分 这种 同音词 的 能力 很 强。但是 由于 对 视觉 区分 的 过份 依赖，忽视 了 对 听觉 区分 的 重视，失去 了 口语 的 自我 调节 机会，造成 了 大量 口语 同音词，不利于 汉语 口语 的 使用。这 不是 文字 的 优点，而是 缺点。②

书写 形式 和 读音 完全 相同，但是 意义 不同 的 一组 词 叫做 同形 的 同音词。这种 同音词 是 接受 了 口语 调节 的，往往 有 语言 环境 互相 补充 的 特点，一般 不会 造成 交际 障碍。它 无论 在 口语 中 还是 在 书面语 中 使用，都 对 语境 有 很大 的 依赖性。在 汉语 中 例如：仪表^1（人的 外表，包括 容貌、姿态、风度 等）——仪表^2（测定 温度、气压、电量、血压 等 的 仪器）。再看 英语 的 例子：last^1（最后 的）——last^2（持续 last^3（鞋子 楦头）——last^4（重要 单位）。

同音词 跟 多义词 有 什么 不同？

多义词 是 一个 词 具有 不同 的 意义，同音词 是 几个 词 具有 相同 的 语音 甚至 文字 形式。因此，多义词 的 几个 意义 之间 有 明显 的 必然 联系，它们 都 是 从 一个 基本 意义 中 派生 出来 的，有 共同 的 基础。然而 同音词 不同，它们 虽然 语音 形式 相同，但是 意义 缺乏 联系，缺乏 共同 的 基础。例如，在 "打人、打水、打针、打毛衣" 这些 结构 中 的 "打"，虽然 表示 不同 意义，但是 它们 之间 有 意义 联系，它们 都 是 从 "打击" 这个 基本 意义 上 派生 出来 的，因此 是 一个 多义词。在 "打 今儿 起" 这个 结构 中 的 "打" 和 上面 的 "打"，虽然 语音 形式 相同，但是 意义 没有 联系，它们 就 不是 一个 词，而是 两个 同形 的 同音词。

有些 同形 同音词 是 多义词 解体 的 结果。例如，现代 汉语 的 同形 同音词 "刻"（计算 时间 的 单位）和 "刻"（雕刻 的 刻），在 过去 是 一个 词，现在 变成 没有 意义 联系 的 同形 同音词 了。"副-"（与 一般 隐含 的 "正-" 相对 的 准词缀）和 "副"（量词），"管"（管子 的 管）和 "管"（管理 的 管）等，也 是 同样 原因 造成 的。

（2）同形词

书写 形式 相同，但是 读音 和 意义 不同 的 一组 词 叫做 同形词。在 汉语 中 例如：调配 tiáopèi——调配 diàopèi；倒 dào——倒 dǎo。再看 英语 的 例子：piquet [pi′ket]（皮克牌）——piquet [′pikit]（前哨）。

同形词 和 同形 同音词 都 是 形体 相同，但是 同形词 是 文字 没有 反映 口语 本来 就 存

---

① 还 出现 了 到 现在 还 被 语言学 领域 内外 不断 误会 的 赵元任 自己 在 《语言 问题》 就 曾经 澄清 误会 的 故事：《施-氏-食-狮-史》是 告诉 人们，极端 的 语音 近似 的 文言词 形成 的 作品，很 有趣，但是 汉语 拼音 是 根据 普通话 设计 的，不能 对付。大家 都 以为 赞同 汉字 拼音化 的 赵元任 是 想 证明 拼音 不能 区分 同音词。其实 这里 的 同音词 是 假的，因为 是 用 现代 语音 去 衡量 古代 文言词。做为 普通话 的 词，这些 多数 都 没有 词 的 资格，就 谈不上 同音词 问题。

② 周 有光. 周 有光 语文 论集 第1卷 [M]. 上海：上海 文化 出版社，2002.304.

在 的 语音 区别，同形 同音词 是 口语 本身 没有 能够 区别。同形词 的 存在 并不 说明 口语 交际 有 困难。

5.4.6 异读词 和 异写词

（1）异读词

意义 和 文字 相同 但是 声音 不同 的 词 叫做 异读词。它 跟 同形词 不同。

异读词 也 没有 积极 意义，需要 规范。1985 年 中国 发布 的 《普通话 异读词 审音表》，规范 了 很多 异读词 的 读音 混乱。例如 "从容" 中 的 "从" 统一 读 "从来" 的 "从" 这个 常用 读音，就 方便 了 语言 学习。这 是 语音 迁就 文字 的 反常 现象。这种 趋势 仍然 存在。例如 现代 汉语 的 "处理" 和 "到处" 的 两个 "处"，很难 区分，经常 读成 "到处" 的 "处" 一个 声音。这 就是 没有 得到 规范 的 新 异读词。是 把 它 当做 要 纠正 的 错误，，还是 干脆 统一 读音，就 值得 研究。

一方面，要 注意 表示 不同 意义 的 词 读音 的 不同，避免 发生 语音 错误，影响 正常 交际。另一方面，在 汉语 中 要 注意 同形词 与 异读词 的 区别。异读词 是 一个 词 有 几种 不同 读音，但是 意义 没有 什么 不同。例如 汉语 中 "熟悉（shúxī）" 又 可以 读成 "shóuxī"，是 一个 词 在 意义 相同 的 情况 下 有 两种 不同 的 读音 变体。

同形词 是 两个 不同 的 词，只是 文字 相同，但是 声音 意义 不同。例如 "倒 dǎo" 和 "倒 dào"。

汉语 中 的 新 旧 异读（汉语 方言 研究 中 经常 叫做 "文白 异读"，因为 在 方言 中 新 的 声音 往往 首先 出现 在 书面语 的 朗读 中，旧 的 声音 保留 在 口语 的 一些 常用词 中）往往 是 针对 语素 说 的，不一定 导致 异读词，因为 不同 的 词 会 选择 不同 的 声音。在 普通话 中，"血，血淋淋，血糊糊" 3 个 词 中 的 语素 "血" 读 "xiě"，但是 "血案，血泪，血压，血液……" 等 近100 个 词 中 的 语素 "血" 读 "xuè"。其中 "血晕" 有 两个 读音，可是 意义 不同。所以，它们 本来 没有 异读词 问题。但是，如果 根据 文字 相同 或者 方言 相同，把 声音 不同 的 语素 "血" 读成 一个 声音，就 出现 异读词 问题。但是，由于 用 相同 的 字 记录，可能 导致 读音 的 混乱，甚至 变成 一个 读音，例如 "处（chù：到处，处处；chǔ：处理，处罚）" 现在 很多 人 统一 读 chù。

（2）异写词

声音、意义 完全 相同，只是 文字 不同 的 一些 词，叫做 异写词，又 叫做 异形词[①]。例如：按语——案语；人才——人材；当做——当作；身份——身分。

它们 对 语言 的 使用 没有 任何 积极 价值，是 语言 规范 的 对象。这样 的 词语 由于 汉字 的 原因，在 汉语 中 比较 多。异写词 的 规范 应该 有利于 区分 语音，使 文字 更好地 实现 自己 记录 口语 的 根本 目标。例如，用 "身份、成份" 不用 "身分、成分"，就 有利于 "份" 和 "分" 分工 记录 不同 的 语音。当 现实 价值 与 历史 习惯 发生 矛盾 的 时候，当 然 应该 尊重 现实。

异写词 跟 同音 语素 或者 同音字 相关。例如 "象——像"，到底 用 一个 字，还是 分开，

---

①2001 年 12 月 中国 公布 了 《第一 批 异形词 整理 表》。可惜 这个 表格 中 没有 "身份、当做" 等 词 的 规范。

意见 不 一致。应该 制订 一 条 原则，意义 上 没有 明显 不同，而且 不会 在 相同 形式 的 词 中 出现 对立，就 没有 必要 让 相同 声音 的 语素 有 不同 文字 形体。这样 可以 减轻 语言 使用 负担。

5.5　语境 和 语境 义变

5.5.1　语境 的 类型

语境 就是 语言 环境，又 叫做 情景 或者 情境，是 语言 中 的 各级 单位 在 语言 体系 中 出现 的 影响 语言 使用 的 各种 因素，包括 不同 语言 的 文化 背景。语文 课文 讲解 中，为 了 理解 语言 表达 的 意义，一般 要 介绍 时代 背景，就是 为了 提供 语境 知识。语境 分成 直接 语境 和 间接 语境 两 大 类型。狭义 的 语境 指 直接 语境。

（1）直接 语境

直接 语境，又 叫做 小 语境、内部 语境、符号 语境，它 是 在 一定 语言 单位 的 前后 直 接 出现 的 其他 语言 单位。对于 词语 来说，前后 出现 词语 是 语境，前后 出现 句子、句群、 段落、篇章、书本、丛书 等 也是 语境，一种 语言 系统 也是 语境。

虽然 进入 使用 中 的 一切 语言 单位 都是 动态 的，但是 我们 在 静态 认识 中 经常 抓 住 词 这 一级 做 基本 单位，而 在 动态 认识 中 经常 抓住 句子 这 一级 做 基本 单位。因 为 词是 最小 的 创造 句子 的 单位，句子 是 最小 的 信息 实现 单位。

一个 词语 的 意义 在 前后 词语 的 环境 中 不能 明确，就 可以 向 更大 级别 的 前后 句 子 等 语境 中 寻找。

（2）间接 语境

间接 语境，又 叫做 大 语境、外部 语境、非符号 语境，是 语言 使用 的 时间、空间、参 加 的 人、社会 背景 等 符号 外部 的 因素。可以 分成 主观 语境 和 客观 语境 两 类。

第一，主观 语境。主观 语境 指 交际 的 人，包括 语言 信息 发出人 和 接受人 的 交际 动 机、交际 能力 和 交际 行为 等。

交际 动机 包括 互利 动机 和 自私 动机。交际 动机 不同，对 话语 的 理解 就 不同。例如， 一个 你 并不 熟悉 的 人 来到 你 这里，说了 很多 好听 的 话，你 也许 马上 高兴 起来，因 为 你 把 他 的 动机 单纯化 了；你 也许 无动于衷，因为 你 不 明白 他 的 动机 是 什么，他 也许 是 为了 讨好 你，要 你 付出 什么，说 的 并 不是 真心话。相反，如果 你 过于 敏感，就 可能 误解 友好 的 动机。

交际 能力 包括 交际人 的 智力 水平、素质 水平 和 知识 水平。交际 能力 不同，对于 话 语 的 理解 就 不同。由于 交际 能力 低，想说 又 说不 清楚，人们 在 理解 他 的 话语 的 时 候 会 给予 一定 的 宽容，不会 太 计较。交际 能力 还 包括 使用 外语 的 能力，例如 一个 日 本 留学生，在 中国 学了 半年 汉语，有 一次 对 王 老师 的 妻子 说 "你是 王 老师 的 老婆 吗？" 王 老师 的 妻子 宽容 地 理解了 这 句话 的 意思。

交际 行为 包括 表达 的 各种 方式。不同 的 交际 行为，对 话语 质量 有 很大 的 影响。 它 表现 成 一 系列 的 交际 原则。我们 在 后面 关于 语言 使用 的 部份 再 详细 讨论。

第二，客观 语境。客观 语境 是 交际人 以外 的 其他 因素，它们 对于 交际 过程 来说 是 一种 客观 存在。它 也 可以 分成 大 客观 语境 和 小 客观 语境 两种。大 客观 语境 是 各种 背景，包括 文化 背景、社会 背景、时代 背景、文体 背景 等。小 客观 语境 是 各种 具体 的 场景，包括 时间、地点、话题、气氛 以及 涉及 的 人物 等 因素。

例如，当 我们 知道 一 本书 是 小说 的 时候，我们 对 里面 的 人物 和 语言 会 抱着 一种 艺术 的 眼光 去 看待。但是，当 我们 年龄 小 的 时候，可能 会 把 它 当做 新闻 或者 真实 的 故事 去 读，会 真的 流眼泪。艺术家 的 意图，也是 想让 它 比 真实 的 更加 真实。

不同 语言 之间 导致 的 语境 问题 最多。在 对外 汉语 教学 中 就 可以 发现。例如，中国 的 "东西" 这个 词 是 怪 东西，不好 教。外国 学生 问：" 桌子 是 东西，钢笔 是 东西，老师 你 是 不是 东西？" 老师 既 不能 说 "我 不是 东西"，也 不能 说 "我 是 东西"。学生 急 了："老师，你 到底 是 什么 东西？" 老师 也 急 了："我 是 什么 东西！" 学生 还是 不 明白："老师，您 怎么 生气 了？" "这 是 骂人 的 话！" "我 听 别人 说 '你 这个 小 东西 真 机灵。' 也 有人 说 '你 这个 老 东西 怎么 没有 死 呀！' 这 也是 骂人 吗？"

5.5.2 语境 的 作用 和 歧义 分化

（1）语境 的 作用

语境 的 作用 是 语境 能够 把 有 多种 可能 的 意义 转换 成 符合 表达 需要 的 唯一 的 意义，也 就是 语境 能够 把 义位 变成 义位 变体 这样 的 义素。音位 在 不同 的 条件 下 会 变成 不同 的 条件 变体，这个 条件 实际上 是 引起 声音 变化 的 语言 环境。我们 这里 主要 是 说 引起 意义 变化 的 语言 环境。

语境 的 作用 可以 分成 限制 作用 和 变化 作用 两 个 大 类型。关于 语境 的 变化 作用，体现 在 后面 说 的 语境 义变 中。下面 先 说 语境 的 限制 作用。

第一，语境 可以 把 多种 意义 限制 成 单一 意义。

多义词 的 存在，为什么 不会 造成 意义 表达 的 混乱？这 是 因为 在 具体 语言 环境 的 制约 下，多义词 的 义素 只有 一个 起 作用。所以，语境 可以 把 多义词 变成 单义词。例如，在 "车站 前面 广场 的 地下 商店 竣工 了" 中 的 "地下" 指 "地面 的 下面"。但是，在 "一个 开设 在 十二 层 楼 的 地下 商店 被 有关 部门 查获 了" 中 的 "地下" 指 "秘密 的、不 公开 的"。在 不同 语境 中，"地下" 的 意义 被 单一化 了。如果 没有 特定 的 语境，往往 会 造成 歧义。例如，"一个 地下 商店 被 查封 了。" 当然，有时 为了 含蓄 故意 造成 语境 障碍，例如，两 个 将军 下 象棋 的 时候 说 "你 要 完蛋 了"。

语境 不仅 可以 把 多义词 变成 单义词，而且 可以 把 多义 结构 变成 单义 结构，从而 消除 歧义。例如，"鸡 不 吃 了" 这个 句子，如果 没有 相应 的 语境 对 它 进行 意义 限制，它 就 有 歧义。如果 给 它 不同 的 间接 语境，例如 在 吃饭 的 场合 说，就 只有 一种 意思 了。也 可以 通过 直接 语境 限制，例如："鸡 不 吃 了，不要 再 给 食物 了。" "鸡 不 吃 了，我们 吃点 别的 什么 吧。" 语境 可以 把 多种 表达 方式 限制 成 相应 的 一种 表达 方式。

失火 的 时候，喊人 救火 可以 这样 说："火 着火 啦 快去 救火 呀 " 这 是 符合 特定 语境 的 说法。如果 这样 说："亲爱 的 女士们，先生们！你们 快来 看 哪！那 是 火 呀 请 你们 快快 行动 起来，马上 去 把 火 扑灭 吧 "，尽管 用 了 "快、快快、马上" 等 词语，

语义 也 明确, 但是 与 语境 的 要求 不 符合、不 协调。又 例如, 一般 说 "你 干脆 别 去了"。但是 在 急忙 中, 也许 说 "别 去 了, 你, 干脆" 会 更加 符合 语境。

第二, 语境 可以 把 概括 意义 限制 成 具体 意义。

如果 是 单一 的 意义, 那么 语境 还 可以 使 这个 有 概括性 的 单一 意义 具体化。例如, "蛇" 是 一种 爬行 动物, 身体 圆 而 细长, 有 鳞, 没有 四肢。这个 意义 很 抽象。当 一个 人 在 草地 里 行走, 突然 发现 一条 蛇, 这个 人 很 有 可能 会 惊叫 一声: "蛇" 这时, "蛇" 的 意义 就 具体化 了, 它 指 特定 时间、地点 被 特定 人 遇到 的 蛇。

语境 使 意义 具体化 往往 表现 在 使 平时 隐含 的 义征 在 不同 语境 中 得到 不同 的 显示。例如, "他们 正在 观赏 金鱼" 中 的 "金鱼" 是 活的。同样, "他们 在 吃 红烧 鲤鱼" 中 的 "鲤鱼" 又 增加 了 "死" 这个 义征。

第三, 语境 可以 使 恰当 和 不 恰当 相互 转换。

相同 的 话语 由于 语言 环境 不同, 使用 恰当 和 使用 不 恰当 的 结果 不同。例如 严肃 的 时候 说 笑话, 使人 尴尬, 玩耍 的 时候 说 大 道理, 使人 扫兴。

有 一家 报纸 报道 北方 能够 种植 水稻, 这是 北方 的 特殊 情况。题目 是 "北方 能够 种植 水稻 吗?" 虽然 没有 语言 静态 上 的 问题, 但是 很 容易 误导 读者 朝 相反 的 方向 理解。应该 说 "北方 不能 种植 水稻 吗?" 就 适合 间接 语言 环境。

(2) 歧义 的 分化 和 多义 的 创造

在 语境 中 不能 得到 分化 的 多义 就是 歧义。歧义 可以 产生 几个 意义 理解 的 可能, 跟 意义 的 模糊、笼统 不同。模糊 是 一个 意义 的 边界 不 明确, 笼统 是 一个 意义 的 范围 不 具体。

歧义 分成 概念 歧义 和 结构 歧义 两种。例如, "你 别 上" 出现 歧义, 因为 "别" 可以 表示 两个 不同 的 概念 意义。"他 给 我 戴 帽子", 因为 "帽子" 有 本义 和 引申义 两种 理解 可能, 也 出现 歧义。

结构 歧义 又 分成 隐性 结构 歧义 和 显性 结构 歧义。隐性 结构 歧义 例如 "找 的 是 他"。显性 结构 歧义 又 分成 显性 结构 关系 歧义 和 显性 结构 层次 歧义, 分别 例如 "学习 文件", "3 个 大学 的 学生"。

上面 歧义 例子 是 假定 语境 条件 不 充足 确定 的。要 消除 它们 的 歧义 一个 办法 是 提供 前后 语境, 一个 是 用 转换 的 方法 修改 结构 本身, 例如 "3 个 大学 的 学生" 改成 "大学 的 3 个 学生、3 位 大学 的 学生、3 所 大学 的 学生" 等。这些 我们 在 语法 一章 再 详细 讨论。

在 艺术 语言 中, 有时 需要 人们 创造 多义。例如, "做 女人 挺好" 中 的 "挺", 在 促进 乳房 丰满 的 广告 中, 有 副词 和 动词 两种 选择 的 可能。这是 故意 的, 所以 没有 用 "最" 或者 "很" 代替 "挺"。

5.5.3 语境 义变

正如 音位 在 动态 组合 使用 中 可能 产生 语流 音变 一样, 义位 也 可以 产生 语境 义变。语境 义变 是 语言 的 意义 在 一定 的 语境 制约 下 发生 了 临时 变化, 出现 了 与 正常

意义 不同 的 意义。[①] 语境义变分成 语义感染[②]，语义 脱落、语义 凸现 等 类型。语境 义变 可以 使 意义 更加 形象、生动、幽默 等。

（1）语义 感染

语义 感染 是 在 语境 作用 下 临时 出现 感染 性质 不同 的 语义 特征 的 现象。

例如，"太阳 悄悄 地 露出 了 笑脸" 中 的 "太阳" 被 "笑" 感染 了 语义 特征 "［+ 情感 活动］"。一个 人 发现 另外 一个 人 把 一只 茶杯 放 在 自己 刚才 在 看 的 书 上，就 说 了 一句："这 杯子 放 得 真 是 地方。" 这里 的 "真是" 只能 临时 理解 成 "不是" 了。

在 文学 语言 中 这样 的 情况 很多。例如 "他们 是 祖国 的 花朵" 中 的 "花朵" 临时 指 "儿童"。"有的 人 死 了，他 还 活着" 中 的 "活着" 临时 指 非生命 的 存在。

再 看 下面 的 例子

她 很 不 理解 时下 的 一些 年 轻人，一 整 就是 浓涂艳抹。眼睛 弄 得 像 个 熊猫；脸蛋 儿 直 掉 粉 渣子，总 让 人 联想 到 气象 预报 那 句 话："局部 地区 有 霜冻"；特别 是 那 嘴唇，红 得 翻翻 的，简直 就 像 才 被 拉 了 一 刀子"。[③]

文学 语言 通过 特定 的 文体 背景，在 基本 的 语法 规则 制约 下，在 具体 的 词语 超常 搭配 中，把 意义 通过 间接 的 方式 表达 出来，又 能够 使 人 明白 表达 的 意图 和 确切 含 义。相反，如果 语境 暗示 力量 不强，这种 超常 使用 被 理解 成 正常 使用，就会 出现 语 言 失效。任何 诗人 的 语言 都 会 使 人 觉得 奇怪，但是 它 又 不可能 脱离 特定 的 语言 规 则。没有 超越 语言 的 语言 艺术。

色彩 意义 也 会 被 感染。例如，"你 可 真 慷慨，连 这么 一点 贡献 都 不肯 做" 中 的 "慷慨" 变成 了 "小气"，词义 的 色彩 也 跟着 由 褒义 变成 了 贬义。"检讨" 这个 词 在 现代 汉语 书面语 形成 的 初期，它 相当于 "检查 和 讨论"，可是 后来 在 使用 过程 中 被 感染 上 了 贬义 色彩，使用 领域 受到 了 限制，一般 用于 "检讨 错误、写 检讨书" 等。不过，在 台湾 的 现代 汉语 中 仍然 保留 原来 的 意义 色彩。"小姐" 这个 词 在 古代 指 有 地位 人家 的 女儿。在 说 "资产 阶级 的 臭 小姐" 的 时代，感染 上 了 臭味，那时 可以 用 "小姐" 来 骂人。在 "公关 小姐、礼仪 小姐、迎宾 小姐" 等 流行 以后，它 又 感 染 上 了 青春 香味。在 变相 的 "美容 小姐、按摩 小姐、吧台 小姐" 流行 以后，它 又 感染 上 了 色情 臭味。"同志" 在 革命 时代 是 普遍 使用 的 尊敬 称呼，后来 它 的 使用 范围 逐渐 缩小 到 工作 领域 的 严肃 场合。在 "小姐" 吃香 和 "同志" 不再 流行 的 时代，有 一位 教授 出差 住 宾馆，他 仍然 用 "同志" 称呼 宾馆 的 女 服务员，没有 得到 反应，可 是 他 的 研究生 用 "小姐" 称呼 就 立刻 引起 热情 的 反应。

（2）语义 脱落

语义 脱落 是 在 语境 的 作用 下 出现 语义 特征 消失 的 现象。从 共时 的 角度 来看，表现 成 语义 的 忽略；从 历时 的 角度 来看，表现 成 词义 的 消失，或者 词语 中 语素 意义 的 模糊。事实上 语义 感染 的 过程 中 经常 伴随 语义 脱落。

---

①冯 广义. 超常 搭配 [M]. 银川：宁夏 人民 出版社，1993.

②伍 铁平. 词义的感染 [J]. 太原：语文研究，1984，（3）.

③庞 泽云. 夫妻店——这 世界 怎么 了 [M]. 北京：作家 出版社，1989.

例如，一个相声中的问答句子："为什么男人 18 岁可以参军，而要到 20 多岁才能结婚？""那是因为男人对付女人比扛枪打仗更难。"在这里表示原因的意义特征，几乎全部脱落，只剩下"年龄大小"；表示结果的意义特征，也几乎全部脱落，只剩下"难度"。语义脱落在这里成为无理的合理，表现出艺术的力量。语义脱落往往通过义位内涵的缩小和扩大，从而引起义位外延的扩大和缩小。新的世界会不断在语言中找到。我们甚至不能肯定，一万年以后一定不会有"红色的夜晚"、"籍贯是火星"、"把鱼赶到山上去吃草"这样的说法。

语义脱落还可能会固定在词语中。有的出现语素意义脱落，这主要出现在反义语素构成的词中。例如"国家、动静、干净、质量"中脱落了"家、静、干、量"。有的出现词语的义征脱落。这主要出现在偏正结构包括定中和状中结构中①。结构中的中心语成份是语义脱落对象，前面的定语或者状语部份是促使脱落的环境。其他结构也有。例如：

"哑铃"中的"铃"脱落了义征 [+容易碰响]，"未婚妻"中的"妻"脱落了义征 [+已经结婚]，"乞丐万元户"中的"乞丐"脱落了义征 [+穷困]，"冬天里的春天"中的"春天"脱落了义征 [+特定时间]，"下浮"中的"浮"脱落了义征 [+向上]，"日光浴"中的"浴"脱落了义征 [+用水]，"姑娘和少年"中的"少年"脱落了义征 [+女性]，"人和动物"中的"动物"脱落了义征 [+包括人]，"眼馋"中的"馋"脱落了义征 [+想吃]。

(3) 语义量变

语义量变分成语义强化和语义淡化。语义强化是在语境的作用下临时出现语义特征突出的现象。语义淡化是在语境的作用下临时出现语义特征不明显的现象。例如，面对一个自尊心很强又一贯表现比较好的学生，如果教师不了解学生，给予同样的批评，语义的力量就会比批评其他类型的学生，得到强化。所以，在这种情况下，适当降低正常批评词语的语义份量，可以达到正常效果。相反，面对多次批评仍然没有效果的语言环境，必须强化语义份量。

"报刊杂志"，有人认为是不合理的说法，因为"报刊"已经包含了"杂志"的意义。我们可以这样认识，在"报刊"和"杂志"对立的时候，"报刊"已经淡化了"刊物"的意思。也可以说在"报刊杂志"中"杂志"是用来强化"报刊"中的"刊物"意义。

其实这里面有一个意义淡化的弥补问题。当然，在"月刊、季刊、期刊"中，"刊物"的意义是明确的。"假冒伪劣产品"中的"伪劣"已经包含"假冒"。

20 世纪 80 年代有一部用汉语翻译的美国电视专题片《第三次浪潮》，在解说词中就用了"科技文盲"这个词组。很明显，"文盲"的词义中，"针对文字"的语义特征被淡化了，从而使这个特征转移成"针对科技知识"。

"十分壮观"中的词"十分"，"白白浪费"中的词"白白"，"地方方言"中的词"地方"，"成功的经验"中的词"成功"，"失败的教训"中的词"失败"，这些都是为了强化被淡化了的中心语中的相应语义特征。

---

① 王艾录. 语义干涉和义素脱落 [J]. 延吉：汉语学习，1994，(6).

（4）语义 质变

语义 质变 是 在 语境 作用 下 临时 出现 跟 自己 交际 目的 相反 的 意义。例如，记者 问："你 想 上 夜总会 吗？" 主教 本来 想 回避 这个 陷阱，反问："田约 有 夜总会 吗？" 第二 天 的 报纸 就 说："主教 走下 飞机 的 第一个 问题 是 '田约 有 夜总会 吗？'" 一个 警 察 问："你 偷 东西 的 时候，怎么 不 想想 你 的 妻子 和 孩子？" 小偷 说："我 怎么 没有 想到 他们！但是 那个 商店 没有 妇女 和 儿童 用品。"

【练习】6

> 如果 说 词 是 珍珠, 语法 就是 串起 珍珠 的 线。
>
> 语法 是 语言 的 法律, 作家们 总 想 挣脱 它, 想 获得 语言 夺取 的 自由; 可是 又 不敢 钻出 它 的 网眼, 怕 失去 语言 给予 的 自由。
>
> 对 人类 来说, 是 "我吃饭", 还是 "饭吃我", 还是 "我饭吃", 还是 "吃我饭", 还是 "饭我吃", 都 没有 关系。但是 对于 特定 民族 的 人 来说, 一点 也 不能 错, 否则, 他 就是 语言 的 法盲。

6   语法 和 语义

6.1   语法 是 语言 的 结构 规则

6.1.1   语法 单位 和 语法 类型

（1）语法 单位

语法 是 语言 符号 实体 的 结构 规则。它 是 内容 和 形式 结合 的 实体 链条。语法 中 的 意义, 包括 显性 结构 意义 和 隐性 结构 意义, 实际上 是 语言 意义 在 结构 关系 上 的 高度 概括, 它 也 是 语义 的 一个 部份。

语法 单位 就是 语法 结构 各个 层次 的 成员, 根据 表达 功能 从小到大 的 顺序 可以 排列 成: 语素 < 语素组 ∽ 词 < 词组 (短语) ══ 句子 < 句组 (句群) ⟶ 段落 < 段落组 — ⟶ 篇章 < 篇章组 (栏目) ⟶ 书 < 书组 (丛书)

在 这个 关系 链条 中, "∽" 的 前后 有 时间性 跨越, "══" 的 前后 有 功能性 跨越,

"＜" 的 前后 只有 形式 上 的 扩大，"——→" 的 前后 有 形式 上 的 跨越 和 扩大。

在 上面 的 顺序 中，现在 的 语法 分析 已经 进行 到了 重视 篇章 分析 的 阶段。从 段落 开始，这些 术语 的 内容，一般 用于 书面语 的 分析。也许 口语 中 也 有 类似 的 单位，我们 可以 用 这些 术语 泛指。这 也 说明 书面语 来源于 口语，可是 又 比 它 更加 有 便于 固定 和 分析 的 优势。关于 语素、词、词组，我们 在 前面 进行 过 分析 和 区别。

词 是 语言 备用 的 起点，句子 是 语言 使用 的 起点。下面 我们 重点 分析 一下 句子。

句子 是 最小 又 能够 自由 传递 信息 的 语言 单位。跟 词 不同 的 要求 是 增加了 传递 信息 的 动态 功能。传递 信息 就是 句子 能够 相对 地 完成 一个 交际 任务，也是 一种 自由 能力。跟 词 的 相同 是 都 必须 最小 又 自由，但是 词 的 自由 标准 不是 完成 交际 任务，而且 做 句子 成份 的 能力。

在 语流 中 的 句子，由于 使用 的 环境 不同，可以 短 到 一个 词，也 可以 长 到 几十 个 词，但是 一般 不会 超过 一百 个 词。它 在 听觉 上 会 有 一个 连贯 着 词义 的 语气，包括 音高 的 起伏、节奏 和 句子 前后 的 时间 间隔。它 在 视觉 上 有 句号、感叹号、问号 等 句子 结束 的 符号。例如："好!" 但是 在 多数 情况 下，句子 由 多于 一个 词 构成。例如："我们 暑假 到 海边 去 旅游 好吗?"

句子、段落 等 可以 随着 语境 的 不同，在 切割 的 长短 和 数量 多少 方面 有 一定 的 相对性。

在 汉语 中，由于 没有 句子 结构 的 形态 限制，人们 在 书写 的 时候 经常 不管 口语 的 停顿，像 记 流水账 一样，把 许多 句子 排列 在 一起，形成 很长 的 "句子"，实际 上 是 句组 或者 更大 的 单位。这种 拖泥带水 的 划分 句子 的 习惯 要 改变，因为 它 影响 语言 的 表达 的 条理性 和 明确性。

因此，在 汉语 书面语 中，词 的 切分 和 句子 以及 段落 等 的 切分 都是 一件 需要 特别 用心 的 事情。我们 要 养成 一种 层次 清晰 的 好习惯。学生 往往 抱怨 有的 教材，很长 的 一个 段落 就是 一个 句子，一个 段落 连续 几页 不分离，这样 阅读、理解 起来 非常 困难。

有人 看到 《红楼梦》 中 的 一个 长 句子，翻译 成 英语 变成了 12 个 句子，就 认为 这 说明 汉语 的 结构 具有 开放性，英语 的 结构 具有 封闭性。[①] 其实，如果 我们 注意了 句子 长短 的 相对性，就 不会 把 它 做 区分 语言 特点 的 标准。汉语 也 可以 出现 相对 短 的 句子，英语 一样 可以 出现 相对 长 的 句子。例如：下面 的 英语 句子 比较 长：

"It is natual, then, that in certain periods of English and American literature, conventional comparisions have been greatly admired, while in others——notably the early seventeenth century and the modern period——poets have sought to employ elaborate or startling comparisons." [②]

这个 用 40 个 词 构成 的 长 句子，可以 用 4 个 汉语 句子 来 翻译：

"这样 看来，下面 这种 情况 很 自然。在 英国 和 美国 文学 的 一定 时期，传统 的 比喻

---

① 徐 通锵. 语言 论 [M]. 长春: 东北 师范 大学 出版社, 1997.416.
② Bert C. Bach 等 编写. The Liberating Form [M]. 纽约: Mead & Company, 1992.15.

受到 极大 的 赞赏。然而，在 其他 阶段，诗人们 努力 地 创造 精巧 的 或者 惊人 的 比喻。其 中 最 著名 的 阶段 是 17 世纪 早期 和 现代。"

段落 是 可以 完成 一次 书面上 的 复杂 交际 的 最小 的 空间 分割 单位。它 在 书写 形 式 上 是 从 下 一 行 开头，而且 一般 前面 空 两个 字 的 距离。篇章 是 可以 完成 一次 书 面上 的 复杂 交际 的 比较 大 的 空间 分割 单位。它 在 书写 形式 上，有 标题 做 开头，一 般 要 从 新 的 一 页 开始 书写 或者 空行 重新 写 标题 等。书 是 可以 完成 一次 复杂 交际 的 最大 的 整体 单位。在 形式 上，书 不仅 有 名称，而且 有 封面，独立 包装 成 一个 整体。 这些 划分 有 很 明显 的 相对性，特别 是 在 形式 的 长短 方面。例如，我们 到 图书馆 去 看， 有 的 书 可能 很 厚，是 最薄 的 书 的 上 百 倍。

句组 是 句子 的 组合 单位。段落组、篇章组、书组 分别 是 段落、篇章、书 的 组合 单位。

（2）语法 类型

语法 是 语言 用 词 来 创造 句子 的 法则。一般 把 语法 分成 词法 和 句法。词法 管 发 生 在 词 上面 的 语法 结构 规则，它 研究 一个 词 在 不同 的 句子 结构 中 怎样 发生 语法 形态 变化。句法 管 发生 在 词 外部 的 语法 结构 规则，它 研究 词 和 词 的 结构 顺序、层 次、关系 等。至于 词 的 内部 通过 哪些 语素 构成 词 的 概念 意义， 属于 语符 中 的 构词法，不 属于 我们 这里 的 语法 范围，我们 在 语符 部份 已经 讨论 过 了。

6.1.2 语法 形式 和 语法 内容

（1）语法 形式 和 语法 手段

语法 分成 语法 形式 和 语法 内容 两 部份。语法 形式 是 语法 规则 依附 的 物质 载体。

把 具体 的 语法 形式 加以 概括 形成 的 类型，就 叫做 语法 手段。狭义 的 语法 手段 指 专用 语法 手段。例如 英语："a book, two books; a boy, two boys; an apple, two apples; a star, two stars"。其中，加 "s" 表示 复数，不 加 表示 单数。我们 也 可以 发现 "to call, calling, called…" 中 "call" 通过 加 不同 的 形式 表示 不同 的 语法 内容。我们 可以 把 形式 的 出现 方式 概括 起来，就是 外部 附加 的 语法 手段。

广义 的 语法 手段 还 包括 词 在 表示 概念 意义 的 同时 兼职 充当 的 语法 手段。

（2）语法 内容 和 语法 范畴

语法 内容 是 语法 规则 体现 出来 的 信息。

语法 范畴 是 语法 形式 表达 的 语法 内容 的 概括 类型。广义 的 语法 范畴 分成 词法 范畴 和 句法 范畴。狭义 的 语法 范畴 指 词法 范畴。

例如 上面 举例 的 "a book"，"two books"，在 "book" 后面 加 "s" 就 表示 复 数，不 加 表示 单数，我们 可以 在 别 的 名词 后面 发现 类似 的 现象。于是，我们 可以 把 它们 概括 起来 叫做 数 的 语法 范畴。

6.1.3 语法 分析 方法 和 歧义 分化

语法 分析 方法 主要 有 4 种：分布 分析 方法，中心词 分析 方法，层次 分析 方法，转换 分析 方法。

（1）分布 分析 方法

分布 分析 方法 是 通过 寻找 分析 对象 能够 出现 和 不能 出现 的 各种 环境 或者 条件 来发现 规律 的 方法。在 语法 中 它 主要 用来 确定 语法 单位 的 性质、类型。

例如，在 汉语 语法 中 确定 什么 是 名词，必须 考察 它 的 分布 情况：一般 能够 出现 在 数量 词组 或者 数词 的 后面，前面 不能 出现 “不”，一般 可以 没有 条件 地 出现 在 主语 和 宾语 的 位置。

在 前面 分析 语言 的 音位 变体、形位 变体 等 单位 的 时候 也 用 了 分布 分析 方法。在 计算机 理解 人类 语言 的 人工 智能 技术 中，分布 分析 显得 更加 重要，能够 深入 语言 内部。

（2）中心词 分析 方法

中心词 分析 方法，又 叫做 句子 成份 分析 方法，它 是 通过 寻找 句子 结构 成份 中 的 中心词 来 发现 句子 的 主干 的 方法，同时 分析 句子 中 的 语法 单位 之间 的 结构 关系。这 是 传统 的 句子 分析 方法，最初 由 古代 希腊 学者 提出，已经 有 两 千多年 的 历史。

中心词 分析 方法 从 语法 结构 的 显性 意义 入手，首先 寻找 在 句子 结构 的 中心 地位 的 词，分别 把 它们 叫做 主语、谓语、宾语 3 个 成份，然后 在 它们 前后 确定 定语、状语、补语 3 个 附加 成份。例如：

汉语：（ 中国 ）<u>人民</u> [努力] <u>建设</u> 〈好〉（ 伟大 的 ）<u>祖国</u>。

英语：I took (my) child [for awalk].

上面 分别 用 “<u>＿＿</u>、＿＿、﹏﹏” 表示 “主语、谓语、宾语”，用 “（ ）、[ ]、〈 〉” 分别 表示 “定语、状语、补语”。

这种 方法 的 优点 有 两个：第一，分析 模式 简单，容易 操作。第二，突出 起 主要 结构 作用 的 词，便于 归纳 句子 结构 类型。基本 类型 可以 分成 “主语——谓语、主语——谓语——宾语、主语——谓语——近宾语——远宾语”、兼语句、连谓句 等 5 种。

它 的 缺点 也 有 两个：第一，忽视 了 语法 结构 中 的 层次性，后面 的 层次 分析 方法 弥补 了 这个 缺点。第二，忽视 了 隐性 结构 意义 分析，后面 的 转换 分析 方法 能够 弥补 这个 缺点。例如，对于 下面 因为 内部 组合 层次 和 语义 关系 不同 形成 的 歧义 结构，中心词 分析 方法 就 无法 分化：① 咬 死 猎人 的 狗；② 长沙 大学 科技园；③ the stout major's wife.

（3）层次 分析 方法

层次 分析 方法，又 叫做 直接 成份 分析（Immediate Constituent Analysis，简称 IC）方法，它 一层 一层 地 寻找 句子 的 直接 结构 成份，不仅 分析 成份 的 结构 关系，而且 首先 注重 结构 关系 的 层次。它 是 20 世纪 30 年代 以来 美国 结构 主义 语言学 流派 广泛 采用 的 分析 句子 的 方法。

直接 成份 是 一种 语法 结构 关系 中 没有 被 其他 词语 间断 的 成份，除了 联合 关系，一般 是 两个。但是，没有 间断 的 成份 不 一定 是 直接 成份。

层次 分析 方法 注重 语法 结构 形式 上 的 层次性，认为 句子 不是 一个 简单 的 线性 序列，而是 有 层次 地 构成。例如："((The)((king (of (England)))) ((opened)(parliament))). （英国 国王 召开 议会）"。

汉语 语法 分析 引进 层次 分析 方法 以后，与 传统 的 中心词 分析 方法 结合 起来，对

原来 的 句子 成份 从 名称 到 内涵 做 了 调整。例如:

(我们) 工厂 ‖ [已经] 完成 〈好〉了 | (生产) 任务

上面 分别 用 "___、___、﹏﹏" 表示 "主语 中心语、述语 中心语、宾语 中心语",用 "( )、[ ]、〈 〉" 分别 表示 "定语、状语、补语"。用 "‖、|" 分别 表示 前后 是 "主语 和 谓语、述语 和 宾语" 的 关系。如果 用 图形 方式 表示,层次 关系 更加 明确。

层次 分析 方法 通过 横向 的 扩展 和 纵向 的 替换 来 分析 句子,认为 句子 的 每个 直接 成份 的 结构 单位,只要 不是 一个 词,都 是 由 一个 形式 简单 的 原型 扩展 出来 的 复杂 形式。找到 原型 的 办法 就是 替换。在 保持 结构 功能 不变 的 情况 下,能够 用来 替换 一个 复杂 形式 的 简单 形式 就是 原型。例如 "生产 任务" 可以 用 "任务" 替换,"任务" 这个 名词 就是 "生产 任务" 这个 定中 词组 的 原型。

层次 分析 方法 的 优点 是,能够 清楚 地 反映 语法 结构 的 层次,找到 直接 成份。所以,对于 下面 用 中心词 分析 方法 解决 不了 的 句子,它 可以 解决:

A. ((长沙) 大学) 科技园; B. (长沙) (大学) 科技园。

层次 分析 方法 的 缺点 是,仍然 不能 分析 隐性 意义 不同 的 歧义 结构。例如:

① 鸡 不吃 了; ② the shooting of the hunters。

(4) 转换 分析 方法

转换 分析 方法 是 在 保持 意思 基本 不变 的 情况 下,通过 转换 表层 不同 的 显性 结构 来 发现 它们 深层 相同 的 隐性 结构。20 世纪 50 年代 以来 美国 转换 生成 语言学 流派 广泛 采用 这种 分析 方法。它 认为,语言学家 不 应该 只 满足于 对 语法 结构 的 描写,而 应该 更加 关心 对 语法 结构 进行 解释,企图 寻找 人类 语言结构 的 共性。它 能够 有效 分析 语言 中 的 歧义 结构 和 同义 结构。例如:

① The shooting of the hunters. (猎人 射击,射击 猎人)

② The man opened the door. (那个 人 打开 了 那 扇 门)

③ The door was opened by the man. (那 扇 门 被 那个 人 打开 了)

无论 是 用 中心词 分析 方法 还是 用 层次 分析 方法 分析,例 ① 都 只能 得到 一种 结果,但是 它 表达 了 两种 不同 的 意义。例 ②③ 都 会 得到 两种 结果,但是 它们 表达 了 同一 种 意义。

为了 解释 这种 现象,这种 方法 指出 了 表层 结构 和 深层 结构 的 不同。表层 结构 就 是 通过 语音 形式 (书面语 中 用 文字 形式) 表现 出来 的 显示 在 外面 的 结构。深层 结构 就是 隐蔽 在 表层 结构 背后 的 语义 关系。当然,如果 要 把 这些 语义 关系 表现 出来,仍 然 要 通过 表层 结构。

如果 一个 深层 结构 能够 转换 成 几个 表层 结构,就 会 形成 同义 结构。如果 几个 深层 结构 能够 转换 成 一个 表层 结构,就 会 形成 歧义 结构。

每 一个 语法 结构 都 具有 表层 结构 和 深层 结构,把 这 两者 联系 起来 的 是 一套 转换 规则。转换 规则 的 类型 主要 有 以下 几种。

① 移动: XY→YX,例如: bring in the man (带 进来 这个 人) →bring the man in (带 这个 人 进来)

② 删除: XY→X,例如: you read the book (你 读 这本 书) →read the book (读 这本 书)

219

③ 添加: X——→XY, 例如: he came (他 来 了) ——→ he didn't come (他 没有 来)

④ 替换: X——→Y, 例如: I like me (我 喜欢 我) ——→I like myself (我 喜欢 自己)

⑤ 复写: X——→XX, 例如: he is bright (他 聪明) ——→he is bright, isn't he? (他 聪明, 不是 吗?)

转换 分析 方法 的 优点 是 不被 语言 结构 表层 形式 束缚, 能够 灵活 地 分析 句子 中 的 深层 的 语义 关系, 并且 把 表层 结构 和 深层 结构 联系 起来。因此 它 能够 解决 下面 这些 中心词 分析 方法 和 层次 分析 方法 无法 分析 的 问题:

(A) 直接 成份 相同, 内部 语义 关系 不同 的 歧义 结构。

例如: "鸡 不吃 了" 这个 表层 结构 有 两个 不同 的 深层 结构, 对应 两个 表层 结构:

① 鸡 不吃 食物 了。——→鸡 不吃 了。(删除 了 "食物")

② 不吃 鸡 了。——→鸡 不吃 了。("鸡" 移动)

① 的 "鸡" 和 "吃" 是 "施事——动作" 关系, ② 的 "鸡" 和 "吃" 是 "受事——动作" 关系。两种 不同 的 语义 关系 通过 同一 表层 结构 表达, 所以 形成 歧义 结构。

(B) 直接 成份 不同, 内部 语义 关系 相同 的 同义 句子。

① 小李 打伤 了 小王。　　② 小王 被 小李 打伤 了。

③ 小李 把 小王 打伤 了。　　④ 小李 打伤 的 是 小王。

这 几个 不同 的 表层 结构 是 有 相同 的 深层 结构。如果 拿 "小李 打伤 了 小王" 做 代表, 它 的 内部 语义 关系 是 "施事——动作——受事"。其他 句子 是 这样 转换 出来 的:

① 小李 打伤 了 小王。——→小王 被 小李 打伤 了。("小王" 移动; 添加 "被")

② 小李 打伤 了 小王。——→小李 把 小王 打伤 了。("小王" 移动; 添加 "把")

③ 小李 打伤 了 小王。——→小李 打伤 的 是 小王 ("的" 替换 "了"; 添加 "是")

同一 深层 语义 关系 通过 不同 表层 结构 表达, 所以 形成 同义 结构。

(C) 直接 成份 相同, 语义 指向 关系 不同 的 句子。

① 妈妈 小时候 跟 我 说过。——→妈妈 在 我 小时候 跟 我 说过。(添加 "在 我")

② 妈妈 小时候 跟 我 说过。——→妈妈 在 她 小时候 跟 我 说过。(添加 "在 她")

③ 妈妈 小时候 跟 我 说过。——→在 妈妈 小时候 她 跟 我 说过。(添加 "在 妈妈" 和 "她"; 然后 移动 "在 妈妈 小时候" 的 位置)

由于 "小时候" 在 语义 关系 上 有 指向 "妈妈" 和 "我" 两个 可能, 所以 出现 歧义。但是, 再 深入 分析 语境, 由于 "妈妈" 比 "我" 大, 多义 只有 第一 种 可能。

(D) 兼语句 和 连谓句 等 特殊 结构。

① 我 叫 他 来。　　② 我 吃 了 饭 就 走。

这 是 层次 分析 方法 不好 处理 的 句子。实际上 它们 各自 都 是 通过 两个 深层 结构 转换 出来 的:

① 我 叫 他。他 来。——→我 叫 他 来。(删除 了 一个 "他")

② 我 吃 了 饭。我 就 走。——→我 吃 了 饭 就 走。(删除 了 一个 "我")

很 明显, 这种 转换 方法, 对于 计算机 处理 表面 复杂 的 人类 语言 有 重要 启发。

6.2 语法 手段

语法 手段 分成 通过 形态 变化① 表现 的 综合性 手段 和 不 通过 形态 变化 表现 的 分析性 手段 两种。综合性 手段 体现 在 一个 词 的 内部,分析性 手段 体现 在 词 和 词 之间。属于 综合性 手段 的 有: 外部 附加、内部 屈折、异根、重叠。属于 分析性 手段 的 有: 语序、虚词、语调。零形式 是 上面 两种 手段 中 用 空 位置 做 形式 的 一种 手段,具有 双重 性质。

【讲课】38

6.2.1 外部 附加 和 内部 屈折

(1) 外部 附加

外部 附加 是 在 词干 上 附加 一定 的 虚语素 表示 语法 内容 的 语法 手段。

这种 附加 语素 一般 叫做 "词尾",因为 一般 出现 在 词 的 末尾。附加 的 虚语素 在 词典 上 一般 不 显示,只是 在 句子 中 会 相应 地 出现。例如,英语 加 在 词 后面 用来 表示 名词 复数 或者 动词 的 单数 第三 人称 现在时 的 "s",表示 动词 进行体 的 "-ing",表示 动词 过去时 的 "-ed"。同样,俄语 的 "-o" 表示 名词 的 中性、单数、主格。俄语 还 有 词头,例如 动词 的 前面 加上 不同 的 辅助 语素,可以 构成 动词 不同 的 "体"。

从 一个 角度 来看,汉语 表示 复数 的 "-们",表示 动词 时态 的 "着、了、过" 等,都 是 辅助 语素。不同 的 是 汉语 中 这种 现象 没有 普遍性 和 必要性,显得 比较 灵活 或者 随意。把 它 处理 成 独立 的 虚词 也许 更好。

(2) 内部 屈折

内部 屈折 也 叫做 语音 交替,是 变化 词根 内部 的 语音 表达 语法 内容 的 语法 手段。这种 手段 在 许多 语言 例如 现代 英语 中 成为 残留 现象。例如:

A. 英语: foot (脚,单数) —— feet (脚,复数) ; record [ri´kɔ:d] (记录,动词) ——record [´rikɔ:d] (记录,名词)。

B. 藏语 拉萨话: [laŋ¹³] (起来,自动) —— [laŋ⁵⁵] (使 起来,使动)。

C. 藏语 梭磨话② : kəŋgræk (垮,自动) —— kakræk (拆,他动)。

汉语 普通话 "盖" 和 "盖儿" 也 属于 替换 元音 的 内部屈折。③内部 屈折 不仅 可以 通过 辅音、元音 等 音质 形式 体现,而且 可以 通过 音高、重音 等 非音质 形式 体现。通过 不同 的 声调 变化 也 可以 表示 不同 的 语法 内容。这 是 西方 语言 不 具备 的 内部 屈折 语法 手段。例如: 在 陕西省 商县 的 汉语 方言 中,人称 代词 "我" 和 "我们、你" 和 "你们"、他" 和 "他们" 要 进行 单数 和 复数 的 区分,不是 在 单数 形式 后面 加上"们",而是 把 "我、你、他" 发成 不同 的 声调:

[ŋɤ⁵³] (我) —— [ŋɤ²¹] (我们) ;

---

①瞿 蔼堂. 论 汉藏 语言 的 形态 [J]. 北京: 民族 语文, 1988, (4).

②金 鹏,谭 克让、瞿 霭堂、林 向荣. 嘉戎语 梭磨话 的 语音 和 形态 [J]. 武汉: 语言 研究, 1958, (3).

③张 志毅. 汉语 屈折 变化 的 简化 和 消失 [J]. 太原: 语文 研究, 1987, (3).

[n̠i⁵³]（你）——[n̠i²¹]（你们）；

[tʰa⁵³]（他）——[tʰa²¹]（他们）。

在 湖南 省 衡山 县 汉语 方言 "前山话"[①] 中，上面 的 语法 内容 使用 的 手段 与 普通话 一样，但是 它 利用 声调 区分 这些 人称 代词 的 所有格 和 非所有格：

[ŋo³³]（我）——[ŋo³⁴]（我 的）；

[n̠i³³]（你）——[n̠i³⁴]（你 的）；

[tʰa³³]（他）——[tʰa³⁴]（他 的）。

不过 现在 只有 在 后面 紧跟 亲属 称谓 词语 的 情况 下 区分。其他 情况 用 非所有格 形式 加跟 普通话 " 的 " 相当 的 结构 助词。

在 藏缅 语族 的 阿昌语 中 用 声调 区分 类似 的 2 种 格：[ŋo⁵¹]（我 的，领格），[ŋo⁵⁵]（我，不定格）。载瓦语 中 用 声调 区分 3 种 格：[ŋo⁵¹]（我，主格），[ŋo³¹]（我，宾格），[ŋo⁵⁵]（我 的，领格）。[②]

6.2.2 异根 和 重叠

（1）异根

异根 是 用 词根 不同 的 词表达 不同 的 语法 内容 的 语法 手段。它 缺乏 规则性。

例如 英语：I（我，主格），me（我，宾格）；we（我们，主格），us（我们，宾格），our（我们 的，所有格）；bad（坏，原级），worse（坏，比较级），worst（坏，最高级）。

蒙语、俄语、德语、法语 等 语言 的 人称 代词 都有 不同 的 格，他们 大多 都是 用 异根 这种 语法 手段 构成 的。

在 异根 这种 手段 中，用来 表示 不同 语法 内容 的 几个 词 之间 一般 看不出 他们 在 语音 形式 上 有 共同 来源；然而 内部 屈折 可以 看出 几个 词 之间 在 语音 形式 上 有 部份 相同，相互 之间 有 一定 的 联系。

（2）重叠

这种 手段 是 通过 词根 或者 整个 词 重叠 来 表示 语法 内容，是 形态 变化 手段。

汉语 用 重叠 表示 生动 形式。例如，慢慢、细细、胖乎乎、慢慢悠悠、大大咧咧、样样、想想、看看。

湖南 西部 的 苗语 也 用 重叠 表示 生动 形式。例如，pe⁴⁴qa⁵⁴qa⁵⁴（满丁丁 的）、ʂɛ³⁵qʰ˞⁴⁴qʰ˞⁴⁴（高伟伟 的）。

藏语 也 有。例如，su⁵⁵（谁，单数）、su⁵⁵su⁵⁵（谁，复数）、kʰa¹³re⁵⁵（什么，单数）、kʰa¹³re⁵⁵kʰa¹³re⁵⁵（什么，复数）。

彝语 也 有。例如，mbo²¹（好），mbo²¹mbo²¹（好吗）。

6.2.3 虚词、语序 和 语调

（1）虚词

虚词，又 叫做 辅助词，是 专门 表示 语法 内容 的 词。它 在 话语 组合 中 起 辅助 作用，

---

①彭 泽润. 衡山 方言 研究 [M]. 长沙：湖南 教育 出版社，1999. 250-251.

②戴 庆夏 主编. 汉语 与 少数 民族 语言 关系 概论 [M]. 北京：中央 民族 学院 出版社，1992. 41.

一般 不 表示 具体 的 概念 意义。虚词 根据 它 与 实词 直接 结构 的 位置，一般 分成 前置词、后置词、连接词、语气词 等。

前置词 在 汉语 中 主要 指 介词，在 英语 中 主要 指 介词、冠词 等。例如 汉语 前置词 有 "从、在、把、对、对于、就" 等；英语 有 "the、a、an、of、in、or、at、after、before、as" 等。

（2）语序

语序 就是 词 在 话语 中 排列 的 先后 顺序。语序 是 世界 各种 语言 普遍 使用 的 一种 语法 手段。但是 对于 有 的 语言，例如 汉藏 语系 的 汉语、越南语 等，是 主要 手段；对于 有 的 语言，例如 印欧 语系 的 俄语 等 是 次要 手段。

同样 的 句子 各种 语言 的 语序 类型 不同。根据 句子 隐性 语法 结构 的 主要 成份——施事（A）、动作（B）、受事（C）[1] 的 基本 顺序 不同，可以 把 世界 上 的 语言 分成 不同 的 类型。从 逻辑 上 来看，共有 ABC、ACB、BAC、BCA、CAB、CBA 一共6种 可能 出现 的 语序。[2]

汉语、英语、俄语、苗语、瑶语、壮语 等 语言 是 "ABC" 类型。日语、蒙古语、维吾尔语、藏语、彝语 等 语言 是 "ACB" 类型。中国 台湾 的 高山族 使用 的 阿眉斯语 等 语言 是 "BAC" 类型。马尔加什语 是 "BCA" 类型。赫克斯卡里亚纳语 是 "CBA" 类型。后面 两种 比较 少见。CAB 语序 类型 的 语言，现在 还 没有 得到 证实。例如：

汉语：我 现在 看完 了 书。

英语：The（那）farmer（农夫）killed（杀死）the（那）duckling（小鸭）。

壮语：kou^{24}（我）ʔjaɯ^{55}（看）saɯ^{24}（书）。

侗语：ja:u^{11}（我）naŋ^{11}（看）le^{11}（书）。

黔东苗语：vi^{11}（我）t ɕʰi^{35}（看）tu^{35}（书）。

瑶语（勉）：jie^{33}（我）maŋ^{12}（看）sou^{33}（书）。

日语：李（り）さんは 手纸（てがみ）を 书（か）く。（小李 写信）

藏语：ŋa^{13}（我）pe^{55}t ɕʰa^{55}（书）ta^{55}（看）ki^{55}（附加 成份）j ø^{132}（助词）。

彝语：ŋa^{13}（我）tʰɯ2ɬ^{13}（书）h ɯ^{21}（看）。

阿眉斯语：① kumaən（吃）ku（冠词）wawa（孩子）tu（冠词）ʔulax（糖）。（孩子 吃 糖）。② nipafəli（给）kaku（我）tu（冠词）tʃiniraan（他）fitaʔul（蛋）。（我 给 他 蛋）

马尔加什语：Nahita（看见）ny（那）mpianatra（学生）ny（那）vehivavy（女人）。（那 个 女人 看见 那 个 学生）

赫克斯卡里亚纳语：Toto（人）yɑhosɨye（它 一 抓住 他）kamara（美洲虎）。（那 只 美洲虎 抓住 了 那 个 人）

再 例如，如果 把 数词（A）、量词（B）、名词（C）进行 组合，在 汉藏 语系 壮侗 语族 语言 中 就有 3 种 顺序：属于 "一个 人" 这样 的 ABC 类型 的 有 侗语、水语、黎语 等，属于

---

① "施事（A）、动作（B）" 和 "受事（C）"，在 英语 等 语言 分析 中 基本 上 与 "主语（S）、述语（V）" 和 "宾语（O）" 分别 对应。但是 不 一定，例如 被动句 的 主语 就是 受事。

②美国 语言学家 格林伯格 在 1963 年 最先 使用 这种 分类 方法。格林伯格 从 欧洲、非洲、亚洲、美洲 的 语言 中 选取 了 30种 语言 的 抽样 材料 做为 分类 的 依据，确定 了 以下3 个 分类 标准：①使用 前置词（Pr）还是 后置词（Po）；②陈述句 中 名词性 主语（S=subject）、动词（V=verb）和 名词性 宾语（O=object）的 相对 顺序；③表示 性质 的 形容词 位于 名词 的 前面（A）还是 位于 名词 的 后面（N）。

"个 人 一" 这样 的 BCA 类型 有 壮语、毛南语 等,属于 "人 个 一" 这样 的 CBA 类型 的 有 傣语。[①]

需要 指出 的 是,当 我们 说 一种 语言 属于 一种 语序 类型 的 时候,并不 是 说 这种 语言 就 只有 这种 语序,而 只是 说 这种 语序 占 优势 而已。

习惯 了 A B C 顺序 的 英语、汉语 等 语言 的 使用者 总是 把 句子 前面 和 后面 的 部份 分别 叫做 主语 和 谓语。其实 从 世界 语言 结构 顺序 多样化 的 角度 来看,不能 简单 根据 表层 顺序 对比 类型 不同 的 语言。

(3)语调

语调 是 整个 句子 的 音高 变化 模式 表达 不同 语法 内容 的 语法 手段。例如 "你去",用 不同 的 语调 读 可以 产生 不同 的 意义。

语调 也 是 各种 语言 普遍 使用 的 一种 手段,但是 把握 起来 比较 难。句子 末尾 的 语调 在 不同 的 句型 中 一般 比较 固定,陈述句 末尾 语调 平缓,疑问句 末尾 语调 上升,祈使句 末尾 语调 下降。

6.2.4 零形式

零形式 是 采用 与 "有形式" 相对 的 一种 符号 规则 的 空 位置 来 表达 语法 意义 的 语法 手段。在 计算机 中 通过 "0" 和 "1" 两个 符号 来 区分 信息,其中 "0" 就是 一个 零形式,它 表示 在 物质 上 是 不 通电。汉语 的 零声母,国际 音标 的 不送气 符号 都是 用 的 零形式。只是 它们 不 表示 语法 意义。

零形式 是 各种 语言 普遍 使用 的 一种 经济 手段[②]。但是 它 是 一种 容易 被 忽略 的 形式。

在 英语 中 表示 名词 的 单数,用 与 形式 "s" 相对 的 没有 标记 的 零形式。在 汉语 中 表示 人称 代词 的 单数 也是 零形式。汉语 疑问句 后面 如果 加上 "吗" 等词,就是 "有形式"。同时,句子 末尾 的 语气 使用 零形式,就是 "语调 不上升",与 非疑问句 一样。否则 "语调上升"。所以 语调 和 虚词 在 这里 是 互相 补充 的 关系。

6.3 语法 范畴

语法 范畴 分成 词法 范畴 和 句法 范畴。狭义 的 语法 范畴 指 词法 范畴,就是 词 的 形态 变化 或者 通过 综合 手段 表现 出来 的 语法 内容 类型。

广义 的 语法 范畴 还 包括 句法 范畴,就是 词类 和 句子 结构 中 通过 分析 手段 表现 出来 的 语法 内容 类型,例如 结构 层次、结构 关系、结构 顺序、结构 成份 等。这些 内容 我们 在 语法 部份 再说。

常见 的 词法 范畴 有 数、性、格、定、时、体、态、式、人称、级等。其中 数、性、格、定 体现 在 名词 上面,时、体、态、式、人称 主要 体现 在 动词 上面,级 体现 在 形容词、副词 上面。它们 可能 分别 要 与 其他 范畴 取得 一定 的 呼应 关系。

---

①王均 等. 壮侗 语族 语言 简志 [M]. 北京:民族 出版社,1984.

②吴 竞存,侯 学超 现代 汉语 句法 分析 [M]. 北京:北京 大学 出版社,1982. 161-162.

　　语法 范畴 由于 概括 的 范围 大小 不同，会 形成 不同 级别 的 语法 范畴。范围 小 的 语法 范畴 就 叫做 次范畴。一个 词 在 句子 中 是否 在 语法 上 合格，要 经过 一 系列 的 语法 范畴 的 检验。

6.3.1 数、性、格 和 定

　　（1）数

　　数 是 名词、代词 等 通过 语法 形式 的 变化 表示 的 人们 对 事物 的 数量 认识。印欧 语系 语言 的 名词、代词 大都 具有 数 的 范畴。例如 英语 名词 "room（房间，单数）——rooms（房间，复数）"，代词 "I（我、单数）——we（我们，复数）"。英语 的 动词，在 第三 人称 现在时 的 情况 下，有 数 的 区分。因纽特语（爱斯基摩语）名词 具有 单数、双数、多数 3 种 形式：iglu（房间，单数）——igluk（房间，双数）——iglut（房间，多数）。中国 西藏 的 藏语、云南 的 景颇语 和 佤语 的 人称 代词 也 有 单数、双数 和 多数 的 区分。

　　现代 汉语 中 指人 的 一般 名词 和 人称 代词 可以 加 "们" 表示 复数。汉语 的 个别 方言，例如 甘肃 兰州话、河北 藁城话，表示 事物 的 名词 也 可以 这样 表示 复数，例如 "花们、凳子们"。但是，这种 数 的 范畴 没有 普遍性。

　　（2）性

　　性 是 名词、代词、形容词 通过 语法 形式 的 变化 表达 的 人们 对 事物 及其 属性 的 类别 的 认识。例如 俄语、德语 的 名词 都 有 阳性、阴性 和 中性 的 分别，法语 的 名词 有 阳性 和 阴性 的 分别。例如 法语：un lit（床、阳性）——une fenêtre（窗、阴性），俄语：красивый стод（美丽的 桌子，阳性），красивая страна（美丽 的 国家，阴性），красивое окно（美丽 的 窗户，中性），形容词 为了 在 语法 上 与 名词 的 性 保持 一致，也 有了 性 的 范畴。

　　语法 上 的 性别 与 生物 上 的 性别 有的 有 联系，有的 很 不 相同。例如，"太阳" 法语 是 阳性，德语 是 阴性，俄语 是 中性。

　　汉语 和 现代 英语 都 没有 性 的 范畴。古代 英语 性 的 范畴 到了 现代 英语 已经 消失 了，因此 现代 英语 名词 中 已经 没有 表示 性 的 语法 形式 了。

　　语法 意义 不能 脱离 语法 形式。如果 一定 的 意义 类型 是 从 不同 词义 中 提取 的 义 征，没有 专门 的 语法 形式 表达，就 不是 语法 范畴。例如，在 英语 和 汉语 中 都 可以 通过 "男、女、公、母、雄、雌" 等 语素 区分 人 和 动物 的 性别，但是 它们 不会 引起 语法 结构 上 的 不同，也 就是 没有 语法 意义。例如，汉语 有 "公鸡，母鸡"。英语 也 有 对应 的 "cock，hen"，但是 英语 没有 与 汉语 "鸡" 对应 的 词。汉语 "闻鸡起舞" 的 "鸡" 翻译 成 英语 必须 选择 "cock（公鸡）"。这 只是 词 的 选择，不 涉及 语法 结构，所以 不能 说 汉语 和 英语 的 名词 有 "性" 的 语法 范畴。

　　（3）格

　　格 是 名词、代词 等 通过 语法 形式 的 变化 表示 同 其他 成份 的 关系。例如 英语 "I help him" 中 的 "I，him" 分别 表示 相同 概念 的 主语 和 宾语 身份。现代 英语 中 有 生命 的 名词 具有 两 个 格，就是 非所有格 和 所有格，例如 cat（非所有格）——cat's（所有 格）。名词性 的 代词 有 4 个 格，例如 "I（我，主格）——me（宾格）——my（形容词性 所有 格）——mine（名词性 所有格）。俄语 名词 有 6 个 格，通常 用 外部 屈折 的 方法 来 表达，

例如 名词 лётчик （飞行员）这个 概括 起来 的 词典 中 的 名词，通过 6 个 格 和 2 个 数 的 语法 范畴 的 搭配，可以 形成 12 种 变化，就是 12 个 书写词，也 就是 12 个 使用 中 的 具体 的 词。

【图表】俄语 名词 格 和 数 的 12 种 变化

	单数	复数
主格	лётчик	лётчики
属格	лётчика	лётчиков
与格	лётчику	лётчикам
宾格	лётчика	лётчиков
造格	лётчиком	лётчиками
前置格	о лётчике	о лётчиках

有 格 这个 语法 范畴 的 语言 比较 多，可是 格 的 数目 并不 相同。英语 名词 只有 2 个 格，阿拉伯语 名词 有 3 个 格，德语 名词 有 4 个 格，俄语 名词 有 6 个 格，拉丁语 名词 有 7 个 格，芬兰语 名词 有 16 个 格，格鲁吉亚语 名词 有 23 个 格，匈牙利语 名词 有 25 个 格。不同 语言 中 格 的 内容 也 不可能 完全 相同。

汉藏 语系 中 很多 语言 的 名词、代词 在 结构 中 跟 其他 词 的 关系 主要 靠 语序 和 虚词 表达，没有 格 的 语法 范畴。但是 有 的 方言 中 有 小 范围 的 格 范畴，例如 湖南 衡山 前山话，单数 人称 代词 在 亲属 称谓 名词 前面，例如 "我 哥哥 来 看 我 哒（我 哥哥 来 看 我 了）" 第一个 "我" 是 所有格，读 "44" 数值 的 阳去 声调，第二个 "我" 是 非所有格，读 "33" 数值 的 阴平 声调。

（4）定

定 是 名词 的 一种 范畴，它 是 通过 虚词 的 手段 表示 事物 是 确定 的 还是 不 确定 的。例如 英语 通过 定冠词 "the" 和 不定冠词 "a（an）" 区分 确定 和 不确定。汉语 的 名词 前面 加 "数量 词组" 表示 不确定，例如 "一个 人 来 了、我 买 了 三 本 书"。不加 标记 或者 加 指示 代词 "这、那"，就 表示 确定，例如 "书 我 看 完 了、我 叫 那 个 人 过 来"。

6.3.2 时、体和态

（1）时

时 是 动词 通过 语法 形式 的 变化 表示 动作 行为 发生 的 时间 与 说话 时间 的 关系。一般 分成 现在时、过去时 和 将来时 3 种 形式。现在时 表示 行为 发生 的 时间 与 说话 时刻 一致，过去时 表示 行为 发生 的 时间 在 说话 时刻 之前，将来 时 表示 行为 发生 的 时间 在 说话 时刻 之后。例如 拉丁语：cantat（他 现在 唱）——cantavit（他 过去 唱）——cantabit（他 将要 唱），英语 write（现在 写）——wrote（过去 写）——will（shall）write（将要 写）。英语 动词 中 用 一般 的 虚语素 形式 表示 的 有 现在时、过去时 两种，将来时 是 用 虚词 形式 体现。俄语、蒙古语 等 都 有 时 的 范畴，汉语 等 语言 没有。

（2）体

体 是 动词 通过 语法 形式 的 变化 表示 动作 行为 进行 的 状态。体 的 着重点 不是 时间，而是 叙述 的 动作 状态 的 类型。体 范畴 经常 伴随 时 范畴。法语、德语 等 语言 没有 体 范畴。

俄语 动词 有 未完成体 和 完成体 两种 形式：читать（读，未完成体）- прочитаы（读，完成体）。未完成体 强调 动作 的 持续性，表示 过去、现在 或者 将来 持续 或者 重复 的 动作；完成体 强调 动作 的 完成，表示 过去 完成 的 动作 或者 将要 完成 的 动作。

英语 动词 有 3 种 体。例如：I write（一般体）——I am writing（进行体）——I have written（完成体）。英语 教学 中 出现 的 "现在 进行时" 的 说法，实际上 是 "现在时" 和 "进行体"。现代 汉语 动词 有 泛指体、进行体、完成体、经历体、起始体 等，例如 "我 写 文章"（泛指体）—— "我 写 着 文章"（进行体）—— "我 写 过 文章"（经历体）—— "我 写 了 文章"（完成体）—— "我 写 起 文章 来 了"（起始体）。但是 这种 范畴 对于 汉语 的 动词 不是 全部 必须 选择 的，具有 灵活性，也 可以 用 其他 方式 代替，例如 "写 着"，可以 用 "正在 写" 代替。

（3）态

态 是 动词 通过 语法 形式 的 变化 表示 动作性 动词 与 施事 名词 的 关系，一般 分成 主动态 和 被动态。例如 英语 的 主动态 用 零形式 的 动词，被动态 采用 前面 加 "be"，后面 用 "过去 分词" 形式 的 动词。例如 "I love him（我 爱 他）——I am loved by him（我 被 他 爱）"。俄语 等 语言，也 是 这样 区分。汉语 在 动词 前面 加 "被"，但是 有 的 可以 省略，有 的 通过 "被" 组成 的 介词 词组 表示。

6.3.4 词类

（1）词类 的 性质

根据 不同 的 需要 可以 对 词 做 不同 的 分类。例如 根据 语音 音节 的 多少 把 词 分成 单音词 和 多音词，根据 词 的 语素 的 多少 分成 单纯词 和 合成词。但是 这些 都 不是 语法 结构 上 的 分类。

【讲课】39

词类 是 专门 指 词 的 语法 结构 作用 的 类别，是 一种 广义 的 语法 范畴。一般 来说 词汇 概念 意义 的 分类 与 语法 结构 意义 的 分类 有 一定 联系，但是 不 完全 一致。在 语法 类型 中，概念 意义 特殊 的 词 可以 独立 成 一种 类型，例如 代词。

一种 语言 的 词 到底 有 多少 词类，由于 划分 的 标准 不同 和 标准 把握 的 严格 程度 不同，会 有些 出入。不同 语言 的 情况 也 不 完全 一样，但是，名词、动词、形容词、代词、数词 等 各种 语言 都 会 有。

（2）划分 词类 的 标准

词类 是 语法 分类，划分 词类 主要 依据 语法 功能 标准。一般 认为，划分 词类 的 标准 有 功能、形态、概念 意义 3 个。其中 功能 是 实质 标准，其余 两个 只能 在 有 条件 的 情况 下 做 参考。

（A）功能 标准

任何 语言 的 词 都 要 在 句子 中 发挥 功能。组合 和 充当 结构 成份 的 功能，是 词 的 语法 特征 的 本质 体现。发现 功能 方法 是 分布 分析 方法。

词 的 组合 功能 是 一些 词 能够 跟 哪些 词 结合，不能 跟 哪些 词 结合。例如 汉语 中 能够 在 前面 加 数量 词组，但是 不能 在 前面 加 副词 的 词，一般 都 是 名词。可以 说 "一个 人、三 间 房子"，但是 不能 说 "不 人、很 房子"。"人、房子" 就是 名词。

句子 成份 是 一种 更大 范围 里面 的 分布 能力 关系。不同 类别 的 词 在 句法 结构 中 充当 句法 成份 的 情况 不同，例如，汉语 名词 经常 在 主谓 关系 的 结构 中 充当 主语 或者 主语 中心，在 述宾 关系 的 结构 中 充当 宾语 或者 宾语 中心。但是，名词 在 表示 判断 和 联系 性质 的 句子 中 可以 起 动词 的 作用，例如 "今天 星期天"。

同样，动词 除了 一般 功能 以外，在 非动作性 句子 中 可以 起 名词 的 作用，而且 在 汉语 中 不加 语法 形态 的 标记，例如 "学习 需要 毅力"，"勤劳 是 一种 美德"。

在 英语 中 也 会 发生 这种 现象。但是 英语 会 通过 形态 变化，使人 感觉 到 它 已经 不再 是 原来 的 词性，而且 被 叫做 "动名词"。例如："Forgetting means betrayal.（忘记 就是 背叛）"。

一般 说来，具体 语言 的 词 根据 句法 功能 与 形态 和 意义 区分 的 类别 一致。但是 当 参考 标准 不起 作用 的 时候，功能 标准 起 决定 作用。即使 在 形态 多 的 语言 中，也 是 这样。例如："man——men" 和 "horse——horses" 是 一种 类型，"sing——sang——sung" 和 "chant——chanted" 是 一种 类型，但是 没有 相同 的 语法 形态，只能 靠 功能 确定。

对于 没有 形态 变化 的 词，它们 的 语法 分类 更加 只能 根据 功能 标准 了。例如，汉语 的 "忽然" 和 "突然"，我们 可以 通过 "做 状语" 的 功能 把 它们 联系 在 一起，通过 "做 谓语、定语" 和 "前面 加 '很'" 等 功能 把 它们 区分 开来。

(B) 形态 标准

词 的 形态 是 词 的 不同 语法 内容 体现 在 词 的 形式 上面 的 标志。它 是 词 的 词法 形式 特征，又 叫做 "词形 变化"。它 可以 做 划分 词类 的 直观 的 参考 标准。例如 可以 把 具有 性、数、格 等 语法 内容 上 的 形式 变化 的 词 归纳 成 "名词"，把 具有 时、体、人称、式、态 等 变化 的 词 归纳 成 动词 等。在 下面 英语 例子 中，词类 的 形态 变化 十分 明显：open——opened——opening, finish——finished——finishing。

但是，光 靠 形态 标准 不能 解决 所有 问题。例如 形态 变化 比较 多 的 俄语，也 有 不 少 词 没有 形态 变化，例如 副词、连词、前置词、语气词、叹词 等。对于 像 汉语 这样 基本 没有 形态 变化 的 语言 就 只能 根据 句法 功能 的 标准 划分 词类，没有 捷径 可以 走。

(C) 概念 意义 标准

一般 说来，同类 的 词 不仅 在 语法 上 具有 相同 的 特征，而且 在 概念 意义 方面 也 确实 存在 一致性。比如 名词 通常 表示 人 和 事物 名称，形容词 表示 人 和 事物 的 性质、状态，动词 表示 行为 动作 等。一般 词类 的 定义 也 从 这个 传统 角度 直观 地 概括。

但是 不能 倒 过来 说。例如 不能 说：凡是 概念 意义 表示 人 和 事物 的 词 都 是 名词。例如，"忽然、突然" 的 概念 意义 都 表示 "快"，但是 前 一个 是 副词，后 一个 是 形容词。同样，英语 "explain（解释，动词）" 与 "explanation（解释，名词）"，虽然 词 的 概念 基本 相同，但是 词类 不同。

(3) 词类 的 划分

系统 的 词类 划分 从 古代 希腊 时代 的 柏拉图 开始。中国 从 19 世纪 末期 的 马 建忠 写 的 《马氏 文通》 开始 对 汉语 进行 词类 的 划分。

一种 语言 的 词类 的 数目 和 性质 应当 根据 语言 实际 确定。不同 语言 的 主要 词类 相同,但是 其他 就 不 一定。例如,冠词 在 英语、德语、法语中 都有,而 汉语、俄语 中 没有。反过来,汉语、藏语 等 语言 有 很多 量词、语气词,印欧 语系 的 语言 一般 没有。

有些 词 尤其是 那些 使用 频繁 的 词,往往 不 只有 一个 词类。例如 英语 的 "work" 是 名词 又 是 动词,从 "He works well." 与 "His work is good." 的 对比 中 可以 看 出。同样,"before" 属于 介词、助词 和 副词 3 种 词类。在 "He came before tea-time." 中 是 介词(对比 "He came at tea-time."),在 "He had come before." 中 是 副词(对 比 "He had come often."),在 "He came before we expected him." 中 是 连词(对比 "He came when we expected him.")。

"round" 属于 5 个 词类。在 "one round is enough." 中 是 名词,在 "You round the bend too quickly." 中 是 动词,在 "around tower" 中 是 形容词,在 "He came round." 中 是 副词,在 "He wandered round the town." 中 是 介词。

词类 从 成员 的 数量 来看,有些 是 开放性 的,有些 是 封闭性 的。开放性 词类 的 成员 数量 原则 上 没有 限制。名词、动词 和 形容词 等 是 开放性 词类,其中 名词 的 开放性 最 强。封闭性 词类 的 词 通常 数量 少 而且 固定。代词、介词、连词、助词 等 是 封闭性 词类。

词类 根据 概括 范围 和 程度 的 不同 可以 分成 不同 层次 的 类别。例如,动词 根据 是 否 可以 带 受事 宾语,可以 分成 及物 动词 和 不及物 动词 两 个 小类。

6.4 语法 结构

语法 结构 一般 指 词 和 词 构成 词组,词 和 词组 经过 加工,充当 句子、句组、篇章 等 的 规律。词 内部 的 结构 是 历史 关系。

6.4.1 句子 结构 和 词组 结构

从 词 到 句子,除了 一个 词 构成 的 句子,中间 一般 要 经过 词组 的 结构 过程。那么 句子 和 词组 有 什么 不同 呢? 句子 结构 和 词组 结构 有 什么 不同 呢? 它们 不是 简单 的 大小 不同,而是 有 静态 和 动态 的 不同,价值 预备 和 价值 实现 的 不同。

词组 和 句子 的 区别 在 不同 的 语言 里 情况 不 一样。在 英语 里,可以 根据 语法 结 构 中 包含 的 动词 是否 被 限定 进行 区别。例如:

① He flies a plane. (他 开飞机)

② To fly a plane is easy. (开飞机 容易)

③ Flying a plane is easy. (开飞机 容易)

在 ① 里,flies 用 限定 形式,所以 ① 是 一个 句子。在 ② 和 ③ 里,to fly a plane 和 flying a plane 分别 是 不定 形式 和 分词 形式,所以 它们 是 两个 词组。

汉语 的 动词 不分 限定 与 非限定,上面 的 flies a plane,to fly a plane,flying a plane 用 汉语 表达 都是 "开飞机",没有 区别。

汉语 里 区别 词组 和 句子, 目前 主要 根据 是否 能够 在 动态 交际 中 单独 表达 相对 完整 的 意思 和 是否 有 句子 的 语调。例如:

① 她 正在 写 文章。

② 我 看见 她 正在 写 文章。

① 单独 表达 意思, 有 表示 "陈述" 的 句调, 所以 它 是 句子。② 中 的 "她 正在 写 文章" 处于 被 包含 状态, 不是 独立 的 信息 传递 单位, 也 没有 自己 独立 的 句调, 所以 它 是 词组。

是 不是 说 词组 加上 语气 就 可以 成为 句子 呢? 不 一定。从 句子 中 抽象 出来 的 词组 好像 被 割断 了 生气, 因为 那些 表示 语气、情态、时态 等 语法 内容 的 语素, 甚至 一些 必须 的 附加 成份 或者 配套 部份 被 切掉 了, 剩下 光秃秃 的 主干。这 好像 从 山上 砍 了 许多 做 柴火 的 树枝, 如果 原样 背下 山, 很 不 方便, 于是 把 叶子 和 小 枝条 去掉, 留下 火力 大 的 主干。所以, 我们 并不 因此 否定 句子 和 词组 在 汉语 中 的 区别。

比较 下面 每组 中间 斜线 前后 的 单位, 就 可以 发现 越 在 前面 的 一般 越 不能 单独 成为 句子, 越 在 后面 越 有 可能。[1]

*树叶 红。/ 树叶 红 了。

*你 近来 好。/ 你 近来 好 吧?

*一 家 人 到 商店。/ 一 家 人 到 商店 去 了。

*学生 做 练习。/ 学生 应该 做 练习。

*姐姐 游泳。/ 姐姐 在 游泳。

*我 抽空。/ 我 抽空 去 看 你。

*我 给 了 邻居 鱼。/ 我 给 了 邻居 一 条 鱼。

*他 站着。/ 他 像 根 木桩子 似的 站着。

*她 哭。/ *她 哭 起来。/ 她 伤心 地 哭 起来 了。

*她 手里 拿 东西。/ *她 手里 拿着 东西。/ 她 手里 拿着 许多 东西。

*祥子 看 虎妞。/ *祥子 看 了 虎妞。/ 祥子 不由 地 看 了 虎妞 两 眼。

*这些 在 各地 都 普遍。/ 这些 在 各地 都 很 普遍。/ 这些 在 各地 都 普遍 存在。

句子 有 单句 和 复句 的 不同。一个 句子 如果 只有 一个 结构 上 互相 不 包含 的 结构 单位, 就是 单句, 否则 是 复句。例如, "雨!" "雨 来 了!" "下 雨 了!" "雨 淋湿 了 他 的 衣服。" "我 不 知道 雨 淋湿 了 他 的 衣服。" "雨 淋湿 了 他 的 衣服 不是 什么 大事。" "雨 淋湿 了 他 的 衣服 和 书。" 这些 都 是 单句。但是, "雨 淋湿 了 他 的 衣服, 风 刮走 了 他 的 帽子。" "雨 淋湿 了 他 的 衣服, 淋湿 了 他 的 书。" "淋湿 了 他 的 衣服, 淋湿 了 他 的 书。" "雨, 风。" 都 是 复句。

句子 还 可以 构成 更加 复杂 的 句群、篇章。但是, 一般 的 语法 结构 分析 是 着眼于 单句 或者 复句 中 的 分句 结构。

6.3.3 人称、式 和 级

(1) 人称

---

①黄 南松. 试论 词组 自主 成句 应该 具备 的 若干 范畴 [J]. 北京: 中国 语文, 1994, (6).

人称 是 动词 通过 不同 的 语法 形式 的 变化 表示 动作 行为 与 施事 代词 的 不同 人称 的 呼应 关系。

人称 本来 是 代词 的 不同 类型，第一、第二、第三 人称 分别 表示 说话人、听话人 和 局外人。做 语法 范畴 的 人称 是 人称 的 不同 引起 了 动词 等 的 形态 变化 产生 的 语法 意义。印欧 语系 的 语言 里 一般 有 人称 范畴。人称 的 范畴 往往 伴随 着 数 的 范畴 出现。例如 俄语 动词 читать（读）有 6 个 根据 人称 变化 词尾 的 具体 的 动词：(я 我) читаю（读）；(мы 我们) читаем（读）；(ты 你) читаешь（读）；(вы 你们) читаете（读）；(он 他) читает（读）；(они 他们) читают（读）。

一般 语言 中 的 人称 代词 都 有 第一 人称、第二 人称、第三 人称 的 区别，但是 往往 只是 概念 上 的 区别，不是 语法 中 的 人称 范畴。汉语 动词 没有 人称 的 范畴。英语 动词 的 人称 范畴 也 不 完全，只有 动词 "be" 的 现在时 单数 有 表示 人称 的 形态 变化：(I) am，(you) are，(he, she, it) is。其余 的 动词 只有 单数 现在时 才 用 "-(e)s" 表示 第三 人称，例如：(I, we, you, they) speak，(he, she, it) speaks.

（2）式

式 是 动词 通过 语法 形式 变化 表明 说话人 对 动作 行为 的 主观 态度。通常 分成 陈述式、虚拟式、命令式。

俄语 的 单数 第二 人称 的 "读" 有 3 个 根据 式 变化 的 具体 的 动词：читаешь（陈述式）——читайте（命令式）——читал бы（假定式）。英语 动词 很少 有 式 的 范畴，虚拟 语气 和 非虚拟 语气 可以 算，但是 表示 虚拟 语气 的 语法 形式 的 虚词 只有 "would"。

汉藏 语系 的 语言 主要 通过 语气词 和 语调 的 手段 表示 这种 语法 内容。

（3）级

级 是 形容词、副词 通过 语法 形式 变化 表示 的 性质、状态 的 程度 差别，一般 分成 原级、比较级 和 最高级。原级 表明 一般 的 性质 状态，不 与 其他 的 进行 比较。比较级 表示 比 另外 一个 在 程度 上 更高 或者 更低 的 性质 状态。最高级 表示 性质 状态 的 最高 或者 最低 的 程度。

例如 英语：tall（高，原级）—— taller（比较级）——tallest（最高级），early（早，原级）——earlier（比较级）——earliest（最高级）。这种 典型 的 形式 只能 用于 单音节 和 少数 双音节 的 形容词、副词。多数 形容词、副词 的 比较级、最高级 的 形式，是 借助 虚词（more、most、less、least）构成，例如：beautiful（美丽，原级）——more beautiful（比较级）——most beautiful（最高级）。

6.4.2 显性 结构 和 隐性 结构

句子 结构 从 结构 成份 联系 方式 可以 分成 显性 结构 和 隐性 结构。

（1）显性 结构

显性 结构，又 叫做 表层 结构，是 语法 结构 单位 在 表层 语义 关系 上 直接 形成 的 位置 关系。这种 位置 如同 一个 单位 的 领导 和 其他 成员 的 关系，可以 改变。在 世界 各种 语言 里 比较 普遍 存在 的 显性 语法 结构 关系 有 以下 几种。

① 陈述 (主谓) 关系, 例如:

汉语: 我 笑; 客人 来 了.

英语: Fire burns (火 会 燃烧) ; China is advancing (中国 在 前进)

② 支配 (述宾 或者 动宾) 关系, 例如:

汉语: 来 客人 了; 吃 苹果

英语: to love motherland (热爱 祖国) ; to like him (喜欢 他)

③ 辅助 (定中、状中 和 中补) 关系, 例如:

汉语: 他 的 父亲; 迅速 前进; 做 好

英语: the door of the room (房间 的 门) ; very good (很 好) ; is yet (还是)

④ 联合 关系, 例如:

汉语: 他 和 父亲; 学习 与 讨论

英语: he and I (他 和 我) ; by boat or by train (坐 轮船 或者 坐 火车)

这些 显性 语法 关系 还 可以 通过 词形 变化、虚词 和 语序 等 外在 语法 形式 直接 表达。例如 汉语 "客人 来 了" 与 "来 客人 了", "他 的 父亲" 与 "他 和 父亲" 分别 通过 不同 的 语序 和 虚词表达 区别。

(2) 隐性 结构

隐性 结构, 又 叫做 深层 结构, 是 语法 结构 单位 在 深层 语义 关系 上 存在 的 逻辑 关系。这种 关系 如同 父亲 和 儿子 的 血缘 关系, 不管 生存 位置 怎样 变化, 这种 血缘 关系 无法 改变。

隐性 语法 结构 (又 叫做 语义 结构 或者 述谓 结构) 简称 隐性 结构, 由 谓词 和 变元 构成。谓词 是 核心, 主要 是 动词 和 形容词 或者 由 它们 构成 的 联合 词组 在 谓语 和 述语 位置 表达。变元 (又 叫做 谓项、词项、题元、主目) 分成 情态 变元 和 角色 变元 (又 叫做 语义格)。情态 变元 具有 主观性, 主要 由 副词、语气词 或者 类似 词组 等 在 状语 和 补语 等 位置 表达。角色 变元 具有 客观性, 主要 由 名词 或者 名词性 词组 在 主语、宾语、介词 宾语 等 位置 表达。例如 "他 高兴 地 看 电视" 中 "看" 是 谓词, "高兴" 是 情态 变元, "他" 和 "电视" 是 角色 变元。角色 变元 分成 核心 部份 和 属性 部份, 分别 在 中心 语 和 定语 位置 出现, 简单 的 角色 变元 只有 核心 部份。

隐性 结构 根据 谓词 的 地位 分成 3 种: 谓词 在 谓语 和 述语 的 标准 位置 的 叫做 主体 隐性 结构; 谓词 在 变元 核心 位置 的 叫做 从属 隐性 结构, 例如 "我 希望 他 更加 进步" 中 的 "他 更加 进步"; 谓词 在 变元 属性 位置 的 叫做 降格 隐性 结构, 例如 "他 进步 的 原因 是 更加 勤奋" 中 的 "他 进步"。

句子 的 隐性 结构 根据 句子 中 隐性 结构 的 多少 和 组合 情况 分成 2 种: 简单 隐性 结 构 句子 和 复杂 隐性 结构 句子。一个 主体 隐性 结构 构成 的 句子 叫做 简单 隐性 结构 句子, 对应 显性 结构 中 的 简单 单句; 否则 是 复杂 隐性 结构 句子。

复杂 隐性 结构 句子 如果 都 由 主体 隐性 结构 复合 构成, 就 对应 显性 结构 中 的 复 句, 例如 "他 勤奋, 刻苦", "如果 下雨, 我 就 不来"; 如果 由 主体 隐性 结构 和 从属 或者 降格 隐性 结构 派生 构成, 就 对应 显性 结构 中 的 复杂 单句。

从 具体 的 角色 变元 来 看, 同样 的 显性 结构 意义 可以 表现 成 许多 不同 的 隐性 结

构 意义。① 例如: 吃 (动作) + 饭 (受事) / 食堂 (处所) / 大碗 (工具) / 老本 (方式), 煮 (动作) + 饭 (结果), 救 (动作) + 火 (原因), 考 (动作) + 研究生 (目的), 混 (动作) + 日子 (时间), 是 (判断) + 朋友 (对象), 属于 (判断) + 朋友 (范围), 在 (存在) + 学校 (地点), 有 (存在) + 顾客 (对象)。

因此, 我们 不能 简单 地 说 能够 带 宾语 的 是 及物 动词, 而要 说 能够 带 受事 宾语 的 是 及物 动词。

按照 隐性 结构 中 的 谓词 和 具体 角色 变元 的 关系 可以 把 汉语 的 简单 隐性 结构 句 子 分成 下面 7 种 基本 类型:

①1 个 事物 的 动作句: 动作 + 施事。例如, "我 走 了。/ 出 太阳 了。"

②2 个 事物 的 动作 句子: 动作 + (施事 + 受事)。例如, "我 买 书 了。/ 书 我 看 了。"

③3 个 事物 的 动作 句子: 动作 + (施事 + 与事 + 受事)。例如, "我 送 他 一本书。/ 我 为 他 做 了 一双 鞋子。"

④ 有 形式 的 联系 句子: 联系 + (联系 对象 1 + 联系 对象 2)。例如, "我 是 工人。/ 我 属于 青年。"

⑤ 没有 形式 的 联系 句子: 联系 对象 1 + 联系 对象 2。例如, "鲁迅 浙江人。"

⑥1 个 事物 的 独立 说明句: 说明 + 说明 对象。例如, "我 高兴。"

⑦2 个 事物 的 比较 说明句: 说明 + (说明 对象 + 参考 对象)。例如, "我 比 他 高 兴。"

其余 的 语义 结构 关系 是 它们 的 变化 或者 结合, 例如: 上面 ⑥ 包含 ⑦ 构成 的 说明 句子: "我 今天 比 昨天 高兴。" 下面 句子 涉及 4 个 动作 2 个 施事 3 个 受事: "我 替 他 送 了 一本书 给 王老师 看。"

(3) 隐性 结构 中 的 语义 指向

隐性 结构 中 多 方向 或者 偏离 常规 方向 的 词义 实际 指向 哪个 词义 进行 语义 搭配, 叫做 语义 指向。例如, "我 吃 饱 了 饭" 和 "我 打 破 了 杯子" 中 都 在 补语 位置 的 "饱" 和 "破", 一个 指向 主语 位置 的 "我", 一个 指向 宾语 位置 的 "杯子"。"他 死 了" 和 "他 死 了 亲人" 中 的 "死" 的 语义 指向 不同, 分别 指向 主语 位置 的 "他" 和 宾语 位置 的 "亲人"。"我们 都 买" 就 有 歧义, 因为 "都" 的 语义 指向 可以 是 主 语 "我们", 也 可以 是 没有 出现 的 宾语 "买 的 东西"。

6.4.3 线条 结构 和 层次 结构

显性 结构 从 次序 上 可以 分成 线条 结构 和 层次 结构。

(1) 线条 结构

在 显性 语法 结构 中, 由于 人类 发音 器官 的 限制, 词 在 形式 上 只能 一个 接 一个 地 依次 出现, 沿着 时间 的 线条 向 前面 延伸, 最终 形成 一个 线条性 序列。例如:

我们→工厂→已经→完成→好→了→生产→任务

(2) 层次 结构

---

① 李 临定. 宾语 使用 情况 考察 [J]. 太原: 语文 研究, 1983, (2).

组成 显性 语法 结构 的 词 呈现 出 线条性 排列, 只是 表面 现象。实际上, 词 与 词 的 内容 组合 并 不是 这样 简单 地 机械 相加, 而是 按照 先后 次序 有 层次 地 组合 起来 的。上面 例子 的 内部 组合 层次 是:

{我们 + 工厂} {(已经(完成+好)了)(生产+任务)}

6.5 汉语 教学 语法 系统

6.5.1 教学 语法 的 性质

语法 可以 分成 基础 语法 和 应用 语法, 理论 语法 和 实践 语法。教学 语法 是 学校 教学 用 的 语法, 属于 应用 的 实践 的 语法。[①] 广义 的 教学 语法 包括 对内 和 对外 语法 教学 用 的 语法。狭义 的 教学 语法 指 中学 语文 教学 用 的 现代 语言 的 语法。中国 的 汉语 教学 语法 最 狭义 的 理解 是 20 世纪 50 年代 产生 的 《暂拟 汉语 教学 语法 系统》(简称 《暂拟 系统》)和 20 世纪 80 年代 产生 的 《中学 教学 语法 系统 提要》(简称 《提要》)。

教学 语法 的 特点 是 实用、简明、稳定、系统。在 这 4 个 特点 中, 中学 教学 语法 更加 注重 实用 知识, 大学 教学 语法 更加 注重 系统 理论。

第一, 实用。教学 语法 的 对象 是 学生, 目的 在于 通过 语法 学习, 提高 他们 使用 语言 的 能力。这 就 要求 语法 教材 切合 实际, 注重 实用。不能 只 考虑 科学 的 客观 描述, 而 要 在 科学 理论 的 指导 下, 根据 不同 水平 和 不同 母语 情况 的 学生 编写 不同 的 教材。当然 不必 区分 得 太细, 一般 分 中学 语法 和 大学 语法、对内 语法 和 对外 语法 就 可以 了。例如, 用 英语 做 母语 的 人 学 汉语, 他 学 了 "爸爸 的 哥哥 是 伯父", "爸爸 的 弟弟 是 叔叔" 以后, 他 就 问 "妈妈 的 哥哥 和 妈妈 的 弟弟 分别 叫做 什么 呢?" 这种 语法 知识 对于 对外 汉语 语法 教学 非常 实用, 但是 对于 对内 汉语 语法 教学 却 不 一定 实用。

第二, 简明。简明 就是 要 方便 学生 接受, 要 抓住 最 主要 的 规律 用 通俗 的 语言 表达 出来。特别 是 在 中学 语法 教学 中, 要 避免 把 不同 的 观点 摆 出来, 把 问题 弄 得 太 复杂。在 大学 语法 教学 中 内容 会 多 一些, 但是 做 基础 课程 一般 也 不要 把 太多 的 不同 观点 摆 出来。规律 的 描写 也 要 选择 最 容易 接受 的 角度 进行, 例如 "名词 是 表示 人 或者 事物 名称 的 词" 就 是 一种 虽然 不 很 科学 但是 很 简明 的 表达。

第三, 稳定。基础 理论 语法 由于 学者 认识 的 不同 和 不断 深入, 可以 不断 变动。可以 说, 一部 理论 语法 著作 的 价值 就 在于 它 有 独特 的 新方法, 新观点, 新内容。教学 语法 却 要求 稳定, 一旦 形成 体系, 它 就 具有 "法律" 效力, 成为 人们 共同 知识 的 一部份, 一代 一代 地 教 和 学。当然 稳定 不 等于 永远 不 变动。相对 来说, 大学 语法 允许 有 一定 的 不同 观点 出现 在 课堂 上 和 教材 中。

第四, 系统。语法 本身 是 一个 客观 系统, 但是 教学 语法 应该 有 包含 一定 主观性 的 特有 系统。这 就 要求 在 同一 教材 中 前后 表达 能够 自圆其说, 不会 互相 矛盾。特别 是 语法 教材 在 吸收 新成果 的 过程 中, 要 防止 顾此失彼。例如, 中心词 分析 方法 把 "我

---

①郭 熙. 理论 语法 与 教学 语法 的 衔接 问题 [J]. 延吉: 汉语 学习, 2002, (4).

已经 读 了 科普 文章"中 的 "读" 当做 "谓语 中心",采用 层次 分析 方法 应该 把 "读" 当做 "述语 中心",可是 有 的 人 仍然 叫做 "谓语 中心"。这 就 不伦不类。①

6.5.2 中学 汉语 教学 语法 系统

1951 年 6 月 《人民 日报》 发表 了 《正确 地 使用 祖国 的 语言,为 语言 的 纯洁 和 健康 而 斗争!》 的 社论,明确 提出 "只有 学会 语法、修辞 和 逻辑,才能 使 思想 成为 有 条理 的 和 可以 理解 的 东西"。后来 刊登 了 吕 叔湘、朱 德熙 的 《语法 修辞 讲话》。从此 全国 掀起 了 学习 语法 的 热潮,学校 的 语法 教学 也 得到 重视,语法 成为 大众 知识。

要 教学 就要 教材,要 编写 教材 就要 有 比较 统一 的 标准。由于 当时 的 专家 语法 体系 有 分歧,不能 直接 用于 中学 语法 教学,因此 从 1954 年 开始,人民 教育 出版社 中学 汉语 编辑室 负责 制定 教学 语法 体系。他们 确定 了 两 条 原则。第一,尽可能 使 这个 系统 把 几十 年 的 中国 语法 学者 的 成就 综合 起来,而 不是 单纯 依据 一种 专家 系统。第二,尽可能 使 这个 系统 的 内容 从 观点 到 术语 让 一般 人 特别是 中学 语文 教师 比较 熟悉。经过 多次 试验,反复 讨论,在 广泛 征求 意见 的 基础 上,终于 形成 了 《暂拟 汉语 教学 语法 系统》,在 1956 年 正式 公布②。后来 根据 这个 系统 的 框架 编写 了 《汉语》 教材,1959 年 把 分散 在 教材 中 的 语法 知识 集合 成 《汉语 知识》 出版。

可以 说,《暂拟 系统》 是 教学 语法 的 一个 里程碑,统一 了 语法 教学 的 混乱 局面,对 普及 语法 教学 和 语法 知识,培养 语法 研究 人才 起了 重要 作用。

当然,《暂拟 系统》 也 有 它 的 局限性,尤其 是 随着 语法 研究 的 不断 深入,它 的 缺点 越来越 明显。由于 中学 教师 受到 大学 教学 语法 的 冲击,逐渐 偏离 《暂拟 系统》,语法 教学 又 出现 了 新 的 混乱 局面。

为了 改变 这种 状况,1981 年 召开 了 全国 语法 和 语法 教学 讨论会,确定 了 3 条 原则:

第一,要 区分 理论 语法 和 教学 语法,二者 有 联系,也 有 区别。

第二,教学 语法 的 内容 应当 是 基本 知识,方式 应当 简明,效果 应当 实用。

第三,新 的 教学 语法 体系 应当 把 《暂拟 系统》 做 基础,进行 必要 的 修订,包括 改正、解决 《暂拟 系统》 存在 的 缺点 和 问题,吸取 比较 成熟 的 新 成果。

根据 这些 原则,讨论会 拟定 了 《暂拟 汉语 教学 语法 系统 修订 说明 和 修订 要点》,包括 3 个 部份:

第一,修改。主要 是 在 原来 的 "句子 成份 分析 方法" 的 基础 上,大胆 吸收 "层次 分析 方法",使 论述 更加 科学。例如,把 划分 词类 的 标准 从 "词汇 和 语法 范畴" 改成 "以 语法 功能 为主,兼顾 词汇 意义"。

第二,增加。包括 两 个 方面:第一,把 理论 语法 研究 中 比较 成熟 的 新 成果 吸收 进来;第二,在 不 增加 知识 内容 以及 术语 的 前提 下,补充 可以 增强 语法 教学 的 规范性 和 实用性 的 内容。例如,增加 了 "语素、句群" 的 内容,使 原来 的 3 种 语法 单位 变成 5

---

①彭 泽润,李 柯. 汉语 句子 结构 层次 分析 方法 的 进展 和 问题 [J]. 吉安:井冈山 师范 学院 学报,2001,(3):40-44,71.

②人民 教育 出版社 中学 语文 编辑室. 语法 和 语法 教学——介绍 "暂拟 汉语 教学 语法 系统" [M]. 北京:人民 教育 出版社,1956.

种 单位, 扩大 了 短语 (词组) 的 内容, 增加 了 "介宾 短语、'的' 词 短语" 等 包含 虚词 的 短语 类型。

第三, 简化。把《暂拟 系统》里 有些 繁琐 或者 不当 的 内容 简化 或者 删除。例如, 简化 了 词类 的 内容, 取消 名物化, 双部句, 合成 谓语, 前置 宾语 等 说法。

会议 以后, 根据《修订 要点》确定 的 原则 对《暂拟 系统》进行 了 修订, 在 1984 年 经过 教育部 批准 公布 了《中学 教学 语法 系统 提要 (试用)》[1]。

从此, 新 的 教学 体系《提要》取代 了《暂拟 系统》。但是, 由于 考虑 匆促, 仍然 存在 一些 问题。例如, 层次 观念 不 彻底, 没有 把 谓语 下层 出现 的 述语 和 宾语 的 关系 明确 分析 出来, 把 固定 短语 和 名词 短语 等 并列 的 做法 在 逻辑 上 缺乏 共性, 特殊 句式 跟 句型 的 关系 不 明朗。[2]

6.5.3 大学 汉语 教学 语法 体系

大学 教学 语法 可以 说 是 与 中学 教学 语法 紧密 相连 的。《中学 教学 语法 系统 提要》虽然 是 经过 修订 的 产物, 但是 仍然 存在 在 大学 教学 语法 中 就 存在 的 一些 矛盾。大学 教学 语法 中 的 矛盾 主要 体现 在 句子 成份 的 分析 方法 上面, 这 是 由 传统 的 中心词 分析 方法 和 直接 成份 分析 方法 的 结合 不 严密 带来 的。下面 从 几个 矛盾 角度 来看。

第一, 句子 的 成份 和 词组 的 成份 怎么 分工?

如果 一个 句子 是 一个 词组 加上 语调 和 句子 辅助 成份 构成 的, 那么 在 一个 动态 的 句子 中, 哪些 词组 成份 同时 是 句子 成份, 哪些 只能 是 词组 成份 呢?

有 的 认为 一个 句子 只有 主语 和 谓语 两个 句子 成份, 因为 它 是 一个 句子 的 第一 层 成份。这种 分析, 把 句型 区分 的 任务 转移 给 了 词组。

有 的 认为 一个 句子 有 主语 和 谓语, 还 可以 再 往 下层 分出 述语 和 宾语, 再 往 下 层 分出 定语、状语、补语 和 中心语。再 往 下层 分析 就是 词组 成份 了。这种 分析 能够 在 句子 成份 内部 把握 句型, 既 不 琐碎, 也 不 粗糙。

第二, 句子 的 中心语 到底 有 几个?

在 中心词 分析 方法 中, 可以 认为 句子 只有 层次 分析 方法 中 的 述语 中心 动词 是 句子 的 中心 或者 谓语 中心。"主语" 和 "宾语" 相对 命名, 意味着 它们 依附 "谓语" 这个 中心 前后 的 附带 成份。再 扩大 一点 也 只能 把 主语 中心词 做 第二 中心, 会 忽略 做 第三 中心 的 宾语 中心词。

但是, 从 层次 分析 方法 的 角度 来看, 这 3 个 中心 都 是 中心语, 并且 与 句子 的 附加 成份 定语、状语、补语 对应。因为 述语 和 宾语 构成 谓语, 所以 述语 中心 和 宾语 中心 构成 谓语 中心。如果 要 在 3 个 中心语 中 分 主次, 也 可以 确定 述语 中心 是 主要 中心。

下面 我们 结合 教材 看 这些 矛盾 的 处理 方式。

《提要》注重 句法 结构 的 成份, 强调 最大 的 第一层 的 直接 组合, 因而 句子 只有 主语、谓语 两种 成份; 又 采用 中心词 分析 方法, 把 里层 的 定语、状语、补语 等 词组 成份

---

[1]人民 教育 出版社 中学 语文 编辑室. 中学 教学 语法 系统 提要 (试用) [M]. 北京: 人民 教育 出版社, 1984.

[2]杨 启光 主编. 现代 汉语 教学 研究 与 探索 2 [J]. 广州: 暨南 大学 出版社, 1999.163-208.

压缩 下来, 剩下3种 "主干", 在 主干 中 除了 句子 成份 主语、谓语, 还有 一个 谓语 中 的 "宾语 的 中心"。这样 出现了 "两个 成份、三个 主干" 的 矛盾。

胡 裕树 主编 的《现代 汉语》① 认为, 句子 只有 主谓句 中 的 主语 和 谓语 两个 句子 成份, 非主谓句 只有 一个 没有 名称 的 "句子 成份", 构成 这3种 句子 成份 的 词 或者 词组 的 不同, 就 产生 不同 的 下位 句型。这样 句子 成份 分析 过于 简单, 而把 负担 转移 到 词组 成份 中 去 了。

句子 成份 过于 简单 不太 好, 把 句子 成份 和 词组 成份 对等 而 过于 琐碎 也不太 好。传统 的 中心词 分析 方法 其实 已经 处理 得 比较 适当。我们 在 引进 层次 分析 方法 的 时候, 需要 补充 的 是 把 这些 句子 成份 安排 到 不同 的 组合 层次, 不要 简化 成份。

黄 伯荣、廖 序东 主编 的《现代 汉语》在 不同 的 版本 中 不断 向 这个 方向 努力。下面 我们 主要 把 这 本 在 大学 很有 影响 的 现代 汉语 课程 教材 做 例子 进行 分析。

① 在 甘肃 人民 出版社1980 年 第1 版 第382 页 中 有 下面 的 句子 分析:

（中国 桥梁 事业）的 迅速 发展, ‖ 表明 了 |（中国 社会 主 义 制度）的 优越性。（主谓 宾 模式）

采用 的 分析 模式 是 "中心语 不 明确 的 汉语 句子 分析" 的 模式。

【图表】中心语 不 明确 的 汉语 句子 分析

例句:　　我们　工厂　　　已经　完成　好　了　　　生产　任务
抽象 模式:（a ＋A ）　＋（b¹＋B＋ b² ）＋（c＋C ）

$$抽象\ 模式:(a+A)+(b^1+B+b^2)+(c+C)$$

具体 模式:（定）　中　　‖ [状] 中　　〈补〉| （定）　中

主语 部份	谓语 部份	
定语	中心语	谓语 动词 部份	宾语 部份
状语	中心语	定语	中心语
中心语	补语	

【主语】　　　　　【谓语】　　　　　【宾语】
　工厂　　　　　　完成　　　　　　　任务

在 这里 "中心语" 还是 主语、谓语、宾语 的 一个 共同 的 别名。在 微观 分析 说明 "偏正（定中, 状中）词组、正补（中补）词组" 中 的 定语、状语、补语 的 时候 才 使用 了 "中心语"。在 宏观 分析 的 时候, 仍然 没有 "中心语" 的 名份, 还是 用 "主语、谓语、宾语"。

② 在 甘肃 人民 出版社1983 年 第3 版 第406 页 中 有 下面 的 句子 分析:

（中国 桥梁 事业）的 [迅速] 发展, ‖ 表明了 |（中国 社会 主义 制度）的 优越性。（主谓 模式）

这里 "[迅速]" 是 错误 地 把 主语 中心语 的 内部 词组 成份 当做 句子 的 状语 了, 在 以后 的 版本 中 又 恢复 了 原来 的 正确 分析。

采用 的 分析 模式 是 "中心语 逐渐 明确 的 汉语 句子 分析" 的 模式。

---

①胡 裕树 主编. 现代 汉语 [M]. 第4 版. 上海: 上海 教育 出版社, 1987.

【图表】中心语 逐渐 明确 的 汉语 句子 分析

例句:　　我们　工厂　　　已经　完成　好 了　　　生产　任务

抽象 模式:（a ＋A ）　＋（b¹＋B＋　b²）＋（c＋C ）

具体 模式:（定）　<u>中</u>　‖　[状]<u>中</u>　〈补〉｜（定）　<u>中</u>

主语		谓语			
定语	中心语	述语		宾语	
		状语	中心语	定语	中心语
		中心语	补语		

　　　　【主语 中心】　　　　【谓语 中心】　　　　【宾语 中心】
　　　　　　工厂　　　　　　　　完成　　　　　　　　任务

　　从 这里 可看出 "中心语" 终于 取代 了 原来 的 "主语、述语、宾语",原来 的 "主语、述语、宾语" 升级 了,所以 成份 观念 真正 明显 了。但是 在 第 381～382 页 的 练习题 中 有 "指出 下面 句子 里 的 主语,谓语 和 主语 中心,谓语 中心……" 和 "注意 用 '是' 做 谓语 中心 的 句子……" 的 说法。这 就比 上面 的 模式 落后 了,出现 了 矛盾。这里 的 "谓语 中心" 实际上 是 "述语 中心"。述宾 词组 充当 谓语 的 时候,谓语 中心 应该 包含 述语 中心 和 宾语 中心。

　　③在 甘肃 人民 出版社 1988 年 第 4 版 第 428 页 中 有 下面 的 句子 分析:

　　（中国 桥梁 事业）的 <u>迅速 发展</u>,‖<u>表明 了</u>｜（中国 社会 主义 制度）的 <u>优越性</u>。(主谓宾 模式)

　　采用 的 分析 模式 跟 前面 一样,只是 用 "谓语 中心" 取代 了 原来 的 "述语 中心",倒退 了 一步,显得 顾此失彼。

　　④高等 教育 出版社 1991 年 第 1 版 基本 保持 前 一个 版本 的 样子,但是 不再 有 "主语 中心、谓语 中心、宾语 中心" 的 说法,同时 把 前面 提到 的 第一个 有 矛盾 的 练习 题目 处理 成 "指出 下面 句子 里 的 主语 和 谓语,并且 说明……",第二个 题目 干脆 全部 取消 了。这样 真正 摆脱 了 "中心语" 与 "中心" 的 困惑。

　　在 这样 的 分析 中,句子 只有 主谓,动宾(原来 的 "述语" 改成 "动语"),定中,状中,中补 5 组 共 10 个 成份,其中 3 个 中心语 名称 相同。但是 又 同时 保留 "陈述"(主谓),"支配 或者 关涉"(动宾),"偏正"(定中 和 状中),"补充 说明"(中补) 的 术语,显得 繁琐。当然,保留 的 "陈述" 等 词语 可以 用来 解释 "主语" 等 术语。为了 迁就 《提要》 中 的 "动宾" 说法,把 "述语" 改成 了 "动语"。这会 带来 与 "动词" 混淆 的 新 麻烦,不如 恢复 用 "述语"。

　　为了 正确 处理 好 句子 的 成份 和 充当 句子 成份 的 词组 内部 的 成份 之间 的 关系,我们 可以 考虑 以下 几点:

　　第一,词组 的 内部 结构 中 所有 词 都 有 成份 组合 关系 的 名称,包括 句子 成份 中 没有 的 联合 关系 等。反过来 说,句子 中 也有 词组 结构 分析 中 没有 的 独立 成份 等。

　　第二,词组 成份 一般 要 从 微观 角度 层层 分析 到 词 为止,目的 是 剖析 词与词 的 结构。句子 成份 只要 从 宏观 角度 分析 到 能够 恰当 概括 句型 的 成份 为止,要 找到 主语

和 谓语，谓语中 可能 出现 的 述语 和 宾语，并且 找到 它们 各自 内部 的 最后 中心语 和 对应 的 附加语。句型 也 就是 由 这些 "主干" 的 性质 的 不同 决定。如果 主语、谓语、述语、宾语 没有 直接 的 附加语，也就是 由 定中 词组、状中 词组、中补 词组 以外 的 词组 充当，就 不再 分析。

因此，一般 的 句子 是 用 主语 中心语、谓语 中心语（述语 中心语、宾语 中心语）做 核心 构成。如果 句子 中 没有 宾语，那么 "述语 中心语" 升格 成 "谓语 中心语"，或者 由 不 包含 动词 的 成份 构成 谓语 的 中心语。

【图表】句子 成份 结构 的 科学 分析 模式

例句： · 我们　工厂　　　已经　完成　好了　　　生产　任务

抽象 模式：（a ＋A ）　＋（b^1＋B＋　b^2 ）＋（c＋C ）

具体 模式：（定）　中　‖　［状］中　〈补〉｜（定）　中

主语		谓语			
定语	中心语	述语		宾语	
		状语	中心语	定语	中心语
		中心语	补语		

【谓语 中心】

【主语 中心】　　　【述语 中心】　　　【宾语 中心】

工厂　　　　　　完成　　　　　　　任务

一些 特殊 词组 可以 做 如下 分析：双宾语 结构 先 切 远宾语，再 切 近宾语，有 两层 述宾 关系。兼语 结构 先 切 述宾，再 切 主谓，两层 有 重复 的 部份 就是 兼语。

至于 " '把' 词句、'被' 词句" [①] 等，不是 结构 类别，可以 按照 主谓句（例如，"他 把 书 看 完 了"）或者 非主谓句（例如，"把 它 扔掉"）处理。

对于 一个 句子 成份 齐全 的 句子，可以 像 上面 这样 进行 图解。在 图解 用 的 例子 中，最底层 的 句子 成份 都是 一个 词。如果 这些 最小 句子 成份 再 用 增加 附加语 或者 增加 联合 成份 的 方式 扩展，扩展 的 部份 只能 算 句子 成份 的 成份 了，不必 再 分析，因为 那 已经 不影响 句型 的 确定 了。

句子 的 结构 是 宏观 分析，只 分析 到 句子 成份；词组 的 结构 是 微观 分析，要 分析 到 词。

无论 句子 成份 齐全 还是 不 齐全，都 可以 进行 层次 分析。分析 的 基本 程序 是：

第一，寻找 可以 覆盖 整个 句子 的 "主语" 和 "谓语"，例如 "好 天气 不 多 了。" 中 的 "好 天气" 和 "不 多 了。" "山 那边 出 太阳 了。" "好 天气！" "出 太阳 了？" 这样 的 句子 跳过 这个 程序。

第二，在 谓语 中 寻找 覆盖 整体 的 "述语" 和 "宾语"，例如 "学校 图书馆 展览了 新购买 的 书" 中 的 "展览了" "新购买 的 书"。除了 "好 天气！" 等 句子，"学校

---

① " '把' 词句、'被' 词句" 一般 习惯 叫做 " '把' 字句、被' 字句"。为了 严格 区分 "词" 和 "字"，我们 改变了 旧的 习惯 称呼 和 "存现句"。

放假。""学校 图书 很 多。"这样 的 句子 也 跳 过 这个 程序。

第三，在 上面 切分 以后 剩余 的 成份 中 寻找 "中心语"，例如 "好 天气" 中 的 "天气"，"学校 图书馆 展览 了 新 购买 的 书" 中 的 "图书馆、展览、书"。"我 看 书、图书 多。"这样 的 句子 跳过 这个 程序。

第四，剩余 的 与 中心语 相对 的 成份 就是 附加语，包括 附加 在 前面 的 "定语" 和 "状语"，附加 在 后面 的 "补语"，例如 "好 天气" 中 的 "好"，"新 购买" 中 的 "新"，"大 得 多" 中 的 "多"。"好！"这样 的 句子 省略 这个 程序。

概括 的 程序 是：先 主谓，后 述宾，再找 中心语，剩下 附加语（定语，状语，补语）。

【练习】7

假如 我们 打开 收音机，收听 到 30 世纪 我们 后代 的 广播，也许 发现 我们 熟悉 的 母语 已经 变成 了 外语。你 不必 感到 惊奇。正如 我们 的 祖先 要是 再 活 过来，无法 听懂 我们 这些 后代 的 语言。

是 语言 改变 了 世界，还是 世界 改变 了 语言？

语言 在 变化，你 无法 阻挡。语言 就 从 你 那里 开始 变化，你 无法 拒绝。

当然，人类 也 能够 牵住 语言 的 缰绳，进行 语言 规划，让 语言 的 发展 能够 更加 适应 时代 的 需要。

7　语言 发展 和 建设

7.1　语言 的 起源

7.1.1　口语 的 起源

口语 是 语言 的 根本，所以 口语 的 起源 就是 语言 的 起源。

语言 的 起源 与 人类 社会 的 历史 发展 条件 紧密 相关。语言 的 起源 和 文字 的 起源 性质 不同。文字 是 记录 口语 的 视觉 符号 形式，是 在 口语 经历 了 漫长 的 历史 阶段 以后 形成 的，只有 六七 千 年 的 历史。由于 有 文字 的 书面语 历史 比 没有 文字 的 口语 历史 短 得多，资料 缺乏，所以 对 语言 起源 问题 的 研究，一般 只能 进行 理论 推测。

（1）上帝 规定 学说 和 人类 约定 学说

上帝 规定 和 人类 约定 是 从 动力 角度 区分 的 两种 对立 的 语言 起源 观点。

上帝 规定 学说，也 叫做 神化 学说，认为 语言 是 上帝 规定 的。在 犹太教 和 基督教 的

《圣经》中就把语言当做上帝的给予，甚至认为上帝为了惩罚那些通过共同语言制造通天塔的人，才把语言分化成许多种类，使人类语言产生混乱。古代印度经书《吠陀》把语言描写成一个女神。这种语言神化思潮延续的时间很长，从远古一直盛行到17世纪。如果把这种上帝当做人类突出人物的象征，还是可以接受的。很明显，这是在逃避不能解释的事情，也许是为了在宗教中制造神秘力量。

古代希腊的柏拉图主张语言是天然的、固有的"性质"，认为词不过是观念的苍白的反光。

德谟克里特和他的学生们，认为客观事物在语言表现上的内容和形式关系的多样性，说明语言不是固有的，而是人规定的。不过他们又主张，最初的词是声音的雕像，是物体的声音反映。这又使得这种语言起源学说在人类创造的基调上带有一些神秘感。如果把词和物体的声音的关系，当做语言的理据去理解，那也可以接受。

17世纪以后，随着社会的发展，科学的进步，人们逐步摆脱了宗教迷信和愚昧主义的统治，哲学领域兴起了理性主义，于是越来越多的人对语言起源的上帝规定神化学说表示怀疑。当时，许多学者主要从人类的心理状态和社会环境两个角度考察语言的起源问题，出现了许多人类约定学说的观点。

【讲课】40

18世纪法国的卢梭（J. J. Rousseau, 1712-1778）在提出感叹学说以后，又提出公约学说，认为语言最初是人类经过详细考虑以后互相约定形成的。这就明确认识到了语言的社会性。但是，人类在没有语言的情况下又怎么进行详细考虑呢？很有可能是在多次试验失败以后，在许多种约定结果被逐渐淘汰以后，留下一种长久稳定的约定结果。

（2）示意的手势和语言的前身

德国的冯特（W. M. Wundt, 1832-1920）认为手势是人类的原始语言，人类先用手势表达思想，然后用声音表达感情。

前苏联的马尔（H. Я. mapp, 1864-1934）认为，语言只是发展中的一个阶段，它的前期是手势语。他认为人类在劳动的时候，用手接触事物会产生各种姿势，这些手的姿势就成为语言符号，开始在劳动的同时使用，后来分离出来专门用于交际。

很有可能，手势和身势在没有语言以前成为一种重要的交际工具。正如人类没有文字以前用结绳子、串珠子、画图画记录事情一样。甚至在简单的原始语言时期，手势仍然在语言交际中起重要的配合作用。但是，不能把手势与声音表现的语言相提并论。手势是一种交际工具，对语言的起源有功能上的启示，但是与语言的形式没有直接的联系。也许人们在比较中发现声音比手势更加适合做表达复杂思想的交际工具。

（3）示意的声音和词语的形成

18世纪法国启蒙运动的哲学家提出声音感叹学说，认为人类最早的词就是感叹词。他们发展了古代希腊伊壁鸠鲁（Epikurus）关于语言从感情冲动的叫唤起源的观点，试图从人的感情表露来说明人类语言的起源。卢梭认为，热情引起最初的声音，

最初 的 语言 是 充溢 着 热情 的 歌唱 的 语言。孔迪雅克（E. B. de Condillac, 1714-1778）也 认为，由于 感情 冲动，发出 "呸呸" 等 叫喊，并且 伴随 手势，后来 这种 叫喊 就 成了 语言。

18 世纪 德国 的 赫德尔（J. G. Herder, 1744-1803）在 前人 的 基础 上 提出 声音 模仿 学说，认为 人类 利用 自己 的 领悟 能力 能够 从 无数 打动 心灵 的 感觉 中，选择 声音 进行 模仿，把 它 变成 词。例如，羊 有 许多 打动人 的 方式，但是 最 打动人 的 是 羊 的 "咩咩" 的 叫声，因此 对 这种 叫声 的 模仿 就 成了 它 的 名称。现在 的 高等 动物 能够 发出 各种 叫喊，就是 一种 语言。所以 "当人 还是 动物 的 时候，就 已经 有了 语言"[①]。

19 世纪 70 年代 西欧 语言学家 诺瓦雷（L. Noiré）提出 类似 的 劳动 叫喊 学说。他 主张 从 原始 人类 在 生活 劳动 中 伴随 发生 的 劳动 号子 来 说明 语言 的 起源。例如，e-he-yo，这种 声音 反复 多次，就 成了 词语，"heave（拉）、haul（拽）" 等 就是 这样 产生 的。

这些 学说，已经 接近 语言 形式 的 本质。特别 是 对 客观 事物 的 声音 的 模仿 已经 摆脱 了 人类 感叹、叫喊 的 本能。人类 自己 发出 的 声音 和 自然界 的 声音，对 人类 采用 声音 做 语言 的 基本 形式，无疑 是 有 启发 作用 的。甚至 许多 词 是 在 这些 声音 的 直接 刺激 下 产生 的。不过，它们 仍然 不能 从 宏观 上 说明 语言 起源 的 原因 和 条件。

有人 否定 这种 学说 的 价值，认为 语言 的 拟声词 不多，而且 同一 声音，在 不同 语言 中 摹拟 的 结果 会 有 很大 的 不同。例如，公鸡 的 叫声，可以 是 cock-a-doodle-doo（英语），cocorico（法语），kikeriki（德语），chichirichi（意大利）。其实，同样 的 客观 声音 在 不同 的 民族，不同 的 人，甚至 同样 一个 人 的 不同 情况 下，都 会 产生 不同 的 模仿 结果。这 是 很 自然 的。

（4）劳动 进化 学说

系统 的 语言 起源 动力 研究 是 在 辩证 唯物 主义 诞生 以后 出现 的。恩格斯 的 《自然 辩证法》 和 《家庭、私有制 和 国家 的 起源》 两部 著作 从 理论 和 方法 上，突破 了 过去 的 局限，吸收 了 过去 的 经验，提供 了 解决 这一 问题 的 基本 理论 和 途径，并且 解决 了 许多 具体 问题。

我们 可以 把 劳动 进化 学说 的 观点 概括 成 以下 3点：

第一，语言 的 起源 与 人类 社会 的 起源 紧密 联系。

人类 从 高度 发达 的 猿人 进化 出来。在 从 猿人 到 人 的 转变 过程 中，人类 的 祖先 经历 过 十分 严酷 的 自然 的 考验。在 大约 300 万年 以前 的 远古 时期，由于 生产力 的 水平 十分 低下，变化 不定 的 自然 力量 和 出没 无常 的 毒蛇 猛兽 对 人类 的 生存 构成 了 极大 的 威胁。因此，人类 的 祖先 不得不 结成 大大小小 的 群体。人类 生存 的 社会化 为 语言 的 产生 和 使用 提供 了 基础。

第二，语言 在 思维 的 后面 产生，语言 产生 以后 与 思维 互相 促进。

在 严酷 的 自然 条件 下 进行 生产 和 生存 斗争，我们 的 祖先 不仅 需要 在 体力 上，而且 需要 在 智力 上 做出 巨大 的 努力。科学 表明 人类 在 漫长 的 进化 过程 中，到了 四 五万 年 以前 的 旧石器 时代 晚期，才 开始 出现 用 声音 表达 的 语言。这 以前 的 几百万 年，人类 用 手势、呼叫 等 手段 完成 一定 的 信息 交流 任务，使 思维 能力 具有 一定 的

---

① [德国] 赫德尔. 论 语言 的 起源 [M]. 北京: 商务 印书馆. 1999. 2.

基础，也为复杂的语言系统的产生提供了智力上的准备。语言产生以后又极大地促进思维的发展。思维发展了，又促使语言更加完善。

第三，劳动决定了语言产生的必要性和可能性。

劳动必然促使社会成员的关系更加密切，使他们之间相互帮助和共同协作的机会增加。这样，每个人都清楚地意识到共同协作的好处，这些正在形成中的人，已经到了相互之间必须说出什么的地步了。这就形成了语言产生的必要性。

人类的语言能力包括抽象思维能力，灵活的发音能力和灵敏的听音能力。由于站立行走，手和脚的分工，人类可以用眼睛和耳朵等敏锐的感觉器官感受和认识客观事物。由于把吃生食物的习惯改变成吃熟食物的习惯，人类的饮食质量得到提高。这样就加速了大脑的发展，同时反过来促使人的各种器官的完善。站立行走使肺部和声带受到的压力减小，可以自由调节。同时，原来的声音通道从直线形状变成直角形状。这些都增加了声音产生和变化的生理条件，使人类最终能够发出十分复杂的声音来。在发音器官进化的同时，听觉器官也在声音的反复作用下得到锻炼和发展，成为一套高度灵敏的振动感觉系统。这就给语言的产生带来了可能性。

语言起源的劳动进化学说已经被关于古代人类的考古资料印证。19 世纪末期到 20 世纪初期，考古资料表明：在新生代第三纪末期，人类的远祖——猿人的身体已经获得了直立的姿势，后肢已经变成可以支撑身体的脚。第四纪以后（大约 300 万年以前），人类就开始制造工具了。科学家经过比较，发现了人类在从猿人到有智慧的人的过程中，脑袋容量的增长幅度较大。这表明，在人类出现的晚期，发达的思维能力已经基本形成，给声音语言的产生创造了智力条件。

从生理结构来看，人类现有的发音器官原来与语言无关。早期猿人的肺用来呼吸，喉头、口腔和鼻腔只是呼吸通道，舌头用来品尝味道，牙齿用来吃东西、打架。科学家发现北京猿人和尼安德特人的喉头和口腔的夹角都大于 90 度，口腔里面的各个器官的活动余地很小。到了人类出现的晚期，喉头显著下降，与口腔形成直角，舌根部份自由活动余地也扩大了，整个声道系统从鼻腔单通道进化成鼻腔和口腔双通道。只有在这个时候，人类才有可能发出清晰复杂的声音，产生口语。

7.1.2　文字和书面语的起源

文字的产生导致书面语的产生。所以探讨文字的起源也就探讨了书面语的起源。

（1）文字产生的意义

人类语言是人的标志，几百万年以前地球上有了人类。大约 300 万年以前，有了能够站立的人也就有了语言。大约 30 万年以前，人类有了成熟的语言。这种语言当然是口语。书面语是有了文字以后才出现的事情。近年来，从文献的发掘和整理中，发现文字的产生不会晚于新石器时代早期或者中期，就是大约 8 千年以前就可能出现文字。一般认为成熟的文字大约在 5500 年以前出现。

文字的产生，使人类社会跨越了野蛮时期，进入一个崭新的时代。有文字的 5 千多年人类历史比没有文字的几百万年的漫长历史的进步大得多，几乎无法相比。

今天 在 我们 的 语言 生活 中, 文字 和 语音 一样 重要, 甚至 更加 重要。

(2) 文字 产生 的 原因

在 人类 形成 以后 的 一段 漫长 的 时期 里, 由于 生产力 水平 低下, 社会 规模 不 大, 原始人 每天 的 活动 目标 仅仅 在于 勉强 维持 自身 的 生存 和 种族 延续, 生活 内容 相当 贫乏。在 这种 情况 下, 口头 语言 基本上 能够 满足 日常 直接 交际 的 需要。

但是, 随着 生产力 的 提高, 特别 是 当 畜牧业 与 农业 分工 以后, 人 的 基本 生活 条件 有了 一定 的 保障, 社会 生活 内容 也 逐渐 充实 起来。这样 就 形成 了 与 生产 和 分配 适应 的 生产 制度 和 社会 制度, 积累 了 一定 的 生产 知识 并且 出现 了 一些 朦胧 的 意识 形态。这些 东西 的 继承 和 发展, 仅仅 通过 口头 语言 难以 实现。

另一方面, 随着 人类 社会 组织 规模 的 进一步 扩大, 氏族 发展 成 部落, 进而 出现 了 部落 联盟。他们 之间 在 政治、经济、军事 上 的 联系 越来越 频繁, 为 人类 集体 生活 造就 了 一个 广阔 的 地域 环境。到了 氏族 社会 时期, 口头 语言 已经 不能 满足 社会 生活 发展 的 需要, 人们 呼唤 着 一种 超越 时间 和 空间 的 新 工具, 这 就是 用 文字 表现 的 书面语。

(3) 文字 产生 的 源泉

文字 的 产生 经历 了 漫长 的 摸索 过程。在 文字 出现 以前, 原始人 曾经 采用 过 实物 记事 和 画图 记事 两种 方法。

实物 记事 的 方法 主要 有 结 绳子、串 珠子 等。结 绳子 使用 得 最 普遍。(中国 《易经·系辞》记载: "上古 结绳 而 治, 后世 圣人 易 之 以 书契", 表明 中国 古代 曾经 使用 过 这种 方法 记事) 但是, 这些 方法 只能 帮助 记忆 数目 等 简单、笼统 的 事情。

现代 秘鲁 的 土著人, 中国 的 一些 少数 民族 还 有 结 绳子 记 事情 的 习俗。他们 把 颜色、长短 或者 粗细 不同 的 绳子 并排 地 连接 在 主要 绳子 或者 树干 上, 色彩 不同 的 绳子 表达 的 事情、事物 不同。例如, 黄色 代表 黄金, 白色 代表 白银 或者 和平, 绿色 代表 稻谷, 红色 代表 战争 等。绳子 的 长短 或者 粗细 用来 表示 事件 的 主次, 数目 的 大小。在 绳子 上 打结 表示 数目, 例如 打 一个 结 表示 "十", 打 两 个 结 表示 "一百" 等。每个 地方 还 有 专门 的 官员, 管理 绳子 打结、解释 的 事务。

与 结 绳子 类似 的 方法 还 有 串 珠子。北美 印第安 的 易洛魁人 常常 用 绳子 把 贝壳 串 起来, 用 不同 颜色 的 贝壳 代表 和 区别 不同 事物, 具有 一定 的 传递 信息 的 作用。

这 两种 方法 表达 的 内容 十分 有限, 并且 这种 工具 携带 起来 很 不 方便, 不能 精确 记录 语言。

澳洲 和 非洲 部落 的 通报 信息 的 人 用 木头 刻上 一定 图形, 表示 要 通报 的 具体 事物 的 数目。中国 古代 战争 用 的 信息 符号, 也是 刻 在 木头 上, 也 接近 图画 记录 事情 的 方法。

后来, 人类 采用 了 图画 记录 事情 的 方法。例如, 表现 因纽特 (爱斯基摩) 人 打猎 的 像 连环画 的 记录。内容 是: 他 外出 打猎, 先后 获得 两张 野兽 的 皮, 然后 又 获得 大象, 再 与 伙伴 划船 到 对岸, 在 帐棚 里 过夜。但是, 它 只能 提示 记忆, 不可能 像 语言 一样 表达 意思。因此, 不是 亲身 经历, 又 没有 文字 说明, 很难 看懂。

到 了 近代 和 现代, 有些 民族 仍然 没有 文字, 仍然 使用 图画 表达 意思。例如, 1849 年, 北美 印第安人 奥杰布华 (奇普瓦) 7 个 部落 联名 给 美国 政府 请愿, 这 份 请愿书 就是 用 图画 写 的。

在 "实物 和 图画 记录 事情 的 样品" 图表 中用 7 个 动物 代表 7 个 部落, 动物 之间 的 心 和 眼睛 都 相互 连接 在 一起, 表示 他们 同心同德, 关注 着 后面 的 湖泊, 要求 政府 许可 他们 去 苏必利尔 湖泊 靠 渔业 获得 新 的 生存 机会。没有 背景 知识 的 帮助, 无法 看 出 这个 意思。

实物 和 图画 记录 事情, 虽然 都是 传递 信息 的 方式, 但是 图画 记录 已经 明显 具有 书写 的 性质 和 图形 的 特征, 具备 了 文字 的 物质 形式 基础。所以, 记录性 图画 是 文字 的 直接 源泉, 但是 还 不能 叫做 文字, 因为 它 记录 的 对象 不是 口语, 它 直接 联系 思维。

【图表】实物 和 图画 记录 事情 的 样品

实物 和 图画 记事 样品 图形

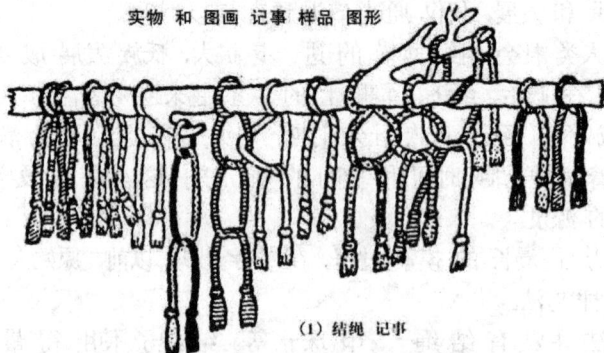

(1) 结绳 记事

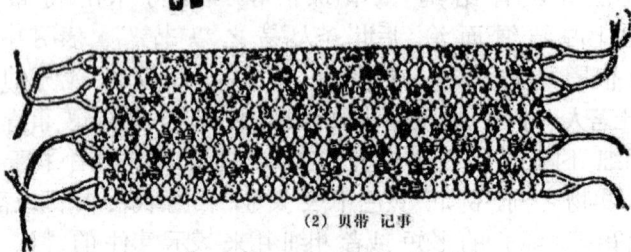

(2) 贝带 记事

(3) 图画 记事 —— 一个 因纽特 人 的 日记

(4) 图画 记事 —— 北美 印第安 人 的 请愿书

(4) 文字 产生 的 标志

在 图画 记录 事情 的 基础 上, 用 图画 代表 语言 中 的 词 或者 语素, 使 它 与 口语 中 一定 的 声音 和 意义 建立 比较 固定 的 联系, 就 形成 了 最 原始 的 文字 —— 图画性 很强

的 表意 文字。这 是 文字 工具 和 绘画 艺术 从 原始 图画 中 分离 的 标志。然后, 做 文字 的 图形 越来越 简化, 与 图画 做 绘画 艺术 的 分工 越来越 明显。

(5) 古老 的 文字

有 4 大 古老 的 文字。大约 5500 年 以前, 生活 在 今天 亚洲 西部 的 伊拉克 一带 的 古代 苏美尔 (sumer) 人 创造 了 世界 上 最早 的 成熟 的 文字, 叫做 钉头 文字 (又 叫做 楔形 文字)。不久, 非洲 北部 的 古代 埃及 人 创造 了 圣书 文字 (Hieroglyphics)。大约 3300 年 以前, 古代 中国 的 汉族 人 创造 了 成熟 的 汉语 文字, 叫做 甲骨文。大约 1700 年 以前, 古代 中美洲 的 马亚 (maya) 人 创造 了 成熟 的 文字, 叫做 马亚 文字。

7.2 语言 发展 的 性质 和 原因

7.2.1 语言 发展 的 性质

语言 发展 指 语言 随着 社会 发展 出现 的 变化, 包括 新 现象 出现, 旧 现象 消失 或者 被 取代。

语言 各个 部份 之间 的 相对 平衡 的 不断 被 打破 和 不断 被 建立 就是 语言 发展 的 基本 过程。

语言 不断 变化。从 宏观 方面 来看, 人类 语言 首先 是 单一 的 口语, 后来 增加 书面语, 后来 又 增加 电子化 的 口语 和 电子化 的 书面语, 后来 又 进一步 网络化。工业化 时代 促使 民族 共同语 的 形成 和 普及, 促使 文字 的 简化 和 书面语 的 普及。从 微观 来看, 各种 语言 有 许多 变化。例如, 西方 的 文艺 复兴 运动, 促使 各个 民族 的 共同语 的 出现, 促使 与 口语 脱节 的 拉丁文 被 各个 民族 新 的 书面语 代替。又 例如, 汉语 语音 简化, 导致 增加 词 的 长度。

【讲课】41

20 世纪 的 中国, 虽然 比 西方 国家 从 封建 社会 比较 晚地 醒悟 过来, 但是 人们 没有 泄气, 而是 在 五四 运动 的 推动 下, 积极 促使 汉语 使用 效率 的 快速 提高, 为 加快 国家 进步 的 速度 创造 语言 条件, 于是 汉语 现代化 成为 汉语 发展 的 时代 使命, 时代 唤醒 了 汉字 的 简化 和 整理, 唤醒 了 汉语 表音 文字 的 设计, 唤醒 了 汉语 共同语 普通话 以及 跟 它 对应 的 书面语 白话文 的 确立 和 规范。

语言 是 一个 完整 的 系统。在 一定 时间 和 空间 中, 语言 处于 一种 相对 稳定 和 平衡 的 状态。但是, 语言 中 的 各个 要素 经常 进行 内部 调整, 造成 局部 系统 的 变化, 通过 组成 部份 之间 的 连锁 反应 与 调整, 又 促使 整个 语言 系统 发生 变化。

没有 一个 人 能够 亲身 经历 语言 发展 的 全部 过程。那么 我们 怎么 知道 语言 的 发展 呢? 我们 通过 书面 文献、活 的 方言 和 亲属 语言 等 材料 来 考察。由于 语言 发展 不 平衡, 所以 方言 和 亲属 语言 通过 空间 方式 一定 程度 地 反映 出 语言 的 时间 变化。

在 语言 发展 中, 一般 旧 要素 和 新 要素 之间 的 交替 有 连续性, 不会 过了 很久 再 倒退 回去。但是 世界 上 有 一种 语言 在 消亡 了 一千 多年 以后 再次 奇怪 地 获得 新生,

这 就是 希伯来语。

希伯来语 在 公元前 11 世纪 就 有 了，到 了 公元 2 世纪 希伯来 口语 逐渐 消失，但是 用 希伯来 文字 记录 的 希伯来 书面语 继续 使用 着。 19 世纪 后期，犹太人 在 以色列 重新 定居 以后，迫切 需要 复活 一种 民族 共同语。口语 已经 死去 只是 留下 书面语 的 希伯来语 正是 在 这种 情况 下 获得 全面 的 新生。希伯来语 现在 已经 成为 以色列 的 国语，使用 人 口 超过 300 万。

在 人类 历史 的 发展 过程 中，有 许多 语言 随着 使用 它们 的 民族 的 消亡 而 消亡。 例如，契丹语、西夏语、赫梯语、吐火罗语 等。记录 这些 语言 的 文字 也 就 成 了 死 文字， 没有 人 使用 它们 了。

根据 统计，澳大利亚 有 250 种 语言，北美 有 170 种 印第安语 正在 消亡 过程 中。中国 一些 少数 民族 语言 例如 满语 也 几乎 消失，据说 在 20 世纪 末期 只有 偏僻 边界 上 有 非 常 少 的 老人 会 说。有的 有 消失 的 可能，例如 基诺语 没有 文字，使用 人口 1.2 万，分布 在 中国 云南 西双 版纳 景洪市 的 一个 山区。赫哲族 有 1400 多人，但是 只有 五六十 岁 以 上 的 人 还 能够 说 赫哲语。赫哲语 没有 文字，分布 在 中国 黑龙江 省 同江 县 的 街津口、 八岔 两 个 民族 乡 和 饶河 县 西林子 乡 的 四排村。

有些 古老 的 语言 虽然 没有 完全 消亡，但是 使用 的 范围 已经 极其 狭窄。例如，古典 拉丁语、古典 阿拉伯语 和 梵语 及其 文字 分别 在 天主教、伊斯兰教 和 佛教 的 范围 内 使用， 拉丁语 和 拉丁文 还 在 医学界 使用。

7.2.2 语言 发展 的 外部 原因

语言 发展 的 原因 有 两个：外部 的 社会 原因 和 内部 的 系统 原因。

（1）社会 发展 促使 语言 发展

语言 发展 的 外部 原因 是 社会 发展。社会 推动 语言 发展 可以 分成 3 个 方面：社会 接触 促使 语言 接触，社会 统一 促使 语言 统一，社会 分化 促使 语言 分化。

人类 社会 在 从 低级 到 高级，从 简单 到 复杂，从 落后 到 先进 的 社会 形态 发展 过 程 中，都 要求 语言 不断地 改进 和 完善，符合 交际 需要。人类 认识 能力、思维 能力 的 发展，都 会 影响 语言，并且 推动 语言 的 发展。

公元 1066 年，法国 打败 英国，在 英国 建立 了 法国 的 王朝，法语 成 了 官方 语言， 对 英语 产生 了 很大 的 影响，所以 现在 的 英语 中 有 大量 的 法语 借词。中国 在 汉朝 到 南北朝 期间，出现 "五胡 乱华"，匈奴、鲜卑、羯、羌等 少数 民族 从 北方 进入 中国 中原 地区，这里 的 大量 居民 被迫 迁移 到 南方。他们 从 淮河 流域 到 长江 流域 一次次 移动， 导致 汉语 出现 介于 北方 方言 和 南方 方言 之间 的 特殊 的 江淮 方言、客家 方言。

（2）宗教 文化 传播 在 语言 发展 中 的 特殊 作用

宗教 对 语言 演变 有 重要 的 影响。这里 说 的 宗教 指 有着 严密 体系 的 经典 宗教， 例如 佛教、基督教 等，不是 指 有 巫术 性质 的 原始 宗教。如果 一种 语言 的 使用者 大多 信奉 一种 宗教，这种 语言 就是 有 宗教 支撑 的 语言。在 其他 语言 演变 条件 大致 相同 的 前提 下，一种 语言 有 没有 宗教 支撑，它 的 演变 形式 和 演变 结果 不同。这 是 因为 宗教 在 人类 的 精神 生活 中 具有 重要 地位。

第一，有 宗教 支撑 的 语言 相对 稳定。在 中国 少数 民族 语言 中，有 宗教 支撑 的 藏语、蒙古语、维吾尔语 等 受到 汉语 影响 比较 小，没有 宗教 支撑 的 壮语、白语、侗语、苗语、羌语 等 受到 汉语 的 影响 比较 大。藏语、蒙古语 等 受到 汉语 的 影响 主要 表现 成 借入 了 部份 新词，而 壮语、羌语 等 除 借入 汉语 新词 外，语音 结构 和 语法 规则 也 受到 汉语 影响。比如 侗语 受到 汉语 影响 新 增加 了 送气辅音 音位 /pʰ/、/tʰ/、/kʰ/ 等。羌语 受到 汉语 影响 出现 了 /f/ 音位 和 复元音。同时，羌语 的 词序 也 受到 汉语 影响，从 原来 的 "中心语＋修饰语" 顺序 开始 向 "修饰语＋中心语" 顺序 演变。又 例如，壮语 原来 的 结构 顺序 "中心语＋修饰语"，现在 已经 广泛 被 汉语 的 "修饰语＋中心语" 顺序 代替。

第二，有 宗教 支撑 的 语言 独立性 强，在 演变 中 往往 对 替换 有 抗拒 能力。从 中国 历史 上 曾经 发生 过 的 多次 语言 替换 来看，几乎 所有 与 汉语 产生 密切 接触 的 少数 民族 语言 都 被 汉语 替换 了，例如 匈奴、鲜卑、契丹、女真、满族 等 民族 的 语言。这些 语言 都 属于 没有 宗教 支撑 的 语言。蒙古语 没有 被 汉语 替换，这 是 因为 蒙古族 正好 是 一个 笃信 佛教 的 民族。

目前 中国 境内 的 满语、仫佬语、水语、羌语、白语 等 语言 的 使用 人口 急剧 下降，这些 民族 中 的 许多人 会 说 汉语，有的 甚至 只会 说 汉语。这些 语言 的 使用者 都 没有 现代 宗教，只有 原始 宗教。

第三，有 宗教 支撑 的 语言 往往 有 顽强 的 生命力。犹太人 的 希伯来语 的 复活 就是 一个 典型 例证。这个 世界 语言 历史 上 的 奇迹 说明 除了 政治、民族 意识 等 因素 以外，宗教 因素 非常 重要。

基督教 这种 影响 最大 的 宗教，是 犹太人 在 继承 的 基础 上 创立 的。它 的 经典 《旧约 圣经》 就是 公元前 1200 年 到 公元前 200 年 用 希伯来语 写 的。因此，做 宗教 用语，希伯来语 有 崇高 的 地位。

另外，在 以色列 国家 消亡，希伯来语 的 口语 同时 消失 的 1700 多 年 中，希伯来 书面 语 一直 在 使用，用 希伯来语 写 的 文献，主要 是 宗教 典籍，仍然 在 不断 问世。当然，关键 的 是 希伯来语 的 口语 形式 还 部份 存留 在 宗教 活动 中，比如，犹太人 在 宗教 活动 中 仍然 使用 希伯来语。同时 希伯来语 的 宗教 术语、词汇 已经 成为 全世界 基督 教徒 共同 的 词语，甚至 保留 在 其他 语言 中，例如，"阿门（Amen，诚心 祝愿）、耶和华（Jehoveh，上帝）" 等。可见，宗教 因素 对 希伯来语 的 复活 起了 重要 的 作用。

梵语 也 是 一种 因为 宗教 停留 在 半死亡 状态 的 语言。古老 的 宗教 语言 梵语 目前 尽管 已经 不是 任何 民族 的 母语，口语 形式 也 基本 消亡，但是 书面语 形式 却 完整 地 保存 下来，并且 在 佛教 中 有 崇高 的 地位。

中国 大陆 信俸 伊斯兰教 的 回族 目前 普遍 采用 汉语，这个 事实 表面 上 与 上面 的 情况 相反。然而，这 是 因为 他们 的 祖先 是 在 公元 7 世纪 中叶 以后 从 中亚 迁移 到 中国 的 波斯人 和 阿拉伯人。由于 长期 与 汉族 杂居，最终 采用 了 汉语。与 汉族 明显 不同 的 宗教 信仰 又 使 他们 保留 了 独特 的 民族 文化，在 语言 方面 也 不例外。回族 除了 在 口语 中 保存 部份 阿拉伯语 和 波斯语 的 词语 以外，在 进行 宗教 活动 的 时候 仍然 使用 阿拉伯语。目前，清真寺 仍然 在 按照 《古兰经》 的 标准 语音 和 语法 教 下 一代 宗教 成员 学习 阿拉伯语。

第四，有 宗教 支持 的 语言 一般 有 文字，而且 往往 相同 的 宗教 采用 相同 的 文字。

云南省 11 个 少数 民族 使用 22 种 文字，除了 两种 以外，都 与 宗教 有 密切 关系，而且 掌握 文字 的 人 主要 是 宗教 人员。[①] 印度 和 中国 西藏 宗教 文化 相同，使用 相同 类型 的 文字。欧洲 信奉 天主教 和 新教 的 人 一般 都 使用 拉丁 文字 记录 他们 的 语言，信奉 东正教 的 人 一般 都 使用 斯拉夫 文字 记录 他们 的 语言。中国 新疆 的 维吾尔族 放弃 国家 给 他们 的 语言 用 拉丁 文字 设计 的 音素 文字，重新 启用 用 阿拉伯 文字 设计 的 音节 文字，当然 是 暂时 向 保守 力量 妥协 了，也 可以 说 是 这个 原因。

7.2.3 语言 发展 的 内部 原因

我们 不 应该 把 语言 的 发展 看成 只是 社会 发展 的 简单 反映，人们 无法 完全 用 外部 原因 说明 语言 发展 的 所有 现象。例如 古代 的 希腊语、梵语 在 数 的 范畴 中 都 有 单数、双数、多数 的 区别，然而 现代 的 印欧 语系 语言 中 的 "双数" 都 消失 了，我们 找不到 社会 经济 生活 的 根据。中古 时期 的 汉语 的 "甘" ［*kam］、"鸽" ［*kap］、"割" ［*kat］、"觉" ［*kɔk］，现代 汉语 普通话 分别 读 成 ［kan^5］、［kɤ^{55}］、［kɤ^{55}］、［tɕɥɛ^{35}］，因为 辅音 韵尾 ［-m］［-p］［-t］［-k］ 的 丢失，导致 汉语 音节 结构 发生 了 很大 的 变化，我们 同样 难以 找到 社会 发展 的 原因 来 解释。

这种 原因 只能 从 语言 内部 去 寻找。唯物 辩证法 认为 外因 是 变化 的 条件，内因 是 变化 的 根据，外因 通过 内因 起 作用。

汉语 方言 长沙话，阳去（调值 是 "11"）声调 在 向 阴去 声调（调值 是 "45"）合并。这种 变化 从 20 世纪 到 21 世纪 初期 还是 在 尝试 过程 中。这 需要 把 外部 原因 和 内部 原因 结合 起来 解释。外部 原因 是 受到 推广 普通话 的 影响，内部 原因 是 "阴去" 从 听觉 效果 上 更加 像 普通话 "去声"。这 就 导致 阳去 逐渐 成为 口语 底层 读音，与 变成 阴去 的 外来 表层 读音 相对，更 多地 保留 在 日常 词语 中。也许 有些 情况 是：从 外地 来 的 长沙人 在 学习 长沙话 的 过程 中，由于 自己 的 母语 方言 去声 不 区分 阴去 和 阳去，导致 把 去声 合并。甚至 有 个别人 在 个别 词 中间 发生 与 正常 变化 方向 相反 的 变化，就是 反过来 把 阴去 变成 阳去。例如，2000 年 从 长沙 的 一个 电视 媒体 上，听到 两个 使用 长沙话 的 被 采访 的 人 都 用 了 "告诉" 这个 词，一个 人 说 阴去，一个 人 却 把 应该 说 阴去 的 "告" 说成 了 阳去。

社会 发展 只是 影响 语言 发展 的 外因，语言 结构 体系 内在 的 矛盾性 才是 语言 发展 的 内因。内因 决定 语言 发展 的 具体 方向。

促使 语言 发展 的 内部 原因 主要 有：

（1）形式 与 内容 的 矛盾

任何 事物 的 形式 与 内容 之间 都 存在 矛盾。矛盾 变化 的 结果 是 形式 与 内容 的 暂时 统一。语言 的 形式 和 内容 结合 的 任意性 决定 了 语言 符号 变化 的 可能性。语言 就是 在 这种 "矛盾 对立——矛盾 统一——矛盾 对立" 的 斗争 过程 中 不断 发展 的。这种 矛盾 使 形式 与 内容 之间 的 关系 发生 变化。

当 一个 分支 系统 发生 变化 的 时候，就 可能 导致 系统 关系 的 调整，促使 别的 分支 系统 发生 相应 变化。例如，现代 汉语 中 出现 大量 双音节 的 词 与 古代 汉语 语音 系统 的

---

①王 春德 等. 中国 少数 民族 语言 文字 使用 和 发展 问题 [M]. 北京：中国 藏学 出版社，1991.4.

简化 有关, 同时 大量 合成词 的 产生 又 促进 了 词法 的 发展。

虚词 一般 都 是 从 实词 转化 出来 的。虚词 产生 的 方式, 一个 是 实词 虚化, 一个 是 实词 分化。例如 汉语 的 "了、着、第、老、儿、头" 等 是 从 实词 分化 出来 的。结果 不但 使 词汇 系统 发生 变化, 而且 使 汉语 语法 发生 变化。"了、着" 的 出现, 使 汉语 动词 产生 了 体 的 范畴, "第、初" 等 词缀 的 产生 大大 丰富 了 汉语 的 构词 手段。

词尾 "们" 的 产生 大约 在 10 到 11 世纪。上古 时代 人称 代词 单数、复数 采取 同一 形式, 没有 数 的 范畴, 汉朝 以后, 使用 "属、曹、等、辈" 等 词汇 成份 来 表示 多数。"们" 的 产生 不仅 增加 了 一个 语法 成份, 使 语法 系统 发生 变化, 而且 也 使 词汇 发生 变化。在 词汇 中, 人称 代词 有了 复数 的 形式, 出现 "我们、你们、他们"。指称 人 的 一般 名词 都 有了 复数 的 形式, 例如 "同学们、朋友们、先生们、女士们、同胞们、战士们、工人们" 等。

古代 英语 像 拉丁语 一样, 是 一种 屈折语, 拥有 复杂 的 变格、变位 系统, 现在 已经 大大 简化 了。在 这个 变化 过程 中, 词尾 的 消失 具有 决定 作用, 词尾 的 消失 又 是 语音 弱化 和 脱落 的 结果。英语 词尾 的 元音 到 中古 时期 除了 现在 分词 以外, 都 已经 弱化 成 [ə], 到了 现代 英语, 连 这个 [ə] 也 丢失 了, 语音 的 变化 促进 了 语法 的 变化。

英语 "woman (妇女)" 在 中古 是 "wifeman (wifman)", 由于 语音 演变, 原来 的 词素 "wife" 淡化 变成 了 "wo"。毛南语 的 下南话①, 指示 代词 有 两组6个, 其中 做 主语 和 宾语 的 两个 从 单音节 变成 了 双音节, 语法 手段 从 内部 曲折 变成 了 外部 附加:

这: nai¹¹² (定语), tu¹¹²nai¹¹² (状语), cai¹¹²—→ci¹¹²nai¹¹² (主语 和 宾语)

那: ka⁴⁴ (定语), hau¹¹²ka⁴⁴ (状语), ca⁴⁴—→ci¹¹²ka⁴⁴ (主语 和 宾语)

(2) 子系统 内部 相关 成份 的 矛盾

语言 各个 子系统 中 的 所有 成员 都 有 互相 依存 又 互相 制约 的 对立 统一 关系。新 成员 出现, 旧 成员 消失, 都 会 引起 系统 内部 的 有关 成员 重新 调整 关系。

例如, 古代 汉语 中 表示 陈述 语气 的 助词 "矣", 被 "了" 取代 的 直接 原因 是: 动词 "了 [liau]" 发生 分化, 分离 出 助词 "了 [lə]", 而 "了" 与 "矣" 斗争 的 结果 是 "了" 占 了 上风。

在 中古 汉语 中, 第三 人称 代词 曾经 有 过 "伊、渠、他" 3 个 形式。"伊" 的 广泛 使用 大约 从 东晋 开始, 一直 到 唐朝。"渠" 从 西晋 开始, 唐朝 广泛 使用。人称 代词 "他" 大约 从 唐朝 开始 使用。在 唐朝 以前, "他" 做 不定 代词, 表示 "别的" (例如, "王 顾 左右 而 言 他") 本来 "伊、渠" 在 六朝 到 唐朝 那个 时期 是 常用 的 形式, 自从 "他" 发生 变化, 也 用来 指称 第三 人称 以后, 就 跟 "伊、渠" 发生 了 生存 竞争, 结果 前者 渐渐 地 取代 了 后者。到了 宋朝, 由于 "他" 在 口语 中 更加 普遍 地 应用, "伊、渠" 已经 很少 见到。到了 现代, 只有 一些 南方 方言 中 还 用 "伊、渠", 而 普通话 只用 "他" 不用 "伊、渠"。

有时 系统 内部 的 一个 成份 的 变化, 往往 带动 相关 成份 的 变化。例如 汉语 "东北" 原是 表示 方位 的, 后来 有了 指代 "东北 三省" 的 意义, 因而 促使 "西北、西南、东南"

---

①马 学良 主编. 语言学 概论 [M]. 武汉: 华中 理工 大学 出版社, 1981.177.

等 也 都 获得 了 新 的 意义，变成 了 地域 名词。哥伦布 发现 美洲 新 大陆 以后，人们 把 美洲 叫做 "西 印度"，结果 原来 的 印度 就 有 了 "东 印度" 的 说法。把 西方 国家 叫做 "西洋" 以后，日本 就 有 了 "东洋" 的 名称。

（3）方言 与 民族 共同语 的 矛盾

方言 与 民族 共同语 我们 在 后面 会 专门 讨论。它们 的 矛盾 也 会 促使 语言 发展。

方言 会 对 民族 共同语 产生 影响，提供 新 的 活力。例如，"搞、尴尬" 这些 词 都 是 从 地域 方言 中 进入 普通话 的，"结晶、镀金、硬件、软件" 这些 词 都 是 从 社会 方言 进 入 普通话 的。民族 共同语 更加 会 影响 方言 的 发展，例如 "爸爸、妈妈" 这些 词 已经 在 逐渐 取代 汉语 各种 方言 中 意思 相同 的 特殊 词语。

方言 与 民族 共同语 谁 的 影响 力量 大，这 就 要 看 民族 共同语 推广 和 普及 的 力度。

（4）口语 与 书面语 的 矛盾

我们 在 说 口语 与 书面语 的 关系 的 时候 说过：口语 是 书面语 的 基础 和 源泉。语言 的 发展 要求 书面语 与 口语 基本 保持 一致。否则，就 会 出现 矛盾，要 通过 书面语 改革 解决 这个 矛盾。中国 废除 旧 的 书面语 文言文，欧洲 废除 旧 的 书面语 拉丁文 都 是 这个 矛盾 发展 的 结果。关于 书面语 改革 我们 后面 会 专门 讨论。

7.3 语言 发展 的 规律

7.3.1 语言 发展 的 普遍 规律

语言 发展 的 规律，是 在 语言 发展 过程 中 代表 着 一定 的 必然 趋势 的 语言 现象 之 间 的 本质 联系。

语言 发展 的 规律 跟 语言 发展 的 原因 不同。语言 发展 的 原因 指 推动 语言 发展 的 力量，语言 发展 的 规律 指 语言 发展 的 方向。

语言 发展 的 规律，有的 属于 个别 语言，是 个别 规律，有的 属于 许多 语言，是 普遍 规律。

语言 随着 社会 的 发展 而 发展。这 是 语言 发展 的 一条 总 规律。语言 发展 还有 下面 一些 普遍性 的 规律：

（1）渐变性 规律

语言 发展 的 渐变性 规律，是 说 语言 的 发展 只能 逐渐 进行，通过 新 要素 的 逐渐 积 累 和 旧 要素 的 逐渐 衰亡 来 实现。

语言 是 在 世世代代 不断 流传 和 学习 的 过程 中 发展 起来 的。新 旧 交替 的 时候，人们 的 交际 不能 中断，因此 新 的 要素 的 产生 和 旧 的 要素 的 衰亡 辩证 地 联系 着，新 旧 成份 必然 有 一个 长期 并存 的 过程。

做 交际 工具 的 语言，与 社会 生活 有 十分 密切 的 关系，不能 总是 变动 甚至 出现 大 幅度 的 变动。这样 变动 不但 没有 必要，而且 也 不 可能。特别 是 语言 的 基本 词汇 和 语 法 结构 不 允许 有 很 突然 的 变化。

但是，另一方面 随着 社会 的 发展，日益 增长 的 交际 需要 又 不断 地 促使 语言 发生变化, 把 任何 一种 现代 语言 和 它 的 古代 状况 加以 比较, 都 可以 看到 明显 的 差异。假如 我们 能够 打开 收音机 收听 到 30 世纪 我们 的 后代 的 广播, 也许 会 以为 听到 了 外语。

稳定 和 变化 这 两个 对立 的 要求 都 是 由 语言 做 交际 工具 的 性质 决定 的, 所以 语言 的 演变 只能 采取 渐变 的 方式, 不 允许 突变。比如, 英语 从 一种 比较 典型 的 综合 语 变成 带有 分析语 特点 的 现代 英语 是 经历 了 1000 多 年 的 漫长 岁月 才 完成 的。

有人 把 语言 看成 上层 建筑, 认为 在 社会 革命 的 同时 可以 进行 "语言 革命", 这 就 违背 了 语言 发展 的 渐变性 规律。斯大林 说 那种 主张 语言 爆发论 的 人, 像 十月 革命 以后 主张 要 挖掉 沙俄 时代 留下 的 铁路 的 人 一样 可笑。白俄罗斯 独立 以后, 要 取消 俄语 做 国语 的 地位, 在 经过 两年 实践 以后 证明 不可行。

(2) 不平衡性 规律

语言 发展 的 不平衡性 规律 是 说 语言 的 各个 组成 部份 及其 内部 的 不同 成份 的 发 展 速度 不 相同。

语言 体系 中 各个 组成 部份 与 社会 发展 的 联系 不 完全 相同。在 书面语 和 口语 中, 口语 直接 联系 日常 生活, 所以 口语 比 书面语 发展 得 快。

在 语言 的 不同 部门 中, 词汇 发展 速度 最快, 语法 发展 速度 最慢, 语音 在 中间。词汇 对 社会 发展 的 反应 最 灵敏, 变化 也 最 快。社会 生活 中 新 事物 的 产生, 旧 事物 的 消失, 人们 观念 的 改变 等, 这些 随时 都 在 语言 的 词汇 中 得到 反映, 出现 词汇 从 语音 形式 到 语音 内容 的 变化。

在 词汇 中, 一般 词汇 变化 快, 基本 词汇 变化 慢。因为 基本 词汇 反映 交际 中 最常用 的 基本 概念, 它 不 能够 发生 大 的 变化, 否则 就 会 妨碍 交际。

语言 中 几万 个 词 都 是 通过 有限 的 语音 形式 表达 出来 的。一种 语言 靠 几十 个 音位 的 排列 组合 完全 能够 满足 创造 新词 的 需要。即使 词汇 发生 急剧 的 变化, 也 不会 对 语音 系统 产生 明显 的 影响, 不会 很 快 带来 影响, 所以 语音 不会 随着 词汇 的 发展 而 发生 迅速 的 变化。

语法 的 发展 速度 最慢, 它 的 稳固性 甚至 比 语音 还 要 强, 因为 有些 词 虽然 消失 了, 但是 语法 规则 在 许多 其他 词语 中 存在。

不同 语言 或者 同一 语言 的 不同 方言 的 发展 也 不 平衡。社会 越 进步, 社会 发展 速 度 越 快, 社会 交往 越 宽广, 语言 的 发展 速度 也 就 越 快。在 汉语 中, 北方 方言 发展 速度 比 南方 方言 快。在 南方 方言 中, 中心 地区 的 方言 比 边远 地区 的 方言 发展 速度 快。这样 就 使 语言 的 时间 发展, 在 空间 上 得到 投影。语言学家 能够 从 方言 中 找到 一 种 语言 的 古代 影子, 结合 书面 材料 构拟 已经 消失 的 古代 语言。

(3) 补偿性 规律

语言 发展 的 补偿性 规律, 指 在 一个 新 的 变化 出现 以后, 语言 系统 内部 的 平衡 状 态 会 被 打破, 同时 系统 又 会 进行 自我 补偿, 从而 达到 新 的 平衡 状态。

如果 往 池塘 里 丢进 一块 石头, 周围 的 水 会 马上 让出 空间, 在 石头 沉 下去 以后, 又 恢复 平静。如果 电梯 中 增加 一个 人, 其他 人 也 会 做出 相应 的 调整。

语言 的 补偿性 说明 语言 有 自我 保护 能力, 它 能够 自我 修复 缺陷、解除 病毒。补偿 性 规律 使 语言 的 形式 得到 充份 利用, 从而 节省 人 的 力气。例如, 法语 元音 被 鼻辅音 同化 成 鼻化 元音 以后, 原来 的 鼻辅音 脱落。

补偿性 规律 的 例子 很多。例如，在 汉语 中，当 "小姐" 从 "资产 阶级 的 臭 小姐" 的 贬义 色彩 消失，扩大 指称 范围 以后，引起 与 它 对应 的 "先生" 的 原有 含义 范围 扩大，尊敬 色彩 的 程度 降低。由于 "小姐" 的 使用 有 年 龄 和 婚姻 的 限制，而 "先生" 又 一般 指 男性，有人 使用 "女 先生" 的 说法，或者 干脆 让 "先生" 不 分 男女 使用。"北京 师范 学院" 这个 名称，把 "学院" 改成 "大学"，就 与 已经 有 的 "北京 师范 大学" 名称 重复，形成 冲突，于是 同时 把 "北京" 改成 "首都" 补偿，叫做 "首都 师范 大学"。许多 县 改成 "市"，于是 用 "县级市、地级市、省级市（直辖市）" 来 补偿 区分 不 同 级别 的 "市"。广西 桂平 人 忌讳 说 "药"，把 "药" 叫做 "茶"，与 "茶" 的 本义 对立，于是 通过 动词 的 不同 搭配 来 补偿 区分，用 "吃茶" 指 "喝 汤药"，用 "饮茶" 指 "喝 茶水"。

在 英语 中 "dear" 有 "亲爱 的、昂贵 的" 两 个 意义，由于 都 是 常用 意义，容易 产生 误会，于是 现在 经常 用 "expensive" 表示 "昂贵 的" 来 补偿。

汉语 的 音节 数量 减少，导致 音系 的 简化，必须 通过 词 的 形式 的 延长，也 就 是 增 加 单 个 词 的 音节 数量 来 补偿。这 叫做 有 得到 必然 有 失去。但是 这里 得到 的 多。这 就 如同 表音 文字 大大 减少 了 单字 的 总数，但是 与 汉字 这样 的 语素 文字 相比，延长 了 记录 一个 单词 需要 的 单字 数量，它们 构成 反 比例 关系。

为什么 汉语 南方 方言 的 单音词 仍然 很多，一些 文言 中 的 单音词 在 一些 南方 方言 中 仍然 活跃？因为 它们 保留 了 比较 复杂 的 语音 系统。就 拿 声调 来 说，南方 方言 一般 有 6 个 到 10 个。如果 把 所有 方言 的 音节 总数 做 一个 统计 和 对比，我们 也许 可以 发 现，一种 方言 音节 数量 越多，单音词 越 多，反过来 音节 总数 越 少，单音词 也 越 少，构 成 正 比例 关系。

英语 在 公元 1500 年 前后 的 大约 200 年 的 历史 中，发生 过 从 中古 英语 向 近代 英 语 变化 的 "元音 大 交替"。其中 两 个 长 单元音 [iː] [uː] 舌位 下降，并且 分别 变成 复元音 [ai] [au]，分别 例如 "mice（老鼠，复数）"，"mouse（老鼠，单数）"；而 剩下 的 长 单元音 [eː] [oː] 舌位 上升，分别 变成 了 [iː] [uː]，分别 例如 "geese（鹅，复 数）"，"goose（鹅，单数）"，填补 了 前面 下降 留下 的 空白。这 好像 一次 房子 大 调 整。这 是 一个 生动 的 音位 补偿 的 例子。①

法语 "chat（猫 的 单数）" 和 "chats（猫 的 复数）" 发展 到 现在 同音 了，都 读 [ʃa]。但是，法语 有 补偿 的 办法，分别 通过 冠词 "le" 和 "les" 区分。

对比 不同 语言 的 区分 意义 的 方式，也 可以 发现 语言 发展 的 补偿性。汉语 用 "哥 哥、姐姐、弟弟、妹妹" 4 个 词 区分 的 对象，英语 用 "brother、sister" 两 个 词 来 区分。英语 要 把 他们 分成 4 类，只好 用 词组 的 方式 来 补偿。汉语 "请 再 说 一 遍" 和 "他 又 说 了 一 遍" 中 的 "再" 和 "又"，在 英语 等 印欧 语系 语言 中 一般 只 用 一个 词，例如 英语 的 "again"。这 是 汉语 对 自己 缺乏 动词 时间 范畴 的 补偿，因为 英语 等 可 以 通过 动词 "说" 的 不同 时态 来 区分。

语言 发展 的 补偿性 规律 还 可以 从 范围 小 一些 的 角度 去 总结，例如 在 有 声调 的 语言 中，都 有 一种 从 闭音节 丰富 到 开音节 丰富 的 演变 过程，这 也许 是 由于 声调 依附

---

① （美国）弗罗姆金，罗德曼. 语言 导论 [M]. 北京：北京 语言 学院 出版社，1994. 320.

在 元音 上面。声调 依附 着 元音,一个 音节 中 元音 后面 的 辅音 被 历史 磨掉 了。为 它 的 丢失 创造 条件 的 是 词形 的 延长,因为 这样 就 得到 了 补偿,不会 因此 影响 语音 形 式 的 区别 能力 的 降低。

补偿性 还 可以 从 词语 的 伸缩性 中 得到 反映。一方面,语言 中 的 词 不断 组合 成 新 的 短语,用来 表达 新 的 概念;另一方面,用 多 了 的 短语 又 经常 压缩 成 词。同时 一些 旧 的 词 会 消失。这 既 是 对 语言 使用者 精力 的 补偿,也 是 对 语言 系统 平衡 的 补偿。 我们 可以 通过 很多 词语 表达 一个 故事,也 可以 把 一个 故事 浓缩 在 一个 熟语 里,例如 "守株待兔、五四 运动"。这 会 使 我们 觉得 语言 非常 奇妙。

(4)类推性 规律

语言 发展 的 类推性 规律 是 个别 现象 的 变化 总会 受到 同 性质 的 多数 现象 的 影响, 并且 向 它 看齐。语言 是 类推性 和 例外性 的 对立 统一。类推性 是 矛盾 的 主要 方面。

类推 要 铲除 例外,例外 也 总是 想 抗拒 类推,它们 像 拔河 一样 较量 着。在 一种 语 言 中 同类 现象 达到 一定 的 数量,就 使 人们 得出 了 规律,规律 又 会 把 原来 不 规则 的 少数 现象 类推 成 多数 现象,方便 记忆。

类推 在 语言 演变 中,使 不 规则 的 规则化。例如,英语 "swell(膨胀)",它 的 过 去 分词 原来 是 "swollen",由于 绝大 多数 动词 是 在 后面 加 "ed",所以 也 类推 成 "swelled"。

古代 汉语 塞音、塞擦音 从 浊音 变成 清音,如果 声调 是 平声 就 变成 送气 的 清音,如 果 声调 是 非平声 就 变成 不送气 的 清音。这 就 是 类推 规律 的 作用。

英语 18 世纪 有 [f] — [v]、[θ]—[ð]、[s]—[z] 3 对 辅音,可是 在 [ʃ]—[ ] 的 对应 中 出现 后面 的 空 位置。由于 类推 的 作用,所以 后来 出现 [ʃ]—[ʒ] 的 对称。英 语 "peas(豌豆)" 本来 是 单数 形式,由于 类推 心理 作用,被 人们 强行 当做 复数 形式, 从而 切除 后面 的 "s",留下 "pea" 做 单数 形式。

非洲 波利尼西亚语 的 被动态 是 在 动词 后面 加 [-ia],后来 由于 动词 主动态 中 词尾 的 辅音 [-t]、[-k]、[-r]、[-h] 的 丢失,但是 被动态 不变。这 就 导致 被动态 标志 重心 分割,出现 了 [-tia]、[-kia]、[-ria]、[-hia] 等 不 统一 的 形式。于是,人们 又 通过 类推 规律 的 作用,选择 [-tia] 代替 其他 形式,做 统一 的 形式。在 类推 的 同时 实现 了 辅音 消失 的 补偿 结果。

有些 类推 只有 使用 频率 造成 的 熟悉 程度 可以 做 道理。例如,汉语 的 "从容" 中 的 "从" 从 读 阴平 到 读 阳平,纯粹 是 因为 后者 常用,可以 说 是 迁就 错误 读音 的 结 果。英语 有 "alcohol(酒精)" 和 "alcoholic(酒鬼)",类推 出 一些 新词 "beeroholic (过份 喜欢 啤酒 的 人)、teloholic(过份 喜欢 看 电视 的 人)" 等。"-oholic" 是 一个 没有 道理 又 有 道理 的 新 语素,是 选取 "alcohol" 中 的 "ohol" 加 "ic" 合成。

类推性 规律 在 语音 发展 中 表现 得 非常 明显。它 使 亲属 语言 特别 是 方言 之间 的 语音 存在 着 整齐 的 对应 规律,并且 可以 概括 成 公式。

但是 在 类推 过程 中 会 有 一些 对抗 类推 作用 的 特殊 现象,使得 语言 发展 中 出现 大量 的 例外 现象。

有 抗拒 能力 的 例外 一般 是 使用 频率 高 的 现象。它 占有 重要 的 语言 地位,人们 必须 掌握,掌握 以后 也 不 很 觉得 它 是 一种 额外 的 负担。例如,"littler,littlest"

这样 的 类推 很难 成功 地 替换 旧 的 习惯 "less, least"。当 类推 和 抗拒 类推 的 力量 相当 的 时候，就会 出现 类似 双语 现象 的 几种 用法 并存 的 局面。例如，英语 的 "who" 和 "whom"，本来 像 "I" 和 "me"，"he" 和 "him"，"she" 和 "her"，"we" 和 "us" 等 的 关系 一样，是 主格 和 宾格 的 区分；但是 由于 "who" 和 "whom" 是 疑问 代词，又 受到 类似 的 疑问 副词 "where、when、how" 的 类推 作用，所以 逐渐 合并 成 一个 "who"，使 "whom" 消失。当然，并存 的 形式 一般 可以 分出 强势 形式 和 弱势 形式。在 语音 演变 中 也有 例外，例如，在 汉语 普通话 中 口腔 辅音 没有 浊音 与 清音 对立，但是 "r" 例外，与 "sh" 对立。

(5) 效率性 规律

语言 发展 的 效率性 规律，也 叫做 "经济 原则"，是 语言 在 发展 中 总是 尽量 想 办法 提高 使用 语言 的 效率。

人类 使用 语言 总是 处在 一种 这样 的 矛盾 中：一方面 想 节省 精力 达到 相同 的 目的，一方面 想 创造 和 采用 陌生 的 手段 提高 信息 刺激 力量。这个 矛盾 的 两个 方面 都 是 为了 提高 语言 效率。不同 的 是 前者 侧重 简化 形式，后者 侧重 强化 内容。如果 朝着 极端 方向 走，前者 会 造成 信息 紧缺，后者 会 造成 形式 混乱。怎样 在 这个 矛盾 中 寻求 最好 的 综合 效益 呢？ 一本 叫做 《超级 妇女》 的 小说 中 说：提高 办事 效率 的 秘密 处方 是，尽量 减少 不 必要 的 事情，不要 铺 桌子 布，不要 用 餐巾，不要 叠 被子。这 确实 对 语言 发展 的 效率性 规律 是 一个 好 比喻 或者 启发。

在 语言 中 你 可以 看到 这样 的 效率 追求：高频 概念 倾向于 短 的 语言 单位 特别是 单音词 表达，低频 概念 倾向于 用 多音词 或者 词组 表达。新 出现 的 概念 总是 利用 熟悉 的 词 构成 词组 表达，例如 "非典型性 肺炎"，由于 当时 病情 严重 又 迅速 传播，这个 词组 的 使用 频率 也 超高，在 几天 中 就 被 缩减 成 新 的 词 "非典"。

语言 中 凡是 使用 频率 高 的 概念，一定 会 在 词 和 词组 中 优先 考虑 用 词 表达，在 单音节词 和 多音节词 中 优先 考虑 用 单音节词。这 就是 用 最 简短 的 形式 表达 最 常用 的 概念，从而 提高 语言 表达 效率。用 这个 原理 可以 解释 "哥哥、姐姐、弟弟、妹妹" 为什么 汉语 用 词 表达，英语 用 词组 表达。

为什么 中国人 除了 掌握 自己 的 方言 以外，还要 掌握 民族 共同语？除了 掌握 民族 语言 以外，还要 尽量 掌握 英语 这种 国际 通用 的 语言？从 语言 发展 的 角度 来看，这 是 不是 一种 浪费 呢？我们 应该 计算 一下 综合 效益 和 动态 效益，才能 回答。

假如 在 中国 古代 有 100 个 人，只能 有 条件 让 2% 的 人 学习 书面 共同语。由于 没有 口头 共同语，只能 选择 古代人 用 的 文言文 做 书面 共同语，每人 花 50 公斤 的 力气 学会。假如 到了 20 世纪 的 中国，有 条件 让 80% 的 人 学习 口头 共同语 和 书面 共同语，每人 用 70 公斤 力气 学会 了 普通话 和 白话文，学习 文言文 仍然 只 需要 每人 花 50 公斤 的 力气。那么，计算 一下，是 花 50 公斤 力气 还是 花 70 公斤 力气 的 效益 高 呢？很 明显 70 公斤 获得 的 是 两份 效益，而且 使 80% 的 人 获得 这些 效益。这 就是 为什么 要 废除 文言文 的 效率 原理。

人们 经常 说 文言文 的 词 比 白话文 的 词 简短，所以 文言文 更加 精练。这种 说法 正确 吗？很 明显 这种 看法 非常 片面，只 看到 了 表面。因为 文言文 在 它 产生 的 那个 时代 是 与 当时 复杂 的 语音 系统 配合 的。文言文 中 的 词 在 当时 读 出来，一般 都 可以 用

不同 声音 区分。用 现代 汉语 语音 读,那些 声音 不同 的 词 许多 同音 了,虽然 汉字 仍然 可以 对 它们 进行 视觉 区别。因此,白话文 的 词 建立 在 简单 的 语音 系统 的 基础 上。我 们 在 语音 上 获得 了 效益,不能 再去 责备 在 词 的 长度 上 付出 的 一定 代价。只有 明白 这个 道理,我们 才能 端正 合理 使用 现代 汉语 的 态度。

7.3.2 语言 发展 的 个别 规律

每一 种 语言 都会 有 自己 的 个别 发展 规律。下面 主要 结合 汉语 介绍 语音、词汇 等 方面 的 几 条 发展 规律。

（1）汉语 语音 腭化 规律

在 从 中古 汉语 到 现代 汉语 普通话 的 语音 发展 过程 中,舌面后 辅音 和 舌尖前 辅音 因为 受到 高元音 [i] 或者 类似 的 半元音 [j] 的 影响 而 变成 舌面前（中腭）辅音。这 是 汉语 语音 腭化 规律。

在 中古 汉语 中 出现 在 [-i] [-i] [-j] [-jw] 前面 的 [k] [kʰ] [g] [x] [ɣ] [t] [s] [tsʰ] [dz] [s] [z] 演变 成 了 现代 汉语 的 [tɕ] [tɕʰ] [ɕ]。例如,"己"[ki] ⟶ [tɕi], "缺" [kʰjwei] ⟶ [tɕʰyɛ],"杰" [giəp] ⟶ [tɕiɛ],"悄" [tsʰiæu] ⟶ [tɕiau],"宵" [siau] ⟶ [ɕiau] 等。我们 可以 在 现代 汉语 方言 中 找到 变化 的 痕迹。

（2）汉语 音节 末尾 辅音 消失 规律

中古 汉语 音节 的 辅音 韵尾 [-p, -t, -k] 随着 入声 调位 的 消失 而 消失。加上 [-m] 与 [-n] 的 合并,现代 北京话 音节 的 辅音 韵尾 只 剩下 [-n, -ŋ] 两个,凡是 中古 用 [-p, -t, -k] 结尾 的 闭音节,现代 北京话 一律 变成 开音节,中古 用 [-m] 结尾 的 变成 现代 北京话 用 [-n] 结尾,北京话 闭音节 大大 减少 了。不过 广州话 等 南方 方言 仍然 保 留。

在 9 到 14 世纪 的 法语 中,在 单词 末尾 的 [-n] 出现 丢失,导致 前面 的 元音 变成 鼻化 元音。在 伦敦 英语 中 [-t] [-k] 变成 了 [-ʔ],例如 "Good night" 中 最后 一个 音素。这 说明 这里 也 有 丢失 的 倾向。

（3）汉语 浊音 清化 规律

浊音 清化 是 中古 汉语 到 近代 汉语 声母 发展 中 的 一条 重要 规律。浊音 清化 规律 的 主要 内容 是:

第一,全浊 塞音、塞擦音 声母 一律 变成 同 部位 的 清音 声母,其中 在 平声（包括 阴平 和 阳平）音节 中 变成 同 部位 的 送气 清音,在 仄声（包括 上声、去声 和 入声）音节 中 变 成 同 部位 的 不送气 清音,简单 说 就是 平声 送气 仄声 不 送气。例如 中古 全浊 声母"b （并）"古代 读 平声 今天 读 阳平 的 语素 的 声母 是 送气 的 pʰ（盆,贫,袍,皮,平）; 古代 是 去声、上声、入声、今天 读 去声 等 的 语素 的 声母 是 不 送气 的 p（倍,步,别, 白,拔）。同样,古代 的 d（定）现在 分别 读 tʰ（台,屯,谈,亭,唐）和 t（电,但,杜,道, 弟）; 古代 的 dz（从）现在 分别 读 tɕʰ（前,才,从,情,秦）和 tɕ（咋,在,疾,自,匠）。

第二,全浊 擦音 声母 一般 变成 同 部位 的 清擦音,没有 送气 和 不送气 的 区别。

语音 演变 的 规律 受到 种种 条件 的 制约。比如 上面 说 的 浊音 清化 过程,平声 音节 中 的 浊音 变成 送气 清音,仄声 音节 中 的 浊音 变成 不送气 清音,这是 受 声调 的 制约。 浊音 清化 只是 全浊 声母 清化,并不 包含 次浊 声母,因此 次浊 声母 "泥 [n],明 [m],来

[l]，日[ȵ]”等 没有 清化。

语音 规律 是 具体 音系 在 一定 历史 时期 的 产物，它 还 受到 时间 和 空间 的 制约。在 一定 时期 的 一种 语言 或者 方言 里 起 作用 的 语音 规律，到 了 别的 情况 中 就 可能 不 起 作用。中古 汉语 全浊 声母 清化 过程 在 13 世纪（元朝）基本 完成，而“日”母 转 化 成 与 [ʂ] 相对 的 浊音 [ʐ] 是 在 13 世纪 以后 出现 的，因此 [ʐ] 不 再 清化。这 就是 为什么 现代 汉语 普通话 中 只 存在 一 对 清浊 相对 声母 的 原因。

浊音 清化 规律 在 北方 方言 以及 其他 许多 方言 中 都 是 有效 的，但是 在 吴方言 和 湘方言 里 不 一定 起 作用。这 两种 大 方言 里 的 一些 小 方言 全浊 声母 至今 仍然 保留 着，没有 清化。例如 上海话：“报（古代 帮母）” [pɔ^{34}] “抱古代 并母” [bɔ^{13}] 不 同音，里面 有 清浊 不同 也 有 声调 不同。这些 方言 中 的 一些 即使 清化，变化 规律 也 不 相同。例如 浊音 清化 后，长沙 方言 一律 不 送气，南昌 方言 一律 送气。

（4）汉语 双唇音 变 唇齿音 的 规律

上古 汉语 音系 中 有 双唇音“帮”[p]，“滂”[pʰ]，“并”[b]，“明”[m] 一 组，没有“非”[pf]，“敷 ”[pʰf]，“奉”[bv]，“微”[ɱ] 这 组 唇齿音（轻唇音），这 就 是“古代 没有 轻唇音”的 定律。“非”组 从“帮”组 中 分化 出来。

引起 这种 分化 的 条件 是，凡是 出现 在 jw-，ju-开头 的 韵母 前面 的 双唇音 声母 都 变成 唇齿音。现代 汉语 普通话 的 唇齿音 [f] 就是 从“帮、滂、并”里 分化 演变 出来 的。请 看 以下 例子：

中古——→唐朝 末年 以后——→现代

“非” [*pjwəi]（帮母）——→[*pfəi]——→[*fei]

“敷” [*pʰju]（滂母）——→[*pʰfu]——→[*fu]

“奉” [*bjwioŋ]（并母）——→[*bvoŋ]——→[*voŋ]——→[fəŋ]

古代 没有 唇齿音 声母，我们 可以 从 许多 方言 中 找到 根据。现在 普通话 读 [f] 声 母 的 音节 在 许多 方言 里 仍然 读 双唇音 [p]，[pʰ]。例如 厦门话 的“房 [paŋ^{24}]、分 [pun^{44}]、芳 [pʰaŋ^{44}]、肥 [pui^{24}]”，福州话 的“肥 [pui^{52}]”，梅州话 的“肥 [pʰi^{12}]”，衡山话 的“浮 [pʰou^{11}]”。

（5）汉语 声调 演变 规律

现代 汉语 普通话 声调 的 阴平 和 阳平，分别 来自 中古 汉语 平声 的 清音 声母 和 浊音 声母。中古 汉语 的 上声 音节，凡是 属于 全浊 声母 的 在 现代 汉语 普通话 中 都 是 读 去 声，例如“杜、舅、辨、是”。中古 汉语 的 入声 音节，都 分化 到 其他 声调 中 了。入声 分 化 的 规律性 不 强。一般 说来，属于 全浊 声母 的 在 现代 汉语 普通话 中 都 是 读 阳平，例如“蝶、直”；次浊 声母“m，n，l，r”和 零声母 的 音节 现代 读 去声，例如“力、密、日、易”。

（6）汉语 词形 双音节化 的 规律

词形 双音节化 的 规律 是 古代 汉语 主要 是 单音节 词，在 现代 汉语 普通话 中 变成 了 主要 是 双音节 的 词 的 现象。这个 变化 表面 看 起来 降低 了 语言 效率，浪费 了 表达 意 思 的 时间。其实，我们 得到 的 是，表达 意思 的 语音 系统 比 古代 汉语 简单 了 很 多。这 种“浪费”只是 对 我们 得到 的 收益 的 一种 必要 的 投资。

词形 双音节化 的 原因 是 什么？一方面 主要 是 音系 简化 的 矛盾 结果，另一方面 也 是

汉族 对偶 心理 的 反映。汉族 习俗 讲究 好事 成双,汉语 的 对联 是 成双 的。"昌平 县、周恩来",可以 分别 简称 成 双音节 的 "昌平、恩来";但是 "达县、朱德" 一般 不能 这样。

词形 双音节化 的 原理 是 什么? 为什么 古代 汉语 单音词 多? 现代 汉语 双音词 多。我们 多次 谈过 这个 问题 的 其他 方面。现在 我们 从 排列 组合 的 数学 关系 来看。假如 古代 汉语 有 "A, B, C, D" 4 个 音节,有 "①, ②, ③, ④" 4 个 词,这时 每个 词 有 一个 音节 表达,是 平衡 的。但是,到 了 现代 汉语 中,语音 简化,只 有 "A (=C), B (=D)" 2 个 音节 了,词 的 数量 没有 减少,这样 平衡 被 破坏 了。于是,我们 采用 组合 方式,把 "①, ②, ③, ④" 4 个 词 分别 叫做 "AA, AB, BA, BB",平衡 又 恢复 了。

(7) 新词 产生 的 规律

新词 产生 的 方式 有 3 个:第一,直接 创造;第二,从 方言、外语、古语 中 借用;第三,从 多义词 中 分化。新词 产生 的 条件 是:必要性 和 明确性。否则 是 生造 的 词。本来 有 一个 现成 的 词,就 没有 必要 创造 新词。新词 和 旧词 发生 冲突,就 出现 词义 不 明确。无论 英语 还是 汉语,新词 的 产生 与 新字、新 音节 的 产生 没有 必然 联系。

(8) 词义 发展 规律

词义 发展 规律 是 词义 随着 认识 的 进步 和 交际 需要 的 新 变化,原来 具有 片面性 的 词义 进一步 广泛化,原来 具有 笼统性 的 词义 进一步 精确化,原来 的 词义 侧重 这个 方面 转变 成 侧重 那个 方面。它们 分别 形成 了 词义 变化 的 3 种 方式:扩大、缩小、转移。

(9) 文字 的 反作用 规律

文字 的 反作用 规律 是 文字 在 服从 口语 的 前提 下 可能 对 口语 产生 一定 程度 的 反作用。14 世纪 瑞典 的 语言 中 丢失 的 词尾 音素 "d",例如 "ved (木材)、und (狗)、blad (叶子)" 后面 的 "-d",后来 由于 文字 上 的 保留,导致 这个 音素 的 恢复。英语 元音 后面 的 "-r",例如 "card (卡片)" 消失 以后,到 了 20 世纪 40 年代,在 美国 纽约 又 从 保留 这个 音素 的 方言 中 扩散 开来。这 是 因为 文字 的 保留 为 声音 的 恢复 提供 了 潜在 条件。汉语 的 "十字架" 这样 的 词语 是 在 汉字 作用 下 产生 的。汉语 多音字 的 语音 统一,例如,"从 (~容)" 统一 读 "从 (~来)",也 是 文字 对 语音 的 反作用。

7.4 语言 发展 的 途径

7.4.1 语言 接触

民族 的 接触 导致 语言 的 接触。说 不同 语言(包括 不同 方言)的 人 经常 在 一起 交往,促使 不同 的 语言 相互 影响,这 就是 语言 接触。正如 人 和 人 的 接触 会 产生 朋友、婚姻 关系。语言 和 语言 的 接触 也 会 促使 语言 之间 发生 相似 关系。这 是 两种 语言 具有 相似性 的 一条 不可 忽视 的 途径。正如 人 和 人 通过 婚姻 产生 有 血缘 关系 的 后代,语言 通过 接触 和 变化 也 可以 直接 分化 出 不同 的 后代。这 是 形成 语言 亲属 关系 类型 的 基础。

人类 通过 婚姻、移民、外出 工作 等 人口 流动 方式 改变 语言 或者 方言 的 生活 环境。他们 就 会 带着 各自 的 语言 或者 方言 到 另外 一个 地方。这 就 促使 语言 接触。

集体 移民 会 导致 集体 的 语言 保留 在 其他 地方，并且 受到 当地 语言 的 影响。例如，英语 并不 是 美国 土著 民族 一直 延续 下来 的 母语，是 欧洲 集体 移民 带 过去 的 母语。如果 这个 移民 集体 被 一个 大 的 语言 集团 包围，就 形成 语言岛 或者 方言岛。例如，美国 的 唐人 街 就是 英语 包围 汉语 的 语言岛，四川 官话 区域 中 的 湖南话 小区，就是 方言岛。

个人 移民 可能 会 很快 使 原来 的 语言 消失，被 当地 语言 替换。也 有 个别 人 到 死 也 不 放弃 原来 的 语言，只是 学会 听 懂 当地 的 语言。

语言 接触 的 突出 表现 是 产生 双语 体制，有 文字 的 语言 还 有 可能 产生 双文 体制。

7.4.2 双语 体制

双语 体制 (bilingualism)，又 叫做 双语 现象，是 语言 使用者 交替 使用 多于 一种 语言 或者 方言 的 语言 生活 模式。一般 是 除了 使用 母语 以外，还 使用 其他 的 语言 包括 方言 做 日常 交际 工具。我们 把 双语 体制 中 的 语言 使用者 叫做 双语人。相应 地，使用 一种 声音 代码 的 模式，叫做 单语 体制。

双语 体制 的 作用 是：第一，它 是 语言 复杂 的 社会 中 必要 的 交际 体制。因为 说 不 同 的 语言 的 人 在 没有 共同语 又 能够 听懂 对方 语言 的 情况 下，要 交往 就 必然 说 各 自 的 母语。即使 有 共同语 也 会 由于 跟 不同 人 交往 使用 不同 的 语言。第二，它 是 语 言 走向 统一 的 必然 过程。双语 体制 为 语言 竞争 提供 了 机会，那些 强势 语言 必然 会 逐渐 取代 弱势 语言 成为 共同语，使 语言 走向 统一。第三，它 也 可能 引起 语言 的 局部 分化。因为 在 互相 影响 的 过程 中，由于 发展 的 不 平衡，导致 一种 语言 出现 不同 的 变 体。

双语 体制 的 存在 与 发展，是 现代 社会 开放 和 发展 的 需要。目前，中国 的 经济 活 动 空前 活跃，长期 存在 的 封闭 的 经济 格局 被 迅速 打破 了，大量 的 农民 走出 家园，到 其他 地方 去 打工，做 生意，必然 会 促使 双语 生活 发展。根据 报道，20 世纪 中国 改革 开放 初期，湖北 有 个 村子 的 农民 到 外地 做 生意，没有 过 几天 就 跑 回来 了。原因 就 是 听不懂 外地 的 汉语 方言，外地人 也 听不懂 他们 说 的 汉语 方言，生意 无法 做。因此，村子 里 的 领导 做 了 一个 决定：全 村子 的 人 都 学习 普通话。后来，这个 村子 成为 一个 双语 体制 的 村子，村民们 成 了 双语人。

7.4.3 双语 体制 的 类型

双语 体制 从 发展 的 角度 来看，可以 分成 稳定性 双语 体制 和 不稳定性 双语 体制。在 稳定性 双语 体制 中，两种 声音 代码 都 有 稳定性 的 母语 地位。例如，在 加拿大 的 蒙特利 尔 社区 的 成员 从 小学 到 中学 在 法语 学校 上学，但是 上 大学 和 到 大 的 社区 工作 以 后 还要 学习 和 使用 英语。在 不 稳定 的 双语 体制 中，一种 强势 语言 会 逐渐 取代 一种 弱势 语言 做 母语。例如，通过 零散 移民 去 美国 的 外国人，开始 由 原来 的 母语 和 英语 构成 双语 体制，后来 原来 的 母语 由于 用途 不 广泛，逐渐 被 淘汰，变成 了 把 英语 做 母 语 的 单语 体制。

双语 体制 从 形成 的 角度 来看 可以 分成：自发性 双语 体制 和 自觉性 双语 体制。(把 民间 出现 的 自发性 的 双语 体制 叫做 双语 现象，有人 把 国家 有意 提倡 和 推动 的 自觉 性 的 双语 体制 叫做 双语 体制) 例如，一些 少数 民族 的 双语 体制 基本上 是 在 跟 汉族 接触 中 出现 的 自发性 双语 体制。自觉性 双语 体制 一般 是 通过 国家 语言 政策 实现。例 如 加拿大 就 实行 英语 和 法语 共用 构成 国语 的 双语 体制。中国 通过 普通话 水平 测试 使 国民 能够 同时 使用 做 母语 的 方言 和 做 共同语 的 普通话。

双语 体制 从 两种 声音 代码 的 性质 来看，有 3 种 表现 类型：第一，语言 和 语言 构成； 第二，语言 内部 的 标准语 和 方言 构成；第三，语言 内部 的 方言 和 方言 构成。

在 中国，汉族 和 少数 民族 杂居 的 地区，当地 的 少数 民族 在 家庭 内部 使用 本民族 语言，在 公共 场合 使用 汉语 或者 另外 一种 共同 的 少数 民族 语言。例如 广西 壮族人、四 川 彝族人 和 贵州 苗族人，除了 说 自己 的 民族 语言 以外，还 基本上 会 说 汉语。云南 德 宏 的 阿昌族人，还会 说 傣语。

在 双语 体制 中，每种 语言 的 具体 表现 往往 是 方言，不一定 是 这种 语言 的 标准语。 这 是 自发性 双语 体制 的 特点。例如 广西 壮族人 一般 同时 说 壮语 和 汉语 粤方言，云南 阿昌族人、白族人 一般 同时 说 自己 的 民族 语言 和 汉语 西南 官话。

7.4.4 双语 体制 的 形成

双语 体制 的 形成 有 两种 途径：生活 环境 和 教育 环境。生活 环境 是 通过 家庭 生活 或者 社会 生活 反复 接触 形成 的 环境。教育 环境 是 通过 学校 的 语言 教育 掌握 一 门 外 国语 或者 外族语 形成 的 环境。

美国 是 一个 移民 国家，许多 移民 在 家庭 内部 使用 本族语，在 公共 场合 使用 英语。 如果 这个 家庭 本身 就是 由 说 不同 语言 的 多民族 成员 构成，那么 在 家庭 内部 就 可能 要 使用 双语。为了 适应 更大 范围 内 人民 之间 越来越 频繁 的 交往 的 需要，许多 国家 的 学校 教育 都 要求 学生 除了 学好 母语 以外，还 必须 至少 掌握 一 门 外语。在 共同语 不 发达 的 国家 中，为了 民族 内部 不同 区域 的 交际 需要，还要 教育 学生 掌握 民族 共同语。

随着 发达 国家 经济 的 发展，跨国 公司 的 出现，各国 的 频繁 交往，人们 非常 需要 一 种 国际 通用 的 语言。第二 次 世界 大战 以后，英语 使用 的 领域 和 地域 越来越 大，使用 的 人数 越来越 多。英语 和 许多 语言 构成 双语 体制。

欧洲 高加索 地区 的 格鲁吉亚人、亚美尼亚人，在 家里 说 本族语，在 公共 场合 说 俄语。 印度 通行 150 多种 语言，主要 有 12 种，其中 印地语 是 印度 的 官方 语言，而 英语 是 "正 式 的 联系 语言"。①

从 个人 角度 来看，只要 生活 在 一个 多 语言 或者 多 方言 的 家庭 中，或者 生活 在 语言 相邻 的 地区，由于 频繁 交往 的 潜移默化 的 作用，人们 会 自然 学会 说 另一种 语言， 使 自己 成为 双语人。

从 语言 集团 角度 来看，两个 地域 相邻 的 不同 方言，要 有 一个 相互 都 能 听懂 的 共同 语言，人们 才能 正常 交往。在 没有 民族 共同语 的 情况 下，只有 能够 说 或者 听 对 方 方言，才能 顺利 交际。如果 大多数 人 都 成为 双语人，那么，这个 地区 也 就 变成 双语

---

① [美国] 肯尼思·卡兹纳. 世界的语言 [M]. 北京：北京出版社，1980. 343-345.

区 了。广东 省 惠州 市 和 汕尾 市 基本上 从 使用 一种 方言 变成 了 使用 两种 方言。① ②
惠州 市 和 汕尾 市 原来 分别 说 客家话 和 闽南 方言 的 福佬话,现在 分别 发展 成为 使用
粤方言 与 客家 方言 的 双语 体制 和 使用 粤方言 与 闽南 方言 的 福佬话 的 双语 体制。深
圳 市 原来 主要 说 客家话,现在 加入 潮州话 和 普通话。普通话 比 粤方言 在 这里 更加 有
影响,这 与 外来 人口 的 构成 比例 有关。

地位 不 一致 的 方言 之间,一般 来说,地位 低 的 方言 使用者,会 主动 学习 地位 高
的 方言。例如 在 湖北 省,把 咸宁话、阳新话 做 母语 的 人 主动 地 学习、使用 武汉话。在
广东 省,母语 是 潮州话、客家话 的 人 主动 学习 和 使用 广州话。因为 武汉话 和 广州话 都
是 省会 所在 城市 的 方言,地位 高。当然 语言 和 方言 的 地位 也 在 不断 变化。随着 广东
省 珠江 三角洲 经济 的 腾飞,粤方言 对 全国 其他 方言 包括 普通话 产生 了 重要 影响。例
如,迷你裙、雪柜、拍档、水货、电饭煲、娱乐圈、洗手间、靓女、打工、炒鱿鱼、冲凉 等 词语
不断 扩散。

7.4.5 中国 的 双语 体制

中国 不同 语言 或者 方言 构成 的 双语 体制 有6种 类型:

第一,汉语 普通话 与 汉语 方言。主要 分布 在 广大 的 汉语 方言 区域 的 城镇 或者 高
文化 人口 中。随着 普通话 的 持续 教学 和 普及,这种 范围 还 会 进一步 扩大。

第二,汉语 普通话 和 少数 民族 语言。主要 分布 在 少数 民族 地区 的 城镇 或者 高 文
化 人口 中。例如 内蒙古、新疆、西藏、云南、贵州、广西 等 地区 的 城镇 的 少数 民族 干部
和 教师,一般 除了 说 本族 母语 以外,还 说 汉语 普通话,当地 的 部份 汉族人 也 能够 说
或者 听 少数 民族 语言。

新疆 伊犁 的 哈萨克语 和 汉语,喀什 的 维吾尔语 和 汉语 构成 双语 体制。当地 的 少数
民族 在 家庭 内部 使用 本 民族 语言,在 与 其他 民族 交际 的 时候 常常 使用 汉语。政策
上 鼓励 汉族 和 少数 民族 互相 学习 对方 语言。

喀什 主要 的 少数 民族 是 维吾尔族,还有 柯尔克孜族、哈萨克族 等 少数 民族。开会 方
式 有 两种。第一,分 两 个 会场,维吾尔族人 的 会场 用 维吾尔语,其他 少数 民族 和 汉族
的 会场 用 汉语。第二,都 在 同一 会场,先 用 汉语,然后 再 用 维吾尔语 进行 翻译。可见,
居住 的 一个 民族 的 成员 越 少,使用 外民族 语言 的 需要 越 强。

第三,少数 民族 方言 与 汉语 方言。主要 分布 在 汉族 跟 少数 民族 相邻 或者 杂居 的
地区。这些 地区 的 少数 民族 除了 说 本民族 方言 以外,部份人 还 会 说 当地 的 汉语 方
言,例如 新疆、青海、宁夏 和 内蒙古 的 少数 民族 说 的 基本上 是 西北 官话,云南、贵州、
四川 和 广西(部份)的 少数 民族 说 的 基本上 是 西南 官话,海南 的 少数 民族 说 的 基本
上 是 闽南 方言 中 的 海南话。

第四,汉语 方言 与 汉语 方言。这种 情况 在 方言 交界 的 地方 常见。在 湖南 南部 的

---

①傅 雨贤. 惠州 客家话 吸收 粤语 成份 探索 [A]. 陈 恩泉 主编. 双语 双方言 (3) [C],香港:汉学 出
版社,1994.

②潘 家懿. 开放 以来 汕尾市 语言 的 变化 [A]. 陈 恩泉 主编. 双语 双方言 [C]. 广州:中山 大学
出版社,1989.

永州 和 郴州 就是 汉语 官话 做 区域 共同语 和 汉语 土话 构成 大面积 的 典型 的 双方言 地区。在 深圳 汉语 几种 大 方言 都 有，它 的 语言 状况 简直 是 全国 语言 状况 的 缩影。

第五，少数 民族 语言 与 外国 语言。主要 分布 在 中国 边境 的 少数 民族 地区，例如 内蒙古、新疆、西藏、云南、广西。随着 中国 边境 跟 相邻 国家 的 经济、文化 交流 的 加强，加上 传统 关系，双语 使用 会 越来越 频繁。

第六，汉语 与 外国 语言。目前 虽然 还 没有 形成 地区性 的 双语 体制，但是 在 一些 领域，例如 教育、科技、经贸、外交 等 领域，能够 用 外语 跟 外国人 直接 进行 交际 的 中国人 越来越 多，汉语 与 英语、汉语 与 俄语、汉语 与 日语 等 双语 体制 模式 实际上 已经 存在，并且 会 不断 扩大 范围。

7.4.6 中国 的 双文 体制

双文 体制 是 使用者 交替 使用 多于 一 种 文字 的 文字 生活 模式。一般 来说，双语 体制 中 的 语言 只要 有 文字 一般 会 伴随 双文 体制。

狭义 的 双文 体制 是 同一 种 语言 采用 多种 文字 的 体制。这 会 在 文字 发展 不 成熟 的 阶段，或者 在 文字 改革 过程 中 出现。例如，朝鲜 在 从 借用 汉字 到 改革 成 自己 创造 的 表音 文字 的 过程 中，很长 一段 时间 两种 文字 同时 使用。朝鲜 半岛 北部 汉字 放弃 得 比较 快，南部（韩国）到 现在 还 使用 少量 的 汉字。日本 是 采用 两种 文字 混合 使用 的 方式。中国 一些 少数 民族 在 改革 旧 文字 的 过程 中，也 出现 新 文字 和 旧 文字 同时 使用 的 现象。

从 汉语 来说，如果 普通话 同时 采用 表意 体制 的 现行 汉字 和 表音 体制 的 未来 的 表音 汉字 做 书写 形式，就是 双文 体制。目前 汉字 是 法定 文字，汉语 拼音 还 不是 法定 文字。在 汉语 表音 文字 没有 出现 的 情况 下，现在 已经 普遍 使用 的 汉语 拼音[①] 做 汉字 的 助手，也 在 一定 程度 上 跟 汉字 构成 了 双文 体制。

中国 实施 现行 汉字 与 汉语 拼音 并用 的 制度 有 什么 好处? 第一，给 汉字 提供 注释 语音 的 工具，促进 汉语 方言 区域 的 人 学习 普通话，促进 其他 民族 和 外国 的 人 学习 汉语。第二，在 汉字 不 方便 的 领域，例如 信息 处理 领域 代替 汉字 为 汉语 服务。第三，养成 表音 文字 观念，为 最终 把 汉字 改革 成 表音 文字 打下 基础。尽管 由于 中国 社会 发展 历史 的 情况 特殊，表意 汉字 会 在 相当 长 的 时间 做 法定 文字 使用，它 最终 还是 要 走 世界 文字 共同 的 方向。

7.5 语言 发展 的 方式

语言 发展 方式 有：

（1）整体 发展 方式

整体 发展 方式 可以 分成 3种：语言 借用，语言 混合，语言 替换。

（2）个体 发展 方式

---

① 2000 年 国家 语言 法律 规定："初等 教育 应当 进行 汉语 拼音 教学"，汉语 拼音 方案 是 "国家 通用 语言" 的 "拼写" 工具。

个体 发展 方式 是 语言 的 具体 部门 或者 其中 的 具体 成员 的 发展 方式,可以 分成 4 种:原有 成员 的 改变,新 成员 的 出现,旧 成员 的 消失,新 旧 成员 的 替换。其中 原有 成员 的 改变 又 分成 3 种 方式:功能 的 扩大,功能 的 缩小,功能 的 转移。其中 新 成员 的 出现 分成 2 种 方式:内在 发生,借用 发生。①

古代 汉语 这种 宾语 在 动词 前面 例如 "唯 你 是 问" 的 语言 顺序,在 现代 汉语 中 变 了。古代 英语 "施事+受事+动作"(他 我 打)比 "施事+动作+受事"(他 打 我)的 语言 顺序 还 多 一些,现代 英语 也 只 留下 后者 了。

7.5.1 语言 借用

语言 借用 是 语言 之间 局部 地 吸收 外来 成份。它 包括 民族语 与 方言、方言 与 方言 之间 的 借用。语言 的 借用 一般 从 语言 的 基本 单位 词 开始。借用 过来 的 词 必须 受到 它 从属 的 语音 系统 和 语法 系统 的 制约。有的 经过 磨合 被 永久 接受,有的 可能 是 暂时 的,很快 又 被 更加 适合 的 词 淘汰。

(1)借词

借词 是 从 其他 语言 或者 方言 系统 中 借用 词。这 是 最 常见 的 语言 借用 现象,是 一种 语言 对 另一种 语言 最 简单 的 影响 任何 一种 语言,在 与 别的 语言 接触 的 过程 中,要 向 别的 语言 借用 一些 它 本来 没有,而 社会 生活 的 发展 要求 它 必须 有 的 词语。对于 永久 借用,是 一种 语言 资源 共享 行为。对于 暂时 借用,是 一种 语言 资源 应急 行为。

【讲课】43

汉族 在 历史 上 很早 就 向 其他 民族 借用 词语。例如,"葡萄、石榴、玻璃、狮子" 等 是 汉朝 从 西域 借来 的 词。"菩萨、塔、和尚" 等 词 是 汉朝 以后 从 印度 通过 佛教 借来 的 词。"胡同、蘑菇" 等 词 是 元朝 借来 的 蒙古语 的 词。19 世纪 末期 以后,中国 同 西方 各国 在 政治、经济、文化、科学 技术 方面 的 交往 日益 频繁,一批 反映 新 事物、新 概念 的 借词 大量 进入 汉语 里。

借词,可以 从 狭义 和 广义 理解。狭义 的 借词 也 叫做 外来词 或者 音译词,是 语音 形式 和 意义 内容 都 来自 外语 的 词。广义 的 借词 还 包括 意译词。

意译词 是 用 本 民族 的 构词 语素 和 结构 规则,把 外语 里 的 词 的 意义 移植 过来,构成 一个 表示 外来 概念 的 新词。它 是 语言 接触 的 产物,但是 词 的 结构 本身 具有 民族性。意译词 一般 分成 两类:模仿 语素 翻译,模仿 词 翻译。

模仿 语素 翻译,是 按照 外语 词 的 语素 结构 顺序 一个 一个 用 自己 语言 的 语素 对应 翻译。例如:black horse(英语)——黑马;hot spot(英语)——热点;public relationship(英语)——公关(公共 关系);blackboard(英语)——黑板。

模仿 词 翻译 是 按照 外语 词 的 整体 意义 用 汉语 的 一个 词 整体 对应 翻译。例如:television(英语)——电视;penicilin(英语)——青霉素;microphone(英语)——扩音器;telephone(英语)——电话。

---

①李葆嘉. 试论 语言 的 发生学 研究 [J]. 南京:南京 师范 大学 学报, 1994, (1).

　　狭义 的 借词 虽然 可以 叫做 音译词，但是 真正 与 外语 的 词 在 语音 上 完全 相同 的 借词 很少，因为 不同 语言 之间 完全 相同 的 音节 及其 组合 很少。一般 的 情况 是，根据 本族 语言 的 语音 结构 特点，对 借来 的 词 加以 适当 的 改造，使 它们 尽可能 接近 一些。例如 借用 的 外语词 的 音节 没有 声调，汉语 的 音译词 每个 音节 却 都 有 声调。由于 音节 结构 不同，音节 的 数量 也 会 发生 改变，例如 吉普（jeep，英语），英语 是 一个 音节，汉语 是 两个 音节。如果 本民族 语言 中 没有 相同 的 声音，就 用 相近 的 声音 去 代替，例如 "阿司匹林" 从 英语 的 "aspirin [ˈæspirin]" 借用，英语 最后 一个 音节 中 的 闪音 "r [ɾ]" 用 汉语 中 最接近 的 边音 [l] 代替。

　　汉语 的 借词 还 可以 通过 音译 和 意译 综合 起来 的 方式 产生。

　　第一，一半 音译 一半 意译。例如：nen lamp（英语）——霓虹灯；ice-cream（英语）——冰淇淋；Cambridge（英语）——剑桥；New Zealand（英语）——新西兰。

　　第二，全部 音译 再 加 类别 注释。例如：golf（英语）＋球——高尔夫球；ballet（英语）＋舞——芭蕾舞；beer（英语）＋酒——啤酒。

　　第三，音译 和 意译 结合。例如：logic（英语）——逻辑；gene（英语）——基因；cocacola（英语）——可口可乐；mini-（skirt）（英语）——迷你（裙）。

　　值得 注意 的 是 一部份 流传 很久 的 古代 借词，已经 在 汉语 中 生根 发芽，很难 再 意识 到 它们 是 外来词 了，例如 "魔"，来自 梵语，是 梵语 的 音译词，是 梵文 "魔罗" 的 部份 音译。"魔" 进入 汉语 以后，用 它 做 构词 语素 组成 了 一批 新词。例如 "魔怪、魔力、魔术、魔掌、魔杖、恶魔、妖魔、病魔、阴魔、群魔乱舞、妖魔鬼怪" 等。这个 成份 简直 不能 使人 想到 它 是 外来 成份，给人 的 感觉 却 是 一个 地道 的 汉语 成份 了。

　　不过，狭义 的 借词，在 汉语 中 占 的 比重 并不大。像 英语、日语 等 借词 占 词汇 总数 大约 一半。汉语 吸收 借词，表现 出 一种 排斥 单纯 的 音译，接受 意译 的 倾向。借词 经过 意译，就 不再 具有 借词 的 明显 特征 了，这 使得 汉语 中 外来 借词 数量 看 上去 很少。

　　我们 不能 不说，这 与 汉字 有关，因为 汉字 与 其他 有影响 的 文字 格格不入。即使 在 口语 或者 在 书面语 中 强行 借用 了 音译词，也 往往 会 被 汉字 排挤 出去。例如，从 翻译 佛经 一直 到 后来 翻译 西方 语言，大都 采用 意译 的 方式 借用 词语，而且 先用 的 音译词 往往 逐渐 被 后来 的 意译词 代替 了。例如：泥犁耶（梵语 音译）——地狱；檀那（梵语 音译）——布施；优婆夷（梵语 音译）——信女；赛因斯（英语 音译）——科学；德律风（英语 音译）——电话；德谟克拉西（英语 音译）——民主。

　　(2) 语音 成份 和 语法 成份 的 吸收

　　由于 语言 发展 不平衡，语音 成份 和 语法 成份 的 吸收 的 情况 很少。例如，在 汉语 "ga" 和 "ka" 的 音节 中，语素 很少，声调 相同 的 甚至 只有 一个，而且 它们 多半 是 借词 引起 的。例如 "咖啡" 从 英语 中 引进，"尴尬" 从 方言 中 引进。中国 壮语 武鸣话 原来 没有 央元音 [ə]，后来 从 汉语 中 吸收 了 "特别、道德、革命" 等 含有 舌面后 半高 不 圆唇 元音 [ɤ] 的 词，于是 出现 了 相近 的 央元音 [ə]。另外 有人 提出 北方话 的 儿化 可能 是 受到 蒙古语 舌尖 颤音 [r] 的 影响 而 形成 的，因为 历史 上 中国 北方 边境 的 少数 民族 多次 进入 中国 的 北方，极大 地 影响 了 北方 汉语 的 发展。古代 俄语 没有 [f]，后来 因为 借用 希腊语 的 词语 而 有了 [f]。中国 的 景颇语、哈尼语、傈僳语、佤语 等 原来 也 没有 [f]，后来 因为 借用 汉语 的 词 而 有了 [f]。

在 汉语 方言 中 出现 一些 语素 有 文读 和 白读 的 语音 分化，往往 是 语音 借用 的 结果。白读 是 固有 的 语音 形式，文读 是 受到 普通话 或者 其他 有 影响 力量 的 方言 的 语音 的 影响，首先 在 读 书面语 的 过程 中 产生 的。例如，湖南 衡山 方言，"讲,江" 的 声母 白读 是 [k]，文读 [ʨ]，新 的 文读 跟 普通话 完全 一样 了。

语法 成份 的 吸收 主要 表现 在 词序、虚词 以及 词 内部 语素 的 借用 上。例如 纳西语 的 句子 结构 中 原来 只有 "施事＋受事＋动作" 的 词序，但是 由于 受到 汉语 影响 而 吸收 了 汉语 的 "施事＋动作＋受事" 的 词序。广西 龙胜 瑶族 语言 从 汉语 借用 了 连词 [se³³jwen²¹]（虽然）和 [ta:n¹²tsei²³¹]（但是）。俄语 在 发展 过程 中 向 其他 语言 吸收 了 "ист" 等 后缀 和 "архи" 等 前缀。

汉语 原来 说 "百分之五"，现在 可以 说 "5个 百分点"，原来 说 "第五 系列"，现在 可以 说 "系列5"。这 可能 与 英语 的 "five percent、number five" 的 词语 顺序 有关。在 法国 和 德国 的 边界，有 一种 法语 方言 采用 德语 "形容词＋名词" 的 语序，而 法语 的 习惯 是 "名词＋形容词"。

（3）借形

借形 是 直接 照搬 外语 书面语 的 词，文字 和 语义 不变，语音 尽可能 接近。一般 来说，在 文字 形体 系统 一致 的 情况 下，容易 进行。例如，同样 使用 汉字 形体 系统 的 汉语 文字 和 日语 文字，同样 使用 拉丁 文字 系统 的 英语 文字 和 法语 文字，它们 在 词语 方面 相互 借形 就 比较 容易。例如 英语 中 有 大量 的 法语 借词，汉语 中 的 "逻辑、干部、日本" 就是 从 日语 中 借形 的 结果。表意 文字 一般 借形 不 借音，表音 文字 就 可以 两者 兼顾，当然 都要 借用 意义。

在 不同 形体 系统中 进行 借形，一般 具有 临时性，生根 比较 难。例如，在 汉语 中 夹用 英语 词 的 "那就 只好 byebye 了"，"kiss 一下"，"唱 卡拉 ok"。这种 情况 一般 首先 是 在 有 一定 外语 知识 的 层次 中 使用。

中国 的 古典 文学，对于 书面语 历史 不 悠久 的 日本、朝鲜 等 临近 国家 影响 很大。他们 可以 直接 借用 整个 书面语 形式。例如，经过 训练 的 日本人 能够 直接 读 "空 山 不 见 人"。他们 看到 的 是 汉字，但是，心里 联想 到 的 完全 是 日语 的 口语 包括 语音、词汇 和 语法："空 山 人 を（宾语 标志）见 ず（否定）"。

7.5.2　语言 混合

语言 混合 是 语言 之间 吸收 了 大量 外来 成份，以至 难以 区分 彼此 的 发展 现象。它 分成 自然 混合 和 人工 混合。自然 混合 又 分成 洋泾浜 语言 和 克里奥尔 语言[①]。一般 特指 自然 混合 语言 中 的 克里奥尔 语言。

（1）洋泾浜 语言

洋泾浜（Yángjīngbāng）语言，是 在 缺乏 共同语 或者 不懂 外语 的 情况 下，在 当地 民族 语言 和 外民族 语言 接触 中 自然 形成 的 起 临时 作用 的 简单 的 混合 语言。

18 世纪 的 广州，19 世纪 的 上海 出现 过 洋泾浜 语言。"洋泾浜" 本来 是 地名，是 上海 外滩 的 一段，位于 早已 经 消失 的 洋泾浜 和 黄浦 的 两条 河流 会合 的 地方，是 外

---

①石 定栩. 洋泾浜语 和 克里奥尔语 研究 的 历史 现状 [J]. 北京: 国外 语言学, 1995, (4).

国 商人 聚集 的 场所。当地 居民 和 外国人 接触 语言 不能 沟通，这样 他们 不得不 双方 学说 对方 语言。但是 由于 当时 外语 能力 的 低下，只好 双方 做 一些 让步 和 合作，在 当地 上海 人 中，逐渐 形成 了 洋泾浜 英语，是 英语 在 当地 汉语 的 混合 中 出现 的 变种。

这种 现象 不是 中国 特有 的。在 多民族 接触 地区，特别 是 有 商业 往来 的 边境 地区，都 可能 出现 洋泾浜 语言。外国 语言 学者 对 中国 的 洋泾浜 语言 发生 了 兴趣，根据 中国 广州人 说 英语 "business（生意）" 这个 词 的 不 标准 语音，把 这种 语言 叫做 "Pidgin"，所以 洋泾浜 语言又 叫做 "皮钦 语言"。

在 洋泾浜 语言 被 混合 的 语言 中，总 有 一种 占 主导 地位，由 它 提供 大部份 词汇。例如 由 汉语 和 英语 混合 英语 占有 主要 地位 的 语言 叫做 "洋泾浜" 英语。

由 汉语 和 英语 混合 的 "洋泾浜" 英语 有 下面 这些 特点。

① 语音 方面，要 适应 汉语 的 语音 系统。例如 往往 用 "1" 代替 "r"，"room [ruːm]" 读成 了 "[lum]"，"green [griːn]" 读成 了 "[kilin]"。② 语法 基本上 是 汉语 的，打乱 了 正常 的 英语 语法。英语 的 词形 变化 都 消失 了。例如 "two books" 说成 是 "two piece book"，名词 "book" 的 复数 词尾 取消 了，在 数词 和 名词 之间 仿照 汉语 的 语法 特点 加进 了 一个 相当于 "本" 的 量词 "piece"。③ 词汇 主要 来自 英语，个别 的 词 来自 汉语，但是，词 的 数量 不大。例如 "chinchin（招呼、请求）"，"chowchow（吃）" 等 是 两个 常用 的 词，通过 汉语 的 "请" 和 "吃" 重叠 构成。由于 词汇 贫乏，好多 意思 用 拐弯抹角 的 方法 表达。例如 一 艘 三桅 的 双 烟囱 轮船，说成 是 "Three piece bamboo, two piece puff-puff, walk along inside, no can see." 这 句 话 直接 翻译 的 意思 是 "三根 竹子，两 根 扑扑 冒气 的 东西，走路 的 东西 在 里面，看不见"。

洋泾浜 语言 有 两个 发展 前途：第一，随着 外语 人才 的 出现 消失；第二，进一步 发展 成 克里奥尔 语言。

洋泾浜 语言 的 使用 范围 比较 狭窄，用于 和 外国人 交往 的 特殊 场合，只有 口头 形式，没有 人 把 它 做 母语 或者 第一 语言。因此 它 有 可能 随着 社会 条件 的 变化 失去 交际 工具 的 作用，直到 消亡。中国 的 洋泾浜 在 20 世纪 中期 新 中国 成立 以后 就 消失 了。

一个 民族 如果 自己 语言 不能 占领 主导 地位，而且 外语 能力 不能 很快 达到 要求，那么 这种 混合 语言 就 有 可能 发展 成为 这个 民族 的 母语，成为 克里奥尔 语言。

(2) 克里奥尔 语言

克里奥尔 语言 是 在 语言 接触 过程 中 自然 形成 的 永久性 的 混合 语言。"克里奥尔" 的 名称 来自 英语 "creole"，是 "混血儿" 的 意思。例如 英语、法语 等 同 中 美洲、中 非洲 的 当地 语言 混合 形成 的 混合语。

克里奥尔 语言 有 两个 前途：第一，如果 在 一个 社会 的 全体 成员 中 扎根，就会 扩大 词汇，严密 语法，迅速 地 发展，最后 可能 变得 和 其他 语言 同样 完备，有 自己 的 文字 系统 和 书面 语言。第二，由于 外语 的 强烈 影响，逐渐 向 混合 以前 的 外语 回归。例如，牙买加 的 克里奥尔 语言 主要 来自 英语，由于 不断 受到 留 在 那里 的 说 英语 的 人 的 影响，越来越 像 英语 了。

洋泾浜 语言 和 克里奥尔 语言 相同 的 是：都 是 自然 混合语。不同 的 是：洋泾浜 语言 没有 自己 完整 的 体系，缺少 稳固性，使用 范围 狭窄，关键 是 没有 能够 成为 母语；克里奥

尔 语言 经过 混合 以后 形成 了 比较 稳定 的 体系，已经 被 全 社会 广泛 使用，并且 由 孩子们 做 母语 来 学习 和 使用。

洋泾浜 语言 和 克里奥尔 语言 一般 与 17 世纪 开始 的 帝国 主义 的 殖民 扩张 有 关系。所以，很多 有名 的 混合语 是 用 欧洲 语言 做 基础。欧洲人 认为 这是 被 糟蹋 或者 被 污染 了 的 欧洲 语言。

一般 的 民族 交往 同样 会 导致 这种 现象 的 产生，只是 混合 的 比例 或者 程度 不同 而已。从 现实 角度 来看，凡是 使用 几种 语言 的 人们 生活 在 同一 地区，由于 交际 的 需要，往往 要 自然 地 采用 其中 一种 语言 做 共同 的 交际 工具。这种 共同 语言 由于 没有 规范 措施，就 会 发生 变异，成为 一种 混合语。例如 在 中国 汉族 和 其他 少数 民族 杂居 的 地区，就 产生 了 不少 混合式 汉语，叫做 "土 汉语"，主要 分布 在 从 内蒙、宁夏 经过 陕西 东部、青海、四川 西部 到 云南、贵州 的 "语言 走廊" 里。在 这些 地区，他们 采用 汉语 做 主要 的 交际 工具，但是 各族 人民 由于 自身 条件 和 母语 的 影响，加进 了 一些 比 借词 性质 更强 的 非汉语 的 成份。同时，汉族 人民 为了 让 他们 能够 听懂 自己 的 话，也 跟着 学习 这种 混合 汉语。在 这种 汉语 中，"老师" 可以 说 "老时、老死、老四"，汉语 的 复元音 变成 少数 民族 语言 中 的 单元音，汉语 中 的 开音节 变成 了 闭音节。甚至 在 汉语 中 加进 了 少数 民族 语言 的 语法，例如 把 "我 吃饭" 说成 "我 饭吃、饭吃我"，把 "我 想 不起来" 说成 "我 心里 不来"，把 "老乡! 吃饭 没有？" 说成 "老乡! 饭吃 一个 没有？"。

语言 的 混合 不仅 表现 在 不同 语言 之间，而且 表现 在 同一 语言 的 标准语 与 方言 之间，方言 与 方言 之间。现在 很多 生活 在 他乡 的 把 汉语 普通话 做 生活 语言 和 后代 母语 的 人，他们 说 的 普通话 多少 带有 一定 的 混合 语言 的 特点。有人 把 这种 语言 叫做 "彩色 普通话" 或者 "彩色 语言"。例如，广东 等 南方 地区 的 人 说 汉语 普通话 就 有 很强 的 方言 色彩，成为 小品 创作 的 好 材料。如果 这种 语言 没有 标准 语言 的 长期 作用，很 可能 会 离 标准 语言 的 距离 越来越 远，发展 成 一种 混合 的 新 方言。

语言 替换 以后，也 会 带上 被 替换 的 语言 的 一些 特征，但是 语言 的 替换 和 混合 不仅 有 数量 的 不同，而且 有 性质 的 不同。

（3）人工 混合语

为了 消除 人类 众多 语言 造成 的 交际 隔阂，于是 有人 创造 了 人工 混合语。公元前 5 世纪 希腊 哲学家 苏格拉底（socrates）就 有 这种 愿望。到 1929 年 为止，人们 共 提出 了 500 多种 方案，比较 成功 的 是 波兰 医生 柴门霍夫（Zamenhof）18 87 年 创造 的 "世界语（Esperanto）"。目前 全 世界 懂得 世界语 的 人数 超过 1000 万。许多 世界 名著 已经 被 翻译 成 世界语，还有 一 大批 直接 用 世界语 写 的 作品。

世界语 的 文字 采用 拉丁 文字，做到 一个 音素 对应 一个 字。单词 重音 都 落在 倒数 第二 个 音节 上。

世界语 的 语法 规则 有 16 条，没有 一条 规则 有 例外。例如，名词、形容词、动词 和 派生 副词 都 有 固定 的 词尾：名词 是-o，形容词 是-a，派生 副词 是-e，动词（不定式）是-i。名词 和 形容词 都 区分 单数、复数，区分 主格、宾格。复数 加-j，宾格 加-n。

世界语 广泛 吸收 欧洲 许多 自然 语言 的 词汇。世界语 的 基本词 很少，但是 通过 转化、合成、派生 等 构词 手段 能够 创造 大量 的 新词。例如 用 词根 san-和 别的 语素 配合 就 得

到 下列 词 sana（健康 的），sano（健康），sane（健康 地），malsana（有 病 的），malsanulejo（医院），resanigi（医治），resanigejo（疗养院），kormalsano（心脏病）等。

因为 世界语 是 在 印欧 语系 的 主要 语言 的 基础 上 加工 创造 的，所以 对于 熟悉 印欧 语系 的 语言 的 人 比较 容易，对于 不 熟悉 的 人 相对 困难。

这种 人造 混合语 虽然 很 科学，但是 缺乏 母语 生命力，没有 谁 把 它 当做 母语 去 学习，所以 它 有 可能 会 像 临时性 混合语 一样 逐渐 消失，只能 是 一种 理想 的 “世界 共同语”。真正 有 可能 变成 现实 世界语 的 恐怕 是 英语，英语 目前 已经 有 了 很强 的 国际性。

7.5.3 语言 替换

（1）语言 替换 的 性质

语言 替换 是 一种 语言 排挤 和 代替 其他 语言 以后 成为 一个 民族 的 新 母语 的 现象。它 是 语言 走向 统一 的 决定性 步骤。这种 现象 是 随着 不同 民族 的 融合 而 产生 的，所以 有人 把 它 叫做 “语言 融合”。语言 替换 的 结果 是 一种 语言 代替 另外 一种 或者 更 多 语言。通常 一种 语言 成为 主体，保留 自己 的 语法 构造 和 基本 词汇，并且 按照 自己 的 发展 规律 继续 发展，另外 一种 语言 就 逐渐 失去 自己 的 本质 而 逐渐 消失。

汉语 在 历史 上 曾经 替换 过 一些 少数 民族 语言。汉族 在 春秋 战国 时期，跟 其他 民族 进行 了 一次 大 融合。西汉 以后，跟 匈奴、鲜卑、羯、氐、羌 等 民族 发生 了 融合。隋唐 以后，又 跟 契丹、女真、满 等 民族 发生 了 融合。随着 汉族 和 其他 民族 的 融合，汉语 就 和 其他 民族 的 语言 发生 了 替换 关系。在 每次 替换 过程 中 汉语 始终 是 主动者，并且 按照 自己 的 发展 规律 发展 下去。

中国 的 蒙古族 大约 有400 万人，由于 分散 居住 等 原因，大约 有100 万人 首先 放弃 自己 的 民族 语言，被 汉语 替换 了。

（2）语言 替换 的 原因

在 语言 替换 过程 中，究竟 哪种 语言 成为 主动者，这 是 由 社会 历史 条件 决定 的。这种 条件 主要 是 指 经济、文化、科学 技术 的 发展 水平 的 高低、人口 的 多少 和 各个 民族 是否 混杂 居住 等。政治 上 是否 处于 统治 地位 并不 是 决定 因素。

在 历史 上，居住 在 中国 西北、东北 的 一些 少数 民族 曾经 相继 进入 汉族人 居住 的 中原 地带 居住，建立 国家，统治 了 汉族，例如 鲜卑族、契丹族、女真族 以及 后来 的 满族 等。但是 这些 民族 的 经济、政治 和 文化 等 比 汉族 落后，要 建立 并且 巩固 在 汉族 地区 的 统治 地位，就 必须 学习 汉族 先进 的 文化。正是 这种 不可 抗拒 的 客观 要求 促使 他们 学习 汉语，放弃 了 自己 的 语言，采用 了 汉语。这样，汉语 在 每次 替换 中 始终 是 主动者。

语言 替换 在 一定 的 情况 下 无法 因为 民族 感情 而 拒绝，因为 拒绝 就 要 落后。也许 语言 的 替换 是 世界 语言 走向 统一 的 唯一 途径，但是 由于 各个 民族 的 文化、心理 等 因素 的 影响，这 将 是 一个 漫长 的 过程。中国 有 句 俗话：“可以 卖 祖宗 的 田，不能 卖 祖宗 的 语言” 可以 说明 这种 困难。只有 当 那些 影响 由于 经济 和 其他 方面 的 发展 被 淡化 以后，人们 才 会 不 自觉 地 走进 那个 统一 的 语言 中。

（3）语言 替换 的 类型

语言 替换 可以 分成：主动 替换 和 被动 替换。

主动 替换 是 在 语言 替换 中，有些 民族 能够 顺应 历史 发展 的 潮流，自觉 放弃 本 民族 的 语言，主动 选择 比 自己 民族 在 经济、文化、科技 发展 水平 高 的 民族 的 语言 做 自己 的 新 母语。例如 鲜卑族 在 中原 建立 了 北魏 王朝，孝文帝 根据 需要，制定 了 一 系列 政策，禁止 说 本 民族 的 鲜卑语，提倡 说 汉语，加速 了 鲜卑族 与 汉族 融合，汉语 替换 了 鲜卑语。

被动 替换 是 因为 经济 和 文化 发展 的 需要，主观 上 不 愿意，客观 上 被迫 放弃 自己 的 语言，采用 发达 民族 的 语言 做 自己 的 新 母语。例如 曾经 在 中原 建立 了 强大 王朝 的 女真族，竭力 避免 被 汉语 替换，金世宗 屡次 告诫 大臣，要求 保持 旧 的 风俗，使用 女真语，不准 说 汉语。但是，这些 政策 并没有 阻挡 住 女真族 与 汉族 的 融合，汉语 最后 替换 女真语。

有些 民族 为了 扩大 自己 的 势力 范围，不顾 其他 民族 的 意愿，强迫 其他 民族 放弃 自己 的 语言 而 使用 他们 的 语言。这种 替换 是 单纯 的 政治 行为，很难 成功。例如，日本 侵略 中国 台湾 和 东北 地区，曾经 强迫 推行 日语，结果 失败 了。但是，如果 政治 因素 与 经济、文化 因素 同步，就 有 可能 发生 被迫 替换。例如，在 英语 的 历史 上，古代 英语 是 古代 日尔曼 部族 入侵 不列颠岛，替换 当地 语言 的 产物。这 是 因为 入侵者 的 语言 在 各 个 方面 占 了 优势，使 当地 居民 发生 了 语言 替换。

(4) 语言 替换 的 过程

语言 替换 的 过程 一般 是：单语 体制——双语 体制——单语 体制。先 在 原有 语言 的 基础 上 出现 双语 体制，然后 一种 新 的 语言 成为 主要 语言，原有 的 语言 成为 次要 语言，最后 导致 一种 语言 代替 另外 一种 或者 多种 语言，完成 语言 的 统一。用来 代替 的 语言 往往 是 一种 共同语。双语 体制 的 出现，是 替换 过程 中 最 重要 的 特征 现象，是 多种 语言 统一 成 一种 语言 必须 经过 的 阶段。

中国 的 满族 在 清朝 初期，还 在 偏远 地区 过 着 奴隶 社会 生活，只 使用 满语 一种 语言。占领 汉族 地区 以后，只能 请 翻译 进行 工作。清朝 中期 汉族 和 满族人 大量地 互相 移民，形成 了 民族 交叉 居住 的 局面，满族人 开始 在 使用 满语 的 同时 使用 汉语，进入 双语 体制 阶段。后来 汉语 的 地位 进一步 提高，满语 只是 家庭 语言，最后 满语 就 完全 被 汉语 替换 了。[①]

在 双语 体制 阶段，必然 会 产生 语言 的 相互 影响。因此，即使 是 替换 的 语言 也 必然 从 被 替换 的 语言 中 吸收 一些 成份 来 丰富 自己。例如，汉语 北方 方言 中，特别 是 东北 方言 中 的 "洛索"（不利落）、"埋汰"（脏）、"喇忽"（疏忽）等 词，东北 的 "哈尔滨、齐齐哈尔"（"哈尔" 是 "河流" 的 意思）等 地名，就 是 满语 遗留 在 汉语 中 的 一些 成份。

---

①戴 庆厦 主编. 汉语 与 少数 民族 语言 关系 概论 [M]. 北京：中央 民族 学院 出版社，1992.223.

7.6 语言 发展 的 方向

7.6.1 语言 统一 和 语言 分化

语言 发展 的 方向 是 统一 和 分化。共同语 是 语言 统一 的 表现，方言 和 亲属 语言 是 语言 分化 的 表现。

语言 的 统一 就是 通过 语言 接触 中 的 双语 体制，使 不同 层次 的 共同语 替换 它 流通 范围 中 的 具体 语言 或者 方言，从而 使 流通 语言 的 数量 越来越 少，直到 统一 成 一种。

语言 的 分化 是 在 语言 接触 过程 中 由于 接触 减少、中断 等 原因，从而 逐步 扩大 原来 相同 或者 相近 的 语言 或者 方言 之间 的 差别，从而 形成 亲属 语言 或者 新 方言。亲属 语言 是 语言 完全 分化 的 表现，方言 是 语言 半 分化 的 表现。

欧洲 的 意大利 半岛 上 曾经 有 许多 不同 的 古代 语言，在 罗马 帝国 的 统一 时代，出现 过 相对 统一 的 拉丁语。后来，随着 社会 的 分化，拉丁语 中 不同 的 方言 又 分化 成 意大利语、法语、西班牙语 等 亲属 语言。

7.6.2 共同语

共同语 是 在 不同 语言 或者 方言 之间 共同 使用 的 语言。共同语 根据 使用者 的 关系 可以 分成 6 种[①]：区域 共同语（区域语），民族 共同语（民族语），族际 共同语（族际语），国家 共同语（国家语），国际 共同语（国际语），世界 共同语（世界语）。狭义 的 共同语 特指 民族 共同语。

共同语 是 语言 走向 统一 的 产物。社会 越 进步，科学 技术 越 发展，经济 越 繁荣，人们 要求 统一 语言 的 愿望 就 越 迫切。但是，语言 要 走向 完全 的 统一 会 受到 各种 因素 的 制约。这 是 一个 漫长 的 历史 过程。在 这个 过程 中，交际 的 需要 就 使得 一定 的 语言 或者 方言 成为 一定 范围 内 的 共同语。

（1）区域 共同语

在 有的 方言 区域 存在着 许多 不同 的 小 方言，其中 有 一种 成为 通用 的 方言，这种 方言 叫做 区域 共同语，简称 区域语。

区域 共同语 一般 是 一定 地区 经济、文化 发达 的 中心 城市 的 方言。例如，吴语区 的 上海话，粤语区 的 广州话，闽语区 的 厦门话 和 福州话 等。不是 用 这种 方言 做 母语 的 人，一般 不会 经常 使用，甚至 不会 学习。

在 有些 区域 中，人们 的 基本 交际 范围，是 自己 的 母语 方言 区域 不能 包括 的。例如 在 农村 赶集 的 范围 内部，如果 方言 复杂 到 相互 听 不懂，就 会 使 区域 共同语 显得 相当 重要，还 会 出现 区域 共同语 和 小 方言 并用 的 双方言 局面。

例如，湖南 南部 方言 复杂，各种 叫做 "土话" 或者 "土谈" 的 小 方言 稠密 地 分布着。但是，与 它们 平行，同时 通行 一种 属于 汉语 北方 方言 的 西南 官话 的 "官话"。这

---

①王 均. 我国 语言 的 功能 分类 和 语言 政策 [J]. 太原：语文 研究，1988，(2).

种 官话 就是 典型 的 区域 共同语，几乎 成为 各个 小 方言 区域 的 人们 的 第二 母语。当然，在 中心 位置 的 城镇 一般 只用 "官话"。这种 官话 也许 就是 通过 历代 北方 官员 说 的 北方话 的 影响，由 本地 方言 和 北方 方言 混合 的 产物。

(2) 民族 共同语

一种 民族 语言 往往 表现 成 多种 方言。在 一种 权威 方言 的 基础 上 逐渐 形成 的 全 民族 通用 的 语言 就是 民族 共同语，简称 民族语。

做 民族 共同语 的 基础 的 方言 就 叫做 基础 方言。究竟 哪 一种 方言 能够 成为 民族 共同语 的 基础 方言？这 要 看 方言 在 社会 中 的 地位，一般 是 整个 民族 政治、经济 和 文化 的 中心 地区 的 方言。例如，英国 的 英吉利 民族 共同语 的 基础 方言 是 中心 城市 伦敦 的 方言。法国 的 法兰西 民族 共同语 的 基础 方言 是 中心 城市 巴黎 的 方言。

汉族 的 民族 共同语 的 基础 方言 用 北京话 做 代表 的 北方 方言。这 是 因为 北京 是 辽、金、元、明、清 等 朝代 的 都城，而且 1000 多 年 以来，许多 重要 的 文学 著作 大都 是 用 北方 方言 写 的。

汉族 共同语 在 中国 大陆 一般 叫做 "普通话"，在 中国 台湾 叫做 "国语"，在 海外 一般 叫做 "华语"，只是 命名 的 角度 不同。

民族 共同语 一旦 形成，就 会 对 方言 产生 强大 的 影响，使 方言 逐渐 向 它 靠拢。例如，中国 不少 地方 的 汉语 方言 都 分 "老派" 和 "新派" 两种。老派 固守 着 原来 的 格局，新派 明显 地 表现 出 向 普通话 靠拢 的 趋势。需要 指出 的 是，汉语 各地 方言 在 向 普通话 靠拢 的 过程 中，走 的 并不 都 是 一 条 直线，它们 往往 首先 向 同一 方言 区域 的 权威 方言 也 就是 区域 共同语 靠拢。然后 随着 这个 权威 方言 再 向 普通话 靠拢。例如，吴 语区 的 各种 方言 都 在 逐渐 地 向 上海话 靠拢，而 上海话 又 在 向 普通话 靠拢。

(3) 族际 共同语

在 一个 国家 内部 的 一些 多 民族 聚居 的 地区 通用 的 语言，叫做 族际 共同语，简称 族际语。

例如 中国 内蒙古 自治区 的 蒙古语，广西 壮族 自治区 的 壮语，新疆 维吾尔 自治区 的 维吾尔语，西藏 自治区 和 青海 玉树、四川 甘孜 等 藏族 自治州 的 藏语 等，它们 在 不同 少数 民族 居住 在 一起 的 地区 内部 就是 族际 共同语。在 汉族 与 其他 民族 交界 的 地区，汉语 往往 也 是 族际 共同语。

有 一些 民族，由于 种种 原因，使用 外 民族 语言 做 本 民族 的 共同语。例如，中国 的 彝族 和 苗族 都 使用 汉语 做 本 民族 的 共同语。为什么？一方面 彝语 和 苗语 内部 方言 差异 较大，不同 方言 区域 的 人 相互 之间 不能 沟通；另一方面，彝族 和 苗族 人民 长期 跟 汉族 人民 和睦 相处，很多 人 都 会 说 汉语。他们 这种 共同语 实际上 是 直接 使用 族际 共同语 做 民族 共同语。

(4) 国家 共同语

在 一个 多 民族 的 国家 共同 使用 的 语言，叫做 国家 共同语，简称 国家语。

其中 最 通用 的 语言 叫做 通用语，代表 国家 形象 用来 唱 国歌 的 语言 叫做 国语，具有 行政 作用 的 语言 叫做 官方语。通用语、国语 和 官方语 在 英国、美国 等 国家 一致。新加坡 的 通用语 是 英语，国语 是 马来语，官方语 有 4 种，还 包括 泰米尔语 和 使用 人口 占 多半 的 汉语（华语）。加拿大 的 国语 有 英语 和 法语 两种。

（5）国际 共同语

在 国家 和 国家 之间 的 交往 中 往往 选择 主要 国家 的 国语 做 通用 语言，这种 语言 叫做 国际 共同语，简称 国际语。

英语、法语、西班牙语、俄语、汉语 和 阿拉伯语 是 联合国 的 6 种 工作 语言，就是 国际 共同语。

事实 上 这6种 语言 的 国际性 不 一样。阿拉伯语 只 在 阿拉伯 半岛 一些 国家 使用。汉语 除了 中国 以外，只 在 新加坡 和 其他 海外 华人 社会 中 使用，但是 它 的 使用 人口 多。随着 中国 经济 实力 的 增强，国际 地位 的 提高 和 国际 贸易 交往 的 加强，汉语 日益 受到 各国 的 重视。俄语 只 通行 在 俄罗斯 和 独联体 的 其他 成员 国家，以及 东欧 的 一些 国家 通行。西班牙语 是 西班牙 和 拉丁 美洲 多数 国家 的 国语，流通 地区 比较 广泛，但是 人口 不 多。法语 是 法国、比利时、加拿大、瑞士、海地、卢森堡 和 非洲 一些 国家 的 国语。

（6）世界 共同语

世界 共同语，就是 全 世界 通用 的 语言。联合国 的 6 种 工作 语言 也 可以 说是 世界 共同语。理想 的 世界 共同语 应该 只有 一种。英语 可以 说 就是 目前 最 具有 这种 地位 的 语言。柴门霍夫 创造 的 "世界语" 只是 一种 没有 生命力 的 人工 创造 的 世界 共同语。

英语 是 英国、美国、加拿大、澳大利亚、新西兰 等 许多 国家 的 国语。它 也 是 联合国 用 得 最多 的 工作 语言，也 被 许多 国际 会议 当做 唯一 的 工作 语言 使用，是 世界 政治、贸易 和 科学 技术 的 主要 用语。所以 英语 是 目前 世界 上 通行 最 广泛 的 语言。几乎 各个 国家 都 把 它 做 第一 外语 推行。在 中国，英语 的 推广 与 汉语 普通话 的 推广 几乎 齐头并进，在 高 文化 层次 中 对 英语 的 要求 甚至 超过 汉语 普通话。以前 大学生 不会 说 汉语 普通话 可以 毕业，但是 没有 通 过 一定 级别 的 英语 水平 测试 却 不能 毕业。这 不 正常，但是 说 明 掌握 国际 共同语 的 重要性。

【讲课】44

在 第一 次 世界 大战 以前，法语 是 世界 上 的 主要 国际语，国际 会议 几乎 都 使用 法语。第二 次 世界 大战 以后，法语 的 地位 随着 法国 的 国际 地位 的 下降 而 下降，但是 目前 仍然 是 比较 重要 的 国际语。

人造 的 "世界语" 是 一种 没有 生命力 的 语言，不能 与 我们 说 的 世界 共同语 相比。

7.6.3 方言 和 亲属 语言

方言 是 一种 语言 在 不同 地区 和 社会 群体 中 的 变体，包括 有 系统 特点 的 地域 方言 和 没有 系统 特点 的 社会 方言。狭义 的 方言 指 地域 方言。

（1）地域 方言

地域 方言 是 一种 语言 在 不同 地区 的 变体。地域 方言 形成 的 原因 很多。在 一个 经济 不太 发达 的 社会 里，说 同一 种 语言 的 人们 生活 在 不同 的 地域，彼此 交往 很少，随着 时间 的 推移，方言 的 差异 就 产生 了。这 就 好像 隐居 的 人，他 的 行为 会 变得 与 众 不同。

地域 方言 的 形成 一般 是 语言 分化 的 结果，不过，有时 语言 的 统一 也 会 产生 新 的 方言。例如，中国 南方 的 一些 少数 民族 在 放弃 自己 母语，改用 汉语 的 过程 中，把

自己 民族 语言 的 一些 特点 带进 了 汉语 里，这 是 造成 汉语 南方 方言 特别 复杂 的 一个 原因。

不同 汉语 方言 区域 的 人 说 的 普通话 带有 一定 方言 特征。汉语 不少 方言 受到 普通 话 影响 分成 "老派" 和 "新派" 两种。这种 "新派" 方言 和 带有 方言 特征 的 普通话，也 可以 说 是 各地 方言 在 向 民族 共同语 靠拢 过程 中 产生 的 新 方言。

地域 方言 的 差异 涉及 语言 系统 的 各个 层面。汉语 方言 之间 的 语音 差异 比较 大。美国 英语 和 英国 英语 在 语音 上 也 有 一些 差异。例如，"dance" 这个 词 美国 读 [dæns]，英国 读 [dɑːns]。

方言 在 词汇 方面 的 差异 主要 表现 在 语义 内容 和 名称 不 一致。例如，汉语 中 的 "玉米"，昆明话 叫做 "包谷"，济南话 叫做 "棒子"，上海话 叫做 "珍珠米"，温州话 叫 做 "包罗粟"，广州话 叫做 "粟米"，潮州话 叫做 "薏米仁"，福州话 叫做 "游天炮"。"人行道" 美国 英语 用 sidewalk，英国 英语用 pavement；"电梯" 美国 英语 用 elevator，英国 英语 用 lift；"秋天" 美国 英语 用 fall，英国 英语 用 autumn。北京话 的 "馒头" 和 "包子"，上海话 都 叫做 "馒头"；北京话 的 "饺子" 和 "馄饨"，昆明话 都 叫做 "饺子"；北京话 "胖" 用来 指 人，"肥" 用来 指 动物，上海话 都 用 "胖"，广州话 都 用 "肥"。

方言 在 语法 方面 也 有 差异。例如，汉语 单音节 形容词 的 重叠，北京话 只能 重叠 一 次，例如 "红红"，"白白"。闽方言 可以 重叠 多次，多 到 5 次，并且 一次 比 一次 表示 的 程度 更 高，例如 "红——红红——红红红"。表示 "有" 的 意思，美国 英语 多 用 动词 Have，英国 英语 多 用 动词 完成 形式 have got。例如，美国 英语 说 "He didn't have any relatives……"，英国 英语 对应 说 "He hadn't got any relatives……"。

方言 随着 社会 的 不同 发展 会 产生 两种 结果：如果 社会 完全 分化 或者 非常 封闭，它 逐渐 变成 不同 的 亲属 语言；如果 社会 高度 统一，它 逐渐 被 共同语 替换。

(2) 社会 方言

社会 方言 是 一种 语言 在 不同 的 社会 群体 中 主要 从 词汇 方面 产生 的 变体。在 社 会 内部，人们 由于 年 龄、性别、职业、阶级、阶层 等 的 不同 而 形成 不同 的 社会 群体。不同 的 社会 群体 在 语言 的 使用 上 带有 各自 不同 的 特征。

社会 方言 和 地域 方言 是 交叉 关系。民族 共同语 和 地域 方言 都 可能 有 社会 方言 的 差别。

例如，17 世纪 法国 贵族 上流 社会 曾经 流行 的 "沙龙 语言"，把 "日历" 叫做 "未 来 的 记忆"，把 "请坐" 叫做 "请 你 满足 这 把 椅子 的 愿望"。沙皇 时代 俄国 的 贵妇 人 使用 的 "客厅 语言"，把 "出汗" 和 "吐痰" 分别 叫做 "用 一下 手帕" 和 "轻松 一下 鼻子"。中国 古代 也 有 "士大夫 语言"，把 "妻子" 叫做 "贱内" 等，把 "行医" 叫做 "悬壶"，把 "信件" 叫做 "鱼雁"。清朝 末期 到 民国 初期，汉语 常州 方言 曾经 分 街谈 和 绅谈 两种。街谈 是 城内 多数 市民 的 言语 形式，绅谈 是 少数 官绅 的 言语 形式。

在 美国 英语 中，黑人 英语 和 标准 美国 英语 有 系统 的 差别。例如，标准 美国 英语 中 的 第三 人称 单数 现在时 动词 后面 的 "s"，在 黑人 英语 中 都 被 删除 了，例如 "He know something（他 知道 什么）"，"He donot know anything（他 什么 也 不 知道）"。在 标准 美国 英语 能够 出现 "he is——▶he's" 这样 的 简缩 形式 的 任何 场合，这个 be 形式

在 黑人 英语 中 可以 被 删除。例如 "he nice（他 是 好人）"，"They working now（他 正 在 工作）"。

　行话 是 一个 行业 内部 的 成员 使用 的 带有 本 行业 特征 的 语言 变体。行话 的 表现 形式 多样，比较 突出 的 是 一些 特殊 用语。随着 社会 的 发展行业 划分 越来越 细。例如，"原告、被告、公诉、自诉、起诉、法人、主犯、从犯" 等 是 法律 的 专门 用语，"硬盘、软盘、主板、驱动器、存储器、内存、外存、字节、点阵" 等 是 电脑 的 专门 用语，"主语、谓语、音素、音位、名词、动词、短语、句子" 等 是 语言学 的 专门 用语。

　过去，理发 行业 的 社会 地位 低下。这个 行业 的 人 为了 有效 保护 自己，又 能够 在 顾客 面前 与 同行 自由 交谈，就 使用 行话。例如 山西 理发 行业 的 行话："理发" 叫做 "磨莣儿"，"剃光头" 叫做 "扯莣儿"，"长发" 叫做 "岳谷"，"分头" 叫做 "偏圪亮"，"刮 耳朵 屎" 叫做 "赶 木耳"，"刮脸" 叫做 "赶 碟子"，"洗头" 叫做 "涮 莣儿"，"推子" 叫做 "磨子"，"剪子" 叫做 "夹子" 等。

　一些 走私、贩毒、流氓 和 盗窃 集团 从事 犯罪 活动，为了 把 丑恶 的 行径 遮盖 起来，他们 都 有 自己 的 一 套 隐语。例如，当今 香港 的 黑社会 把 "警察" 叫做 "花腰"，把 "打架" 叫做 "开片"，把 "吸 鸦片" 叫做 "摆 横" 等。

　不同 性别 形成 的 社会 群体，也 带有 不同 的 语言 特征。例如，在 美国 英语 的 不少 地域 方言 中，男性 和 女性 在 发元音 的 时候 有 不同 特点。发 前元音 的 舌头 位置，女性 比 男性 靠前；后元音，女性 比 男性 靠后；高元音，女性 比 男性 偏高；低元音，女性 比 男性 偏 低。在 北京话 中 存在 "女国音" 现象，就是 有些 女性 把 [tɕi-]，[tɕʰi-]，[ɕi-] 的 音节 读成 [tsi-]，[tsʰi-]，[si-]。这种 现象 主要 出现 在 青年 女性 中，中年 以上 很少 见，男性 基本 没有。这 是 一种 追求 语言 时髦 的 表现。同样 是 骂人 的 话，女性 一般 用 "讨厌、缺德" 等 词语，男性 多用 "混蛋、他妈的" 等 粗鲁 的 词语。在 昆明话 中，谓词 重叠 式 "动词+了+动词"，例如，"肚子 饿 了 饿、脑壳 疼 了 疼" 等，女性 使用 比较 多，男性 很少 使用。

　不同 年龄 形成 的 社会 群体，也 带来 不同 的 语言 特征。在 汉语 地域 方言 中，特别 是 经济、文化 发达 地区 的 方言，一般 都 存在 "老派" 和 "新派" 两种。上海市 城区 方言 的 音系 甚至 可以 大致 分成 老年、中年 和 青年 3 派。老年人 上海话 分 尖团音，声母 27 个，韵母 51 个，声调 6 个，只有 一 部份 老年人 使用。中年人 上海话 不分 尖团音，声母 28 个，韵母 43 个，声调 5 个，使用 的 范围 绝大 部份 中年人，一部份 老年人 和 小 部份 青年人。青年人 上海话 不分 尖团音，声母27 个，韵母32 个，声调5个，使用 的 范围 是 大 部份 青年 和 少年。年龄 的 差异 在 词语 的 使用 上 反映 最为 明显。例如，北京 的 青少年 把 "没 见过 世面 的 人" 叫做 "老冒儿"，把 "没 办法" 叫做 "没 脾气"，把 "关系 好" 叫做 "磁气"，把 "套近乎" 叫做 "套磁"，把 "神聊" 叫做 "神哨"，把 "容易 做 的 事情" 叫做 "小菜儿"，把 "后台" 叫做 "托儿"，把 "不 给 面子" 叫做 "不 开 面儿" 等，这些 词语 老年人 一般 不会 说。

　(3) 地域 方言 和 社会 方言 的 不同

　地域 方言 和 社会 方言 虽然 只是 角度 不同，但是 各自 有 明显 不同 的 特点：第一，地域 方言 有 自己 独特 的 语音、词汇、语法 系统。社会 方言 没有 这些 不同，只是 与 地域 方言 和 标准语 在 词汇 和 惯用法 方面 有 不同。第二，在 发展 趋势 方面，地域 方言 有 可能

275

发展 成为 亲属 语言, 而 社会 方言 不 可能。

社会 方言 的 不同, 使 语言 使用者 面对 不同 社会 身份 的 人 要 进行 不同 的 选择, 地域 方言 的 不同 使 语言 使用者 面对 不同 地区 的 人 要 进行 不同 的 选择 甚至 翻译。

（4）亲属 语言

亲属 语言 是 在 语言 的 分化 过程 中 从 方言 演变 成 的 有 共同 来源 的 不同 的 语言。例如 汉语 和 藏语 都 来自 原始 汉藏语。它 是 方言 进一步 分化 的 产物, 所以 它们 在 基本 词汇 和 语法 结构 方面 保留 着 一些 共同 的 成份, 它们 在 语音 上面 也 存在 着 对应 关系。

有 共同 来源 的 不同 形体 的 文字, 以及 同一 文字 形体 系统 在 不同 语言 中 使用 的 具体 文字, 就是 亲属 文字。

怎么 分辨 两种 有 差别 的 声音 代码 是 两种 不同 的 语言, 还是 同一 种 语言 的 两种 方言 呢? 是否 可以 根据 两种 声音 代码 差别 的 大小 判断, 或者 根据 相互 之间 能否 听懂 决定 呢? 不能。北欧 的 瑞典语、丹麦语 和 挪威语 非常 近似, 3 个 国家 的 居民 可以 相互 沟通 语言, 但是 这 3 种 声音 代码 是 3 种 不同 的 语言。汉语 方言 之间 的 差别 远比 它们 大, 各个 方言 区域 的 人 很难 甚至 不能 相互 听懂 对方 方言, 但是 它们 被 认为 属于 同一 语言。可见 区别 语言 和 方言 不能 光看 本身 的 差异 或者 历史 关系, 主要 看 社会 统一 程度。

汉语 的 不同 方言, 虽然 差别 很 大, 但是 它 不仅 属于 同 一个 民族 的 使用者, 而且 有 共同 的 文字 记录 的 共同 的 书面 语言, 以及 共同 国家 形成 的 共同 的 社会 生活, 所以 它 是 一种 语言。

语言 一般 属于 具体 的 民族, 语言 是 民族 的 重要 标志。使用 瑞典语、丹麦语 和 挪威语 的 人们 分别 属于 不同 的 民族, 因此 这 3 个 民族 说 的 声音 代码 尽管 差别 很 小, 仍然 是 3 种 不同 的 语言。

特殊 的 情况 也 存在。有 的 几个 民族 共同 使用 一种 语言, 有 的 一个 民族 同时 使用 几种 语言。例如 汉族 和 回族 共同 使用 汉语, 而 瑶族 同时 使用 勉语、布努语 和 拉珈语 等。

7.6.4 语言 地理 和 地域 方言 的 形成

语言 地理 是 有 亲属 关系 的 语言 或者 地域 方言 之间 的 区别 在 地理 上 的 表现。语言 地理 的 调查 结果 可以 在 地图 上 用 不同 的 符号 标记 出来, 并且 画成 同言线 来 表示 不同 方言 的 边界。

方言 的 同言线 就是 在 方言 地图 上 把 有 相同 方言 特征 的 一个 个 地点 连接 起来 形成 的 线条。例如, 通过 几十 条 基本 重叠 的 同言线, 从 东边 到 西边 横贯 德国、比利时、荷兰, 可以 分出 北部 的 低地 德语 方言 区域 和 南部 的 高地 德语 方言 区域。

语言 地理 的 分析 可以 帮助 人们 进行 方言 和 亲属 语言 的 划分。还 可以 通过 地理 上 的 不 平衡 来 反映 语言 的 历史 变化, 因为 空间 上 的 不 平衡 往往 能够 体现 时间 上 的 不 一致。

引起 语言 发生 地理 差异 的 原因 有 两个: 一个 是 渐进式 的 自然 扩散, 一个 是 跳跃式 的 移民 隔离。

自然 扩散 对于 反映 语言 连续性 的 历史 变化 更有 作用。那些 分歧 较大 的 小 地区, 可能 是 扩散 的 中心, 也 可能 是 不久 以前 从 不同 地方 来 的 移民 紧挨着 定居 下来 的结果。

　　如果 同言线 与 一种 地理 障碍 基本 一致，说明 同言线 的 扩散 基本 稳定。如果 不 一致，就 说明 正在 进行 扩散，例如 高地 德语 区域 通过 不同 时期 的 对比 调查 发现 一直 向 北方 延伸。地位 重要 的 城市 往往 是 向 外面 扩散 的 中心，许多 同言线 围绕着 它，形成 一个 聚焦 区域。在 不同 聚焦 区域 外围 的 圈子 相交 或者 相切 的 区域，形成 遗迹 区域，其他 区域 的 许多 特征 正在 挤 进来 进行 吞食。

　　在 自然 扩散 中 交通 条件 起 决定 作用。因为 语言 像 疾病 一样，在 交往 频繁 的 地区 流传 得 最快。德语 "usn（'我们' 的 与格 和 所有格 形式）" 从 南方 沿着 莱茵 河 两岸 的 狭长 地带 向 北方 传播，覆盖 北方 使用 "us" 的 区域。[①] 交通 条件 受到 自然 条件 和 行政 区划 的 制约。其中 行政 区划 的 制约 作用 显得 特别 重要。历史 行政 区划 比较 稳定 的 地区，行政 区域 的 分界线 往往 就是 方言 区域 的 分界线。

　　当然，方言 的 形成 与 自然 地理 环境 有 一定 的 关系。高大 的 山 往往 可以 成为 两种 方言 的 自然 分界线，例如 广西 南部 的 十万 大山 从 南朝 以来 就是 历史 行政区 的 分界 线，它 也是 粤语 和 西南 官话 的 分界线。中国 的 南岳 衡山 不是 行政 区划 界线，也 把 衡山话 分成 两种 区别 很大 的 "前山话" 和 "后山话"。

　　河流 可以 阻碍 陆地 上 的 交通，又 可以 通过 船只 进行 水上 交通，所以 河流 对 方言 的 影响，要 根据 具体 情况 进行 分析。有时 成为 方言 界线，例如 中国 贵州 的 北盘 江，是 过去 的 安顺府 和 兴义府 的 分界线，也 是 今天 的 贵州 汉语 官话 内部 再 分区 的 界线。长江 三峡 虽然 叫做 天险，但是 没有 在 四川 东部 与 湖北 西部 形成 较大 的 方言 差异。湘江 两岸 的 湖南 省 的 衡山县 和 衡东县 被 相同 的 方言 连接 在 一起。不过，衡东县 是 在 20 世纪 60 年代 才 从 衡山 县 分离 出去。

　　从 方言 的 分布 事实 来看，方言 之间 的 差异 并不 一定 与 地理 距离 成 正比。例如 四川 成都话 和 重庆话 的 共同 特征 是 没有 卷舌 声母，中古 入声 消失，归属 阳平。但是，成都 与 重庆 之间 的 内江、自贡 等 一 大片 方言 区域，有 卷舌 声母，中古 入声 合并 到 去声。在 距离 成都市 十几 公里 的 成都市 郊区 的 双流、温江、郫县 等 方言 区域，都 程度 不同 地 保留 了 中古 入声，并且 几乎 是 从 三面 包围 了 成都市。同样，距离 重庆市 几十 公里 的 江津县 也 保留 了 中古 入声。为什么 地理 距离 远 的 方言 具有 的 共同 特征 反而 比 距离 近 的 方言 多 呢? 这 只能 从 社会 交往 因素 上 解释。原来 成都 与 重庆 一直 都是 中国 西南 的 重要 城市，文化、经济 都 相对 发达，相互 的 接触 也 较多，受到 北方 官话 的 影响 也 较大，所以 两个 地方 的 方言 共同 特点 多。然而，距离 成都 或者 重庆 很 近 的 一些 地区 由于 经济、文化 相对 落后，与 成都、重庆 以及 北方 官话 区域 的 接触 不多，因而 它 的 方言 与 成都、重庆 的 差距 反而 大 一些。

　　大 规模 的 移民 造成 语言 的 隔离，也 是 形成 方言 差异 的 重要 因素。例如，历史 上 中国 北方 中原 居民 大 规模 地 向 南方 移民，最终 形成 了 汉语 客家 方言。美国 英语、澳大利亚 英语 的 产生，也 跟 移民 有 密切 关系。

　　移民 可能 与 交通 条件 对 方言 的 形成 出现 矛盾。从 中国 地域 方言 的 分布 和 中国 地理 形状 来看，全国 地理 条件 最 险恶，交通 最 不 便利 的 应当 是 云南、贵州、四川、西

---

① [英国] 帕默尔. 语言学 概论 [M]. 北京: 商务 印书馆. 1983. 110.

藏 等 西南 省区, 但是 这里 的 汉语 却 相对 一致, 都 属于 北方 方言 的 西南 次方言。中国 南部 和 东南 几个 省区 地理 条件 和 交通 状况 比较 好, 但是 这里 正是 汉语 方言 最 复杂 的 地区。

不同 语言 的 接触, 也 会 造成 方言 的 差异。例如, 云南 的 汉语 方言 的 阳声韵 中的 鼻音 韵尾 出现 大量 脱落 的 现象, 显然 是 受到 没有 鼻音 韵尾 的 少数 民族 语言 的 影响。青海 汉语 方言 的 介词 "哈" 放在 名词、代词 和 "的" 词 结构 后面 的 用法, 显然 是 受到 阿尔泰 语系 的 一些 语言 的 影响。

7.7 文字 的 发展

7.7.1 文字 发展 的 规律

（1）原始 文字

有 影响 的 原始 文字 主要 有 4 种。大约 5500 年 以前, 生活 在 两河 流域 的 今天 亚洲 西部 的 伊拉克 一带 的 古代 苏美尔人（sumer）创造 了 世界 上 最早 的 成熟 的 文字, 叫做 钉头（也 写 "丁头"） 文字, 又 叫做 楔形 文字。当时 用 芦苇 杆子 倾斜 着 在 软 泥 板子 上 压出 印痕 做 笔画, 写出 的 笔画 远离 手 的 一端 粗大, 靠近 手 的 一端 粗细小, 好像 钉子 或者 楔子。几乎 同时, 非洲 北部 的 古代 埃及人 创造 了 圣书 文字（Hieroglyphics）。大约 3300 年 以前, 古代 中国 的 汉族人 创造 了 成熟 的 甲骨 汉字。大约 1700 年 以前, 古 代 中美洲 马亚人（maya, 在 汉语 中 又 翻译 成 "玛雅人"）创造 了 成熟 的 马亚 文字。

文字 发展 的 普遍 规律 与 口语 发展 的 普遍 规律 有 相同 也 有 不同。文字 也 像 语音 一样 具有 渐变性, 在 一定 时期 内 基本 不变, 不可能 像 词语 一样 经常 出现 新 的 成员。文字 除了 渐变性 规律 以外, 还 可以 在 一定 条件 下 发生 突变, 出现 文字 改革。

文字 的 发展 与 语音 的 发展 既 矛盾 对立 又 互相 补偿。可以 说 汉字 能够 长期 生存, 在 一定 程度 上 是 为了 通过 复杂 的 形体 区别 能力 来 弥补 汉语 语音 系统 简化 的 不足。汉语 反过来 被 汉字 束缚 了 发展 的 手脚, 例如 语音 脱落 不能 像 英语 一样 在 文字 上 得 到 删除。

（2）文字 发展 的 3 个 趋势。

文字 发展 的 3 个 趋势 是: 表音化, 抽象化, 简便化。

第一, 表音化——从 表意 文字 到 表音 文字

古老 的 文字 都 是 图画性 很 强 的 表意 文字（语素 文字）, 只有 汉字 一直 保持 自己 的 体制 流传 到 现在。其他 的 古老 文字 都 被 新 体制 的 表音 文字（包括 音素 文字 和 音 节 文字）取代 了。表音 文字 成为 世界 文字 发展 的 方向, 现代 文字 绝大 多数 是 表音 文 字。

有人 为了 维护 汉字 这种 现代 特殊 文字 的 现实 地位, 不 愿意 承认 这个 事实。这 是 不行 的。

第二, 抽象化——从 图画 文字 到 线条 文字

任何 古老 的 文字 因为 直接 来源于 图画, 所以 有 很强 的 形象性。这种 文字 便于 联想

和 阅读。但是，由于 与 书写 效率 造成 矛盾，所以 文字 并没有 保持 这种 特点，而是 朝着 越来越 抽象 的 方向 发展，变成 线条性 的 笔画 构成 的 文字。

不仅 汉字 这样 字 的 结构 复杂 的 现代 文字 是 在 图画 的 基础 上 抽象 出来 的，而且 像 英语 文字 那样 字 的 结构 简单 的 现代 文字 也是 在 图画 的 基础 上 抽象 出来 的。例 如，"A, O, L, M" 分别 是 从 牛头、嘴巴、钩子、水 的 图画 形状 简化 出来 的。①

第三，简便化——从 复杂 文字 到 简便 文字

文字 抽象化 和 表音化 本身 是 文字 简便化 的 表现。但是 抽象化 以后 的 文字 还 存在 简便化 的 问题。例如 汉字 抽象化 以后，由于 原来 的 汉字 笔画 数量 仍然 比较 多，信息 剩余 程度 比较 高，所以 汉语 使用者 不断 创造 民间 简体字。20 世纪 中期，在 政府 力量 的 推动 下 进行 了 系统 的 汉字 简化 工作。

同样，表音 文字 在 发展 过程 中，也 出现 过 精简 字表 的 工作。

但是，文字 的 简便化 是 有 限度 的。否则，会 出现 文字 信息 紧张，不利于 高 效率 阅 读。例如，汉字 "干、千、于"，由于 过度 简单化，很 容易 混淆。

7.7.2 闪米特 表音 文字 家族

古代 埃及 的 圣书 文字 和 亚洲 西部 的 钉头 文字，属于 表意 文字，在 5000 年 前 就 出现 了，但是 没有 留下 直接 后代 就 消失 了。钉头 文字 使用 了 大约 1500 年，圣书 文字 使用 了 大约 3700 年。但是 在 它们 的 启发 下，产生 了 表音 文字，形成 闪米特 文字 家族。 这个 表音 文字 家族 繁荣昌盛，在 3800 年 前 开始 出现，延续 到 现在。

【图表】闪米特 表音 文字 家族

原始 闪米特 文字	北方 闪米特 文字	加南（卡拉安）文字	腓尼基文字 **→希腊文字**	埃特鲁斯坎文字**→**拉丁 文字
				斯拉夫 文字
			早期 希伯来 文字	
		阿拉马 文字	印度 文字	缅甸 文字
				泰语 文字
				藏语 文字
			阿拉伯 文字**→**维吾尔 文字	
			叙利亚 文字	
			希伯来 文字	
	南方 撒巴 文字**→**埃塞俄比亚 文字			

大约 公元前 1700 年，地中海 东边 的 叙利亚·巴勒斯坦（syria-palestine）（现在 的 黎巴嫩） 一带 居住 着 叫做 "闪米特（semites）"（又 翻译 成 "闪美特、塞姆"）的 人。他们 在 古 代 埃及 圣书字 的 基础 上 吸收 古代 苏美尔人 的 钉头 文字 的 原理，把 原来 的 图画性 文 字 抽象化，用来 专门 表示 语言 中 抽象 的 声音 单位，于是 形成 了 最早 的 表音 文字 "闪 米特 文字"。闪米特 文字 开始 不 单独 表示 元音，只是 在 表示 辅音 的 时候 附带 表示 部 份 元音，是 一种 半音素化 的 音节 文字。

闪米特 文字 的 后代 有 两种 类型：

---

① 伊斯特林 文字 的 产生 和 发展 [M]．北京：北京 大学 出版社，1987.273.

第一 种 是 继续 保持 原来 特点 的 音节 文字。主要 用 附加 符号 加 在 辅音 字 上面 表示 元音, 例如 阿拉伯 文字。

第二 种 是 新 出现 的 音素 文字。它们 用 独立 的 字 平行 地 分别 表示 元音 和 辅音, 例如 希腊 文字。

希腊 文字 经过 埃特鲁斯坎 文字, 演变 成 现代 国际化 的 拉丁 文字。世界 上 多数 表音 文字 是 闪米特 文字 的 后代。除了 在 欧洲 广泛 分布 以外, 还 包括 中国 的 藏语、维吾尔语、蒙古语、满语 等 语言 的 文字, 还 包括 印度、泰国、缅甸、老挝、柬埔寨 等 亚洲 国家 语言 的 文字。

为什么 表音 文字 没有 在 古老 文字 的 本土, 而 在 它们 的 附近 产生? 一方面 古代 黎巴嫩 一带 没有 旧 文字 传统 对 新 文字 的 阻碍 力量; 另一方面 这里 水上 交通 方便, 经济 贸易 发达, 需要 更加 高效 的 新 文字。从 字 的 图形 跟 意义 的 最早 联系 来看, 有 "公牛、骆驼、篱笆、水、鱼、货物、房屋、门、钉子、钩子、武器" 等。这 说明 当时 这个 地方 的 经济 贸易 发达 的 状况。贸易 需要 快速 记录 语言, 文字 不能 太 复杂。贸易 中 通过 语言 之间 的 接触, 促使 人们 对 语音 中 的 音节、音素 等 单位 的 敏感 程度 增强, 所以 表音 文字 就 自然 产生 了。

人们 今天 能够 发现 的 最早 的 表音 文字 是 腓尼基 文字。它 大约 在 公元前 1300 年 形成。它 有22 个 主要 表示 辅音 附带 表示 元音 的 音节字。腓尼基 文字 从 右边 向 左边 横着 写。最初 的 书写, 像 今天 的 汉字 一样, 词 与 词 之间 不 分开。①

也许 由于 音节 是 人类 最容易 感知 和 分析 出来 的 最小 语音 单位, 才 促使 音节 文字 在 音素 文字 前面 出现。腓尼基人 借用 古代 埃及 文字 的 表音 部件 表示 辅音, 确定 了 一共 22 个 辅音 字 的 腓尼基 文字表格。后来, 阿拉伯人 为了 准确 朗诵 祈祷 用 的 文章, 产生 了 标注 元音 的 办法。一般 用 补充 附加 部件 的 方法, 巴比伦 文字 用 缩小 的 基本 部件 做 元音 符号。在 这种 文字 表示 的 音节 中, 音素化 趋势 更加 明显。

7.7.3 汉字 文字 家族

汉字 是 现代 文字 唯一 保存 着 古老 文字 体制 的 一种 文字。汉字 从 甲骨文 时代 算起, 大约 使用 了 3300 年 , 比 古老 的 钉头 文字 大于 1500 年 的 寿命 长, 还 没有 比 古老 的 圣书 文字 大约 3700 年 的 寿命 长。汉字 到 现在 还 一直 走 着 体制 内部 的 单字 形体 抽象化、简便化 和 编码 原理 形声化 的 改良 道路, 没有 进行 制度 性质 的 改革。

在 汉字 的 影响 下, 中国 还 产生 过 与 汉字 体制 相同 的 契丹文 (大字)、西夏 文字、女真文 (大字) 以及 壮语、瑶语、侗语、苗语、布依语 等 少数 民族 语言 用 的 文字。在 国外, 日语、朝鲜语、越南语 等 借用 了 汉字。越南 (1945 年) 和 朝鲜 (1949 年) 的 文字 已经 改革 成 表音 文字 了, 但是 南朝鲜 (韩国) 仍然 在 一定 领域 使用 汉字。日语 一直 在 音节 文字 假名 中 夹用 汉字。

汉字 传播② 是 伴随 汉语 古代 文献 的 传播 进行 的。首先 是 汉语 方言 地区, 汉语 周围 的 少数 民族, 中国 周围 的 国家, 都 把 用 汉语 记录 的 古代 经典 文献, 例如 《四书》、《五

---

①伊斯特林. 文字 的 产生 和 发展 [M]. 北京: 北京 大学 出版社, 1987.274.

②周 有光. 世界 文字 发展 历史 [M]. 上海: 上海 教育 出版社. 1997.91.

经》 等，做 东亚 共同 的 文化 教材。这样 学习 和 熟悉 汉字 以后，就 开始 借用 汉字 书写 自己 的 口语，有的 整体 借用，有的 借用 近似 的 声音，有的 只 借用 形体。例如，日语 借用 汉语 "新闻" 的 形体 和 相近 的 声音，表示 "报纸" 的 意思。后来，又 仿照 汉字 创造 自己 的 新 "汉字"。有的 汉语 方言 也 创造 了 自己 特有 的 汉字。

在 汉字 流传 区域，通过 借用 和 改造 汉字 的 形体，也 出现 了 表音 文字。例如，日语 的 假名，湖南 省 江永 县 的 女书，云南 省 维西 县 傈僳族 农民 汪 忍波（1900-1965）创造 的 傈僳 文字，都 是 从 汉字 演变 出来 的 音节 文字。中国 1918 年 的 "注音 字母" 是 利用 汉字 形体 设计 的 一种 音素 文字 性质 的 注音 工具。

【图表】汉字 文字 家族

汉字 文字 家族	汉语 共同语 原创 的 表意 文字		
	其他 语言 直接 借用 的 表音 文字	外国 语言 借用 的 文字	日语 借用 到 现在 的 汉字
			朝鲜语 曾经 借用 的 汉字
			越南语 曾经 借用 的 汉字（字喃）
		少数 民族 语言 的 借用 的 文字	壮语 曾经 借用 的 汉字
			侗语 曾经 借用 的 汉字
			苗语 曾经 借用 的 汉字
			瑶语 曾经 借用 的 汉字
			其他 少数 民族 语言 借用 的 汉字
		汉语 各个 方言 借用 的 文字	
	借鉴 汉字 外形 的 表音 文字	借鉴 汉字 外形 的 日语 音节 文字（假名）	
		借鉴 汉字 外形 的 朝鲜语 音素化 音节 文字（彦文）	
		借鉴 汉字 外形 的 云南 傈僳语 音节 文字	
		借鉴 汉字 外形 的 湖南 江永 汉语 土话 音节 文字（女书）	
		其他 借鉴 汉字 外形 的 表音 文字 或者 音标（注音 字母 等）	

闪米特 表音 文字 家族 演变 的 结果 都 是 在 表意 文字 体制 中 进行，不可能 回到 它 的 前身 表意 文字。然而，汉字 文字 家族 在 演变 中，除了 自身 的 简化，就是 出现 形体 相 似 又 更加 简单 的 表音 文字。

7.8 语言 规划 和 建设

【讲课】45

7.8.1 语言 规划 和 语言 工程

（1）语言 建设 和 语言 规划

推动 语言 发展 的 动力 有 两 个 方面：第一，客观 上 的 语言 内部 和 外部 的 矛盾；第二，主观 上 的 顺应 矛盾 需要 的 语言 建设。

语言 建设 是 根据 语言 发展 规律，对 语言 发展 进行 规划，制定 语言 政策，实施 语言 工程 推动 和 引导 语言 更加 有效 地 顺应 规律 变化。狭义 的 语言 建设 指 语言 规划。

语言 规划 是 制定 各种 语言 建设 计划，包括 语言 的 政策 和 法律，语言 的 规范 和 标准, 语言 工程 的 目标 和 方案。语言 规划 又 叫做 语言 计划。语言 规划 在 英语 中 叫做 (Language Planning)。广义 的 语言 规划 指 语言 建设。

(2) 语言 建设 的 主要 内容

从 一个 国家 来 考虑, 语言 建设 的 主要 内容 有:

第一, 共同语 及其 文字 的 确定、推广 和 普及。一个 国家 用 什么 语言 做 法定 的 国语, 在 什么 方言 的 基础 上 建立 做 国语 的 民族 共同语, 共同语 用 什么 文字 来 书写。这些 问题 在 新兴 国家 是 首要 的 语言 规划 任务。

第二, 共同语 及其 文字 的 规范 和 完善。这 是 任何 语言 面临 的 长期 任务。对于 不 成熟 的 共同语, 对于 开始 面对 信息 处理 新 技术 的 共同语 任务 尤其 艰巨。

第三, 共同语 及其 文字 的 改革。如果 共同语 的 书面语 和 口语 出现 矛盾, 人们 就会 进行 书面语 改革, 废除 旧 的 书面语, 建立 新 的 书面语。如果 现行 文字 体系 和 它 记录 口语 的 效率 出现 矛盾, 人们 就会 废除 旧 的 文字, 建立 新 的 文字, 或者 给 旧 文字 配备 新 的 辅助 文字。书面语 还会 出现 书写 方式 的 改革, 例如, 汉语 书写 顺序 从 竖写 改革 成 横写, 从 没有 标点 符号 改革 成 有 标点 符号。现代 还 面临 新 任务, 从 不 区分 词 的 字式 书写 改革 成 词式 文本。

第四, 共同语 和 其他 语言 的 关系 协调。少数 民族 语言 和 国语, 以及 它们 内部 的 民 族 共同语 和 方言, 方言 和 方言 之间 制定 什么 发展 关系。采用 什么 外语 做 第一 外语 进 行 教育。外语 和 国语, 世界 共同语 和 国家 共同语 的 关系 如何 协调。

语言 规划 是 一 项 涉及 国家 利益 的 大事, 既 不能 阻碍 语言 发展, 也 不能 违背 规律 推动 语言 发展。所以 应该 积极 又 谨慎。例如, 在 中国 的 汉字 简化 过程 中, 1960 年 "像" 被 "象" 代替, 1986 年 又 恢复。恢复 其实 没有 必要, 不够 谨慎。因为 "像" 和 "象" 构成 的 词 不会 对立, "好像、大象、气象" 等 中 的 "像" 和 "象" 即使 用 相同 的 字, 也 不 可能 发生 混淆。1954 年 中国 云南 西双 版纳 的 傣语 文字 由 国家 改革 成 新 文字, 1986 年 当地 人民 代表 大会 决定 恢复 旧 文字。可是 这时 40 岁 以下 的 人 都 不懂 老 文字 了。

(3) 语言 政策 和 语言 法律

语言 规划 中 的 一些 重大 问题 必须 通过 语言 政策 和 法律 来 影响 和 约束。

语言 政策 是 国家 政权 机构 为了 实现 语言 发展 的 一定 目标 做出 的 强制性 规定。中 国 制定 国家 语言 政策 的 职能 部门 是 归属 教育部 的 国家 语言 文字 工作 委员会。语言 法律 是 把 语言 建设 中 的 要求 国民 遵守 的 语言 行为 准则 用 法律 的 方式 明确 下来。

中国 的 语言 政策 体现 在 国家 各级 行政 部门 的 规定 中, 重大 政策 体现 在 国家 宪 法[①] 和 国家 语言 法律[②] 等 法律 中。

中国 从 20 世纪 50 年代 以来, 具体 的 语言 政策 有: 推广 和 普及 普通话、汉语 拼音、 简化 汉字, 制定 和 落实 语言 应用 的 各种 标准, 实现 社会 各个 领域 包括 信息 处理 领域 的 语言 及其 文字 的 规范化, 促进 少数 民族 的 双语言 教育 等, 就是 中国 的 语言 政策, 也 是 中国 语言 建设 的 具体 任务。在 现代化 的 信息 处理 技术 面前, 汉语 面临 不少 新

---

① 中国 宪法 规定: 国家 推广 全国 通用 的 普通话。

② 2000 年 中国 颁布 了 第一 部 语言 法律, 叫做 《中华 人民 共和国 国家 通用 语言 文字 法》。

的 建设 任务。

语言 政策 的 制定 要 适应 时代 的 现实 基础 和 需要。例如，普通话 建设 政策 的 逐渐 变化 过程 是：提倡 推广 普及。

（4）语言 工程

语言 工程 是 语言 建设 中 需要 大量 人力 物力 投入 和 专门 技术[①] 的 工作 项目[②]。语言 工程 是 应用 语言学 中 的 主要 任务。

适应 社会 普及 汉语 普通话 的 需要 开展 的 普通话 水平 测试，适应 汉语 信息 处理 需要 出现 的 汉语 文本 的 分词 技术 等，特别 是 语言 知识库 的 建设[③] 都 是 语言 工程。

为了 适应 现代 社会 需要 废除 文言文，采用 与 普通话 一致 的 白话文，就 出现 一个 涉及 教育、新闻、出版、公文 等 各个 领域 的 重大 语言 工程。这个 工程 在 语言 观念 和 行为 中 出现 不少 混乱，可以 说 到 现在 还 不能 验收。

7.8.2 语言 共同化

语言 共同化 就是 建设 各种 共同语，减少 语言 种类 复杂 带来 的 交际 困难。共同语 中 的 国语 和 做 国语 的 民族 共同语 是 一个 国家 最 关心 的 问题。

（1）国语 的 建设

国语 不 可能 是 超越 民族 语言 范围 另外 设计 的 一种 人工 语言，一般 采用 主体 民族 的 语言。在 殖民地 国家，可能 出现 一种 特殊 现象，就是 当地人 被 迫 采用 侵略 国家 的 国语 做 自己 的 国语。

【讲课】46

第二 次 世界 大战 以后 独立 起来 的 国家 大约 有 100 个。他们 在 独立 以前 用 侵略 国家 的 语言，独立 以后 既要 确立 和 发展 本 民族 共同语，又 要 确定 和 发展 国家 共同语。新加坡 和 印度 就 是 这样。[④]

中国 是 一个 主体 民族 是 汉族 的 多 民族 国家。除 汉族 以外，还有 55 个 少数 民族，他们 的 人口 占 全国 总人口 的 6%。这 55 个 少数 民族 除了 回族、满族、畲族 通用 汉语 以外，都 有 自己 的 语言。其中 有些 少数 民族，例如 苗族 和 彝族，有 方言 而 没有 民族 共同语。所以 中国 也 是 一个 多 语言 的 国家。根据 中华 人民 共和国 宪法 的 规定，每个 "民族 都 有 使用 和 发展 自己 语言 的 自由"。但 是 每个 兄弟 民族 又 构成 一个 中华 民族 的 整体，都 是 中华 人民 共和国 的 成员，就 需 要 确立 一个 大家 共同 使用 的 交际 工具。那么，选择 哪个 民族 的 语言 好 呢？汉语 是 最 自然 的 选择。因为 使用 汉语 的 人口 最多，使用 汉语 的 区域 也 最 广泛，汉语 对 各个 民族 的 影响 最大。因此，选择 汉语 对 各个民族 有利。

俄语 是 俄罗斯 民族 的 共同语，又 是 前苏联 各个 加盟 共和国 的 各个 民族 的 共同 交

---

①李 葆嘉. 语言 科学 与 技术 的 新 思维 [J]. 南京：南京 师范 大学 文学院 学报，2002，(1)：177-184.

②林 杏光. 词汇 语义 和 计算 语言学 [M]. 北京：语文 出版社，1999.181.

③俞 士汶，朱 学锋. 关于 汉语 信息 处理 的 认识 及其 研究 方略 [M]. 北京：语言 文字 应用，2002，(2)。

④周 有光. 新 时代 的 新语文 [M]. 北京：三联 书店. 1999.83.

际语。

有的 国家 的 国语 不只 一种，不过 往往 有 一种 为主。瑞士 用 德语、法语、意大利语 和 罗曼希语（Romansch）4 种，以 德语 为主；加拿大 的 国语 是 英语 和 法语 2 种，以 英语 为主。

新加坡 宪法 规定 4 种 官方 语言（因为 这些 语言 中 最 通用 的 是 英语 这种 外语，所以 从 民族 感情 出发 把 "马来语" 叫做 国语）：① 马来语。这是 马来人 的 民族 共同语。为了 尊重 历史 背景 和 地缘 关系，新加坡 规定 马来语 做 国语，唱 国歌 用 马来语。马来语 又 是 马来西亚 和 印度尼西亚 两个 相邻 的 大 国家 的 公用 国语。② 华语（普通话）。这是 方言 复杂 的 新加坡 华人 的 民族 共同语。③ 泰米尔语。这是 新加坡 印度人 的 民族 共同语。④ 英语。这是 行政、教育、贸易 和 各个 民族 之间 一般 交际 的 国家 共同语。

印度 独立 以后，宪法 规定 了 14 种 法定 语言。英语 是 事实 上 的 共同语。各个 主要 民族 使用 自己 的 民族 共同语，又 确定 其中 用 天城体 表音 文字 书写 的 印地语 做 唯一 的 联邦 官方 语言。当时 想 在 15 年 以后 实现 这个 目标。在 过渡 阶段 仍然 实行 英语 和 印地语 并用 的 两种 国语 政策。但是 要想 在 15 年 之间 用 印地语 代替 已经 推行 和 使用 了 150 多年 的 英语，事实 上 不 容易 做到。但是 印度 联邦 政府 对 推行 印地语 没有 放松。

从 历史 上 的 苏联 解体 出来 的 国家 白俄罗斯，要 取消 俄语 的 国语 地位，但是，两年 以后 又 把 国语 改成 俄语 和 白俄罗斯语，因为 俄语 已经 成为 多数人 的 母语。

（2）民族 共同语 的 建设

一个 国家 的 国语 总是 落实 在 一种 主体 民族 语言 上面，一个 民族 的 民族语 又 往往 落实 在 一种 主体 方言 上面。

民族 共同语 怎样 形成？人类 一定 集体 在 自己 发展 的 各个 阶段 中 都有 自己 的 语言，例如 氏族 语言、部落 语言 和 部族 语言。这些 语言 可能 有 分歧，但是 也有 一定 的 统一。真正 有 条件 地 自觉 地 形成 民族 共同语，是 在 资本 主义 社会 出现 以后。

民族 是 有 共同 语言、地域、经济 生活 以及 共同 文化、心理 状态 的 比较 稳定 的 人类 群体。民族 共同语 在 资本 主义 上升 时期 与 民族 的 发展 同时 出现。

在 资本 主义 时期，封建 割据 的 半 分裂 社会 状态 被 打破，商业 的 发展 形成 了 统一 的 民族 市场。社会 的 统一 必然 导致 语言 统一 的 需要。统一 的 市场 经济，集中 的 政治，需要 共同语。大 机器 生产，集中 了 来自 不同 方言 区域 的 人，这 就 需要 共同语 协调 生产，对 工人 进行 文化 素质 和 技术 教育。于是，各地 的 方言 就 逐渐 集中 在 一种 有 影响 力量 的 方言 的 基础 上 发展 成为 民族 共同语。

14 世纪，资本 主义 最早 萌芽 的 意大利 首先 兴起 "文艺 复兴" 运动，提倡 进步 的 资产 阶级 文化。持续 到 16 世纪 的 这种 新 文化 运动，必然 要求 建设 民族 共同语，并且 废除 旧 的 书面语，建立 与 民族 共同语 一致 的 新 的 书面语。意大利 在 1870 年 实现 统一，资本 主义 得到 更加 迅速 的 发展，民族 共同语 也 迅速 成熟 起来。罗马 很早 就是 意大利 的 政治 中心，但是 不是 罗马 方言 而是 多斯岗省 的 方言 成为 基础 方言。因为 多斯岗省 的 方言 不仅 很 流通，而且 在 意大利 文化 历史 上 发挥 过 显著 作用。许多 著名 的 文豪，例如 但丁、彼特拉克、薄伽丘 等 用 多斯岗省 的 方言 写下 了 许多 脍炙人口 的 作品。人们 要 阅读 和 欣赏 这些 作品，就 得 进一步 熟悉 多斯岗 方言。

英国 在 16 世纪 进行 "圈地 运动"，促使 资本 主义 迅速 发展，也 促使 伦敦 方言 成为

英吉利 共同语 的 基础 方言，因为 伦敦 不仅 是 政治 中心，而且 是 工业 发展 的 中心。过了 大约 200 年，在 18 世纪 60 年代 英国 又 进行 工业 革命，首都 伦敦 的 工业 更加 迅速 发展，大量 的 劳动力 迁移 到 伦敦 从事 大 机器 生产。聚居 在 一起 说着 各地 方言 的 人，为了 交流 思想，互相 协作，就 必须 首先 学习 伦敦 方言。同时，伦敦 方言 随着 社会 成员 大量 地 涌向 伦敦，也 必然 要 吸收 其他 方言 的 一些 有用 成份。这样 就 使 英吉利 民族 共同语 在 伦敦 方言 的 基础 上 成熟 起来 了。

日本 1868 年 进行 明治 维新 运动，进入 工业化 时代，开始 建设 共同语。由于 重视 教育 的 普及，又 有 假名 这样 的 表音 文字 帮助 汉字 注音，因此，日本 只用 了 20 年 就 普及 了 国语。

（3）中国 的 民族 共同语 建设

中国 的 民族 共同语 的 建设 比 西方 一般 国家 落后 几 百 年。中国 历史 上 封建 社会 延续 的 时间 太 长，所以 当 西方 国家 进入 资本 主义 社会 进行 民族 共同语 建设 的 时候，中国 仍然 在 封建 社会 中 睡觉。直到 1919 年 "五四" 运动 发生，中国 才 完全 从 封建 社会 醒悟 过来，才 正式 提出 把 汉族 共同语 做 国语 进行 建设 的 问题。

中国 没有 经历 典型 的 资本 主义 社会，很快 就 进入 了 社会 主义 社会。这样 建设 民族 共同语 的 任务 就 落在 社会 主义 时代。

汉民族 共同语 选择 把 北京话 做 代表 的 北方话 做 基础 方言，因为 北方话 一直 在 汉语 方言 中 占 优势。历史 上 中国 政权 统一 的 时候，大多 在 中原 建立 都城。先秦 的 洛阳话，当时 叫做 "雅言"，秦朝 到 汉朝 的 关中话，当时 叫做 "通语"，唐朝 的 长安话，当时 叫做 "秦语"，以及 宋朝 的 汴梁话，当时 叫做 "正音"，辽、金、元、明、清 的 北京话，当时 叫做 "官话"，都 是 在 北方话 的 基础 上 形成 的 通用语。"官话" 随着 官员、商人 逐渐 渗透 到 各个 方言 地区。《水浒 传》、《西游 记》、《三国 演义》、《儒林 外史》、《红楼 梦》等 著名 的 白话 文学 作品，虽然 语言 上 还 保留 了 一些 古代 汉语 或者 方言 特色，但是 基本 上 都 是 用 北方话 写 的。北京 800 多 年 以来 一直 是 中国 政治、经济、文化 的 中心。

民族 共同语 形成 以后，更加 重要 的 建设 任务 是 推广 和 普及。

在 新加坡、中国 台湾 等 国家 和 地区，由于 经济 先 发达，汉语 共同语 推广 普及 比 中国 大陆 要 早。中国 台湾 1945 年 起 走 日本 侵略者 以后，就 开始 推广 国语 普通话。在 中国 大陆，由于 人口 多，分布 广泛，经济 发展 不 充份 又 不 平衡，所以 普及 共同语 到 现在 仍然 是 一个 问题，多数人 不能 很好 地 使用 普通话。但是，到 了 21 世纪 开始 的 前后 一段 时间，随着 中国 经济 迅速 发展 和 国家 的 重视，汉语 共同语 的 普及 有 了 飞速 的 进展。中国 的 共同语 建设 的 历史 已经 有 大约 100 年。根据 国家 的 规划，在 21 世纪 初期 的 几 十 年 时间 中 就要 普及 普通话。

中国 大陆 共同语 建设 历史 上 有 一些 重大 事情。1919 年 开展 "国语 运动"。1957 年 国家 "大力 提倡"。1982 年 中国 宪法 规定 "国家 推广 全国 通用 的 普通话"。1986 年 国家 "大力 推广"。1994 年 国家 决定 开展 "普通话 水平 测试（PSC）" 工作。1998 年 国家 确定 从 这 一年 开始 把 每年 9 月 第 3 个 星期 做 "全国 推广 普通话 宣传周"。

在 中国 香港，普通话 的 普及 由于 历史 的 原因 也 比较 落后，但是 目前 发展 很快。香港 1941-1960 年 推广 国语。1961-1980 年 当时 的 政府 不 推广。1980 年 在 中国 大陆 改革 开放 的 影响 下，香港 政府 根据 民间 呼声 开始 考虑 国语 教学，并且 在 1986 年 正式 把

"普通话" 课程 做 小学 高 年 级 选修 课程。①1997 年 香港 回归 中国，推广 普通话 的 热情 高涨。

在 中国 为了 给 少数 民族 语言 设计 表音 文字，也 面临 着 确定 民族 共同语 的 问题。例如 广西 壮族 的 壮语，南部 和 北部 方言 分歧 也 很大。最后 选择 武鸣 的 壮语 方言 做 语音 标准，因为 这里 的 县城 使用 壮语，又 是 南部 和 北部 方言 交界 的 地方，文化 教育 比较 好，对 周围 方言 有 一定 影响。

7.8.3 语言 规范化 和 标准 语言

（1）语言 规范化

语言 规范化 就是 确定 一个 标准，通过 国家 政策 和 专家 学术 影响 的 力量，使 语言 按照 这个 标准 发展，以便 减少 交际 中 的 负担。

民族 共同语 基本 形成 并且 逐渐 普及 以后，它 和 它 的 文字 会 产生 一 系列 的 新 的 分歧，而且 这种 分歧 在 发展 过程 中 永远 存在，所以 必须 不断 进行 民族 共同语 的 规范。否则，就有 可能 影响 人们 交际 的 准确性 和 快速性，影响 生产 效率 和 工作 效率，影响 文 化 教育 的 普及 和 提高。

近年来 随着 中国 社会 和 经济 的 迅速 发展，社会 语言 及其 文字 应用 的 新 现象 相当 活跃，也 相当 混乱，语言 的 规范化 显得 越来越 重要。

有人 认为 对 语言 进行 规范 会 限制 语言 的 发展，这 是 一种 误解。规范 的 目的 是 为了 使 语言 更加 健康地 发展，提高 交际 效率。有些 语言 规范，后来 没有 人 执行，这 只 能 证明 规范 中 存在 失误，不能 因此 否定 语言 规范 的 积极 作用。

不仅 共同语 要 规范化，而且 记录 这种 语言 的 文字 也要 规范化。文字 规范化 的 任务 包括 对 现行 文字 加以 改进 和 整理，规定 正词法 等。为了 发展 民族 语言 和 文化，对 还 没有 文字 的 少数 民族 来说，还要 创造 文字。文字 规范化 的 目的 主要 是 使 文字 能够 更好 地 记录 口语，提高 书写 效率，以便 促进 教育 的 普及。

（2）标准 语言

经过 规范化 的 民族 共同语 就是 标准 语言。

口语 规范 中 的 榜样 主要 是 电台、电视台 的 播音员，电影、电视 演员。他们 一定 要 达到 国家 普通话 水平 测试 一级 水平。在 20 世纪 末期 经济 带动 广播 电视 媒体 的 改革 和 发展。有些 新闻 媒体 在 挑选 节目 主持人 的 时候，放松 了 对 普通话 水平 的 要求，导 致 不 规范 的 普通话 泛滥。这 要 引起 注意。

书面语 规范 的 榜样 主要 是 文学 作品 的 语言。公文、法律 等 也 使用 标准语，虽然 它 们 没有 文学 语言 对 人们 的 语言 影响 那么 大。所以，用 "文学 语言" 来 指 标准 语言 不 全面。即使 是 文学 作品 的 语言，由于 作者 的 规范 水平 不同，也 不 一定 能够 达到 理想 的 规范 要求。所以 选择 文学 作品 做 语文 课文 的 时候，应该 经过 编辑 做 进一步 的 适当 规范，例如 针对 不 规范 的 原文 注释 规范 的 表达 方式 或者 针对 已经 规范 的 正文 注释 原文 的 不 规范 形式。

标准 语言 往往 是 通过 书面 语言 加工 的。经过 加工 的 书面语 通过 现代 口头 语言 的

---

① 费 锦昌 主编。香港 语文 面面观 [M]。北京：语文 出版社，1997.

表达 方式 进行 口头 传播，可以 大大 促进 口语 的 规范化 和 标准化，使 口语 和 书面语 真正 走向 统一。

（3）宏观 规范 和 微观 规范

语言 的 规范，从 规模 来说，可以 分成 宏观 规范 和 微观 规范。宏观 规范 指 一个 民族 确立 民族 共同语 和 一个 国家 确立 国语 的 标准，并用 法律、文件 等 形式 把 它们 规定 下来。例如，中华 人民 共和国 1982 年 的 宪法 规定 "国家 推广 全国 通用 的 普通话"。印度 规定 14 种 法定 语言，过渡 时期 使用 印地语 和 英语 做 国语，最后 过渡 到 把 印地语 做 国语。

微观 的 规范 指 对 民族 共同语 或者 国家 共同语 内部 语音、词汇、语法 等 方面 存在 的 问题 进行 分析 研究，根据 发展 规律 进行 正确 引导，把 那些 符合 发展 规律 的 有用 成份 和 用法 确定 下来，加以 推广，把 那些 没有 必要 的 成份 加以 淘汰。

法国 历届 政府 一贯 重视 语言 规范 工作。1635 年 法国 政府 就 决定 创建 法兰西 学院，专门 负责 法语 的 规范化 工作。这个 学院 出版 的 《法兰西 学院 词典》 一直 是 世界 闻名 的 权威 的 法语 规范 词典。

中国 也 制定 了 《普通话 异读 词 审音 表》[①]、《第一 批 异体字 整理 表》[②]、《简化字 总表》[③]、《印刷 通用 汉字 字形 表》[④]、《汉语 拼音 正词法 基本 规则》[⑤]、《第一 批 异形词 整理 表》[⑥]等 规范 标准[⑦]。

中国 还 责成 当时 的 中国 科学院 语言 研究所 编写 了 《现代 汉语 词典》，这对 现代 汉语 的 规范 起了 非常 重大 的 作用。

日本 原先 借用 汉字 书写 日语，有 很多 矛盾 和 困难。后来 日本人 创造 了 适合 书写 口语 的 表音 文字——"假名"，使 日语 的 文字 成为 汉字 和 假名 混合 使用 的 文字 体制。明治 维新 以后，日本 的 书面语 向 口语化 发展，假名 逐渐 增多，汉字 逐渐 减少。第二 次 世界 大战 以后，日本 加快 了 减少 汉字 字 的 数量 的 步伐。1981 年 重新 公布 的 "常用 汉字表" 只有 1945 个，规定 法令 和 公文 都要 遵守 这个 字表。他们 也 简化 汉字，但是 主要 是 减少 字数，不 把 减少 笔画 做 主要 目的。使用 表音 文字 的 国家，都 试图 规定 自己 的 拼写 或者 文字 正词法 规范。

（4）规范 的 原则

对 语言 进行 规范，要 遵循 以下 原则

第一，要 遵循 语言 发展 的 客观 规律。

比如 民族 共同语 要 把 一种 有 影响 的 方言 做 基础 方言，而且 必须 把 一个 地点 的 方言 语音 做 标准 语音，因为 语音 的 系统性 很强。法兰西 民族 共同语 把 法兰西省 的 方

---

①1957 年、1959 年 和 1962 年 3 次 进行 初步 审定。1985 年 把 最后 审定 的 结果 正式 联合 公布。

②1955 年 发布。它 减少 了 多余 的 汉字。

③1963 年 发布，1986 年 为了 纠正 社会 文字 使用 混乱，在 调整 个别 字 以后 重新 发表。它 简化 了 字 的 形体。

④1964 年 发布。对 汉字 的 形体 做了 局部 的 规范 处理，使 它 更加 接近 手写体，更加 简易。

⑤1988 年 公布。1996 年 成为 国家 标准。

⑥2001 年 公布。

⑦这些 规范 和 标准 都 收集 在 语文 出版社 出版 的 《语言 文字 规范 手册》中。

言 做 基础 方言, 以 巴黎 语音 做 标准 语音。当然, 一个 地点 的 方言 也 存在 语音 分歧, 必须 淘汰 其中 一些 特殊 部份。在 中国 曾经 采用 投票 的 方式, 确定 汉语 标准语 的 每个 字 代表 的 语素 的 具体 发音, 结果 失败 了。

第二, 要 尽量 照顾 语言 使用 的 社会 习惯。

社会 习惯 往往 包含 一定 规律。语言 在 发展 中 由于 照顾 习惯 等 因素, 并 不 是 所有 的 新 成份 都 完全 合乎 一般 逻辑。例如 "好 不 热闹" 表示 "非常 热闹", "考 研究生" 表示 "参加 研究生 招生 考试" 等, 看来 似乎 并 不 合乎 逻辑, 但是 习惯 了, 大家 又 普遍 能够 接受, 不 引起 误解, 就 得 承认 它们 是 规范 的。英语 的 "It is me" 成为 规范 说法, 是 从 前辈 "It is I" 和 "It is me" 中 选择 了 随便 方式。汉语 "邮政 编码" 在 简缩 过程 中, "邮编" 无理 地 打赢 了 "邮码"。至于 把 "人造革" 说成 "人革", 把 "女 皮 鞋" 说成 "女皮", 由于 引起 语义 对立, 容易 产生 误解, 就 要 淘汰 或者 严格 控制 使用 范围。

第三, 要 给 语言 艺术化 留下 一定 的 自由。

语言 中 大量 出现 变异 或者 超常 现象。要 不 要 规范 它们, 都 不 能 简单 地 做出 规定。这 就 要 看 是否 有 表达 需要, 是否 有 修辞 或者 艺术 作用, 使用 起来 是否 明确, 是否 能 够 提高 效率。如果 是 肯定 的, 那 就 保留。要 慎重 引导, 既 不 能 放任自流, 也 不 能 一 棍 子 打死。

第四, 要 有 时间 和 空间 观念。

做 范文 的 语言 一定 要 非常 标准, 即使 是 选择 著名 作家 的 作品, 也 要 对 里面 不 规范 的 成份 进行 加工, 不要 被 权威 束缚 了 手脚。对于 法律 文书, 也 要求 高 标准 的 语 言 水平。

文字 也 是 一样。对 汉字 来说, 社会 生活 中 的 文字 一定 要 有 严格 的 规范 标准, 但 是, 书法 艺术 可以 放宽 标准。中国 大陆、新加坡 等 地区 用 的 标准 汉字 是 经过 政府 认 可 的 简化字, 但是 在 现在 的 香港 和 台湾, 在 古代 文献 中, 繁体字 是 规范 的。如果 把 它们 反过来, 都 是 不 规范 的。用 简化字 印刷 古文, 是 为了 现代人 学习 的 方便。

第五, 要 从 词 这个 基本 角度 进行 规范。学习 普通话 口语 不 只 是 语音 规范 问题。例 如 "苟 不 教" 和 "停车 坐 爱 枫林 晚", 即使 用 标准 的 普通话 语音 读 出来 也 会 发 生 误解, 因为 发生 误解 的 词 不 是 普通话 的 词。

7.8.4 书面语 改革 和 规范

(1) 书面语 改革 的 性质

书面语 改革 就是 通过 社会 力量, 废除 严重 脱离 口语 的 低 效率 的 书面语, 采用 接近 时代 口语 的 新 的 书面语。

书面语 在 有 了 文字 以后 才 产生, 比 口语 晚 得 多。一般 来说, 书面语 产生 的 时候 和 口语 基本 一致, 人们 能够 做到 怎么 说 就 怎么 写。但是, 由于 各自 的 特点 不同, 在 历史 发展 过程 中, 书面语 显得 比较 保守, 往往 比 口语 的 发展 落后, 因此 出现 口语 和 书面语 脱节, 造成 矛盾, 增加 了 语言 使用 的 负担。严重 脱离 口语 的 书面语 像 外语 一样 难学。这 就 违背 了 语言 发展 规律, 必须 进行 改革。

(2) 书面语 改革 的 内容

日本、朝鲜、越南 曾经 都 借用 汉字 记录 他们 的 语言，甚至 直接 借用 汉语 书面语。日本 在 明治 维新 以后，书面语 向 口语化 方向 改革，文字 也 从 汉字 中 夹用 少数 假名 发展 到 假名 中 夹用 少数 汉字。

印度 古代 的 书面语 叫做 梵语。因为 是 宗教 语言，经过 一次 规范化 以后 就 不变 了，逐渐 脱离 了 口语。今天 已经 被 接近 口语 的 印地语、孟加拉语 等 新 书面语 代替。

古代 欧洲 罗马 帝国 曾经 用 拉丁文 做 统一 的 书面语。但是 文艺 复兴 以后，各个 民族 废除 拉丁文 这种 脱离 各个 民族 的 口语 的 过时 的 书面语，各自 发展 了 接近 自己 的 民族 共同语 的 书面语。

(3) 汉语 书面语 改革

"五四" 运动 时期，反对 文言文，提倡 白话文，就是 汉语 书面语 改革 的 表现。先秦 时期，口语 和 书面语 基本 一致，《论语》、《孟子》 中 的 对话 部份，大致 就是 当时 的 口语。后来 口语 逐渐 发生 变化，而 书面语 依然 停留 在 原来 状态，这样 就 造成 了 书面语 和 口语 的 严重 脱节。汉朝 以后，脱离 口语 的 书面语 的 文言，占 了 正统 地位。这种 局面 一直 维持 到 "五四" 以前。

为什么 文言文 延续 了 这么 久? 历史 上 有 先见 的 学者 早 就 主张 废除 文言文。例如 东汉 前期 杰出 的 唯物 主义 无神论 思想家 王充 就 主张 口语 和 书面语 必须 一致。但是 由于 几千年 的 封建 统治 把 记载 儒家 经典 的 语言 看成 是 世代 的 语言 楷模，接受 教育 的 人 必须 学 这种 文言，科举 考试 必须 一律 用 文言。更加 深刻 的 原因 是 汉语 口语 长期 存在 严重 分歧，而且 封建 社会 小 范围 的 交往 和 慢 节奏 的 生活，不能 产生 统一 口语 的 强烈 愿望 和 需要。

为什么 汉字 长期 存在? 在 书面语 和 口语 长期 严重 脱节 的 情况 下，汉字 可以 发挥 特殊 作用。汉字 不是 表音 文字，可以 让 不同 方言 中 声音 不同 的 语素 在 视觉 上 保持 一致。这 对于 口语 长期 存在 严重 分歧 的 汉语 可以 起 特定 的 统一 作用。

(4) 书面语 的 规范

书面语 改革 也 不能 一步 到位。新 的 书面语 在 确定 以后，会 受到 旧 的 书面语 的 使用 习惯 和 观念 的 继续 干扰。所以 新 的 书面语 要 在 和 口语 同步 发展 的 过程 中，逐渐 排除 旧 的 干扰，适应 新 的 变化，不断 进行 规范 工作。①

中国 在 20 世纪 的 20 到 30 年代 的 书面语，往往 是 文言 和 白话 夹杂，尤其 是 公文 中 的 语言。有些 作家 因为 习惯 了 用 文言 写作，在 作品 中 保留 文言 的 痕迹 比较 明显，不是 十分 口语化。当时 的 解放 地区 要求 干部、作家、艺术家 深入 群众，提倡 使用 老百姓 喜闻乐见 的 形式，学习 人民 群众 生动 活泼 的 语言。这样 使得 解放 地区 的 书面语 在 口语化 方面 比 国民党 统治 地区 有 长足 的 进步。直到 现在，台湾 的 汉语 书面语 仍然 夹杂 大量 文言 成份。

中华 人民 共和国 建立 以后，确定 了 共同语 的 明确 规范，使 书面语 的 规范 有 了 明确 标准。特别 是 传声 技术 的 推广 和 发展，使 语言 生活 发生 了 急剧 的 变化。广播、电影、电视、录音、录相、电话、卫星 等，使 语言 的 声音 像 文字 一样，一定 程度 地 打破 了 时间 和 空间 的 限制。传声 技术 又 把 书面语 的 视觉 信号 更好 地 转变 成 听觉 信号。这

---

①周 有光. 白话文 运动 80 年 [J]. 香港: 语文 建设 通讯, 1998, (56).

样 就 使 书面语 和 口语 加速 走向 统一，也 使 书面语 的 表达 更加 完善。

应该 说 在 汉语 书面语 规范化 领域 仍然 存在 着 严重 的 夹杂 文言 成份 的 问题。例如，用 "此"，不用 "这"；用 "无"，不用 "没有"；说 "杀 女 弑 夫 为 哪般？" 不说 "为什么 杀害 女儿 和 丈夫？" 这样 的 脱离 口语 的 书面语 仍然 泛滥。像 "负责 其的 医疗费"[①] 就 更加 不伦不类。

7.8.5 文字 改革 和 创造

(1) 文字 改革 的 性质

文字 改革 是 通过 社会 力量，对 原有 的 文字 体系 进行 调整、变换，使 它 更加 简便、有效 地 为 语言 服务。

由于 文字 不是 语言 的 必要 形式，一种 语言 用 什么 文字 更加 具有 任意性。因此 在 必要 的 时候 有 可能 进行 文字 改革。

然而 进行 口语 改革 就 不太 可能。我们 说 语言 中 的 声音 和 意义 没有 必然 联系，但是 它们 一旦 结合 关系 就 很 难 改变，特别 是 不可能 进行 系统 的 人为 的 快速 改变。当然，由于 规范 的 需要，有 可能 改变 局部 词语 的 语音 形式。

文字 一旦 被 社会 约定俗成，特别 是 在 经过 长期 的 使用 与 一个 民族 的 文化 结下 了 牢固 的 关系 以后，也 不是 能够 轻易 改变 的。跟 口语 相比，文字 一方面 有 很 大 的 保守性，不 容易 在 使用 中 随便 增加 一个 字，另一方面，它 又 可以 进行 大 幅度 的 改革。因此，文字 的 改革 有 可能，但是 又 不是 经常 发生 的。

从 成功 的 文字 体制 的 改革 例子 来看，一般 都 是 小 国家，使用 一种 文字 的 文化 历史 不 很 悠久 的 国家，经济 比较 发达 的 国家。文字 的 改革 一般 不会 自发 成功，要 依靠 强大 的 社会 力量 甚至 政治 力量 才 有 可能 成功。

(2) 文字 改革 的 类型

文字 改革 根据 改革 程度 的 不同，可以 分成 3 种：第一，文字 体制 的 改变；第二，文字 形体 系统 的 改革；第三，文字 局部 的 改革。

① 文字 体制 的 改革

把 一种 文字 体制（往往 是 表意 体制）改成 另外 一种 文字 体制（往往 是 表音 体制），就是 文字 体制 的 改革。例如 越南、朝鲜 的 文字 改革。只有 从 表音 体制 改革 成 表音 体制 的 文字，还 没有 看到 反过来 的 例子，因为 表音 文字 能够 更加 简便 地 记录 语言。

公元 3 世纪 中国 西晋 时代 汉字 和 它 记录 的 书面语 传到 日本。日本人 用 汉字 记录 日语。但是 汉语 和 日语 的 语言 特点 不同。古代 汉语 的 词 主要 是 单音节 词，用 单音节 的 语素 汉字 来 书写 古代 汉语 比较 适应。但是，日语 的 多音节 词 比较 多，词 有 形态 变化，用 汉字 记录 日语 就 不 很 适应。汉字 的 形声字 是 针对 汉语 设计 的，与 日语 没有 直接 关系。加上 汉字 这种 文字 体制 复杂，所以 日本人 创造 了 体制 不同 又 适合 日语 的 音节 文字 "假名"。

开始，日本人 只是 用 假名 在 汉语 中 的 汉字 旁边 注解 一些 必要 的 日语 的 助词 和 动词、形容词 的 词尾，以便 用 日语 读 出来。到了 7 世纪 也 就是 中国 唐朝，就 出现 了 假

---

①这个 例子 来自 广州 《羊城 晚报》2000 年 1 月 8 日。

名 为主 夹用 汉字 的 日语 书面语，例如 《源氏 物语》。后来 逐渐 变成 了 日本 一般人 经常 使用 的 日文。到了 明治 维新 的 时候（公元 1868 年），日本 书面语 向 口语化 前进，汉字 在 日语 中 的 使用 更加 受到 限制。

朝鲜、越南 也 曾经 用 汉字 记录 他们 的 语言，后来 废除 汉字，全面 改革 成 表音 文字。朝鲜 在 1945 年 8 月 解放 以后，采用 了 一 套 音素化 的 音节 文字。越南 在 1945 年 8 月 建国 以后，废除 汉字 和 汉字式 的 越南 字喃，采用 了 拉丁 文字，就是 音素 文字。由于 表音 文字 容易 学习 和 使用，它们 都 很快 扫除 了 文盲，普及 了 教育。

② 文字 形体 系统 的 改革

文字 形体 系统 的 改革，指 同一 体制 内部 的 符号 形式 系统 从 一种 替换 成 另外 一种，一般 是 在 相同 的 表音 文字 体制 内部 进行 的 系统 替换，就是 同一 体制 内部 的 改革。例如 印尼、土耳其 的 文字 改革。

土耳其 曾经 有 1000 多年 时间 用 阿拉伯 文字 拼写 自己 的 语言。但是 阿拉伯 文字 并不 适合 拼写 土耳其语。土耳其语 一共 有 8 个 元音，然而 阿拉伯 文字 记录 元音 的 文字 部件 不够 用，因此 一个 部件 要 表示 土耳其语 的 几个 元音。例如 土耳其语 中 的 [ɔ][ø] [u][y] 都 用 同一 部件 代表。如果 不 明白 词 的 意义，就 很难 确切地 读出 词 的 声音。特别 是 因为 拉丁 文字 的 国际性 强，所以 1928 年 国民 议会 正式 通过 了 土耳其 拉丁化 新 文字 法律 以后，用 30 个字 有效 地 代替 了 旧 文字，并且 大大 提高 了 文字 的 学习 和 使用 效率。这 就是 同一 体制 内部 的 改革。

印度尼西亚 曾经 从 印度 文字 改革 成 阿拉伯 文字，最后 又 改革 成 拉丁 文字。原苏联 属于 亚洲 的 部份，原来 用 拉丁 文字，后来 为了 体现 民族 文字 的 共同性，改革 成 斯拉夫 文字。中国 的 维吾尔 文字，曾经 从 阿拉伯 文字 改革 成 拉丁 文字，但是 由于 不是 国家 主体 民族 的 文字，新 文字 很难 推行，1982 年 又 恢复 成 阿拉伯 文字。

③ 文字 的 局部 的 改革

调整 一种 文字 形体 系统 中 的 少数 或者 个别 字 和 用法，就是 文字 的 局部 改革。例如 汉字 的 简化。

汉字 是 一种 表意 文字，字 的 数量 庞大，字 的 结构 复杂。因此 在 汉字 形体 发展 历史 上，从 甲骨文 演变 成 金文、篆书、隶书、楷书 等。这 是 形体 上 的 不断 简化，从 文字 体制 上 看 没有 引起 质变。今天 有 计划 地 科学 地 简化 汉字 的 笔画、精简 汉字 的 字数，淘汰 现代 汉字 中 的 繁体字 和 异体字，实行 现代 汉字 的 标准化，这些 都 不是 体制 或者 体系 的 改革，而 只是 对 现代 汉字 的 一种 改进。

但是，制订 和 推行 用来 辅助 汉字 的 汉语 拼音，把 它 用于 汉字 注音、汉字 学习、产品 代码、资料 检索、通讯 技术、信息 处理 以及 中国 人名 和 地名 的 罗马 文字 拼写 方法 等。这 就 接近 文字 体制 的 改革。

俄罗斯 语言，在 公元 9 世纪 的 后期 采用 了 由 希腊 正教 的 传教士 基利尔 制定 的 斯拉夫 文字。后来 经过 逐步 改进，与 宗教 文字 脱离。18 世纪 彼得 大帝 加以 改进。十月 革命 以后 取消 多余 的 字。

英语 文字 也 进行 过 改良。虽然 正词法 经过 了 几次 修正，但是 至今 读音 不 一致 的 词语 仍然 很多。例如 "right" 中 的 "gh" 是 多余 的。一个 词 有 不同 写法 的 也 有。1998 年 使用 德语 的 国家 联合 推行 经过 简化 的 德语 文字。

(3) 汉语 的 文字表音化

汉语 的 文字 的 表音化, 一般 叫做 汉字表音化, 准确 地 说 就是 音素化。它 不是 现行 的 表意 汉字 本身 的 改进, 而是 采用 体制 不同 的 记录 汉语 的 新 文字。

有人 以为 汉字 变得 形声字 占 的 比例 大, 就是 汉字表音化, 这 是 一种 误解。

中国 从 19 世纪 末期 开始, 就 不断 有人 发出 文字 改革 的 呼声, 要求 实现 汉字表音化。1605 年 (明朝) 意大利 传教士 利玛窦 在 北京 出版 《西字奇迹》, 使 中国人 第一 次 接触 到 拉丁 文字。

清朝 末年 掀起 "切音字" 运动, "五四" 运动 前后 出现 了 "注音 字母" 运动、"国语 罗马字" 运动 等, 出现 了 主要 给 汉字 注音 的 表音 文字 性质 的 汉语 记录 工具。20 世纪 的 30-50 年代 开展 "拉丁化 新 文字" 运动, 这 是 汉语 表音 文字 的 成功 演习。当时, 许多 不会 传统 汉字 的 老百姓, 用 这种 新文字 很快 脱离 文盲, 能够 阅读 和 写作。

1949 年 中华 人民 共和国 成立 以后, 上海 的 拉丁化 新 文字 运动 停止, 在 北京 成立 了 "中国 文字 改革 研究 委员会", 后来 叫做 "中国 文字 改革 委员会", 研究 民族 形式 的 汉语 拼音 方案。1955 年 召开 的 全国 文字 改革 会议, 没有 采用 当时 看到 的 4 种 民族 形式 的 初步 方案, 最后 采用 了 拉丁 文字 形式 的 字母。1958 年 正式 公布 了 《汉语 拼音 方案》, 1988 年 配套 颁布 了 《汉语 拼音 正词法 基本 规则》。"拼音" 虽然 不是 法定 的 表音 文字, 但是 它 在 一些 领域 行使 了 文字 职能。

汉语 文字 的 体制 能不能 改革, 要不要 改革, 要不要 表音化, 这些 有关 文字 改革 的 可能性 和 必要性, 以及 走 世界 文字 共同 的 表音化 方向 等 问题, 都 需要 进一步 探索 和 研究。简单 地下 结论 或者 采取 措施, 都 不是 科学 的 实事求是 的 态度。急躁、草率, 或者 保守、阻挡, 都 会 给 文化 教育 带来 不可 弥补 的 损失。

采用 表音 文字 的 条件 有 3 个: 第一, 必须 普及 汉语 共同语, 就是 普通话。如果 大家 不 使用 共同 的 民族 语言, 即使 有 了 表音 文字, 也 无法 使用。第二, 进一步 完善 汉语 拼音 方案, 普及 《汉语 拼音 正词法 基本 规则》, 强化 汉族人 的 "词" 意识。第三, 中国 悠久 的 文化 遗产 都 是 用 汉字 记载 下来 的, 实行 表音 汉字 以后, 怎样 继承 我们 的 文化 历史 传统, 要 有 什么 经济 条件 支撑, 都 是 要 预先 考虑 的 问题。

1985 年 12 月, 国务院 决定 把 "中国 文字 改革 委员会" 的 名称 改成 "国家 语言 文字 工作 委员会", 扩大 了 它 的 工作 范围 和 行政 职能, 并且 继续 开展 文字 改革 工作 的 研究, 这 是 符合 中国 实际 的。

(4) 文字 创造

文字 创造 是 给 没有 文字 的 少数 民族 的 语言 设计 文字。例如, 蒙古语 的 文字 是 元朝 创造 的。

新 创造 的 文字 一般 都 是 表音 文字。但是, 由于 有的 少数 民族 语言 不 统一, 必须 创造 适应 不同 语音 系统 的 几种 表音 文字。例如, 中国 为 湖南 西部、贵州 东部、云南 东北 (包括 四川、贵州、云南 交界 区域) 一共 3 个 地区 的 苗族 创造 了 4 种 表音 文字。其中 云南 东北 苗语 有 2 种 文字。

7.8.6 语言 教育

语言 教育 是 一个 国家 通过 学校 等 途径 使 人们 掌握 必要 的 语言 工具 的 过程。一

个 国家 的 民族 语言 教育 主要 是 主体 民族 的 语言 教育, 也 包括 少数 民族 语言 教育。

（1）民族 语言 的 教育

民族 语言 教育 的 主要 内容 是 通过 基础 教育 普及 民族 共同语, 使 人们 不仅 能够 用 它 说 和 听, 而且 能够 用 它 写 和 读, 要求 播音员、演员、学校 教师、政府 官员 等 进行 大众 传播 工作 的 人 使用 标准 的 共同语。

进行 民族 语言 的 教育 有 什么 意义?

第一, 进行 民族 语言 教育 是 开发 幼儿 智力 的 必需 途径。

人 一 生 下来 就 具有 语言 学习 能力。但是 这种 能力 如果 不 通过 及时 开发, 人 的 智力 就 会 停留 在 一般 动物 的 水平 上。因为 语言 是 思维 的 重要 工具, 所以, 婴儿 在 出生 以后 就 要 给 他 提供 丰富 的 语言 环境, 促进 语言 和 思维 能力 同步 发展。有的 人 甚至 提倡 胎儿 教育, 给 胎儿 讲 故事、放 音乐。

由于 汉字 导致 汉语 口语 转化 时间 拖 长, 所以 不少 地方 推广 "注音 识字, 提前 读写" 的 语言 教育 模式。

第二, 进行 民族 语言 的 教育 可以 促进 国民 素质 的 提高。

靠 自然 环境 获得 的 语言 相当 有限, 只能 应付 简单 的 日常 交际。虽然 每个 人 都 在 使用 语言, 但是 是否 受到 过 教育 就 不 一样。

封建 社会, 只有 少数人 受到 教育, 文字 几乎 成了 上层 贵族 的 专利。资本 主义 上升 时期, 随着 工业化 的 发展, 随着 民族 共同语、国家 共同语 的 形成, 生产 和 管理 都 需要 受过 教育 的 人, 普及 国民 义务 教育 提到 日程 上 了。义务 教育 的 主要 内容 是 普及 共同语, 它 成 了 工业化 国家 的 基本 国策。新加坡 1979 年 开始 实行 新 教育 制度, 把 语言 放 在 教育 的 核心 地位。凡是 实行 工业化 的 国家 都 把 普及 共同语 当做 国家 建设 的 大 事。

第二 次 世界 大战 以后 独立 起来 的 新 国家, 原先 的 行政 和 教育 语言 都 是 宗主 国 家 的 语言, 真正 懂得 宗主 国家 语言 的 人 又 不多。印度 群众 能够 把 英语 做 第二 语言 使用 的 人, 在 1961 年 还 只有 2.5%。①东非 的 肯尼亚、坦桑尼亚 在 独立 以前, 也 推行 宗 主 国家 的 英语, 但是 真正 懂 英语 的 人 也 是 少数。由于 民族 语言 不能 得到 发展, 基础 教育 就 受到 很大 影响。所以, 这些 新 国家 独立 以后 都 重视 建设 民族 共同语。

在 18 世纪 的 中国 清朝, 在 雍正 皇帝 时期 下令 在 广东、福建 举办 专门 教 官话 的 学校, 在 清朝 末年 下令 在 中学 教 官话, 都 收获 不 大。1912 年 废除 帝制 以后, 开始 提 出 工业化 的 尝试, 提出 国语 和 义务 教育 的 要求。 20 世纪 初期, 中国 的 教育 部门 规定 小学 一 二 年级 教 白话, 从而 使 白话 获得 了 法定 地位, 但是 文言文 在 其他 的 重要 领 域 例如 政府、文教、商业 领域, 一直 用 到 40 年代。1955 年 秋季 开始, 新 中国 规定 学校 教学 普通话, 并且 向 社会 推广。1982 年 的 宪法 规定 "普及 初等 义务 教育" 和 "推广 全国 通用 的 普通话"。 21 世纪 到来 以后, 中国 提出 用 大约 50 年 普及 普通话。成为 中 国 国语 的 普通话 的 推广 虽然 任务 艰难, 时间 比较 晚, 但是, 这 是 中国 语言 生活 的 巨 大 进步。

第三, 进行 民族 语言 教育 可以 提高 国家 的 科学 技术 水平。

---

①周 有光. 新 语文 的 建设 [M]. 北京: 语文 出版社, 1992.172.

国民 的 科学 技术 的 学习 和 提高，必须 学会 熟练 地 使用 语言。很难 想象，一个 在 语言 上 概念 模糊、逻辑 混乱 的 人，能够 很好 地 掌握 科学，进行 科学 论证。特别 是 现代 电子 通讯 技术 发展 很快，电脑 已经 进入 普通 人家，电脑 的 信息 处理 与 语言 不能 分离。可以 说 掌握 了 语言 就 拥有 一种 重要 的 生产 工具。

少数 民族 为什么 也 要 进行 民族 语言 教育？因为 他们 的 民族 语言 也 是 自己 日常 生活 无法 脱离 的 交际 工具。如果 放弃 这个 工具，从小 强迫 他们 直接 学习 主体 民族 的 语言，可能 得不偿失。

(2) 外语 教育

外语 教育 是 一个 国家 根据 国际 交往 的 需要 通过 学校 等 途径 让 国民 掌握 一定 外语 能力 的 过程。在 现代 社会中，加强 民族 语言 教育 的 同时，还 必须 加强 外语 教育。外语 教育 的 对象 包括 外国 语言 和 一个 国家 里面 的 外 民族 的 语言。外国 语言 一般 是 外国 的 国语 及其 文字。外 民族 语言 是 一个 国家 内部 的 一个 民族 之外 的 民族 的 语言。

对于 少数 民族 来说，国语 的 教育 在 一定 程度 上 也 是 外语 教育。一般 说 的 外语 教育 中 的 外语 是 有 影响 的 外国 国语 教育。

外语 教育 的 作用 有4个：

第一，是 学习 科技 的 需要。对于 不 发达 国家 来说，要 进入 世界 先进 行列，必须 通过 学习 外语 掌握 世界 先进 科学 技术。

第二，是 外交 的 需要。世界 各个 国家 都 要求 外交 官员 懂得 对方 语言。

第三，是 对外 贸易 的 需要。国家 与 国家，民族 与 民族 之间 进行 贸易 都 需要 懂得 对方 的 语言，或者 使用 一种 都 懂 的 共同语。

第四，是 对外 宗教 传播、旅游 等 的 需要。宗教 传播 首先 要求 学习 外语，很多 语言 的 新 变化 是 宗教 传播 带来 的。国际 旅游 已经 成为 头等 重要 的 经济 事业，这是 没有 烟囱 的 工业。向 世界 开发 自己 的 旅游 资源，都 必须 同时 培养 外语 人才。

因此，在 现代 社会中，外语 教育 受到 各个 国家 的 高度 重视。有的 国家 从 小学、中学 到 大学，都 进行 外语 教育。卢森堡 规定 学生 从 幼儿园 开始，必须 学习3种 语言：法语、德语 和 英语。有些 国家 对 一些 高 学位 或者 高 技术 的 人才 还 要求 精通 多种 外语。在 中国，近年来，高等 教育 和 高级 人才 的 职称 确认 都 必须 通过 外语 考试。

一个 民族 或者 国家 应当 根据 什么 来 确立 第一 外语 和 第二 外语 等 外语 教育 呢？

外语 教育 又 分成 普及性 和 特殊性 两种。这 要 根据 外语 的 影响 力量 来 决定。影响 力量 包括 使用 范围 和 频率，主要 的 是 使用 产生 社会 作用 的 能力。

特殊性 外语 教育，根据 外交、学术、贸易、旅游 等 特殊 需要 决定。例如，一项 重大 课题 有 不能 解决 的 难题，而 只有 一种 特殊 外语 的 使用者 拥有 最 先进 的 水平，就 必须 先 学习 他们 的 语言 再 学习 他们 的 科学 技术。

1989 年 举行 国际 语言 展览，全 世界 主要 语言 的 使用 人数，英语 有 3.2 亿人，仅仅 比 汉语 少。如果 包括 当做 第二 语言 使用 的，那么 使用 英语 的 有10亿人。英语 被47个 国家 做 国家 官方 语言 使用，使用 国家 的 数量 第一。联合国 规定 有 6 种 工作 语言，文件 原文 用 英语 的 占 88 %。①中国 把 英语 做 第一 外语，中国 的 少数 民族 把 汉语 做 第一

---

①来自 《参考 消息》1989年2月26日。

外民族 语言。这些 都 是 符合 发展 趋势 的。同样，现在 很多 国家 把 汉语 做 重要 的 外语 来 教育 也 是 符合 中国 在 国际 地位 上 的 发展 趋势 的。

中国 目前 的 外语 教育 中 除了 英语 和 对于 少数 民族 来说 的 汉语 教育 以外，其他 语言 的 教育 主要 是 通过 大学 外语 专业 和 少数 民族 语言 专业 的 局部 方式 进行 的。这 些 语言 常见 的 有 日语、俄语、德语、法语、西班牙语、阿拉伯语、朝鲜语（韩语）、越南语、泰语 等 外国 语言，以及 国内 一些 少数 民族 语言。

中国 在 少数 民族 地区 实行 双语 教育 制度。由于 中国 不同 民族 之间 发展 不 平衡，加上 条件 不同，所以 在 中国 少数 民族，把 汉语 做 第一 外语 进行 教学，应当 根据 不同 的 教学 对象，采取 不同 的 培养 目标 和 教学方 法。[①]

学好 外语 不是 容易 的 事情，很多 国家 都 制定 一些 优惠 甚至 强制 政策。欧洲 共同体 就 有 一个 鼓励 学习 外语 的 计划，支持 共同体 的 学校 把 一种 外语 做 必修 课程，准备 在 5 年 期间 拨出 3 亿 美元 资助 教学 工作 和 购买 教学 设备。还 帮助 高等 学校 学习 外语 的 学生 到 使用 自己 学习 的 外语 的 国家 去 留学 一年 。

①戴 庆厦. 少数 民族 的 语言 与 教育 [N]. 北京：中国 教育 报, 1995-03-27.

【练习】8

> 当我们学会自己的母语以后，我们回忆不起这是一个怎样的过程。我们无法打开自己的脑袋去看一看：语言怎样工作。
>
> 按照数学的道理：一加一只能等于二，不能等于三。语言里可不是这样。
>
> 俗话说：看人要看内心，听话要听声音。你真的能听懂别人的声音吗？
>
> 语言是一串音符，可以谱写出动人的曲子，语言是一盒颜料，可以描绘出精美的图画。

8 语言 学习 和 使用

8.1 母语 学习

母语是从一个人出生开始在自然语言环境中通过与母亲等人的接触中逐渐获得的语言，又叫做第一语言。跟外语学习相比，又叫做母语习得、母语获得，因为它主要是感性的学习。一个人的第一语言是汉语，即使他的父母的第一语言是英语，他的母语也是汉语。

虽然儿童学习语言的时候，他的智力在发展中，不可能有学习语言的经验，也没有专门的语言教师、教材和课堂，但是，他没有其他语言干扰，又有足够的时间和真实语言环境，所以儿童一般都能够在几年时间里学会用地道的母语进行日常交际，母语学习非常容易成功。不学语言学也可以学会语言就是这个道理。

语言学、心理学、认知科学等学科，对儿童学习语言的这种神奇现象非常重视，做了各种解释，并且产生了许多关于母语学习的理论。

8.1.1　母语 形成 的 原因

母语 产生 的 理论 可以 分成 3 种 类型：后天 环境 学说，先天 能力 学说，环境 与 能力 结合 的 学说。这3 种 类型 也 代表 了 关于 母语 产生 理论 的 发展 和 成熟 的 过程。

（1）后天 环境 学说

后天 环境 学说 又 叫做 行为 主义 学说，是 在 美国 心理学家 沃森（Watson）的 行为 主义 心理学 的 基础 上 提出 的。这个 理论 把 语言 看成 一种 像 其他 人类 行为 一样 的 行为，是 通过 习惯 学会 的。儿童 学会 母语 要 通过 " 模仿—强化—重复—形成 "4 个 步骤。这种 理论 不太 注意 儿童 获得 语言 的 主动性 和 先天 因素 的 影响。

【讲课】47-48

早期 的 行为 主义 学者 认为，儿童 的 语言 学习 是 一 系列 " 刺激—反应 " 的 结果，是 对 成人 语言 的 简单 模仿。儿童 的 大脑 生来 好像 一 张 白纸，他 听到 成人 的 语言，就 受到 刺激，然后 就 模仿 成人 的 语言。通过 不断 刺激 和 模仿，儿童 就 学会 了 母语。

这种 机械 模仿 学说 虽然 容易 被 一般 人 接受，但是，不能 解释 为什么 儿童 的 模仿 有 选择性 和 创造性。例如 为什么 儿童 可以 说出 他 从来 没有 听过 的 一些 话语。

为了 弥补 机械 模仿 学说 的 缺陷，人们 又 提出 了 " 强化 学说 " 和 " 选择性 模仿 学说 "。强化 学说 的 主要 代表 人物 是 美国 的 心理学家 斯金纳（Skinner）。他 认为，儿童 对 成人 语言 的 模仿 如果 正确，就 会 受到 鼓励，从而 使 正确 的 语言 行为 得到 强化。如果 儿童 对 成人 语言 的 模仿 不 正确，就 不会 受到 鼓励，因而 不能 得到 强化。儿童 就 在 不断 强化 中 学会 语言。但是，许多 研究 发现，父母 对于 儿童 的 语言 意义 表达 非常 关心。如果 意思 错 了，就会 马上 纠正。如果 儿童 在 语言 形式 上 出现 错误，父母 只是 觉得 很 新奇，不去 及时 纠正，甚至 不断 地 向 愿意 听 的 人 重复 这些 不 符合 语法 的 句子。即使 父母 进行 强化 的 纠正，对于 儿童 的 语言 学习 也 不能 马上 发挥 作用，因为 儿童 按照 自己 获得 的 语法 规则 创造 句子，并没有 感觉 到 有 什么 错误。请看 下面 这个 英语 母语 学习 的 实例：

儿童：Nobody don't like me.

成人：No, say " Nobody likes me. "

儿童：Nobody don't like me.

（这种 没有 进展 的 纠正 和 回应 的 对话 重复 了8次 以后，出现 下面 最后 的 对话）

成人：Now, listen carefully, say " Nobody likes me. "

儿童：Oh, nobody don't likes me.

上面 经过 9 次 纠正，儿童 终于 改变 了 一个 错误，从 " like " 变成 了 " likes "，但是 多余 的 " don't " 最终 没有 被 放弃，也许 下次 会 被 放弃。可见，强化 肯定 有 作用，只是 不能 马上 见效。没有 经过 强化 训练 的 儿童，能够 说出 正确 的 句子，主要 靠 " 自学 "。

选择性 模仿 学说 认为，儿童 不是 对 成人 话语 进行 机械 模仿，而是 有 选择 地 模仿。当 儿童 对 一定 语言 现象 具有 一定 接受 能力 的 时候，才会 对 这种 语言 现象 进行 模仿。

在 模仿 具体 句子 的 时候，也 模仿 了 规则，并且 能够 根据 规则 类推 出 新 的 句子。这 就 比 机械 模仿 学说 前进 了 一大步，指出 了 模仿 的 条件，模仿 与 新 话语 产生 的 关系。但是 仅仅 用 模仿 来 解释 儿童 语言 的 发展，仍然 不够。

(2) 先天 能力 学说

先天 能力 学说 认为 母语 获得 主要 不是 后天 学习 的 结果，而是 由 先天 因素 决定。最早 提出 这种 理论 的 是 乔姆斯基 (Chomsky)。乔姆斯基 极力 反对 行为 主义 的 模仿 学说，特别 是 斯金纳 的 强化 学说。他 认为，语言 是 由 无限 句子 构成，句子 的 无限性 决定 了 儿童 不 可能 对 一种 语言 的 所有 句子 都 进行 模仿，但是 儿童 可以 听懂 或者 说出 他 从来 没有 听到 过 的 句子。他 认为，对 儿童 语言 的 发展，唯一 可能 的 解释 是，儿童 生来 就 具有 一个 由 遗传 因素 决定 的 语言 获得 装置 (Language Acquisition Device，简称 LAD)。这个 装置 具有 一套 抽象 的 全人类 共有 的 语法 系统 和 类似 语言学家 一样 的 语言 分析 能力。当 儿童 接触 一定 数量 的 成人 语言 以后，就 会 利用 LAD 对 这些 语言 现象 进行 分析，并且 从 里面 概括 出 各种 具体 语言，例如 英语、法语 等 的 语法 规则。这些 语法 规则 做 一种 具体 的 语言 参数，被 赋予 到 生来 就 有 的 抽象 的 全人类 共有 的 语法 系统 上，就 像 是 把 方程 中 的 未知数 变成 具体 的 数值 一样，这样 儿童 就 学会 了 各种 具体 的 语言。所以 很多 人 相信 人类 拥有 一种 抽象 的 "普遍 语法"。

有人 认为 儿童 语言 发展 同 生理 发育 一样，是 一个 自然 成熟 的 过程。比如 婴儿 (大约 0~1 岁) 生 下来 的 时候 不会 走路，但是 具有 了 走路 的 可能性。后天 的 生理 发育 一旦 成熟，婴儿 变成 儿童 (大约 1~10 岁) 就 会 自然而然 地 走 路。儿童 一 生 下来 就 已经 具有 了 语言 能力，这种 能力 在 后天 的 发育 过程 中 逐渐 成熟。许多 生理 发育 都 有 一个 发展 的 关键 或者 临界 时期，当 过了 这个 时期 以后，即使 具有 发展 的 条件，也 不能 发展 起来。语言 发展 的 关键 时期，虽然 不会 有 很 精确 的 范围，但是 人们 一般 都 承认 它 存在。例如 在 印度 发现 的 从小 在 狼群 中 长 大 的 两个 孩子，当 它们 回到 人类 社会 以后，虽然 经过 专家 细心 教育，但是，因为 过了 学习 语言 的 关键 时期，所以 再也 不能 很 好地 学会 语言 了。

乔姆斯基 的 理论 使 我们 认识 到，儿童 的 语言 学习 并 不是 一个 完全 被动 的 过程，而是 主动 的 充满 创造 的 过程。把 个体 的 母语 学习 和 人类 语言 的 普遍 现象 联系 在 一起 考察，是 富有 启发 意义 的。但是，他 说 的 LAD 只是 一种 假设，人们 还 没有 在 大脑 中 找到 它 的 踪迹。先天 的 生理 因素 对 语言 的 发展 有 影响，但是 这 只是 从 生物学 角度 揭示 了 语言 发展 的 生理 基础，仅仅 靠 这个 来 解释 儿童 的 语言 发展，显然 不够。

(3) 先天 能力 与 后天 环境 结合 的 学说

先天 能力 与 后天 环境 结合 的 学说 提出 的 基础 是 瑞士 认知 心理学家 皮亚杰 (Piaget) 的 认知 理论。皮亚杰 认为，儿童 并 没有 先天 的 语言 学习 能力，语言 学习 能力 只是 人 的 大脑 中 的 认知 能力 的 一种，语言 的 发展 受到 认知 能力 发展 的 制约，是 儿童 的 主体 因素 与 他 生长 的 环境 因素 相互 作用 的 结果，是 通过 同化 的 顺应 不断 地 从 一个 阶段 发展 到 另外 一个 新 阶段 的 过程。

在 皮亚杰 理论 的 影响 下，人们 开始 从 认知 的 发展 过程 来 解释 儿童 的 语言 发展 过程。许多 研究 发现，语言 的 发展 确实 与 认知 的 发展 有关。比如，认知 难度 较低 的 语言 现象 一般 总是 比 认知 难度 较高 的 语言 现象 先 发展。

但是，这种 理论 仅仅 承认 认知 发展 对 语言 发展 的 影响，而 忽视 语言 发展 对 认知 发展 的 影响，忽视 社会 环境 对 语言 发展 的 影响。

于是，人们 进一步 综合 前人 成果，发展 成 先天 能力 和 后天 环境 结合 的 理论。他们 发现，成人 跟 儿童 交谈 用 的 言语，和 成人 之间 的 交谈 用 的 言语 很 不一样。这种 成人 和 儿童 交流 用 的 "儿童 言语" 和 儿童 的 语言 发展 关系 十分 密切。而且 如果 不进行 这种 语言 交流，儿童 也 不能 获得 语言。比如 有 一 对 聋哑 夫妇 的 孩子，各个 方面 都 很 正常，但是 因为 身体 原因 不能 被 允许 到 房子 外面 活动，只能 对 着 电视 学习 语言。这 种 单向 的 没有 交流 的 学习 最终 失败 了。这孩子 跟着 父母 学会 了 聋哑人 用 的 手指语，而 没有 跟 电视 学会 自然 语言。湖南省 洞口县 那溪乡 田坳寨 的 两个 身体 健全 的 小 孩，由于 父母 是 哑巴，家庭 孤立 地 居住 在 偏僻 的 山里，10 多 岁 了，从来 没有 与 使用 语言 的 人 接触，一直 没有 用 过 正常 语言。有 一天 一个 亲戚 去 了，才 发现 他们 能够 模仿 亲戚 说话①。可见，儿童 的 语言 发展 是 先天 和 后天，生理 和 心理，主体 和 环境 等 多种 因素 交叉 作用 的 结果。随着 研究 的 深入，人们 会 发现 更多 的 影响 语言 发展 的 因素。

8.1.2 母语 学习 的 过程

语言 有 口语 和 书面语 两种 形式。但是，世界上 的 语言 有 很多 没有 书面语，而且 由 于 各种 条件 的 限制，不是 所有 的 人 都 能够 成功地 获得 母语 的 书面语。另外，书面语 的 获得 比 口语 晚。所以，我们 主要 从 口语 来 讨论 母语 的 学习 过程。

母语 的 获得 大约 可以 分成 3 个 阶段：0～1 岁 是 语言 的 萌芽 阶段；1～6 岁 是 语 言 的 发展 阶段；6 岁 以后 是 语言 的 完善 阶段。

（1）萌芽 阶段

婴儿 一 出生 就 踏上 了 学习 语言 的 征程。在 0～1 岁 期间，与 语言 有 关系 的 生理 器官 和 心理 素质 有 了 初步 的 发展，逐渐 能够 理解 一些 简单 的 话语，并且 开始 说出 一个 词 的 句子。

大约 在 4 个 月 的 时候，婴儿 能够 发出 与 母语 语音 巧合 的 一些 音素，具有 了 母语 语音 的 基础，并且 开始 出现 用 声音 与 成人 交流 的 现象。

大约 到 了 6～7 个 月，语言 已经 开始 有 第一 信号 系统 的 作用，婴儿 已经 能够 理解 一些 最 简单 的 话语，例如 "灯灯 呢？" "再见。" "笑 一个。" 同时 他 可以 张开 嘴巴 发出 一些 像 哑巴 说话 的 简单 的 声音，一般 是 双唇 塞辅音 和 开口 元音 构成 的 音 节。大人 感觉 到 他 想 说话、在 说话，但是 还 没有 说话 的 实际 能力。如果，有 一天，不 知道 是 巧合 还是 真正 学会 了，他 发出 接近 但是 肯定 有 不同 的 "ba（爸）、ma（妈）" 一样 的 音节，大人 非常 惊奇，好像 奇迹 就 要 开始 了，并且 对 婴儿 大加 鼓励。

1 岁 前后，儿童 开始 说出 一个 词 的 句子，而且 一般 是 一个 音节 的，例如 "妈、爸、 打、骂、要、没有" 等。注意 这些 声音 多数 只是 接近 实际 语言 的 词语，例如 在 英语 中， 把 "daddy（爸爸）、down（向下）、book（书）" 分别 说成 了 "[dæ]、[daw]、[bʊ]"。

（2）发展 阶段

---

① 长沙 《东方 新报》2001 年 12 月 5 日 报道。

这个 阶段 的 内容 特别 丰富，可以 从 语音、词汇、语法 和 语用 4 个 方面 分别 说明。

第一，语音 的 掌握 1 岁 以后，非 母语 的 声音 逐渐 减少，而且 一些 以前 发过 的 母语 中 的 声音 也 发 不 出来 了。一方面 这 表明 母语 对 儿童 发音 产生 了 较大 影响，另一方面 也 使人 看到 以前 发 的 声音，即使 是 母语 中 有 的 声音，也 只是 巧合 的 声音 而 不 是 真正 的 语音。所以，当 声音 跟 意义 结合 构成 词语 的 时候，或者 说 当 声音 变成 语音 的 时候，原来 一些 会 发 的 声音 这时 却 发 不 出来 了。

儿童 语音 的 发展 顺序 与 人类 语音 的 普遍性 有关。在 儿童 把 声音 当做 语音 来 学 习 和 使用 的 时候，他 先 发出 的 是 人类 最 容易 发出 的 普遍 音素，然后 掌握 个别 语言 中 的 特殊 音素。例如：[a] [o] [i] [p] [m] 等 元音 或者 辅音 是 人类 语言 共有 的。然而 像 汉语 的 送气音、卷舌音，法语 和 俄语 的 颤音 等，是 特有 的，儿童 掌握 起来 都 比较 晚。例如，一个 说 汉语 的 小孩，把 "哥哥" 说成 "多多"，在 一定 的 年龄 阶段，经 过 多次 纠正 也 不 成功。这 说明 舌根 部位 的 发音 比 舌尖 部位 的 发音 发展 要 慢 一些。 由于 人类 最先 学 的 词 是 自己 的 父母 的 称呼，所以 这些 词 在 各种 语言 的 声音 接近。

从 语音 学习 与 失语症 的 关系 来看，语音 学习 的 先后 顺序 跟 失语症 病人 失去 语音 的 顺序 恰好 相反。失语症 病人 先 失去 的 声音，正是 在 后面 学习 的。这样 就 把 语音 共 性、儿童 语音 学习 顺序 和 失语症 病人 患病 的 程度 联系 起来，其中 任何 一个 方面 的 研 究 成果 都 可以 给 其他 方面 的 研究 提供 借鉴。

一般 说来，儿童 到 4 岁 左右，母语 的 音位 系统 已经 基本 掌握。以后 的 任务 就是 发 展 与 语用 关系 密切 的 语音 韵律 了。

第二，词汇 的 扩充 儿童 开始 掌握 的 都是 一些 常用词 的 常用 意义。儿童 到 了 3 岁 大约 掌握 1000 个 词，4 岁 达到 1600 个 词，5 岁 达到 2500 个 词，6 岁 达到 3500 个 词。4 岁 左右 是 词汇 数量 飞跃 发展 的 时期。

3 岁 儿童 的 日常 言语 中 已经 有 各种 意义 类型 的 词语；3~5 岁 实词 的 增长 速度 最快，5 岁 以后 虚词 增长 的 速度 加快。儿童 是 怎么 掌握 词义 的 呢? 儿童 开始 并没有 把 一个 词 的 义征 掌握 得 像 成人 那样 好，他 在 接触 客观 世界 和 思维 能力 不断 发展 的 综合 作用 下 获得 词 的 意义。如果 他 接触 的 客观 对象 有限，他 掌握 的 义征 少于 成 人，那么 他 会 出现 词义 的 片面 概括。比如 他 开始 可能 把 所有 的 4 条 腿 的 动物 都 叫 "狗狗"，会 把 所以 跟 爸爸 年龄 接近 的 男人 叫做 "爸爸"。相反，如果 认知 能力 没有 达到 要求，他 可能 看不到 相同 类型 动物 的 共同 义征。比如 他 开始 可能 只 把 自己 家 的 那只 小花猫 叫做 "猫猫"，而 不 把 其他 的 白猫、黑猫 等 叫做 "猫猫"。

儿童 对于 词义 的 学习，与 他 接触 世界 中 的 事物 的 先后 顺序 有 一定 的 关系。例 如，当 他 最先 在 父母 教 他 写字、画 图画 的 过程 中 掌握 了 "一张纸" 中 的 量词 "张" 的 用法 以后，他 在 一次 吃饭 的 过程 中 就 自动地 使用 它 说 了 "我 要 一张 筷子" 的 句子。大人 没有 教过，纠正 以后 他 还 会 错。也许 经过 多次 纠正，或者 从 大 人 的 正确 用法 中 多次 领悟，他 才能 排除 旧 信息 的 干扰，掌握 好 这个 新 的 用法。再 例如，当 他 首先 把 麻雀 叫做 "鸟"，那么，麻雀 就 被 他 当做 "鸟" 的 典型，从而 影响 到 他 对 其他 鸟 的 认识。当 他 再 学习 "鸡、鸭子、燕子、老鹰" 等 词 的 时候， 就要 看 它们 与 麻雀 的 相似 程度 而 认定 哪些 属于 鸟 哪些 不 属于 鸟。西方人 常见 的 鸟 是 知更鸟，就 把 知更鸟 当做 鸟 的 典型；汉族人 常见 的 是 麻雀，就 把 麻雀 当做 鸟 的典型。这 可以 解释 不同 地区、不同 民族 在 对 事物 的 分类 方面 的 思维 差异 和 语言 差异。

第三，语法 的 丰富 儿童 的 语法 发展 一般 认为 要 经历 独词句、双词句、电报句 和 复杂句 4 个 阶段。独词句 就是 一个 词 充当 的 句子，是 儿童 语言 发生 最早 的 句子 形式。这种 独词句 只是 一种 提示性 的 句子，如同 "小桥，流水，人家" 这样 的 诗句，他 提醒 大人 用 复杂 的 句子 解释 他 要 表达 的 意思。所以 这种 句子 对 语境 的 依赖性 特别 大，在 特定 的 语境 中 有 不同 的 意思。比如 儿童 说 的 "妈妈"，在 不同 的 语境 中 可能 表达 的 意思 有 "妈妈，你 抱 我"，"妈妈，拿 苹果 给 我 吃"，"妈妈，我 看见 了 一条 小狗、妈妈，我 怕" 等。

儿童 大约 到 1 岁 半 的 时候 开始 进入 双词句 阶段。儿童 的 双词句，有 一些 与 成人 相同，例如 "爸爸 抱"，"妈妈 吃" 等；但是 也 有 很多 与 成人 不同，例如 "这 花花"，"妈妈 糖糖"，"狗狗 没" 等。在 英语 中 会 出现 "it ball（它 球）"，"dirty sock（脏 袜子）"，"here pretty（这里 漂亮）"，"byebye boat（再见 小船）" 等 简单 的 特殊 组合。

电报句 是 一种 比喻 的 说法。儿童 2 岁 左右 开始 出现 超过 2 个 词 的 句子。这种 句子 很少 使用 关联 词语 和 修饰 成份，有点 像 打 电报 用 的 语言，所以 称为 电报句。电报句 是 对 双词句 的 扩展，开始 接近 成人 句子。但是 也 有 许多 特殊 的 组合 方式，例如 "爸爸 牛奶 拿（爸爸 拿 牛奶）"，"吃饭 走（吃 了 饭 再 走）" 等。在 英语 中 会 出现 "do [don't] bai [bite (kiss)] me（别 咬 [吻] 我）"，"I got two [glasses of] juice（我 有 两 [杯] 桔子 水）" 这样 的 句子。儿童 进入 电报句 阶段 以后，语法 发展 加快。句子 一下子 变长 了，例如 "两 个 娃娃 玩 积木、布娃娃 放 床 上、我 和 爸爸 在 外面 看到 小狗" 等。

大约 到 2 岁 半 的 时候 开始 进入 复杂句 的 阶段。这时 出现 关联 词语、复句 等，语句 逐渐 流畅、丰富。大约 到 3 岁 的 时候，儿童 已经 基本 掌握 了 常用 句型。

到 了 5~6 岁，口语 已经 基本 掌握。事实 上，在 这个 阶段 儿童 在 不断 调整 自己 的 语法，使 它 适应 成人 的 语法。这时 出现 的 错误 规则 也许 是 另 一 种 语言 的 正确 规则。

儿童 怎样 建立 起 自己 的 语法 系统 呢？他 掌握 一条 规则 以后 会 用 他 当时 的 智力 发展 水平 进行 类推。例如 在 英语 中，最初 的 否定句，儿童 常常 是 在 任何 一个 结构 前面 加上 否定词 来 表达，所以 会 出现 一 组 这样 的 结构：no heavy（不 重）；no singing（不 在 唱歌）；no want stand head（不要 倒立）；no the sun shining（不 太阳 亮）；No want some food.（不要 吃 的）；I no taste them.（我 不 尝 它们）。

一个 把 汉语 普通话 当做 母语 学习 的 1 岁 多 的 女性 儿童，从 她 学会 的 "不要" 中 模仿 出 表示 "要" 的 "要要"。这 说明 儿童 意识 到 中心 词 "要" 的 前面 可以 分别 加 附加词 表示 否定 和 肯定，但是 她 没有 掌握 表示 肯定 用 的 是 零形式。她 用 "妈妈 不 回来" 表示 "妈妈 没有 回来"，用 "不 爬动" 表示 "爬 不 动"，用 "不 抱 起" 表示 "抱 不 起"，用 "（车子）不 走动 了" 表示 "（车子）停 了"。这 和 湖南 永州 方言 的 标准 用法 "晓 不 得（不 知道）、懂 不 到（不 懂）" 有 相似 的 道理。她 可以 跟 大人 学 背 唐诗，虽然 不 懂 意思。如果 她 有 兴趣 就 背，没有 兴趣 就 说 "我 不 知道"，"我 不 会"，"我 不 好意思 了" 这样 的 句子 来 拒绝。

她 在 母语 形成 的 初期，是 在 外婆 的 方言 环境 中 生活。后来 转到 普通话 为主 的 环境，所以 她 的 母语 学习 和 使用 经历 了 一种 类似 双语 现象 的 短暂 过程。例如，在 她 开始 改变 语言 环境 的 一段 时间，她 奶奶 抱起 她 屙尿 快完 的 时候，她 说 外婆 的 方言："没得 了"。如果 大人 没有 注意，对 她 说 的 话 没有 反应，那么 她 会 以为 是 自己 使用 了 她 奶奶 听不懂 的 方言，就 马上 改用 普通话 说 "没有 了"。这 说明 儿童 能够 进行 语码 转换。在 她 奶奶 带 她 的 过程 中，她 经常 津津有味 地 重复 她 奶奶 说过 的 一些 句子，觉得 非常 时髦 似的，例如 "蛮 好吃 的"，"吃 瓜子 还 差不多"。这 是 典型 的 好奇 和 模仿 行为。如果 大人 感到 好笑，她 的 劲头 更大 了。

你 问 她 什么，她 是 有问必答，即使 不 知道，她 也 会 说出 一种 你 不 懂得 的 像 词 语 一样 的 声音。有 很多 次 她 用 学来 的 句子 "做梦" 来 代替 回答 一切 她 不能 回答 的 问题。到了 3 岁 前后，她 经常 把 自己 能够 说好 的 句子 故意 用 古怪 的 声音 说 出来。如果 大人 制止，她 更加 有 兴趣。这 说明 儿童 天生 有 一种 创造性，并且 能够 利用 这种 创造 能力 想 办法 引起 别人 注意，进行 自我 表现。

第四，语用 的 感受

（a）语用 韵律 的 逐步 学习。处于 独词句 阶段 的 儿童，会 逐步 模仿 成人 的 语调，尝试 用 变化 的 语气 表示 附加 意义。例如 "喝、摆摆"（放 在 那儿）用 祈使 语气，"（你）坏" 用 判断 语气。根据 观察，幼儿 最早 发生 的 最多 的 是 祈使 语气，这 与 幼儿 的 自我 中心 角色 和 必须 经常 向 成人 求助 的 特点 一致。疑问 语气 罕见。进入 双词句、电报句 阶段 的 儿童，疑问 语气 逐步 出现，这 与 儿童 的 好奇 心理 一致。句子 里面 单词 之间 的 短暂 停顿 使 句子 出现 简单 的 节律。这种 语用 韵律 在 多词句 阶段，在 4～5 岁 得到 巩固 和 扩展，出现 多重 节奏，强调 重音 和 逻辑 重音，句子 之间 的 语气 变得 连贯。

（b）不断 地 把 语境 因素 转变 成 语言 因素。在 独词句 阶段，儿童 要 表达 的 意思 可 以 说 主要 包含 在 语境 中，他 说 出来 的 单词 不过 是 提示。从 独词句 到 电报句 再到 复 杂句，原来 包含 在 语境 里 的 隐性 成份，逐渐 变成 显性 的 语法 单位 呈现 在 句子 里。原 来 隐含 在 语境 里 的 事物 之间 的 关系，逐渐 变成 各种 语法 功能 词，例如 各种 介词、连 词、助词 等。原来 多用 表情 和 非语言 的 声音 表达 的 感情 也 逐渐 变成 语气词、叹词 和 各种 表达 情感 的 语调。

（c）社会化 言语 逐渐 增多。儿童 的 话语 可以 分成 自我 中心 言语 和 社会化 言语 两 个 类型。自我 中心 言语 是 指 儿童 说话 不是 为了 跟 他人 交际，而是 对 自己 说话，这 是 儿童 自我 中心 心理 的 语言 体现。社会化 言语 使用 的 目的 是 为了 和 人 交际，这 是 儿 童 社会化 的 语言 体现。由于 儿童 早期 自我 中心 主义 占 主导 地位，所以 自我 中心 言语 的 比例 较大。

（d）逐渐 学会 面对 不同 的 人 说 不同 的 话。儿童 早期 对 人 与 人 之间 的 关系 没 有 认识，随着 不断 的 社会化，慢慢 懂得 人 与 人 之间 有 不同 的 关系，说话 应该 考虑 到 这种 关系，于是，他 就 渐渐 能够 根据 不同 的 对象 采取 不同 的 说话 方式。两岁 的 儿童 对 父亲 和 母亲 的 谈话 就 有 不同。4 岁 的 儿童 跟 不同 年龄 的 人 谈话，使用 的 句法 格式 就 有 不同。对 老师 多 使用 陈述句 和 一些 礼貌 格式，对 同伴 或者 保姆 不仅 使用 陈述句，而且 还 较多 地 使用 祈使句。两岁 儿童 对于 交谈 对象 也 要求 信息 反馈，但是 当 交谈 对象 听不懂 的 时候，只是 用 重复 的 方式 再 说 一遍。然而 三四 岁 的 儿童 就 会

改变 说法, 方式 上 有 一定 进步。

此外, 人们 还 发现, 两岁 儿童 一般 不能 围绕 一个 话题 进行 交谈。3 岁 儿童 有 进步。但是, 几乎 到 了 4 岁, 还 难以 看到 几个 儿童 围绕 同一 话题 进行 交谈。可见, 儿童 的 语用 的 发展 要 比 语音、词语、语法 的 发展 慢 一些。

(3) 完善 阶段

儿童 到 了 学龄 阶段, 正式 进入 书面语 学习 阶段。相应 地, 语言学家 研究 的 注意力 主要 放 在 书面语 的 学习 上 了, 对 这个 阶段 口语 学习 的 发展 了解 得 不 太 多。

第一, 在 前 一个 阶段 发展 的 基础 上 进一步 完善 语言 系统 的 细节。比如, 词 的 数量 迅速 增长, 出现 了 一些 专门 术语、书面 词语、特殊 句式、各种 复句 和 句群。

第二, 语用 的 技巧 成为 这个 阶段 语言 学习 的 中心, 逐渐 学会 使用 社会 认可 的 合作 原则。

第三, 在 接受 语文 教育 的 过程 中, 一方面 书面语 不断 发展, 另 一方面 书面语 的 学习 对 口语 的 发展 产生 了 重大 影响, 语言 的 表达 逐渐 准确化、艺术化 和 句群化。当然, 这个 阶段 相当 漫长。如果 只 停留 在 书本 的 学习 中, 忽略 口语 的 学习, 口语 使用 技巧 的 发展, 也许 要 延续 到 成年 甚至 自己 的 一生。

8.1.3 母语 的 文字 和 书面语 的 学习

(1) 文字 学习 的 阶段

文字 学习 的 研究 可以 从 现在 世界 上 最 复杂 的 汉字 入手。一般 要 经过 从 " 朦胧 " 到 " 清晰 " 再 到 " 模糊 " 的 过程。[①]
下面 分析 儿童 学习 母语 的 文字 的 阶段。

第一, 朦胧 阶段。大约 3 岁 就 可以 通过 大人 教学 的 方式 出现。这时, 儿童 对 每个 字 只有 一个 与 相似 事物 对应 的 轮廓, 例如 像 三角形 的 " A、人 ", 像 树叉 的 " Y、丫 ", 像 十字架 的 " 十、t "。

儿童 在 识别 和 书写 这些 字 的 时候, 记忆 的 是 一个 朦胧 的 印象, 很 不 稳定。例如, 一个 字 在 原来 的 地方 多次 能够 识别, 被 换 了 一个 地方 以后, 他 就 不 认识 了。一个 " 小 " 字, 他 写过 多次, 总是 弄不清 中间 的 钩 应该 向 左边 还是 向 右边 钩。一个 " 大 " 字, 他 会 随便 从 哪 一笔 开始, 写 出来 的 位置 经常 是 歪 的, 甚至 是 倒 的。

第二, 清晰 阶段。在 儿童 学习 了 大约 一年 的 文字 的 基础 上 开始 出现。这个 阶段 可能 持续 到 小学 毕业, 也 就是 大约 12~14 岁。这时 他 逐渐 能够 发现 文字 中 的 线条 了, 能够 辨别 笔画 的 长短、字 的 大小, 初步 知道 结构 的 协调。

第三, 模糊 阶段。在 儿童 对 字 的 结构 有 了 细致 的 感性 认识 以后 开始 出现。这时, 文字 的 识别 和 书写 已经 逐渐 自动化 了, 注意力 放 在 字 表示 的 声音 和 意义 上面 去 了。在 这个 阶段, 每个 字 像 写意 图画 一样 储存 在 学习者 的 心里, 看 一下 就 领会 了。

(2) 文字 和 书面语 学习 的 内容

文字 和 书面语 的 学习 包括 文字 的 识别 和 书写, 书面语 的 阅读 和 写作 4 个 方面。它们 大致 按照 年龄 发展 的 先后 顺序 进行 学习。

---

①佟 乐泉、张 一清. 儿童 语言 学习 若干 问题 研究 [J]. 北京: 世界 汉语 教学, 1993, (2).

第一，文字 的 识别 和 书写。一个 3 岁 左右 的 儿童，可以 把 挂 在 墙壁 上 或者 写 在 地上 的 许多 字 识别 出来。这时 一个 字 一般 记录 一个 词。如果 他 能够 按照 学习 的 顺序 全部 认识，那么，调换 位置 以后 可能 不 认识。他 形成 了 一个 记忆 惯性，有时 前 一个 字 还 没有 看完 就 把 后 一个 字 说 出来 了。这时 与其说 是 认字，不如 说 在 背诵 字 记录 的 词。当然，部份 字 不 按照 原来 次序 排列 也 能够 认识。这 说明 确实 在 记忆 字 的 形体 了。

文字 的 书写 是 学习 语言 中 最 外露 的 技能。通过 耳朵、眼睛、嘴巴，学习 和 使用 口语，有 水平 的 高低 不同。用 手 书写 文字 能够 把 不同 技术 水平 更加 清楚 地 体现 出来。一般 要求 把 文字 书写 得 清楚，不 发生 混淆。有时 要求 书写 美观。

第二，书面语 的 阅读。阅读 就是 通过 眼睛 接触 文字 获得 语言 信息 的 书面语 使用 过程。阅读 在 现在 的 语文 教学 中 有 许多 术语，使用 混乱。例如："看、默读，念、朗读、诵读、朗诵、吟咏、吟诵，背诵、默写"。其实 只要 找到 区别 特征，很 容易 给 它们 有 层次 地 分类。

我们 可以 根据 阅读 用 还是 不用 手 书写 文字 分成：写读 和 非写读。写读 可以 根据 不要 还是 要 凭借 记忆 分成：抄写 和 默写。非写读 可以 根据 不要 还是 要 发出 清晰 的 声音 分成：默读 和 非默读。默读 是 提高 阅读 速度 的 必然 方法。非默读 根据 不要 还是 要 凭借 记忆 分成：朗读 和 非朗读。非朗读 根据 声音 具有 还是 不 具有 洪亮、节奏 等 艺术性 特点，可以 分成 朗诵 和 背诵。至于 "吟咏、吟诵" 属于 歌唱式 朗诵，现代 汉语 一般 不 用，但是 农村 祭文 中 用。

文字 学习 的 最终 目标 是 要 能够 实现 书面语 的 阅读 和 写作。学习 书面语 的 阅读，要 通过 上面 各种 手段 进行，才能 形成 对 语言 的 感性 和 理性 认识。

理想 的 阅读 要求 能够 摆脱 文字 形式 的 细节 干扰，用 最快 的 速度 在 文字 轮廓 的 提示 下 获得 文字 传递 的 信息。在 汉字 中，由于 没有 实行 词式 文本，哪些 字 联合 表示 一个 词，要 经过 多次 尝试，反复 学习，才能 形成 建立 一种 隐含 的 分离 习惯。

第三，书面语 的 写作。写作 就是 通过 手 的 运动 产生 文字 发出 语言 信息 的 书面语 应用 过程。书面语 的 写作 跟 阅读 密切 相关。20 世纪 以前 阅读 的 是 脱离 口语 的 文言 作品，写作 的 也 是 文言 作品。今天 从 阅读 到 写作 主要 采用 现代 汉语 的 普通话。

写作 的 学习 经常 成为 学生 最 可怕 的 事情。这 实在 是 悲剧。其实，写作 应该 成为 学生 最 快乐 的 事情。关键 是 我们 用 什么 思想 指导 我们 的 写作 教学。如果 背离 现实，要求 学生 用 脱离 时代 的 文言 写作，如果 扭曲 心灵，要 学生 写 无病呻吟 的 假 思想，当然 会 使 学生 厌恶。

写作 可以 根据 要 还是 不要 有 创造性，可以 分成：文学 艺术 作品 的 创作 和 应用 文章 的 写作。儿童 从 思想 到 语言 都 是 很有 创造性 的，我们 在 语言 教学 过程 中，要 充份 爱惜、保护 和 鼓励。

（3）利用 汉语 拼音 使 小学生 提前 阅读 写作

语言 发展 到 一定 程度，要 开拓 信息 视野。信息 视野 开拓 了 又 反过来 促进 语言 的 进一步 发展。开拓 视野 除了 通过 深入 生活 从 口语 中 获得 以外，更加 重要 的 途径 是 通过 书面语。文字 的 掌握 是 从 口语 跳到 书面语 的 关键 条件。

汉字 繁难，无疑 给 使用 汉字 的 儿童 从 口语 转到 书面语 带来 了 困难，延迟 了 这个过程。为了 弥补 这个 不足， 20 世纪 80 年代 以来，中国 学者 在 黑龙江 省、湖南 省 湘西 等 地区 进行 了 效果 很好 的 " 注音 识字，提前 读写 " 的 实验。实验 的 内容 是: 刚刚 入学 的 儿童，通过 短期 的 汉语 拼音 学习，把 他 已经 会 说 的 话 写 出来，通过 阅读 拼 音 读物 获得 大量 知识，提前 开发 儿童 的 智力; 同时，通过 用 拼音 给 汉字 注释 读音 逐 渐 学 会汉字。为 什么 " 注音 识字 "能够 实现 " 提前 读写 "，达到 提前 开发 智力 的 目的? 因为 口头 语言 的 学 习 早 多 了，儿童 在 学习 文字 以前，他 的 口语 已经 发展 到 了 一定 水平，只 等待 一种 文字 把 它 转换 出来。文字 有 难 学习 和 容易 学习 的 不同。现行 汉字 这样 的 表意 文字 比较 难，汉语 拼音 这种 表音 文字 性质 的 辅助 工具 就 比较 容易。另外，掌握 了 书面 语 又 会 对 口语 的 提高 有 很大 的 帮助。语言 能力 加强，获得 信 息 的 机会 就 多。语言 是 思维 的 工具，提前 开发 语言 必然 能够 提前 开发 儿童 的 智力。

【讲课】49

也 有人 用 实验 证明 幼儿 学习 汉字 能够 开发 儿童 智力，学习 拼音 文字 不能 激发 儿 童 的 想象力。[①]这 不能 说 没有 一定 的 道理。但是 即使 幼儿园 的 儿童 默记 汉字 的 能力 大大 超过 一 年级 的 学生，也 不能 否认 " 注音 识字，提前 读写 " 的 效果; 因为 汉字 掌握 到 一定 的 数量，就 很难 前进 了，不能 尽快 地 全面 转换 出 口语 中 的 信息。如果 通过 拼音 使 读 和 写 提前 了，那么 它 会 比 单纯 学习 汉字 带来 更大 的 智力 开发 的 效 果。

8.2 外语 学习

外语 又 叫做 第二 语言，是 一个 人 在 从小 获得 母语 以后 获得 的 语言 或者 方言。有 人 在 童年 获得 母语 的 同时 学习 外语。那种 外语 也许 会 与 母语 接近，使 一个 人 具有 双母语 的 特点。但是 由于 语言 生活 实际 不 平衡，可能 出现 不同，其中 一种 成为 主要 的 母语。

8.2.1 外语 学习 的 特点

外语 学习 花 的 时间 比 母语 学习 花 的 时间 实际上 要 少 很多。母语 学习 是 一个 漫 长 的 " 全日制 " 的 复杂 的 学习 过程，并 不像 人们 想象 的 是 一个 那么 轻松 愉快 的 简短 过程。一个 母亲 反复 教 小孩 什么 是 " 姓氏 " 和 " 名字 "，花 了 10 多 分钟 时间，小孩 不仅 没有 明白，而且 拒绝 回答 母亲 的 提问 了。[②]

学习 外语 的 人 比 学习 母语 的 人 在 学习 过程 中 拥有 的 学习 条件、语言 经验、社 会 阅历 和 认知 能力 都 要 好 很多。但是，即使 他 学习 了 一 辈子 的 外语，也 很难 接近 母语 的 熟练 程度。即使 熟练，也 会 存在 口音 问题。著名 作家 康纳德 是 波兰 籍贯 的 美 国人，他 的 作品 用 的 英语 被 公认 是 地道 的 英语，但是 他 说 英语 仍然 带着 几十 年

① [日本] 石井勋. 文字 与 汉字 的 特点 [J]. 北京: 汉字 文化，1994，(3).
② 胡 明扬. 语言 和 语言 学习 [J]. 北京: 世界 汉语 教学，1993，(1).

以前 的 浓重 的 波兰 口音。

（1）外语 学习 容易 依赖 母语，学习 动力 不 强

外语 学习 只是 学习者 的 交际 手段 延伸 的 需要，而 母语 学习 却 是 学习者 生存 的 需要，是 伴随 生理 发育 过程 和 对 客观 世界 的 认知 能力 的 发展 过程 出现 的 现象。外语 学习 的 目的 一般 是 为了 适应 新 的 交际 方式 的 需要 做 准备 工作，具有 演习 的 特点。然而 外语 的 学习 由于 有 母语 可以 依赖，容易 使人 产生 懒惰 思想。母语 学习 好像 在 河流 中 航行 或者 坐 在 转动 的 电梯 上，不能 停 下来。所以，在 两种 学习 中 动力 明显 不同。

为了 弥补 这种 不足，使 外语 学习 获得 更好 的 效果，人们 把 用 这种 语言 做 母语 的 教师 从 国外 请 进来 担任 外语 教师。更加 有效 的 办法 是 去 把 这种 外语 做 母语 使用 的 地区，在 实际 语言 生活 中 学习 语言。这种 语言 教学法 叫做 "沉浸 教学法"。从 这个 地区 的 角度 来说，这种 语言 教学 叫做 "对外 语言 教学"，它 不同于 在 非母语 地区 进行 的 "外语 教学"。

（2）外语 学习 部份 地 省略 了 认识 世界 的 任务

外语 学习 是 在 学习者 智力 发展 基本 成熟 以后 进行 的，所以 他 的 个人 经验 增长 与 外语 学习 没有 很大 的 联系。他 实际 上 是 在 母语 的 基础 上 学习 一种 新 的 语言 形式，是 在 扩充 已经 有 的 语言 知识，而 不是 全新 的 语言 技能。

从 这 一点 来说，外语 学习者 学会 一个 词、理解 一个 句子 比 儿童 学习 母语 快得多。成年人 在 课堂 听 一节 课，也许 相当于 一个 儿童 在 成长 中 学习 语言 的 几个 月。

但是，外语 学习 也 并不 这么 简单。换 一种 语言 形式，就要 换 一种 语言 环境。一系列 的 社会 差异 和 文化 差异 就会 降低 外语 学习 的 实际 效果。而且 有些 对于 学习者 来说 比较 新 的 自然 科学 和 社会 科学 的 知识 还要 在 外语 学习 中 同时 进行。例如，一位 日本人 完全 出于 善意 地 向 中国 朋友 告别："出门 不要 撞着 汽车。"中国人 如果 不 了解 日本 文化 背景 会 十分 气愤。直率 的 美国人 对 中国人 委婉 的 表达 方式，往往 难以 判断 对方 到底 是 什么 态度。例如，在 汉语 中 对 别人 的 赞美 表示 谦虚 的 "哪里，哪里！" 在 外语 教学 或者 对外 语言 教学 中，过去 太 重视 语言 结构 本身 的 教学，而 忽视 其他 方面。现在 人们 提出 "结构、功能、文化" 3 个 方面 结合 的 教学 和 教材 编写 原则，比较 符合 外语 教学 的 特点。

（3）外语 学习 缺乏 目标 语言 的 生活 环境

外语 学习 缺乏 目标 语言 的 生活 环境，有点 像 在 实验室 里面 做 实验。有人 把 成年 人 学习 语言 叫做 "学习"，而 把 儿童 学习 语言 叫做 "习得" 或者 "获得"，就是 想 通过 说法 的 不同 来 表明 它们 的 不同 特点。

母语 学习 是 一种 自然 学习 的 过程，不是 有意 教学 的 结果。而 外语 学习 一般 采用 课堂 和 书本 学习 的 方式。在 母语 学习 中，儿童 能够 在 母语 环境 中 不 花费 力气 地 获得 大量 的 语言 输入，而 成年人 必须 硬着头皮 去 听课、去 看书 才能 获得 并不 很多 的 语言 输入。而且 母语 输入 的 主要 是 口语，外语 输入 的 主要 是 书面语。这就 导致 很多 人 会 看 外文，可是 听不懂 外语。表面 看来，现代化 的 教学 设施，学习 条件 相当 好，但是 比不上 自然 语言 环境。这就 好比 价格 昂贵 的 补品，并不 一定 比 合理 吸收 的 价格 便宜 的 自然 食物 更加 有 健康 价值。

但是，这种 " 学习 " 和 " 习得 " 不是 绝对 分开 的。外语 学习 也 采用 " 习得 " 方式，主要 表现 在 后期 学习 阶段。当 学习者 很好 地 掌握 了 外语 的 底层 结构 以后，他 开始 产生 了 目标 语言 的 语感，开始 直接 用 目标 语言 思维。在 与 目标 语言 大量 接触 中，他 自然 地、无意识 地 在 获得 语言。另外，母语 也 采用 "学习 " 的 方式，母语 的 书 面语 就是 通过 正规 的 语文 课堂 有 意识、有 系统 地 进行。这种 教育 完成 以后，学习者 又 进入 " 习得 " 过程。

(4) 外语 学习 既 受到 母语 的 干扰，又 可以 利用 母语 做 基础

做 母语 的 语言，它 伴随着 学习者 的 成长 而 出现，它 像 一根 深深 陷入 树皮 中的 藤，几乎 与 人 不可 分离，是 人的 一部份。母语 先入为主，占领 了 思维 的 阵地。外语 只 能 通过 它 来 学习 和 使用。在 外语 不 熟练 的 阶段，看到 一个 外语 的 句子，用 母语 来 解释 以后 才 懂。这时 如果 说 一个 外语 的 句子，必须 先 用 母语 的 瓶子 装好，然后 转换 到 外语 的 瓶子 中，才能 说 出来。

母语 的 干扰 出现 在 外语 和 母语 有 冲突 的 地方。它 既 表现 在 语言 结构 本身，也 表现 在 语言 以外 的 其他 知识，例如 文化 的 差异 上面。因此，在 学到 一定 程度 以后，为 了 提高 外语 水平，人们 提倡 摆脱 母语 的 依靠，直接 用 外语 进行 思维。这是 一个 从 生 疏 阶段 跨进 自动化 阶段，接近 使用 母语 的 过程。

但是，我们 不能 忽视 母语 在 语言 学习 中的 基础 作用。外语 学习者 能够 那么 快 地 理解 一种 语言，不仅 因为 他 已经 具备 了 许多 相关 知识，更加 重要 的 是 他 在 母语 中 获得 了 外语 同样 需要 的 许多 共同 知识。这 就 好比 会 骑 自行车 的 人，去 学 开 摩托车，会 开 摩托车，再 去 学 开 汽车，就 比 什么 车子 也 没有 用 过 的 人 快 多 了。

(5) 外语 学习者 往往 错过 了 语言 学习 的 最佳 年龄

世界 各个 国家 给 学生 开设 外语 的 年龄 不同，但是 一般 都 错过 了 语言 学习 的 最 佳 年龄。中国 的 学生 过去 是 从 初中 开始 学习 外语，现在 有的 小学 从 高年级 就 开始 了。个别 人 自己 从 小学 低年级 就 开始 参加 社会 上 举办 的 外语 学习。人们 普遍 认为，年纪 越 小，学会 外语 就 越 容易，因为 这 时候 他 脑袋 里 缺乏 已经 固定 的 旧 语言 信息 的 抵抗 和 干扰。一种 语言 被 人 学会 以后，就 好像 往 他 脑袋 里 塞入 了 一种 语言 的 词 典。电脑 有 内存 能力 的 限制，超过 了 它的 接受 能力 就会 出现 死机 现象。人脑 也 是 同样 的 道理，科学 知识 多 的 人，生活 知识 不 一定 很 多；鸡毛蒜皮 的 事情 都 记得 的 人，大的 事情 不 一定 清楚。

神经 心理学家 认为，儿童 的 语言 学习 与 大脑 发育 有关。从 两岁 开始 到 青春 发育 到来 以前，大脑 具有 可塑性，母语 习得 很 容易。从 青春期 开始，大脑 语言 功能 已经 专门 化，固定 在 大脑 左侧。语言 功能 一旦 丧失 就 难以 恢复。研究 证明，一个 人 在 儿童 时期 使用 两种 语言，两种 语言 的 熟悉 程度 跟 只 学 一种 语言 的 孩子 会 基本 一样，而且 他 以后 再 学 其他 语言 也 容易 得多。一项 在 美国 进行 的 对 外国 移民 和 少数 民族 学生 在 学校 把 英语 做 一种 外语 学习 的 调查 结果 表明，8 到 11 岁 的 儿童 学 英语 最 快，是 外语 学习 的 最佳 年龄，5 到 7 岁 儿童 比较 慢，12 到 15 岁 的 学生 最 慢。

尽管 有人 认为 成年人 学 外语 有 更强 的 学习 能力，语法 掌握 得 更好 等，但是 客 观 事实 说明，年龄 小 的 学习者 外语 学习 的 成功率 更高。所以，有 条件 的，最好 从小 就 开始 学 外语。例如，少数 民族 学习 主体 民族 语言 普遍 应该 这样，因为 这 对于 他们

的 生活 太 重要 了。

当然 影响 外语 学习 的 因素 是 多 方面 的，也 不能 因为 失去 了 最佳 年龄 就 放弃 外语 学习，就 觉得 根本 学不会。事实 上，由于 受到 客观 条件 和 需要 的 限制，多数 外语 学习者 是 在 超过 最佳 年龄 以后 学会 外语 的。相反，也 不能 让 学生 把 外语 学习 放在 比 母语 学习 更加 重要 的 位置。

8.2.2 外语 学习 的 过程

外语 学习 的 过程 是 从 母语 过渡 到 外语 的 过程。下面 介绍 这个 过程 中 的 一些 主要 现象 和 规律。

（1）中介语

在 母语 向 外语 迁移 的 过程 中，语言 学习者 由于 认识 水平 的 制约，往往 对 外语 做了 不太 正确 的 理解，建立 了 一套 只 属于 自己 的 而且 随时 在 变化 的 跟 母语 和 外语 都 不同 的 语言 系统，这 就是 中介语。[1]如果 把 儿童 在 母语 学习 过程 中 出现 的 逐渐 接近 成人 水平 的 母语，但是 与 成人 水平 的 母语 有 一定 差异 的 动态 的 语言 系统 叫做 胚胎 语言；那么，中介语 有些 像 这种 胚胎 语言。虽然 中介语 很难 进行 稳定 的 系统 的 描写，但是 它 确实 存在。

中介语 根据 它 接近 外语 的 程度，或者 离开 母语 的 距离，可以 有 低级 和 高级 的 区分。距离 外语 越 近，级别 越 高。

中介语 与 胚胎语 一样 具有 很强 的 变动性。中介语 的 内容 不断 丰富、变化，并且 向 外语 靠近。学习者 最初 能够 正确 地 使用 一种 语言 结构，当 新 的 语言 形式 注入 以后，他 就 开始 犯 错误，最后 经过 纠正 才 又 使用 正确 的 结构。这样 在 学习 过程 中，不准 确 和 准确 的 语言 结构 表达 会 在 中介语 里 混合 使用。但是 随着 学习 的 深入，语言 使用 的 准确性 提高，学习者 的 中介语 越来越 向 外语 靠近。

中介语 虽然 有 变动性，但是 也 有 固定性。固定性 是 说 有的 语言 现象 特别是 语音 学 到 一定 程度 就 不能 再 进步 了。这 是 因为 成年人 大脑 的 灵活性 减弱，在 移情 作用 下 对 自己 错误 的 感觉 迟钝，认为 自己 的 发音 就是 自己 听到 过 的 标准 发音。这 一点 在 方言 区域 的 人 学 普通话 的 过程 中 可以 得到 证明。一些 自我 感觉 良好 的 人，他 的 发音 可能 并不 标准。

中介语 可以 当做 一般 语言 使用，可以 在 一定 程度 上 在 必要 的 时候 去 完成 交际 任务。这 好比 不 成熟 的 果子，也 可以 吃，只 不过 味道 不够 好。但是 低级 中介语 一般 难以 当做 一般 语言 使用。

中介语 向 外语 过渡，会 出现 反复。外语 学习者 在 用 外语 表达 意思 出现 困难 的 时候，他 又 会 退回 他 以前 熟悉 的 中介语 中。

（2）语言 迁移

在 外语 学习 过程 中，母语 对 外语 产生 的 不同 影响，就是 语言 迁移。语言 迁移 除了 文化 方面 以外，主要 体现 在 语音、词汇、语法 和 语用 等 语言 本身 的 方面。

在 语言 迁移 中 能够 产生 积极 作用 的 迁移，就是 利用 两种 语言 中 的 相同 特点 进

---

①鲁 健骥. 中介语 研究 中 的 几个 问题 [J]. 北京：语言 文字 应用，1993，(1).

行 正确 类推 的 迁移,叫做 " 正迁移 "。能够 产生 消极 作用 的 迁移,就是 不能 分辨 两 种 语言 的 不同 特点 出现 错误 类推 的 迁移,叫做 " 负迁移 "。

在 语言 教学 中 正确 的 方法 应该 是,既要 寻找 两种 语言 的 共同 特点,主动地 引 导 正迁移,又要 寻找 两种 语言 的 不同 特点,避免 负迁移。

这种 在 教学 中 进行 方向 引导 的 迁移,叫做 " 引导性 迁移 "。为了 形象地 说明 外 语 学习、中介语 和 引导性 迁移 之间 的 关系,可以 设计 公式:

外语=中介语×引导性 迁移

这个 公式 说明:中介语 和 引导性 迁移 直接 影响 外语 的 获得。外语 的 建立 与 引导性 迁移 的 好坏 形成 正比例 关系。

例如,说 汉语 的 人 在 学习 英语 的 时候 容易 掌握 /m/、/f/、/n/ 等 音位。对那 些 与 自己 母语 近似 而 又 不同 的 音位,常常 用 自己 母语 的 音位 去 代替 外语 的 音位。 例如,用 汉语 的 清塞音 /t/ 音位 去 代替 英语 的 浊塞音 /d/ 音位,用 汉语 的 /ts/ 或者 /t/ 音位 去 代替 英语 的 /t/ 音位。这种 代替,是 中介语 走向 外语 的 起点。汉语、 法语 里 都有 [a]、[ɑ] 两个 音素,它们 在 汉语 里 是 同一 音位 的 条件 变体,在 法语 里 却是 两个 不同 的 音位。使用 汉语 的 人 去 学 法语,对 [a]、[ɑ] 的 区别 不 敏感, 经常 用 [A] 来 代替,从而 混淆 了 法语 的 /a/、/ɑ/ 两个 音位。

(3)错误 分析

错误 分析 就是 把 学习者 的 中介语 体系 与 外语 进行 比较,从而 了解 学习者 中介语 体系 的 现状,发现 和 收集 各种 错误,在 反复 观察 以后,对 错误 进行 分类,寻找 错误 的 原因。

从 错误 的 结构 要素 类型 分成:语法 错误,词汇 错误,语音 错误。根据 错误 的 程度 分成:可以 容忍 的 错误,可以 部份 容忍 的 错误,不能 容忍 的 错误。根据 错误 来源 分 成:理解 外语 造成 的 错误,母语 干扰 造成 的 错误。

从 错误 的 系统 特点 分成:前 系统 错误,系统 错误 和 后 系统 错误。这种 着眼于 学 习者 中介语 系统 发展 特征 的 分类,比较 科学。前 系统 错误,就是 语言 系统 形成 以前 的 错误,在 学习者 对 语言 规则 还 感到 模糊 的 阶段 出现 的 错误。系统 错误,就是 在 学习 过程 中,学习者 错误 地 认识 了 一个 语言 原则,以致 在 中介语 体系 中 反复 地 出现 的 同一 错误。后 系统 错误,就是 学习者 对 曾经 掌握 的 正确 的 语言 规则 暂时 忘记 了 而 造成 的 错误。

这种 分类 可以 帮助 学习者 自行 改正 和 解释 错误。例如,前 系统 错误 学习者 无法 改 正,也 无法 解释 清楚。系统 错误 学习者 不能 自行 改正,但是 能够 解释 错误 产生 的 原因。 后 系统 错误 学习者 能够 自行 改正 和 说明 原因。但是 它们 不能 鲜明 地 分开,或者 有 先 后顺序。对 错误 产生 的 原因 进行 透彻 的 分析,有助于 我们 获得 有 价值 的 东西。错误 产生 的 原因 有的 是 因为 外语 和 母语 的 差别,有的 是 因为 母语 对 外语 的 干扰,还有 学习 材料、学习者 的 记忆力、动机、兴趣、学习 态度、花 的 时间 等 方面 的 原因。

8.3 语用 行为 和语用 过程

8.3.1 语用

语用 就是 语言 的 使用，它 指 用 语言 的 系统 规则 做 基础，用 语言 环境 做 参照，进行 正确 又 恰当 的 信息 表达。[①]例如，"你 几岁 了?"，"你 多大 了?"，"您 多大 岁数?" 都 符合 语法，用于 同一 对象 就 不 一定 恰当，就是 不 一定 符合 语用 规则。"你 几个 岁 了?" 不 符合 语法，也 不 符合 语用。"你 青春 多 了" 勉强 符合 语法 要求，但是 在 一定 语境 中 可能 符合 语用 要求。

语言 的 系统 规则 是 概括 起来 的 静态 的 东西。从 静态 到 动态 的 语言 使用 过程 中，有 不同 程度 的 问题 需要 探讨。例如，我们 在 语音 部份 已经 涉及 语言 环境 中 的 语音 变化，在 语符 和 语法 部份 已经 涉及 语言 环境 中 的 语义 变化。这里 我们 主要 从 宏观 角度，从 间接 语言 环境 的 角度 来 讨论 语言 的 使用。

8.3.2 语用 行为

（1）信息 行为 和 语用 行为

行为 是 人 被 思想 支配 表现 在 外面 的 活动。跳高 是 一种 行为，打人 是 一种 行为，挖土、开 汽车 是 一种 行为。我们 可以 把 行为 分成 信息 行为 和 非信息 行为。使用 交际 工具 传递 信息 的 行为 叫做 信息 行为。例如，要 吩咐 别人 油灯 不要 用 两 根 灯芯，只 用 一根 灯芯，可以 用 语言 表示："又 用 两根 灯芯!"，也 可以 像 《儒林 外史》 描写 的 那 个 吝啬 老头 那样，对 他的 家人 伸出 两个 手指头。熟悉 他的 性格 的 人 也 就 可以 明白 他的 意思 了。伸出 手指 是 一种 体态 信息 行为，说话 是 一种 语言 信息 行为。

所以 信息 行为 又 分成 语用 行为 和 非语用 行为。我们 把 使用 语言 这种 交际 工具 产生 的 信息 行为 叫做 语用 行为。跳高 不是 信息 行为，也 不是 语用 行为。体态 "语言" 是 非语用 信息 行为。

研究 语用 行为 是 语言 研究 的 最终 目标。在 外语 教学 中 结合 交际 功能 的 不同 类型 进行 教学 是 一种 有效 的 办法。交际 功能 就是 语用 行为 的 类型，例如 打招呼、问候、买 东西 等。

良好 的 语用 行为 建立 在 良好 的 智力 和 文明 水平 上。请 比较 下面 两个 医生 给 将 要 动 手术 的 病人 的 回答：

① 好好 的 肚子 拉 一个 口子，哪 有 不 痛 的?

② 打上 麻醉药 不会 觉得 痛 的，药劲 过去 以后 有点 痛，也不 怎么 厉害。再说，还有 止痛 的 办法。

许多 学者 对 用 语言 做事 语用 行为 的 研究 有 兴趣。英国 哲学家 奥斯汀（1911-1960）写过 一本 书 叫做 《怎样 用 语言 做事》(How to Do Things with words)[②]，开创 了 语言 使用 行为 理论，是 语用学 走向 成熟。这 是 对 传统 修辞学 的 完善 和 系统 更新。

---

①俞 东明. 语用学 定义 与 研究 范畴 新探 [J]. 杭州: 浙江 大学 学报, 1993, (4).
②1962 年 由 他的 学生 整理 出版。内容 是 他 1955 年 在 哈弗 大学 的 系列 学术 演讲。

研究 语用 行为 可以 使 我们 能够 更好 地 做事, 使 我们 做 的 事情 达到 尽可能 好 的 效果。例如, 一个 公关 小姐 说 的 话, 可能 比 一位 没有 受过 特别 训练 的 人 说 的 话, 更加 能够 促进 一次 谈判 的 成功。不同 的 人 去 请 同一个 客人, 也许 一个 请得动, 一个 请 不动。如果 他们 的 不同 只有 语言 使用 的 不同, 那么 就是 语言 的 做事 行为 的 不同 效果。

(2) 客观性 语言 行为 和 主观性 语言 行为

语用 行为 可以 根据 语言 使用者 是否 对 信息 给予 主观 因素, 分成 客观性 语言 行为 和 主观性 语言 行为。(奥斯汀 把 语用 行为 分成 叙述 (constatives) 和 执行 (performatives) 两 种。再 把 执行 行为 分成 裁决 (verdictives)、辩护 (exercitives)、承诺 (commissives)、表态 (behabitives)、解释 (expositives) 5 个 小类。后来, 他 发现 叙述 行为 也是 一种 实施 行为, 就 放弃 旧 的 分类, 提出 新 的 分类。新 的 分类 实际 是 一个 语言 行为 (act) 的 3 个 过程: 表达 (loccutionary)、实施 (perlocutionary)、效果 (perloccutionary)。例如: 通过 说 "我 明天 会 来", 做了 一个 承诺, 使 听 的 人 放心。概括 成 公式 是: By saying X and doing Y, I did Z (通过 说 x 做 y, 我 实现 了 z)。这样 从 构词 到 逻辑 都 能够 真正 在 一个 逻辑 基础 上 分类 了。

第一, 客观性 语言 行为 的 类型

a. 陈述性 语用 行为。它 叙述 一种 客观 存在 的 事实, 用 陈述 语气 的 句子, 包括 判断、说明、描写、报道、转告 等。例如, " 刚才 下 过 雨。""天气 预报 说: 明天 会 下 雨。""这 是 桌子。""今天 的 月亮 特别 圆。"

b. 询问性 语用 行为。它 提出 一个 客观 存在 的 问题。用 疑问 语气 的 句子 表达。例如: "他 是 谁? ""你 喜欢 唱歌 吗? "

第二, 主观性 语言 行为 的 类型

a. 宣告性 语用 行为。它 主观 地 要求 对方 知道 自己 的 决定。包括 宣布、宣判、布告、通知 等。例如, " 我 宣布 大会 正式 开始。" " 根据 陪审员 的 裁定, 约翰 贩毒 罪名 成 立。"

b. 指挥性 语用 行为。它 主观 地 要求 对方 产生 一种 行为。包括 命令、指示、建议、请 求、要求、邀请、劝告 等。例如 " 我 命令 马上 出发!""咱们 明天 碰碰头 吧。"我 提名 他 当 主席。""请 你 帮 我 把 这 箱子 挪一挪。""你 要 跟 他 好好 谈谈。""我 请求 辞去 总经理 的 职务 " 等。

c. 表态性 语用 行为。它 主观 地 提出 自己 将要 对 对方 产生 的 行为。包括 许诺、保证、警告、威胁 等。例如 " 如果 你 愿意, 我 给 你 最好 的 待遇。"" 我 保证 一定 把 教室 打扫 干净。""明天 你 要是 再 迟到, 以后 我 就 不让 你 参加 了。" 等。

d. 表情性 语用 行为。它 主观 地 提出 自己 对 对方 的 情感 和 态度。包括 赞叹、祝贺、道歉、感谢、埋怨、责备 等。例如, "多 好 的 天气 呀!"" 祝 你 生日 快乐!"" 谢谢 你 的 帮 助!"" 对不起!"" 你 太 不 像话 了" 等。

(3) 直接 语用 行为 和 间接 语用 行为

语用 行为 还 可以 按照 是否 与 逻辑 命题 一致 的 标准 分成 直接 语用 行为 和 间接 语 用 行为。

直接 语用 行为 是 直接 说出 一种 行为 要 达到 的 目的, 它 产生 的 语言 效果 与 句子 的 逻辑 命题 一致。汉语 成语 " 开门见山 " 就 体现 了 一种 直接 语用 行为。

间接 语用 是 用 一种 行为 的 表达 方式 达到 另外 一种 行为 的 目的，它 产生 的 语言 效果 与 句子 的 逻辑 命题 不 一致。汉语 成语 "指桑骂槐" 就 体现 了 一种 间接 语用 行为。

例如，我们 可以 直接 说："她 很 美。" 但是 在 文学 语言 中，我们 经常 间接 地 用 "她 是 一朵 鲜花。" 等 方式 表达。这时 "鲜花 的 美" 和 "她 的 美" 等值。在 "汽车 甲壳虫 似的 行驶" 中，"像 甲壳虫 一样 的 运动" 和 "汽车 的 运动" 等值。在 "白宫 在 考虑 一项 新 政策" 中，"白宫" 和 "美国 总统" 等值。文学 语言 中 "春天 的 小树 做着 绿色 的 梦。" 和 科学 语言 中 "春天 小树 长出 绿叶。" 等值。但是 它们 在 逻辑 上 的 命题 不 一样。

有时 间接 行为 的 命题 意义 和 语用 意义 距离 比较 大。例如 有人 在 喝汤 的 时候 说："这 汤 真 淡！" 这 表面 上 是 陈述 汤 的 味道，是 一个 陈述性 的 语用 行为，但是 实际 上 可能 是 一种 指示性 语用 行为，发话人 暗示 别人 给 他 递 盐。间接性 语言 行为 必须 经常 运用 推理 才能 获得 真正 的 语用 意义。

一个 做 妈妈 的 人 回家，发现 婴儿 在 哭，尿布 湿透 了，保姆 却 在 全神贯注 地 看 电视。妈妈 摇着 婴儿 的 小床 说："宝宝 别 哭，阿姨 看完 电视 就 给 你 换 尿布。" 这 表面 上 是 对 婴儿 说话，实际 上 是 对 保姆 的 责备，要 她 别 只顾 看 电视，忘记 了 照顾 婴儿。

（4）成功性 语用 行为 和 失败性 语用 行为

我们 还 可以 根据 行为 结果 的 不同 把 语用 行为 分成 成功性 语用 行为 和 失败性 语用 行为。

【讲课】50

语用 行为 使 听话人 产生 了 反应，达到 了 用 语言 做 事情 的 目的，叫做 成功性 语用 行为。否则，就 像 汉语 成语 "对牛弹琴、南辕北辙" 表达 的 结果，是 失败性 语用 行为。

例如，一个 人 深夜 在 有 坟墓 的 山沟 里 走路，如果 你 要 吓 他 一跳，你 说 一句 "你好" 或者 任何 句子，都 可以 达到 你 的 语用 目的。但是，如果 你 在 白天 说 "你好"，你 怎么 也 达不到 这个 目的。如果 你 本来 没有 吓人 的 目的，但是 产生 了 这个 结果，这 就是 语言 语用 行为 的 失误。例如，你 知道 前面 有 人，你 在 离 他 稍微 远 的 地方 开始 发出 一些 声音，使 他 不 感到 太 突然，也许 就 会 避免 这场 语言 行为 失误。

有人 为了 使 自己 的 语言 语用 行为 隐蔽 一些，经常 借用 语言 述事 行为 的 方式 来 达到 语用 行为 的 目的，或者 引导 语言 语用 行为 的 顺利 出现。例如：一个 人 对 你 说："有人 说 你 做 的 菜 很 好吃"，你 给 了 说话 的 那个 人 一些 菜 吃。那个 人 说 的 话 本来 是 述事 行为，却 达到 了 语用 行为 句子 "你 做 的 菜 可以 给 我 吃 一些 吗？" 或者 "我 要 你 给 我 菜 吃" 的 目的。再 比如，"你 明天 和 我 一起 去 搬 教材" 和 "王老师 要 你 明天 和 我 一起 去 搬 教材"，后者 比 前者 更加 容易 使 事情 成功。

语用 行为 的 类型，还 可以 根据 人类 活动 类型 分类：演讲、研讨、上课、谈判 等。

8.3.3 语用 过程

　　语用 过程 就是 语言 使用 行为 的 发生 过程，包括 交际 双方 的 合作 准备、语言 环境 的 布置 和 语言 信息 的 组织 和 识别。从 使用者 的 目的 来看，在 语用 过程 中，如果 用于 思维 和 情感 自动 发泄，使用者 只有 一个 人，说话 的 人 和 听话 的 人 相同。这 是 自主 行为 或者 单向 行为。

【图表】语言 使用 流程

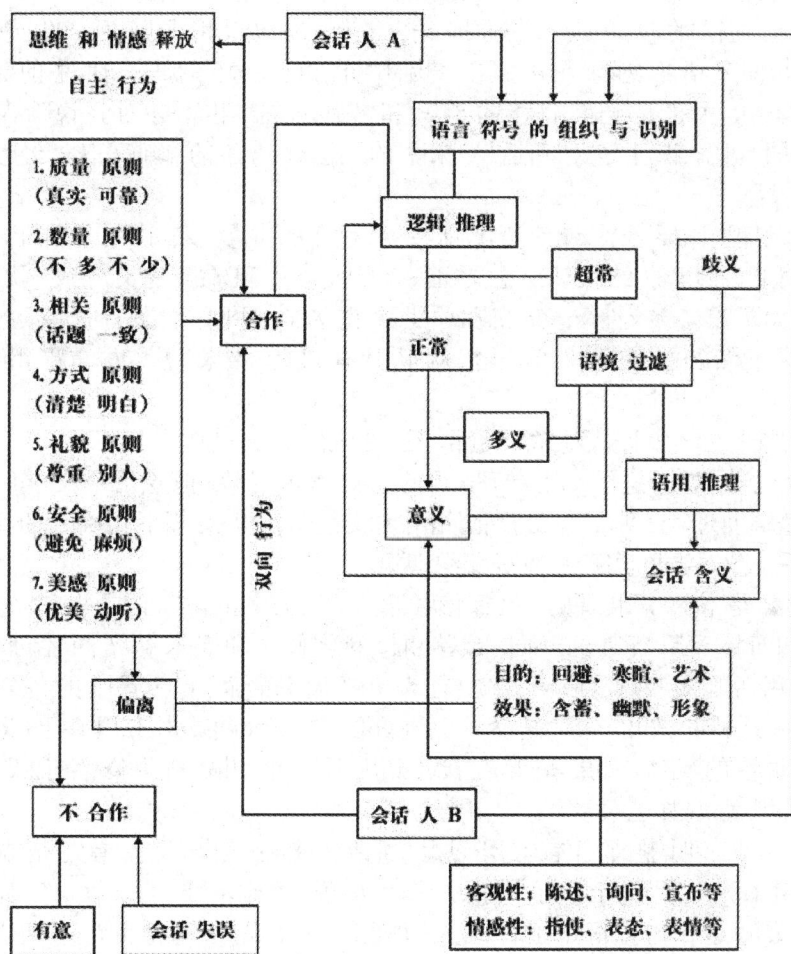

　　如果 用于 交际，使用者 不 只有 一个 人，除了 说话 的 人，还要 有 另外 的 听话 的 人，而且 听话 的 人 可以 不只 一个。这 是 双向 行为。双向 行为 又 可以 从 语言 使用者 双方 是否 出现 角色 转换 分成：独白 和 对话。如果 说话 人 和 听话人 的 角色 在 一次 交际 过程 中 不 转换，那么 就是 单向 交际，舞台 上 叫做 "独白"。如果 双方 不断 地 有 规则 地 转换 角色，那 就是 "对话"。语言 使用 的 复杂 技巧 主要 体现 在 "对话" 这种 双向 行为 中。

　　在 交际 过程 中，首先 要求 交际 双方 合作。不仅 双方 拥有 共同 话题 的 时候 要 合作，

就是 听话 人 遇到 不 喜欢 的 话题 的 时候 也要 合作。不 合作 就 不能 产生 语言 交际 行为。就是 骂人 也 存在 合作 的 问题，如果 听话 人 合作，双方 越 骂越 起劲，否则 说话 人 一个人 把 嘴皮 说破，也 无法 把 交际 继续 下去。

合作 一直 伴随着 整个 交际 过程，通过 一 系列 的 语用 原则 控制。

不 合作 的 情况 有 两种：一种 是 有意 不 合作，不想 与 对方 会话；一种 是 缺乏 交际 技巧，使 语用 原则 出现 失误。

合作 的 情况 也 有 两种：一种 是 正常 合作，一种 是 超常 合作。

正常 合作 进行 的 交际 就 产生 直接 语言 交际，偏离 语用 原则 而 产生 超常 合作 的 交际 就 产生 间接 语言 交际。间接 语言 交际 中 的 语言 技巧 就是 一般 说 的 艺术 修辞。在 交际 过程 中，关键 是 语言 符号 的 组织 和 识别 过程。组织 是 对于 说话 人 来说 的，是 对 语言 的 编码。识别 是 对 听话 人 来说 的，是 对 语言 的 解码。双方 经历 方向 相反 的 同样 的 过程。

在 交际 过程 中 要 布置 或者 查找 能够 被 利用 的 语境。在 这个 基础 上，首先 进行 逻辑 推理，如果 推理 的 结果 认为 意义 正常，目标 意义 和 命题 意义 一致，就 看 是 不是 有 多义性。如果 没有 多义性，一个 交际 项目 就 完成 了。否则，要 进行 语境 过滤，使 意义 单一化。如果 仍然 不能 使 意义 单一化，就 认为 有 歧义，要求 说话 人 重新 组织 话语，分化 歧义。

在 逻辑 推理 中，如果 认为 意义 超常，还要 进行 语境 过滤。

在 语境 过滤 以后，进行 语用 推理，得出 会话 含义。然后 把 会话 含义 当做 普通 意义 重新 进行 逻辑 推理，直到 得出 最后 的 语用 意义。同样，如果 得不出 确切 的 会话 含义，说明 仍然 有 歧义，要求 说话 人 重新 组织 话语。

意义 超常 是 偏离 语用 原则，包括 偏离 语法 和 语义 组合 的 正常 规则。它 引起 直接 语用 行为 和 间接 语用 行为 的 不同，或者 引起 科学 修辞 和 艺术 修辞 的 不同。

偏离 语用 原则 是 为了 回避、寒暄、艺术 等 附加 目的 而 有意 进行 的，技巧性 大，会 造成 交际 中 的 特定 效果。修辞 是 为了 达到 不同 的 交际 效果 对 使用 中 的 语言 直接 进行 修饰 和 调整 的 活动。如果 是 尽量 接近 语用 原则 就 叫做 科学 修辞；如果 是 巧妙 地 偏离 语用 原则 就 叫做 艺术 修辞。

我们 举例 来 说明 整个 语言 使用 过程。听话 人 接受 一个 语句，首先 是 假设 说话 人 用 直接 语用 行为 过程 进行 交际。例如，说话 人 说 "刚才 下了 大雨。" 听话 人 通过 逻辑 推理，发现 这个 句子 符合 正常 语法，里面 的 内容 是 在 客观 世界 中 可能 发生 的，听话 人 就 按照 正常 内容 进行 理解。如果 说话 人 说 "It is raining cats and dogs." 这 句话 表层 的 逻辑 命题 上 的 意思 是 "天下着 猫 和 狗"，深层 的 语用 意义 是 "下 倾盆大雨"。从 逻辑 推理 来看，"天" 不会 下 狗 下 猫。

可见 这 不是 按照 常规 语法 和 语义 搭配 组织 句子，必须 根据 成语 的 特点 进行 语用 推理。如果 习惯 了 深层 意义 就会 忽略 它 的 表层 意义，不要 通过 语用 推理，而 直接 按照 深层 意义 进行 逻辑 推理。要 明白 一个 意义 是 不是 发话 人 真正 要 表达 的 语用 意义，还要 通过 语境 进一步 过滤，才能 推断 是否 属于 直接 语用 行为。

例如，如果 一个 人 在 电话 中 问 另外 一个 人："刚才 你们 那里 天气 怎么样？" 那个 人 说："刚才 下 大雨 了。" 问话 人 可以 推断，这 就是 答话 人 想要 表述 的 真正 的

语用 意义：他 要 表述 下了 大雨 这个 事实。这 是 直接 的 语用 行为 过程。

如果 一个 父亲 走进 阳台，发现 他 的 两个 小 儿子 浑身 湿透 了，阳台 到处 是 水。他 知道，这 两个 淘气 的 小家伙 刚才 又 打 "水仗" 了，就 说："刚才 下 大雨 了。" 两个 小家伙 从 听话人 的 语境 推断，父亲 当然 不是 在 陈述，而是 借用 陈述 进行 含蓄 的 责备。这 就是 间接 语用 行为 过程。

再 例如，"他 长 得 眼睛 是 眼睛，鼻子 是 鼻子"。通过 语言 上 的 逻辑 推理，这种 判断 没有 意义。但是，因为 说话人 如果 不是 疯子 就 不会 说 没有 意义 的 话，所以 肯定 有 语用 意义，就是 眼睛、鼻子 都 很 标致。

一个 人 从来 没有 夸奖 过 你，一天 他 突然 说 "你 今天 怎么 这样 漂亮"。虽然 这 句 话 在 语言 上 进行 逻辑 推理 能够 通过，但是 听话人 一般 会 进行 合作性 的 语用 推理，看 是 不是 间接 语用 行为。

但是，如果 说话人 没有 语用 意义，是 一句 真话，就 必须 避免 这个 失误 的 语用 推理 过程。例如，先 和 听话人 谈些 其他 内容，消除 他 的 防备 心理，使 他 不 感到 你 会 对 他 带来 威胁。

不同 的 语境 对 推理 方式 的 选择 有 很大 的 影响。当 我们 在 文学 作品 中 经常 读到 "她 是 一团火、男人 的 一半 是 女人、女人 不是 月亮" 这样 的 "神经病" 句子 的 时候，我们 随时 准备 进行 语用 推理，我们 并 不 感到 阅读 中 的 巨大 困难，因为 开始 我们 就 知道 自己 读 的 是 艺术 作品，不是 真实 的 故事。相反，在 日常 生活 中 使用 语用 推理 的 情况 少 一些。这 就 经常 使人 产生 推理 的 选择 困惑，特别 是 在 两种 推理 都 可以 进行 的 情况 下。

造成 逻辑 推理 和 语用 推理 难以 选择 的 原因，是 语言 结构 方面 不 超常，而 只有 语境 或者 背景 方面 超常。如果 语言 方面 在 语法 结构 和 语义 搭配 上 超常，那 就 很 容易 引导 语言 使用者 中 的 听话人 进行 语用 推理。

为什么 要 采取 间接性 的 语用 行为？一般 是 为了 照顾 面子，给 自己 留 面子 或者 给 对方 留 面子。这 是 礼貌 原则 的 一个 表现。也 有 可能 为了 回避、有 趣味 等 其他 附加 目的。例如：

约翰：今天 晚上 你 想 去 跳舞 吗？

玛丽：过 几天 我 就 要 考试 了。

赵 小芳：我 对 跳舞 没有 兴趣 了。

米 翠之：对不起，今晚 我 有事。

玛丽 她们 3 个 人 都 想 拒绝 约翰 的 邀请，但是 米 翠之 的 回答，可能 使 约翰 误以为 是 直接 语用 行为，也许 约翰 会 继续 问："明天 可以 吗？"一个 男子 给 一个 对 他 有意 的 姑娘 发了 一封 电报[①]，内容 只有 "123456890"。聪明 的 姑娘 一下子 破解 了 这个 密码："缺少 '7 字'（妻——妻子）"。姑娘 回信 说，"只要 你 休假 回家 一次，说 什么 也 不会 让 你 缺少 '7 字'"。从 语用 行为 来说，这 是 陈述性 的 语用 行为，向 对方 陈述 一个 事实。这 当然 不是 男子 的 真实 意图。他 的 真正 意图 是 委婉 地 向 姑娘 求婚。

---

①薛 晓康. 驼路 [M] . 北京：人民 文学，1990，(12) .

315

8.4 语用 原则

用 语言 交际，首先 要求 交际 双方 合作。合作 就是 信息 的 发出者 和 接收者 遵守 共同 的 原则，使 交际 可以 顺利 进行 下去。

语用 原则 就是 使 交际 顺利 进行 的 交际 合作 规律，所以 又 叫做 合作 原则。

我们 根据 信息 的 客观性 和 主观性 的 不同，可以 把 交际 中 的 语用 原则 分成 物质 语用 原则 和 精神 语用 原则 两 大类。

8.4.1 物质 语用 原则

物质 语用 原则 是 使用 语言 需要 根据 交际 目的 对 语言 信息 进行 的 客观性 的 调节。它 包括 质量 原则、数量 原则、相关 原则 和 方式 原则。（美国 语言学家 格赖斯（Grice）1957 年 提出 的 "合作 原则" 包括 数量（quantity）、质量（quality）、相关（relevence）和 方式（manner）4 个 类型）。

（1）质量 原则

质量 原则 要求 说话人 提供 的 信息 真实 可靠。

第一，不能 把 虚假 的 话 当做 真实 的 话 说，否则 是 欺骗 或者 回避。当然，在 对方 对 你 提供 的 信息 的 真实性 不太 关心 的 情况 下，例如 为了 寒暄，就 可以 而且 有时 应该 不 提供 真实 的 信息。例如 回答："还 好 吗？" 你 说："还 好。" 可以 了。但是，如果 你 说 "昨天 丢了 钱包。" 对方 为了 礼貌 就要 停 下来 和 你 说 下去，可是 他 又 要 去 办事。这 就 违背 了 对方 的 交际 意图，因为 他 只是 向 你 问好 而已。你 的 回答 不仅 违背 了 质量 原则，也 违背 了 数量 原则。

第二，不能 把 没有 把握 的 话 说 得 太 绝对，否则 就是 武断 或者 污蔑。平常 朋友 闲聊，可以 随便 说，但是 在 法庭 上 作证 就要 特别 谨慎 了。

修辞 中 的 比喻、比拟、夸张 等 就是 对 质量 原则 的 特殊 使用。

利用 语言 的 模糊性 可以 有效 地 为 交际 服务。有些 法律 条文、科学 定义，它们 需要 精确。同时，也 需要 模糊 语言 简单 地 概括。例如 "判处 5 年 以上 的 有期 徒刑" 这里 的 "以上" 是 模糊 的，是 必要 的 概括。否则 要 把 不同 情况 详细 写 出来，而且 有些 特殊 情况 是 无法 预料 的。

再 看 下面 一 条 征婚 广告

寻找 25～28 岁，身高 1.8 米（左右）、五官 端正、身材 匀称、举止 潇洒、事业心 强 的 未婚 男子 做 伴侣。

这里 的 "25～28 岁、左右、端正、匀称、潇洒、强" 等 都是 模糊 的。但是 通过 这些 模糊 的 组合，可以 构成 一个 相对 精确 的 语义 整体，他 既 符合 自己 的 要求 又 有 可能性。如果 一定 要 确定 哪 一天 出生，身高 1.85043 米，那么 可能 找 不到 了。

在 处理 模糊 与 精确 的 关系 的 时候，要 注意：第一，可以 精确 又 必须 精确 的 地方 不能 模糊。例如 合同 的 完工 日期，一定 要 把 "×年×月×日" 写 清楚，不能 含糊，最后 是 "同意、不 同意"，不能 说 "随便"。第二，运用 模糊 的 语言 是 为了 恰当 地 表达 特定 语境 下 的 概括 意义，决不 是 含糊。有 一个 笑话 说：开会 的 时间 到 了，来 的

人 不 多。主持人 着急 地 说:"唉! 应该 来 的 还 不 来。" 坐 在 屋里 的 几 位 想, 我们 大概 不 该 来, 于是 站 起来 就 走 了。主持人 急忙 去 追, 并且 说:"不该 走 的 都 走 了。" 剩下 的 人 一 听,"哦, 原来 我们 才 是 多余 的。" 也 走 了。"应该 来 的" 和 "不该 来 的" 在 这里 变成 了 含糊 表达, 使 人 容易 产生 误解。

(2) 数量 原则

数量 原则 要求 说话人 提供 的 信息 数量 与 交际 目的 相互 适应。不能 超出 交际 目的 需要 的 数量, 否则 是 重复, 使 人 厌倦。也 不 能 少于 交际 目的 需要 的 数量, 否则 是 晦 涩 或者 含糊, 使 人 不 明白。是否 简明, 又 与 方式 原则 有关。

例如, 我们 在 问路 的 时候, 有些 好心人, 他 本来 不 知道, 可是 要 反复 给 你 提供 信息, 甚至 是 错误 信息, 出于 礼貌 你 还 得 微笑 着 一直 听完 再 说 感谢。他 提供 的 信 息 超过 了 需要 的 数量, 其实 他 只 要 说:"我 也不太 清楚, 可能 是……你 再 去 打听 一 下 吧。" 如果 你 问:"王 先生 在 吗? " 对方 回答:"你 找 他 有事儿 吗? " 这种 回答 有些 叫 人 讨厌。没有 事情 找 他 干什么? 有时 对方 明明 知道 王 先生 在 还是 不 在, 而 是 想 在 回答 别人 问题 之前 获得 别的 信息。

修辞 中 的 反复、排比 等 是 对 数量 原则 的 特殊 应用。

数量 原则 是 一种 经济 原则, 它 的 两 个 极端 是: 信息 紧缺 和 信息 剩余。经济 原则 要求 简洁 又 明确, 就是 用 最少 的 形式 表达 最多 的 信息。在 交际 中, 陈词滥调, 都 是 废话, 就是 不 经济。但是, 在 特定 的 语境 中 不能 把 剩余 的 信息 完全 删掉, 而 要 有 意 识 地 增加 一定 的 多余 信息。例如

本 月 17 日 (星期四) 下午 两 点 召开 全体 教师 大会。

这个 通知 中 的 " 星期四 " 是 剩余 信息, 但是 可以 起 强调 和 补充 作用, 让 人们 不 发生 理解 失误。

为了 保证 主要 信息 不 受到 干扰, 使 信息 接受者 收到 最大 信息 数量, 在 交际 中 必 须 重复 信息。例如, 在 电影 故事片 里, 我们 经常 看到 军人 背 着 报话机 重复 呼叫 " 我 是 黄河, 我是 黄河……", 这 就是 重复 联络 代号 的 主要 信息。这里 的 重复 表面 多余, 但是 在 战火纷飞 的 环境 中, 如果 不 重复 主要 信息, 就 有 可能 不能 及时 联络 对方。公 共 汽车 上 的 售票员 反复 报告 车站 名称, 是 为了 给 不同 时间 上 来 的 乘客 提供 信息。

(3) 相关 原则

相关 原则 要求 说话 人 提供 的 信息, 与 对方 想 获得 的 信息 在 话题 上 保持 一致。

第一, 不能 说 对方 不 感兴趣 的 话题, 否则 会 话 不 投机。话不投机半句多。所以 去 访问 一个 学者, 找好 话题 很 重要。找 话题 可以 先 对 对方 的 情况 做 一些 调查, 甚至 阅 读 一些 他 的 著作 和 文章。

第二, 不能 频繁 转移 对方 谈论 的 话题, 否则 就是 抢话, 会 降低 或者 打消 对方 的 兴 趣, 同时 无意 中 违背 了 礼貌 原则。

20 世纪 前期 英国 有 一个 法官 在 审判 一个 案件 之前 跟 一个 大 律师 开玩笑:"律 师 先生, 我 看不到 你 呀! " 大 律师 说:"法官 大人, 我 就 在 大人 面前。" " 我 还是 看不到 你 呀! " " 法官 大人, 你 是 看不到 我 穿 的 这件 黄色 马甲? " " 对 呀! " " 您 现在 看到 我 了。" " 好极 了! 我们 开始 吧! " 在 这个 对话 中, 法官 故意 违背 相关 原则, 来 检验 律师 的 反应。律师 也 用 同样 的 方法 回答 了 对方。如果 律师 不 明白

相关 原则 有意 误解, 就 可能 使 这次 交际 失败。

(4) 方式 原则

方式 原则 要求 说话人 提供 信息 的 方式 要有 条理, 要 简明、恰当。

第一, 不要用 没有 条理 的 方式 说话。否则, 信息 被 淹没。例如, "孤独 的 护林人 向着 落日 跑去, 跳上 了 马背。" 在 这 句话 中, 两个 分句 的 逻辑 次序 颠倒 了。有 的 人 写 论文 没有 小 标题, 又 没有 一定 的 逻辑 顺序, 使人 越看越 糊涂。缺乏 逻辑 条理 的 论文, 即使 勉强 把 文章 分成 几个 小 标题 管辖 的 部份, 也 在 小 标题 之间 找不到 一致 的 逻辑 关系。

第二, 不要用 有 歧义 或者 模棱两可 的 方式 说话。否则, 信息 不 明确。有人 故意 这样, 就是 有意 欺骗 或者 逃避 回答。

例如, 传说 一个 看相 的 人 用 一句 这样 的 文言 逃避 回答: "父 在 母 先 亡"。用 现代 汉语 表达, 这 有4种 可能 的 意思: ""父亲 还 在, 母亲 先 死 了。" " 父亲 在 母亲 前面 死 了。" " 父亲 还 在 的时候, 母亲 会 先 死。" "父亲 会 在 母亲 前面 死。" 这 也 说明 现代 汉语 比 文言 在 表达 上 更加 精确。

这种 方式 也 可以 成为 用来 组织 相声 的 "包袱"。例如, 在 下面 的 相声 中 有意 用 "别 提 了" 误导 意义 理解:

A. 那 你们 站长 呢?

B. 别 提 了, 逼 得 没有 办法, shàngdiào（上调, 上吊）了。

A. 哎呀, 就 这样 上吊, 死 得 也 太 冤枉 了。

B. 上边 来 了 个 人, 把 他 调走 了。

A. 啊, 调工作 了!

第三, 不要用 不 符合 年龄、职业 等 语言 环境 特点 的 方式 表达。对 儿童 和 成年人 说话, 就要 词语、比喻 等 的 选择 方面 体现 不同。例如, 儿童 问: "什么 是 夫妻? " 大人 只能 用 举例 的 方式 回答: " 爸爸 和 妈妈 是 一 对 夫妻。" 如果 说 " 爸爸 和 妈妈 的 关系" 虽然 是 定义, 但是 不仅 不 全面, 而且 小孩 可能 不能 理解 什么 是 " 关系"。

8.4.2 精神 语用 原则

精神 语用 原则 是 使用 语言 需要 根据 交际 目的 对 语言 信息 进行 的 主观性 的 调节。它 包括 安全 原则、礼貌 原则[①]、美感 原则。

精神 语用 原则 在 很多 情况 下 有意 偏离 物质 语用 原则, 但是 它 又 是 建立 在 物质 语用 原则 的 基础 上。

(1) 安全 原则

安全 原则 要求 说话 提供 的 信息 给 对方 在 精神 上 有 安全 感觉。

第一, 对于 敏感 话题, 在 会话 中 要 尽可能 避免, 如果 必须 回答 也 要 含蓄 一些。例如, 中国 总理 朱镕基 在 访问 欧洲 期间, 当 记者 问 他: "和 亚洲 领袖 会谈 以后 对 金融

---

①英国 学者 利奇 (Leach) 1983 年 提出 "礼貌 原则", 做为 格赖斯 "合作 原则" 的 补充。他 的 "礼貌 原则" 包括 得体 (tact)、宽容 (generosity)、赞美 (approbation)、谦虚 (modesty)、一致 (agreement)、同情 (symathy) 6种 类型。

危机 有 什么 新 做法？" 他 说 " 大家 立场 一致。" " 什么 立场？" " 帮助，尽 一切 可能 地 帮助！"

第二，对于 损害 人 的 尊严 的 话题，要 尽可能 避免，如果 有 必要 回答 也 要 含蓄 一些。例如 中国 古代 的 孟子 先问 齐宣王 两 个 问题，马上 得到 回答："对 不 担负 责任 的 朋友 要 断绝 关系，对 不 担负 责任 的 官吏 要 罢免"。接着，孟子 又 问："对 不 担负 责任 的 国王 怎么办？" 为了 自己 的 面子，齐宣王 对 这个 问题 不会 回答，问话人 也 不 再 逼迫 了。然而，通过 前面 两 个 问题 的 回答，问话人 的 目的 已经 达到 了。这 就 照顾 了 双方 的 面子，又 解决 了 交际 问题。

第三，攻击 别人 要 给 自己 留下 退路。如果 自己 受到 损失，想 攻击 别人，那么 聪明 的 做法 是 采取 间接 的 方式，从而 使 自己 达到 目的 又 比较 安全，不会 带来 对方 快速 的 反击。挖苦 讽刺 比 直接 批评，使 人 容易 避免 对方 的 直接 反击。但是 如果 是 为了 嫉妒 采取 语言 挖苦 行为，就 不一定 会 产生 积极 的 语用 效果。

(2) 礼貌 原则

礼貌 原则 要求 说话 提供 的 信息 能够 使 对方 在 精神 上 得到 满足 或者 补偿。

第一，要 选择 价值 相当 的 词语，不要 奢侈 使用 词语，导致 语言 贬值。[①]中国 在 20 世纪 末期 经济 飞速 发展，在 追求 利益 的 心理 驱动 下，人们 使用 词语 也 出现 奢侈化 现象。例如，商业 领域 流行 的 " 中心、霸王、顶级、超级、全球、花园、广场 " 等 高价值 的 词语 被 降低 价值 使用。出现 " 不喝 董酒 不懂 酒、一级 火爆 巨片、你 砍树，我 砍人 " 触目惊心 的 极端 说法。创造 公平 的 语言 使用 环境，是 礼貌 原则 的 重要 方面。

第二，要 在 说话 中 慷慨 大方，尊重 别人。在 一些 细小 的 语言 利益 上 不必 斤斤计较，多 给予 别人 赞美，不要 随便 挖苦 讽刺，落井下石。这样 可以 使 对方 获得 比较 多 的 精神 满足，从而 为 双方 的 交际 创造 方便 的 条件。例如，" 下面 请 美丽 的 女 作家 林欣 说 几 句 话。" 这样 的 话语 会 使 对方 保持 更好 的 愉快 心情。说话人 把 与 当前 话题 无关 的 " 美丽 " 在 这个 时候 强调，就 可以 产生 语言 信息 的 附加 价值。

在 做出 命令 和 请求 行为 的 时候，用 疑问句 的 方式，一般 比 直接 表达 更加 能够 显示 你 的 慷慨，因为 你 宁可 麻烦 自己。例如，" 我 可以 打开 窗户 吗？" 比 " 请 你 开 一下 窗户。" 更加 使 人 感到 受到 尊敬。

当然，慷慨、赞美 的 话 说 得 过份，就是 奉承 了。例如，一 部 电视剧 里 有 这样 的 镜头：当 军长 在 处罚 违反 了 纪律 的 士兵 的 时候，另外 一 个 士兵 在 旁边 添油加醋。军长 不仅 对 添油加醋 的 士兵 的 讨好 不 领情，反而 对 他 进行 了 处罚。

第三，要 在 说话 中 谦虚谨慎，克制 自己。在 语言 地位 上 要 不亢不卑，不要 骄傲自大，不要 拔高 自己 的 地位，不要 对 别人 的 赞美 等 慷慨 行为 不 理睬。自己 即使 比 别人 行，也要 适当 降低 一些，不要 过多 表现 自己，留有 一些 余地。因为 可能 别人 比 你 强，只是 你 还 不 知道。即使 你 真正 强，也要 让 人 高兴 认可。当然 谦虚 也 不要 过份，否则 就是 没有 自信，是 自贱。但是 如果 听到 别人 的 赞美，就要 自己 贬低 一下 自己。认为 这 才 是 谦虚 的 人 就要 减少 一些 谦虚，勇于 表现 自己 的 能力，使 自己 充满 更多 的 自信。

英国 剑桥 大学 的 数学 大师 G. H. Hardy 有 一次 到 印度 领取 奖励，他 说 的 第一 句

---

①黄 知常. 从 言语 奢化 现象 看 语言 环境 公平 问题 [J]. 北京：语言 教学 与 研究，2002，(1).

话 是: "印度 对 人类 的 贡献 是 '零'"。听众 惊奇, 然后 大 笑。因为 印度 人 发明 了 阿拉伯 数字。然后 他 接着 说: "这 是 一个 伟大 的 贡献!"这里 利用 语义 分歧, 不仅 有 意 违背 相关 原则, 而且 有意 违背 了 礼貌 原则。通过 先 降低 再 升高 的 方式 相对 提高 了 对 这个 伟大 发明 的 肯定。

(3) 美感 原则

美感 原则 要求 说话 提供 的 信息 有 艺术 感染 力量。美感 原则 一般 通过 调动 感情 实现。

第一, 语言 要 生动 形象。生动 形象 的 语言 很 容易 唤醒 人 的 视觉 形象 从而 调动 感情, 使 人 又 快 又 深地 把 信息 储存 在 自己 的 脑袋 里。比喻、比拟 等 修辞 手段 的 使用 就 可以 达到 这个 目的。英国 一个 政客 对 对手 说: "先生, 我 预测 你 不是 死 在 绞刑架 上, 就 是 死 在 花柳巷。"对手 慢条斯理 地 说: "亲爱 的 先生, 我 死 在 哪儿, 完全 要 看 我 抱 的 是 你 的 信念 还是 你 的 情妇。"

第二, 语言 要 幽默 风趣。幽默 风趣 的 语言 通过 荒唐 的 非理性 的 语用 行为 引发 别人 轻松 地 笑, 从而 从容 地 调动 别人 的 情感。夸张、歪曲、巧合、矛盾 等 方法 可以 达到 这个 目的。1945 年 纽约 的 Polly Adler 决定 关闭 她 的 妓院。有 一 天 一个 出版人, 很 高 兴 地 看到 她 在 给 花 浇水, 说: "那些 警察 看到 你 现在 的 生活, 不 知道 会 怎么 想。"她 说: "他们 也许 很 失望, 我 的 家 不是 妓院 了。"出版人 如获至宝 地 说: "太 妙 了, 把 它 倒 过来 就是 你 的 回忆录 的 名称 了。"于是 她 的 回忆录 叫做 《妓院 不是 家 (A House Is Not A Home)》。

第三, 语言 要 新颖、独特。例如, 在 娱乐 节目 中, 一个 问: "念 完 '深圳 大学' 要 多 长 时间?"另外 一个 回答: "一秒 钟。"这 就 利用 了 "念" 这个 词 的 多义 特点, 进行 了 打破 常规 的 理解。问: "kiss 是 什么 词?"回答: "连词。"这 是 故意 回避 词 的 价值 意义, 从 词 的 理据 意义 上 去 解释。

第四, 要 注意 适合 情感 气氛 不同 的 语境。例如 在 追悼会 上 说 "刘 大成 同志 的 为人 一直 是 小胡同 赶 猪, 直来直去。……希望 刘 大成 同志 的 家属 不要 坐 坛子 放屁 想 (响) 不开"。这种 与 哀悼 气氛 极端 不 协调 的 语言, 用 在 现场 是 失败, 但是 用 在 相 声 节目 中 却 带来 幽默 效果。

在 下面 这个 例子 中, 回答 的 人 用 一种 幽默 的 方式 表达 了 自己 拒绝 回答 的 意思:

A: 他 干吗 去 了?

B: 啊, 你 问 他 呀, 他 该 干吗 就 干吗 去 了。

8.5 会话 含义 和 语用 推理

8.5.1 表义 和 语用 信息 类型

(1) 新 信息 和 旧 信息

新 信息 是 只有 在 交际 过程 中 才能 获得 的 信息。旧 信息 是 在 交际 以前 就 已经 拥 有 的 信息。

交际 的 目的 就是 要 不断 获得 新 信息。例如，"过 了。"这 句 话，能够 表达 一个 新 信息，但是 必须 有 足够 的 旧 信息 做 基础。例如，"一个 学生 在 参加 考试。""一个 病人 得 了 危险 的 病。""汽车 在 艰难 地 爬坡。"等等。

（2）共同 信息 和 单独 信息

旧 信息 又 可以 分成 共同 信息 和 单独 信息。

共同 信息 是 交际 双方 在 交际 开始 以前 共同 知道 的 旧 信息，它 是 交际 顺利 进行 的 基础。它 可以 是 句子 结构 以外 的，也 可以 在 句子 中 体现 出来。熟人 谈话 容易 一些，就是 因为 他们 有 很多 共同 信息。例如 "李 春霞 的 姐姐 买 了 一 件 连衣裙。"听话 的 人 如果 对 李 春霞 的 姐姐 的 情况 很 熟悉 就 马上 理解 了。如果 传递 的 新 信息 实际上 是 旧 信息，就是 废话。但是，鲁迅 在 他 的 作品 中 说："我 家 门前 有 两 棵 树。一 棵 是 枣树，另一 棵 也 是 枣树。"他 也 可以 说："我 家 门前 有 两 棵 枣树。"他 为 什么 不用 简洁 的 方式 说 呢？这 是 实现 艺术 效果 的 需要。

单独 信息 是 交际 的 一个 方面 已经 拥有 的 旧 信息。单独 信息 如果 是 说话 人 具备，听话 人 就 会 在 交际 中 回头 追问。例如，有人 说 "李 春霞 的 姐姐 买 了 一 件 连衣裙。"如果 听话 人 不 认识 李 春霞，就 会 追问 "李 春霞 是 谁？"或者 "李 春霞 还有 姐姐 呀？"或者 "李 春霞 的 姐姐 以前 不 穿 连衣裙 吗？"等等。

单独 信息 如果 是 听话 人 具备，听话 人 就 会 要求 说话 人 换 新 的 话题："知道 了。"或者 "哦，知道 了。不过 她 太 胖 了，穿 着 不太 好看。"等等。否则，交际 就是 没有 效果 的，说 的 是 废话。

（3）表义 和 含义

表义 是 用 正常 的 语言 符号 通过 逻辑 命题 直接 表现 出来 的 新 信息。表义 俗称 "字面 意义"。它 是 运载 和 传递 信息 的 基础。

含义 是 在 表义 的 基础 上 通过 逻辑 推理 和 语用 推理 得到 的 跟 表义 不 一致 的 意义。含义 又 叫做 "语用 意义"，俗称 "言外之意" 或者 "弦外之音"。

【讲课】51

含义 是 隐含 在 会话 过程 中 的 深层 意义，表义 是 显露 在 句子 结构 中 的 表层 意义。

如果 表义 和 含义 一致，属于 直接 语用 行为。如果 表义 和 含义 不 一致，属于 间接 语用 行为。

当 含义 的 使用 发生 困难 的 时候，必须 通过 使用 表义 来 重复 表达，进行 弥补。一般 听话 人 会 问 "你 这 是 什么 意思？"说话 人 知道 自己 提供 的 语境 信息 不足 或者 对方 的 推理 能力 不强，就 会 用 "我 是 说……" 的 句子 来 弥补。

（4）含义 的 类型

含义 根据 是否 直接 产生 交际 作用，可以 分成 预设 含义 和 会话 含义。在 一般 的 话语 产生 和 理解 过程 中，主要 关心 的 是 会话 含义。

对于 公安 人员 获得 处理 案件 的 信息，会 更多 地 关心 预设 含义，因为 犯罪 人员 可能 在 会话 中 说 假话，不 进行 正面 会话 的 合作。

8.5.2 预设 含义

预设[1] 含义 是 话语 本身 预先 设定 的 保证 语用 意义 能够 成立 的 前提 意义。

预设 含义 根据 是否 受到 会话 结构 制约，可以 分成 背景 预设 含义 和 前景 预设 含义。

（1）背景 预设 含义

背景 预设 含义，又 叫做 " 预设 "，是 话语 中 不受到 会话 结构 制约 的 前提 意义。例如，" 他 弟弟 在 保定 上 大学。" 不管 这个 句子 的 会话 结论 是否 正确，我们 可以 肯定 它 的 背景 预设 含义：" 他 有 弟弟。" " 保定 有 大学 "。

有的 背景 预设 含义 要 通过 意义 引申 才能 获得。例如，一个 化妆品 广告 说：" 是 它 拯救 了 我们 国家 的 脸 "。这里 的 " 脸 " 要 从 做 基本 意义 的 具体 的 " 脸" 引申 到 抽象 的 "面子" 意义。

这种 信息 如果 是 听话人 事先 知道 的 背景 知识，就是 旧 信息。如果 是 听话人 事先 不 知道 的 意外 获得 的 背景 知识，就是 新 信息。如果 是 新 信息，那么 会话 的 进展 相对 要 困难。

一方面 说话 有时 要 特别 小心，不要 泄露 秘密性 的 背景 知识。另一方面，要 留心 这种 意外 信息，它 可以 为 接 下去 的 交谈 获得 新 的 话题，也 可以 使 自己 获得 需要 了解 的 意外 信息。这 是 间接 获取 信息 的 方式，在 谈判 和 处理 公共 关系 等 活动 中 有 重要 的 作用。

例如，一个 姑娘 想 知道 她 的 恋爱 对象 的 父母 是否 健在，她 一直 不好 问。有 一次 对方 说："我 妈妈 昨天 来信 说 我 爸爸 出国 去 了。" 她 如获至宝。这句 话 使 她 知道，他 有 父母，但是 不会 造成 经济 负担。

一个 男孩 曾经 说 他 没有 父母 了。有 一天 他 说："我 有 很久 没有 写信 给 妈妈 了。" 与 他 恋爱 的 女孩 就 会 突然 感到 自己 受骗 了。

当然 有些 谎言 是 善意 的。例如，一个 人 得了 癌症，周围 的 人 都 不会 告诉 他。但 是，他 也许 从 后来 的 一句 话 中 找到 了 使 他 知道 这个 情况 的 背景 预设 含义。但是，在 交际 过程 中，如果 过多 留意 背景 预设 含义，并且 马上 把 它 变成 话题，会 使 对方 觉 得 你 对 他 的 话 没有 兴趣。这 不 礼貌。在 法庭 上 辩护 律师 忍不住 使用 背景 预设 含义 诱惑 对方 说出 符合 自己 意图 的 事实，但是 法庭 严格 控制，及时 制止，因为 这样 会 影响 法官 做出 正确 判断。例如 下面 就是 一个 这样 的 例子。对方 无论 怎样 回答，都 会 上 圈 套，可能 说出 对 自己 不利 又 不 符合 事实 的 话语。

Have you stopped beating your wife? （你 已经 停止 殴打 你 的 妻子 了 吗？）

背景 预设 含义 是 一种 语义 常识。如果 有人 故意 违背，也 难以 达到 目的。例如，美国 一个 木工 请人 制造 养鸟 的 棚子，主人 发现 没有 顶，拒绝 支付 工资。法庭 判断 木工 胜 利，因为 虽然 鸟 一般 会 飞，但是 主人 养 的 是 鸵鸟，不需要 顶。如果 主人 确实 需要，也 要 事先 声明。[2] 交际 中 词义 的 属性 也 体现 背景 预设 含义。例如，"这 酒 很 淡" 中

---

[1] 预设（presupposition）是 德国 学者 弗雷格（Frege）1982 年 提出 的，用来 解释 一种 语义 逻辑 现 象：在 语言 的 任何 命题 中，被 使用 的 专有 名称 是 有 客观 对象 的。例如 "A 死 得 悲惨"，无论 命题 对 还是 不对，A 是 存在 的。

[2] 袁 毓林. 面向 当代 科技 的 语言 研究 理论 和 方法 [A]. 北大 中文 研究 [C]. 北京：北京 大学 出

的 "淡" 指的是味道，"这花很淡" 中 的 "淡" 指的是颜色。如果要表达酒的颜色，必然要把 "颜色" 信息 显露 出来，说 "这酒的颜色很淡"。所以，激活 预设 含义 是 理解 话语 意义 的 重要 基础。

(2) 前景 预设 含义

前景 预设 含义，又 叫做 "蕴含"，是 话语 中 受到 会话 结构 制约 的 前提 意义。例如，"他 弟弟 在 保定 上 大学。" 这里 的 前景 预设 含义 是："他 弟弟 在 保定 上学。" "他 的 弟弟 在 上学。" "他 弟弟 没有 上班。" 等等。如果 "他 弟弟 在 保定 上 大学。" 这个 会话 的 逻辑 结论 不成立，那么 它 的 前景 预设 含义 不一定 成立。又 例如，"格力 空调 又 降价 了" 中 通过 "又" 获得 前景 预设 含义 "曾经"。

前景 预设 含义 跟 背景 预设 含义 不同。第一，前景 预设 含义 是 主要 信息，背景 预设 含义 是 附带 信息。第二，前景 预设 含义 与 会话 结构 本身 的 逻辑 意义 是否 成立 密切 相关。如果 把 它们 分别 用 A 和 B 代替，那么，否定 A 就 可能 否定 B。但是，背景 预设 含义 与 会话 结构 本身 的 逻辑 意义 是否 成立 不相关。如果 把 它们 分别 用 A 和 B 代替，那么，否定 A 不会 否定 B。

8.5.3 会话 含义

(1) 会话 含义 的 性质

会话 含义 是 必须 借助 语言 环境 进行 语用 推理 得到 的 现实 意义。会话 含义 跟 表义 的 接近 程度 会 有 不同。接近 程度 越 高，越 容易 理解。说话人 在 故意 绕弯子 说话，并且 相信 对方 有 能力 通过 一般 语用 推理 理解 它 的 会话 含义，就 产生 理解 难度 高 一些 的 会话 含义。例如，"我 什么 苦 都 吃过。" 这 可以 通过 逻辑 推理 得出 正常 会话 含义 是 "我 不怕 苦"。

如果 需要 通过 远 距离 多 步骤 的 语用 推理 得到 的 跟 表义 非常 不一致 的 信息，就 产生 理解 难度 比较 大 的 会话 含义。例如，同样 是 "我 什么 苦 都 吃过。"但是 听话人 能够 注意 到 "对方 想 压制 他" 的 语境 条件，那么 通过 语用 推理 可以 进一步 得到 会话 含义："我 不怕 你。" 文学 艺术 作品 更多 地 使用 会话 含义。有些 智力 游戏 中 出现 "脑筋 急 拐弯" 的 问答 题目，也 是 使用 会话 含义。

会话 含义 有的 故意 违背 一个 原则。例如：

② 学生 A:我 没有 钱 用 了。学生 B: 你 爸爸 昨天 还 来 过。

② 哈利：约翰 到 哪儿 去 了？　汤姆：他 的 自行车 放 在 女生 宿舍 门口。

③ A:现在 几 点 了？　B: 我 看见 送信 的 刚 过去。

④ A:喂，你 那个 朋友 怎么样？　B: 现在 是 吃饭 的 时候 了 吧。

有的 涉及 几个 语用 原则。例如：

① 教师：贝鲁特 是 哪个 国家 的 首都？　学生：是 秘鲁 的。教师：如果 是 这样 的 话，我 要 说 罗马 是 罗马尼亚 的 首都 了。

② 作者：我 这篇 小说 写得 怎么样？　编辑：我 觉得 字迹 很 工整。

(2) 会话 含义 的 使用

版社，1998.

会话 含义 的 使用 和 理解 是 语言 技巧性 最 强、难度 最 大 的 语用 行为。严格 遵守 语用 原则 是 交际 顺利 进行 的 基本 保证。如果 为了 一定 特殊 情况 的 需要，例如 表达 爱情、拒绝 别人 的 邀请 等，故意 机敏 地、有 技巧 地 违反 原则，又 可以 产生 会话 含义，可以 体面 地 运用 语言 达到 尽可能 好 的 交际 效果。

汉朝 的 一 首 诗歌 表达 强烈 爱情 的 句子 用 现代 汉语 表达 出来 是 这样 的：

只有 山上 没有 一点 土，

只有 河水 都 干枯，

只有 冬天 雷声 阵阵，

只有 夏天 大雪 纷纷，

只有 天 和 地 汇合 在 一起，

我 才 敢 和 你 分手。

一个 军队 统帅 在 免除 下属 的 职务 的 时候，这样 说："我 相信，麦克卢 将军 成就 卓著 的 漫长 记录 将 证明 一个 这样 的 设想：他 在 其他 一些 职务 上 必将 前程 无量。" 这 就 显得 非常 体面 地 告诉 了 对方 " 你 做 将军 不 称职，你 也许 在 其他 方面 会 显示 你 的 才能。" 故意 违反 语用 原则 谋求 会话 含义 的 前提 是：必须 使 对方 明白 地 察觉 自己 是 故意 违反 了 原则。你 设计 的 难度 必须 符合 对方 的 语言 理解 水平，否则 会 是 对牛弹琴。你 提供 的 语境 知识 必须 能够 充份 提示 对方 进行 语用 推理，否则 会 弄巧成拙。

例如，一个 人 用 自己 的 专业 术语 来 打 比喻，对方 对 这个 专业 术语 从来 没有 接触 过，就 会 南辕北辙，无法 实现 交际 目的。如果 违反 了 这个 前提，就 会 造成 误解。你 会 认为 也许 对方 是 故意 不 合作，也许 把 说 的 当真，当做 表义 理解。

如果 一位 姑娘 是 20 岁，她 不 想 告诉 别人 自己 的 年龄，所以，她 回答 别人 的 时候 说 "23 岁"，那么 不仅 不能 达到 自己 的 目的，还 会 产生 误解，让 人 当做 是 真的。因为 20 岁 与 23 岁 的 差别 不 大，造成 了 语境 条件 的 不足，不 容易 使 人 想到 这里 会 出现 语用 含义。但是，如果 她 回答 说 "60 岁"，别人 就 会 进行 语用 推理，得到 会话 含义 是 "我 不 愿意 告诉 你"。李白 的 诗句 " 白发 三千 丈 "，如果 是 " 白发 三千 毫米 " 就 不会 感人 了。

上面 那 首 爱情 诗歌，如果 这样 写 就 使 读 它 的 小伙子 或者 姑娘 有些 不 放心 了：

只有 山上 没有 了 大 树，

只有 河水 降低 了 水位，

只有 冬天 的 雪 融化 了，

只有 夏天 的 雨 下个 不停，

只有 天 和 地 之间 的 距离 变 了，

我 才 敢 和 你 分手。

8.5.4 语用 推理

表达 会话 含义 是 从 说话 人 角度 来 说 的，理解 会话 含义 是 从 听话 人 角度 来 说 的。双方 都 要 进行 语用 推理。

通常 说 的 推理 是 逻辑 推理，它 根据 语言 符号 直接 提供 的 信息 进行 推理，结论 比较 固定。但是，会话 含义 是 借助 语境 通过 语用 推理 推导 出来 的。

语用 推理 根据 语言 环境 对 表义 信息 进行 否定, 得出 会话 含义, 再 进行 逻辑 推理, 得出 最终 意义 的 过程。由于 会话 含义 受到 许多 动态 因素 的 制约, 所以 它 是 在 动态 中 逐渐 逼近 说话人 的 意图, 是 不 太 固定 的。所有 句子 的 理解 要 经过 逻辑 推理, 但 是 不 一定 经过 语用 推理。

进行 语用 推理 有 3 个 步骤:

第一, 判断 是否 超常。

接收 到 信息 以后, 要 先 检查 话语 是否 违反 了 语用 原则。判断 的 目的 是 为了 决定 是否 要 进行 语用 推理。如果 话语 完全 遵守 各种 语用 原则, 说明 一切 正常, 用不着 进行 语用 推理。如果 违反 了 语用 原则, 要 进一步 检查 原因。如果 是 存心 不 合作, 就是 消极 违反 原则, 也 不 必要 进行 语言 推理。耍 无赖 或者 不讲 道理 的 人, 经常 产生 这种 有意 不 合作 的 行为。对于 这种 人, 一般 置之不理, 也 可以 以牙还牙。

只有 违反 了 原则, 又 让 听话人 明显 地 感觉 到 是 在 真诚 合作, 才是 积极 违反 语 用 原则, 这样 的 话语 才会 有 会话 含义, 才 有 进行 语用 推理 的 价值。

A: 我 那 把 雨伞 哪儿 去 了?

B: 刚才 小王 走 的 时候 正好 下雨。

A 提出 的 问题, 期待 一个 说明 地点 的 回答。但是 B 的 回答 与 地点 无关, 这 是 不相 关。不 相关 可能 是 有意 不 合作, 例如, 对 对方 有 意见; 也 可能 是 无意 不 合作, 例如 因为 声音 嘈杂 而 造成 B 听错 了 A 的 话。如果 能够 根据 语境 排除 这些 可能, 就是 合作。 这种 故意 反常 的 合作 需要 进行 语用 推理。

第二, 查找 超常 的 原因。

明白 了 是 超常 合作 以后, 就 要 结合 语境 查找 原因。对方 给 我 提出 问题, 或者 对 方 回答 我 提出 的 问题 为什么 不 采取 直接 的 方式, 也许 为了 回避, 也许 为了 幽默, 也 许 为了 形象 等。在 找 原因 的 时候, 还 要 进一步 论证, 在 这种 情况 下 对方 会不会 有 这种 必要。例如 一个 人 说:"你 爸爸 出事 了。"你 也许 想 他 是 在 开玩笑 吧。可是 进 一步 分析, 这个 人 平时 很少 开玩笑。你 也许 把 他 的 话 当做 真 的, 不用 进行 语用 推 理 了。相反, 一个 不分 场合 一直 喜欢 开玩笑 的 人, 就 很难 使人 把 他 的 话 当做 真 的, 也许 他 喊 " 救命 ", 别人 还 以为 他 在 开玩笑。

第三, 确定 含义。

找到 原因 以后, 就 要 把 接收 到 的 信息 与 期待 的 信息 进行 对比, 寻找 结合 地点, 分析 出 会话 含义, 并且 让 会话 含义 接受 逻辑 推理 的 确认。

如果 是 对方 在 问话 中 使用 了 会话 含义, 就 要 把 接收 到 的 信息 与 期待 的 信息 进行 对比, 找到 会话 含义, 再 根据 会话 含义 回答。

如果 是 对方 在 答话 中 使用 了 会话 含义, 就要 把 接收 到 的 信息 与 期待 的 信息 进 行 对比, 找出 会话 含义, 看 对方 是否 理解 了 自己 的 意思, 要不要 再 说 一次。

人们 在 交际 中 会 对 对方 的 话语 有 一个 大体 的 估计, 估计 对方 话语 的 内容 取向, 这 就是 期待 信息。例如:

教师: 你 值日 的 任务 完成 了 没有? （上课 前 小学 教师 问 值日生）

值日生: 我 擦 了 黑板 和 教师 讲课 的 桌子。

教师 在 理解 值日生 的 会话 含义 的 过程 中, 自己 期待 对方 回答 " 完成 了 " 或者

"没有 完成",但是 发现 对方 的 回答 不是 自己 设想 的 回答,而是 改成 了 一个 列举性 的 回答。假设 上课 前 值日生 应该 完成 如下 任务:检查 红领巾、检查 小手帕、检查 作业本 和 课本 摆 在 课桌 上 的 情况、擦了 黑板 和 教师 讲课 的 桌子 等,那么 值日生 的 回答 应 该 提到 所有 这些 项目。把 值日生 的 答话 与 新 的 期待 对比,发现 除了 擦黑板 和 桌子 以外,其余 都 没有 提到,是 信息 数量 不足,是 有意 违反 数量 原则。值日生 为了 回避 直 接 说出 会话 中 的 会话 含义 "没有 全部 完成 任务",就 用 了 这种 列举性 的 回答。

要是 语用 推理 能力 不 强,很难 获得 幽默 等 会话 含义。例如:史密斯 回家 发现 妻子 和 别的 男人 在 一起,就 杀死 了 妻子。法官 问 他 当时 是 什么 情绪。他 说:"我 简直 发疯 了,完全 不能 控制 自己。" 说到 这里,他 回 过头 去 面对 陪审团,拍打 着 椅子 大声 说:"各位 先生,我 下午 6 点钟 回家 的 时候,晚饭 一定 要 摆 在 桌子 上 的 啊!"

语用 会话 含义 的 推理 有时 是 相对 的,甚至 是 难以 求证 的。

曹 雪芹 《红楼梦》 第 8 回,在 林 黛玉、贾 宝玉 等 到 薛 姨妈 家 玩 的 时候,有 这样 的 语言 交际 过程。贾 宝玉 要 喝 冷 的 酒,薛 宝钗 笑 着 说:"宝 兄弟,亏 你 每天 什么 都 学,难道 不 知道 酒 的 性格 最 刚烈?喝 热 的 容易 散发,喝 冷 的 容易 凝结,用 五脏 去 暖 酒,难道 不 伤害 身体?赶快 不要 喝 了。" 贾 宝玉 听了,就 叫人 拿 热酒。林 黛 玉 嗑 着 瓜子,只是 捂 着 嘴巴 笑。碰巧,林 黛玉 的 丫环 来 给 她 送 手炉子。林 黛玉 含 笑 问 丫环:"谁 教 你 送来 的?难为 他 费心,哪里 就 冻死 我 了!" 丫环 说:"紫娟 姐 姐 怕 你 冷,叫 我 送来。" 林 黛玉 接 过来,笑 着 说:"我 平时 跟 你 说话,都 当做 耳 边风。怎么 她 说 的 比 圣旨 还 重要!" 贾 宝玉 听 了,知道 是 奚落 自己 的,又 没有 话 回,只是 嘻嘻 笑 了 两下。薛 宝钗 平常 就 知道 林 黛玉 的 习惯,也 不 理睬 她。薛 姨妈 看 着 这个 样子 就 对 林 黛玉 说:"你 素来 身体 弱,受不得 冷。他们 挂念 你,难道 不 好?" 有人 认为,薛 姨妈 不懂 林 黛玉 的 语言 使用 意图,不能 知道 里面 的 会话 含义。[①] 其实,也 有 可能 是 薛 姨妈 为了 顾全 大局,缓和 气氛,故意 装做 不 知道,因为 薛 姨妈 的 生活 阅历 丰富,很难 说 不 知道。但是,作者 没有 说明,我们 也 无法 通过 问 薛 姨妈 的 方式 得到 证实。

8.6　语用 策略 和 语用 失误

8.6.1　语用 策略

（1）语用 策略 的 性质

语用 策略 是 交际 双方 在 交际 过程 中 间接 地 使 自己 处于 有利 地位 从而 提高 语言 效率 的 方法 和 技巧。例如,如果 对方 说话 含糊,就 通过 语用 策略 暗示 对方 明白 地 说 出来。如果 对方 经常 打断 我方 的 话,就 可以 通过 语用 策略 暗示 对方 不要 打断。

（2）语用 策略 的 类型

第一,有意 违反 语用 原则。这 是 最 常见 的 语用 策略,特别 是 艺术 语言 和 趣味 语

---

①陈 安平. 论 语境 对 间接 言语 行为 理解 的 决定 程度 [J]. 郴州:郴州 师范 高等 专科 学校 学报, 2001,（6）.

言。前面 说了 不少 例子。

第二，语码 转换。这是 在 双语 体制 情况 下 经常 出现 的 策略。后面 专门 介绍。

第三，限制 范围。例如，如果 说 "你 是 在 回答 我，还是 在 盘问 我？"，就 可以 迫 使 对方 只有 选择 前者 的 范围 继续 交谈。如果 说 "我 想 说 三 点⋯⋯"，就 可以 使 听 话人 至少 不会 在 第三 点 开始 之前 打断 对方 的 话。

第四，绕 弯子。例如，如果 说 "你 今晚 有空 吗？" 可以 向 听话人 预示 有 请求 的 信息，使 双方 有 一个 缓冲 的 过程，慢慢 切入 正题。但是，如果 绕 的 弯子 太大 了，就会 使人 着急，甚至 厌烦。

第五，下 结论。例如，如果 说 "好！就 这样 吧。" 就 可以 预示 想 结束 谈话 的 信息，催促 对方 别 继续 说 下去 了。

第六，重复 和 补充。例如，如果 说 "对，是 这样 的"，就是 用 重复 的 方式 告诉 对 方 听 明白 了，不要 在 原来 话题 上 逗留 了。如果 说 "我 是 说⋯⋯"，"我 的 意思 是⋯⋯"等，就是 用 补充 的 方式 告诉 对方，不要 误解 我 的 意思，要 对方 宽容 一些。

（3）语码 转换

语码 是 不同 种类 的 语言 或者 一种 语言 的 不同 方言 变体 的 总称。

语码 转换，又 叫做 语码 选择，是 在 双语 体制 中，为了 适应 不同 交际 对象 转换 使用 不同 语码 的 语用 策略。

在 新加坡，一个 典型 的 华人 小时候 与 父母 说 福建话，与 同胞 兄弟 姐妹 说 非正式 的 新加坡 英语，与 朋友 交谈 用 前面 两种 语码 都 可以。接受 教育 和 做 政府 事务 等 就 用 正式 的 新加坡 英语 或者 接近 普通话 的 汉语。上街 买 东西，要 用 和 朋友 交谈 一样 的 语言，但是 更多 地 用 集市 上 用 的 马来语 变体。信奉 基督教 的 用 正式 新加坡 英语，信奉 佛教 或者 道教 的 就 用 福建话。

河南 一家 地方 报社 的 一个 记者 回到 家乡 采访 乡长，说 一口 纯正 的 普通话。乡长 听了 很 不 高兴，愤怒 地 说："你 回 家乡 了，还 跟 我 甩 京腔？" 这样 采访 失败。[①]

上海 的 售货员 根据 顾客 是否 是 本地 口音，在 销售 商品 的 过程 中 不断 转换 选择 上海话 和 普通话 两种 语码。用 普通话 与 顾客 谈 价格，推销 失败 以后，为了 不 让 顾客 明显 听到 自己 的 不满，以免 影响 生意，又 用 上海话 发泄 不满。[②]

语码 选择 的 作用 或者 促使 语码 选择 的 原因 有 两种：第一，选择 使 对方 最 容易 明 白 的 语码。第二，在 对方 能够 听懂 的 前提 下，拉近 自己 与 对方 的 文化 和 心理 距离。

因为 语言 是 民族 或者 社会 团体 的 重要 标志，语码 带有 明显 的 文化 色彩 和 民族 感情 色彩，所以 第二 个 原因 很 值得 注意。

新 到 一个 地方，如果 你 对 这里 的 一些 人 产生 了 不好 的 印象，这些 人 用 的 语码 也 会 使 你 感到 讨厌，使 你 更加 留恋 自己 的 母语。否则，你 也许 对 这种 语码 有 好感。

在 外地 听到 老乡 说话，会 感到 很 亲切。如果 来自 两个 不同 的 方言 地区 的 人 说 话，最好 使用 普通话，即使 对方 能够 听懂 你 的 方言，也 不要 用 方言。否则 对方 感到 不 平等，是 不 尊重 他。相反，碰到 家乡人，如果 不 说 家乡话 也 不好。

---

①袁 详，吴 燕. 普及 共同语，抵挡 不了 的 潮流 [N]. 北京：光明 日报，1995-02-25.
②张 榕. 言语 交际 中 的 语码 转换 略探 [J]. 南昌：江西 教育 学院 学报. 1994，（4）.

香港 回归 中国 的 时候，快 上任 的 公务员 刘 嘉敏 招待 记者，居然 还是 满口 英语，另外 一个 外国人 反而 用 汉语 粤方言 说 开场白。这里 的 语码 选择 显得 不 正常，可能 为了 达到 别的 语用 目的。

8.6.2 语用 失误

（1）语用 失误 的 类型

语言 失误 从 失误 的 根源 是否 来自 使用者 本人 来看，可以 分成 内部 原因 失误 和 外部 原因 失误。

在 对外 语言 教学 中，由于 考虑 不 全面 就 有 可能 导致 外部 原因 失误。例如，有 一本 对外 汉语 教材 对 "无聊" 的 解释 是 "苦闷，不 快乐"。一个 留学生 在 考试 卷子 上面 写了 这样 的 句子："我 这次 考试 不太 好，请 老师 不要 无聊。" 也有 内部 原因 失误。例如，一位 日本人 到 中国，用 学过 的 一点 汉语 对 接待 人员 说："先生，请问 您 吃饭 了 没有？" 他 以为 这样 问候 对方 更加 有 礼貌。

语用 失误 从 使用者 的 能力 和 态度，可以 分成 水平 失误 和 疏忽 失误。水平 失误 是 由于 语言 使用者 拥有 的 语言 知识 水平 不够 而 造成 的 失误。疏忽 失误 是 由于 不 小心 出现 的 失误。

语用 失误 从 使用者 的 不同 方面，分成 发出 失误 和 接收 失误。主要 是 发出 失误，出现 发音 和 书写 中 的 错误 和 毛病。例如，一个 小学 语文 老师 错误 地 把 学生 写 的 "cāi（猜）"，全部 改成 "chāi"，要求 学生 抄写 几 遍。接收 失误，主要 表现 在 语言 超常 使用 过程 中。如果 是 发出 失误，就 要 马上 纠正。如果 不太 影响 意义 的 表达，就 可以 忽略。如果 是 接收 失误，就 要 打断 说话人，要求 重复；也 可以 先 记忆 下来，等 对方 说完 再 问。

语用 失误 从 失误 对象 的 语言 结构 来看，可以 分成 形式 失误 和 内容 失误。内容 失误 又 分成 对象 意义 失误、色彩 意义 失误、文化 意义 失误 等。

（2）疏忽 失误 的 类型

疏忽 失误 从 发出 信息 的 人 来说 可以 分成 口误 和 笔误，从 接收 信息 的 人 来说 可以 分成 耳误 和 眼误。

（A）口误

口误 又 叫做 "舌头 打滑"①、"走嘴"，指 本来 要 说 这个 声音 却 说成 了 那个 声音。有的 是 由于 急着 说话，把 后 说 的 先 说 了，把 先 说 的 后 说 了，两个 先后 出现 的 声音 发生 了 位置 调换。有的 是 由于 语音 相近 或者 意义 相近，发生 了 开关 选择 错误。

口误 导致 的 结果 是 意义 失真，或者 无法 听懂。例如，要 说："你 下午 来 找 我。" 不 小心 说成 了："你 上午 来 找 我。" 要 说："请 把 你 的 皮箍（pí gū）借给 我 用 一下。" 不 小心 说成 了："请 把 你 的 屁股（pì gu）借给 我 用 一下。" 这 两个 例子 都 是 因为 声调 相近 而 出现 舌头 打滑。

再 看 英语 的 例子。想 说："You have wasted the whole term.（你们 荒废 了 整个 学

---

①弗罗姆金，罗德曼. 语言 导论 [M]. 北京：北京 语言 学院 出版社，1994. 120.

期)"实际 说 了:"You have tasted the whole worm. (你们 尝过 一条 整 蚯蚓)" 想 说: "He came too late. (他 来 得 太 晚 了)" 实际 说 了:"He came too early. (他 来 得 太 早 了)"。

口语 还 可以 导致 语音 变化。例如,2001 年 5 月 5 日 长沙 电视台 的 一个 主持人 把 "老板" 说成 "倒板",[1] 变成 [t]。这 跟 有的 方言 "里" 的 声母 说成 "底" 的 声母,可能 有 关系。在 恐惧 中 说 "我 害怕",有 可能 说成 "我 害 [p ʻiaˆ51]"。

(B) 笔误

笔误 是 在 书写 的 时候 本来 想 写 这个 单位 却 写成 了 那个 单位。原因 主要 是 匆忙,没有 仔细 注意 一些 相似 现象 的 区别。这些 相似 现象 包括 形体、声音 和 意义 3 个 方面。例如,本来 想 写 "按时" 却 写成 了 "安时"。本来 想 写 "100 毫米",却 写成 了 "100 厘米"。在 电脑 打字 中 由于 手指 敲错 了 位置,敲到 了 临近 的 键位,就会 出现 别字,这 是 电脑 笔误。

如果 说话 中 出现 口误,可能 马上 被 自己 意识 到。笔误,如果 自己 不 检查 就 无法 及时 更正。在 法律性 文书 中,如果 出现 笔误,又 没有 及时 检查 出来,就 有 可能 带来 重大 损失。所以 写完 以后 要 反复 看 几 遍 才 交 出去。

(C) 耳误 和 眼误。

耳误 是 在 听话 的 时候 由于 干扰 或者 注意力 不 集中 或者 语境 不足,耳朵 失灵,把 声音 相近 的 这个 听成 了 那个。俗话 说 "聋子 会 取名"。例如:"菜 里 放了 盐 吗?" 听话人 说 "付了 钱。" 因为 听话人 刚刚 买了 菜 回来,以为 是 问:"菜 你 付了 钱 吗?"

眼误 形成 的 原因 和 耳误 接近,不同 的 是 表现 在 视觉 上。一般 我们 说 看花 了 眼 睛,就是 眼误。这 主要 是 在 不能 反复 出现 的 文字 阅读 过程 中 出现 的,例如 在 电视 中 短暂 显示 的 文字。

(3) 内容 失误 类型

(A) 理性 意义 失误

理性 意义 失误 是 由于 没有 提供 足够 的 语境 使 听话人 从 多义词、同音词,或者 同形词 以及 同 性质 的 结构 中 选择 符合 对方 意图 的 客观 意义。例如:有人 叫做 "成头珠",选取 这个 姓名 的 人 可能 单纯 从 视觉 考虑,导致 在 听觉 中 变成 "成头猪",不得不 修改 姓名。"你 这 幅 图画 怎么 不要 脸?" 也 容易 引起 误解。再看 英语 的 例子:

① she can not bear children. (她 不能 生 孩子。她 不能 容忍 有 孩子)
② Her tail is very long. (她 的 故事 很 长。她 的 尾巴 很 长)

在 一个 电视 节目 中,主持人 说 了 下面 的 话。由于 强调 了 划线 部份,使人 感到 温暖 只有 "一点点" 或者 "不太多":

"家" 对 每个 人 来说,都 是 一个 宁静 的 港湾。不管 你 在 天涯 海角,只要 一 想 到 家,心里 就会 感到 一丝 温暖。

(B) 色彩 意义 失误。

色彩 意义 失误 是 由于 忽视 或者 缺乏 礼貌 等 知识 导致 在 主要 意义 以外 的 失误,它 往往 使 听话人 不 高兴。例如,一位 女售货员 在 推销 一种 新型 的 罐头 刀,请 一个 围

329

观 的 大约 40 岁 的 顾客 试用 一下。这个 顾客 用 刀 打开 罐头 以后，女售货员 说："这位 先生 真 聪明，一 学 就 会 了"。这种 幼儿园 教师 的 口气 使 旁边 的 人 哄堂大笑，弄得 那个 顾客 很 难堪。

文化 色彩 意义 失误 是 由于 到 了 一个 文化 背景 不同 的 地方 或者 使用 外语 的 时候，对 对方 的 文化 知识 了解 不够 而 造成 的 失误。例如，中国人 对 一位 英国 司机 说 "Be more careful"，本来 是 想 关切 地 说 "要 多 加 小心。" 但是，这 句话 在 英语 中 有 教训 的 口气，就 使 人 不太 高兴。当然，如果 对方 知道 不是 故意 的，也许 会 宽容 地 笑一笑。

8.7 语言 艺术

艺术 是 用 形象 来 创造性 地 反映 现实 生活 而且 比 现实 更加 典型 的 社会 意识 形态，它 包括 用 语言 做 形式 的 文学，用 有 节奏 和 旋律 的 声音 做 形式 的 音乐，用 人 的 身体 活动 做 主要 形式 的 舞蹈、小品，用 视觉 材料 或者 实物 做 形式 的 书法、绘画、雕塑、建筑 等，用 语言、音乐、动作 等 综合 起来 做 形式 的 曲艺、戏剧、电影、电视。

语言 艺术 包括 文学 艺术、文字 艺术 和 语音 艺术，分别 通过 突出 语义 内容、听觉 形式 和 视觉 形式 塑造 美感，传递 教益，又 分别 叫做 文学（诗歌、小说、散文 等）、播音（演讲、朗诵、主持 等）、书法（篆刻、美术字 等）。

8.7.1 文学 艺术

文学 艺术 是 语言 的 综合 艺术，指 用 语言 的 方式 塑造 美学 形象 反映 生活 的 艺术。由于 语言 具有 信息 表达 的 广泛性，所以 文学 艺术 表现 的 内容 与 其他 艺术 相比 最 丰富。由于 语言 表达 思想，而 人类 思维 的 发展 有 一定 的 水平 局限，许多 东西 仍然 停留 在 直接 的 感觉 中，无法 用 语言 确切 表达。然而，文学 为 语言 创造 了 新 天地，弥补 了 语言 的 缺陷。

文学 语言 和 一般 语言 的 不同，就 在于 它 具有 变异性[①]，大量 采用 变异 表达，并且 让 它 和 常规 表达 结合。更加 重要 的 是 一个 文学 作品 在 总体 上 也 有 变异性。例如，拿到 一 篇 小说 或者 一 首 诗歌，你 就 不会 用 读 新闻 或者 日记 的 方式 去 读。如果 是 报告 文学，人们 总 对 它 有些 不放心，认为 里面 提供 的 信息 可能 有 水份。

为什么 人们 愿意 从 不 "真实" 的 文学 中 获得 信息？因为 文学 提供 了 另外 一个 角度 的 比 现实 更加 真实 的 真实，它 是 把 许多 有 代表性 的 真实 浓缩 在 一起，是 一种 "高 浓度 的 真实"。从 文学 中 获得 的 信息 是 精神 生活 的 需要，不是 为了 处理 最 现实 的 物质 生活，所以 不必 斤斤计较。

变异 是 对 标准 语言 进行 充满 美感 的 故意 扭曲。它 要求 作者 有 能力 打破 常规，对 现有 语言 材料 进行 巧妙 的 安排，形成 与 一般人 不同 的 独特 的 表达 方式，从而 达到 语言 新颖、生动 的 效果。它 是 在 正常 语言 规则 许可 的 范围 内，偏离 正常 语言 的 结果。如果 偏离 过度，就会 使 它 的 价值 遭受 损失，例如 晦涩 的 诗歌。

①冯 广艺、冯 学锋. 文学 语言学 [M]. 北京：中国 三峡 出版社, 1994.2.

【图表】普通话 诗歌 押韵 的 20 韵部

序号	韵部	韵母(IPA)	韵母	p / b	pʰ / p	m / m	f / f	t / d	tʰ / t	n / n	l / l	k / g	kʰ / k	x / h	tɕ / j	tɕʰ / q	ɕ / x	ts / z	tsʰ / c	s / s	tʂ / zh	tʂʰ / ch	ʂ / sh	ʐ / r	∅
1	啊	A	a	疤	爬	马	发	搭	他	那	拉	嘎	卡	哈				砸	擦	撒	扎	插	沙		啊
		iA	ia								俩				家	掐	下								呀
		uA	ua									瓜	夸	花							抓		刷		挖
2	喔	o	o	拨	泼	摸	佛																		喔
		io	io																						哟
		uo	uo					多	拖	挪	落	锅	扩	活				做	错	所	捉	戳	说	弱	窝
3	鹅	ɤ	e			么		得	特	呢	勒	哥	科	喝				则	侧	色	遮	车	蛇	热	鹅
4	一	i	i	比	皮	米		低	体	你	里				几	起	西								一
5	屋	u	u	不	扑	木	扶	读	图	努	路	姑	哭	呼					粗	苏	主	出	书	如	乌屋
6	雨	y	ü							女	绿				居	区	需								雨
7	哼	ŋ	ng											哼											
		uŋ	ong					东	通	农	龙	工	空	红				总	从	送	中	冲		容	
		yŋ	iong												窘	穷	凶								用
8	也	ie	ie	别	撇	灭		叠	贴	捏	列				街	切	写								也
		yɛ	üe							虐	略				决	缺	学								约
9	爱	ai	ai	白	拍	埋		代	抬	耐	来	该	开	孩				栽	猜	赛	摘	拆	筛		爱
		uai	uai									怪	快	坏							拽	揣	摔		外
10	诶	ei	ei	杯	培	没	飞	得		内	类	给		黑				贼			这		谁		诶
		uei	uei					对	推			归	亏	灰				最	摧	虽	追	吹	水	锐	威
11	坳	au	ao	包	抛	猫		刀	逃	闹	老	高	考	好				早	操	搔	招	超	烧	绕	坳
		iau	iao	标	票	妙		掉	挑	鸟	料				交	敲	小								要
12	欧	əu	ou		剖	谋	否	斗	偷		搂	够	口	后				走	凑	搜	州	抽	收	肉	欧
		iəu	iou			谬		丢		牛	留				究	秋	休								优
13	安	an	an	班	攀	满	翻	单	贪	男	兰	干	看	含				赞	参	三	占	产	山	然	安
		ien	ian	边	片	面		点	天	年	连				尖	牵	先								烟
		uan	uan					短	团	暖	乱	关	宽	换				钻	窜	酸	专	穿	闩	软	弯
		yen	üan												卷	全	选								元
14	摁	ən	en	本	喷	门	分			嫩		根	肯	很				怎	岑	森	真	尘	深	人	恩
		in	in	宾	品	民				您	林				今	亲	新								音
		uən	uen					吨	吞		抡	棍	困	混				尊	村	孙	准	春	顺	润	温
		yn	ün												军	群	迅								云
15	昂	aŋ	ang	帮	胖	忙	方	当	汤	囊	狼	钢	抗	航				脏	仓	嗓	章	厂	上	让	昂
		iaŋ	iang							娘	良				江	抢	香								养
		uaŋ	uang									光	狂	黄							装	创	双		汪
16	风	əŋ	eng	崩	朋	猛	风	灯	疼	能	冷	更	坑	横				增	层	僧	正	成	生	扔	
		iŋ	ing	并	平	明		定	听	宁	铃				精	青	星								应
		uəŋ	ueng																						翁
17	指	ʅ	-i																		指	吃	诗	日	
18	字	ɿ	-i															字	词	思					
19	二	ɚ	er																						二
20	嗯	n̩	n																						嗯

　　变异 的 通常 方式 是 比喻、比拟。有的 把 人类 的 情感 和 行为 故意 巧妙 地 加给 一切 与 人 有关 的 事物。有的 反过来 把 事物 的 属性 强加 给 人。有的 在 不同 的 人 和 不同

的 事物 之间 把 一方 的 属性 强加 给 另外 一方。请看 下面 的 例子:

① 美兰 是 一条 鱼。美兰 是 一朵 云。美兰 是 一把 老虎 钳子。

② 最好 的 表演 就是 不 表演。

③ 这里 躺着 两个 已经 死去 的 活人, 或者 两个 活着 的 死人。

④ 从 上 往 下 看, 风流 往 下 流; 从 下 往 上 看, 风流 往 上 流。

⑤ 搂着 一支 没有 唱完 的 牧歌, 他 睡着 了。

文学 中 的 诗歌 还 讲究 押韵 这种 听觉 和谐 效果。古代 诗歌 根据 古代 语音 系统 押韵。由于 古代 没有 统一 的 汉语 口语, 诗歌 作者 只能 根据 韵书 套用。现代 汉语 有 共同语 普通话, 押韵 凭借 语感 就 知道 了。①

8.7.2 语音 艺术

语音 艺术 是 在 口语 的 基础 上 塑造 语音 的 美感, 使 语音 富有 感染力 地 传递 口语 信息。语音 艺术 包括 播音、主持、演讲、朗诵 等, 可以 成为 职业 的 是 播音 和 主持。

语言 的 发音 似乎 是 天生 就 会 的。但是 要 美化 声音, 产生 语言 美感, 还是 要 掌握 一定 的 艺术 技巧。对于 教师 等 主要 依靠 语言 工作 的 人, 如果 不 善于 发音, 还 可能 得 咽喉炎 这样 的 职业病。

一般 的 普通话 语音 训练, 只是 功利性 地 学会 普通话 语音, 传递 信息。这里 强调 的 是 发音 省力、富有 美感 的 技巧。进行 语音 训练, 首先 要 领悟 发音 的 时候 气息 控制、喉部 控制、共鸣 控制 以及 口腔 控制 等 方面 的 要领, 然后 还要 进行 必要 的 朗读 训练。

(1) 气息 控制

气息 不仅 是 生理 需要, 而且 是 说话 和 唱歌 的 需要。呼吸 产生 气息。呼吸 要求 很深。这样 才能 使 声音 饱满, 有 力量。

在 有声 语言 的 发音 过程 中, 气息 是 原动力, 它 冲击 声带 振动 发出 基本 声音, 并且 在 共鸣 作用 下 得到 美化。气息 的 强弱 变化 对 声音 的 清晰、响亮、圆润 程度, 对 声音 的 持久性 和 共鸣 状态, 对 声音 体现 的 情绪 的 饱满 程度 都 会 产生 直接 的 影响。气息 是 在 呼吸 器官 的 作用 下 产生 的, 呼吸 器官 是 发音 的 动力 系统, 它 由 肺、气管、胸腔、横膈膜 和 腹肌 组成。生活 中 每个 人 都 有 自己 习惯 的 呼吸 方式, 常见 的 有 胸腔 呼吸、腹腔 呼吸 和 胸腔 腹腔 联合 呼吸。胸腔 腹腔 联合 呼吸 的 方法 是 比较 理想 的 呼吸 方法, 能够 发出 好听 的 声音。

气息 控制 的 要领 是 指 胸腔 腹腔 联合 呼吸 状态 下 的 气息 控制。吸气 的 时候 全身 都要 放松, 肩膀 不能够 耸 起来, 要 把 气 吸到 肺 的 底部, 下沉 到 丹田 位置, 就是 人体 肚脐 下去 三个 手指 距离 的 地方。这时 感觉 身体 胸部 两侧 的 肋骨 得到 充分 的 扩展, 腰部 鼓 起来, 腹部 肌肉 或者 丹田 呈现 收缩 的 感觉, 为 呼气 控制 做 准备。

吸气 的 时候 要 感觉 像 闻花 的 香味儿, 非常 想 大量 吸收 进去。也 可以 学习 狗 喘

---

① 1941 年 因为 还 没有 推广 普通话, 当时 的 民国 政府 教育部 请 语言学家 制定 了 《中华 新韵》 18 个。2005 年 中华 诗词 学会 修订 成 14 个。2018 年 中华 诗词 学会 修订 成 16 个, 准备 改名 《中华 通韵》, 当做 国家 标准。这些 诗歌 爱好者 制定 的 《中华 通韵》 草案, 有 不 科学 的 地方。我们 在 1941 年 方案 的 基础 上 做了 完善, 整理 成 20 个, 符合 普通话 语音 事实。

气 的 样子。深度 吸气 以后 会 感觉 腹部 或者 腰间 有 鼓胀 的 感觉。练习 的 时候 可以 双手 插腰 试探 自己 的 反应。有的 人 吸气 以后 感觉 腹部 没有 鼓 起来，反而 缩小 了，这是 因为 吸气 的 时候 没有 把 气 吸 下去，气 停留 在 胸腔 上部，同时 也会 伴随 耸起 肩膀 的 动作。

呼气 是 整个 气息 控制 的 关键。我们 发音 就是 在 呼气 的 过程中 完成 的。呼气 的 时候，吸气 的 肌肉 运动 不要 马上 弹 回来，小腹 仍然 保持 收缩 状态，然后 逐渐地 放松，让 气流 均匀 缓慢地 呼出。整个 过程 就是 让 小腹 的 收缩 力量 来 逐渐 控制 气流 有 力量 地 出来。呼气 不能 一吐为快，要 让 气息 有 对抗性地 慢慢地 均匀 出来。气 吸 进去 以后 要 能够 保持住，用 腹部 的 力量 把 气 托住，不能 让它 很快地 跑 出来，要 像 从 一条 窄缝 里面 穿过，同时 要 保持 匀速 运动。

我们 在 呼气 的 时候 发音。可以 通过 练习 "si" 这样 可以 延长 的 擦音 和 元音 结合 的 音节 来 掌握 气息 的 控制。拿 一张 薄纸 对着 嘴巴，在 呼气 的 过程中 保持 纸张 的 颤抖 不是 非常 明显，但是 又 持续地 颤动。也 可以 对着 点燃 的 蜡烛 呼气，确保 蜡烛 的 火苗 跳跃 幅度 不大，并且 跳跃 的 幅度 范围 变化 基本 一致。

（2）喉部 控制

喉头 和 声带 是 人类 发音 器官 的 重要 组成 部分，人们 通常 把 它们 叫做 嗓子。每个 人 的 嗓音 条件 不 相同，都 需要 通过 训练 掌握 正确 的 发声 方法。没有 经过 训练 的 人 喉部 控制 的 问题 就 多 一些。例如 在 发声 的 时候，喉部 容易 用力 紧张，挤压 嗓子 等。那么 最 重要 的 方法 就是 要 放松 喉部 肌肉，用 比较 小 的 气息 使 声带 振动，这样 可以 节省 气息，改善 声音 的 质量，提高 发声 的 效率。另外 还要 注意 喉部 与 气息 控制 的 配合，要 根据 表达 的 需要 来 控制 气息 流动 的 数量 和 速度。气息 如果 在 胸腔 和 腹腔 失去 控制，没有 节制 地 放任 流动 到 喉咙 里，喉咙 自然 要 通过 紧缩 来 节制 气流，从而 造成 嗓子 的 捏、挤，声带 的 疲劳，加重 喉咙 的 负担。所以 在 发音 的 时候 尤其 要 注意 开始 发音 的 状态，要 协调 好 气息 和 声带 的 配合 关系，这样 才能 完整地 发 好 每个 音节。

（3）共鸣 控制

共鸣 是 指 声带 振动 的 时候 影响 到 其他 临近 的 空间 器官 产生 的 声响 效果。人体 声音 的 共鸣 空间 叫做 共鸣器，主要 有 口腔、鼻腔、和 胸腔，还 包括 咽腔、喉腔、和 头腔。进行 普通话 语音 训练 关键 是 口腔 共鸣，基础 是 胸腔 共鸣。口腔 是 人类 语言 的 语音 构成 的 重要 场所。清晰、圆润 的 声音 主要 经过 口腔 共鸣 产生。但是 口腔 不要 开得 太大，口腔 共鸣 并不是 越强 越 好，要 适度，不然 会 使 声音 模糊。胸腔 共鸣 属于 低音 共鸣，它 起 声音 的 基础 作用，特点 是 浑厚、结实、有力。但是 要 注意 胸腔 共鸣 的 运用 也要 适度，胸腔 共鸣 的 声音 过多 会 使 声音 沉闷，也 影响 声音 的 清晰 程度。

（4）口腔 控制

口腔 控制 实际 就是 讲究 产生 不同 的 具体 声音。语音 准确、清晰、集中、圆润、流畅 是 语音 训练 的 基本 要求。口腔 中 的 各个 阻碍 器官，包括 嘴唇、牙齿、舌头、上颚 被 叫做 咬音 器官。它们 互相 配合，灵活地 协同 运动 产生 不同 的 辅音。

共鸣 是 产生 元音 的 基础。语音 训练 的 时候 口腔 的 开度 比 日常 生活 语言 要 稍微 大，但是 打开 口腔 并不是 把 嘴巴 张得 像 前面 大 后面 小 的 喇叭，而是 要求 口腔 的 前面 和 后面 都要 适当 打开。这 就要 做到 利用 微笑 的 状态 把 颧骨 肌肉 向上 提，把 上颌

和下颌 之间 的 牙关 打开，用 半 打 哈欠 的 方法 把 软腭 向上 挺 起来，加大 口腔 后部 的 空间，同时 要 放松 下巴。就是 要 做到：口腔 有 足够 的 空间 用来 对 声音 进行 充份 共鸣。好的 口腔 共鸣 要 感觉 像 含满 了 水，或者 像 打 哈欠 的 样子，使 共鸣腔 达到 最大 饱和。这样 才能 使 声音 变得 饱满 而 不 干瘪。气流 要 集中 到 上颚 中部 喷射 出来。一般 人 发 出 的 声音 是 扁 的 甚至 平面 的，只有 扩大 了 共鸣腔 以后 的 声音 才会 有 立体 感觉。例 如，我们 可以 反复 练习 开口度 要求 最大 的 元音 a 来 达到 明显 的 声音 饱满 效果。

不同 部位 和 方法 的 阻塞 和 声带 是否 震动 是 产生 辅音 的 基础。要求 每个 阻塞 位 置 的 气流 有 冲击 力度，这 就 要求 嘴唇 要 有 喷射、收缩 和 伸展 的 灵活 反映 和 力量，舌头 要 有 向上 顶紧 和 向下 弹压 的 灵活性，具有 弹跳 和 滑动 的 力量。例如 d 是 要求 爆破 发音 的 塞音，要 像 发射 子弹 一样 有 强烈 的 冲击 力量。

(5) 朗读 技巧

朗读 是 艺术 地 从 书面语 中 还原 口语 的 过程，就是 清晰 响亮 而且 充满 感情 地 把 文章 中 用 文字 表达 的 声音 和 意义 念 出来。朗读 是 进行 普通话 语音 训练 的 综合 形式。通过 朗读 实践，可以 从 整体 上 掌握 普通话 语音 系统，形成 运用 普通话 的 实际 能力。就 朗读 本身 来说，它 又 是 对 作品 进行 艺术 再 创造，用 富有 表现力 的 语言 展示 作品 的 形象，传达 作品 的 思想 感情。要 朗读 得好，应该 注意 理解 朗读 的 内容 和 运用 朗读 的 技巧。

第一，要 深入 理解 作品 的 思想 内容。深入 理解 文章 的 内容 是 朗读 好 文章 的 前提 条件。朗读 就是 在 深刻 理解 作品 的 基础 上 通过 声音，态度 鲜明、感情 真挚 地 再现 文 字 传递 的 口语 信息，再现 作品 的 思想 内容。

第二，要 用 纯正 的 规范 语音。在 中国 主要 学习 普通话 语音。我们 用 普通话 念 准 单个 音节 不难，但是 在 连贯 的 话语 中 却 很 难 避免 方言 语音 的 流露。克服 方言 语音 的 干扰 要 进行 认真 的 训练 和 长期 的 努力。有的 字 记录 的 语音 没有 把握 就要 查阅 《现代 汉语 词典》等 工具书，防止 误读。对于 北京话 里面 的 有 不同 声音 的 词，要 按照 《普通话 异读词 审音表》审定 的 规范 读音 来 读。这 是 一般 的 普通话 训练。

第三，要 进行 艺术 加工。朗读 语言 要 在 生活 语言 的 基础 上 进行 艺术 加工。要 注 意 把 音节 念 清楚，呼吸 要 得当，换气 要 自然，不要 丢失 音节 中 的 细小 要素。必要 的 时候 可以 运用 一定 的 表情 和 手势 来 强化 表达 的 效果。

第四，要 注意 节奏 的 控制。除了 注意 音节 发音 准确 清楚 以外，还要 讲究 语调，在 停顿、速度、重音、句调 等 方面 作出 恰当 的 处理。教师 上课 如果 一味 地 扯着 嗓子 喊，开始 还 显得 有 力量，时间 久 了 不仅 不能 吸引 学生 听课，而且 会 破坏 自己 的 嗓子，出 现 炎症。所以，语言 的 力量 不是 用 蛮力，而是 要 通过 节奏 的 对比 打动 听众。有时 低音 比 高音 更加 能够 吸引 学生 注意力。当然 总是 低音 或者 高音 就 不行，就是 缺乏 节奏 变 化。

(6) 诗歌 朗诵 示范

要求：进入 一个 被 妈妈 严格 管制 的 女儿 的 心理 状态，充满 感情 地 表达 对 妈妈 放 手 的 请求。注意 请求 的 祈使 语气 跟 命令、乞讨 等 祈使 语气 的 不同。根据 提示 的 停顿 建立 自己 熟练 的 节奏。"∨" 表示 短 的 停顿; "▲" 表示 长 的 停顿。

请求

郑 玛丽

妈妈，请 放开 你 的▲

春天 一样 温暖 的 手，

让 我 独个儿∨ 在 坎坷 的 路 中∨

磕磕碰碰∨向▲前▲走。

别 担心∨ 我 会 跌跤，

即使 摔破 细嫩 的 皮肉，

我 也 不会∨ 拉着 你 的 衣角 哭泣，

在 阳光▲或者 风雨 里∨ 浑身 发抖！

妈妈，请 您 相信，

我 不是 一 只▲胆小 的 狗，

在 一次次 摔跤 之后∨，

肩挑 泰山▲也 走得过∨ 九十九 条 沟。

妈妈，亲爱 的 妈妈，

请 松开 您 慈惠 的 手，

让 我 踩着▲坚实 的 土地，

与 一切 困难、一切 胜利∨ 交▲朋∨ 友！

8.7.3 文字 艺术

文字 艺术 是 书面语 的 基础 上，塑造 文字 的 美感 传递 书面 语言 信息。广义 的 文字 艺术 包括 篆刻、美术字 等。狭义 的 文字 艺术 叫做 书法。

书法 是 一种 文字 艺术，它 用 文字 的 线条 做 基础，通过 熟练 的 造型 技巧 和 文化 修养 产生 富有 表现 能力 的 书法 形式，充满 美感 地 再现 世界 物质 形态 及其 运动，抒发 作者 的 情感 和 意志。

书法 是 一种 书写 的 艺术，但是 严格 说来，不 等于 文字 的 书写。书写 是 为了 清楚 地 传递 信息 的 需要，书法 是 为了 审美 的 需要。当然，在 书写 中 带上 一些 书法 艺术 特性，就 可以 使 书写 在 实用 的 基础 上 增加 美感 内容。我们 可以 把 它 叫做 实用 书法。[①]

每个 时代 有 每个 时代 的 文字 规范，也 就 应该 有 建立 在 这个 时代 的 规范 文字 基础 上 的 书法。但是 书法 名家 的 作品 特别 做 字帖 的 作品，还 没有 跟上 这个 时代 的 文字 的 时候，书法 模仿 的 典范 对象 就 会 跟 时代 脱节。我们 应该 推陈出新，在 模仿 继承 中 创新，例如 根据 欧阳询 楷书字 的 部件 进行 组合，使 当时 没有 的 字形 也 获得 他 的 书法 风格[②]。

书法 在 文字 的 轨道 上，可以 进行 一定 的 偏离。草书 达到 了 极限。如果 再往 前面 走，就 变成 绘画 或者 制图 了。

---

①彭 泽润 主编. 实用 书法 [M]. 香港: 新 世纪 出版社，1994. 17.

②彭 泽润、李 豪东. 大学 书法 [M]. 武汉: 武汉 大学 出版社，2010.

【图表】现代 汉字 实用 书法

钢笔字快写艺术

欢庆 新笔

我自健康少烦忧

新年快乐

晚辈孝顺多成就

永和九年岁在癸丑暮春之初会于会稽山阴之兰亭修禊事也群贤毕至少长咸集此地有崇山峻岭茂林修竹又有清流激湍映带左右引以为流觞曲水列坐其次虽无丝竹管弦之盛一觞一咏亦足以畅叙幽情是日也天朗气清惠风和畅仰观宇宙之大俯察品类之盛所以游目骋怀足以极视听之娱信可乐也夫人之相与俯仰一世或取诸怀抱悟言一室之内或因寄所托放浪形骸之外虽趣舍万殊静躁不同当其欣于所遇暂得于己快然自足不知老之将至及其所之既倦情随事迁感慨系之矣向之所欣俯仰之间以为陈迹犹不能不以之兴怀况修短随化终期于尽古人云死生亦大矣岂不痛哉每揽昔人兴感之由若合一契未尝不临文嗟悼不能喻之于怀固知一死生为虚诞齐彭殇为妄作后之视今亦由今之视昔悲夫故列叙时人录其所述虽世殊事异所以兴怀其致一也后之揽者亦将有感于斯文

现代汉字钢笔书法艺术三十六计书写

　　熟练 的 线条 造型 技巧 是 书法 的 基本 功夫。没有 这种 功夫，即使 文化 修养 好，社会 影响 大，审美 能力 强，也 不能 成为 书法家。但是 不 妨碍 他 成为 服装 设计家、文学家、学者、政治家 什么 的。

　　文化 修养 是 书法 艺术 的 血液。没有 它，书写者 只是 一 台 书写 机器 或者 印刷 机器 而已，很难 使美 的 形式 进入 同时 有美 的 内容 这种 最高 境界。机器 印刷 出来 的 字 也 有 美感，但是 那 好比 舞蹈 的 照片，甚至 无法 与 实况 录像 相比。

　　书法 的 形式 是 沿着 文字 表现 的 轨道，用 笔 有 创造性 地 运行 以后 产生 的 线条 和 线条 组合 塑造 出来 的 形态，是 对 宇宙 中 的 物质 及其 运动 的 高度 概括 的 反映，有的 像 奔放 的 流水，有的 像 苍劲 的 松树，有的 像 和风细雨，有的 像 惊涛骇浪，有的 像 站立，有的 像 卧倒，有的 像 回头一笑，有的 像 满面含羞。

【图表】欧阳 询 楷书 字 及其 拆装 出来 的 简化字

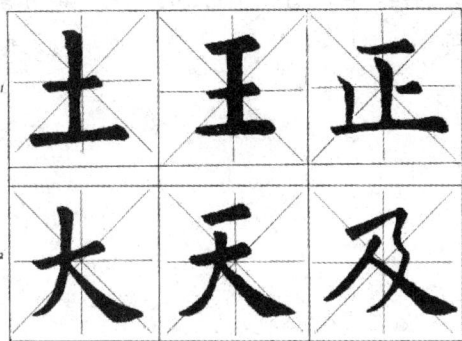

下面 是 拆装 出来 的 简化字

　　书法 的 本质 内容 是 文字 线条 形态 中 表现 出来 的 视觉 美感、高尚 的 人类 情感 和 意志，甚至 高尚 的 人生观 和 世界观。文字 本身 记录 的 语言 符号 内容 虽然 不是 书法 的 本质 内容，但是 它 是 不能 忽视 的 辅助 内容。每个 书法家 的 思想 首先 是 通过 语言 表达 的，所以 书法家 不会 随便 拿 几个 词用 的 字来 写。有些 词用 的 字 在 书法 艺术 中 恐怕 永远 不会 出现。有人 强调 不 认识 中国 汉字，也 能够 欣赏 汉字 书法，以为 文字 的 内容 不是 书法 的 内容，这是 片面的。如果 不 认识 汉字 去 欣赏 书法，好比 不懂 外语 去 看 外语 原版 电影，不 知道 歌词 去 欣赏 歌唱 艺术，总是 一种 遗憾。当然，艺术 的 民族性 相对 弱，语言 却 有 很强 的 民族性。

书法 是 不是 汉字 的 特产 呢? 从 广义 的 角度 来说, 有 文字 就 有 书法。英文 也 有 书法。但是, 汉字 数量 多, 单字 形体 结构 复杂, 做 文字 书写 是 一个 缺点, 但是 做 艺术 表现 却是 一个 优点。汉字 为 书法 造型 提供 了 广阔 的 天地。

书法 的 欣赏 对于 字 的 造型 有 共同 的 审美 要求: 重心 稳当, 结构 协调, 变化 自然。但是, 一个 时代 的 民族 以及 每个 人 的 文化 背景 和 审美 习惯 的 不同, 会 影响 欣赏 的 结果。

历史 上, 有的 时代 把 丰满 做 美女 的 主要 标准, 有的 时代 把 苗条 做 美女 的 主要 标准。

时装 的 变化, 也 是 随着 时代 的 风尚 在 长 和 短、松 和 紧、黑 和 白、素雅 和 浓艳 之间 往返 变化。过时 的 衣服, 过 几年 拿 出来, 也许 又是 时髦 的。但是, 不管 怎么 变化, 丰满 也 好, 苗条 也 好, 一定 要 适度, 在 人们 审美 能够 接受 的 范围 内 进行 变化。

这些 都 会 一定 程度 地 影响 书法 的 不同 欣赏 标准。晋代 崇尚 书法 的 韵味, 唐朝 崇尚 书法 的 法度, 宋朝 崇尚 书法 的 意境, 明朝 崇尚 书法 的 姿态。

教材 只是 指引 你 走进 知识 海洋 的 钥匙，只是 引导 你 走向 学术 殿堂 的 地图。如果 你 想 获得 更加 广阔 的 天地，看到 更加 美丽 的 风景，顺着 所有 你 可能 感兴趣 的 岔路 前进 吧！在 自我 探索 前，别 忘记 检验 你 从 教材 获得 的 基本 功夫，别 忘记 你 必须 具备 的 独立 探险 的 基本 技巧 和 规范。珍惜 学术 野外 生存 能力 训练 的 机会，写出 能够 展示 你的 智慧 的 论文。

试卷 样品

附录

【附录 1】 思考 练习 详细 举例

1. 给合 你的 亲身 经历 和 中国 的 语言 生活 现状，说明 学习 语言学 的 重要性。

（1）如果 学习 了 语言学，就 能够 根据 语言 结构 特点 和 语言 发展 规律，理解 国家 语言 政策，在 执行 政策 方面 更加 主动，从而 促使 中国 语言 向着 现代化 的 方向 健康 发展。中国 现行 的 语言 政策 是 新 中国 成立 以来 由 国家 语言 文字 工作 委员会 等 机构 制定，由 国家 批准 颁布 的。第一，普及 普通话。国家 要求 在 21 世纪 初期 在 全国 普及 普通话，对于 播音员、教师、公务员 等 实行 普通话 水平 测试（PSC）证书 制度，掌握 普通话 成为 他们 的 基本 职业 素质。不仅 要求 能够 说 共同 的 汉语 口语（普通话），而且 能够 写 与 共同 口语 一致 的 共同 的 汉语 书面语（白话文）。第二，简化 汉字，制定 和 普及 汉语 拼音。简化 汉字 中 笔画 数量 多、结构 复杂 的 汉字，方便 人工 书写 和 机器 处理，使 现行 汉字 效果 更好。同时，制定 和 普及 汉语 拼音，使 现行 表意 汉字 配备 一个 具有 表音 文字 性质 的 得力 助手，从而 弥补 汉语 书写 中 的 不足。目前，执行 1988 年 制定 的《汉语 拼音 正

词法 基本 规则》(1996 年 成为 国家 标准)，普及 拼音 书写 中 的 "词" 意识 是 重要 任务。第三，促使 汉语 规范化、标准化。国家 对于 汉语 共同语 的 语音、文字、词汇、语法 等，都 在 不断 制定 各种 规范、标准。特别 是 现代化 的 信息 处理，对 语言 的 规范 提出 了 更 高 的 要求。例如，人名 用字，目前 正在 制定 规范，不 允许 使用 罕见 汉字，特别 是 被 淘汰 的 汉字，以免 增加 广大 汉语 使用者 的 负担。(2) 如果 掌握 了 语言学，就 可以 更好 地 学 习 语言，更好 地 使用 语言。例如，分析 自己 的 母语 方言 的 结构 特点，找出 它 和 普通话 的 对应 规律，更好 地 掌握 普通话。一个 长沙 人 学习 普通话 的 去声 声调，如果 知道 长沙 话 的 去声 分成 阴去 和 阳去 两个 类型，就 可以 在 长沙话 的 基础上，进行 有 意识 的 合 并 和 改造。语言学 知识 丰富，就 可以 更好 地 欣赏 和 创造 文学 艺术。在 用 电脑 写作 的 过程 中，很多 人 不 会 汉语 普通话 和 普通话 的 拼音，不 知道 汉语 中 哪些 是 词，就 只 能 使用 麻烦 的 形码 输入 汉字，即 使用 方便 的 拼音，由于 只能 按照 字，不能 按照 词 输 入，结果 无法 实际 得到 拼音 的 方便。(3) 语言学 对于 其他 科学 也 是 很有 帮助 的。例如，在 社会 科学 领域，对于 历史学、考古学、人类学、文化学、哲学、逻辑学、文学、教育学 等 有 帮助。在 自然 科学 领域，对于 数学、物理学、心理学、生物学、医学 等 有 帮助。特别 用 计算机 处理 人类 语言，代替 发挥 人 的 智能 方面，语言学 对 计算 数学 有 决定 作用，语言 学 在 这个 方面 有 广阔 的 应用 前景。

2. 著名 的 语言学家 吕 叔湘，曾经 批评 有人 缺乏 语言 科学 常识，又 在 阻挠 合理 的 国家 语言 政策。这些 语言 科学 常识 指 什么?

语言 科学 常识 就是 指 语言学 概论 涉及 的 理论 问题，包括 语言 的 性质、作用、结构、发展 规律。例如：语言 中 的 口语 和 书面语，文字 和 口语 等 是 什么 关系；五四 运动 为什 么 要 废除 文言文；为什么 古代 汉语 的 词 单音节 为主，而 现代 汉语 的 词 双音节 为主。这些 都 是 关于 语言 的 宏观 知识，不是 语言 的 微观 知识。一般人 都 具有 对 一种 语言 的 感性 的 微观 知识，也就是 会 使用 一种 语言（包括 方言），但是，他们 不 一定 具有 宏 观 的 语言 知识。

3. 词、音节 和 字 在 语言、语音 和 文字 3 个 系统 中 的 地位 有 什么 相同 特点? 为什 么 不能 把 它们 等同 起来? 举例 说明。(用 英语 和 汉语 的 例子，论述 词、音节、字 有 什 么 相同 和 不同)

(1) 词、音节、字 都 是 语言 结构 系统 的 基本 单位，都 是 最小 又 自由 的 第二 级别 的 语言 单位。这 就是 它们 的 相同 特点，也 是 人们 容易 混淆 它们 的 原因。例如，"字正 腔圆" 的 "字" 其实 是 "音节"，"英语 字典" 中 的 "字" 其实 是 "词"。(2) 词 是 语言 中 最小 的 又 自由 的 内容 和 形式 结合 的 实体 单位。词 做 语言 的 实体 单位，不仅 要 有 形式 还要 有 内容。例如 汉语 的 "学习"，英语 的 "study" 都 是 一个 词。如果 再 分解，就 失去 了 自由 的 特点，例如 "习"。如果 再 扩大 就 会 失去 最小 的 特点，例 如 "学习 汉语"。(3) 音节 是 语音 中 最小 的 又 自由 的 听觉 形式 单位。音节 做 语言 的 听觉 形式 单位，不要求 一定 能够 单独 表达 意义。例如，"学习" 这个 词 用 [ɕyɛ³⁵]、[ɕi³⁵] 两个 音节 表示，"study" 这个 词 用 [stʌ]、[di] 两个 音节 表示。但是，"葡 萄" 里面 有 2 个 音节，每个 音节 单独 却 没有 表达 意义。如果 再 分解，只是 不 自由 的 音素，如果 再 组合 就 不是 最小 的 自由 单位。(4) 字 是 文字 中 最小 的 又 自由 的 视觉 形式 单位。字 做 语言 的 视觉 形式 单位，不要求 一定 能够 单独 记录 有意义 的 语素 等单位，也 不 要求 一定 能够 单独 记录 音素 等 声音 单位。"学习" 这个 词 用 了"学、习" 2 个 字 记录，分别 对应 语素，所以 是 2 个 语素字。"study" 用 了 "s、t、u、d、y" 5 个 字 记录，分别 对应 音素，所以 是 5 个 音素字。可是，"葡萄" 有 2 个 字，每个 字 单独 没有 记录 语素。同样，英语 "thing" 中 的 "th" 和 "ng" 都是 2 个 字 合作 记录 1 个 音素。如果 把 "学" 里面 的 "子" 当做 字 就 不 符合 自由 的 特点，如果 把 "study" 当做 字 就 不 符合 最小 的 特点。(5) 区分 音节 依靠 声音 特征，区分 字 依靠 形体 特征，区分 词 还要 依靠 意义 特征。

4. 运用 书面语 和 口语 的 关系，文字 和 书面语 的 关系 的 理论，说明 瞿 秋白 下面 这 段 话 的 意思："书面 上 写 的 文字，一定 要 用 这种 真正 的 口头 上 的 白话 做 依据，读 出来 都 能 懂得，至少 是 有 懂得 的 可能。"

(1) 文字 是 书面语 的 形式。书面语 和 口语 是 语言 的 两种 表现 方式。(2) 书面语 是 用来 记录 口语 的，书面语 要 把 口语 做 基础，并且 尽量 和 口语 保持 一致，不能 像 文言文 那样 长期 脱离 口语。(3) "书面 上 写 的 文字" 就是 指 书面语，"真正 的 口头 上 的 白话" 就是 口语，"做 依据" 就是 说 口语 是 书面语 的 基础，书面语 要 跟 口语 保持 一致。"读 出来 都 能 懂得" 就是 说 这样 的 书面语 使用 效率 高，不会 使 人 增加 学习 和 使用 书面语 的 额外 负担。文言文 对于 现代人 来说 实际上 像 学习 一种 外语 书面语 一样 困难。除了 需要 了解 古代 文化 的 人，在 现代 生活 中 一般 不 应该 使用 这种 与 时代 不合拍 的 书面语。

5. 什么 是 假 同音词？为什么 在 汉语 中 容易 得 "同音词 恐惧症"？

(1) 假 同音词 是 指 虽然 声音 相同，但是 有的 不 具备 词 的 资格 的 语言 单位。它们 有 的 可能 只 在 古代 汉语 中 是 词，有的 可能 只 在 现代 汉语 方言 中 是 词。例如 "机器" 的 "机" 和 "基础" 的 "基" 在 普通话 中 声音 相同，但是 它们 在 现代 汉语 中 都 没 有 词 的 资格，所以 不是 同音词 关系，只能 叫做 同音 语素。在 造句 的 时候，只能 说成 "机器、机构、基础" 等 词，然而 这些 词 都 不 同音。又例如 "鸡" 是 词，"机" 不是 词，所以 "鸡" 和 "机" 也 不是 同音词，而是 假 同音词。(2) 由于 在 汉语 中 没有 实行 词式 文本，书写 汉语 的 时候 不 把 词 做 单位 书写，人们 难以 区分 词 和 不 成词 语素，这 就 容易 把 假 同音词 当做 同音词，从而 使 人 觉得 同音词 很多，会 产生 交际 困难，产生 害怕 拼音 会 "创造" 同音词 的 恐惧，这 就是 "同音词 恐惧症"。得 "同音词 恐惧症" 的 人 是 很 难 承认 表音 文字 的 优点 的，是 最 容易 反对 汉字 改革 的。在 中国 对内 的 语文 教育 中，一直 采用 "生字" 教学 方式，是 "词" 意识 淡薄 的 根源。我们 应该 学习 对外 汉语 教学 和 英语 教学 中 一直 采用 的 "生词" 教学 方式。

6. 汉语 书面语 在 历史 上 发生 过 怎样 的 重大 改革？为什么 要 改革？现状 怎样？

(1) 在 "五四" 运动 的 时候，文言文 被 白话文 代替。这 是 中国 书面语 历史 上 的 重大 改革。(2) 因为 当时 的 文言文 变成 了 严重 脱离 口语 的 书面语，影响 了 语言 交际。书面语 长期 严重 脱离 口语 是 违背 语言 发展 规律 的，因为 语言 的 结构 规律 要求 书面语 与 口语 保持 一致。在 那个 时代，书面语 需要 得到 普及，才能 适应 民主 和 科学 的 主张。而且 脱离 口语 的 书面语 如同 外语 一样 难学，很 难 适应 时代 的 需要。(3) 封建 社会 能够 长期 使用 文言文 做 书面语，是 因为 那个 社会 实行 愚民 政策，只有 少数人 掌握 书面语，不会 成为 一个 大 的 社会 问题。(4) 现在 来看，文言文 基本上 退出 了 历史 舞台，取得

了 成功。但是，在 一定 的 程度 上，由于 普通话 没有 普及，文言文 和 方言 还 有 可能 干扰 和 污染 现代 汉语 普通话 书面语。所以 我们 应该 注意 纯洁 现代 汉语 书面语，不能 在 白话 中 夹杂 使用 文言词 和 方言词。对于 影响 力量 大 的 新闻 语言 尤其 要 注意 这个 问题。例 如，要 提倡 使用 "所以 这次 会议 ……"，反对 使用 "故 此次 会议……"。

【附录2】 课程 考试 题目 举例

一. 判断（正确 的 打 "√"，错误 的 打 "×"）（10分）

1. 创造性 是 人类 语言 和 一般 动物 语言 的 本质 区别。

2. 送气 和 不送气、清音 和 浊音 在 英语 和 汉语 中 都 是 区分 音素 的 自然 音征。

3. ［i］［e］［ε］［y］［a］都 是 不 圆唇 元音。

4. 用 十进制 表示 "☆☆☆☆" 这些 五角星 的 数量 只要1位 数字 "4"，可是 用 二进 表示 它 要 3 位 数字 "100"，构成 反比例 关系。一种 文字 的 字 的 总 数量 与 记录 一个 词 需要 的 字 的 数量 也 具有 这种 关系。

5. " '日' 和 '月' 合起来 就是 '明' "，这 是 对 "明" 进行 的 词义 分析。

6. 从 单字 跟 口语 单位 的 记录 关系 来看，现代 朝鲜 文字 不是 音素 文字，而是 音节 文字。

7. 体态 传递 的 信息 是 一种 语用 信息 行为。

8. 字母 不是 最小 的 能够 自由 使用 的 文字 单位，所以 它 只是 相当于 汉字 单字 中 的 偏旁。

9.18 世纪 清朝 雍正 皇帝 下令 在 广东、福建 举办 教 官话 的 学校。" 国家 推广 全国 通用 的 普通话 " 写进 了 新 中国 的 第一 部 宪法。

10. 婴儿 不能 使用 语言 的 时候，已经 具有 思维 能力。

二. 选择（题干 后面 有 几个 括号 就选 几 项。多项 选择 有 的 有 次序性，不能 颠倒 次序。括号 中 的 数字 表示 空缺 内容 的 顺序）（20分）

1. 语言 是 "约定俗成" 的 符号 系统。"约定俗成" 意味 着 它 有 【① 层次；② 随意性；③ 强制性；④ 生成性 】。

2. 下面 正确 的 语言学 发展 路线 是 【① 从 口语 到 书面语；② 从 外部 亲属 关系 到 内部 结构 关系；③ 从 深层 到 表层；④ 从 边缘 到 本体】。

3. 标志 着 语言学 成为 一门 独立 科学 的 是 【① 小学；② 历史 比较 语言学；③ 结构 主义 语言学；④ 转换 生成 语言学】。

4. 语言 符号 的 基本 形式 是 【① 文字；② 语音；③ 语法；④ 词汇】。

5. 从 "中华 人民 共和国" 到 "中国"，从 "United states of America" 到 "USA"，说明 在 缩略 过程 中 可以 直接 切割 的 最小 单位 是 【① 字；② 音节；③ 音素；④ 词】。

6. 英语 的 "seat（座位）" 和 "sit（坐）" 的 语音 形式 的 不同 在于 中间 的 元音。有 的 把 这种 不同 分别 写成 [siːt] 和 [sit]，有 的 分别 写成 [sit] 和 [sɪt]。这 两种 区别 角度 与 下面 语音 现象 有关 的 分别 是 【 】和【① 音质；② 音强；③ 声调；④ 音高；⑤ 音长】。

7. 现代 文字 中 不 存在 的 类型 是 【① 音节 文字；② 音素 文字；③ 语素 文字；④ 词

文字】。

8. 属于 印欧 语系 拉丁 语族 的 语言 是 【① 西班牙语、法语、意大利语；② 德语、法语、英语；③ 俄语、德语、法语；④ 英语、法语、意大利语】。

9. 英语 表示 复数 的 "s" 在 不同 的 词 后面 分别 读成 [s] (books)、[z] (dogs)、[iz] (benches)，里面 的 变化 有 【　】 和 【① 同化；② 语义 变体；③ 音位 变体；④ 语素 变体；⑤异化】。

10. "哪儿 我 也 不 去、事情 我 做 完 了" 之类 的 句子 曾经 引起 过 "主语 还是 宾语" 问题 的 争论，原因 是 【① 没有 区分 句子 成份 和 词组 成份；② 没有 区分 线条 结构 和 层次 结构；③ 没有 区分 显性 结构 和 隐性 结构；④ 没有 区分 中心词 分析 方法 和 层次 分析 方法】。

11. "中介语" 属于 一种 【① 社会 方言；② 不 标准 的 外语；③ 共同语；④ 标准 语言】。

12. 能够 区分 "自行车 没有 锁" 这个 多义 词组 中 的 方法 是 【① 结构 分析 方法；② 层次 分析 方法；③ 转换 分析 方法；④ 中心词 分析 方法】。

13. "friendship（友谊）" 和 "recall（回顾）" 都 是 一个 【① 音素字；② 派生词；③ 单纯词；④ 语素】。

14. 下面 国家 的 文字 改革 不 属于 文字 体制 的 改变 而 只 进行 了 字母 体系 更换 的 是 【① 朝鲜；② 中国；③ 印度尼西亚；④ 日本】。

15. 音节 数量 最少 的 语言 是 【① 现代 汉语；② 现代 英语；③ 现代 日语；④ 现代 俄语】。

16. 英语 单词 "work" 【① 附加 "ed" 是 构词法，附加 "er" 是 构形法；② 附加 "ed" 是 构形法，附加 "er" 是 构词法；③ 都 是 构形法；④ 都 是 构词法】。

17. 现代 汉语 出现 了 "他、她、它" 的 不同，说明 【① 这些 人称 代词 有 性 的 语法 范畴；② 是 人为 的 区别；③ 是 语境 义变；④ 是 语流 音变】。

18. 在 语用 推理 和 逻辑 推理 中 最 需要 进行 语用 推理 的 情况 是 【① 语言 结构 方面 超常；② 语言 环境 方面 超常；③ 语言 结构 和 环境 方面 都 超常；④ 语言 结构 和 环境 方面 都 不 超常】。

三 填空（括号 中 的 数字 表示 空缺 内容 的 顺序）(20分)

1. 语言学 概论 课程 是 概要 介绍 一般 【1】 语言学 内容 的 课程。

2. 语言 行为 根据 是否 只有 传递 信息 的 功能 分成 述事 行为 和 【2】 行为。

3. 汉语 在 发展 过程 中，复辅音 的 消失、语音 系统 简化，导致 声调 的 出现、词 的 形式 延长。这是 语言 发展 中 的 【3】 规律 在 起 作用。

4. 根据 汉语 普通话 中 的 分布 规律，已知 "m" 不 可能 表示 "n"，但是 "m" 可以 表示 "n" 以外 的 其他 鼻音，那么 把 "m" 代入 汉语 拼音 中 得到 词音 "límluàn"，用 汉字 写出 是 【4】。

5. 从 英语 "illegal（非法 的）、immobile（不 动 的）、indepentent（不 依靠 的）"、"irregular（不 规则 的）" 中 的 前缀 可以 看出 是 同一 形式 在 语流 中 的 变化。这种 变化 叫做 【5】。

6. 拉丁 字母 是 在 【6】 字母 的 基础 上 产生 的。现在 已经 消失 的 表意 文字 有 古代【7】的 圣书字、古代 西亚 的 楔形 文字 等。

7. 书面语 的 形式 和 内容 分别 是 文字 和【8】。

8. 从 引起 语音 不同 的 因素 来看, 元音 的 不同 是 由【9】的 不同 决定。它 的 不同 造成 语音 的4个 物理 特性 中 的【10】不同。

9. 洋泾浜 语言 和 克里奥尔 语言 的 不同, 在于 它 是否 能够 成为 一定 地区 的 人们 的【12】。

10. 中国 人民 银行 发行 的 人民币 纸币 上 的 文字, 有 汉字、汉语 拼音、内蒙古 的 蒙古文、西藏 的 藏文、广西 的 壮文 和 新疆 的【13】。

11. "拐弯抹角" 这个 成语 中 表现 的 是 一种【14】的 语言 行为。

12. 地域 方言 发展 的 前途 有: 在 社会 封闭、分裂 的 情况 下, 形成【15】; 在 社会 高度 统一 的 情况 下, 逐渐 向 民族 共同语 靠拢。

13. 把 大量 的 词义 描写 成 比较 少 的【16】, 可以 为 机器 提供 一部 语义 形式化 的 词典。

14. 把【17】概括 起来 形成 的 类别 叫做 语法 范畴。

15. 语言 的【18】内部 的 结构 成份 之间 的 关系 是 一种 历史 融合 关系。

16. 国际 音标 可以 用来 记录 世界 上 所有 语言, 而 汉语 拼音 只能 记录 汉族 的【19】共同 语言。

17. 转换 生成 语言学 流派 的 代表 学者 是 美国 的【20】。

四. 术语 解释 (10分)

1. 语言; 2. 字; 3. 类义词; 4. 双语 现象; 5. 语用 策略。

五. 回答 和 论述 (选择2个 题目 做。共20分)

1. 什么 是 含义? 为什么 文学 作品 中 的 语言 经常 要 进行 语用 推理? 怎样 进行? 举例 说明。

2. 文字 分成 哪些 类型? 字 的 结构 中 和 词 的 结构 有 什么 不同?

3. 共同语 有 哪些 类型? 全面 运用 语言 理论, 谈谈 你 对 中国 推广 汉语 普通话 和 英语 的 看法。

4. 论述 字、音节 和 词 之间 的 联系 和 区别。

5. 论述 语言 和 思维 的 关系。

六. 分析 和 应用 (选择2个 题目 做。共20分)

1. 《现代 汉语 词典》 和 《新华 字典》 有 什么 不同? 英语 中 为什么 只有 词典 没有 字典? 2. 对于 汉语 的 使用 来说, 强化 词 意识 有 什么 特别 意义?

3. 从 理论 上 说明 在 中国 实行 "一语双文" (一种 汉语, 汉字 和 拼音 两种 文字) 的 意义、现状 和 前景。

4. 下面 是 尼日利亚 的 卡努里语 的10个 词, 括号 里面 先后 用 英语 和 汉语 翻译 它 的 意义:

(1) gana (small)(小); nemgana (smallness)(小 的 程度)。

(2) kuro (big)(大); nemkura (bigness)(大 的 程度)。

(3) kurugu (long)(长); nemkurugu (length)(长度)。

(4) karate (excellent)(优秀); nemkarite (excellence)(优点)。

(5) dibi（bad）（坏）；nemdibi（badness）（坏处）。

请问：① 已知 卡努里语 的 "nemkeJi" 是 "sweetness（英语）" 的 意义，那么 "sweet（英语）" 在 卡努里语 中 是 什么 形式？② 卡努里语 的 10 个 词 中 表现 出 一种 什么 语法 手段？③ 如果 在 卡努里语 中 用 "dipi" 来 表示 "胖"，那么 [b] 和 [p] 是否 属于 一个 相同 的 音位？为什么？

【附录3】 学术 论文 写作 入门

一. 学术 论文 写作 的 基本 过程

写作 学术 论文 是 在 科学 技术 领域 进行 创造 和 总结 的 过程。

1. 产生 话题。不断 阅读 自己 感 兴趣 的 比较 新 的 学术 论文。一边 阅读，一边 从 正面 和 反面 两 个 角度 进行 思考，找出 能够 打动 你 的 观点。找出 你 赞同 的 观点，看 你 是否 有 进一步 完善 的 能力。找出 你 反对 的 观点，看 是否 你 有 反驳 的 能力。用 挑毛病 的 眼光 去 读 论文，更加 容易 获得 创造性 的 新 信息。如果 一个 问题 多次 刺激 你，以至 你 不得 不 想 把 自己 的 想法 写 出来。这 就 有了 讨论 的 话题，确定 题目 有 基础 了。

2. 确定 题目。你 感 兴趣 的 话题，也许 一本 书 也 说不 清楚。你 必须 把 这个 问题 分解 成 一些 小 问题，然后 从 你 最 有 把握 的 一个 小 角度 切 进去。这样 才能 保证 在 一篇 文章 的 篇幅 中 把 问题 说得 深透。

3. 论证 题目。征求 专家 意见，或者 进一步 从 当前 朝 过去 的 时间 范围 延伸，查找 与 题目 内容 相关 的 文献 目录。选择 一些 仔细 阅读。这样 就 知道 自己 要 研究 的 对象，是否 前人 已经 研究 了。如果 基本上 是 重复 劳动，就要 放弃，重新 确定 题目。

4. 寻找 证据。题目 确定 好 了 以后，就 应该 通过 纸张 和 电子 文献 的 索引，尽量 穷尽 查找 所有 相关 文献，同时 进行 调查 和 实验，找出 不同 的 正面 和 反面 的 观点、事实 等。在 摘录 这些 文献 内容 的 时候，必须 注意 随时 记录 相关 文献 的 引用 信息。原文 直接 进入 正文，应该 加 引号。与 当前 语言 很 不同 的 古代 语言 或者 外语，最好 经过 翻译，或者 把 翻译 内容 放 在 括号 中 随时 注释。

5. 构思 论文 逻辑 框架。一般 可以 3～10 个 二级 标题，概括 文章 的 主要 部份 的 内容。然后 再 确定 三级 以下 的 标题。相同 级别 的 标题，必须 有 逻辑 上 的 共性 而且 内容 上 互相 补充。上级 标题 必须 能够 包含 下级 标题 的 内容。不能 把 逻辑 上 不是 一个 层次 的 内容 并列 出现 在 标题 中。

6. 写 正文 和 整理 参考 文献。把 收集 到 的 相关 材料 放进 一定 层次 中，用 自己 的 思想 进行 衔接。注意 引用 别人 的 观点、材料 的 时候，随时 注意 文献 来源 的 说明，并且 在 文章 末尾 配套 添加 参考 文献 条目。在 引用 的 内容 后面，把 参考 文献 的 顺序 号码 用 方括号 标记，并且 往 上面 提高 位置，使 它 与 正文 得到 区分。如果 参考 文献 是 著作，还 要 在 后面 再 把 引用 的 页码 用 圆 括号 标记 提高 位置。参考 文献 一般 要 按照 汉语 拼音 的 顺序 排列。

7. 写 摘要 和 关键 词语。文章 正文 前面 要 用 简短 的 话语 概括 文章 的 主要 内容。

不能 过于 笼统，要 能够 使 读者 获得 新 信息。例如，"总结 了 历史，发现 了 问题，提出 了 对策"，这样 的 话 等于 没有 提供 新 信息。再 进一步 找出 体现 文章 主要 观点 的 关键性 词语5个 左右。

8. 做 英语 翻译。如果 你 要 投稿 的 刊物 有 要求，你 还要 把 文章 标题、摘要、关键词语 翻译 成 英语。同时，在 文章 标题 下面 写上 作者 姓名，单位，地址，邮政 编码。在 第一页 下面 的 注释 中 介绍 作者 的 出生 年份、性别、职称、主要 学术 成果 等。

二. 学术 论文 写作 的 道德 规范

1. 院士 除名 的 教训。广州 的 报纸 《南方 周末》2001 年 12 月 13 日 报道：2000 年 6 月 一个 院士 被 中国 科学院 学部 除名。这件 事情 一直 到2001 年 12 月 10 日 才 在 上海 的 一家 新闻 媒体 曝光。这个 院士 原来 担任 过 华东 理工 大学 校长。他 受到 处理 除了 经济 问题，与 他 的 一个 博士 研究生 有关。这个 研究生 1991年 28 岁 博士 毕业 留 在 毕业 的 大学 工作，2 年 以后 成为 教授、博士生 导师。后来 人们 揭露 他 的 博士 论文 偷窃 了 外国 科学家 送给 他 阅读 的 没有 公开 发表 的 论文 内容。

2. 学术 风气 不容 污染。在 前面 报道 中，上海 一位 院士 说：2000 年，一个 外国 学者 和 学生 合作 写 了 一 篇 文章，投给 《科学》 杂志。后来，这 位 学者 发现 学生 在 论文 中 伪造 了 实验 数据，就 立即 提出 撤销 论文。《科学》 杂志 发表 社论，一方面 称赞 他 的 举动，一方面 对 他 平时 没有 能够 培养 出 健康 的 学风 提出 严肃 的 批评。

3. 敢于 净化 学术 风气 的 伍 铁平 教授。北京 师范 大学 伍 铁平 教授 在 20 世纪 末期 10 多年 连续 发表 了 不少 进行 语言学 批评 的 论文，收集 在 1997 年 由 北京 语言 文化 大学 出版社 出版 的 《语言 文化 评论集》 中。伍 铁平 的 批评 导致 徐 德江 把 伍 铁平 告 到 法院。吕 叔湘、周 有光 等 全国 148 位 语言 学者 和 工作者 1996 年 2 月 联名 写 了 文章 《语文 工作者 有 责任 对 伪科学 进行 揭露 和 批评》（参看 《语文现代化 论丛 3》，北京：语文 出版社，1997 年）。文章 说："许多 正直 的 语言学家 带着 发展 学术 的 强烈 使命感……为 净化 学术 空气 做出 了 重要 贡献。" "徐 德江…… 和 他 担任 实际 主编" 的 《汉字 文化》 期刊 "散布 了 大量 错误 观点，干扰 了 正常 的 学术 讨论，妨碍 国家 语文 政策 的 贯彻 执行，造成 了 极端 恶劣 的 影响"。

4. 学术 研究 的 真诚 原则。学术 研究 是 一种 神圣 的 活动。凡是 直接 或者 间接 引用 别人 成果 的 一定 要 通过 参考 文献 申明。这样 既是 对 别人 劳动 成果 的 必要 尊重，也 方便 编辑 和 读者 进一步 了解 或者 验证。

三. 学术 论文 参考 文献 格式 的 规范

参考 文献 的 格式 规范 根据 1999 年 国家 制定 的 《中国 学术 期刊 检索 与 评价 数据 规定》。

参考 文献 信息 项目：（1）顺序 号码，（2）文献 责任人，（3）文献 名称，（4）文献 类型 的 英语 文字 标志，（5）出版 地点：出版者 或者 发表 载体 或者 可以 获得 的 网络 地址，时间。

【专著】[顺序 号码] 作者. 书 [M]. 地点：出版社，年份. 开头-结尾 页码.

【论文集】[顺序 号码] 作者. 书 [C]. 地点：出版社，年份. 开头-结尾 页码.【论文集 中 的 论文】[顺序 号码] 作者. 论文 [A]. 作者. 论文集 [C]. 地点：出版社，年份. 开头-

结尾 页码.

　　【期刊 论文】［顺序 号码］ 作者. 论文 [J]. （地点:） 期刊, 年份,（期号）: 开头-结尾 页码.

　　【学位 论文】［顺序 号码］ 作者. 论文 [D]. （地点:） 大学（硕士/博士 论文）页码.

　　【报纸 论文】［顺序 号码］ 作者. 论文 [N]. （地点:） 报纸, 年份-月份-日期（版号）.

　　【电子 文献】［顺序 号码］ 作者. 题目 [E R, ol……]. 网络 地址: 年份-月份-日期.

　　英语 文字 标志 用 相应 单词 的 第一个 字 的 大写 形式。专著 [M]: monograph; 论文集 [C]: collection; 期刊 论文 [J]: Journal paper; 学位 论文 [D] degree paper; 报纸 论文 [N] newspaper paper; 论文集 中 的 论文 [A]: a paper in acollection of papers; 报告 [R]: report

四. 语言学 学术 论文 格式 举例

汉语 词典 和 字典 现代化 的 问题

彭 泽润

摘要: 汉语 工具书 应该 严格 区分 词 和 字, 词典 和 字典。最 权威 的 《现代 汉语 词典》 也 没有 把 单字 记录 的 词 跟 单字 记录 的 非词 区分 处理, 不是 真正 的 词典。如果 要 建 设 真正 意义 的 汉语 词典, 我们 必须 重视 词 意识、正词法、词性、单音节词、普通话 词 的 范围 等 问题。

关键 词语: 汉语 工具书; 词典; 字典; 语言 现代化; 词 意识

Some Viewpoints on The Modernization of Chinese Dictionary and Charactary

Péng Zérùn

Abstact: We must distinguish between word and charater, and also distinguish between dictionary and "charactary" （reference book about character） as Chinese reference books. *Modern Chinese Dictionary* as an most anthoritotive dictionary does not distinguish between word writed by a character and nonword writed by a character, so it is not areal dictionary. If areal Chinese dictionary must be constructed, we must pay attention to consciousness of word, orthography, word function, monosyllabic word, the limits of Putonghuas word, and so on.

Keys: Chinese reference book; dictionary; charactary; language modernization; consciousness of word

　　汉语 的 工具书 分成 词典 和 字典 两种。时代 迫切 需要 词典 和 字典 现代化。这是 与 汉语 生活 的 现代化 密切 相关 的。中国 的 语言 生活 在 20 世纪 发生 了 巨大 变化, 普通话 代替 方言, 白话 代替 文言, 已经 成为 汉语 公共 交际 的 事实。2000 年 颁布 的 《中华 人民 共和国 国家 通用 语言 文字 法》 规定: "国家 通用 语言 文字 是 普通话 和 规范 汉字"。汉 语 工具书 一直 在 追随 这种 进步 的 变化, 为 普通话 和 书写 它 的 规范 汉字 服务。但是, 从 观念 到 实践 仍然 存在 不少 问题, 与 封建 社会 结束 比较 早 的 国家 相比, 显得 非常 落后。

　　……

1. 必须 区分 词典 和 字典
英语 只有 词典, 不 需要 字典, 汉语 词典 和 字典 都 有 需要。

　　……

9. 词典、字典 编写者 要 有 语言 理论 素养

......

只有 对 人类 语言 的 普遍 性质、结构、发展 规律 等 有 了 足够 的 理论 认识，我们 才能 把握 词 做 语言 系统 的 基本 单位[3](p.75-77) 的 重要 价值，才能 编写 科学 的 词典。正是 有 了 现代 语言学 理论 的 武装，中国 语言 学者 才从 "字" 的 束缚 中 出来，实现 现代 词典 的 编写 实践。

（本文 初稿 承蒙 王 均 研究员 指正，给予 肯定 和 鼓励，特此 表示 感谢!）

参考 文献

[1] 程 荣. 汉语 辞书 词性 标注 引法 的 相关 问题 [J]. 北京：中国 语文，1999，(3).

[2] 刘 丹青. 当代 汉语 词典 的 词 与 非词 的 问题 [J]. 上海：辞书 研究，1987，(5).

[3] 彭 泽润，李 葆嘉 主编. 语言 理论 [M]. 长沙：中南 大学 出版社，2000.

[4] 王 力. 白话文 运动 的 意义 [J]. 北京：中国 语文，1979，(3).

[5] 王 楠. 《新华 字典》 的 修订 [J]. 北京：语文 建设，1996，(7).

[6] 魏 建功. 编辑 字典 计划 [A]. 语文 现代化 论丛2 [C]. 北京：语文 出版社，1996.

[7] 周 有光. 白话文 运动 80 年 [J]. 香港：语文 建设 通讯，1998，(56).

[8] 邹 酆. 汉语 词典 编纂 理论 现代化 的 百年 历程 [M]. 上海：辞书 研究，2000，(4).

【附录4】 论文 题目 和 提纲 举例

一. 本科 毕业 学士 论文 参考 题目 举例

1. 中国 语言学 的 发展 趋势
2. 语言 系统 的 结构
3. 文字 系统 在 语言 系统 的 中 的 地位
4. 词 的 结构 和 字 的 结构 的 不同
5. 语言 单位 和 单位 的 区别 特征
6. 概括性 语言 单位（音位、义位、词位、句位 等）
7. 英语 和 汉语 中 的 字 和 词 的 一致性 和 特殊性
8. 英语 和 汉语 的 书面语 书写 规则 的 比较 研究
9. 古代 英国 和 古代 中国 的 语言 生活 的 比较 研究
10. 古代 欧洲 的 拉丁文 和 古代 中国 的 文言文 的 相似性
11. 民族 共同语 的 形成 和 普及 的 历史 经验
12. 中国 语文 现代化 运动 的 历史 启发
13. 国语 运动 和 中国 语言 共同化
14. 白话文 运动 和 中国 的 书面语 改革
15. 书面语 发展 中 的 保守性 和 书面语 现代化
16. 废除 文言文 与 学习 文言文 的 正确 关系
17. 文言文 和 普通话 学习 相同 和 不同 目的

18. 废除 文言文 与 学习 文言文 的 正确 关系

19. 中国 共同语 的 类型 和 发展 趋势

20. 中国 当代 社会 发展 与 中国 语言 的 发展

21. 社会 观念 的 变化 和 语言 观念 的 变化

22. 行业 语言 环境 和 行业 语言 的 使用

23. 语言 规范化 和 语言 发展 的 关系

24. 广告 语言 技巧 的 变化 趋势

25. 当前 语言 生活 中 的 问题 和 对策

26. 关于 校园 普通话 应用 情况 的 调查 研究

27. 关于 营业员 语码 转换 的 调查 研究

28. 关于 双语 生活 的 调查 研究

29. 关于 双语 教学 的 调查 研究

30. 对 儿童 母语 能力 发展 速度 不 一致 的 调查 研究

31. 一部 文艺 作品 的 比喻（比拟 等）语言 艺术

32. 关于 身体 部位 的 方言 名词 的 比较 研究

33. 关于 身体 部位 的 方言 动词 的 比较 研究

34. 普通话 和 方言 相互 影响 的 考察

35. 三峡 移民 和 方言 相互 接触 和 相互 影响 的 考察

36. 一个 "方言岛" 的 考察

37. 家乡 方言 和 周围 方言 基本词 的 比较 研究

38. 家乡 方言 和 普通话 的 比较 研究（参看 县志 方言 部份）

39. 家乡 方言 和 普通话 的 语音 比较 研究（参看 县志 方言 部份）

40. 家乡 方言 和 普通话 的 词汇 比较 研究（参看 县志 方言 部份）

4 1. 家乡 方言 和 普通话 的 语法 比较 研究（参看 县志 方言 部份）

42. 方言 保存 的 古代 汉语 特殊 成份 探讨

43. 一个 方言 词 的 地理 研究

44. 方言 词语 的 文化 研究

45. 《汉语 拼音 方案》 中 的 音位学 价值

4 6. 报刊 图书 中 的 汉语 拼音 应用 考察

47. 《汉语 拼音 正词法 基本 规则》 在 图书、报刊 中 的 应用 调查

48. 关于 现代 汉语 书面语 夹杂 文言 成份 的 调查 和 对策 研究

49. "正词法" 和 汉语 的 书写 改革

50. "HSK（汉语 水平 考试）" 和 "PSC（普通话 水平 测试）" 的 理论 意义 和 实践 意义

51. 汉字 表音化 改革 的 历史、现状 和 前景

52. 网络 时代 的 语言 生活

53. 网络 汉语 应用 和 汉语 拼音 的 作用

54. 20 世纪 中国 语言 理论 教材（也 可以 选择 几种 比较）的 发展 趋势

55. 实用 语言 和 艺术 语言

56. 实用 书法 和 艺术 书法

57. 中国 语言 教育 的 类型 和 协调 发展

58. 语言 理论 在 小学 语文 教学 中 的 应用

59. 语言 理论 在 中学 语文 教学 中 的 应用

60. 语言 理论 在 对外 汉语 教学 中 的 应用

61. 语言 理论 在 信息 处理 中 的 应用

62. 语言 和 思维 的 关系

63. 语言 和 交际 的 关系

64. 语言 和 文学 艺术 的 关系

65. 诗歌 语言 艺术 语法 规律

66. 语言 在 新闻 传播 中 跟 非语言 手段 的 关系

67. 当前 报刊 专栏 标题 语言 的 调查 思考

68. 大学 校园 流行 语言 的 调查 思考

69. 当前 流行 歌曲 的 语言 应用 思考

70. 当前 网络 流行 词语 的 调查 思考

7 1. 当前 普通话 书面语 中 流行 的 文言 或者 方言 词语 的 调查 思考

72. 语言 信息 功能 的 局限 和 弥补 手段

73. 电视 图像 信息 和 图书 语言 信息 的 优势 和 局限 的 比较 研究

74. 一个 语言 学者（例如 王 力）的 语言学 思想

75. 一个 语言 学者（例如 周 有光）的 语言 现代化 思想

7 6. 一种 语言学 思想（例如 词 意识）的 发展 历史

77. 一种 语言 现象（例如 夹杂 文言 或者 外语 成份）的 理论 思考

二. 毕业 论文 写作 提纲 举例

1. 论 共同语 建设 中 的 普通话 和 英语

（1）绪论。研究 的 内容、意义、方法；相关 参考 文献 综述。特别 关注 有关 中国 共同语 建设 现状 的 文献：中国 目前 重视 全国性 的 普通话 教育，在 高 文化 层次 重视 英语 教育，在 少数 民族 地区 同时 重视 民族 的 书面语 教育。普通话 和 英语 的 共同语 地位：普通话 是 汉民族 共同语，也 是 中国 国语，也 是 联合国 语言；英语 是 最有 国际 地位 的 共同 语言；普通话 是 中国 人民 的 母语。

（2）共同语 建设 的 重要性。共同语 与 社会 发展 的 关系：语言 随着 社会 发展 而 发展；社会 统一 导致 语言 统一；联系 民族 共同语 和 联合国 语言 的 出现；联系 中国 社会 的 发展 过程。改革 开放 的 当代 中国 社会 需要 共同语：联系 今天 社会 交往 的 实际，结合 生动 的 例子 说明 学习 普通话 和 英语 的 重要性。

（3）普通话 和 英语 的 和谐 关系。普通话 和 英语 教育 的 成就 和 展望。对比 不同 年龄 的 人 的 有关 意识 和 能力；分析 发展 新 趋势；调查 人们 对 不同 场合 使用 普通话 的 态度 和 期望 等。如何 在 保证 母语 基础 地位 的 基础 上 让 普通话 和 英语 协调 相处。

（4）普通话 和 方言 的 和谐 关系。怎样 让 普通话 和 方言 分工 合作；怎样 进一步 提高 普通话 教育 水平 和 普及 程度；"HSK" 是 "汉语 水平 考试" 的 拼音 简称，面向 学习 汉语 的 外国人 和 国内 少数 民族；"PSC" 是 "普通话 水平 测试" 的 拼音 简称；普通话 和

汉语 拼音 应用 的 关系；普通话 学习 中 的 "词" 意识 和 "口语" 意识；书面 中 有 许多 不 规范（方言 成份 等）、不 口语化（文言 成份 和 半文半白 成份 等）的 现象，用 普通话 语音 读 出来 的 文章 不一定 是 真正 的 普通话。

（5）普通话 和 少数 民族 语言 的 和谐 关系。少数 民族 语言 往往 没有 共同语，也 没有 书面语。如果 少数 民族 直接 用 其他 民族 的 语言 进行 文化 教育 就 不能 使 每个 人 得到 最 有效 的 教育。充份 利用 做 母语 的 民族 语言 进行 教育 普及 是 符合 语言 发展 规律 的。

（6）结论。概述 研究 以后 得到 的 主要 结论，总结 不足 和 需要 进一步 展开 研究 的 问题。

（7）参考 文献：阅读 《中国 语文》、《方言》、《当代 语言学》、《语文 建设》、《语言 文字 应用》、《汉语 学习》、《古汉语 研究》、《中国 人民 大学 学报》、《湖南 师范 大学 学报》 等 学术 期刊 的 论文。阅读 周 有光《新 语文 的 建设》（语文 出版社，1992 年），《语言 文字 规范 手册》（语文 出版社 1991 年）等 著作。在 正文 中 把 引用 的 内容 加 引号，并且 在 后面 用 括号 注明 引用 的 文献 的 作者、年份 和 页码。把 引用 过 的 参考 文献 按照 前面 说 的 规范 格式 排列 出来。参考 的 时候 就 要 收集 这些 信息：作者；文献 名称（图书 要 说明 在 第几页）；发表 地方（什么 刊物，什么 出版社，在 什么 城市）；发表 时间（刊物 的 哪一 年 哪一期，出版社 在 那 一年 第几 版 出版）。

2. 方言 和 普通话 对比 研究

（1）绪论。研究 的 内容、意义、方法；相关 参考 文献 综述。还 包括 被 对比 方言 的 介绍：在 什么 省、县、乡、村 的 范围 使用；周围 有 什么 方言，有 什么 差别；这种 方言 的 历史 和 发展 情况。研究 内容 的 范围 最好 还 缩小：可以 选择 一个 方面 甚至 一个 词 进行 详细 的 对比 研究。

（2）方言 和 普通话 的 语音 对比。声调 特点（例字：衣 乌 烟 单 优 刀 冬，移 无 盐 谈 油 桃 同，以 五 掩 胆 有 岛 懂，意 故 燕 碳 幼 到 冻，地 路 艳 蛋 又 道 洞，一 谷 哭 不 肉 八 黑 吃）；声母 特点；韵母 特点。

（3）方言 和 普通话 的 词汇 对比。构词 方式 不同；词 的 意义 多少 不 一致；意义 非常 不同；特色 词语 举例 解释。

（4）方言 和 普通话 的 语法 对比。特殊 的 语法 手段；特殊 的 助词；特殊 的 语气词；特殊 表达 结构，等等。

（5）结论。参看 前面。

（6）参考 文献。参看 前面。

【附录5】 阅读 文献 目录

1. 图书

○ 高 名凯，石 安石. 语言学 概论 [M]. 北京：中华 书局，1963.

○ 叶 蜚声，徐 通锵. 语言学 纲要 [M]. 北京：北京 大学 出版社，1981.

○ 李 兆同，徐 思益 主编. 语言学 导论 [M]. 乌鲁木齐：新疆 人民 出版社，1981.

○ 高 华年，植 符兰. 语言学 概论 [M]. 南宁：广西 人民 出版社，1983.

○ 宋 振华, 刘 伶. 语言 理论 [M]. 沈阳: 辽宁 人民 出版社, 1984.

○ 刘 伶 等 主编. 语言学 概要 [M]. 北京: 北京 师范 大学 出版社, 1984.

○ 戚 雨村 主编. 语言学 引论 [M]. 上海: 上海 外语 教育 出版社, 1985.

○ 马 学良 主编. 语言学 概论 [M]. 武汉: 华中 理工 大学 出版社, 1985.

○ 郭 谷兮 主编. 语言学 教程 [M]. 西安: 陕西 人民 出版社, 1987.

○ 石 安石, 詹 人凤. 语言学 概论 [M]. 北京: 高等 教育 出版社, 1988.

○ 黄 弗同 主编. 理论 语言学 基础 [M]. 武汉: 华中 师范 大学 出版社, 1988.

○ 王 刚. 普通 语言学 基础 [M]. 长沙: 湖南 教育 出版社, 1988.

○ 邢 公畹 主编. 语言学 概论 [M]. 北京: 语文 出版社, 1992.

○ 叶 宝奎. 语言学 概论 [M]. 厦门: 厦门 大学 出版社, 1992.

○ 伍 铁平 主编. 普通 语言学 概要 [M]. 北京: 高等 教育 出版社, 1993.

○ 胡 壮 麟 等. 语言学 教程 [M]. 北京: 北京 大学 出版社, 1993.

○ 岑 运强 主编. 语言学 基础 理论 [M]. 北京: 北京 师范 大学 出版社, 1994.

○ 余 志鸿, 黄 国营 主编. 语言学 概论 [M]. 太原: 山西 高校 联合 出版社, 1994.

○ 王 红旗. 语言学 概论 [M]. 青岛 海洋 大学 出版社, 1997 青岛.

○ 王 德春. 语言学 概论 [M]. 上海: 上海 外语 教育 出版社, 1997.

○ 马 学良, 瞿 蔼堂 主编. 普通 语言学 [M]. 北京: 中央 民族 大学 出版社, 1997.

○ 骆 小所 主编. 现代 语言学 理论 [M]. 昆明: 云南 人民 出版社, 1998.

○ 周 静, 刘 冬冰 主编. 语言学 概论 [M]. 开封: 河南 大学 出版社, 1999.

○ 胡 明扬 主编. 语言学 概论 [M]. 北京: 语文 出版社, 2000.

○ 沈 阳、贺 阳 主编. 语言学 概论 [M]. 北京: 外语 教学 与 研究 出版社, 2015.

○ 李 宇明 主编. 语言学 概论 [M]. 北京: 高等 教育 出版社, 2000.

○ 彭 泽润, 李 葆嘉 主编. 语言 理论 [M]. 长沙: 中南 大学 出版社, 2018[2000].

●[1] 冯 志伟. 应用 语言学 综论 [M]. 广州: 广东 教育 出版社, 1986.

● [瑞士] 索绪尔. 普通 语言学 教程 [M]. 北京: 商务 印书馆, 1982.

○ [美国] 布龙菲尔德. 语言 论 [M]. 北京: 商务 印书馆, 1985.

● [美国] 霍凯特. 现代 语言学 教程 [M]. 北京: 北京 大学 出版社, 1986.

○ [英国] 罗宾斯. 普通 语言学 概论 [M]. 上海: 上海 译文 出版社, 1986.

○ [美国] 弗罗姆金, 罗德曼. 语言 导论 [M]. 北京: 北京 语言 学院 出版社, 1994.

● 赵 元任. 语言 问题 [M]. 北京: 商务 印书馆, 1980.

○ 陈 其光. 中国 语文 概要 [M]. 北京: 中央 民族 学院 出版社, 1990.

○ 周 有光. 中国 语文 的 现代化 [M]. 上海: 上海 教育 出版社, 1986.

● 吕 叔湘. 未晚斋 语文 漫谈 [M]. 北京: 语文 出版社, 1992.

● 伍 铁平. 语言学 是 一 门 领先 的 科学 [M]. 北京: 北京 语言 学院 出版社, 1992.

○ 方 经民. 现代 语言学 方法论 [M]. 郑州: 河南 人民 出版社, 1993.

● 高 名凯 语言 论 [M]. 北京: 商务 印书馆, 1995.

---

① " ● " 表示 建议 重点 阅读 的 文献)

● 伍 铁平. 语言 和 文化 评论集 [M]. 北京：北京 语言 文化 大学 出版社, 1997.

● 徐 通锵. 语言 论——语义型 语言 的 结构 原理 和 研究 方法 [M]. 长春：东北 师范 大学 出版社, 1997.

● 岑 运强. 趣味 实用 语言学 讲话 [M]. 北京：北京 师范 学院 出版社, 1998.

● 冯 志伟. 现代 语言学 流派 [M]. 西安：陕西 人民 出版社, 1987.

● 岑 麒祥. 语言学史 概要 [M]. 北京：北京 大学 出版社, 1988.

○ 胡 明扬 主编. 西方 语言学 名著 选读 [M]. 北京：中国 人民 大学 出版社, 1988.

○ 岑 麒祥. 普通 语言学 人物志 [M]. 北京：北京 大学 出版社, 1989.

○ 邵 敬敏, 方 经民. 中国 理论 语言学史 [M]. 上海：华东 师范 大学 出版社, 1991.

● 赵 元任. 中国 现代 语言学 的 开拓 和 发展 ——赵 元任 语言学 论文 选 [M]. 北京：清华 大学 出版社, 1992.

○ 王 远新. 中国 民族 语言学史 [M]. 北京：中央 民族 大学 出版社, 1993.

○ 何 九盈. 中国 古代 语言学史 [M]. 广州：广东 教育 出版社, 1995.

● 何 九盈. 中国 现代 语言学史 [M]. 广州：广东 教育 出版社, 1995.

● 高 小方. 中国 语言文字学 史料学 [M]. 南京：南京 大学 出版社, 1998.

● 编写组. 语言文字学 辩伪集 [M]. 北京：中国 工人出版社, 2004.

○ [美国] 卡兹纳. 世界 的 语言 [M]. 北京：北京 出版社, 1980.

● [美国] 伯纳德·科姆里. 语言 共性 和 语言 类型 [M]. 北京：华夏 出版社, 1980.

○ 倪 明亮. 人类 语言 纵横 谈 [M]. 北京：中信 出版社, 1990.

○ 柳 眉, 金 必先. 世界 常用 语言 入门 知识 [M]. 北京：中国 人民 大学 出版社, 1993.

○ 李 宇明. 儿童 语言 的 发展 [M]. 武汉：华中 师范 大学 出版社, 1995.

● 李 延福 主编. 国外 语言学 通观 [M]. 济南：山东 教育 出版社, 1996.

● [美国] 爱切生. 语言 的 变化 进步 还是 退化？ [M]. 北京：语文 出版社, 1997.

● 刘 坚 主编 20 世纪 的 中国 语言学 [M]. 北京：北京 大学 出版社, 1998.

● [德国] 洪堡特. 论 人类 语言 结构 的 差异 及其 对 人类 精神 发展 的 影响 [M]. 北京：商务 印书馆, 1999.

○ [日本] 桥本 万 太郎. 语言 地理 类型学 [M]. 北京：北京 大学 出版社, 1985.

○ 徐 通锵. 历史 语言学 [M]. 北京：商务 印书馆, 1991.

● 陈 保亚. 论 语言 接触 和 语言 联盟 [M]. 北京：语文 出版社, 1996.

○ 程 雨民. 语言 系统 及其 运作 [M]. 上海：上海 教育 出版社, 1997.

○ 李 葆嘉. 混成 与 推移 ——中国 语言 的 文化 历史 阐释 [M]. 台湾：文史哲 出版社, 1998.

● 张 敏. 认知 语言学 与 汉语 名词 短语 [M]. 北京：中国 社会 科学 出版社, 1998.

● 罗 常培, 王均. 普通 语音学 纲要 [M]. 北京：商务 印书馆, 2002.

○ 周 殿福. 国际 音标 自学 手册 [M]. 北京：商务 印书馆, 1985.

○ 吴 宗济 等. 实验 语音学 概要 [M]. 北京：高等 教育 出版社, 1989.

○ 王 理嘉. 音系学 基础 [M]. 北京：语文 出版社，1991.

○ 林 焘, 王 理嘉. 语音学 教程 [M]. 北京：北京 大学 出版社，1992.

○ [捷克] 克拉姆斯基. 音位学 概论 [M]. 上海：上海 译文 出版社，1993.

● 李 宇明. 中国 语言 规划 论 [M]. 长春：东北 师范 大学 出版社，2005.

● [苏联] 伊斯特林. 文字 的 产生 和 发展 [M]. 北京：北京 大学 出版社，1987.

○ 王 均 主编. 当代 中国 的 文字 改革 [M]. 北京：当代 中国 出版社，1995.

○ 周 有光. 周 有光 语文 论集（1-4 卷）[M]. 上海：上海 文化 出版社，2002.

○ 陈 永舜. 汉字 改革 史纲 [M]. 长春：吉林 大学 出版社，1995.

○ 胡 适. 白话 文学史 [M]. 北京：东方 出版社，1996.

● 张 中行. 文言 和 白话 [M]. 哈尔滨：黑龙江 人民 出版社，1997.

○ 贾 彦德. 语义学 导论 [M]. 北京：北京 大学 出版社，1986.

● [英国] 利奇. 语义学 [M]. 上海：上海 外语 教育 出版社，1987.

○ 林 汝昌, 李 曼玉. 语义学 入门 [M]. 武汉：华中 理工 大学 出版社，1993.

● 石 安石. 语义 研究 [M]. 北京：语文 出版社，1994.

○ 冯 广艺. 超常 搭配 [M]. 银川：宁夏 人民 出版社，1993.

○ 张 永言. 词汇学 简论 [M]. 武汉：华中 理工 学院 出版社，1982.

○ 徐 烈炯. 语义学 [M]. 语文 出版社，北京：1995.

○ 集体. 语法 和 语法 教学 [C]. 北京：人民 教育出版社，1956.

○ [美国] 乔姆斯基. 句法 理论 的 若干 问题 [M]. 北京：中国 社会 科学 出版社，1986.

○ 俞 如珍, 金 顺德. 当代 西方 语法 理论 [M]. 上海：上海 外语 教育 出版社，1994.

● 何 自然. 语用学 概论 [M]. 长沙：湖南 教育 出版社，1987.

○ 何 兆熊. 语用学 概要 [M]. 上海：上海 外语 教育 出版社，1989.

○ 王 均 等. 壮侗 语族 语言 简志 [M]. 北京：民族 出版社，1984.

○ 王 辅世 主编. 苗语 简志 [M]. 北京：民族 出版社，1985.

○ 高 华年 等. 少数 民族 语言 调查 研究 教程 [M]. 南宁：广西 教育 出版社，1990.

● 戴 庆厦 主编. 汉语 与 少数 民族 语言 关系 概论 [M]. 北京：中央 民族 学院 出版社，1992.

● 王 春德. 中国 少数 民族 语言 文字 使用 和 发展 问题 [M]. 北京：中国 藏学 出版社，1993.

○ 詹 伯慧. 现代 汉语 方言 [M]. 武汉：湖北 人民 出版社，1981.

● 袁 家骅 等. 汉语 方言 概要 [M]. 北京：文字 改革 出版社，1983.

○ 中 国 社 会 科 学 院 语言所. 方言 调查 字表 [M]. 北京：商务 印书馆，1988.

○ 北京 大学. 汉语 方音 字汇 ［M］. 北京：文字 改革 出版社, 1989.

● 游 汝杰. 汉语 方言学 导论 ［M］. 上海：上海 教育 出版社, 1992.

○ 湖南 省 公安厅. 湖南 汉语 方音 字汇 ［M］. 长沙：岳麓 书社, 1993.

○ 钱 曾怡. 博山 方言 研究 ［M］. 北京：社会 科学 文献 出版社, 1993.

○ 陈 其光. 语言 调查 ［M］. 北京：中央 民族 大学 出版社, 1998.

○ 鲍 厚星. 东安 土话 研究 ［M］. 长沙：湖南 教育出版社, 1998.

● 彭 泽润. 地理 语言学 和 衡山 南岳 方言 地理 ［M］. 北京：商务 印书馆, 2017

○ 秦 秀白. 英语 简史 ［M］. 长沙：湖南 教育 出版社, 1983.

● 黄 伯荣, 廖序东 主编. 现代 汉语 ［M］. 北京：高等 教育 出版社, 1991.

○ 鲍 厚新, 罗 昕如 主编. 现代 汉语 ［M］. 长沙：湖南 师范 大学 出版社, 2009.

● ［英国］ 哈特曼, 斯托克. 语言 与 语言学 词典 ［M］. 上海：上海 辞书 出版社, 1982.

○ 集体. 中国 语言学 大词典 ［M］. 南昌：江西 教育 出版社, 1991.

○ 集体. 语言 文字 百科 全书 ［M］. 北京：中国 大 百科 全书 出版社, 1994.

● 胡 明扬 等. 词典学 概论 ［M］. 北京：中国 人民 大学 出版社, 1982.

● 中国 社会 科学院. 现代 汉语 词典 ［M］. 北京：商务 印书馆, 1996.

○ 李 荣 主编. 汉语 方言 大 词典 ［M］.（41 分册）南京：江苏 教育 出版社, 1991-1998.

○ 北京 语言 学院. 现代 汉语 频率 词典 ［M］. 北京：北京 语言 学院 出版社, 1986.

○ 林 杏光 主编. 现代 汉语 实词 搭配 词典 ［M］. 北京：商务 印书馆, 1992.

○ 国家 对外 汉语 教学 领导 小组. 汉语 水平 词汇 与 汉字 等级 大纲 ［M］. 北京：北京 语言 学院 出版社, 1992.

○ ［英国］ DellasuMMers 主编. 朗曼 当代 英语词典 ［M］.（Longmam Dictionary of contemporary English), 上海：上海 世界 图书 出版 公司, 1993.

● ［美国］ 德范克 主编. 汉英 词典 ［M］.（ABC Chinese-English Dictionary）上海：汉语 大词典 出版社, 1997.

○ 彭 泽润. 小学生 多 功能 字典 ［M］. 长沙：湖南 教育 出版社, 2001.

● 国家 对外 汉语 教学 领导 小组. 各国 推广 本族语 情况 汇编 ［M］. 北京：北京 语言 学院 出版社, 1990.

○ 盛 炎. 语言 教学 原理 ［M］. 重庆：重庆 出版社, 1990.

● 语 文 出版社. 语言 文字 规范 手册 ［M］. 北京：语文 出版社, 1991.

○ 刘 照雄 等. 普通话 水平 测试 大纲 ［M］. 长春：吉林 人民 出版社, 1994.

○ ［新加坡］ 谢 世涯. 新中日 简体字 研究 ［M］. 北京：语文 出版社, 1992.

○ 彭 泽润. 词 的 理论 及其 应用——中国 语言 现代化 展望 ［M］. 北京：中国 言实 出版社, 2015.

○ 彭 泽润. 词 和 词式 书写 研究——中国 语言 规划 新 前景 ［M］. 长沙：湖南 人民 出版社, 2008.

○ 冯 广艺, 冯 学锋. 文学 语言学 [M]. 北京: 中国 三峡 出版社, 1994.

○ 周 有光 等. 汉语 拼音 正词法 论文选 [C]. 北京: 文字 改革 出版社, 1995.

○ 聂 鸿音. 中国 文字 概略 [M]. 北京: 语文 出版社, 1998.

———————————

○ 陈 原 等. 现代 汉语 定量 分析 [M]. 上海: 上海 教育 出版社, 1989.

○ 赵 珀璋 等. 中文 信息 处理 技术 [M]. 北京: 宇航 出版社, 1990.

○ 戴 庆厦 等. 中国 各 民族 文字 与 电脑 信息 处理 [M]. 北京: 中央 民族 学院 出版社, 1991.

○ 张 普. 汉语 信息 处理 研究 [M]. 北京: 北京 语言 学院 出版社, 1992.

○ 冯 志伟. 中文 信息 处理 与 汉语 研究 [M]. 北京: 商务 印书馆, 1992.

○ 罗 安源 主编. 电脑 语言学 基础 [M]. 北京: 中央民族 大学 出版社, 1998.

———————————

○ 罗 斯. 信息 与 通信 理论 [M]. 北京: 人民 邮电 出版社, 1979.

○ 赵 世开. 现代 语言学 [M]. 北京: 知识 出版社, 1983.

○ 王 文正. 大脑 的 探索 [M]. 上海: 上海 教育 出版社, 1983.

○ 陈 明远. 语言学 和 现代 科学 [M]. 成都: 四川 人民 出版社, 1984.

○ [意大利] 艾柯. 符号学 理论 [M]. 北京: 中国 人民 大学 出版社, 1990.

○ 桂 诗春. 心理 语言学 [M]. 上海: 上海 外语 教育 出版社, 1985.

○ 冯 志伟. 数理 语言学 [M]. 北京: 知识 出版社, 1985.

○ 丘 大任. 语言 识别 [M]. 北京: 群众 出版社, 1985.

○ 王 初明. 应用 心理 语言学 [M]. 长沙: 湖南 教育 出版社, 1990.

○ 伍 铁平. 语言 与 思维 关系 新探 [M]. 上海: 上海 教育 出版社, 1990.

○ 彭 聃龄. 语言 心理学 [M]. 北京: 北京 师范 大学 出版社, 1991.

○ 卫 志强. 当代 跨 学科 语言学 [M]. 北京: 北京 语言 学院 出版社, 1992.

———————————

○ 陈 原. 社会 语言学 [M]. 学林 出版社, 1983 上海.

○ 陈 松岑. 社会 语言学 导论 [M]. 北京: 北京 大学 出版社, 1985.

○ 祝 畹瑾. 社会 语言学 概论 [M]. 长沙: 湖南 教育 出版社, 1992.

○ 戴 庆夏. 社会 语言学 教程 [M]. 北京: 中央 民族 学院 出版社, 1993.

● 郭 熙. 中国 社会 语言学 [M]. 南京: 南京 大学 出版社, 1999.

● 周 振鹤 等. 方言 与 中国 文化 [M]. 上海: 上海 人民 出版社, 1986.

○ 罗 常培. 语言 与 文化 [M]. 北京: 语文 出版社, 1989.

○ 邢 福义 主编. 文化 语言学 [M]. 武汉: 湖北 教育 出版社, 1990.

○ 顾 嘉祖, 陆升 主编. 语言 与 文化 [M]. 上海: 上海 外语 教育 出版社, 1990.

○ 申 小龙 语言 的 文化 阐释 [M]. 北京: 知识 出版社, 1992.

———————————

2. 报刊

● 中国 社会 科学院 语言所:《中国 语文》(双月刊), [100732] 北京 建国 门内 大街 5 号。1978 年 创办。ISSN057 8-1949。

● 中国 社会 科学院 语言所:《当代 语言学（外国 语言学）》（双月刊），[100732] 北京 建国 门内 大街5 号。1980 年 创办。ISSN1007-8274。

● 中国 社会 科学院 语言所:《方言》（季刊），[100732] 北京 建国 门内 大街 5 号。1979 年 创办。ISSN0257-0203。

● 中国 社会 科学院 民族所:《民族 语文》（季刊），[100081] 北京 白石桥 路27 号。1979 年 创办。ISSN0257-5779。

● 教育部 国家 语委:《语言 文字 应用》（双月刊），[100010] 北京 朝内 南小街 51 号。1986 年 创办。1992 年 创办。ISSN1003-5397。

○ 教育部 国家 语委:《语言 文字 报》（普及 周报），[100010] 北京 朝内 南小街 51 号。1958 年 创办。

● 世界 汉语 教学 学会（1987 年 成立）:《世界 汉语 教学》（季刊），[100083] 北京 学院 路15 号 北京 语言 大学 内。1987 年 创办。ISSN1002-5804。

● 北京 语言 大学:《语言 教学 与 研究》（双月刊），[100083] 北京 学院 路 15 号。1979 年 创办。ISSN0257-9448。

○ 北京 语言 大学:《学 汉语》（普及 月刊），[100083] 北京 学院 路 15 号。1987 年 创办。

○ 人民 教育 出版社，首都 师范 大学:《中学 语文 教学》（普及 月刊），[100037] 北京 西三环 北路105 号 首都 师范 大学。1979 年 创办。ISSN1002-5154。

○ 中国 语言 学会（1980 年 成立）:《中国 语言 学报》（学术 集刊），[100732] 北京 建国 门内 大街5 号 中国 社会科学院 语言 研究所 内。

○ 中国 民族 语言 学会（1979 年 成立）:《民族 语文 研究 文集》（学术 集刊），[100080] 北京 白石桥 路27 号 中国 社会 科学院 民族 研究所。

○ 中国 语文 现代化 学会（1994 年 成立）:《语文 现代化 论丛》（学术 集刊），[100010] 北京 朝内 南小街51 号 国家 语委内。

○ 中国 社会 科学院 语言所 《中国 语文》编辑部:《语法 研究 和 探索》（学术 集刊），[100732] 北京 建国 门内 大街5 号。

○ 北京 大学 汉语 语言学 研究 中心:《语言学 论丛》（学术 集刊），[100871] 北京。

○ 中国 人民 大学 中文 系:《语言 论集》（学术 集刊），[100821] 北京。

○ 首都 师范 大学:《语言》（学术 集刊），[100037] 北京。2000 年 创办。

● 商务 印书馆 出版 有限 公司 《语言 战略 研究》（双月刊），[100710] 北京 王府井 大街 36 号。2016 年 创办。

● 复旦 大学 文学院:《当代 修辞学（修辞 学习）》（双月刊），[200433] 上海 复旦 大学 语言 文学 研究所。1982 年 创办。ISSN1000-3584。

● 上海 辞书 出版社:《辞书 研究》（双月刊），[200040] 上海 陕西 北路 457 号。ISSN1000-6125。

● 上海 外国语 大学:《外国语》（双月刊），[200083] 上海大连 西路550 号。1978 年 创办。ISSN1004-5139。

○ 上海 外国语 大学:《外语界》（季刊），[200083] 上海 大连 西路 550 号。1978 年 创办。ISSN1004-5112。○ 上海 市 语文 学会:《语文 论丛》（学术 集刊）。

○ 上海 教育 出版社:《语言 文字 周报》（普及 周报），[200031] 上海 永福 路 123 号。

1959 年 创办。

○ 上海 教育 出版社：《语文 学习》（普及 月刊），[200031] 上海 永福 路 123 号。1977 年 创办。ISSN1001-8468。

○ 上海 文化 出版社：《咬文嚼字》（普及 月刊），[200020] 上海 绍兴 路 74 号。ISSN1009-2390。

● 华中 科技 大学 中国 语言 研究所：《语言 研究》（季刊），[430074] 武汉。1981 年 创办。ISSN1000-1263。

● 华中 师范 大学 语言 与 语言 教育 研究 中心：《汉语 学报》（学术 集刊），[100037] 武汉。2000 年 创办。

● 山西省 社会 科学院：《语文 研究》（季刊），[030006] 太原 并州 南路 38 号。1980 年 创办。ISSN1000-2979。

○ 中国 语文 报刊 协会：《语文 世界》（普及 月刊），[030002] 山西 太原 山西 日报 大楼 1201 办公室。ISSN1005-3778。

○ 山西 师范 大学 语文 报社：《语文 教学 通讯》（普及 月刊），[041004] 山西 临汾。ISSN1004-6097。

○ 广东 外语 外贸 大学：《现代 外语》（双月刊），[510631] 广东 广州。1978 年 创办。ISSN1003-6105。

○ 华南 师范 大学 中文 系：《语文 月刊》（普及 月刊），[510631] 广东 广州。ISSN1005-778 1。

● 延边 大学：《汉语 学习》（双月刊），[133002] 吉林省 延吉市 公园 路 105 号。1981 年 创办。ISSN1003-7465。

● 湖南 师范 大学：《古汉语 研究》（季刊），[410081] 长沙 麓山 路 36 号。1988 年 创办。ISSN1001-5442。

○ 新疆 民族 语言 文字 工作 委员会：《语言 与 翻译》（学术 季刊），[830001] 新疆 乌鲁木齐 新华 南路 41 号。1985 年 创办。ISSN1001-0823。

○ 河北 师范 学院：《逻辑 与 语言 学习》（普及 月刊），[050000] 河北 石家庄。

○ 云南 师范 大学：《语言 美》（普及 周报），[650092] 云南 昆明。

○ 曲阜 师范 大学：《现代 语文》（普及 月刊），[273165] 山东 曲阜。ISSN1008-8024。

○ 内蒙古 师范 大学：《语文 学刊》（普及 双月刊），[010010] 内蒙古 呼和浩特 市 新城 南街 123 号。

○ 安徽 师范 大学：《学 语文》（普及 月刊），[241000] 安徽 芜湖 北京 东路 1 号。ISSN1003-8124。

○ 郑州 大学：《语文 知识》（普及 月刊），[450052] 河南 郑州 大学 路。ISSN1003-6210。

○ 廊坊 师范 学院：《语文 教学 之友》（普及 月刊），[065000] 河北 廊坊。ISSN1003-3963。

○ 南开 大学 中文 系：《语言 研究 论丛》（学术 集刊），[300071] 天津 市。

○ 黑龙江 大学 语言 研究所：《语言学 问题 集刊》（学术 集刊），[150008] 哈尔滨 市。

● 江苏 师范 大学 语言 研究所：《语言 科学》（双月刊），[221009] 江苏 省 徐州 市。ISSN1671-9484。

○ 香港 中文 大学 中国 文化 研究 中心：《中国 语文 研究》（半年刊），香港。1986 年 创办。

● 香港 中国 语文 学会：《语文 建设 通讯》（季刊），香港 轩尼诗 道 邮局 信箱 20327 号。1980 年 创办。ISSN1019-9306。

○ 澳门 中国 语文 学会：《语丛》（季刊），澳门 青洲 大 马路 60 号。1987 年 创办。

● 台湾 中央 研究院 历史 语言 研究所：《中央 研究院 历史 语言 研究所 集刊》（学术 集刊），台湾。1928 年 创办。

○ 上海 图书馆 上海 科学 技术 情报 研究所：《全国 报刊 索引》（学术 文献 索引 月刊），〔200031〕 上海 淮海 中路 1555 号。说明：哲学 社会 科学 版本 提供 当前 全国 发表 的 相关 论文 的 索引。索引 的 方式 最 丰富，包括 前 3 个 作者 的 索引，文章 题目 中 的 人名 索引，引用 报刊 目录，提供 作者 单位。

○ 中国 人民 大学 书报 资料 中心：《报刊 资料 索引》（学术 文献 索引 月刊），〔100007〕 北京 张自忠 路 3 号，北京 1122 信箱。说明：第 5 分册 提供 当前 全国 发表 的 "语言. 文学. 艺术" 论文 题目 索引。

○ 中国 人民 大学 书报 资料 中心：《语言 文字 科学》（全文 转载 学术 月刊），〔100007〕 北京 张自忠 路 3 号，北京 1122 信箱。说明：选择 当前 全国 各个 报刊 重要 的 学术 论文 转载，附录 本 专业 当前 全国 发表 的 论文 的 分类 目录。

○ 中国 社会 科学院：《中国 社会 科学 文摘》（学术 文献 摘要 月刊），〔1000720〕 北京 鼓楼 西 大街 158 号。说明：第 5 分册 提供 当前 全国 发表 的 "语言. 文学. 艺术" 论文 题目 索引。

○ 上海 市 教育 委员会，上海 师范 大学：《高等 学校 文科 学报文摘》（学术 文献 摘要 双 月刊），〔200234〕 上海 桂林 路 100 号。说明：范围 不 超过 大学 学报。

○ 上海 社会 科学院：《现代 外国 哲学 社会 科学 文摘》（学术 文献 摘要 月刊），〔200233〕 上海 中山 西路 1610 号。说明：从 外语 文本 选择，用 中文 文本 出版。

○ 中国 社会 科学 信息 学会，中国 人民 大学 书报 资料 中心：《情报 资料 工作》（学术 情报 研究 月刊），〔100007〕 北京 张自忠 路 3 号，北京 1122 信箱。说明：交流 学术 情报 信息 开发 的 经验。

> 没有 自己 的 话 也 行, 没有 说清 别人 的 话 也 行。编写 教材 真的 轻松!想 都 说 自己 的 话 不行, 想 都 说 别人 的 话 不行。编写 教材 真的 痛苦!没有 血 不行, 没有 肉 不行, 血 肉 模糊 也 不行。教材 不是 工作 报告, 也 不是 学术 专著!语言 的 轮子 也许 不 完全 走 在 理论 的 轨道 上, 但是 总是 在 轨道 的 附近。当你 许多 年 以后, 无意 中 再次 翻阅 这 本书 的 时候, 你 对 语言 理论 也许 有 更加 深刻 的 理解。

后记

这 本 教材 是 大 集体 智慧 的 结晶, 由 全国 几十 所 大学 的 语言学 概论 教师 协作 编写。1995 年 由 岳麓 书社 第一 次 出版, 叫做 《语言 文字 原理》。

在 多年 的 使用 过程 中, 一些 老师 和 同学 指出 了 教材 的 错误 和 不足。2000 年, 我们 集中 大家 的 意见, 做了 较大 的 修订, 形成 了 《语言 理论》。改换 名称 的 原因 是 考虑 到 "文字" 做 书面 语言 的 形式, 不便 与 "语言" 并列。加上 强调 "理论" 的 重要性, 我们 就 把 教材 名称 从 "语言 文字 原理" 改成 "语言 理论"。

《语言 理论》 2000 年 由 中南 大学 出版社 出版 第 1 版。2001 年, 2003 年, 2007 年, 2009 年, 2013 年 又 先后 修订 出版。现在 是 2018 年 的 第 6 版。

本 教材 1999 年 获得 南京 师范 大学 优秀 教材 二等奖, 2000 年 获得 "湖南 省 高等 教育 21 世纪 课程 教材" 称号, 2001 年 获得 "湖南 师范 大学 优秀 教学 成果" 二等奖, 2006 年 成为 湖南 师范 大学 精品 课程 "语言学 概论" 课程 教材。2018 年 列入 湖南 师范 大学 在线 开放 课程 建设 项目, 有 "双一流" 大学 经费 资助。

这 本 教材 从 1995 年 的 版本 开始, 得到 了 很多 同行 在 来信 和 书评 中 的 肯定。北京 大学 徐 通锵 先生 认为 "内容 全面, 行文 流畅。吸收 了 新成果, 但是 又 没有 被 其中

的 某些 理论 束缚, 经过 了 自己 的 消化。比较 注意 联系 汉语 和 汉藏 语系 的 语言 实际"。

中国 社会 科学院 王 均 先生 认为 "把 语文 现代化 放在 适当 的 位置 了, 有 时代 气息"。北京 师范 大学 伍 铁平 先生 认为 "有 新 的 内容", "讲解 深入浅出", "每 一 章 前面 的 话 写 得 很好"。

复旦 大学 胡 裕树 先生 认为 "好 的 地方 很多, 可见 教材 编写 认真"。

湖南 师范 大学 鲍 厚星 先生 认为 "具有 在 继承 中 勇于 创新 的 特色"。

上海 大学 钱 乃荣 先生 认为: 大大 前进 了 一步, 无论 是 内容 深入浅出, 还是 知识框架 创新 和 全面, 很 适合 当代 大学生 要求。

北华 大学 陈 永舜 先生 说: "幽默 的 语言, 浅显 的 比喻, 把 人们 畏惧 的 语言学 概论 说 得 明白 流畅, 有时 还 让 人 捧腹大笑"。

山东 师范 大学 王 开扬 先生 说: "与 那些 内容 雷同 的 教材 截然 不同, 令人 耳目一新。"

南京 大学 杨 锡彭 等 先生 认为 本书 的 3 个 特点 是: "新 体系——科学性", "新 方法——启发性", "新 风格——趣味性"。[①]

中国 人民 大学 林 杏光 先生 等 认为: 全书 "贴近 生活, 富有 活力", "到处 充满 辩证 思想 的 火花", 在 教材 中 最早 提出 "词式 书写" 的 理论。[②]

西北 民族 大学 高 人雄 先生 认为: 对 少数 民族 语言 文学 专业 的 研究生 来说, 语言 理论 是 一门 重要 课程。在 书店 反复 比较 后, 我们 决定 选用 你们 的 《语言 理论》 做 研究生 教材。我们 觉得 这 本 教材 最 系统 详细, 讲解 深入浅出。

还有 不少 研究生, 例如 曾经 从 湖南 科技 大学 本科 毕业 考上 研究生 的 李 彬, 认为 本 教材 对 考 研究生 也 很 有 帮助。

语言学 或者 语言 科学 和 技术 越来越 受到 社会 重视。随着 中国 社会 进步 的 需要, 中国 的 大学 在 原来 的 语言 文学 类型 的 专业 基础 上, 也 出现 了 专门 的 语言 科学 专业。例如, 1999 年 华中 师范 大学 成立 语言学 系, 成为 中国 第一个 "语言学 系"。2001 南京 师范 大学 等 成立 "语言 科学 及 技术 系"。越来越 多 的 大学 除了 在 博士 和 硕士 研究生 层次 开设 "语言 (语言学 及 应用 语言学)" 和 "汉语 (汉语言文字学)" 等 专业 以外, 在 本科 层次 也 招收 "汉语 (汉语言)" 和 "对外 汉语" 专业。

《语言 理论》 是 一本 语言学 概论 教材。"语言学 概论" 是 高等 学校 汉族 语言 文学 (汉语言文学)、汉语 (汉语言)、对外 汉语、中国 少数 民族 语言 文学、外国 语言 文学 等 专业 的 一门 基础 的 理论 课程, 也 是 哲学、逻辑学、心理学、社会学 等 专业 的 人 很 感兴趣 的 课程。本书 可以 做 这些 专业 的 高等 学校 教材 使用, 也 可以 做 这些 专业 的 高等 教育 自学 考试 教材 使用。

本 教材 在 继承 中 创新。内容 包括 目前 高等 教育 大纲 中 的 内容, 又 根据 学科 的 发展 进行 了 补充。各个 学校 在 使用 的 时候, 可以 根据 教学 时间 和 对象 的 不同, 对 教学 内容 进行 适当 选择, 有 重点 地 进行 讲授。

理论 要 联系 实际。我们 力求 全面 考虑 各种 代表性 语言 及其 文字。当然, 用 汉语 写 的 理论 教材, 就 会 主要 采用 汉语 及其 汉字 的 例子。只要 我们 用 理论 的 眼光 去 看待,

---

①杨 锡彭, 赵 家新. 语言 文字学 的 新 景观 [J]. 南京: 南京 师范 大学 学报, 1996, (1): 124-125.

②林 杏光, 李 柯. 现代 语文 需要 加强 现代 语言 理论 指导 [J]. 曲阜: 现代 语文, 2001, (9).

去 与 其他 语言 比较, 就 会 有 新 的 收获。

体操 比赛 项目 如果 做 文艺 节目 表演, 就 要 有 不同 的 要求, 就 会 产生 不同 的 效果。任何 语言 之间, 不 可能 没有 共性, 更 不 可能 没有 个性。我们 不能 因为 强调 个性 而 忽视 共性。

理论 要 指导 实践。我们 在 本 教材 中 做了 两个 实践。

第一, 在 原来 局部 尝试 的 基础 上, 全面 试验 了 汉语 "词式 文本" ① ②。有关 切分 词 的 原则 参看 国家 标准 《汉语 拼音 正词法 基本 规则》 和 《信息 处理 用 现代 汉语 分词 规范》。但是, 我们 根据 汉语 特点 做了 个别 调整, 例如, 所有 虚词 单独 书写, 不 规范 的 词语 尽量 改成 规范 的 普通话 词语。大学 汉语 教学 一直 把 词 的 划分 和 分类 当做 重要 内容, 可是 因为 没有 应用 机会, 这种 训练 没有 产生 实际 作用。我们 希望 这种 实验, 适应 信息 时代 的 需要, 改变 这种 局面。在 实践 中 有 一定 分歧 是 正常 的。由于 压缩 了 字 和 字 的 距离, 所以 即使 增加 了 词 和 词 的 距离, 也 不 增加 篇幅。

许多 人 认为 "词式 文本" 有 道理, 但是 不 习惯。习惯 可以 逐渐 养成。

第二, 根据 群众 和 出版物 的 应用 趋势, 为了 让 文字 分工 明确, 减轻 群众 使用 语言 的 负担, 让 "分" 和 "份" 分别 记录 读 "fēn" 和 "fèn" 的 语素。③ ④

下面 按照 语音 顺序 排列 参加 协作 编写 的 作者, 加 " * " 的 是 编写 委员会 的 主要 成员:

北京 师范 大学 (北京): 岑 运强 *, 张 维佳 *

北京 语言 大学 (北京): 李 宇明

福建 师范 大学 (福建, 福州): 林 新年

阜阳 师范 学院 (安徽, 阜阳): 乐 玲华

复旦 大学 (上海): 刘 大为

广东 海洋 大学 (广东, 湛江): 安 华林 *

广东 技术 师范 学院 (广东, 广州): 刘 琼竹

广西 大学 (广西, 南宁): 杨 信川

广西 教育 学院 (广西, 南宁): 周 本良

广西 民族 大学 (广西, 南宁): 张 小克 *, 丘 冬

广西 师范 大学 (广西, 桂林): 骆 明弟

---

①彭 泽润. 汉语 拼音 正词法 和 汉语 的 "词式 书写" [J]. 北京: 语文 建设, 1998, (4).

②还 可以 参看 山东 曲阜 《现代 语文》 2001年第3期 的 周 有光、王 均、冯 志伟 等 《关于 "中文 分词 书写" 的 通讯》, 香港 《语文 建设 通讯》 1999年 第2期 胡 百华 等 人 的 有关 文章, 北京 《语言 文字 应用》 2000年 第2期 王 均 的 文章。

③彭 泽润. 让 "份" 为 "分 (fēn, fèn)" 分忧 [J]. 北京: 语文 建设, 1999, (4).

④高 名凯 翻译 的 索绪尔 的 著作 《普通 语言学 教程》 (商务 印书馆, 1980年) 第20、第291 等 页 有 "成份", 第27 等 页 有 "部份"。在 当前 的 出版物 中 也 出现 "身份、缘份、福份、充份、过份、成份、部份" 等。高兴 的 是 2001年12月中国 教育部 发布 了 《第一 批 异形词 整理 表》。我们 应该 原则 上 执行。但是 关于 "分" 和 "份" 涉及 的 词 不 全面, 例如 把 "身份" 这个 刚刚 从 "身分" 转变 过来 的 词形 回避 了, 可是 把 "仔细 (子细)、伙伴 (火伴)" 这样 早 就 定型 的 词 收集 进来 了。如果 承认 "身份", 又 不 让 承认 跟 它 出身 相同 的 "缘份、福份、成份" 等, 就 缺乏 系统性, 而且 不利 于 文字 和 语音 的 分工, 减轻 使用 负担。所以, 我们 仍然 维持 这个 实验。

海南 大学（海南，海口）：李 长青

海南 师范 大学（海南，海口）：林 绍伴，陈 崇介

韩山 师范 学院（广东，潮州）：严 戎庚，周 纯梅

河北 大学（河北，保定）：郭 夫良

河北 师范 大学（河北，石家庄）：孙 艳

衡阳 师范 学院（湖南，衡阳）：彭 巧燕，陈 新朝

湖北 师范 学院（湖北，黄石）：王 元汉

湖南 大学（湖南，长沙）：伍 雅清*，彭 兰玉，彭 建国

湖南 第一 师范 学院（湖南，长沙）：吴 靖*，傅 灵

湖南 科技 大学（湖南，湘潭）：谢 奇勇*，李 伯超

湖南 女子 学院（湖南，长沙）：蒋 文华

湖南 涉外 经济 学院（湖南，长沙）：曾 宝芬

湖南 师范 大学（湖南，长沙）：彭 泽润*，曾 常红，贺 福凌，刘 东升，李 馨

湖南 文理 学院（湖南 常德）：刘 英玲

华侨 大学（福建，泉州）：纪 秀生

吉林 师范 大学（吉林，四平）：周 殿龙

吉首 大学（湖南，吉首）：杨 再彪

暨南 大学（广东，广州）：李 军

江西 理工 大学（江西，赣南）：钟 舟海

江西 师范 大学（江西，南昌）：肖 九根

南京 师范 大学（江苏，南京）：李 葆嘉*

南开 大学（天津）：石 锋，苏 小妹

内蒙古 师范 大学（内蒙古，呼和浩特）：尤 俊成

黔南 民族 师范 学院（贵州 都匀）：张 春秀

清华 大学（北京）：赵 丽明

曲阜 师范 大学（山东，曲阜）：唐 雪凝

厦门 大学（福建，厦门）：叶 宝奎

陕西 师范 大学（陕西，西安）：杜 敏

上海 政法 学院（上海）：胡 华

邵阳 学院（湖南，邵阳）：吕 俭平

四川 大学（四川，成都）：吴 雨时

四川 师范 大学（四川，成都）：袁 雪梅

太原 师范 学院（山西，太原）：史 秀菊

温州 师范 学院（浙江，温州）：马 贝加

西北 师范 大学（甘肃，兰州）：李 敬国*

西南 大学（重庆）：高 廉平

湘南 学院（湖南 郴州）：沈 桂丽

新疆 师范 大学（新疆，乌鲁木齐）：董 印其

信阳 师范 学院（河南，信阳）：陈 长旭

徐州 师范 大学 (江苏, 徐州): 张 宛方

云南 师范 大学 (云南, 昆明): 王 渝光 *

长春 理工 大学 (吉林, 长春): 关 彦庆

长沙 理工 大学 (湖南, 长沙): 岳 利民

浙江 工业 大学 (浙江, 杭州): 孙 力平 *

浙江 师范 大学 (浙江, 金华): 张 先亮 *, 聂 志平

郑州 大学 (河南, 郑州): 缑 瑞隆, 薄 守生

中国 海洋 大学 (山东 青岛): 李 磊

中国 人民 大学 (北京): 李 禄兴

中南 大学 (湖南, 长沙): 李 星辉

中南 林业 科技 大学 (湖南, 长沙): 胡 萍

中南 民族 大学 (湖北, 武汉): 冯 广艺 *, 刘 宝俊

中山 大学 (广东, 广州): 皮 鸿鸣

遵义 师范 学院 (贵州, 遵义): 占 升平

这 本 《语言 理论》 教材, 除了 用于 语言 专业 的 "语言学 概论 " 课程, 还 可以 用于 新闻、传播、文秘、法律、艺术、信息 等 专业 的 语言 修养 课程。

我们 要 感谢 在 本 教材 建设 过程 中 做出 贡献 的 下列 先生: 鲍 厚星, 边 兴昌, 蔡 建 华, 储 泽祥, 范 晓, 甘 于恩, 缑 瑞隆, 贺 阳, 胡 明扬, 季 永兴, 梁 明江, 刘 街生, 刘 金 表, 吕 建国, 马 庆林, 邵 则遂, 石 安石, 秦 海燕, 王 艾录, 王 德春, 王 德亚, 王 均, 伍 铁平, 夏 中华, 许 威汉, 向 维安, 徐 通锵, 薛 才德, 杨 翠, 余 志鸿, 张 天堡, 朱 春敬, 周 再新。

特别 感谢 伍 铁平, 徐 通锵 等 先生 对 本 教材 的 鼓励 和 鞭策, 中国 社会 科学院 研究 员 王 均 先生 在 80 岁 高龄 写 序言 和 题写 书名。

我们 要 感谢 各个 协作 大学 的 领导 和 专家 的 支持 和 关心。还要 感谢 很多 读者, 特别 是 上海 外文 图书 公司 的 林 新昌 先生, 他 寄来 许多 信, 指出 问题, 提出 建议。还 有 在 本 教材 建设 中 做出 贡献 的 研究生: 郭 毅、李 米米, 李 日晴, 李 瑞瑞, 邱 婧, 谭 嘉慧, 王 婧, 王 炎梅, 谢 眺, 姚 芳, 易 小成, 张 玉林, 朱 凌 青青, 周 倩妮, 左 银霞。

最后 要 感谢 中南 大学 出版社 的 领导 和 本 教材 责任 编辑 刘 辉 先生。他们 不但 严 格 认真 编辑, 而且 冲破 阻力 支持 我们 适应 信息 社会 发展 需要 进行 汉语 书写 改革 的 实验, 实行 词式 文本 排版。这 是 我们 永远 不能 忘记 的。

2010 年 以后 的 5 个 版本 都 用 32 开本 出版, 每次 都 根据 读者 反馈 的 信息 和 新 的 学术 成果 做 了 修订。

2013 年 第 6 版本, 版面 大小 从 32 开本 改变 成 16 开本。内容 有 大 的 变化, 分成 上 下 两个 册子。上册 是 教材 主体, 在 第 5 版本 的 基础 上 修改 完善。下册 是 增加 的, 是 配套 的 练习 题目 和 参考 答案, 其中 包含 了 全国 部份 大学 的 考研 试题 及其 参考 答案。

2018 年 第 7 版本, 保持 16 开本 格局。纸质 版本 只 保留 原来 的 上册 内容, 并且 做 了 修改 完善。原来 的 下册 不再 用 纸质 版本, 改变 成 通过 二维码 读取 的 电子 版本。同时 增加 51 个 讲课 音频 和 视频 文件 的 二维码, 放在 教材 正文 相应 位置。

建设 好 一 本 教材 不 容易, 更 不能 一劳永逸。为了 不断 完善 这 本 教材, 我们 怀着

感激 的 心情 等待 使用 本书 的 所有 教师、学生 和 其他 读者，随时 把 修改 意见 和 具有 理论 价值 的 语言 现象 写 下来 告诉 我们①。我们 一定 会 认真 对待。

彭 泽润

2018 年 8 月

---

① （1）纸邮 地址：410081，湖南，长沙，湖南 师范 大学 文学院，彭 泽润。　　（2）电邮 地址：
yuyanlilun@163.com；624806447@qq.com。　　（3）微刊（微信 公众号）：桃子湖。　　（4）网上 课堂：北大
中文 论坛（自动 搜索 网络 地址）——网上 课堂——其他 院校——语言学 概论；语言 文字 网——语言 理论；
超星 视频：语言学 概论（彭 泽润 主讲）。